„RELIGIONSLOSES CHRISTENTUM“
UND „NICHT-RELIGIÖSE INTERPRETATION“
BEI DIETRICH BONHOEFFER

WEGE DER FORSCHUNG

BAND CCCIV

WISSENSCHAFTLICHE BUCHGESELLSCHAFT
DARMSTADT

„RELIGIONSLOSES CHRISTENTUM“ UND „NICHT-RELIGIÖSE INTERPRETATION“ BEI DIETRICH BONHOEFFER

Herausgegeben von
PETER H. A. NEUMANN

WISSENSCHAFTLICHE BUCHGESELLSCHAFT
DARMSTADT

CIP-Titelaufnahme der Deutschen Bibliothek

„Religionsloses Christentum“ und „nicht-religiöse Interpretation“ bei Dietrich Bonhoeffer / hrsg. von Peter H. A. Neumann. – Darmstadt: Wiss. Buchges., 1990
(Wege der Forschung; Bd. 304)
ISBN 3-534-05275-7
NE: Neumann, Peter H. A. [Hrsg.]; GT

Bestellnummer 05275-7

Gedruckt auf säurefreiem und alterungsbeständigem Werkdruckpapier
Gesamtherstellung: Wissenschaftliche Buchgesellschaft, Darmstadt
Printed in Germany
Schrift: Garamond, 9.5/11

ISSN 0509-9609
ISBN 3-534-05275-7

INHALT

EINLEITUNG

Von Peter H. A. Neumann

Der Titel dieses Sammelbandes bedarf zunächst einer Begriffsklärung. Bonhoeffer „benutzte den Begriff *religionsloses Christentum* nur in dem ersten der theologischen Briefe aus Tegel, dem vom 30. April 1944 (dort zweimal), d. h. in dem Augenblick, als er die neuen theologischen Überlegungen gerade beginnt. In allen folgenden Briefen gebrauchte er dann die Formel *nichtreligiöse Interpretation* bzw. nah verwandte Abwandlungen (elfmal)“[1].

In der Auseinandersetzung mit diesen späten theologischen Äußerungen Bonhoeffers hat E. Bethge bis 1967 eine Bevorzugung der Formulierung *religionsloses Christentum* in der Diskussion der Englisch sprechenden Welt konstatiert, während er die deutsche Diskussion bis dahin fast ausschließlich den Begriff *nicht-religiöse Interpretation* gebrauchen sieht. Nach 1967 tritt auch in der deutschsprachigen Forschung der Begriff „nichtreligiöse Interpretation“ hinter der Beschäftigung mit der Religionslosigkeitsthese zurück. Mit Recht hat Bethge aber darauf aufmerksam gemacht, daß die Differenz im Gebrauch der Formulierungen nicht allein einen Unterschied verbaler Formeln anzeigt, sondern vielmehr einen Unterschied der theologischen Orientierung widerspiegelt, „der der jeweilige Interpret angehört“[2].

[1] Eberhard Bethge, Christologie und „Religionsloses Christentum“ bei Bonhoeffer, in: Glaube und Weltlichkeit bei Dietrich Bonhoeffer, Stuttgart 1969, S. 75 f. Anmerkung 1; englisch bereits 1967; zu weiteren Fundstellen dieses mehrfach publizierten Aufsatzes vergl. die Auswahlbibliographie am Ende dieses Bandes.

[2] A. a. O.: „Die Tendenzen – im Fall der Englisch sprechenden Welt mehr in Kategorien des Gottesdienstlichen, der Institutionen und der Menschen- und Bürger-Rechte zu denken, im Fall der deutschen auf Ka-

Damit ist es zu Einseitigkeiten in der Interpretation dieser Gedanken Bonhoeffers gekommen, denn, wie E. Bethge weiter und auch E. Feil gezeigt haben, Bonhoeffer meine beides[3].

So versucht der vorliegende Sammelband in den zusammengestellten Beiträgen beide Aspekte zu berücksichtigen, unabhängig davon, wo die einzelnen Autoren selbst die Akzente setzen. Bei der Auswahl ist mehrfach solchen Aufsätzen der Vorzug gegeben, die in allgemein weniger leicht greifbaren Zeitschriften oder Sammelwerken erschienen sind, während andere – die vom Gang der Forschung her hier notwendig hätten aufgenommen werden müssen – fehlen, weil vermutet werden kann, daß sie durch wiederholtes Publizieren an verschiedenen Orten leicht zugänglich sind[4].

Der Forschungszeitraum, der in diesem Sammelband repräsentiert werden soll, ist verhältnismäßig kurz. Die Gefangenschaftsbriefe, mit deren Äußerungen zu *religionslosem Christentum* und *nicht-religiöser Interpretation* sich die Beiträge auseinandersetzen, erschienen unter dem Titel ›Widerstand und Ergebung‹ erstmals 1951. In den darauffolgenden rund drei Jahrzehnten hat kaum ein zweites Thema der Theologie Bonhoeffers eine solche Fülle von Arbeiten hervorgebracht wie das des *religionslosen Christentums* und der *nicht-religiösen Interpretation.* Im folgenden soll versucht werden, ein paar Stadien der Diskussion zu

tegorien der Exegese und der Verkündigung aus zu sein – lassen jeweils dem ganzen Bonhoeffer kaum Gerechtigkeit widerfahren; vielmehr isolieren sie gewisse Aspekte und modellieren ihn unbewußt, damit er in die Tradition des Interpreten paßt." Vgl. auch Eberhard Bethge, Dietrich Bonhoeffer. Theologe – Christ – Zeitgenosse, München 1967, S. 977.

[3] Eberhard Bethge, a.a.O., S. 977; E. Feil, Religionsloses Christentum und nicht-religiöse Interpretation bei Dietrich Bonhoeffer, in: ThZ 24, 1968, S. 40–48 = unten S. 360–369.

[4] Hin und wieder waren auch schwer lösbare Lizenzfragen für den Verzicht auf den einen oder anderen Beitrag ausschlaggebend. Ein Dank gilt den verschiedenen Verlagen, die die Abdruckgenehmigung erteilt haben, insbesondere dem Chr. Kaiser Verlag, der, mit dem literarischen Erbe Dietrich Bonhoeffers betraut, Anfragen wegen einzelner Beiträge zu diesem Sammelband besonders großzügig entgegengekommen ist.

markieren, um den Stellenwert der aufgenommenen Beiträge deutlich werden zu lassen und sie in den Gang der Auseinandersetzung einzuordnen.

1. *Die frühen Bonhoeffer-Interpretationen bis 1955*

Schon 1947 markiert Albrecht Schönherr in einem ›Diesseitigkeit‹ überschriebenen Gedenkwort für Dietrich Bonhoeffer[5] als eine Hauptintention seiner theologischen Arbeit, daß es ihm darum geht, „die einzelnen Tatsachen des Lebens Jesu, die einzelnen Aussagen des christlichen Zeugnisses in ihrem ‚nicht-religiösen‘, innerweltlichen, auf das volle menschliche Leben bezogenen Sinn zu verstehen“[6]. Wie diese „gläubige Diesseitigkeit seines Lebens“ sich bei Bonhoeffer vollzogen hat, versucht Schönherr dann in fünf konzentrischen Kreisen[7] aufzuzeigen, ohne auf die Problematik weiter einzugehen. Hier stellt sein Aufsatz von 1955, nun auf Grund der Kenntnis der Briefe und Aufzeichnungen in ›Widerstand und Ergebung‹, eine Weiterführung dar. In dem in ›Die mündige Welt I‹ abgedruckten Beitrag ›Bonhoeffers Gedanken über die Kirche und ihre Predigt in der „mündig“ gewordenen Welt‹[8] deutet er die Neuorientierung, die hier zu leisten ist, nicht allein als eine Sache der Theologie, sondern als eine Frage an die Existenz der Kirche: „Die Kirche wird sich die großen biblischen Begriffe neu erarbeiten müssen. Sie wird in ihnen nicht Antworten auf unsere Fragen und Hilfen für unsere Nöte sehen dürfen. Sie wird sie als Aussage über die

[5] Albrecht Schönherr, Diesseitigkeit. Ein Gedenkwort für Dietrich Bonhoeffer, in: ZdZ 1, 1947, S. 307–312.

[6] Schönherr, a. a. O., S. 307.

[7] 1. Bonhoeffer als Prediger und theologischer Schriftsteller,
2. als Leiter des Predigerseminars Finkenwalde,
3. Bonhoeffers Verständnis von „Kirche“,
4. Bonhoeffer als Teilhaber an der ökumenischen Bewegung und
5. sein Engagement im politischen Leben.

[8] Albrecht Schönherr, Bonhoeffers Gedanken über die Kirche und ihre Predigt in der „mündig“ gewordenen Welt, in: MW I, S. 76–89.

Wirklichkeit unseres Menschseins, wie es durch Menschwerdung, Tod und Auferstehung Jesu Christi geprägt ist, nehmen. Sie wird sie so verstehen, daß sie ein Leben für Gott und den Nächsten bezeichnen. Solche Interpretation kann nur in einer zum Christendienst befreiten Kirche geleistet werden."[9]

Aus demselben Sammelband ›Die mündige Welt I‹ sind vergleichsweise noch zwei weitere Aufsätze heranzuziehen. In dem Beitrag von Oskar Hammelsbeck ›Zu Bonhoeffers Gedanken über die mündig gewordene Welt‹[10] heißt es: „Nicht-religiöse Interpretation meint ein „Leibhaftig-Weltliches"[11], und in dem Beitrag von Hermann Schlingensiepen ›Zum Vermächtnis Dietrich Bonhoeffers‹[12]: „‚Glaube' ist ‚das Teilnehmen an diesem Sein Jesu', das ‚Hineingerissenwerden in das messianische Leiden Gottes' in ihm. Vielleicht haben wir in diesen Sätzen am deutlichsten vor uns, was Bonhoeffer mit seiner nichtreligiösen Interpretation biblischer Wahrheit vorschwebte."[13]

Gründlicher geht zum ersten Male seit dem Erscheinen der Gefangenschaftsbriefe 1951, in denen die zur Verhandlung stehende Fragestellung der Öffentlichkeit allgemein zugänglich wird, – soweit ich sehe – Richard Grunow in seinem Aufsatz ›Dietrich Bonhoeffers Schriftauslegung‹[14], auf die „nicht-religiöse Interpretation" ein, in dem er als einen der Grundsätze der Schriftauslegung bei Bonhoeffer[15] die nicht-religiöse Interpretation nennt. Danach bedeutet die Forderung der nicht-religiösen

[9] Schönherr, MW I, S. 87.

[10] Oskar Hammelsbeck, Zu Bonhoeffers Gedanken über die mündig gewordene Welt, in: MW I, S. 46–61.

[11] Hammelsbeck, a. a. O., S. 60.

[12] Hermann Schlingensiepen, Zum Vermächtnis Dietrich Bonhoeffers, in: MW I, S. 96–106.

[13] Schlingensiepen, a. a. O., S. 103.

[14] Richard Grunow, Dietrich Bonhoeffers Schriftauslegung, in: EvTh 15, 1955; S. 200 ff. = MW I, S. 62–76.

[15] Nach Grunow befolgt Bonhoeffer die vier folgenden Grundsätze in seiner Schriftauslegung:

1. Die Heilige Schrift wird von Bonhoeffer interpretiert als das Buch der Kirche.

Interpretation, von Glauben und Vertrauen, von Stellvertretung, Schuldübernahme, Dankbarkeit, Buße, Leiden usw. „weltlich" zu reden. „So, daß jeder sieht: Sein ganzes weltliches Leben kann nur von diesen Begriffen her erfaßt, gedeutet, verstanden werden; soweit es überhaupt Leben ist, wird es von diesen Wirklichkeiten getragen und ist von ihnen umfaßt."[16] Dort, wo die Forderung der weltlichen Interpretation nicht auf alle biblischen Begriffe anwendbar erscheint (Abendmahl, Anbetung, Wunder), sieht Grunow bei Bonhoeffer die Forderung der Arkandisziplin auftreten.

1952 schreibt K. Barth zum vorliegenden Problem an Landessuperintendent P. W. Herrenbrück: „Kann er eigentlich etwas anderes gemeint haben als eine Warnung vor allem christlichen Papperlapapp, vor allem unmeditierten Rezitieren biblischer Begriffe und traditioneller Bilder, Redensarten, Begriffskombinationen, bei denen die ‚Welt' sich entscheidend darum nichts denken kann, weil der ‚religiöse' Redner oder Schreiber sich im Grund selbst nichts oder nichts Ordentliches dabei denkt, sondern in der Meinung, das Zeug werde ja schon Gottes Wort sein, loslegt ..."[17] Handelt es sich bei diesem Brief auch um einen

2. Die ganze Heilige Schrift wird interpretiert von der Person Jesu Christi her, der ihre Mitte, ihr Sinn und ihr Ziel ist.
3. Die Heilige Schrift ist zu interpretieren mit allen Mitteln der historischen und literarischen Forschung und mit aller Hilfe der wissenschaftlichen Kritik.
4. Die Heilige Schrift ist nicht-religiös zu interpretieren für eine mündig gewordene Welt.

Grunow übersieht m. E. in Unkenntnis der noch nicht in GS I–IV veröffentlichten Auslegungen, daß Bonhoeffers Auslegungen nicht zu allen Zeiten denselben Charakter hatten, daß also beispielsweise der letzte Grundsatz, jedenfalls mit aller Deutlichkeit, erst in der Spätzeit auftaucht, und auch, daß Bonhoeffer sich an die dritte Forderung selbst jedenfalls kaum gehalten hat. Von daher bedürfen die Ausführungen Grunows einer entscheidenden Korrektur.

[16] Grunow, a. a. O., S. 66.

[17] MW I, S. 122. Es sei hier erwähnt, daß sich in dieser Richtung auch Walther Fürst äußert in seinem Aufsatz ›Motive der theologischen Arbeit

geist- und liebevollen Versuch, Bonhoeffer zu verstehen, so versucht Barth hier doch im wesentlichen, ein negatives Bild von Bonhoeffers Bemühungen zu entwerfen und sein Anliegen zu verharmlosen.

Auf die selbständige Behandlung des Bonhoefferschen Themas durch Heinrich Vogel in seinem Buch ›Jesus Christus und der religionslose Mensch‹, Berlin 1955, das nur einen indirekten Beitrag zur Bonhoeffer-Interpretation darstellt, sei hier lediglich hingewiesen.

2. *Die Bonhoeffer-Interpretation Gerhard Ebelings*

Zum ersten Male *systematisch* durchdacht hat die „nicht-religiöse Interpretation biblischer Begriffe“ dann vor allem Gerhard Ebeling in seinem großen gleichnamigen Aufsatz von 1955, auf den viele der späteren Arbeiten zurückgreifen[18].

Ebeling kennzeichnet zunächst das Befremden und Erstaunen über das von Bonhoeffer aufgeworfene Problem in dreierlei Hinsicht: erstens gegenüber der mit Karl Barth einsetzenden theologischen Richtung und seinem Gegensatz von christlichem Glauben und Religion, über den Bonhoeffer noch hinausführt, wenn auch die von ihm eingeschlagene Denkrichtung fragmentarisch bleibt; zweitens in bezug auf einen beunruhigenden Radikalismus, mit dem Bonhoeffer die Fragestellung, vor allem seiner ›Nachfolge‹ gegenüber, vorantreibt, und drittens, daß seine Gedanken gerade in der Haftzeit sich der meditativen Konzentration der Weltlichkeit zuwenden. Ebeling ordnet Bonhoeffer damit „der leider so schwach vertretenen jüngeren Generation“ zu,

Dietrich Bonhoeffers‹, in: Hören und Handeln. Festschrift für Ernst Wolf zum 60. Geburtstag, München 1962, S. 133–152, der allerdings unser Problem nur streift.

[18] Gerhard Ebeling. Die „nicht-religiöse Interpretation biblischer Begriffe“, in: ZThK 52, 1955, S. 296–360 = MW II, S. 12–73 = ders., Wort und Glaube, Tübingen 1960, S. 90–160 (zitiert nach der zuletzt genannten Fundstelle).

„deren Schülerverhältnis zu den überragenden theologischen Lehrern sich bewähren muß im Voranschreiten zu den ihr eigenen Aufgaben, zu denen nun eben auch das neue Verarbeiten des Erbes der liberalen Theologie gehört“[19].

Ebeling nennt drei Grundvoraussetzungen, von denen her Bonhoeffers Problemstellung zu verstehen ist, „nämlich daß es im theologischen Denken um Jesus Christus geht, daß das Gebot der intellektuellen Redlichkeit respektiert werden muß und daß es auf die Ausrichtung auf die Aufgabe der Verkündigung ankommt“[20]. Bei allen drei Elementen handelt es sich um die Entfaltung eines unteilbaren Ganzen. Als die drei Quellen, aus denen der Begriff der nicht-religiösen Interpretation resultiert, nennt Ebeling: eine Analyse unserer heutigen geschichtlichen Situation, die durch den Begriff der umfassenden Säkularisation charakterisiert ist; eine bestimmte Auffassung, was Religion ist (Religion ist bei Bonhoeffer gekennzeichnet durch das Metaphysische und die Innerlichkeit) und eine Einsicht in das Wesen des Evangeliums, nämlich, daß es erstens in genetischer Hinsicht ursächlich beteiligt ist an dem Säkularisierungsprozeß der Neuzeit und daß zweitens in sachlicher Hinsicht „eine paradoxe Konformität“ besteht „zwischen dem christlichen Glauben und dem Menschen der radikalen Säkularisation“[21]. Daraus ergibt sich, daß Religionslosigkeit „eine an die Stelle von Religion tretende Ausdrucksform des Menschen ist und darum in der gleichen Hinsicht den Menschen kennzeichnet, wie bisher die Religion“[22], so daß nun nach dem gemeinsamen Ort von Religion und Religionslosigkeit zu fragen ist, mit deren Gemeinsamem es das Christentum eigentlich zu tun hat.

Erst nach der Klärung dieser Vorfragen sucht Ebeling nach einer theologischen Kategorie, die, am Evangelium selbst orientiert und durch es bestimmt, geeignet ist, den durch Bonhoeffers Konzeption fixierten Ort von Religion und Religionslosigkeit so

[19] Ebeling, a.a.O., S. 96.
[20] Ebeling, a.a.O., S. 121.
[21] Ebeling, a.a.O., S. 132.
[22] Ebeling, a.a.O., S. 133.

in den Griff zu bekommen und durchzureflektieren, „daß dabei die Einsicht in das Wesen des Evangeliums, die in Bonhoeffers Konzeption wirksam ist, zu voller Deutlichkeit gelangt“[23]. Ebeling findet diese Kategorie in dem Begriff des „Gesetzes“[24], der es ihm ermöglicht, religiöse Interpretation als gesetzliche Interpretation, nicht-religiöse Interpretation als Gesetz und Evangelium unterscheidende Interpretation zu verstehen, wobei er versucht, die Lehre von Gesetz und Evangelium vom Problem der nicht-religiösen Interpretation her neu zu erschließen. Dabei ergibt sich ihm, daß erstens „Gesetz“ als „Zur-Sprache-kommen der uns angehenden Wirklichkeit“ verständlich und verbindlich zu machen ist, weil daran die Verständlichkeit und Verbindlichkeit der Predigt des Evangeliums hängt; daß zweitens der eigentliche Zugang zu dem, was Bonhoeffer über die „Religionslosigkeit“ sagt, nur von seinem Verständnis des christlichen Glaubens her zu gewinnen und durch ein pures „Fertigwerden mit der Wirklichkeit ohne Gott“ gekennzeichnet ist und das Gesetz bloßlegt, das aber nicht als Gesetz Gottes vernommen wird; und daß drittens die geistliche Auslegung des Gesetzes nur von Bonhoeffers grundlegendem christologischen Ansatz her zu bewältigen ist, nach dem in Christus die Wirklichkeit Gottes und die Wirklichkeit der Welt *eine* Wirklichkeit ist, so daß erst das Christsein das Menschsein in Kraft setzt. Hierbei charakterisiert Ebeling die Grundstruktur der „Religion“ als „die Ergänzung der Wirklichkeit durch Gott“, der „Religionslosigkeit“ als „das Fertigwerden mit der Wirklichkeit ohne Gott“ und des „Glaubens“ als „das Aushalten der Wirklichkeit vor Gott“[25].

[23] Ebeling, a. a. O., S. 138.

[24] Vgl. Schönherr, MW I, S. 77, der von dem „Gesetz‘ der Religion“ spricht.

[25] Ebeling, a. a. O., S. 145. 148. 159. – Klaus Wilkens, Die Frage Dietrich Bonhoeffers und unsere Antwort. Einblicke in das Gespräch über die Theologie Bonhoeffers, in: VF 1958/59, München 1962, S. 157–172, hat kritisiert, daß Ebeling seine Ausführungen zu sehr auf die Sprach- und Verstehensproblematik zuspitzt und damit das Anliegen Bonhoeffers nicht trifft. Ähnliche Bedenken erhebt Wilkens gegenüber der von Ebeling gefundenen Kategorie des Gesetzes zur Veranschaulichung des

Sowohl Grunow wie Ebeling betonen die Bedeutung des Alten Testaments für Bonhoeffer, wobei Ebeling klar die bis heute ungelöste Aufgabe umreißt, die Bedeutung des Alten Testaments für Bonhoeffers Christologie und den christlichen Glauben zu untersuchen[26]. Hier wären noch weitergehende Untersuchungen wünschenswert.

3. Die Arbeiten von 1956 (Harbsmeier, Thielicke, Müller-Schwefe)

Hier ist zunächst auf eine weitere gründliche Untersuchung zum Thema hinzuweisen: Götz Harbsmeier hat in der Barth-Festschrift 1956 versucht, die „nicht-religiöse Interpretation biblischer Begriffe" bei Bonhoeffer gegen die Entmythologisierung Bultmanns, aber auch von dem Ansatz Karl Barths abzusetzen[27]. Sein Verdienst besteht vor allem darin, die Problematik zu vertiefen und die Fronten klarer abzustecken, ohne Bonhoeffers Fragestellung dabei einer eigenen Lösung zuzuführen[28].

Was Bonhoeffer im Grunde als nicht-religiöse Interpretation vorschwebt, hält Harbsmeier für eine Sache der „Weisheit". Nicht von ungefähr sieht er Bonhoeffer so stark dem Alten Testament verbunden. „Dort nämlich ist jene Weisheit, die ich hier

von Bonhoeffer mit der nicht-religiösen Interpretation Gemeinten. Nach Wilkens fragt Bonhoeffer nicht nach dem ‚Gesetz', sondern nach der ‚letzten Wirklichkeit', und das ist mehr ein ethisches als ein dogmatisches Problem. Er beruft sich dabei auf Götz Harbsmeier (vgl. das folgende Referat!).

[26] Ebeling, a. a. O., S. 156 A 197.

[27] Götz Harbsmeier, Die „nicht-religiöse Interpretation" biblischer Begriffe bei Bonhoeffer und die Entmythologisierung, in: Antwort. Karl Barth zum siebzigsten Geburtstag am 10. Mai 1956, Zollikon-Zürich 1956, S. 545–561 = unten S. 43–64.

[28] Zum Thema „Dietrich Bonhoeffer und Rudolf Bultmann" vgl. den ausgezeichneten, weiterführenden gleichnamigen Aufsatz von Gerhard Krause, in: Zeit und Geschichte. Dankesgabe an Rudolf Bultmann zum 80. Geburtstag, hrsg. von E. Dinkler, Tübingen 1964, S. 439–460. Hier wird in einem I. Teil die wichtigste einschlägige Literatur skizziert.

meine."[29] Er meint die Weisheit, heute und hier dem Mitmenschen „die Wahrheit" zu sagen, die Wahrheit, die Christus für ihn ist. Leider führt Harbsmeier vor allem die Verbindung zum Alten Testament nicht näher aus; vielmehr setzt er voraus, daß jedermann wüßte, wie es um diese alttestamentliche Weisheit bestellt ist. Harbsmeier hat wohl richtig empfunden, daß Bonhoeffer dem Alten Testament hier viel verdankt.

Lediglich zum Gesprächspartner dient Bonhoeffer Helmut Thielicke in seinem auf dem Theologentag 1956 in Berlin gehaltenen Referat ›Das Ende der Religion. Überlegungen zur Theologie Dietrich Bonhoeffers‹[30]. Thielicke bietet eine gute Analyse der gegenwärtigen Situation und verschärft damit die von Bonhoeffer gestellte Frage nach der Bedeutung der christlichen Botschaft für eine weithin religions*lose* Welt. Was er dann zu dem Stichwort „religionslose Verkündigung" beisteuert, ist nur eine Art heuristischen Prinzips, mehr nicht. Sind die Ausführungen des analytischen Teiles weithin das Referat eigener Beobachtungen und Erkenntnisse, so versucht er zum Schluß, Bonhoeffers Unterscheidung von Letztem und Vorletztem fruchtbar zu machen.

Der Beitrag Thielickes zeigt in schöner Weise, wie die Gedanken Bonhoeffers anregend und befruchtend im theologischen Gespräch gewirkt haben, auch wenn die weiterführende Auseinandersetzung mit ihm fehlt.

Auf wenigen Seiten hat Hans-Rudolf Müller-Schwefe in einem kurzen Beitrag in der ›Evangelischen Welt‹ 1956 die ›Christliche Verkündigung in einer religionslosen Welt‹ umrissen[31], wobei er sich in der Hauptsache auf Dietrich Bonhoeffer beruft. Es geht Müller-Schwefe dabei ähnlich wie Harbsmeier

[29] Harbsmeier, a. a. O., S. 559 = unten S. 62.

[30] Helmut Thielicke, Das Ende der Religion. Überlegungen zur Theologie Dietrich Bonhoeffers, in: ThLZ 81, 1956, Sp. 307–326 = unten S. 65–100.

[31] Hans-Rudolf Müller-Schwefe, Christliche Verkündigung in einer religionslosen Welt, in: Evang. Welt 10, 1956, S. 545–548 = unten S. 101–107.

darum, daß der Mensch seine Freiheit von religiösen Bindungen, seine Freiheit zur Weltlichkeit als seine Verantwortung erkennt. Ähnlich wie bei Ebeling wird für ihn aber die nicht-religiöse Interpretation zur christologischen Interpretation, wenn er schreibt: „Von Christi Leiden und Auferstehung her allein gewinnt die Diesseitigkeit der Welt ihren Charakter als Gabe Gottes, als Verkehrung des Menschen und als Verheißung."[31a]

4. *Eine Zwischenperiode (1957–1961)*

Die Dichte der bisher aus einem engen Zeitraum genannten Arbeiten zu Dietrich Bonhoeffer war zweifelsohne mit bestimmt durch den 10. Todestag am 9. April 1955 und seinen 50. Geburtstag am 4. Februar 1956. In der Folgezeit sind die Beiträge zu Bonhoeffers Thema der nicht-religiösen Interpretation auf eine weite Strecke verteilt und erhalten erst fast 10 Jahre später, nun auch in monographischen Arbeiten, erneut Gewicht.

Aus dem Jahr 1957 ist der Beitrag von Manfred Karnetzki in ›Die Zeichen der Zeit‹ zu vermerken[32]. Für Karnetzki ist weltliche Interpretation bei Bonhoeffer „die Proklamation der Herrschaft Christi über die Welt"[33]. Den Ansatz dafür sieht er im Alten Testament und in Joh. 1,14. Karnetzki deckt sich an dieser Stelle mit Albrecht Schönherr[34]. Über die bisherigen Arbeiten führt Karnetzki insofern hinaus, als er einerseits den theologischen Ansatz bei Bonhoeffer bis in die ›Nachfolge‹ und in die ›Ethik‹ zurückverfolgt, andererseits, als er, die Arbeit von Götz Harbsmeier aufnehmend, das Verhältnis von religionsloser Interpretation und Entmythologisierung, also von Bonhoeffer und Bultmann, neu bestimmt, indem er in verschiedenen Berührungen wie aus der Parallelität der Bemühungen dieses Verhältnis

[31a] Müller-Schwefe, a. a. O., S. 547 = unten S. 106.

[32] Manfred Karnetzki, Zu Bonhoeffers Interpretation biblischer Begriffe, in: ZdZ 11, 1957, S. 8–15 = unten S. 108–122.

[33] Karnetzki, a. a. O., S. 10 = unten S. 111.

[34] S. o. S. 3, Anm. 8.

weniger als ein Verhältnis von „entweder – oder" denn vielmehr als ein Verhältnis von „weniger und mehr" darstellt; „graphisch ausgedrückt: als zwei konzentrische Kreise um denselben Mittelpunkt. Dabei umschreibt das Bemühen Bonhoeffers zweifellos den weiteren Kreis. Ihre Interpretationen schließen sich gegenseitig nicht aus"[35]. Den in diesem Aufsatz entfalteten eigenen Ansatz führt Karnetzki dann weiter in der Arbeit ›Von der religionslosen zur sozialen Interpretation der Bibel‹[36].

Durchaus eigenständig, aber die Fragestellung nicht wesentlich weiterführend, ist der Aufsatz von Martin Fischer: ›Zum Problem der religionslosen Verkündigung‹[37]. Er wiederholt nur, daß die Forderung nach einer „religionslosen" Verkündigung auf eine durch die christliche Verkündigung mündig gewordene Welt zielt. Was religionslose Verkündigung heißt, interpretiert er allerdings als eine „auf keinen Menschen mehr Rücksicht nehmende Wendung zu dem lebendigen Gott. Die religionslose Verkündigung muß standhalten im Niemandsland des Todes, und sie soll den Menschen begleiten können bis in das Niemandsland seines wirklichen Lebens." Für Fischer gilt dabei, daß für Bonhoeffer im Leiden das von Christen geforderte Teilnehmen am Leiden Gottes an der gottlosen Welt geschieht. So gesteht er Bonhoeffer das Aufdecken der Religion als Illusion zu. „Aber das Ende ist nun nicht religionsloses Pathos, sondern Glaube, ‚begründete Hoffnung' (WE S. 252). Christi Auferstehung verweist gerade an das irdische Leben (a.a.O., S. 226 f.). Wie dieser Glaube sich von Illusion unterscheidet, weiß niemand als Gott allein."[38] Fischer betont, daß besonders der Praktischen Theologie von hier aus Aufgaben gestellt worden sind und fordert die Kirche zu Konsequenzen auf – doch die Konkretionen fehlen.

[35] Karnetzki, a.a.O., S. 15 = unten S. 122.

[36] Manfred Karnetzki, Von der religionslosen zur sozialen Interpretation der Bibel, in: ZdZ 12, 1958, S. 164–169 = unten S. 123–133.

[37] Martin Fischer, Zum Problem der religionslosen Verkündigung, in: Sammlung und Sendung, Festgabe für D. Heinrich Rendtorff, Berlin 1958, S. 172–182 = ders., Überlegungen zu Wort und Weg der Kirche, Berlin 1963, S. 43–62 (zitiert nach dem zuletzt genannten Fundort).

[38] Fischer, a.a.O., S. 59.

Mehr referierend behandelt John D. Godsey – und damit nunmehr auch eine amerikanische Stimme – die hier zur Verhandlung stehende Frage in dem Abschnitt ›Prisoner for God‹ im III. Kapitel ›Theological Fragmentation‹ seines Buches ›The Theology of Dietrich Bonhoeffer‹[39]. Godsey versucht die Antworten, die Bonhoeffer auf die Fragen, wer Christus für uns heute sei, was ich selbst glauben soll und wie Christus der Herr der Religionslosen werden könne, andeutet, folgerichtig aus der kontinuierlichen Entwicklung Bonhoeffers zu erklären. Als Schlüssel zu Bonhoeffer („The Clue to Bonhoeffer") stellt Godsey, wie andere vor ihm, Bonhoeffers Christozentrik heraus, von der her allein auch die Gedanken der Spätzeit verständlich werden, wenn ihm auch besonders hier durch „the fragmentary and incomplete character of the theology" die offene Frage bleibt, „what form he thougth the church should take in a religionsless Christianity". Die Arbeit zeigt deutlich, in welcher Form das Thema Bonhoeffers jetzt in den USA Verbreitung findet.

Daß in den 60er Jahren erneut eine intensive Beschäftigung mit dem Werk und Gedankengut Dietrich Bonhoeffers einsetzt, mag einen Anlaß im Abschluß der Herausgabe der ›Gesammelten Schriften‹ haben, besonders der des vierten Bandes 1961, der vor allem die zahlreichen Auslegungen und Predigten Bonhoeffers enthält. Man spürt jetzt eine betonte Distanz, ein kritisches Abstandhalten.

Zwei Arbeiten sind zunächst aus dem Jahr 1961 zu nennen, die nicht-religiöse Interpretation und Arkandisziplin zueinander in Beziehung setzen[40]:

Hanfried Müllers Buch ›Von der Kirche zur Welt. Ein Beitrag zu der Beziehung des Wortes Gottes auf die societas in Dietrich Bonhoeffers theologischer Entwicklung‹[41] und Dedo Müllers

[39] John D. Godsey, The Theology of Dietrich Bonhoeffer, Philadelphia 1960 (die Arbeit entstand als Dissertation bei Karl Barth). Auszug unten S. 134–144.

[40] Vgl. oben die Ausführungen zu dem Aufsatz von Grunow, S. 4f.

[41] Hanfried Müller, Von der Kirche zur Welt. Ein Beitrag zu der Be-

Aufsatz ›Dietrich Bonhoeffers Prinzip der weltlichen Interpretation und Verkündigung des Evangeliums‹[42].

Wie den Begriff des Arkanums so sieht Hanfried Müller auch den Begriff der nicht-religiösen Interpretation auf das Verhältnis zwischen Letztem und Vorletztem, Gottes Leiden und Diesseitigkeit bezogen. Das Arkanum („Geheimnisse des christlichen Glaubens", die vor „Profanierung" zu schützen seien) hat dabei vor allem die Funktion, einer Vermischung von Kirche und Welt zu wehren, während sich die nicht-religiöse Interpretation gegen eine Trennung wendet, „die ihren Ausdruck darin finden könnte, daß die Kirche etwa das Evangelium nur den Religiösen, nicht aber den Unreligiösen gelten ließe"[43]. Hanfried Müller möchte Bonhoeffers nicht-religiöse Interpretation deshalb dort ansetzen, „wo der nichtreligiöse Mensch am festesten in gottlosen Bindungen an diese Welt gefesselt ist"[44]. Auch in dieser Arbeit führt dieser Ansatz zur Teilhabe am Leiden Gottes in der Welt in Jesus Christus. Darüber hinaus fehlt die Konkretion auch hier.

Wie Hanfried Müller, so baut auch Dedo Müller seine Unter-

ziehung des Wortes Gottes auf die societas in Dietrich Bonhoeffers theologischer Entwicklung, Hamburg-Bergstedt 1961. – Das Buch, das auf der Grundlage des dialektischen Materialismus entstanden ist und 1956 der Evang.-theol. Fakultät der Humboldt-Universität in Berlin als Dissertation vorgelegen hat, hat eine sehr zwiespältige Aufnahme gefunden. Vgl. dazu die in der folgenden Anmerkung genannte Arbeit sowie: E. Hübner, Eine marxistische Bonhoeffer-Interpretation, in: KidZ XVI, 1961, S. 378–382; Walther Fürst, Motive der theologischen Arbeit Dietrich Bonhoeffers, in: Hören und Handeln. Festschrift für Ernst Wolf zum 60. Geburtstag, München 1962, S. 133–152; E. Bethge, Besprechung, in: MW IV, S. 169–174. – Oben werden nur die allerwichtigsten einschlägigen Gedanken aus dem umfangreichen Werk wiedergegeben.

[42] Dedo Müller, Dietrich Bonhoeffers Prinzip der weltlichen Interpretation und Verkündigung des Evangeliums, in: ThLZ 86, 1961, Sp. 721–744, s. unten S. 145–189. – Vgl. ders., Was bedeutet „weltliche" Verkündigung des Evangeliums bei Dietrich Bonhoeffer?, in: Quatember 26, 1961/62, S. 167–175.

[43] H. Müller, a. a. O., S. 400.

[44] H. Müller, a. a. O., S. 415.

suchung auf der Unterscheidung von Letztem und Vorletztem auf, führt aber insofern weiter, als er Bonhoeffers Arkanum im Kultus findet, dem die Verhaltenheit des Ausdrucks eignet, „die das Heilige vor Profanierung schützt"[45]. Dort erschließen sich Erfahrungs- und Erkenntnismöglichkeiten, die dem autonomen Vernunftgebrauch verwehrt sind. „Aber die Forderung der Arkandisziplin ist für B. alles andere als ein schwärmerisch-mystischer Rückzug ins Wortlos-Unaussprechliche, es geht ihm auch um eine neue Verkündigung in der religionslosen Welt von heute. Und dazu bedarf es einer verbalen ‚weltlichen Interpretation der biblischen Begriffe'."[46] Von daher ist für ihn neuinterpretiertes Evangelium „nicht verbal, sondern sachlich, nicht rhetorisch, sondern realistisch, nicht abstrakt, sondern konkret verstandenes Evangelium"[47]. Dieser im Evangelium enthaltene Realismus schafft als Gottesverhältnis einen totalen, leibhaften, wesensmäßigen, seinsmäßig-realen neuen Lebenszustand „in dieser Welt, für diese Welt, und es ist ‚Dasein für andere'"[48]. Von dieser Basis aus wird „weltliche Interpretation" für Dedo Müller zum Problem der Nachfolge, zum Problem der Ethik und zum Problem der soziologischen Gestalt der Kirche[49]. Damit ist nicht nur ein fruchtbarer Rückzug auf Bonhoeffers eigenes Werk gelungen, sondern über die theologischen Erwägungen hinaus konkret der Weg gewiesen, auf den die nicht-religiöse Interpretation führt. Dedo Müllers Arbeit ist m. E. eine der lohnendsten Arbeiten zum vorliegenden Problem.

[45] D. Müller, a. a. O., Sp. 727 = unten S. 155. Auch: „Die ihm gemäße Form der Kommunikation mit dem Heiligen ist nicht das Reden über Gott, sondern das Reden mit Gott, das Gebet", ebd.

[46] D. Müller, a. a. O., Sp. 728 f. = unten S. 158.

[47] D. Müller, a. a. O., Sp. 729 f. = unten S. 160.

[48] D. Müller, a. a. O., Sp. 730 = unten S. 160.

[49] Hier ist auch auf die Arbeiten von Jürgen Moltmann zu verweisen: Herrschaft Christi und soziale Wirklichkeit nach Dietrich Bonhoeffer, ThEx 71, 1959; Die Wirklichkeit der Welt und Gottes konkretes Gebot nach Dietrich Bonhoeffer, in: MW III, München 1960, S. 42–67.

5. *Nicht-religiöse Interpretation und Altes Testament in Arbeiten von 1962*

Es folgen drei Arbeiten, die auf das Verhältnis der nicht-religiösen Interpretation zum Alten Testament und umgekehrt eingehen. Da alle drei Arbeiten 1962 unabhängig voneinander erschienen sind, ist die Reihenfolge des Referates gleichgültig. Es handelt sich um den Aufsatz von Hannelis Schulte ›In den Tatsachen selbst ist Gott. Die Bedeutung des Alten Testaments für die christliche Verkündigung nach D. Bonhoeffers letzten Briefen‹[50], den amerikanischen Beitrag von Walter Harrelson, ›The Source of Answers to the Question Concerning Jesus Christ. Bonhoeffer and the Bible‹[51] und die Hamburger Dissertation von Karl-Heinz Nebe, ›„Religionslose" Interpretation bei Dietrich Bonhoeffer und ihre Bedeutung für die Aufgabe der Verkündigung‹[52].

Hannelis Schulte stellt zwar fest, daß Bonhoeffer während seiner Haftzeit das Alte Testament so entdeckt hat, „daß es für ihn neue Bedeutung bekam und für sein Glaubensverständnis maßgebend wurde"[53], vermerkt auch richtig, daß von christologischer oder typologischer Auslegung des Alten Testaments oder religionsgeschichtlicher Entwicklungslehre in der Haftzeit bei Bonhoeffer nicht mehr die Rede sein kann, kommt dann aber in ihrer Untersuchung zu einer völlig einseitigen und darum m. E. falschen Lösung: Auf Grund von Bonhoeffers Aussagen scheint sein Interesse an einer Diesseitigkeit des Alten Testaments zu

[50] Hannelis Schulte, In den Tatsachen selbst ist Gott. Die Bedeutung des Alten Testaments für die christliche Verkündigung nach D. Bonhoeffers letzten Briefen, in: EvTh 22, 1962, S. 441–448.

[51] Walter Harrelson, The Source of Answers to the Question Concerning Jesus Christ. Bonhoeffer and the Bible, in: The Place of Bonhoeffer. Problems and Possibilities in His Thougth, ed. by Martin E. Marty, New York 1962, ²1964, S. 115–142.

[52] Karl-Heinz Nebe, „Religionslose" Interpretation bei Dietrich Bonhoeffer und ihre Bedeutung für die Aufgabe der Verkündigung, Masch. Diss. Hamburg, 1962. – Vgl. ders., Weltliche Interpretation. Zu Gedanken Bonhoeffers, in: PBl 104, 1964, S. 66–79 = unten S. 210–230.

[53] Schulte, a. a. O., S. 441.

haften. Im Neuen Testament ist der Glaube zur Diesseitigkeit befreit. Die Testamente berühren sich darin, daß sie von dem Leiden Gottes als dem Schicksal des Guten reden (Jer. 45; Passionsgeschichte). „Das Schicksal des Guten – das Schicksal Jesu von Nazareth – ist Gottes Schicksal. In diesem Sinn allein ist Jesus ‚wahrer Gott' ... Der Glaube vollzieht sich darin, daß wir unter dem Bilde Jesu in dem Leidenden das Schicksal Gottes erkennen und uns ‚dazustellen'."[54] Hier sei die Einheit Gottes mit Jesus viel schärfer gefaßt, als es die Christologie je getan hat. „Zugleich aber ist diese Bestimmtheit Gottes im Neuen Testament nicht etwas Neues gegenüber dem Alten, sondern nur die Klärung dessen, was dort schon gegeben war. Klar und deutlich aber ist im Neuen Testament die Verheißung, daß das Schicksal des Guten nicht im Scheitern endet, daß wir hier auch angesichts der Vergänglichkeit das Leben haben unter dem Zuspruch Gottes, nämlich Vergebung, Frieden und Freiheit."[55]

Besonders mit dem letzten Zitat ist deutlich, daß das Neue Testament hier an entscheidender Stelle verkürzt wird: Hier ist nicht gesehen, inwiefern mit dem Kommen Jesu eben nicht alles beim Alten bleibt und wie die Auferstehung Jesu Zukunft eröffnet. Nicht nur das Neue Testament, sondern auch Bonhoeffer scheint hier falsch gesehen: Weder ist das Alte Testament zum Neuen in richtige Beziehung gesetzt noch die Bedeutung des Alten Testaments bei Bonhoeffer richtig verstanden[56].

Die Zuordnung von Altem und Neuem Testament scheint bei Harrelson besser gesehen. Er sieht ebenfalls sehr wohl, daß Bonhoeffers Verhältnis zum Alten Testament sich in seiner Spätzeit gewandelt hat, er sieht aber auch die Kontinuität in seiner bisherigen Auslegung[57]. Harrelsons Ansicht nach erfüllt das Alte Testament für Bonhoeffer drei Aufgaben: 1. Das Alte Testament

[54] Schulte, a. a. O., S. 447 f.

[55] Schulte, a. a. O., S. 448.

[56] Vgl. z. B. WE, S. 112 f.

[57] „... it is clear that Bonhoeffers's view of the meaning of Old Testament faith does undergo change. In my judgment, the change is not so great as some interpreters have supposed", a. a. O., S. 133.

zeigt die Bedeutung der Geschichte für die Offenbarung[58]; 2. das Alte Testament repräsentiert das „Vorletzte", das Neue Testament das „Letzte"[59] und 3. das Alte Testament verhilft uns, den Glauben in der Welt zu leben, in der Mitte des Lebens – wie das Neue Testament[60]. Harrelson faßt seine Beobachtungen zusammen: „We must learn from the Bible, and especially from the Old Testament that God lives and works at the centre of man's existence not on the periphery of existence."[61]

Die Dissertation von Nebe unterscheidet sich von den beiden zuvor genannten Arbeiten dadurch, daß sie deren verschiedene Gesichtspunkte miteinander verbindet, daß sie ganz stark die Kontinuität der Bonhoefferschen Gedanken von der Dozentenzeit in Berlin an bis in die Gefangenschaft betont[62], und daß sie auch die Bedeutung des Alten Testaments für den späten Bonhoeffer seinem Thema entsprechend für die Verkündigung wei-

[58] „Bonhoeffer's appreciation of the place of history in the Old Testament picture of revelation is here discloses, but this had been stressed very charly and strongly by Eichrodt, Koehler, and Barth prior to this time", a.a.O., S.133.

[59] Zum Brief vom 2. Advent 1943 (vgl. WE, S.112f.): „Here Bonhoeffer sees Old Testament faith to represent the ‚next to last' thing and the New Testament to be the ‚last'", a.a.O., S.134.

[60] „The Old Testament provides ample warrent for the life of faith in the world, in the centre of life – as does the New also", a.a.O., S.135. Hier zeigt sich eine Beziehung zu den Ausführungen von Hannelis Schulte.

[61] Harrelson, a.a.O., S.135.

[62] „Ganz im Gegensatz zu Müller z.B. sehen wir Bonhoeffer als systematisch-intuitiven Denker. Natürlich unterliegt auch er einer Entwicklung, in der er von bestimmenden Ereignissen und geistigen Begegnungen abhängig war. Aber es ist verwunderlich, wie erstaunlich oft er davon unabhängig ist, und zwar so sehr, daß die zeitlich letzten Gedanken schon in seiner Dozentenzeit in erstaunlicher Klarheit vorliegen. Die Christologievorlesung über Genesis 1–3 und der Vortrag über ‚Dein Reich komme' bestätigen das u.a. und machen z.B. Müllers Theorie von der Entwicklung Bonhoeffers in Stufen und dem späten plötzlichen Durchbruch des Neuen zunichte", Nebe, a.a.O., S.VI.

ter auszieht. Bezüglich der nicht-religiösen Interpretation biblischer Begriffe lehnt sich Nebe stark an Ebeling an[63].

Es gelingt Nebe zu zeigen, warum das Alte Testament beim späten Bonhoeffer solch ein starkes eigenständiges Gewicht neben dem Neuen Testament hat. Es gelingt ihm auch, einige frühe Wurzeln der revolutionären Gedanken des späten Bonhoeffer schon in dessen Frühzeit aufzudecken. Unbeantwortet bleibt aber die Frage, warum die Auslegung alttestamentlicher Texte während der Gefängniszeit bei Bonhoeffer ein solch bemerkenswert anderes Bild gegenüber den Auslegungen der 30er Jahre zeigt. Hier hat sich Nebe zu sehr von dem Gedanken der Kontinuität der Bonhoefferschen Entwicklung leiten lassen und zu wenig die tatsächlich vorhandenen Quellen beachtet. Dadurch zeigt sich, wie notwendig gerade auch die Beachtung von Bonhoeffers Hermeneutik in den einzelnen Stadien ist; es geht eben nicht, Bonhoeffer nur von seinen Aussagen in den Briefen her verstehen zu wollen.

Nebe hat die wesentlichen Ergebnisse seiner Dissertation in seinem Aufsatz ›Weltliche Interpretation. Zu Gedanken Bonhoeffers‹ zusammengefaßt[64].

Weniger unter dem Aspekt des Verhältnisses zum AT ist für den angesprochenen Zeitraum hier noch die französische Arbeit ›Dietrich Bonhoeffer et l'interprétation non-religieuse de notions bibliques‹ von Edmond Grin[65] zu nennen, die zeigt, wie die Bonhoefferschen Gedanken im französischen Sprachraum zur Gel-

[63] „In dem Sinne der eben erarbeiteten Christologie ist Bonhoeffers ‚nicht-religiöse Interpretation' christologische Interpretation", a.a.O., S.22. Zu „Gesetz und Evangelium", vgl. S.55.

[64] K.-H. Nebe, Weltliche Interpretation. Zu Gedanken Bonhoeffers, in: PBl 104, 1964, S.66–79 = unten S.210–230. – Zur Bedeutung des AT bei Bonhoeffer vgl. auch: F. I. Anderson, Dietrich Bonhoeffer and the Old Testament (Isa 53), in: RefThr 34, 1975, S.33–44; M. Kuske, Das Alte Testament als Buch der Kirche. Bonhoeffers Wertung und Auslegung des AT, Berlin-Ost/Göttingen 1971.

[65] Edmond Grin, Dietrich Bonhoeffer et l'interprétation non-religieuse de notions bibliques, in: ETR 37, 1962, S.115–137 = unten S.190–209.

tung gebracht werden. Der Bezug auf G. Ebeling, G. Harbsmeier, A. D. Müller und H. Müller ist nicht zu verkennen, aber sie ist auch durchaus eigenständig und als eine der ausländischen Stimmen hier in den Sammelband aufgenommen.

6. *Arbeiten der Jahre 1964 bis 1966*

Seit 1962 sind nur wenige Arbeiten zu Bonhoeffers Theologie zu verzeichnen. Zunächst sind hier als bemerkenswerte Beispiele der Aufnahme Bonhoefferscher Gedanken in umfangreichere Werke im Ausland die beiden Holländer K. H. Miskotte[66] und A. E. Loen[67] zu nennen, dann aber der Aufsatz von G. Müller[68]. Auszüge aus den beiden holländischen Werken sind in den Sammelband aufgenommen; sie sprechen für sich. Mit G. Müller wird eine kritische Stimme laut, die davor warnt, allzu leichtfertig vom „religionslosen" Menschen zu sprechen, ja, in ihm eher „ein Retortenprodukt theoretischen Denkens" sehen will[69]. In der Folge des 20. Todestages erscheint dann eine größere Zahl von Publikationen, von denen hier nur diejenigen interessieren, die sich mit der Frage der nicht-religiösen Interpretation eingehender beschäftigen: Es handelt sich dabei um Gerhard Sauters Aufsatz ›Zur Herkunft und Absicht der Formel „Nicht-religiöse Interpretation biblischer Begriffe" bei Dietrich Bonhoeffer‹[70], um

[66] K. H. Miskotte, Wenn die Götter schweigen. Vom Sinn des Alten Testaments, München 1963, bes. S. 86–91 = unten S. 231–237.

[67] A. E. Loen, Säkularisation. Von der wahren Voraussetzung und angeblichen Gottlosigkeit der Wissenschaft, München 1965, bes. S. 205–212 = unten S. 238–246.

[68] G. Müller, Der Mythos vom ‚religionslosen' Menschen, in: LM 3, 1964, S. 573–576; vgl. ders., Religion zwischen Metaphysik und Prophetie. Anmerkungen zum Religionsbegriff bei K. Barth, P. Tillich und D. Bonhoeffer, in: NZSTh 20, 1978, S. 203–225 = unten S. 445–475, wo der Verfasser dieselbe Thematik in einen größeren Zusammenhang gestellt hat.

[69] G. Müller, a. a. O., S. 576.

[70] Gerhard Sauter, Zur Herkunft und Absicht der Formel „Nicht-religiöse Interpretation biblischer Begriffe" bei Dietrich Bonhoeffer, in:

den § 8 ›Verkündigung in der „mündigen“ Welt‹ in Hans-Rudolf Müller-Schwefes Homiletik II: ›Die Lehre von der Verkündigung. Das Wort und die Wirklichkeit‹[71], um den entsprechenden Abschnitt des Kapitels über Dietrich Bonhoeffer in Heinz Zahrnts Buch ›Die Sache mit Gott‹[72], um Jörg Martin Meiers Arbeit ›Weltlichkeit und Arkandisziplin bei Dietrich Bonhoeffer‹[73] und um Adolf Köberles Aufsatz ›Religionsloses Christentum?‹[74].

Für die Französisch sprechende Welt stehen hier in dem Sammelband die Thesen der Arbeit von Pierre-André Diserens, ›L'interprétation non-religieuse des notions bibliques chez D. Bonhoeffer‹[75], die natürlich nur einen Eindruck vermitteln können von dem, was in der 89 maschinenschriftliche Seiten umfassenden Arbeit ausgeführt wird.

Sauter bemüht sich, den Anfragen der letzten Briefe Bonhoeffers besonders von ihrer Vorgeschichte her etwas genauere Konturen zu geben, indem er die Begriffe *Interpretation* und *nicht-religiös* bei Bonhoeffer selbst klärt, die theologiegeschichtliche Verflechtung des Begriffs *Religion* im Sinne Bonhoeffers untersucht und die dogmatischen Anfragen formuliert, die daraus fol-

EvTh 25, 1965, S. 283–297 = unten S. 247–266 (mit Zusätzen gegenüber der ursprünglichen Fassung).

[71] Hans-Rudolf Müller-Schwefe, Die Lehre von der Verkündigung. Das Wort und die Wirklichkeit. Homiletik 2. Band, Hamburg 1965, S. 222–244.

[72] Heinz Zahrnt, Die Sache mit Gott. Die protestantische Theologie im 20. Jahrhundert, München 1966, 5. Kapitel „Vom Jenseits zum Diesseits“, S. 155–217, bes. S. 196–214.

[73] Jörg Martin Meier, Weltlichkeit und Arkandisziplin bei Dietrich Bonhoeffer, ThEx 136, München 1966.

[74] Adolf Köberle, Religionsloses Christentum? Eine Auseinandersetzung mit Dietrich Bonhoeffer, in: Zeitwende. Die neue Furche 37, 1966, S. 28–36 = unten S. 270–282.

[75] P.-A. Diserens, L'interprétation non-religieuse des notions bibliques chez D. Bonhoeffer. Fondements et principes, Masch. Diss. Faculté de Théologie de l'Eglise Evangélique Libre du Canton de Vaud, 1965 = unten S. 267–269 (Thesen).

gen. Er kennzeichnet die „nicht-religiöse Interpretation biblischer Begriffe" nicht wie Ebeling als eine „Reflexionsformel in bezug auf die Verkündigung", sondern als „Reflexionsformel in bezug auf den Sachverhalt der Theologie, auf ihr dogmatisches Leitmotiv"[76]. Die Formel gehört in die systematisch-theologische Besinnung. Mit den Namen Schleiermacher, Troeltsch, Barth, Ragaz und Chr. Blumhardt umreißt Sauter den beziehungsreichen Hintergrund des von Bonhoeffer verwendeten Religionsbegriffs, „vor dem das Thema ‚nicht-religiöse Interpretation' Profil gewinnt"[77]. Sauter führt seine Lösung bis zur Feststellung von Bonhoeffers Kritik der Religion als Lebensbewältigung, in der Gott zum Deus ex machina wird, und kennzeichnet mit Bonhoeffers Verweis an den leidenden Gott, der allein helfen kann, den Einsatz der Christologie Bonhoeffers, die er leider nicht näher entfaltet. Sauter nimmt mit seinem Beitrag die für die Mitte der 60er Jahre in der Bonhoeffer-Literatur charakteristische zurückhaltende, aber nichtsdestoweniger um Klärung bemühte Haltung ein, deren Richtung unbedingt weiterzuverfolgen ist.

Eine ähnlich abwägende Haltung nimmt Müller-Schwefe gegenüber Bonhoeffer in seiner Homiletik ein; entscheidend ist, daß er versucht, über den Ansatz Bonhoeffers hinauszuführen. Er will nicht bei dem in Jesus Christus leidenden Gott stehenbleiben, sondern sieht den Ansatz der Verkündigung in der „weltlichen Welt" in Jesus Christus als dem Herrn dieser und der zukünftigen Welt. „Darum ist die Verkündigung weltlich: Jesus Christus hat die Welt in sein Sterben hineingenommen und ist die Zukunft dieser Welt geworden durch die Auferstehung. – Diese weltliche Verkündigung erscheint als ‚weltliche Interpretation'. Sein Leben, Sterben und Auferstehen interpretiert den Menschen und seine Welt als Wort Gottes, das zur Vollendung ruft."[78] Diese Sicht hat entscheidende Folgen bis hinein in den Sprachgebrauch.

[76] Sauter, a.a.O., S. 285 = unten S. 249 f.
[77] Sauter, a.a.O., S. 294 = unten S. 262.
[78] Müller-Schwefe, Homiletik II, S. 240.

Heinz Zahrnt sieht in seinem Kapitel ›Vom Jenseits zum Diesseits‹ zwei Theologen in vorderster Front vor vielen anderen mit dem Problem der totalen Säkularisation beschäftigt: Friedrich Gogarten und Dietrich Bonhoeffer. Damit ist schon der Rahmen gegeben, in dem ihn die nicht-religiöse Interpretation biblischer Begriffe beschäftigt: Es ist die Frage, „wie können wir das Evangelium so sagen, daß es der Säkularisierung, die unser geschichtliches Schicksal ist, gerecht wird und den Menschen in der Säkularität trifft?"[79]. Hier ist es für ihn vor allem Bonhoeffer, der mit seinen Bemühungen um die nicht-religiöse Interpretation dieser Fragestellung entspricht. Zahrnt sieht wie Karnetzki in Joh. 1,14 den Schlüssel für Bonhoeffers weltliche Interpretation biblischer Begriffe, d. h. in dem Ernstmachen mit der Menschwerdung Gottes in Jesus Christus. Mit anderen Worten: nicht-religiöse Interpretation heißt für Bonhoeffer christologische Interpretation. „Ihr Grundzug ist die ‚theologia crucis', die Kreuzestheologie."[80] Sie bildet „Zug um Zug das genaue Gegenbild zu dem, was er als das Wesen der ‚Religion' beschrieben hat". Zahrnt zeigt richtig, daß Bonhoeffer die Erneuerung der christlichen Verkündigung durch die nicht-religiöse, weltliche Interpretation der biblischen Begriffe nicht zu Ende *gedacht*, aber sie zu Ende *gelebt* hat, „er ist sie gleichsam gestorben ... Er hat das Gerechte unter den Menschen getan und er hat gebetet"[81]. Zahrnt hat damit die Positionen fixiert, hinter die die Theologie nicht mehr zurückkann. Die Realisierung dieser Positionen deutet er allerdings auch nur an: Die Verwirklichung des „Christlichen" in der weltlich gewordenen Welt und damit die Antwort der Theologie heißt: „Aushalten der ganzen Wirklichkeit der Welt vor Gott ... Darin besteht der Beweis des Geistes und der Kraft – der einzige Gottesbeweis, der in der weltlich gewordenen Welt noch zugelassen ist, wenn überhaupt je ein anderer zugelassen war."[82]

Jörg Martin Meier definiert als *das* Thema der Theologie Bon-

[79] Zahrnt, a. a. O., S. 197.
[80] Zahrnt, a. a. O., S. 203.
[81] Zahrnt, a. a. O., S. 213.
[82] Zahrnt, a. a. O., S. 216.

hoeffers in seiner Arbeit ›Christus – Kirche – Welt‹ und versucht zu zeigen, wie die zwei Denkbewegungen Bonhoeffers, die in den Termini *Weltlichkeit* und *Arkandisziplin* auf ihren Begriff gebracht werden können, sozusagen als theologische Ortslinien mitten in dieses eine Thema hineinführen und von diesem einen Thema her als Denkbewegungen zu verstehen sind, die sich gegenseitig fordern. Meier bezieht sich in seiner Untersuchung entsprechend auf das Ganze von Bonhoeffers Schrifttum, wobei die Äußerungen der Gefangenschaftsbriefe besonders behutsam interpretiert werden. Die Arbeit ergibt für die Thematik der nicht-religiösen Interpretation nicht viel und soll deshalb auch nicht ausführlich referiert werden – sie ist aber insofern wichtig, als sie zwei für die nicht-religiöse Interpretation wichtige Begriffe gründlich systematisch klärt und damit die Arbeiten ergänzt, die besonders auf die Bedeutung der Arkandisziplin für die weltliche Interpretation hingewiesen haben. Herauszuheben ist die Verhältnisbestimmung von *Weltlichkeit* und *Arkandisziplin*: „Es ist beide Male die Wirklichkeit Christi, aber darin unterschieden, daß sie als innergemeindliche Wirklichkeit dienend zentriert ist um die Gegenwärtigkeit Christi, während sie als Wirklichkeit der Welt der in Christus erkannten Selbstzwecklichkeit menschlichen und weltlichen Lebens dient ... Unter dem Begriff ‚Christus, der Mittler' oder ‚die Mitte' läßt sich eigentlich „Weltlichkeit" und „Arkandisziplin", ‚Christus, der Wirkliche' und ‚Christus, der Gegenwärtige' subsumieren. Als Mittler setzt Christus die Weltlichkeit der Welt, als Mittler in und als Kirche schenkt er das Wirklichwerden der Weltlichkeit, als Mittler steht er in der Mitte weltlichen Handelns, Mittler ist er als Arkanum für Kirche und Welt, Mittler ist er als Grund und Maßstab des verantwortlichen Umgangs mit den Gestalten seiner Gegenwart."[83]

Der Aufsatz von Köberle ist hier insofern interessant, als er gegen die Forderung einer religionslosen Verkündigung Front macht: Bonhoeffer habe „uns mit seinem letzten Vermächtnis

[83] Meier, a.a.O., S.79f.

nicht nur gute Dienste getan"[84]. Es sei nicht heilsam gewesen, daß er uns aufgefordert hat, vor dem Notstand der religionslos gewordenen Welt „zu kapitulieren und uns ihm bedingungslos anzupassen. Wir dürfen die Welt ihrer seelischen Armut, die sich bis tief in das Religiöse hinein auswirkt, nicht überlassen"[85]. Durch die Pflege religiöser Kunst und Sprache soll dieser Verkümmerung entgegengewirkt werden. Unter Berufung auf die Tiefenpsychologie Carl Gustav Jungs erfährt die machtvolle Sprache des Mythischen eine Ehrenrettung, weil nur in ihr die ewigen Wahrheiten von Schöpfung, Fall und Erlösung sinngemäß zum Ausdruck gebracht werden könnten.

Bei aller Zurückhaltung und Vorsicht gegenüber dem Anliegen Bonhoeffers muß hier doch gesagt werden, daß man Bonhoeffer kaum mehr mißverstehen kann als Köberle und daß er weder von der Problematik der Gegenwart noch von dem tief in der Christologie wurzelnden theologischen Bemühen Bonhoeffers das Entscheidende gesehen hat[86].

Die Arbeit von Diserens führt über die auch anderweitig gewonnenen Erkenntnisse zu Bonhoeffers Anliegen einer nichtreligiösen Interpretation kaum hinaus. Sie hat aber eine besondere Bedeutung darin, daß sie das, was Bonhoeffer mit Religionslosigkeit gemeint hat, tief in der geschichtlichen Tradition verankert.

[84] Köberle, a. a. O., S. 35 = unten S. 279.

[85] Köberle, a. a. O., S. 35 = unten S. 279.

[86] Man beachte in diesem Zusammenhang, in welch anderer und damit überzeugenderen Weise wenig später etwa Hubertus Halbfas, Fundamentalkatechetik, Sprache und Erfahrung im Religionsunterricht (Arbeiten zur Pädagogik 8), Stuttgart 1968, Bonhoeffers Religionsbegriff ablehnt und von Paul Tillich her neu begründet: „Unter ‚Religion' verstehen wir jede Form vollzogener Religiosität", S. 28. „Religiosität kann darum – mit Paul Tillich – als Erschlossenheit für die Dimension der Tiefe im Menschen bezeichnet werden, als das Ergriffensein von dem, ‚was uns unbedingt angeht'", S. 25. Von dieser Position aus sieht Halbfas den „Religionsbegriff des 19. Jahrhunderts, der Bonhoeffer in all seiner Kritik an der Religion bestimmt, überwunden", S. 27.

7. Die Bonhoeffer-Interpretation durch Heinrich Ott[87]

Auch Heinrich Ott hat in seiner umfangreichen Bonhoeffer-Monographie nicht zu einer diskutablen Lösung vorstoßen können. Das hat G. Kegel in seiner Rezension[88] m. E. richtig zum Ausdruck gebracht: „Ott hat selber so etwas wie eine Vision der Lösungen."[89] Der Ertrag seiner Bemühungen aber ist erst die Aufgabenstellung.

Ott definiert die nicht-religiöse Interpretation als „Sprachproblem, welches, in der Begegnung mit dem konkreten Menschen unserer Tage, hinzielt auf eine Neuorientierung der Sprache der Kirche, dabei die existentielle Haltung der Kirche in der Welt genuin mitbetrifft und seine letzte thematische Zuspitzung erfährt in der Christologie"[90]. Als Motive nennt er einen Bonhoeffer eigenen Zug aristokratischer Gesinnung in dem, was er treibt und was ihn treibt, Weltlichkeit, mit der Bonhoeffers Vorliebe fürs Alte Testament im Zusammenhang steht, und den „Realismus des Menschlichen". Ott macht für das Verständnis der vorliegenden Problemstellung besonders auf die in der bisherigen Bonhoeffer-Interpretation und -Rezeption schon mehrfach beobachtete und erst in später Stunde bei Bonhoeffer in diesem Zusammenhang anzutreffende „kreuzestheologische Wendung" aufmerksam, nach der Christsein heißt: „das Leiden Gottes in der Welt mit-leiden ... mit Christus in der Nacht von Gethsemane ausharren"[91]. Ott arbeitet ebenso die Abgrenzungen heraus, die Bonhoeffer selber gegenüber Barth und Bultmann vollzieht, wie auch die Grenze, die seinem Unternehmen durch dessen Ausgangspunkt gesetzt ist: „Es ist gebunden an das

[87] Heinrich Ott, Wirklichkeit und Glaube. Erster Band: Zum theologischen Erbe Dietrich Bonhoeffers, Zürich 1966, bes. III. Kapitel ›Die nicht-religiöse Interpretation‹, S. 87–145.

[88] G. Kegel, Rezension des in der vorigen Anmerkung genannten Werkes, in: ThP 3, 1968, S. 206 f. Ebenfalls kritisch: Wilfried Maechler, Um die Interpretation Bonhoeffers, in: KidZ XXII, 1967, S. 176–179.

[89] Kegel, a. a. O., S. 207.

[90] Ott, a. a. O., S. 89.

[91] Ott, a. a. O., S. 98.

Concretissimum der Gottesgewißheit, der Christusgegenwart. Dieses muß gesagt werden! Dies will zur Sprache kommen in dem Sprachproblem, welches mit der nicht-religiösen Interpretation aufgeworfen ist! Diese Grenze darf nicht überschritten werden."[92] So gilt es, in der nicht-religiösen Interpretation eine angemessene Form der Rede zu finden. Dieses Suchen nach der richtigen Rede ist aber von vornherein dadurch bestimmt, daß es gewisse Dinge zu verschweigen gilt. So wird die *Arkandisziplin* zu einer weiteren Grenze des Unternehmens. „Die Arkandisziplin ist als gleichsam beredtes Schweigen die Grenze, welche das Reden der nicht-religiösen Interpretation stets (und zwar konstitutiv!) begleitet."[93] Die von Ott anvisierte Lösung ist – m. E. richtig – eine christologische Lösung, indem er die nicht-religiöse Interpretation als „radikale Theologie der Inkarnation" definiert. Den diesseitigen Christus, in dem Gott, der „ganz Andere", für diese Welt und in gewisser Weise in dieser Welt ist, in der Welt zeigen, heißt nicht-religiöse Interpretation treiben. Dem Menschen ist in der nicht-religiösen Interpretation Weg-Weisung zu geben, indem sie ihm den Vollzug beschreibt. „Der Glaube muß beschreibbar sein, und zwar so konkret, daß aus der Beschreibung ersichtlich wird, inwiefern der Glaube ‚mit seinem Leben daran hängt' ... Die Folgerungen sind also höchst praktischer Art und betreffen die Haltung, das Auftreten, den Dienst der Kirche."[94] Aber wie? Hier weist Ott den Leser an die beiden Folgebände, mit denen er die im ersten Band umrissene Aufgabe fortsetzt bzw. fortzusetzen gedenkt[95]. Als wesentlichste Antwort auf die Frage nach der nicht-religiösen Interpretation gilt es hier festzuhalten, daß sie „ihre Antwort nur von der Christologie her bekommen kann. In Christus, und nur in ihm ist Gott ‚weltlich'"[96].

[92] Ott, a. a. O., S. 128.

[93] Ott, a. a. O., S. 99.

[94] Ott, a. a. O., S. 144 f.

[95] Vgl. Ott, a. a. O., S. 394. Erschienen ist Band 2 von ›Wirklichkeit und Glaube‹: ›Der persönliche Gott‹, Göttingen 1969.

[96] Ott, a. a. O., S. 143.

8. Die Bonhoeffer-Interpretation durch Eberhard Bethge

Der Freund Dietrich Bonhoeffers Eberhard Bethge hat sich zu den hier verhandelten Themen mehrfach geäußert, zunächst in seiner großen Bonhoeffer-Biographie[97], dann fast gleichzeitig in dem Aufsatz ›Christologie und „Religionsloses Christentum" bei Bonhoeffer‹ (zuerst englisch 1967)[98] und schließlich in den beiden Aufsätzen ›Gottesdienst in einem säkularen Zeitalter – wie Bonhoeffer ihn verstand‹[98a] und ›Christlicher Glaube ohne Religion. Hat sich D. Bonhoeffer geirrt?‹[99]. Kann es auch nicht die Aufgabe einer Biographie sein, eine theologische Monographie mit zu beinhalten, so werden hier doch einige entscheidende Verstehenshilfen geboten zu dem, was den Freund Dietrich Bonhoeffer in den letzten Monaten vor seinem Tode bewegt hat und an dem Bethge zuerst und unmittelbar Anteil haben durfte. Im Grunde ist sein ganzes Buch eine Interpretation der von Bonhoeffer gelebten Theologie im Vollzug[100].

In dem Stichwort „nicht-religiöse Interpretation biblischer Begriffe in der mündig gewordenen Welt" sieht Bethge in dem Kapitel ›Die neue Theologie, ein Exkurs‹[101] bei Bonhoeffer eine erste erahnte Aufgabe. Wichtig ist sein Urteil, daß die Wurzeln für Bonhoeffers neue Theologie zurück in bestimmte Ansätze

[97] Eberhard Bethge, Dietrich Bonhoeffer. Theologe – Christ – Zeitgenosse, München 1967. – Vgl. folgende Rezensionen: Ferdinand Schlingensiepen, Biographie nach angelsächsischem Vorbild. Zu Eberhard Bethges Buch über Bonhoeffer, in: KidZ XXII, 1967, S. 209–212; Dietrich Strothmann, „Mit meinem Gott über die Mauer springen". Ein Christ als Verschwörer: Der Weg Dietrich Bonhoeffers, in: Die Zeit Nr. 29 vom 19. Juli 1968, S. 28 f., und Jørgen Glenthøj, in: ThP 3, 1968, S. 306–311.

[98] Vgl. o. S. 1, Anm. 1.

[98a] Vgl. u. S. 340–359.

[99] E. Bethge, Christlicher Glaube ohne Religion. Hat sich D. Bonhoeffer geirrt?, in: EK 8, 1975, S. 395–397 = Religionless Christianity – a mistake?, in: SR 12, 1983, S. 19–26.

[100] Vgl. Bethge, Dietrich Bonhoeffer, S. 994.

[101] Bethge, a. a. O., S. 958–1000.

seiner Frühzeit reichen, die z. T. durchgehalten werden, z. T. neue Akzente erhalten. Hinzu kommen gewisse Anstöße aus dem eigenen Lebensweg: „Theologisch ist die ‚nichtreligiöse Interpretation' eindeutig in Bonhoeffers seit früher Zeit verfolgter Christologie vorbereitet.“[102] Die Veränderung der theologischen Perspektive setzt Bethge mit den ersten Kapiteln der ›Ethik‹ an. „In biographischer Hinsicht sind es vor allem Erfahrungen mit der Bekennenden Kirche und mit der politischen Konspiration, die hier ihre vorantreibende Wirkung getan haben.“[103] Die Auseinandersetzung Bonhoeffers mit der theologischen Literatur seiner Zeit wird gering veranschlagt. Die Zäsur für die neue Theologie setzt Bethge dann im April 1944 an. Seitdem sind die Grundthesen in seinen Briefen zu erkennen: Das Thema lautet, wer Christus für uns heute eigentlich sei. Er fragt „nach dem bestehenden Herrschaftsverhältnis Christi und nicht nach einer Methode, wie wir ihn heute präsentieren sollten ... Unter der vorausgesetzten Präsenz Christi möchte Bonhoeffer seine Präsenz heute begreifen.“[104] Es geht um die Inanspruchnahme der mündig gewordenen Welt durch Christus. Das ist mehr als ein Interpretationsprogramm. Es geht um Formen des Handelns. Bonhoeffer war der Meinung, daß das Wort der Kirche nicht durch Begriffe, sondern durch Vorbild Nachdruck und Kraft bekommt. „So verbindet sich redliche Denkbarkeit mit ethischen Entscheidungen.“[105] Bedeutungsvoll ist neben der Betonung der christologischen Komponente auch die Herausstellung der Arkandisziplin: „Es kann kein Zweifel sein, daß Bonhoeffer den Kontrapunkt einer Arkandisziplin zum Thema des nichtreligiösen Interpretierens für unaufgebbar gehalten hat.“[106] Eine befriedigende Lösung hat Bonhoeffer über die Platzanweisung der Arkandisziplin hinaus selbst nicht gefunden: Sie schützt einerseits die Welt vor der Vergewaltigung durch die Religion,

[102] Bethge, a. a. O., S. 961.
[103] Bethge, a. a. O., S. 961 f.
[104] Bethge, a. a. O., S. 970.
[105] Bethge, a. a. O., S. 987.
[106] Bethge, a. a. O., S. 989.

wie sie andererseits die nicht-religiöse Interpretation vor dem Rückfall in das Religiöse bewahrt. Bethge hat damit zusammengefaßt, was in einigen vorausgegangenen Arbeiten, wie z. B. bei Jörg Martin Meier, unabhängig voneinander gesehen wurde.

In der Anwendung der erarbeiteten Kriterien ist Bethge nun der erste, der auf einige Stellen in den Gefängnisbriefen aufmerksam macht, „die als Beispiele für eine nichtreligiöse Interpretation gelten können, obwohl sie sich als solche nicht einfach kopieren lassen“[107]. Unter ihnen ist der Brief über das Alte Testament[108], die Auslegung über den Segen[109] und die Deutung des messianischen Leidens[110], Briefe, die für das Verhältnis von Altem Testament und nicht-religiöser Interpretation besonders bedeutsam sind.

Und Bethge ist auch der erste, der Bonhoeffers letzte Auslegungen und Predigten einem Vergleich mit den früheren unterzieht. Er kommt dabei zu dem Ergebnis, daß hier keine besonderen sprachlichen Unterschiede hervortreten; wenn man aber darauf achtet, wieweit in den Auslegungen und Predigten die sieben Strukturelemente von Bonhoeffers Religionsverständnis (Metaphysik, Individualismus, Partialität, Deus ex machina, Privileg, Vormundschaft, Entbehrlichkeit) vermieden sind, „aus welcher Existenz heraus gepredigt und wieweit der Gekreuzigte in seiner Weltzugewandtheit gedeutet worden ist –, kommt man zu einem überzeugenderen Ergebnis, und man nimmt wahr, daß Weltzugewandtheit und Verzicht auf ‚religiöse‘ Sprache auch schon vorher Bonhoeffers Predigtweise beeinflußten“[111]. Letztlich allerdings geht es Bethge darum, wie Bonhoeffers Widerstandsweg und seine nicht-religiöse Interpretation sich gegenseitig auslegen. Er hat es mit seiner Biographie gezeigt und damit klargemacht, daß Bonhoeffer mit dem Vollzug seines eigenen Lebens die Antwort, die er auf die durch seine neue Theologie gestellten

[107] Bethge, a. a. O., S. 993.
[108] WE, S. 225–227.
[109] WE, S. 253.
[110] WE, S. 244 f., 265.
[111] Bethge, a. a. O., S. 994.

Fragen noch nicht zu formulieren in der Lage war, gelebt hat. Wenn auch Bethge die in der vorliegenden Untersuchung am meisten interessierende Frage nach der merkwürdig unchristologisch erscheinenden, aber gerade darum tiefer christologisch begründeten Auslegung des Alten Testaments in der Spätzeit nicht beantwortet hat, so hat er doch aus sehr persönlicher Kenntnis einmal mehr die Fragen formuliert, die Bonhoeffers Theologie uns hinterlassen hat.

Der ebenfalls 1967 zunächst in Amerika erschienene Aufsatz ›Christologie und „Religionsloses Christentum" bei Bonhoeffer‹[112] bringt gegenüber den Ausführungen in der Biographie nichts Neues, präzisiert und vertieft aber die Interdependenz der These, daß Bonhoeffers „nichtreligiöse Interpretation" zuerst und zuletzt „christologische" Interpretation ist, und umgekehrt, daß seine Christologie ständig bemüht war, sich „nichtreligiös" darzubieten.

Bethges Aufsatz ›Gottesdienst in einem säkularen Zeitalter – wie Bonhoeffer ihn verstand‹[113] führt in gewisser Weise Ausführungen des genannten Exkurs' der Biographie weiter, korrigiert aber vor allem entscheidende Mißverständnisse früherer Bonhoeffer-Interpretationen. Bethge wendet sich in der Hauptsache gegen zwei Mißdeutungen: „Zunächst haben sich viele Bonhoeffer-Ausleger nicht an den spezifischen Sinn und Gebrauch von Bonhoeffers Begriff von ‚Religion' gehalten."[114] Das wird nicht näher ausgeführt[115]. Dann wurde aber in den Gefängnisbriefen häufig übersehen, in welch positivem Sinn Bonhoeffer vom Kultus und vom Gebet spricht[116], daß er sich nach Beichte und Abendmahl sehnt, Gebete schreibt und sich mit dem Kreuz segnet[117]. Bethge betont, daß hier nicht das eigentliche Interesse in

[112] S. o. S. 1, Anm. 1.

[113] Eberhard Bethge, Gottesdienst in einem säkularen Zeitalter – wie Bonhoeffer ihn verstand, in: Evangelische Kommentare 1, 1968, S. 196–202 = unten S. 340–359.

[114] Bethge, a. a. O., S. 199 = unten S. 350.

[115] Vgl. aber Bethge, Biographie, S. 977–986.

[116] WE, S. 180, 185, 207, 220, 247, 257, 260, 275.

[117] WE, S. 93 f., 104.

Bonhoeffers Briefen liegt. Dies lag vielmehr auf der theologischen Reflexion und der Vision eines „religionslosen Christentums". Bonhoeffer hat als ein Mann des Gottesdienstes „eine Theologie des nichtreligiösen Interpretierens" skizziert.

Dabei hat Bethge den Ansatz Bonhoeffers insofern weitergeführt, als er die Dialektik von *Arkandisziplin* und *nicht-religiöser Interpretation* mit dem modernen Begriffspaar *Identität* und *Identifikation* umschreibt und sie auf das Spannungsverhältnis des *Sanctam* und *Catholicam* des dritten Glaubensartikels überträgt.

In seinem Aufsatz von 1975 setzt Bethge sich mit der Kritik auseinander, die Bonhoeffers Analyse von einer religionslos gewordenen Welt praktisch und theoretisch von einem überraschenden Aufleben des Phänomens Religion widerlegt sieht. Er macht manchen Mißverständnissen dieser Kritik gegenüber deutlich, daß die Analyse von Religion und Religionslosigkeit in Bonhoeffers Denken ein Werkzeug war, das ihm zur besseren Christuserkenntnis diente, „dem konkreteren Christusbezug"[118]. Bei der damit eng zusammenhängenden nicht-religiösen Interpretation ging es Bonhoeffer „um das Verstehen des Anspruchs Christi auf den ganzen Lebensakt des Menschen, und zwar gerade in seinen Stärken"[119]. Bethge weist so nach, daß Bonhoeffers Irrtum nicht in seiner Analyse der Religionslosigkeit unserer Welt lag, sondern „vielmehr in der Annahme, die Kirche könne nach allem, was sie in den dreißiger Jahren erlebte, nicht mehr in jenen wohlgeordneten, parzellierten Frieden mit ihrer jeweiligen Gesellschaft zurückfallen"[120]. Er sieht Bonhoeffers Analyse deshalb nicht hinter uns, sondern noch vor uns.

Vor allem mit seiner Kritik hat Bethge der Bonhoeffer-Interpretation einen heilsamen Stachel mitgegeben, der davor warnen sollte, Bonhoeffer sowohl für die eine wie für die andere Front in der heutigen Theologie einseitig in Anspruch zu nehmen und Bonhoeffer nie unter einem einzigen Aspekt zu betrachten. Wer sich mit Bonhoeffer beschäftigt, sollte immer den ganzen Bon-

[118] EK 8, 1975, S. 395.
[119] Ebd., S. 396.
[120] Ebd., S. 397.

hoeffer, den frühen wie den späten, den weltlichen wie den kirchlichen, in seine Fragestellung mit einbeziehen.

9. Die Arbeiten seit 1967

Hier sind eine Reihe von Arbeiten zu nennen, die immer wieder die Themen dieses Sammelbandes aufnehmen, aber nun doch auch den Abstand zu den Äußerungen Bonhoeffers erkennen lassen. Überblickt man die einschlägigen Veröffentlichungen, so fällt auf, daß die Thematik sich fast ausschließlich dem Thema der Religionslosigkeit zuwendet und daß Bonhoeffers Anliegen der nicht-religiösen Interpretation weithin fallengelassen wird. Es fällt weiter auf, daß die ausländischen Arbeiten zunehmen, ohne jedoch in der deutschsprachigen Forschung große Beachtung zu finden. Das mag z.T. damit zusammenhängen, daß die umgekehrte Rezeption der deutschsprachigen Forschung in den ausländischen Arbeiten überwiegt und diese oft wenig Weiterführendes enthalten, wie auch an den hier aufgenommenen fremdsprachigen Beiträgen nicht zu verkennen ist. Auch in der katholischen Theologie ist eine verstärkte Beschäftigung mit Bonhoeffer zu verzeichnen; hier sind es vor allem die systematischen Theologen und unter ihnen die stärker ökumenisch interessierten, die sich mit Gnadentheologie, Ethik und Ekklesiologie, vor allem aber auch mit dem Problem des religionslosen Christentums beschäftigen.[121] Wenn auch die Zeit mehr und mehr reif wird für Bonhoeffer-Monographien, in denen die hier interessierende Thematik mit berücksichtigt wird und Bonhoeffers Anliegen der nicht-religiösen Interpretation in anders orientierten Werken durchaus Berücksichtigung findet, so finden sich doch auch immer wieder Aufsätze, die sich der verhandelten Thematik zuwenden. Im ganzen scheint aber mit den hier zu nennenden Arbeiten die Phase einer unkritischen Rezeption der

[121] Vgl. G. Ruppert, Kaum beachtet. Zur katholischen Rezeption Bonhoeffers, in: U. Becker (Hrsg.), Dietrich Bonhoeffer als Provokation heute, Hannover 1986, S. 48–60.

Bonhoefferschen Gedanken zunehmend mehr zu Ende zu gehen. Kritik an Bonhoeffers Ideen wird laut, die Auseinandersetzung mit Interpretationsproblemen und Mißdeutungen Bonhoeffers nimmt zu. Im folgenden sollen in etwa chronologischer Reihenfolge noch einige wichtige Arbeiten zum Thema genannt und die in den WdF-Band aufgenommenen Beiträge eingeordnet werden.

Die Monographie von Benkt-Erik Benktson ›Christus und die Religion‹[122] ist an dem Religionsbegriff bei Barth, Bonhoeffer und Tillich interessiert und trägt, wenn man von der hier erneut versuchten Klärung der Verwirklichung der Christusgestalt absieht, nicht viel bei. Wichtig ist jedoch an dieser schwedischen Arbeit, daß sie neu begründet, daß Bonhoeffers Theologie eine grundsätzliche und bruchlose Einheit kraft seiner zentralen

[122] Benkt-Erik Benktson, Christus und die Religion. Der Religionsbegriff bei Barth, Bonhoeffer und Tillich, AzTh II/9, Stuttgart 1967. – Weitere Arbeiten zum Religionsbegriff bei Dietrich Bonhoeffer: W. Dreß, Religiöses Denken und christliche Verkündigung in der Theologie Bonhoeffers, in: ThViat XIV, 1977/78, S. 35–61 = W. Dreß, Evangelisches Erbe und Weltoffenheit. Gesammelte Aufsätze. Hrsg. von W. Sommer, Berlin 1980, S. 151–174. – E. Feil, Die Theologie Dietrich Bonhoeffers. Hermeneutik – Christologie – Weltverständnis, München und Mainz 1971, bes. S. 324–354. – H.-J. Kraus, Theologische Religionskritik, Neukirchen-Vluyn 1982, S. 61–112. – H. Mottu, Theologische Kritik der Religion und Religion des Volkes, in: Genf '76. Ein Bonhoeffer-Symposium, bearbeitet von H. Pfeifer, München 1976, S. 68–94. – G. L. Müller, Bonhoeffers Theologie der Sakramente, Frankfurt am Main 1979, S. 65–74. – C. F. v. Weizsäcker, Gedanken eines Nichttheologen zur theologischen Entwicklung Dietrich Bonhoeffers, in: Genf' 76. Ein Bonhoeffer-Symposium, bearb. von H. Pfeifer, IBF 1, München 1976, S. 27–50 = C. F. v. Weizsäcker, Im Garten des Menschlichen. Beiträge zur geschichtlichen Anthropologie, München und Wien 1977, S. 454–478, bes. 472 ff. – Zur neueren Diskussion um Religion und Religionskritik: W. D. Marsch (Hrsg.), Plädoyers in Sachen Religion. Christliche Religion zwischen Bestreitung und Verteidigung, Gütersloh 1973 (mit Bezug auf Bonhoeffer S. 31–33). – F. Wagner, Was ist Religion? Studien zu ihrem Begriff und Thema in Geschichte und Gegenwart, Gütersloh 1986. – M. Weinrich (Hrsg.), Religionskritik in der Neuzeit. Phil., soz. und psych. Texte, Reader Theologie, Gütersloh 1985.

Christologie darstellt, daß eine Kontinuität zwischen frühen und späten Aussagen besteht und daß durchgehend das Herrsein Christi die eigentliche Mitte ist. Die Arbeit ist ein weiterer Hinweis auf die zutiefst christologische Lösung der Äußerungen und Auslegungen des späten Bonhoeffer.

Ernst Lange hat mit seinem Aufsatz ›Kirche für andere‹[123] Bonhoeffers Erwägungen zur „mündigen Welt" und zum „religionslosen Christentum" auf die Frage zugespitzt: „Was bedeuten Kirche, Gemeinde, Predigt, Liturgie, was bedeutet also die sichtbare Kirche mit ihren Vollzügen für die religionslose Welt?"[124] Die Arbeit hat also eine uns nur am Rande interessierende, aber für die Konkretion des Ganzen nicht unwichtige Fragestellung. Der ganze, also auch der frühe Bonhoeffer, wird in die Überlegungen einbezogen. Hier interessiert vor allem das Urteil Langes über die nicht-religiöse Interpretation: So strittig und rätselhaft der Begriff auch vorläufig bleiben wird, „dies scheint gewiß: gemeint ist auf jeden Fall eine ‚nichtekklesiozentrische' Auslegung, eine Auslegung, die nicht oder jedenfalls nicht in erster Linie auf den ‚Raum', auf das religiöse Binnenleben der Kirche hin, sondern auf das ‚Sein-für-andere', auf den ‚vernünftigen Gottesdienst' der Christen jenseits organisierbarer Kirchlichkeit hin geschieht"[125].

Der umfangreichere Beitrag aus dem Werk von John A. Phillips, ›The Form of Christ in the World‹[126], repräsentiert den Stand der Auseinandersetzung im angelsächsischen Bereich in der zweiten Hälfte der 60er Jahre und zeichnet sich dadurch aus, daß er sowohl die hier verhandelte Thematik bei Bonhoeffer

[123] Ernst Lange, Kirche für andere. Dietrich Bonhoeffers Beitrag zur Frage einer verantwortbaren Gestalt der Kirche in der Gegenwart, in: EvTh 27, 1967, S. 513–546 = Ders., Kirche für die Welt. Aufsätze zur Theorie kirchlichen Handelns, München 1981, S. 19–62.

[124] Lange, a. a. O., S. 513.

[125] Lange, a. a. O., S. 546 A 53.

[126] J. A. Phillips, The Form of Christ in the World. A Study of Bonhoeffer's Christology, London 1967 (unter dem Titel ›The Christology of Dietrich Bonhoeffer‹ auch 1967 in New York erschienen) = unten S. 283–316 (Auszüge).

selbst in einen größeren Kontext stellt als auch den bisherigen Gang der Forschung zum Thema kritisch rezipiert.

›Die Mandatenlehre und die nicht-religiöse Interpretation biblischer Begriffe bei Dietrich Bonhoeffer‹ hat Klaus-Martin Beckmann in einem Aufsatz zueinander in Beziehung gesetzt[127]. Er treibt die Fragestellung in eine bereits von Ebeling betonte Richtung, wenn er fragt, „ob nicht durch die Einordnung der Kirche in die Mandate Gottes in der Ethik so etwas wie eine nicht-religiöse Interpretation eines biblischen Begriffes vorliegt"[128] und findet als Antwort: „Die Mandatenlehre stellt den Christen mitten hinein in die Welt. Das Mandat der Kirche ist konkret das der Verkündigung und der Nachfolge. Die Verkündigung hat in der Form der nicht-religiösen Interpretation biblischer Begriffe zu erfolgen, also in der Form des Gehorsams den Mandaten Gottes gegenüber in Kirche, Arbeit, Familie und Kultur."[129]

Ebenfalls 1968 meldet sich der katholische Fundamentaltheologe Ernst Feil zum ersten Mal zum Thema ›Religionsloses Christentum und nicht-religiöse Interpretation‹[130] zu Wort. Zu dieser Zeit, 1966–1969, faßt er nach längeren Vorarbeiten seine dann unter dem Titel ›Die Theologie Dietrich Bonhoeffers‹[131] 1971 erschienene Untersuchung ab, die noch einmal in größerem Zusammenhang auf diese Thematik eingeht. E. Feil hat sich dann

[127] Klaus-Martin Beckmann, Die Mandatenlehre und die nicht-religiöse Interpretation biblischer Begriffe bei Dietrich Bonhoeffer, in: EvTh 28, 1968, S. 202–219 = unten S. 317–339. Der Aufsatz stellt eine Fortsetzung der Arbeit desselben Verfassers dar: „Christus als Gemeinde existierend". Der Begriff der Kirche in Dietrich Bonhoeffers „Sanctorum Communio" im Blick auf die Ökumene, in: EvTh 21, 1961, S. 327–338.

[128] Beckmann, EvTh 28, 1968, S. 215 = unten S. 335.

[129] Beckmann, a. a. O., S. 218 f. = S. 339.

[130] E. Feil, Religionsloses Christentum und nicht-religiöse Interpretation bei Dietrich Bonhoeffer, in: ThZ 24, 1968, S. 40–48 = unten S. 360–369.

[131] E. Feil, Die Theologie Dietrich Bonhoeffers. Hermeneutik – Christologie – Weltverständnis, Gesellschaft und Theologie, Abt. Systematische Beiträge. Nr. 6, München und Mainz 1971.

noch einmal 1977 zum Thema geäußert[132]. Man wird diese Arbeiten in jedem Fall zusammennehmen müssen. Sie gehören zu den gründlichsten Auseinandersetzungen mit Bonhoeffers Gedanken und sind hier in dem Sammelband durch die beiden wichtigen Aufsätze von 1968 und 1977 repräsentiert.

Aus dem Jahr 1969 ist R. Mayers Buch ›Christuswirklichkeit. Grundlagen, Entwicklung und Konsequenzen der Theologie Dietrich Bonhoeffers‹[133] zu nennen, der in § 5 ›Der Zusammenbruch der christologischen Ontologie als System‹ den Themen „Religion, Religionslosigkeit, mündige Welt" und „‚nicht-religiöse Interpretation' und ‚religionsloses Christentum'" breiten Raum einräumt. Er kommt in seinen eingehenden Analysen zu dem Schluß, daß die radikale Kreuzestheologie von ›Widerstand und Ergebung‹ nicht schon selbst „weltliche Interpretation" ist, sondern daß sie vielmehr ein Zeichen der Undurchführbarkeit und der Aporien des Ansatzes ist. „Weil Christsein und Weltsein nicht identisch sind, gibt es auch kein ‚weltliches Christentum'. Das System verweigert zuletzt, was den Voraussetzungen nach unbedingt erforderlich ist." Und: „‚Weltliche Interpretation' muß notwendig scheitern, solange die Weltwirklichkeit noch nicht von der Christuswirklichkeit verschlungen ist, die Welt noch nicht in die Kirche aufgenommen, Transzendenz noch nicht identisch mit Immanenz ist."[134]

Aus ganz anderen Gründen kommt 1973 der Osnabrücker Systematiker H. G. Pöhlmann zur Ablehnung der Religionslosigkeitsthese Bonhoeffers[135]. Er erhebt ihr gegenüber aus moderner Literatur und neuzeitlicher Philosophie eine profane Religio-

[132] E. Feil, Christlicher Glaube ohne Religion? Zur Theologie Dietrich Bonhoeffers, in: US 32, 1977, S. 214–227 = unten S. 422–444.

[133] R. Mayer, Christuswirklichkeit. Grundlagen, Entwicklung und Konsequenzen der Theologie Dietrich Bonhoeffers, AzTh II, 15, Stuttgart 1969.

[134] A. a. O., S. 282.

[135] H. G. Pöhlmann, Leben wir in einem religionslosen Zeitalter? Zur Religionslosigkeitsthese von Dietrich Bonhoeffer, in: Dem Wort gehorsam. Landesbischof D. Hermann Dietzelbinger, DD., zum 65 Geburtstag, München 1973, S. 276–291 = unten S. 370–386.

sität, die, theologisch gewertet, zu fünf Gegenthesen gegen die Religionslosigkeitsthese von Dietrich Bonhoeffer führt. Er mehrt damit die wachsende Zahl der Stimmen, die Bonhoeffers Anliegen kritisch gegenüberstehen. Hier schließt gut der Aufsatz von V. Weymann an[136], der sich mit den Einwänden gegen die Religionslosigkeitsthese auseinandersetzt, sicher jedoch ohne Kenntnis der zuvor genannten Arbeit von Pöhlmann. Er gewinnt die Kriterien für seine Beurteilung von religiösem und religionslosem Christentum aus der Unterscheidung von Religion und Religionslosigkeit, in deren Spannungsfeld sich christlicher Glaube vollziehe. Der Aufsatz stellt weniger eine Auseinandersetzung mit Bonhoeffers Ideen dar als vielmehr den Versuch, an Bonhoeffer anzuknüpfen. Er ist ein gutes Beispiel für die Wirkungsgeschichte, die von Bonhoeffers Gedanken ausgeht, und von der zu vermuten ist, daß sie noch längst nicht zu Ende ist.

Für das Jahr 1976 ist zunächst hinzuweisen auf die 1973 an der Accademia Alfonsiana in Rom angenommene Dissertation von A. Altmähr über ›Dietrich Bonhoeffer – Lehrer des Gebets‹[137], die sich implizit mit den hier interessierenden Gedanken Bonhoeffers auseinandersetzt und vor allem deshalb hervorgehoben zu werden verdient, weil sie alle Schaffensperioden Bonhoeffers berücksichtigt und so auch die Fragen nach Religion und Religionslosigkeit in den Kontext des Gesamtwerkes Bonhoeffers stellt.

Ein ganz anderes Interesse verfolgt P. Frostin. In seinem Aufsatz ›Marx' und Bonhoeffers Religionskritik‹[138] unterzieht er beide einem Vergleich mit dem Ergebnis, „daß Bonhoeffer im großen und ganzen Marx' Religionskritik ... bejahen kann“[139],

[136] V. Weymann, Religiöses und religionsloses Christentum. Bemerkungen zu Kriterien christlicher Gotteserfahrung – im Anschluß an Dietrich Bonhoeffer, in: Ref 23, 1974, S. 609–619 = unten S. 387–400.

[137] A. Altmähr, Dietrich Bonhoeffer – Lehrer des Gebets. Grundlagen für eine Theologie des Gebets bei Dietrich Bonhoeffer, Würzburg 1976.

[138] P. Frostin, Marx' und Bonhoeffers Religionskritik. Eine systematisch-theologische Studie aus dem Gesichtspunkt der Lehre von der Rechtfertigung, in: ZThK 73, 1976, S. 315–354.

[139] Ebd., S. 340.

um dann nach einem inneren Zusammenhang zwischen seinem christlichen Glauben und seiner Bejahung der Religionskritik zu fragen. Ohne den Unterschied zwischen Marx und Bonhoeffer zu verschleiern[140], kommt Frostin zu dem Schluß, daß Bonhoeffers „nicht-religiöse Interpretation" zwar „nicht als effektiv und nützlich legitimiert werden (kann). Das würde mit ihren grundlegenden Voraussetzungen im Widerspruch stehen."[141] Aber Bonhoeffer kann die totale Ideologiekritik seiner Auffassung nach bejahen als die zentrale christliche Aufgabe des Kampfes gegen die Werkgerechtigkeit. „Genausowenig wie der Kampf gegen die Werkgerechtigkeit deren religiöse Varianten ausklammern darf, kann die Ideologiekritik an den Toren der Kirche haltmachen. Ihre Aufgabe ist es u. a., den religiösen Mißbrauch des Evangeliums zu enthüllen."[142]

In der Ablehnung der Religion ist Bonhoeffer immer wieder eine Abhängigkeit von K. Barth nachgesagt worden, wobei auch die Unterschiede zwischen beiden stets betont wurden. Aus Anlaß von D. Bonhoeffers 70. Geburtstag hat der Heidelberger Systematiker H. E. Tödt einen Vortrag in Genf gehalten, der dem hier aufgenommenen Aufsatz ›Glauben in einer religionslosen Welt‹[143] zugrunde liegt, und in dem er dem Verhältnis von Barth und Bonhoeffer in klärender Weise nachgeht.

Aus dem Jahr 1977 ist J. J. Alemanys Aufsatz ›Zum Religionsbegriff in den Vorträgen und Predigten der Barcelonaer Zeit‹[144]

[140] „Für Bonhoeffer gibt die Transzendenz der Geschichte ihren Sinn, während für Marx die Geschichte der Transzendenz ihren Sinn gibt." Ebd., S. 352 f..

[141] Ebd., S. 353 f.

[142] Ebd., S. 354.

[143] H. E. Tödt, Glauben in einer religionslosen Welt. Muß man zwischen Barth und Bonhoeffer wählen?, in: EK 9, 1976, S. 148–151 = unten S. 401–412.

[144] J. J. Alemany, Zum Religionsbegriff in den Vorträgen und Predigten der Barcelonaer Zeit. Ein Beitrag zur Theologie des früheren Bonhoeffer, in: ZRGG 29, 1977, S. 356–360 = unten S. 413–421. – Vgl. auch T. R. Peters, Die Präsenz des Politischen in der Theologie Dietrich Bonhoeffers. Eine historische Untersuchung in systematischer Absicht, Gesellschaft und

in den Sammelband eingereiht worden, der die Auffassung Bonhoeffers aus seiner frühen Zeit mit den Gefängnisaufzeichnungen in Beziehung setzt und damit einen wichtigen Beitrag zur Klärung des Religionsverständnisses im Gesamtwerk Bonhoeffers leistet. Zugleich macht dieser Aufsatz deutlich, daß und wie hier noch entscheidende Forschungsarbeit in diesem Bereich am Gesamtwerk Bonhoeffers zu leisten sein wird, vor allem dann, wenn die neue Gesamtausgabe der Werke Bonhoeffers[145] mit dem bis jetzt noch unveröffentlichten Material aus dem Bonhoeffer-Archiv[146] vorliegen wird.

Für die folgenden Jahre ist schließlich noch auf einige Arbeiten hinzuweisen, die die Thematik des Sammelbandes zum Gegenstand haben, aber nicht aufgenommen werden konnten. Darunter verdient der 1978 erschienene Aufsatz von W. Dreß besondere Aufmerksamkeit[147], weil es sich hier um eine der wenigen Arbeiten handelt, die in diesen späten Jahren u. a. noch einmal ausdrücklich der nicht-religiösen oder, wie Dreß lieber sagen möchte, der weltlichen Interpretation nachgehen. Auch G. L. Müller wendet sich in seiner 1976/77 erstellten Freiburger Dissertation ›Bonhoeffers Theologie der Sakramente‹[148] dieser

Theologie, Abt. Systematische Beiträge Nr. 18, München und Mainz 1976, der sich u. a. auf S. 152 f. auch im Religionsverständnis mit Bonhoeffers frühen Abgrenzungen zur liberalen Theologie auseinandersetzt.

[145] Erscheint seit 1986 im Chr. Kaiser Verlag, München. Bisher: ›Sanctorum Communio‹ (DBW 1), 1986; ›Akt und Sein‹ (DBW 2), 1988; ›Schöpfung und Fall‹ (DBW 3), 1989; ›Nachfolge‹ (DBW 4), 1989; ›Gemeinsames Leben / Das Gebetbuch der Bibel‹ (DBW 5), 1987; ›Jugend und Studium 1918–1927‹ (DBW 9), 1986.

[146] Vgl. Nachlaß Dietrich Bonhoeffer. Ein Verzeichnis. Archiv – Sammlung – Bibliothek. Erstellt von D. Meyer in Zusammenarbeit mit E. Bethge, München 1987.

[147] W. Dreß, Religionsloses Denken und christliche Verkündigung in der Theologie Bonhoeffers, in: ThViat XIV, 1977/78, S. 35–61 = Ders., Evangelisches Erbe und Weltoffenheit. Gesammelte Aufsätze, hrsg. von W. Sommer, Berlin 1980, S. 151–174, hier bes. 168 ff.

[148] G. L. Müller, Bonhoeffers Theologie der Sakramente, FTS 28, Frankfurt am Main 1978, bes. S. 136 ff. und S. 248 ff.

Thematik zu, indem er zu zeigen versucht, was nicht-religiöse Interpretation der Taufe und des Abendmahls bei Bonhoeffer bedeuten. In seiner ein Jahr später erschienenen Arbeit ›Für andere da. Christus – Kirche – Gott in Bonhoeffers Sicht der mündig gewordenen Welt‹[149] steht dann die Religionslosigkeitsthese Bonhoeffers im Vordergrund. 1980 erschien auch der dritte Band der Reihe ›Internationales Bonhoeffer-Forum‹, das in zwangloser Folge Untersuchungen zu Werk und Wirkung Dietrich Bonhoeffers veröffentlichen will. Hier ist auf den Beitrag von G. Casalis aufmerksam zu machen, der die „politische Aktualität einer theologischen Intuition Dietrich Bonhoeffers" herausarbeitet: ›Nichtreligiöser Glaube heute‹[150]. Auch Casalis setzt sich noch einmal mit Berechtigung und Grenzen der Religionskritik Dietrich Bonhoeffers in interessanter Weise auseinander.

Zwei Arbeiten zu Bonhoeffers Homiletik sind noch zu nennen, die je in ihrer Weise auch Bonhoeffers Anliegen einer nichtreligiösen Interpretation berücksichtigen: Clyde E. Fant thematisiert Bonhoeffers Anliegen in seinem Buch ›Bonhoeffer: Wordly Preaching‹[151] vor allem im ersten Teil ›How can the church speak to the world‹, während er den zweiten Teil vor allem der Finkenwalder Homiletik widmet. Ernst Georg Wendels ›Studien zur Homiletik Dietrich Bonhoeffers‹[152], einer Bonner Dissertation von 1982, gehen in der Analyse des Bonhoefferschen Materials viel differenzierter vor und beziehen vor allem die Predigten wie auch die übrigen Bibelauslegungen Bonhoeffers in die Untersuchung mit ein. Er sieht eine Korrelation zwischen „weltlicher" oder auch „nicht-religiöser Interpretation" und Bonhoeffers Ge-

[149] G. L. Müller, Für andere da. Christus – Kirche – Gott in Bonhoeffers Sicht der mündig gewordenen Welt, KKTS XLIV, Paderborn 1980.

[150] G. Casalis, Nichtreligiöser Glaube heute. Die politische Aktualität einer theologischen Intuition Dietrich Bonhoeffers, in: Konsequenzen. Dietrich Bonhoeffers Kirchenverständnis heute, hrsg. von E. Feil und I. Tödt, IBF 3, München 1980, S. 58–83.

[151] C. E. Fant, Bonhoeffer: Wordly Preaching, Nashville and New York 1975.

[152] E. G. Wendel, Studien zur Homiletik Dietrich Bonhoeffers. Predigt – Hermeneutik – Sprache, HUTh 21, Tübingen 1985.

danken über das Alte Testament, hält aber mangels genauerer Quellen die Diskussion um diesen Begriff für unabschließbar. Wie recht er damit hat, zeigt die jüngste Auseinandersetzung zwischen Gottfried Sprondel und Heinz Eduard Tödt in den Lutherischen Monatsheften 1985/86[153], bei der es vordergründig um Bonhoeffers These der Religionslosigkeit, letztlich aber um die Möglichkeit bzw. Notwendigkeit der nicht-religiösen Interpretation geht. Das eine ist eben nicht vom anderen zu trennen, Bonhoeffer hat beides gemeint: *religionsloses Christentum* und *nicht-religiöse Interpretation*, so daß sicher auch für die in diesem Sammelband verhandelte Thematik gilt, was H. E. Tödt zur Neuausgabe von Dietrich Bonhoeffers Werken in dem ersten erschienenen Band dieser Ausgabe geschrieben hat, nämlich „daß wir ein volleres Verständnis und ein tieferes Wirken von Bonhoeffers Theologie nicht hinter uns, sondern größtenteils noch vor uns haben“[154].

Anm. d. Hrsg.: Wo nach der Ausgabe ›Widerstand und Ergebung‹ von 1951 (WE) zitiert wird vgl die alte Seitenzählung (kursiv) in der Neuausgabe von ›Widerstand und Ergebung‹ von 1970 (WEN) unten links auf jeder Seite.

[153] G. Sprondel, Die Legende vom „religionslosen Zeitalter“. Auch in der nachchristlichen Wirklichkeit wird nach Gott gefragt, in: LM 24, 1985, S. 557–561; H. E. Tödt, Von der Auslieferung des Glaubens. Anmerkungen zu Gottfried Sprondels Bonhoeffer-Polemik, in: LM 25, 1986, S. 172–176.

[154] DBW 1, S. XIX.

Kirche und Verkündigung. Aufsätze zum Kerygma der Gegenwart, hrsg. von H. Burgert und H. Ristow. Berlin 1960, S. 153–169 (früher in: Antwort. Karl Barth zum 70. Geburtstag. Zollikon-Zürich 1956, S. 545–561).

DIE „NICHT-RELIGIÖSE INTERPRETATION" BIBLISCHER BEGRIFFE BEI BONHOEFFER UND DIE ENTMYTHOLOGISIERUNG

Von Götz Harbsmeier

Eines ist der Vollzug von Interpretation. Ein anderes das Nachdenken darüber, was Interpretation überhaupt sei, worin sie bestehe und wie sie vor sich gehe. Dem Nachdenken über die verstehende Aneignung im allgemeinen wie über das dem christlichen Glauben im besonderen innewohnende Verstehen und dessen Verhältnis zu den biblischen Texten, in denen ihm das Wort Gottes begegnet, ist die gesamte Arbeit Rudolf Bultmanns gewidmet.

In diesem Zusammenhang spielt dann auch die Frage der verständlichen Mitteilung (also der Hermeneutik) die entscheidende Rolle. Im Zuge solchen Nachdenkens ist Bultmann dann auf die Notwendigkeit einer „Entmythologisierung" gekommen, ohne welche es nach seiner Meinung bei den heute gegebenen Voraussetzungen und Bedingungen verstehender Aneignung auch keinen Glauben in intellektueller Redlichkeit geben kann. Entmythologisierung ist existentiale Analyse des in der Bibel als Mittel der Verkündigung begegnenden Mythos. Man sieht: das ganze Unternehmen bleibt bei Bultmann ganz bewußt im „Raume" des Nachdenkens über das Verstehen des Bibeltextes und will so den Charakter notwendiger Vorerwägung für den Vollzug von Verkündigung tragen und auf diese Weise dem Vollzug dienen, ohne selbst schon Vollzug zu sein. Ganz im Raume dieses Nachdenkens kann hier eine bestimmte „Lehre" über die biblische Hermeneutik entwickelt werden, mit der Absicht, der uns heute aufgetragenen Verkündigung den Dienst der intellektuellen Redlichkeit, das heißt der Gewissensschärfung für eine verantwortliche Begrifflichkeit zu erweisen.

Ganz anders Bonhoeffer. Bei ihm finde ich nichts von jenem Abstand des Nachdenkens zum Vollzug, nichts von einem „Denken des Denkens", von einem absichtlich offengehaltenen Graben zwischen einer existentialen Theologie und einer existentiellen Verkündigung, einer Ontologie des Glaubens und dem Glauben selbst. Ich sehe ihn vielmehr immerfort im kühnen Sprunge begriffen, ja, den Abstand von vornherein gar nicht erst suchend oder herstellend, sondern ihn immer schon hinter sich habend, ständig im Akt selbst begriffen. Wo er auch arbeitet, was er auch tut, denkt und sagt, es ist offenkundig schon Entschluß und Entschlossenheit, eigentlich nie aus dem bewußten Abstand des über das Tun und Denken Nachdenkenden, sondern in der Bedrängnis und Freudigkeit des die Entschlüsse Durchdenkenden.

Dieser Unterschied ist wichtig. Er ist grundlegend für die Divergenz in der Hermeneutik auf beiden Seiten. Die Nichtbeachtung dieses Unterschiedes läßt nur allzu leicht die Dinge auf einer Ebene erscheinen, die in Wirklichkeit an getrenntem Ort je ihren besonderen, nicht ohne weiteres in Einklang zu bringenden Sinn und Wert haben.

Weder im positiven noch im negativen Sinne darf der Bonhoeffersche Gedankengang als Beitrag zu einer existential-theologischen Hermeneutik genommen werden, wie sie für Bultmann charakteristisch ist. Bonhoeffer steht ganz außerhalb einer derartigen Grundkonzeption der Hermeneutik. Er macht jedenfalls die für Bultmann so grundlegende Unterscheidung von existential und existentiell, ontologisch und ontisch nicht zum Fundament aller weiteren Erwägungen. Ja, es kommt mir so vor, als sei ihm derartiges ebenso suspekt, wie es Karl Barth suspekt ist, und als habe er, wie dieser, eine geradezu instinktive, theologische Aversion dagegen.

Es wird sich zudem im weiteren Verlauf dieser Untersuchung zeigen müssen, wie bestimmend auch für die inhaltlichen Ergebnisse es sein muß, ob jemand jene grundlegende Unterscheidung zwischen einem existentialen Verstehen und einem existentiellen „Daseinsverständnis" trifft und vollzieht, oder ob er es sich verboten sein läßt, von da her zu denken und zu leben.

Am Anfang der Bonhoefferschen Erwägungen steht nicht die Problematik einer Art „Erkenntnistheorie“, einer Lehre zum Verstehen geschichtlicher Zeugnisse im allgemeinen und des biblischen Zeugnisses im besonderen, sondern ein tief erschütterndes Erschrecken über die faktische Religionslosigkeit des heutigen Menschen. Bonhoeffer sieht sich von der Entdeckung überfallen: Ich lebe in einer Welt, die ohne Religion, ohne Wunder, ohne irgendeinen Gott oder auch Götzen tatsächlich auch „fertig wird“. Er sieht, wie es dazu gekommen ist und kommen mußte.

Die Welt ist dem Menschen radikal entgöttert. Die Entgötterung ist im Prinzip auf der ganzen Linie gelungen. Es geht überall tatsächlich ohne Gott und die Götter. Das ist ein Novum in der Geschichte. Nirgends vorher weiß sich der Mensch ohne Götter, ohne Religion. Nirgends sonst „geht es“ ohne Gott. Jetzt ist das Leben des Menschen in seiner Welt eine einzige Demonstration dafür, daß man allenthalben ohne Gott fertig werden kann, ohne daß sich dadurch am Lauf der Welt etwas ändern würde. Das „religiöse Apriori“ besteht nicht mehr.

Die Gott und die Götter verlassende und von ihnen verlassene Welt bleibt so gut und so schlecht, wie sie einst mit ihren Göttern gut und schlecht war. Die Donareichen aller Religionen konnten und können allenthalben gefällt werden, und es geschieht darum doch nichts anderes als das, was immer geschieht.

Dieses Erschrecken darüber, daß es tatsächlich ohne Götter, ohne Religion, ohne Wunder und ohne den christlichen Gott „geht“, wird für den zur schweren Anfechtung, der aus alledem die Frage an den Christen vernimmt: „Wo ist nun dein Gott?“

Die Schwere dieser Anfechtung nimmt nur zu im Blick auf die Bibel, die den religionslosen Menschen in diesem Sinne nirgends kennt. Sie kennt nur Juden oder Heiden. Beide haben ihre Götter. Der Heide ist der an die Götter und Götzen „Dahingegebene“, der unter der Gewalt von Mächten und Dämonen Verknechtete. Ihre Botschaft ist die Krisis der jüdischen Gesetzesfrömmigkeit wie der heidnischen Religiosität. Religiosität im Sinne von Abhängigkeitsverhältnissen gegenüber den Mächten, Göttern und Gewalten gehört hier offenbar zum Wesen des

Menschen schlechthin. Daß der Mensch, im speziellen Sinn von Religion, hat, worauf er sein Herz setzt, wes er sich alles Guten versieht, gilt hier als eine Wesensbestimmung des Menschen überhaupt. Und alle Verkündigung des Evangeliums an diesen Menschen ist darauf aus, ihn bei seiner jeweiligen Religion zu treffen. Wo aber soll die Verkündigung den Menschen fassen, wenn für ihn nicht mehr gilt, daß er Götter habe und sich in Abhängigkeit zu ihnen verstehe, sondern daß er tatsächlich ohne alle Götter fertig wird, auch ohne den – religiös verstandenen – Gott der Christen? Was Christus für den Menschen ist, der sich durch die Werke selber vor Gott rechtfertigt, was er dem ist, der den Götzen opfert und die Götter Griechenlands verehrt, das sagt uns die Bibel. Und wer Christus für den ist, der aus dem Evangelium wiederum Gesetz und also eine Religion macht, das kann Luther noch verhältnismäßig leicht in Auslegung der Schrift denen sagen, die so mit dem Christus eine vermaledeite Abgötterei getrieben haben und treiben.

Wer aber ist Christus für den, der radikal ohne Religion „fertig wird"? Wer ist er für den, der sich schlechthin „mündig", und das heißt: unabhängig weiß nicht nur von den Göttern, sondern auch von Gott als dem fabricator mundi, und auch von dem Gott, der der Vater Jesu Christi ist?

Wer ist Christus für einen, der sich und die Welt von Gott verlassen weiß und der darum gar nicht erst seinerseits Gott zu verlassen braucht? Was hilft mir da eigentlich mein biblischer „Text" und seine sachgemäße und verständliche Auslegung? Was hilft mir da alle Erörterung des hermeneutischen Prinzips und der anzuwendenden Methode? Mag hier alles so sachgemäß zugehen wie nur irgend möglich: läßt mich dann nicht erst recht der so ausgelegte Text darin allein, daß er mir auf meine Frage gar nicht antworten kann, weil er ja *den* Menschen nicht kennt, der „mündig" ist?

Wie soll sich dieser mündige Mensch in dem Menschen wiederfinden können, der da zum Beispiel in den ersten Kapiteln des Römerbriefes als der Jude, Heide oder Grieche angeredet wird? Je mehr dieser Mündige begreift, was wirklich „da steht", desto mehr muß er sich ja als „mündig" nicht betroffen fühlen! Denn daß er mündig geworden ist, daraufhin redet ihn der Text jedenfalls nicht an. Man könnte höchstens sagen, der Text rechtfertigt gradezu seine Mündigkeit und bestätigt sie ihm. Er macht ihm selbst womöglich begreiflich, daß es nicht ohne diesen Text ist, wenn er nun mündig in der Welt steht und selber in ihr und mit ihr fertig werden muß. Und in einer ganz gewissen Weise hat er damit auch recht.

Es fällt auf, daß Bonhoeffer mit dieser ganzen Fragestellung, die ich hier nach seinen Äußerungen in WE (Widerstand und Ergebung) mit eigenen Worten darzustellen versucht habe, überhaupt nicht auf das Problem „Glaube und Verstehen“ drängt, wie wir das von Bultmann her kennen. Es ist offenbar so, daß er die Aporie gar nicht im „Verstehen“ sieht, sondern eben in der „Mündigkeit“ des in der Welt allein gelassenen Menschen. Es liegt für ihn nicht am Verstehen, wenn der mündige Mensch nicht zu hören bekommt, wer Christus für ihn ist. Es liegt daran, daß es für ihn ohne Götter und ohne Gott geht. Dieser Grund liegt wesentlich tiefer als der der bloßen Schwierigkeiten im Verstehen. Denn hier ist das Hindernis nicht das der Sprache der Bibel samt ihrer Begriffs- und Vorstellungswelt und Zeitgebundenheiten. Dieses Hindernis kann in intellektueller Redlichkeit durch die hohe Kunst der Hermeneutik grundsätzlich immer bewältigt werden, wenn es auch nach Bonhoeffer durch Bultmann nicht befriedigend gelöst ist. Bonhoeffer hat aber hier jedenfalls ein ganz anderes Interesse: nämlich das der Überwindung der Anfechtung, ja Versuchung, die die mündig gewordene Welt in seiner Sicht bedeutet. Das ist etwas anderes als die Überwindung sprach- und vorstellungsbedingter Schwierigkeiten. Die Versuchung besteht in der Gottverlassenheit der mündig gewordenen Welt wie auch der Kirche inmitten dieser Welt. In dieser Lage sieht sich Bonhoeffer gerade so versucht, wie er es selbst in jenen Bibelarbeiten von Finkenwalde im Jahre 1937 beschrieben hat.

Im Licht der Situation solcher Versuchung verstehe ich es, wenn Bonhoeffer in WE sagen kann, „daß Bultmann nicht zu weit, wie die meisten meinten, sondern zu wenig weit gegangen ist“, usw. ... (S. 183). Denn in der Versuchungssituation gibt es nicht nur keine Wunder, sondern auch keinen Gott mehr. Wunder und Gott gehören zusammen. Beides läßt sich nicht trennen, wie Bultmann gern will. Mit diesem scheinbar kleinen Schritt vom Wunder zu Gott selbst ist erst die Türe zu dem aufgestoßen und durchschritten, was Bonhoeffer – ganz auf anderer Ebene als bei Bultmann – erschreckt, anficht und versucht. Bonhoeffer sieht diese „mündige Welt" in einer Weise der Gottverlassenheit ausgesetzt, die ihm beispiellos erscheint. Das eine, entscheidende Glied in der Kette all dessen, was Bultmann in jener Schrift zur Entmythologisierung sonst für „erledigt" erklärt, fügte Bonhoeffer noch hinzu: auch Gott ist „erledigt". Damit ist das ganze Problem grundstürzend verändert. Damit ist aber auch seine Lösung von anderswoher zu erwarten als von der existentialen Analyse. Denn das Hindernis für den Zugang des mündig gewordenen Menschen zu Gott ist Gott selbst und gar nicht das „Verstehen" des Menschen. Dieser Not der Versuchung der Kirche durch eine mündig gewordene Welt, das heißt also durch ihre – der Kirche – Gottverlassenheit in der Welt, hilft keine Hermeneutik auf, so notwendig diese auch immer an ihrem Orte sein mag. Darum folgt auch Bonhoeffer keineswegs den Spuren Bultmanns. Vielmehr legt er diese Versuchungssituation der Kirche mit der Welt mit Mark. 15, 34 aus und sagt: „Der Gott, der mit uns ist, ist der Gott, der uns verläßt." „Vor und mit Gott leben wir ohne Gott", „Gott läßt sich aus der Welt herausdrängen ans Kreuz. Gott ist ohnmächtig und schwach in der Welt, und gerade und nur so ist er bei uns und hilft uns." „Die Bibel weist den Menschen an die Ohnmacht und das Leiden Gottes; nur der leidende Gott kann helfen."

Und hier folgt der für die ganze Rede von der Interpretation für die mündige Welt entscheidende Satz: „Insofern kann man sagen, daß die beschriebene Entwicklung zur Mündigkeit der Welt, durch die mit einer falschen Gottesvorstellung aufgeräumt wird, den Blick frei macht für den Gott der Bibel, der durch seine Ohnmacht in der Welt Macht und Raum gewinnt. Hier wird wohl die ‚weltliche Interpretation' einzusetzen haben."

Hier ist davon ausgegangen, daß Gott tut, was sein Wort sagt. Gott hat uns an diese Mündigkeit dahingegeben. „Gott gibt uns zu wissen, daß wir leben müssen als solche, die mit dem Leben ohne Gott fertig werden" (WE, S. 241). Die Situation des Auslegers ist ihrerseits bereits bestimmt durch das auszulegende Wort. Die Interpretation trägt dem Rechnung, indem sie die Gottverlassenheit der mündigen Welt von vornherein als Handeln Gottes an ihr gelten läßt und geltend macht und eben dies einen wesentlichen Bestandteil der Interpretation selber sein läßt. „Hier wird die ‚weltliche Interpretation' einzusetzen haben", sagt Bonhoeffer.

Es geht hier vorerst nur um den Ansatz, nicht um mehr. Was in diesem Ansatz überwunden werden soll, ist nicht das Nichtverstehen des „Mündigen", sondern die Anfechtung und Versuchung, die der Mündige für Bonhoeffer bedeutet.

Und die Überwindung geschieht nicht durch wirksame Beseitigung von Mißverständnissen oder von Nichtverstehen auf der Seite des Mündigen – diese sind hier noch gar nicht im Blick –, sondern durch den Hinweis darauf, daß Gottes Sieg in seiner Ohnmacht in der Welt, also nur am Kreuz, gewonnen ist. Die ganze Interpretation ist hier nichts anderes als Trost, als Ermutigung. Damit setzt die weltliche Interpretation ein. Was aber soll dem Mündigen dieser Trost? Er bedarf ja nicht des Trostes. Seine Mündigkeit besteht ja darin, daß er auch ohne christlichen Trost fertig wird. Das ist richtig. Zunächst ist es aber für den „Interpreten" von entscheidender Bedeutung, sich im Blick auf den Mündigen dadurch trösten zu lassen, daß ihm gesagt ist: Der Gott, der den Mündigen verläßt, ist der Gott, der ihm gerade dadurch hilft. Bonhoeffers Andeutungen scheinen es mir immerhin zuzulassen, ja herauszufordern, hier noch etwas weiter zu gehen, als er selbst gegangen ist. Mündigkeit bedeutet ja nicht bloß, daß ich ohne Gott und die Götter fertig werde, sondern auch, daß mithin der Mündige der Selbstverantwortliche ist. Der Mündige ist der für sich und seine Welt vor sich selbst Verantwortliche. Diese Selbstverantwortlichkeit ist seine Lust, aber auch seine Last, sein Stolz, aber auch seine Sorge und seine Verzweiflung. Ja, man wird sagen dürfen: Die Verantwortlichkeit vor sich selbst für seine Welt ist seine Religion. Menschliche Autonomie ist auch Religion, wenn auch nicht eine im Sinne des klassischen Heidentums oder der Religionsgeschichte und -phänomenologie. Der autonome Mensch ist auch nicht ohne Glauben, nicht ohne Unterworfenheit und Abhängigkeit, selbst dann nicht, wenn er seine Autonomie als reine Willkür versteht. Nichtreligion ist also ein sehr relativer Begriff. Das Allein-fertig-werden-Müssen ist in keinem Falle möglich ohne die Sorge. Die Sorge aber ist faktisch der Gott des autonomen Menschen. Und die Abhängigkeit von ihr ist durch und durch von derselben Art, wie die Abhängigkeit von Göttern nur je sein kann. Die Entwicklung zur Autonomie des Menschen im Sinne von Bonhoeffer ist, so gesehen, keineswegs ein Prozeß der absoluten Abschaffung der Religion, sondern ein solcher der zunehmenden Übernahme göttlicher Funktionen und Befugnisse durch den Menschen. Das heißt aber: Die Götter verschwinden dahin, woher sie auch gekommen sind: in des Menschen Herz. Und dieses Herz, das sein will wie Gott, ist nun in einem: Götze und Götzendiener, sein eigener göttlicher Herr und sein eigener Knecht. Es gibt keine Götter mehr für ihn, weil er selbst die göttliche Verantwortung übernommen hat. Und das ist keineswegs auf die Dauer nur eine Lust, sondern schwerste Last. Nichts ist so schwer wie die Selbstverantwortlichkeit für die Welt. Insofern ist Trost hier wohl am Platze, je mehr einer wirklich mündig ist. Ist Mündigkeit Selbstverantwortlichkeit des Menschen, dann ist sie auch sein Verhängnis, von ihm als solches auch zunehmend empfunden. Der Mensch kann alle seine Götter abschütteln, wie er sie ja auch alle erst inthronisiert hat. Was er aber nicht abschütteln kann, das ist seine Verantwortlichkeit. Verantwortlich bleibt er auf alle Fälle, entweder seinen Göttern oder sich selbst, was keinen so sehr großen Unterschied ausmacht. Je weniger er noch Götter hat, je mehr er ohne Götter fertig werden will und muß, desto mehr gerät er unter die Gewalt der Sorge der Selbstverantwortlichkeit, bleibt er selbst und seine Welt seiner Sorge überlassen. Und daß dieser Umstand – gar nicht in den Augen des in Sorge Mündigen, wohl aber in den Augen dessen, der alle Sorge auf Gott geworfen hat, der für uns sorgt – diesen mündigen Menschen hoffnungsvoll gegen Gott stellt, das scheint mir Bonhoeffer tröstlich erkannt zu haben. Der von Gott verlassene, mündige Mensch ist der auf seine Verantwortlichkeit hin anredbare. In ihr steckt sein ganzer tödlicher

Widerspruch gegen Gott. Von Gott her gesehen steckt aber auch in ihr seine und nicht des Menschen Möglichkeit, den Glauben zu schaffen, der die Selbstverantwortlichkeit von dem autonomen Selbst und von der Sorge befreit. Der mündige Mensch ist sowenig ohne Gott wie der fromme Heide. Er ist von niemandem sonst als von Gott dahingegeben an die Sorge und an das Selbst. Und er ist sowenig wie der Jude und Heide fähig und willens, Gott Raum, Herrschaft und die Ehre zu geben. Aber das bedeutet nicht, daß die Ausrichtung des Evangeliums an ihn nicht ein Auftrag und eine Aufgabe wäre, die auf eine ganz andere Weise und mit anderen Mitteln als denen der Verkündigung an die Juden und frommen Heiden vollziehbar sind. Mehr als den hier zur Sprache gebrachten Ansatz hat Bonhoeffer uns nicht hinterlassen, dafür aber um so mehr die Aufgabe, hier weiter zu wägen und zu wagen, was zu tun sei im Dienste rechter Verkündigung.

Es geht Bonhoeffer jedenfalls nicht darum, den Religionsschwund rückgängig zu machen. Es geht auch nicht an, die Augen vor dieser Lage zu verschließen und immerfort so zu tun, als wäre hier nichts geschehen, was für die Predigt von Belang wäre. Es geht nicht an, in der Verkündigung den Menschen auf eine Religiosität hin anzureden, die er gar nicht mehr hat. Es geht vielmehr darum, das rechte Wort eben für den nichtreligiös lebenden, selbstverantwortlichen Menschen zu finden.

In diesem Zusammenhang kommt er selbst ausdrücklich auf Bultmann zu sprechen. Die Entmythologisierung wird als positive Lösung des Problems abgelehnt. Warum? Weil Bultmann zwar „die Grenze“ Barths – nämlich dessen unfreiwillige Tendenz zum Offenbarungspositivismus – „gespürt“ hat, diese aber im Sinne der liberalen Theologie „mißversteht“ und daher selber „in das typisch liberale Reduktionsverfahren verfällt“, „die mythologischen Elemente des Christentums werden abgezogen und das Christentum auf sein Wesen reduziert“.

Bonhoeffer ist „der Auffassung, daß die vollen Inhalte einschließlich der ‚mythologischen‘ Begriffe bestehenbleiben müssen – das Neue Testament ist nicht eine mythologische Einkleidung einer allgemeinen Wahrheit, sondern diese Mythologie (Auferstehung usw.) ist die Sache selbst! –, aber daß diese Begriffe nun in einer Weise interpretiert werden müssen, die nicht die Religion als die Bedingung des Glaubens (vgl. die Peritome bei Paulus) voraussetzt" (WE, S. 220 ff.).

Diese Sätze besagen: nicht Eliminierung, nicht Subtraktion, nicht Reduktion des Mythologischen im Zeugnis der Schrift, sondern Interpretation. Und zwar Interpretation auf die mündig gewordene Welt hin. Wichtig ist für uns dabei der Satz: „Diese Mythologie (Auferstehung usw.) ist die Sache selbst!" Bonhoeffer will doch wohl sagen: Auferstehung meint nicht in irgendeinem Sinne eine allgemeine Wahrheit, für die sie zeitgebundener, auswechselbarer und sogar einmal zu ersetzender Ausdruck wäre, sondern sie ist Geschehnis, Widerfahrnis, Ereignis und als solches nicht zeitgebunden, sondern ein für allemal bleibend, alle Zeit bindend, nicht auswechselbar, nicht zu ersetzen. Sie ist ein Datum, hinter das nicht zu kommen ist, das auch nicht mehr reduzierbar ist. Das Datum Auferstehung kann und soll gewiß proklamiert, bezeugt und damit auch gedeutet und ausgelegt und als Geheimnis verstanden und erkannt werden. Und auf ebensolche Weise gibt es sich selbst kund in der Verkündigung durch Menschenmund. Aber das alles kann und darf nicht das Datum als solches relativieren, abstreifen wie ein Kleid oder modifizieren und umwandeln nach einem Maß, das dem Datum selbst nicht eigen ist.

Interpretieren heißt offenbar für Bonhoeffer: die Auferstehung als das zur Geltung zu bringen, was sie ist, sie zu Worte kommen zu lassen als Widerfahrnis extra nos, pro nobis. Interpretation heißt aber nicht: das Datum bloß als Deutemittel, als Interpretament zu nehmen für eine „Sache" (ein Interpretandum), die selbst kein Datum, kein Ereignis, kein Widerfahrnis, kein Geschehnis, sondern – sagen wir: je meine existentielle Wahrheit ist.

Es wäre nun wahrlich ein Leichtes, hier den Apologeten Bultmanns zu machen und dabei die Schwäche, die „Ainigmatik" und die Abbreviaturen eines Gefängnisbriefes für Bultmann auszunutzen. Es liegt ja auf der Hand, daß es Bultmann ausdrücklich gerade nicht um allgemeine Wahrheiten, nicht um Reduktion oder Subtraktion, sondern um Interpretation der biblischen Mythologie geht. Es wäre also sehr leicht und ebenso steril für unsere Bemühungen um das Erbe Bonhoeffers, nun einfach zu sagen: Bonhoeffer hat eben Bultmann nicht verstanden. Hätte er ihn verstanden, dann hätte er auch schon eingesehen, daß seine Intention sich mit der Bultmanns im Entscheidenden deckt. Das wäre leicht und sehr naheliegend. Es wäre aber doch kaum zutreffend. Denn hier redet Bonhoeffer in letzten Urteilen, ohne die explizite Angabe des Weges dorthin. Es könnte ja sehr wohl sein, daß er tatsächlich in der Intention mit Bultmann ganz einig ist. Einige Äußerungen scheinen mir das zu bekräftigen. Eines aber ist die Intention, ein anderes das Gelingen ihrer Durchführung. Ich verstehe Bonhoeffers Kritik an Bultmann jedenfalls als auf die Frage nach diesem Gelingen bezogen. Bultmann will nicht Reduktion und Subtraktion, sondern Interpretation. Er will die liberale Theologie an diesem Punkt überwinden. Ist ihm das gelungen? Bonhoeffer meint: nein. Denn Bultmann mißversteht, so meine ich Bonhoeffer verstehen zu sollen, den Gebrauch der mythologischen Diktion in der Bibel fundamental. Indem er unter Mythos allgemein Göttergeschichten versteht, die an sich Unanschauliches so darstellen, als wäre es in Geschichten, in Fakten und Daten objektivierbar und auch objektiviert, die also jenseitiges Geschehen in diesseitigen Begebenheiten und also „uneigentlich" aussprechen, mag Bultmann recht haben. Indem er die Aufgabe der existentialen Interpretation darin sieht, das unanschauliche, jenseitige Eigentliche ohne die objektivierenden Geschichten und durch die interpretierenden Existentialien zur Sprache zu bringen, mag er wiederum recht haben, freilich nur, solange es sich um solche mythologischen Göttergeschichten handelt, wie sie außerhalb der Bibel im umgebenden Heidentum im Schwange sind. Dieses Prinzip der existentialen Interpretation ist auf die Bibel nicht ohne weiteres bzw. nur in sehr engen Grenzen anwendbar, und zwar deshalb nicht, weil in der Bibel das Mythologische gar nicht im Dienste eines unanschaulich jenseitigen, naturhaften oder auch geschichtlichen Daseinsverständnisses, sondern der realen Offenbarungsgeschichte Gottes mit dem Menschen in der Welt steht.

Durch den Gebrauch des Mythologischen in solchem Dienst

ist die Interpretation vor eine geradezu umgekehrte Aufgabe gestellt. Was sonst bei einem Mythos das Uneigentliche, das anschaulich Diesseitige ist, ist in der Bibel gerade das Eigentliche, die „Sache", um die es sich handelt. Und die für Bultmann so entscheidende eigentliche Bedeutsamkeit, zu welcher seine Interpretation vorstoßen soll, ist gerade das „Uneigentliche", Inadäquate, Unangemessene, das ständig neu aufgegebene, mitteilende Wort. In einer gewissen Vereinfachung und Schematisierung des tatsächlich differenzierteren Sachverhaltes soll einmal die Formulierung gewagt werden: In außerbiblischen Göttergeschichten ist das eigentliche Datum die menschliche Existenz; die „Daten" der Geschichten haben grundsätzlich bloßen Auslegungscharakter. Im biblischen Gebrauch der Mythologie dagegen stehen jene Auslegungsdaten für die aller Auslegung vorgegebene und ihr vorgelegte, sie selbst erst schaffende, geschichtliche Tat Gottes. Und die menschliche Existenz besteht nun entweder in der gehorsamen, tätigen, handelnden, denkenden und fühlenden Auslegung dieser Tat, durch die sie gesetzt und qualifiziert ist, oder in deren tätiger Verwerfung. Was in einem außerbiblischen Mythos tatsächlich Auslegung ist, nämlich die Geschichte, die da von einer Gottheit erzählt wird, das ist in der Bibel gerade nicht Auslegung, sondern der „Gegenstand" der Auslegung (so verstehe ich es, wenn Bonhoeffer sagt: „sondern die Mythologie [Auferstehung usw.] ist die Sache!"). Und was in einem außerbiblischen Mythos tatsächlich Gegenstand der Auslegung ist, nämlich die Wahrheit der menschlichen Existenz, das ist in der Bibel gerade Auslegung, die durch jenen Gegenstand hervorgerufen wird. Mit andern Worten: In der Bibel ist die menschliche Existenz von dem Thron gestoßen, auf dem sie in einem außerbiblischen Mythos immer sitzt. Weder ist hier der existierende Mensch das Subjekt der Selbstauslegung mit Hilfe der Götter, noch ist seine Existenz in sich selbst der Fundort seiner eigenen Wahrheit. Hier ist Gott auf dem Thron. Er ist das Subjekt der Auslegung der Existenz des Menschen. Und seine Auslegung ist die Wahrheit der menschlichen Existenz.

So ist die Bibel nicht ein Beitrag zur Existenzerhellung für den Menschen, zu einem Unternehmen also, dessen Initiator heimlich doch immer der Mensch bleibt. Vielmehr ist das ganze Unternehmen dem Menschen hier aus der Hand genommen durch die Initiative Gottes. Von daher ist es unsachgemäß und darum unzulässig, ohne Rücksicht auf den „pervertierenden" Gebrauch, den die Bibel vom Mythos macht, diesen auch innerhalb der Bibel so zu interpretieren, als handele es sich hier nur um einen wenn auch noch so besonderen Spezialfall von uneigentlicher Objektivation. Hier scheint mir der Grund dafür zu liegen, daß Bonhoeffer entgegen den klaren Intentionen Bultmanns dennoch behauptet, Bultmann sei über den Liberalismus nicht hinausgekommen. Der Liberalismus Bultmanns steckt – in der Sicht Bonhoeffers – in seinem Mythosbegriff und in der Anwendung der existentialen Interpretation auf die biblische Mythologie. Nur als Anmerkung sei hier gesagt, daß ja Bultmann in der existentialen Interpretation eine gute Waffe wider alle orthodoxen und positivistischen Objektivierungen der Offenbarung und des Heilsgeschehens sieht. Es scheint mir nun, als wolle Bonhoeffer diese Waffe im Grunde doch als ein modifiziertes, liberales Instrument ansehen, mit dem jene Objektivierungen nicht destruiert werden können, ohne daß dabei „die Sache" selbst auch angegriffen wird.

Indem Bultmann nicht sieht, daß die biblische Mythologie schon als Phänomen durch ihren Gebrauch die sonst angebrachte und gebotene und fruchtbare existentiale Interpretation scheitern lassen muß, um sie wirklich fruchtbar werden zu lassen, bleibt auch er im Liberalismus stecken.

Bonhoeffer denkt sich die Überwindung des Liberalismus im Zuge seiner nicht-religiösen Interpretation anders. Es steht für ihn fest, daß Bultmann eben doch nicht umhin kann, mit der existentialen Interpretation das biblische Zeugnis auf einen falschen Nenner zu bringen, nämlich den des „Wesens" des Christentums als eines geschichtlichen Existenzverständnisses je meines Augenblickes (als der eschatologischen Möglichkeit und Hoffnung). Bonhoeffer nennt eben das Reduktion. Reduktion ist das Gegenteil von Entfaltung und Ausbreitung von Reichtum und Fülle. Sie enthält als Auslegung die Tendenz zur Dürre. Ist aber Schriftauslegung recht verstanden, wenn sie „in dürren Worten", in unserem Falle in den Existentialien, den ganzen lebendigen Reichtum der Schriftaussagen jeweils konvergieren läßt? Wie lange kann man das aushalten? Heißt: „die Wahrheit sagen" im Sinne theologischer wie auch verkündigender Schriftauslegung auf die Dauer: mit dürren Existentialien sagen, was die Schrift offenbar in so ganz anderer, reicher Mannigfaltigkeit sagt? Wir werden auf diesen Punkt noch zurückkommen. Denn es will mir scheinen, daß wir als Ausleger gerade von dem zu lernen haben, was Bonhoeffer zu dem so überaus erregenden Problem: „Was heißt: die Wahrheit sagen?" geschrieben hat. Hier kommt es nur darauf an, die Dürre nicht nur als unvermeidlich mit jeder derartigen Reduktion verbunden in Kauf zu nehmen, sondern zu erkennen, daß die reduzierende Interpretation im Sinne Bonhoeffers vor allen Dingen keine rechte Auslegung der Schrift ist. Denn sie verkennt ihren Gegenstand, indem sie die Gestalt der biblischen Verkündigung als eine mythologische nimmt, die sie dann existential interpretiert. Das Mythologische in der Schrift ist aber in diesem Sinn gar nicht ein Gestaltproblem, sondern zugleich Name für die Gegenwart der Sache selbst. Und der Sprung in den existentiellen Vollzug wird hier nicht etwa – wie beabsichtigt – gefördert oder ermöglicht, sondern gehemmt und geradezu verhindert.

Will Bonhoeffer im Blick auf Bultmann der liberalen Reduktion wehren, so will er zur gleichen Zeit aber auch im Blick auf Barth dessen „Offenbarungspositivismus" nicht als Waffe gegen Bultmann ins Feld führen.

Wiederum: Nicht als ob Bonhoeffer nicht wüßte, daß Barth selbst keinesfalls Offenbarungspositivist sein möchte. Eines aber ist, was einer keineswegs sein möchte, ein anderes, was er dennoch wirklich ist und tatsächlich wirkt. Bonhoeffer verneint nicht die Intention Barths, sondern – wenn alles zu allem kommt – das Gelingen des Werkes der Überwindung des Positivismus wie des Liberalismus. Bonhoeffer ist hier wie bei Bultmanns Theologie auf das Wägen der letzten Ergebnisse, auf den faktischen Erfolg des theologischen Vollzuges und nicht so sehr auf die „Meinung" der Autoren selbst gerichtet. Es gibt gelungene und steckengebliebene Bergbesteigungen. Auch in der Theologie aber entscheidet nicht so sehr die Intention, sondern das Werk und die Wirkung über das Gelingen der Bewältigung gestellter Probleme.

Bonhoeffer geht auch Barth gegenüber aufs Ganze. Barth hat schon recht, wenn er die harte Rede vom „friß Vogel oder stirb" nun gerade im Blick auf seine Dogmatik aus dem Munde Bonhoeffers einigermaßen „verwirrend", erröten und ratlos machend empfindet. In der Tat: Es sollte selbst einem Bonhoeffer schwerfallen, wirklich zu verifizieren, was da in dem schweren Brocken eines Gesamturteils aus der Tiefe eines theologisch angefochtenen Gewissens herausgestoßen ist. In der Tat: Wo hat Barth „einem Vogel geboten, die Jungfrauengeburt zu ‚fressen' oder zu ‚sterben'"? (Brief Barths an Herrenbrück).

Aber auch das ist wohlgetan von Barth, die Frage, die aus solchem Urteil spricht, stehenzulassen, ohne einen expliziten Versuch einer literarischen Selbstrechtfertigung.

Es kommt auch hier nicht darauf an, wer recht hat, sondern daß und wie das Rechte geschieht. Es ist hier jedenfalls nicht entscheidend, ob Bonhoeffer mit oder gegen Barth dem Offenbarungspositivismus wehren will, sondern darauf, daß er ihm wehrt und wie er sich solches Wehren erfolgreich denkt. Das führt zu der Frage nach der ‚Sache' der Auferstehung usw.

„Die Auferstehung ist die Sache selbst" will sagen: sie ist nicht „Ausdruck" für ein dahinterliegendes anderes, „Eigentliches" und daher als Ausdruck durch einen anderen Ausdruck ersetzbar. Sondern sie ist das Eigentliche, das es auszulegen gilt. Sie ist eine Selbstmitteilung Gottes, nicht hinter einem Ereignis, sondern identisch mit dem Ereignis, das da Auferstehung heißt. Das Ereignis ist eine Selbstauslegung Gottes in einer an uns vollbrachten Tat.

Aber auch nach der andern Seite eines positivistischen Mißverständnisses hin muß das Datum der Auferstehung bewahrt werden. Es ist das Datum sui generis! Es ist Gabe, Geschenk, Wohltat, Heilstat und nicht zwingende „Tat-Sache". Es ist die den Glauben schaffende, ermöglichende und hervorrufende Tat Gottes, als solche aber nicht außerhalb des Glaubens zugänglich und ohne ihn in sich objektiv abgeschlossen, und darum nichts, das man „fressen" muß, wenn man nicht sterben will. Das schließt nicht aus, daß dieses Datum vor dem Glauben das „Datum" ist. Im Gegenteil! Wie könnte sonst die Auferstehung darin bestehen, daß sie den Glauben schafft, ermöglicht, hervorruft und auf den Auferstandenen richtet?

Ist die existentiale Interpretation in der Gefahr, die Auferstehung zu einem Mittel der Selbstauslegung des Glaubens der ersten Jünger bzw. zu einem Interpretament des Glaubens an den Gekreuzigten zu machen, so ist die positivistische Hinnahme der Auferstehung in der Gefahr, den Glauben zu einem „Fressen" von Tatsachen zu degradieren, die mit dem Glauben nichts zu tun haben, in sich allein, für sich und „an sich" abgeschlossen stehen. Sie schaffen, ermöglichen und eröffnen nicht den Glauben. Sie bestehen nicht darin, dies alles zu tun. Sie sind nur zum „Fressen" da, und dieses „Fressen" ist dann das Werk der anerkennenden oder verwerfenden Stellungnahme des Menschen zu ihnen. Mit einer solchen positivistischen Offenbarungstheologie darf man einer mündig gewordenen Welt sowenig kommen wie mit einer existentialen Interpretation.

Die mündig gewordene Welt ist ja gerade mündig geworden gegenüber einem kirchlichen Anspruch auf Glauben an solche „Tatsachen". Und gerade das ist es ja, was aus dem christlichen Glauben immer wieder eine Religion macht: 1. der Offenbarungspositivismus, der das Datum der großen Taten Gottes dogmatisch oder weltanschaulich vergesetzlicht und das heißt vergötzt. Und 2. dementsprechend die Verkehrung des Glaubens in eine Sollerfüllung, a) eines bestimmten Quantums gläubig für wahr zu haltender Fakten, b) der Wahrnehmung der daraus sich ergebenden Pflichten.

Nicht-religiöse Interpretation im Angesicht einer alldem zunehmend entwachsenen und widerspenstigen Welt kann nur in der Aufhebung des positiven Mißverständnisses und des daraus entstehenden berechtigten Mißtrauens gegen Kirche, Theologie und Predigt bestehen. Die Aufhebung sieht Bonhoeffer trotz heißen Bemühens weder von Bultmann noch von Barth als hinreichend befriedigend und weiterführend gelöst an. Er nimmt sich vor, an ihrer Lösung zu arbeiten. Und ich meine, nach seinem Tode bleibt diese Aufgabe an uns gestellt. Zwischen liberaler

Reduktion und positivistischem Dogmatismus sucht Bonhoeffer nach einem Weg der Interpretation, die die berechtigte Frage der liberalen Theologie aufnimmt und beantwortet, ohne jedoch Reichtum und Fülle des sich offenbarenden Gottes in der Reduktion verschwinden zu lassen, ohne die Gabe selbst für deren Einkleidung zu nehmen und beides voneinander zu scheiden. Aber auch ohne beides zusammen heimlich zu vergötzen durch irgendeine gesetzliche Objektivation.

Die Verkündigung angesichts einer mündig gewordenen Welt gelingt nicht dadurch, daß der alte „Vormund- und Lückenbüßer-Gott" als Arbeitshypothese auch für den mündigen Menschen als unentbehrlich nachgewiesen wird. Der Scharfsinn, mit dem eine gewisse Apologetik zynisch dem Menschen auf der Spur ist, um ihm die Stellen zu zeigen, an denen es deutlich wird: es geht doch nicht ganz ohne Gott, erscheint Bonhoeffer mit Recht verwerflich. Nicht an den ganz geheimen, noch so entlegenen „wunden Punkten", an den „Grenzen" ist der mündige Mensch zu fassen und für die Verkündigung aufzuschließen, sondern inmitten seiner ganzen Profanität, in seiner Weltlichkeit. „Ich möchte von Gott nicht an den Grenzen, sondern in der Mitte, nicht in den Schwächen, sondern in der Kraft, nicht also bei Tod und Schuld, sondern im Leben und im Guten des Menschen sprechen" (WE, S. 182). „Das ‚Jenseits' Gottes ist nicht das Jenseits unseres Erkenntnisvermögens! Die erkenntnistheoretische Transzendenz hat mit der Transzendenz Gottes nichts zu tun. Gott ist mitten in unserem Leben jenseitig. Die Kirche steht nicht dort, wo das menschliche Vermögen versagt, an den Grenzen, sondern mitten im Dorf ..." (ebd.)

Deutlich genug ist hier die Frage nicht die: Wie kann ich den, der kein „Organ" mehr für Transzendenz hat und daher die biblische Sprache als Sprache der Transzendenz mißversteht, über sein Mißverständnis aufklären?, sondern die: Liegt hier überhaupt die Transzendenz vor, die bis zu Bultmann hin immer wieder allzusehr als das eigentliche Problem des Verstehens angesehen wird? Und Bonhoeffer gibt eine eindeutige Antwort: „Das Jenseits Gottes ist nicht das Jenseits unseres Erkenntnisvermögens!", auch nicht das der „Metaphysik" (WE, S. 180), sondern das des „Verlassens", wie oben ausgeführt worden ist. So verstehe ich den Satz: „Gott ist mitten in unserem Leben jenseitig."

Gewiß gibt es das Problem des Verstehens von metaphysisch-mythologischen Texten der Bibel und also die hermeneutische Frage in dem Sinne des sachgemäßen heutigen Ausdrucks für ein Geschehen, dessen Inhalt und Bedeutsamkeit „jenseits" konstatierbarer Wirklichkeit liegt. Aber dieses Bultmanns ganze Arbeit durchgehend bestimmende Problem ist nicht das Anliegen Bonhoeffers. Abseits von einer derartigen, ihm im Grunde fremden Fragestellung ist ihm in einem als solchem nicht weiter der Reflexion unterliegenden Vollzug existentiellen Verstehens – horribile dictu für Bultmann – an einer „Interpretation" von Gottes Jenseits inmitten unseres Lebens als dem „Verlassen" gelegen, durch das hindurch Gott „Raum" in der Welt gewinnt. Natürlich sagt Bonhoeffer nirgends, Gott sei jemals eine „diesseitige", meßbare und konstatierbare „Größe". Diesseitig ist Gott für ihn nur in dem Sinne, daß der Mensch und die Welt nie ohne Gott sind, oder vielmehr, daß Gott nicht ohne den Menschen sein will, auch nicht, wenn er ihn „für eine kleine Zeit" verläßt. Er ist aber nicht diesseitig im Sinne der Immanenz als des Korrelats zur erkenntnistheoretischen Transzendenz.

Wie nun Bonhoeffer zu solcher – immerhin doch so zu nennenden – Erkenntnis bzw. zu einem Verständnis gekommen ist, nach welchem eigentümlichen hermeneutischen Prinzip er hier verfahren ist, das auch dann vorliegt, wenn es dem Erkennenden unkritisch nicht bewußt ist, das interessiert Bonhoeffer nun einmal nicht. Dafür hat er sozusagen gar keine Zeit und auch nicht den nötigen Abstand der Reflexion. Das aber würde Bultmann interessieren. Und das Verlangen nach einer Rechenschaftsablage in dieser Hinsicht kann zwar nicht abgewiesen werden, bleibt aber im Falle Bonhoeffer unbefriedigt.

Ähnlich wie Barth scheint Bonhoeffer jenes Verlangen darum suspekt zu sein, weil es in der Form, wie es von Bultmann geltend gemacht wird, einen Aufenthalt in einem Raum der distanzierten Existentialität voraussetzt, den der Glaubende nicht betreten kann, ohne sich selbst zu suspendieren. Es scheint so, als widerstrebe es auch Bonhoeffer mit Macht, sich selbst betrachtend vom Glauben zu distanzieren, um zu bedenken, was Glauben ist und wie der Glaubende sich selbst versteht. Die „Wahrheit", die allenfalls aus dieser Distanz heraus über den Menschen gesagt werden könnte, wäre eine „kalte" Wahrheit. So jedenfalls kann dem mündigen Menschen nicht die Wahrheit gesagt werden, wie dies Bonhoeffer vorschwebt.

Er will also diesen Menschen nicht an seine „Grenzen" führen, um ihm an den Stellen seines Versagens den Gott nahezubringen, der hier noch seinen Raum hätte. Er will mitten in seinem Leben, da, wo er stark und „gut", tüchtig und in seinem besten Streben begriffen ist, Christus verkündigen als den Gott, der mit uns ist, indem er uns verläßt. Hier und nicht an den Krisenpunkten soll ihm gesagt werden, wer Christus gerade für ihn ist. Er soll dies nicht auf dem Umweg über die Religiosität erfahren. Die Religion soll nicht die Bedingung werden, unter der er das erfahren wird. Der mündige Mensch muß nicht erst religiös „verschnitten" werden, um ein Christ sein zu können, sowenig die Beschneidung für die Heiden in der Mission des Paulus eine Vorbedingung sein sollte. Christus soll ihnen Weg, Wahrheit und Leben werden ohne den Umweg über eine religiöse Deutung, wie sie die landläufige Kirchlichkeit, ohne sich dessen auch nur allenthalben bewußt zu sein, immer wieder gibt und verbindlich macht. Das würde ein radikales Ende der kirchlichen Praxis bei den Häuptern wie bei den Gliedern bedeuten. Denn was die empirische Kirche immer noch unentwegt ist und worin sie sich nach dem Tode Bonhoeffers immer mehr verfestigt und stark macht, das ist eine Religion: die „christliche" Religion. Daran ändern die modernen Formen der Evangelisation und Missionierung der Massen und der Gruppen wie der Stände und einzelnen gar nichts. Sie bestätigen und betätigen nur die Religion.

Unabsehbar ist, was die nicht-religiöse Interpretation für die Kirche in der Welt und für die Welt bedeuten würde. Sie müßte einen totalen Gestaltwandel auf Grund einer innersten Veränderung ihrer Substanz zur Folge haben.

Deshalb ist die inzwischen fast modische Bonhoeffer-Verehrung ein für die gegenwärtige Struktur der Kirche explosibles Unterfangen, falls diese Verehrung nicht taub bleibt, sondern hörend wird, daß das „religiöse Apriori" einmal aufhört, Apriori zu sein.

Was Bonhoeffer im Grund vorschwebt als nicht-religiöse Interpretation, halte ich für eine Sache der „Weisheit". Ich kenne keinen Theologen der jüngsten Zeit, der auf mich so sehr den Eindruck eines rechten Weisheitslehrers gemacht hat wie Bonhoeffer. Es ist nicht von ungefähr, daß er sich dem Alten Testament selber so nahe und verbunden weiß. Dort nämlich ist jene Weisheit, die ich hier meine. Da ist noch nicht jenes hellenische „Verstehen", das hernach die Weisheit, die wir insbesondere aus der Gattung der biblischen Weisheitsliteratur kennen und die uns auch sonst allenthalben im Alten Testament begegnet, mehr und mehr verdrängt und durch das ersetzt, was wir „Theologie" nennen. – Es ist sachgemäß, von der Theologie des Paulus und des Johannes zu sprechen. Dagegen ist es angebracht, bei dem Alten Testament von dessen „Weisheit" zu sprechen. Bonhoeffer hat gewiß eine Schwäche für die Theologie – im positiven wie im negativen Klang dieses Wortes –. Seine „Stärke" aber ist die Weisheit. Und seine eigentlichen Leistungen in der „Ethik", ganz besonders in der „Versuchung", aber auch in seinen mehr „philosophischen" Schriften, wie der „Sanctorum Communio" und „Schöpfung und Fall" liegen in der Richtung der Weisheit, die aus dem Worte Gottes in Vollmacht zu schöpfen weiß. Was zum Beispiel Bonhoeffer in der Ethik von der Scham sagt, das ist nicht eigentlich Theologie, sondern Weisheit. Sie hat zur Theologie hin eine Grenze.

So scheinen mir auch Bonhoeffers Grenzen eben dort zu liegen, wo die Weisheit ihre Grenzen zur Theologie hin hat. Ich sage das deshalb, weil es mir darum geht, das Erbe Bonhoeffers nicht in ein „genus" hinübergetragen zu sehen, in dem es seine eigentliche Leuchtkraft verliert. Ich halte Bonhoeffer für einen rechten Weisheitslehrer der Kirche. Auf dem eigentümlich vollmächtigen *propheteuein* seiner Rede, auch wenn sie im schweren Rüstzeug lutherischer Theologie einhergeht, beruht seine Wirkung. Hier liegt sein besonderes Charisma. Eine in unserer Zeit sehr selten gewordene Gabe.

Wer immer die Arbeit Bonhoeffers weitertreiben will, der sehe nur zu, daß er eine Frage, die letztlich an die Weisheit unter den Gliedern der Gemeinde gerichtet ist, nicht allzu geschäftig „theologisiert“ und damit unfruchtbar macht.

Es läuft doch bei all den Gedanken, die Bonhoeffer sich zur Verkündigung angesichts einer mündigen Welt macht, alles auf die Weisheit hinaus, heute und hier dem Mitmenschen „die Wahrheit“ zu sagen. Ist schon die Entmythologisierung bei Bultmann keineswegs ein Programm, sondern als eine theologische Aufgabe des Verstehens gedacht, die nicht nach praktikablen Rezepten zu leisten ist, wieviel mehr gilt das Entsprechende von der so ganz anders gemeinten „Sache“ der nicht-religiösen Interpretation. Sie ist eine Sache der Weisheit, die der Theologie genug zu denken gibt. Wenn aber nur die Theologie hier das Wort zu führen hätte, dann würde dem mündigen Menschen die Wahrheit gewiß nicht auf die rechte Weise gesagt. Denn die Theologie, sofern sie selbst nicht der Vollzug von Anrede ist, sondern das Bedenken dessen, daß das Wort Gottes Anrede ist, und was es als solche zum Inhalt hat, sagt die Wahrheit anders, als sie in direkter Anrede an den Mündigen gesagt sein will. Daher kann einer ein trefflicher Theologe sein, ohne als solcher schon geschickt zu sein, seinen Mitmenschen recht die Wahrheit zu sagen. Es ist nicht die Theologie, sondern die Weisheit, die uns das rechte Wort im Vollzuge der Interpretation gibt. Nach Bonhoeffer gibt es ein „zynisches“, nur dem Interesse der „Erhellung“ dienendes Die-Wahrheit-Sagen, das Lüge ist. So gibt es auch in unserer Interpretation ein theologisches Die-Wahrheit-Sagen, das in conspectu ecclesiae nicht die Wahrheit ist (WE, S. 218 ff.). Das macht die Bemühung der Theologie nicht überflüssig. Es kann keine Weisheit geben, die den Dienst der Theologie verschmäht. Es gibt aber auch keine rechte Theologie, die nicht mehr weiß, daß sie von der Weisheit lebt.

Dem Mündigen die Wahrheit sagen, die Christus für ihn ist, ist sicher nicht die Sache einer bloß „angewandten Theologie“. Es bedarf dazu nicht bloß des theologischen Einfalles und Scharfsinnes, sondern darüber hinaus der Weisheit, die damit umzugehen weiß im Ernstfalle. Auf dieser Linie bewegt sich Bonhoeffer. Es muß sich erst noch zeigen, was die Bonhoeffersche Hermeneutik der Weisheit wirklich hergibt. Eine wichtige Entscheidung darüber wird eben der mündige Mensch haben.

Wir werden ihn auf seine Selbstverantwortlichkeit hin anzureden haben, auf den darin liegenden Widerspruch zu dem Christus, den wir predigen, zu dem Ohnmächtigen, der in den Schwachen mächtig ist. Hier werden wir wohl einzusetzen haben mit der Bitte um den Geist, der den Glauben schafft. Gebe Gott uns die Weisheit, die uns dann weiter aus der Fülle des Wortes Gottes schöpfen läßt, die dem „Mündigen" lebendiges Wasser gibt.

Theologische Literaturzeitung 81 (1956), Sp. 307–326.

DAS ENDE DER RELIGION

Überlegungen zur Theologie Dietrich Bonhoeffers

Von Helmut Thielicke

Ein Dialog mit Dietrich Bonhoeffer über unser Thema setzt einen bestimmten Begriff von Religion voraus, der aus Zeitmangel im Vortrage selbst nicht entfaltet werden kann, dessen Kenntnis aber doch notwendig ist. Ich versuche diesen Begriff darum in einigen Sätzen zu umschreiben.

Vorbemerkung: Leitsätze zum Begriff der Religion

1. Religion ist die Transparenz des Begegnenden für die letzte Wirklichkeit, man könnte auch mit Tillich sagen: für das mich unbedingt Angehende.

Das Begegnende kann dabei sehr verschiedener Art sein: Es kann ein geschichtliches Ereignis oder ein Komplex von Ereignissen sein, an denen die blinde Tyche- oder Moira-Macht oder an denen sich eine planvolle Teleologie oder ein personenhaft erlebter Richterwille manifestiert. Das Begegnende kann die Natur in ihrer Furchtbarkeit oder auch in ihrer Fruchtbarkeit sein, es kann – wie in der Magie – ein manahaltiges Weltding sein, dessen Besitz mich an der Macht der Götter partizipieren läßt.

Die Transparenz des Begegnenden kann ebenso in der vielfältigsten Weise erfahren werden: in der Ekstasis des Unbedingtheitserlebnisses oder in der Rationalität metaphysischer Reflexion, in der Haltung des Empfangens gegenüber gegebenen Zeichen (wie in den verschiedenen Formen der sog. Naturreligion) oder in der Errichtung von Zeichen, von kultischen Chiffren (wie in allen Formen eines gepflegten liturgischen Zeremoniells).

Die letzte Wirklichkeit endlich kann in ebensolcher Vielfalt interpretiert werden: als Grund und Abgrund, als Mächtigkeit oder Wert oder – wie Rudolf Otto es in seinem Begriffe des Numinosen analysiert hat – als ein Komplex dieser Letztgrößen.

2. Die Fähigkeit des Menschen, dieser Transparenz des Begegnenden gewahr zu werden, beruht auf einer Anamnesis des Menschen an einen ursprünglichen Kontakt mit der ihn nun zeichenhaft treffenden letzten Wirklichkeit. Nur weil er von diesem ursprünglichen Kontakt oder besser: von dieser ursprünglichen Gemeinschaft herkommt, wird er der im Zeichen verborgenen Gegenwart dieser letzten Wirklichkeit gewahr. Wenn wir uns so zur theologischen Interpretation des Phänomens „Religion" des Begriffes Anamnesis bedienen, dann vor allem deshalb, um damit anzudeuten, daß es in der Religion nicht um eine schöpferische, der Dichtung verwandte Aktivität des Menschen und darum auch nicht um den Akt einer Projektion im Sinne Feuerbachs geht, sondern daß sich der Mensch hier als Gegenstand eines ihn Treffenden erfährt. Und zwar erfährt er es als jemand, der sich ihm gegenüber in einer Ferne weiß. Er wird dieser Ferne als einer zu überwindenden Ferne inne, weil er sich in seiner ursprünglichen Verbindung mit dem Begegnenden wiedererkennt. Der Begriff Anamnesis soll also sowohl die Echtheit des so Begegnenden – im Gegensatz zu einer bloß illusionären Projektion und Erfindung – wie auch die Geschichte eines Verhältnisses zu dem so Begegnenden bezeugen.

3. Das Begegnende verliert seine Transparenz und damit seine Zeichenhaftigkeit und wird selbst für die letzte Wirklichkeit gehalten (Beispiel: Bildverehrung in der katholischen Vulgärfrömmigkeit). Dieser Verlust kann in den verschiedensten Formen eintreten:

a) als Magie: in Form der Geladenheit und Manahaltigkeit eines Dinges, eines Tieres oder einer Person.
b) als Mythos: Das dem Menschen erreichbare und durch Göttergestalten ausgesprochene Daseinsverständnis (Odin und

Loki, Götterdämmerung usw.) wird für die letzte Wirklichkeit gehalten, d. h., die Wahrheit des Menschen bemächtigt sich des Begegnenden, erkennt es in der Unbedingtheit des uns Angehens, läßt es aber bedingt sein durch das, was vom Menschen als wahr gesetzt wird. Die Programmatik der menschlichen Wahrheitssetzung ist zu unterscheiden von der kategorialen Struktur unseres Denkens, die alles ihm Begegnende nur in bestimmten Weisen des geschichtlich gebundenen Verstehens und der Sprache empfangen und weitersagen kann. Die Programmatik der menschlichen Wahrheitssetzung gestaltet Wahrheit nach menschlichen Willen (en adikia katechein), während die kategoriale Struktur des Denkens und Sagens die Wahrheit nur variiert und sich im Prisma der verschiedenen Empfangsmedien brechen läßt.

c) als Pragmatismus moderner Art, etwa in Form der sog. artgemäßen Religion oder der „Ideologie“.

4. Damit ist bereits angedeutet, daß es hier um keine psychologisch, sondern nur um theologisch verstehbare Tatbestände geht: Es ist der in Röm. 1, 18 ff. beschriebene Tatbestand, der zeigt, warum der Mensch die Transparenz der Welt zerstört: weil er den Kontakt des Geschöpfes mit dem verloren hat, der hier durchscheinen will. Das Geschöpf hat den Schöpfer nicht gepriesen und ihm nicht gedankt; es will sich nicht in seiner Geschöpflichkeit verstehen, ja, es kehrt den Schöpfungsvorgang um, indem es Götter bildet, die nach s e i n e m Bilde geformt sind und von denen es sich folglich auch nicht in Frage gestellt, sondern bestätigt sieht. Die Götter bleiben zwar (trotz jener Umkehrung und trotz einer gewissen funktionalen Abhängigkeit der Götter vom Geschöpf) Ü b e r m a c h t; im Rahmen der Kategorie des Dynamischen behalten sie ihre Privilegien; das ist auch der Grund dafür, warum sich im Rahmen eines nur ontologischen Denkens jener Umkehrungsvorgang nicht rein beschreiben läßt. Denn er tritt nur im Rahmen personaler Kategorien hervor: Angesichts seiner Pflicht zum Gehorsam und zur Selbstbegrenzung in der Geschöpflichkeit, angesichts seiner Schuld und Vergebungsbedürftigkeit schirmt der Mensch sich durch seine Ver-

wandlung der Götter ab. Hier wird auch das Moment sichtbar, das der an sich viel zu massiven und pauschalierenden Redeweise von der „Projektion" zu einem relativen Recht verhilft: es ist die beschriebene Menschenbildlichkeit Gottes (Homerische Götter). Die Tatsache, daß der Mensch sich immer wieder zu diesem Projektionsvorgang genötigt sieht, daß also das Entstehen von Religion zu den konstitutiven Merkmalen der menschlichen Natur zu gehören scheint (mit gewissen Grenzen in der Moderne, auf die wir noch im Bonhoeffer-Referat zu sprechen kommen), deutet zwar darauf, daß es hier nicht um gleichsam statthabende Akte von Selbstobjektivierung geht, sondern daß hier eine echte Begegnung von komplexer Art vorliegt: nämlich die Anamnesis und die in ihr gegebene Konfrontation mit der letzten Wirklichkeit, gleichzeitig aber deren Verdrängung in dem Sinne, daß in der erfahrenen gottmenschlichen Partnerschaft der Mensch den Primat erhält. Es geht also in der Religion nicht um eine schöpferische Aktion des Menschen in dem Sinne, daß er Gott bildete, sondern es geht um eine im Namen eines Selbstschutzes, seiner Rechtfertigung vollzogene Reaktion auf ein ihm Begegnendes, in deren Rahmen er Gott v e r bildet.

5. Eines der Medien, in deren Rahmen der Mensch jene Begegnung erfährt, ist die Grenzsituation, deren genauere Bestimmung wir noch vorzunehmen haben. Hier sei nur so viel gesagt, daß sie vornehmlich, wie schon der Name sagt, an den Horizonten der Existenz gelagert ist: in Zeiten des Leides, der Katastrophen, des Todes, der äußersten Angst. Diese Situationen gelten als eine Art Knotenpunkte der Religion, weil sie ein besonderes Maß an Transparenz für die begegnende letzte Wirklichkeit in der Bedeutung als Übermacht, Schicksal, richterliche Gewalt und als Ewigkeit, die unsere endliche Existenz transzendiert, enthalten. Die Apokalypse zeigt uns, daß auch in diesen sozusagen klassischen Situationen der Religion die Transparenz verlorengehen kann (sie taten nicht Buße; vgl. auch die Gestalt des Pharao in De servo arbitrio). Sie verlieren also die Transparenz für die in ihnen waltende Heimsuchung und führen entweder zum Trotz oder in der Moderne zum Nihilismus, d. h., zur An-

nahme des blinden Tyche-Geschickes. Die Transparenz geht aber hier noch auf eine andere Weise verloren: Denn selbst für den Fall, daß der homo religiosus die Transparenz der Grenzsituation offenhalten möchte, ja, daß er die religiöse Fruchtbarkeit der Grenzsituation rühmt, zeigt sich noch ein ganz andersartiger Verlust an Transparenz darin, daß er die Aktualität der letzten Wirklichkeit aus der Mitte seines Daseins entfernt und sie an den Rand verweist. Wir werden noch sehen, wie Bonhoeffer seine These der nicht-religiösen Verkündigung vor allem mit dieser Beobachtung stützt.

A. Das Evangelium in einer religiösen und in einer religionslosen Welt

I. Das Problem

Als die ersten christlichen Zeugen auftraten, deren Botschaft wir im Neuen Testament finden, sprachen sie in eine Welt, die gleichsam bis zum Äußersten mit Religion geladen war. Es liegt darum nahe, daß die neutestamentlichen Zeugen, um sich verständlich zu machen, sich in den Begriffen dieser religiösen Umwelt ausdrückten, daß sie sich der entsprechenden Vorstellungen bedienten, und noch mehr: daß sie das Existenzgefühl der in dieser Weise religiösen Menschen ansprachen. Wenn der Areopag-Redner (Acta 17) den Athenern zuruft: „Ich bin durch eure Stadt gewandert, habe eure Gottesdienste beobachtet und fand bei dieser Gelegenheit einen Altar, auf dem geschrieben stand: Dem unbekannten Gott! Nun verkündige ich euch den, dem ihr unwissend eure Verehrung darbringt", ich sage: wenn der Areopag-Redner das sagt, spricht er Menschen an, die man – wenn auch in einem stark säkularisierten, durch die philosophische Aufklärung verdünnten Sinne – als Polytheisten zu bezeichnen pflegt, und die in der Sorge, sie möchten im Chor der Götter irgendeine Gottheit vergessen haben, dieser unbekannten Jenseitsmacht X einen Altar errichteten. Damit will er sagen: Ich vervollständige euch diesen Kranz der Götter um die entscheidende

Gestalt. Ich habe euch nämlich die Nachricht von dem wahren Schöpfer Himmels und der Erde und dem Vater Jesu Christi zu bringen.

Was hier geschieht, ist also dieses: Lukas läßt den Areopag-Redner seine Botschaft zunächst in das religiöse Schema des Polytheismus einbauen. Er tut das selbstverständlich nicht in der Meinung, als könne seine Christusbotschaft in allgemeine religiöse oder stoische Kategorien einbezogen werden, sondern er tut das gleichsam in sokratischer Absicht: Er ist nämlich dessen gewiß, daß, falls die Athener überhaupt – wenn auch „nur" mit den ihnen im Augenblick verfügbaren religiösen Kategorien – die Botschaft von Christus annehmen, falls sie ihn zunächst nur in die Reihe ihrer Götter aufnehmen, die Exousia dieses Christus schon dieses Aufnahmeschema von innen sprengen wird[1].

Wie sehr es hier tatsächlich um Tarnung, wie es um den sokratisch-kierkegaardschen Redestil des Pseudonyms geht, das erhellt auch aus dem hellenistischen Charakter der Rede, der so ausgesprochen ist, daß ein Forscher wie Martin Dibelius sagen kann[2], die Areopag-Rede sei eine hellenistische Rede mit christlichem Schluß. Sie trete durch ihren rationalen, sich an die Stoa assimilierenden Charakter geradezu aus dem Gefüge des Neuen Testamentes heraus, sie sei ein „Fremdling" in ihm. Dibelius, so scheint mir, erkennt durchaus die hier angestrebte Unterwanderung der heidnischen Welt, auch wenn er sich das grundsätzliche theologische Problem, das darin steckt, nicht stellt[3].

Jedenfalls: Die Reaktion der Hörer gibt jener sokratischen In-

[1] Man mag dabei an Hölderlins Gedicht „Der Einzige" denken, in dem Gott als Vater Jesu Christi und der Götter verstanden werden soll. Dieses Gedicht bricht an der entscheidenden Stelle ab und ist erst im Wahnsinn vollendet worden: Die Aufnahme Christi unter die olympischen Götter ist unvollziehbar; abstrakt ausgedrückt: seine Einbeziehung in eine „religiöse Formel" sprengt diese Formel.

[2] Paulus auf dem Areopag, 1939, S. 36 ff., S. 56.

[3] Er sagt nämlich (S. 56): „So ließ Lukas seinen Paulus an einer der vornehmsten Stätten Griechenlands so predigen, wie er meinte, daß zu seiner Zeit den Griechen gepredigt werden solle; mit philosophischen Beweisen, unter relativer Anerkennung des griechischen Monotheismus,

tention recht. Denn der sich sofort entwickelnde Skandal zeigt, daß man die christlichen Partisanen hinter der Front der eigenen religiösen Überlieferung als solche ausgemacht hat, daß also die Athener eine schärfere Witterung für das hatten, was hier geschah, als sie manche späteren Historiker besaßen, wenn sie meinten, hier ginge es um eine hellenistische Rede mit einem harmlosen christlichen Appendix, hier ginge es also um einen Grad von Assimilation, der schon mehr einer Resorption durch das angesprochene heidnische Ausdrucksschema gleiche.

Auf jeden Fall ist es wichtig, in diesem Zusammenhang ein methodisches Problem zu erkennen: daß nämlich der Areopag-Redner mit den Worten seiner religiösen Umwelt spricht, und zwar in einem Ausmaße und in einem Grade, daß er sozusagen ein „synkretistisches Interim" in Kauf nimmt, eine Phase innerhalb seiner Verkündigung also, die für die Optik des Außenstehenden und auch des späteren Historikers nach einer Verschmelzung der christlichen Heilsbotschaft mit ihrer Umwelt und also wirklich – nach einer hellenistischen Rede aussieht[4].

Das grundsätzliche Problem, das sich uns hier stellt, läßt sich so formulieren:

Was bedeutet es für die christliche Botschaft, wenn sie in der modernen Welt nicht mehr an eine betont religiöse, sondern an eine weithin religions*lose* Welt ausgerichtet werden muß, und wenn darum die Weise ihres Sagens von dieser Religionslosigkeit der Adressaten nicht unberührt bleiben kann? Jedenfalls legt sich dieses Postulat der Religionslosigkeit ihrer Sprache doch nahe,

mit Berufung auf die von griechischen Dichtern ausgesprochene Weisheit."

[4] In ähnlicher Weise ist ja auch der christliche Begriff des Soter im heidnischen Hellenismus als Bezeichnung von Heilbringern geläufig: „Gedanken und Begriffe des gnostischen Erlösungsmythos müssen dazu dienen, die Gestalt Jesu Christi, sein Werk und das Wesen der Gemeinde zu beschreiben" (R. Bultmann: Das Urchristentum im Rahmen der antiken Religionen, Zürich 1949, S. 197). Auch Motive stoischer Theologie und Ethik werden als Schemata benutzt, in denen sich die christliche Heilsbotschaft ausdrückt und an die sie anknüpft.

wenn sie heute entsprechend dem zu verfahren wünscht, was die urchristlichen Zeugen auf ihre Weise und in ihrer Situation taten.

Hier entstehen zwei Fragen, die ich im Referat aus Zeitgründen nicht behandeln kann. Ich nenne sie nur als kleines Alibi dafür, daß ich nicht naiv genug war, diese Fragen zu übersehen:

Erstens nämlich ergibt sich die Frage, ob die Feststellung, es gäbe so etwas wie einen religionslosen Menschen, überhaupt Gegenstand einer statistisch orientierten, also einer zeitanalytischen Fragestellung sein könne. Geht es nicht statt dessen um die theologische Frage, ob die Religion so etwas wie einen character indelebilis habe – in dem gleichen Sinne wie die ontische Beziehung des Menschen zu Gott jenen Charakter besitzt, und zwar ganz gleichgültig, ob diese religio oder relatio nun als empirisches Phänomen konstatierbar ist oder nicht, ob sie noetisch zur Kenntnis kommt oder nicht. Indem ich die Antwort auf diese Frage dahingestellt sein lasse, gebrauche ich den Begriff der Religionslosigkeit zunächst theologisch ungeschützt als Signatur einer bestimmten Bewußtseinslage, die sich von den Bewußtseinslagen anderer Epochen charakteristisch unterscheidet. Ein gewisses Recht, so zu verfahren, sehe ich jedenfalls innerhalb dieses Referates darin begründet, daß Dietrich Bonhoeffer den Begriff der Religionslosigkeit – wie ich meine: zweifellos – bewußtseinsgeschichtlich meint.

Die zweite Frage ist diese: Selbst einmal angenommen, daß es religionslose oder relativ religionslose Zustände gäbe (was die Phänomenologie anbelangt) und daß die Verkündigung dann auch diesem religionslosen Verstehensschema überantwortet werden müsse: wird dann die ankommende und also nicht leer zurückkommende Botschaft nicht ihrerseits wieder religiöse Schemata bilden? Ja, wird sie nicht – ich wage es einmal so auszudrücken – in einem religiösen Sinne stilbildend sein und zum Beispiel liturgische Formen hervorbringen?

Hier geht es um Fragen, mit denen sich Dietrich Bonhoeffer vor allem in seinen Briefen und Aufzeichnungen aus der Zeit der Haft auseinandergesetzt hat[5].

Es war für mich – dieses Bekenntnis sei mir erlaubt – eine große Erfüllung, als ich diesem Buch zum ersten Male begegnete und darin vieles ausgesprochen fand, was mir zumindest als Problem deutlich geworden war, nur daß es hier in der vom

[5] Das im folgenden verwendete Buch ›Widerstand und Ergebung‹ wird abgekürzt durch WuE.

Ernstfall gefüllten und geladenen Sprache eines Mannes ausgesagt wurde, der an der Schwelle des Märtyrertodes und in der meditativen Stille einer Gefängniszelle lebte und litt. Das Folgende ist darum zwar nicht ein Referat dieser Gedanken aus dem Gefängnis, aber vielleicht eine Art weiterführenden Dialoges mit Dietrich Bonhoeffer, dessen wir dankbar und ehrerbietig gedenken.

Zuvor aber soll mit einigen Strichen charakterisiert werden, was im folgenden mit der modernen Religionslosigkeit gemeint ist. Wir vollziehen also einen Augenblick lang eine Analyse unserer geistigen Situation und lassen es, wie schon angedeutet wurde, vorerst dahingestellt sein, welchen theologischen Rang eine solche Analyse haben mag.

II. Religionslosigkeit und Enthumanisierung

Es ist ein wesentliches Kennzeichen des unter uns grassierenden Nihilismus, daß die Frage nach dem Sinn des Lebens und damit nach der letzten unser Leben tragenden Wirklichkeit, daß also, um es offen zu sagen, die „religiöse Frage" weithin nicht nur mit einer Fehlanzeige beantwortet, sondern daß sie, vielleicht in Erwartung dieser Fehlanzeige, auch kaum noch gestellt wird. Ich nenne dafür einige exemplarische Fälle:

1. Wenn wir uns einmal fragen, wie es kommen mag, daß Gottfried Benn den hohen Grad von Faszination gegenüber uns Heutigen ausübt, so wäre es sicher eine allzu triviale Antwort, wenn man nur seinen dichterischen Rang, die Hintergründigkeit seiner Bilder und den gleichsam ansaugenden Staccatostil, die „lyrisch-rhapsodischen Eruptionen" (Holthusen) seiner Sprache zur Begründung anführen würde. Denn die suggestive Mächtigkeit seiner Aussage ist – weit entfernt, Ursache jener Faszination zu sein – selbst schon ihrerseits Wirkung. Sie ist nämlich Symptom einer im Tiefsten verwundeten Existenz, die gerade als Verwundete jenen Magnetismus ausstrahlt. Es scheint nämlich so zu sein, daß der selber verwundete und von letzten Haltlosigkeiten bedrohte Mensch sich nach einer Art von homöopathischen Trö-

stungen zu sehnen pflegt, daß er sich nämlich nach dem sehnt, was seiner eigenen Heillosigkeit ähnlich ist, um einfach dadurch, daß er einen dichterischen Gefährten seines Schmerzes findet, Trost zu empfangen. Auch hier gilt in anderer Weise das Wort des Passionsliedes: „Wunden müssen Wunden heilen." Die Objektivierung der Heillosigkeit in der dichterischen Aussage befreit sozusagen vom Komplex der nur dumpf empfundenen Unheilahnung und übt so eine Art psychoanalytischen Heilungsaktes aus[6].

Insofern ist die Faszination, die von Gottfried Benns Person und Werk ausgeht, von immenser zeitsymptomatischer Bedeutung.

Das hier sich äußernde Menschentum steht ratlos, fremd und beziehungslos in seiner Welt, hierin sehr deutlich dem Solipsismus Sartres verwandt. Die Welt ist im Sinne Kafkas von den „Trompeten des Nichts" umtönt. Der Horizont unserer Welt ist vom Chaos oder auch von der Midgardschlange umlagert. Es wäre nur Schwäche, in diese Leere einen Sinn einzutragen, sich also mit einem (Vaihingerschen) Als-ob zu helfen, weil man zu schwach ist, die Resignation zu tragen und seine Sache auf das Nichts zu stellen. Das einzig uns erkennbare Sinnhafte ist das schöpferische Werk, das sozusagen punktuell dem flutenden Chaos eine geordnete Gestalt abringt.

Hier entsteht die schon oben angedeutete Frage, ob sich gerade darin, daß im schöpferischen Werk der Raum des Unbedingten inmitten einer chaotisch-nichtigen Welt geschaffen wird, nicht das zeigt, was wir den character indelebilis der Religion nannten. Es würde sich ja hier die Beziehung zu einem Unbedingten melden, auch wenn sie vom Bewußtsein des Autors her gar nicht in ihrer Qualität als religiöse Beziehung interpretiert wird. Aber selbst wenn man in diesem Sinne das schöpferische Werk als den Raum eines religiösen Bezuges versteht, wird es doch mißlich sein, diese Art der Religion zusammen mit einer bewußten, mit cultus und affectus versehenen Relation zum Unbedingten unter den gleichen Begriff der Religion zu subsumieren. Man müßte sich darüber klarwerden, ob man nicht zu differenzieren hätte zwischen einer „Religion mit Willen" und einer „Religion wider Willen", die nur von jemandem zu

[6] Man mag dabei auch an die Entladung der pathemata in der griechischen Tragödie und ihre in der katharsis sich vollendende Heilwirkung denken.

erkennen wäre, der einen Autor wie Gottfried Benn besser versteht, als er sich selbst versteht.

Zwar gilt das Wort aus Luthers Auslegung des Ersten Gebotes „Worauf du nun dein Herz hängest und verlässest, das ist eigentlich dein Gott" zu Recht, jedenfalls sofern damit gesagt sein soll, daß ich aus meiner ontischen Gottesbeziehung nie ausbrechen kann und daß ich sie immer – ganz gleich, ob im positiven oder im negativen modus – darlebe. Aber man wird fragen dürfen, ob es in Einklang mit dem allgemeinen Sprachgebrauch zu bringen sei, wenn ich auch die Herzensbindung, die sich notorisch nicht auf Gott zu beziehen wünscht (obwohl sie ontisch in Beziehung auf Gott bleibt!), als Religion definiere. Tue ich das und vollziehe ich also eine entsprechende Sprachregelung, wird der Begriff der „Religionslosigkeit" selbstverständlich sofort absurd. Er müßte dann ersetzt werden durch den Begriff des „nicht-religiösen Selbstverständnisses".

Und wenn Benn[7] einmal in diese Bedrohung durch das Nichts hineinsagen kann: „Mit dem Rücken an der Wand, im Gram der Müdigkeiten, im Grau der Leere lesen sie Hiob und Jeremia und halten sie aus!", dann ist das zweifellos nicht so gemeint, daß Hiob und Jeremia im theologischen Sinne eine Heilsbotschaft zu verkündigen hätten, sondern beide Gestalten bieten sich seinem Blicke als Menschen dar, die selbst in einer heillosen, zerstörten Welt existieren und mit einem Dennoch darin ausharren – mehr dem Soldaten von Pompeji im Sinne Spenglers ähnlich als den Gottesmännern des Alten Bundes, wie sie wirklich waren. Der Trost, den Jeremia und Hiob zu bieten haben, besteht hiernach in genau demselben, was für viele Gottfried Benn zum Tröster unserer Generation macht: Sie trösten nicht durch den göttlichen Zuspruch, den sie empfingen – der ist ja für Benn unerschwinglich –, sondern sie trösten durch das verzweifelte Existieren, dem sie auf der menschlichen Ebene ausgeliefert waren und das eine haltgewährende Solidarität zur Verfügung stellt.

Wenn Gottfried Benn also ein exemplarischer Fall für unsere Generation ist, dann ist er der in gewisser Weise typische Repräsentant einer religionslosen Lebenslandschaft.

[7] In seiner berühmt gewordenen Rede „Altern als Problem für Künstler", Merkur 1954, Nr. 74.

Wir sprechen absichtlich von religionsloser und nicht „säkularisierter" Lebenslandschaft. Denn der Säkularismus kann selber wieder religiös werden, auch im phänomenologischen Sinne. Er bringt Ersatzreligionen und Ideologien hervor. Diese sind aber etwas prinzipiell anderes als jene punktuellen Stellen des Sinnes in der nihilistischen Lebenslandschaft, wie sie etwa Gottfried Benn in den Bezirken schöpferischer Gestaltung oder Nietzsche in den Emanationen des Willens zur Macht sieht. Ebensowenig dürfen wir in den Ideologien einfach nur Imitationen, wenn auch depravierte Imitationen von „Religion" sehen. Zwischen beiden liegen qualitative Unterschiede, von denen hier freilich nicht zu sprechen ist.

Das, was sich hier in der dichterischen Aussage meldet, finden wir in meist ganz unprogrammatischer, gleichsam beiläufig unreflektierter Gestalt in der Praxis des Lebens vielfach bestätigt:

Wir können nämlich beobachten, daß es nur wenige Menschen gibt, die bereit oder auch nur in der Lage wären, auf ethischem Gebiet eine grundsätzliche, auf einen letzten Sinn bezogene Entscheidung in einsamer Verantwortung zu vollziehen. Heidegger hat mit seinem Begriff des „Man" darauf aufmerksam gemacht, in welchem Maße der Mensch, ehe er zu eigenem Existieren kommt, sich von der überpersönlichen Anonymität allgemeiner Geltungen treiben läßt. Es sei ferner erinnert an die Erscheinung des „Funktionärs". Denn der Funktionär ist dadurch charakterisiert, daß er nicht von einer persönlichen Entscheidungs-, sondern von einer sachlichen Ausführungsverantwortung getrieben ist. In diesem Sinne ist auch der Funktionär eine Gestalt der religionslosen Welt, so gewiß er keine letzte Instanz mehr kennt, der er antworten müßte, und als er sich darum in einem Daseinsraume bewegt, der diesseits aller Letztverantwortung liegt. Er dient dem Despoten oder der Gruppe oder einer sonstigen Kollektivmacht. Aber sein Dasein stellt keinen Raum mehr zur Verfügung, der ihn unmittelbar zu einer letzten außerirdischen Instanz sein ließe und ihm damit die Möglichkeit gäbe sowie die Verpflichtung auferlegte, im Namen dieser letzten norma normans jenem Despoten oder jener Gruppe gegenüberzutreten – so wie das Luther auf dem Reichstage zu Worms auf seine Weise tat.

Möglicherweise leben wir aber nicht nur in einer Landschaft, die religionslos ist, sondern zugleich in einer Landschaft, in der auch jene Werte abgebaut werden, die aus der humanistischen Antike in den christlichen Raum eingeströmt sind und in diesem Raum dann geborgen, aufgehoben und mitüberliefert wurden. Diese religiös-antiken Elemente werden etwa durch den Gewissensbegriff repräsentiert oder auch durch den Begriff des Eros – um nur einige zu nennen.

Das Gewissen als die letzte Signatur individueller Selbsthaftigkeit droht, wie wir soeben schon andeuteten, in einen bloßen Funktionalismus hin aufgelöst zu werden. Und wo gibt es noch den wirklichen Eros, der immerhin einmal als Gott galt und religiöse Verehrung genoß? Natürlich gibt es ihn noch. Aber es kündigen sich doch auch die Umrisse einer eroslosen, einer wirklich „unreligiösen" Geschlechterbegegnung an. Der Eros stirbt in dem Maße, wie die Potenz des Personenhaften abgebaut wird und die Begegnung der Geschlechter lediglich auf libidohaftem Instinkthandeln beruht und also zu einem physiologischen Ereignis degradiert wird[8]. Hier hört der Mensch auch auf, erotisches Subjekt zu sein. Er wird auch hier zum bloßen Material, zum bloßen Objekt von Triebreaktionen. Da die Liebespärchen sich nichts mehr mitzuteilen haben, also nicht in personhafter Kommunikation leben, bedürfen sie des Kofferradios, um sich auch noch erotisch abschleppen zu lassen; so wenig sind sie Subjekte in diesem Bereiche. Etwas zugespitzt könnte gesagt werden: Wir sind nicht nur entchristlicht; wir sind auch weithin entplatonisiert.

Aus dieser kurzen Bestandaufnahme dürfte eines deutlich geworden sein:

Erstens, daß das, was ich das „synkretistische Interim" der urchristlichen Botschaft nannte, für uns in dieser Form nicht mehr so fraglos bestehen kann, weil wir nicht mehr in eine religiös gefüllte Welt hineinsprechen und uns darum auch bei unserer Botschaft keiner religiösen Bewußtseinsassoziation mehr bedienen können. Die Adressaten unserer Botschaft von Jesus dem

[8] Wir erinnern an die Kinsey-Reports als typisches Beispiel.

Christus, von der Vergebung der Sünden und von der Auferstehung der Toten dürfen ja nicht bloß die Relikte eines religiösen oder humanistisch geprägten Menschentums sein, die es auch heute noch gibt, besonders unter den Gebildeten. Sondern die Adressaten dieser unserer Botschaft müssen ja nicht zuletzt auch die Massenmenschen, die Funktionäre und eben auch die proletarischen oder aristokratischen Vertreter jener heillosen Welt sein, wie sie von Gottfried Benn verkündet wird. Unsere Religionslehrer unterrichten nicht nur an humanistishen Gymnasien, sondern eben auch an Berufsschulen – und machen dort die entsprechenden Erfahrungen. Ein religiös und humanistisch sich gebendes Christentum ist deshalb zu einer scharfen Selbstprüfung aufgerufen. Und manche liturgischen Bewegungen unserer Kirche – ohne daß ich sie pauschal diesem Verdikte aussetzen wollte – haben sich kritisch fragen zu lassen, ob sie nicht, ohne es vielleicht zu wissen, einer religiösen Repristination frönen, ob sie nicht in durchaus religiöser und darum vergangener Manier eine Präsenz des Heiligen in Ritual und in Ordnungen pflegen, welche die christliche Botschaft in ein inadäquates, religiöses Schema zwängen.

Ich bitte, diese Bemerkung nicht als eine Bilderstürmerei in dem Sinne verstehen zu wollen, als übersähe ich, welche bewahrende Kraft in überlieferten Ordnungen und darum auch in einem liturgischen Zeremoniell stecken kann. Ich meine vielmehr nur eine bestimmte Art von „Liturgismus", wenn man so will von „liturgischem Kunstgewerbe", das sich dem Zwecke verschreibt, durch die Beschwörung des numen, und also durch einen religiösen Akt, eine Art Hinführung auf die christliche Botschaft zu bewirken. Gerade dieser oft missionarisch gemeinte Sinn liturgischer Erfindungen oder Regenerationen ist falsch, weil er ein religiöses Vorfeld oder boshaft: eine Art religiöser Vorwärmestube für die eigentliche Verkündigung meint. Auf diese Weise droht das Wort durch heilige Gewänder verdrängt zu werden. Denn die Religion bindet sich lieber an die Textilien als an den Text – jedenfalls heute in einer religionslos gewordenen Welt. Auf diese Weise werden dann liturgische Ordnungen leicht als Kompensation für die nicht mehr ankommende Predigt verwendet.

Zweitens: Wenn es aber dieses mit der Religion sich amalgamierende Christentum weithin nicht mehr gibt, oder vorsichtiger, wenn es nicht mehr so selbstverständlich ist, scheint es entscheidend wichtig zu sein, genau die Trennungslinie zu fixieren, die zwischen dem Evangelium und der Religion verläuft – und zwar nicht nur im historischen, sondern vor allem im sachlichen Sinne. Nur so werden wir ja in den Stand gesetzt werden, den Christenglauben „religionslos" zu predigen. Es geht also gar nicht um die Tatsache, daß ein religiöses Christentum den religionslos gewordenen Menschen von heute nicht mehr erreicht, sondern es geht vor allem um die Erkenntnis des sachlichen Gesichtspunktes, daß ein Verständnis des Christusglaubens als Religion (wenn es dabei um mehr geht als um das „synkretistische Interim", von dem wir sprachen) diesen Glauben selber verfälscht. Dogmengeschichtlich zeigt sich das etwa an der Überwucherung des urchristlichen Kerygma durch die Gnosis.

Nun wäre es freilich ein Thema für sich selbst, das Verhältnis von Evangelium und Religion im einzelnen zu bestimmen und etwa zu untersuchen, inwiefern das Evangelium Erfüllung und Krisis, Ziel und Aufhebung aller religio hominis ist. Auf diese Thematik müssen wir hier verzichten[9].

Ich wende mich vielmehr, indem ich diese Thematik voraussetze, nunmehr der Frage zu, wie der Versuch aussieht, das Christentum religiös mißzuverstehen, und wie wir zu dem kommen können, was Bonhoeffer die „religionslose Christusbotschaft" nennt.

B. Die religiöse Anknüpfung

I. Die Anknüpfung des Evangeliums an das Judentum

Ein Mißverständnis der Christusbotschaft als Religion liegt überall da vor, wo man von der Voraussetzung ausgeht, es müßten erst bestimmte religiöse Bedingungen erfüllt, oder besser: es

[9] Ich verweise auf die vorangestellten Thesen, die aber selbst wieder nur eine Art Notbehelf darstellen können.

müßten bestimmte religiöse Schemata anerkannt sein, innerhalb deren die Botschaft von Christus sich entfalten und zum Zuge kommen könne. Diese religiösen Voraussetzungen können z.B. in der Annahme bestehen, daß die Gegenwart Gottes in Jesus Christus an bestimmte naturhafte oder kultische Gegebenheiten geknüpft sei, etwa an die physisch-sakrale Tatsache des Jude-Seins, wie sie in der Beschneidung (peritome) zum Ausdruck kommt[10].

Von hier aus hatte sich bei manchen juden-christlichen Zeitgenossen des Paulus die Meinung herausgebildet: Wer in den Leib Christi eingepflanzt werden will, muß zuvor beschnitten sein, d.h., er muß die religiös-rituelle Voraussetzung des Judeseins erfüllen, genauso wie er andererseits das Vorstadium des Gesetzesgehorsams zu absolvieren hat.

Hier muß freilich sofort eine Sicherung eingebaut werden: Gewiß darf ich hiermit nicht sagen wollen, daß das Alte Testament als die Geschichte der israelitisch-jüdischen Gottesbegegnung unter das Verdikt falle, Religion und also keine Offenbarungsgeschichte zu sein. Ich würde demgegenüber meinen, daß das Volk Israel durchaus im Sinne der paulinischen Theologie als legitimer Vorläufer der Kirche und damit als Träger von Offenbarung, keineswegs als Repräsentant von Religion, zu verstehen sei. Dieser Satz umschließt wiederum eine vielschichtige Problematik, die mit der genannten These wirklich nur angerührt ist, die aber hier nicht weiter entfaltet werden kann. Trotzdem scheint es mir außer Zweifel zu sein, daß Paulus dadurch, daß er sich gegen die Beschneidung als Voraussetzung christlichen Existierens wendet, auf seine Weise zum Ausdruck bringen möchte, daß er gegen alle religiösen Voraussetzungen des Christenstandes protestiert – selbst dann, wenn diese religiösen Voraussetzungen (man kann nur sagen: paradoxerweise) der Offenbarungsgeschichte des Alten Bundes entnommen werden. Was kann damit gemeint sein?

Paulus bekennt sich auf der einen Seite durchaus zu den jüdischen Privilegien: „Wir sind von Natur Juden und nicht Sünder

[10] Dieses Beispiel wird von Bonhoeffer herangezogen.

aus den Heiden" (Gal. 2, 15)[11], um dann aber sogleich fortzufahren, daß der Mensch, der um Christus und also um die Glaubensgerechtigkeit wisse, sich auf diese Privilegien nicht mehr berufen dürfe (Gal. 2, 16 ff.). Wer sich darum jetzt, da der neue Äon hereingebrochen ist, noch beschneiden läßt, ist gehalten, sich dann auch den Voraussetzungen dieser im Alten Bunde noch geltenden Privilegien zu unterstellen, nämlich alle Forderungen des Gesetzes zu erfüllen (Gal. 5, 3). Damit aber distanziert er sich gerade von der Pointe dessen, was neu geworden ist, nämlich von jener Unmittelbarkeit zu Gott, wie sie uns im Glauben und damit in der neuen Gerechtigkeit geschenkt ist.

Was also zu seiner Zeit, nämlich im Kairos der alttestamentlichen Heilsgeschichte, ein legitimes Privileg, was hier dem wirklichen Offenbarungsgeschehen zugeordnet war, das wird jetzt, in einem neuen Kairos, zur Verfehlung der in Christus geschenkten Gotteskindschaft. Es wird nämlich zur Flucht in einen sakralen Bezirk, sozusagen in ein religiöses Kraftfeld physisch-liturgischer Voraussetzungen, die schon als solche Voraussetzungen einer bedingungslos geschenkten Gnade gerade widersprechen[12]. Denn in diesem neuen Kairos gilt es, daß Gott dem Abraham aus diesen Steinen Kinder erwecken kann (Matth. 3, 9; Joh. 8, 33; Röm. 9, 7), daß man sich also auf jene Voraussetzungen nicht mehr berufen kann, weil die in Christus geschenkte

[11] „Der Name Jude trägt also einen doppelten Gegensatz und damit eine doppelte Bestimmung in sich: rein sein, nicht aus den Völkern stammen, heißt Jude sein. So stehen denn auch diese Völker unter einem naturhaften und religiösen Gesichtspunkt; weil sie außerhalb des Judentums geboren sind, heißen sie „Sünder". Es ist notwendig, dieses Urteil mit der ... Aussage zu vergleichen, daß Völker diejenigen sind, welche „das Gesetz nicht haben". Erst die Verbindung beider (Gesichtspunkte, nämlich des physischen der Volkshaftigkeit und des liturgischen des Gesetzesbesitzes) begründet die unüberschreitbare Kluft, welche die „Völker" von den Juden scheidet. E. Lohmeyer, Grundlagen der paulinischen Theologie, 1929, S. 39.

[12] Ein ähnliches Beispiel für die Auseinandersetzung mit der zur Religion gewordenen Offenbarung finden wir Acta 10 (besonders Vers 34 f.) bei der Begegnung von Petrus und Cornelius.

Gotteskindschaft jene naturhaft religiösen Vermittelungen in eine neue Unmittelbarkeit hinein verwandelt hat. Christus hat gelitten „draußen vor dem Tor" (Hebr. 13, 12), also außerhalb des sakralen Bezirks.

Wir können das Gesagte vielleicht auf folgende präzise Formel bringen: Das, was zu seiner Zeit, eben zur Zeit der alttestamentlichen Heilsgeschichte, einmal eine echte Phase, ein Interim der Offenbarungsgeschichte war, wird nun, da der neue Äon hereingebrochen ist, zur bloßen „Religion" dadurch, daß man sich in einer gleichsam reaktionären Tendenz auf jene überwundene Stufe zurückversetzt, daß man diese Stufe also zu einer vermittelnden Voraussetzung für den Glauben macht, wo doch der Glaube gerade essentiell unmittelbar ist.

Wenn Paulus also das jüdische Ritual der Beschneidung für die Heidenchristen ablehnt, bringt er damit, in unsere Terminologie übertragen, zweierlei zum Ausdruck:

Erstens, daß sich Offenbarung in Religion verwandeln kann, oder besser: auf bloße Religion hin depotenziert werden und darin grundlegend verfälscht werden kann. Man könnte in diesem Zusammenhange an die Umwandlung und den Zerfall von Radium in Blei denken. Wir müssen uns diesen Gedanken merken, weil er uns darauf achten lehrt, daß sich auch in der Moderne Gelegenheiten bieten werden, den Christenglauben in eine Religion, in eine „christliche" Religion umzufälschen. Es wird zu unserer Aufgabe gehören, diesen Umwandlungsprozeß genau auszumachen.

Zweitens bringt Paulus zum Ausdruck, daß der Christusglaube und die Botschaft von der neuen Gerechtigkeit sich weigern, in ein religiöses Schema eingefügt zu werden oder nur auf dem Umwege über bestimmte religiöse Voraussetzungen zugänglich zu sein.

II. Die Anknüpfung des Evangeliums an die humanistische Tradition der Antike

Wir sprachen bisher von der Fragwürdigkeit einer religiösen Anknüpfung an das Judentum. Wir könnten aber auch im gleichen Sinne von der Fragwürdigkeit eine Anknüpfung an die religiösen Voraussetzungen des Hellenismus sprechen.

Die altchristlichen Apologeten haben den stoischen Logosbegriff benutzt, um mit seiner Hilfe das Geheimnis Christi zu umschreiben (Christus als Weltvernunft, die Lehre vom logos spermatikos usw.). Sie wollten damit das Christentum als eine Art religiöser Philosophie erweisen, welche die hellenistische Welt in ihrem eigenen Verstehensschema unterzubringen vermochte, ja, die sie als Erfüllung dieses Schemas empfinden sollte. So verwendeten also die Apologeten einen Begriff – eben den des Logos –, den auf seine, und zwar ganz andere, Weise auch das Johannes-Evangelium gebraucht und in den Mittelpunkt seines Prologs stellt. Auch dieser johanneische Prolog knüpft ja gewissermaßen an den geistigen Bestand der damaligen religiösen Umwelt an. Aber es ist wichtig zu erkennen, in wie anderer Weise er das tut als die Apologeten.

Es ist hier ähnlich wie bei der Areopag-Rede. Wir erinnern uns: In dieser wurde der Vater Jesu Christi einen Augenblick lang in die Reihe der Heidengötter eingefügt. Aber er wurde nun nicht nach dem Schema des in diese Reihe passenden „unbekannten Gottes" umgeprägt, sondern umgekehrt: Dieser agnostos theos wurde als Vater Jesu Christi definiert. Dadurch sprengte er im nächsten Augenblick das Schema.

Analog dazu verhält es sich mit dem Prolog des Johannes-Evangeliums:

Der Logos-Begriff stellte sich aus dem philosophisch-religiösen Inventar verschiedener Traditionen, vor allem der Gnosis, sozusagen für einen „Augenblick" zur Verfügung, um in aller Gebrochenheit und gleichsam stammelnd das Geheimnis auszudrücken, daß die Ewigkeit – dargestellt im Begriffe des Logos – hier in die Zeit eingegangen und ein einzelner Mensch geworden sei[13]. Aber der Mann der Areopag-Rede tat nur diesen stammelnden Dienst, um danach ebenso schnell wieder abzutreten – genau wie das stoisch-polytheistische Schema in der Areopag-Rede. In dem Johannes-Evangelium wird Jesus Christus nicht etwa durch den gnostischen Logos definiert, sondern es ist genau umgekehrt: Der Logos wird durch das definiert, was Jesus Christus ist. Indem der Logos-Begriff aber diese Definition „erleidet", muß er die ideologischen Gehalte, die er von Haus aus in sich trägt, ausschütten[14]. Der Logos-Begriff, der dann im Johannes-Evangelium bleibt: das ist wirklich der abgetretene, gewandelte Logos, er ist sozusagen nur noch als Skelett da, das sein ideologisches Fleisch verloren hat. Anders, ja genau umgekehrt, ist es bei den Apologeten, wo der ideologische Rahmen des übernommenen Logos-Begriffes das Wesen Jesu Christi determiniert.

Immerhin: Sowohl dem Verfasser des Johannes-Evangeliums wie den Apologeten war die echte Frage gestellt, wie sie die Botschaft von Jesus Christus der mit Religion geladenen antiken Umwelt verständlich machen sollten. So verschieden sie das auch taten, so legitim nämlich das Johannes-Evangelium an den religiösen Logos-Begriff „anknüpfte", und so illegitim die Apologeten die Erscheinung Christi im Netz des Logos-Begriffes „einfingen": beiden gemeinsam war es, daß sie die Christusbotschaft als eine Begegnung der Offenbarung mit der Welt der Religion verstanden.

Damit stehen wir wieder vor der entscheidenden Frage, was sich hier für uns geändert habe, die wir in einer Welt leben, deren Gefälle auf Religionslosigkeit hin unverkennbar ist. Wir können eine religiös oder auch nur humanistisch gesättigte Atmosphäre, in der von Welt, Vernunft oder auch nur vom Gewissen die Rede wäre, keineswegs mehr naiv voraussetzen. Ist es nicht gerade so,

[13] Wir verstehen hier den Logos genauso als Repräsentanten der Ewigkeit, wie er – das ist immerhin das Gemeinsame – in der lutherisch-reformierten Kontroverse über das finitum capax infiniti bzw. non capax ... als Darstellung des infinitum verstanden worden ist.

[14] Genauso, das könnte man zeigen, geschieht es bei der Aufnahme von Begriffen wie Gerechtigkeit und Liebe in das Neue Testament. Sie müssen gleichsam Buße tun.

wäre, keineswegs mehr naiv voraussetzen. Ist es nicht gerade so, daß die Vernunft allererst wieder zu Verstande gebracht werden muß? Wer hat denn heute noch den naiven Glauben an die Vernunft? Wir wissen, daß die Argumentationen der Politiker oder der Leitartikler nicht ohne weiteres die Autorität der Vernunft respektieren, sondern daß sie durchaus pragmatisch orientiert sind und daß weniger die Wahrheit als das Interesse die Abfolge der Gedanken diktiert. Außerdem stehen wir angesichts anderer Erscheinungen der modernen Welt – etwa der Technik oder der Politik – vor einer Krise der Vernunft: Sosehr ein Höchstmaß an Vernunftkapital in den technisch konstruktiven Bereich des modernen Lebens investiert zu sein scheint, so fragwürdig ist doch die Richtung des technischen Prozesses als solcher. Produziert der Mensch nicht mit einem außerordentlichen Aufwande an Vernunft dasjenige, das er gerade mit allen Kräften seiner Vernunft verhindern möchte, aber nicht verhindern kann, nämlich die Katastrophe? Die Vernunft selbst scheint hier als Funktionärin völlig verschiedener und durchaus gegeneinander wirkender Mächte wirksam zu sein und stellt eben damit ihre Autorität aufs Spiel. Ebenso gewinnt man gelegentlich im Raume der Politik den Eindruck, als ob die einzelnen Maßnahmen wiederum mit einem höchsten Aufwande diplomatischer Schläue und Berechnung getroffen würden, daß aber der Komplex der so zustande gekommenen Einzelmaßnahmen als ganzer uns immer wieder töricht erscheinen will und man also vor der nur ironisch zu glossierenden Tatsache steht, daß wiederum mit einem Höchstmaß an Vernunftaufwand immer wieder das Törichte produziert wird.

Aus dieser Beispielreihe, die sich beliebig erweitern ließe, geht jedenfalls hervor, daß die Vernunft für die moderne Welt jedenfalls keine fraglos evidente Autorität besitzt, daß sie, wie ich es vorhin ausdrückte, als Funktionärin anderer Bereiche suspekt ist und daß also, um ihre Autorität wiederherzustellen, sie in ihrer Gründung auf glaubwürdige Fundamente offenkundig gemacht werden müßte. Wir wissen, daß die Vernunft auf der Existenz aufruht und immer wieder das Medium bildet, innerhalb dessen Furcht und Hoffnung (also Existenzbewegungen) ihre Reflexionsgestalt, ihre Rechtfertigungen und Begründungen suchen. („Der Wunsch ist der Vater unserer Gedanken." – „Was man wünscht, das glaubt man gern.") Weil man diesen geistig produzierenden Hintergründen des menschlichen Selbst mißtraut, mißtraut man auch den dabei herauskommenden Produktionen der Vernunft. Offenbar muß die in der Vernunft sich äußernde Existenz erlöst werden, damit sie von Furcht und Hoffnung befreit wird und damit eine gehorsame, eine hörsame Vernunft ermöglicht.

Weil das aber so ist, kann man nicht ohne weiteres an ein modernes Vernunftbewußtsein „anknüpfen".

Ebenso ist es mit dem Gewissen. Auch das Gewissen muß allererst als Grund und Manifestation eines persönlichen Selbst neu geweckt werden. Wenn Luther auf dem Reichstag zu Worms einer ganzen Welt gegenübertrat, dann war er hier der unabhängige Einzelne doch nur deshalb, weil er sich in Unmittelbarkeit zu Gott befand und damit niemandem untertan war, weil also sein Gewissen von allen abgeleiteten Normierungen durch die Gesellschaft, die Obrigkeit und sonstige irdische Autoritäten unabhängig war. Das war es aber nicht durch sich selbst – kraft seiner natürlichen Autonomie –, sondern weil es „ein in Gottes Wort gebundenes" Gewissen war, weil es nämlich das Ohr des Kindes und nicht die Antenne des Funktionärs war.

Daraus scheint zu folgen, daß wir die Christusbotschaft nicht mehr ohne weiteres auf eine religiöse oder humanistische Welt hin auszurichten haben, jedenfalls nicht mehr in weiten Bezirken der modernen Existenz, nicht beim heutigen Massenmenschen und auch nicht bei einem Gottfried Benn.

Diese Erkenntnis legt aber für die Verkündigung sehr revolutionäre Konsequenzen nahe:

Der heutige Mensch ist, weit entfernt, ein religiöser oder auch nur ein vernünftiger Mensch zu sein, weithin nur ein Nervenbündel. Picard spricht von der Diskontinuierlichkeit seiner Existenz, nämlich davon, daß er nicht mehr aus einem organisierenden Zentrum, aus einer echten Mitte heraus gesteuert werde, sondern daß er optischen und akustischen Eindrücken verfallen sei, die ihn dirigieren und denen er nachjagt, um sich von ihnen dirigieren zu lassen. Diese Beobachtung drängt auf ein erregendes geistiges Problem:

Luther hat bekanntlich den ersten Satz des Johannes-Evangeliums einmal mit dem berühmten Wort übersetzt, daß man Gott nicht tief genug ins Fleisch ziehen könne. Daraus mag sich in diesem Zusammenhang die Frage ergeben: Kann die tiefste Herablassung Jesu Christi nicht darin bestehen, daß er sich auch in eine derart religionslose, ja in eine weithin humanlose, durch die Diskontinuität der Nerven charakterisierte Welt hineinbegibt? Etwa in den Schlager oder in den geistlichen Song, wie ihn die Heilsarmee pflegt – um dann daraus aufzuerstehen, genauso wie er aus dem Begriffsgrabe der Logos-Terminologie und aus dem Schema des Polytheismus in der Areopag-Rede auferstanden ist?

So überzeugend mir diese Parallele bei aller Gegensätzlichkeit der geistigen Situationen zu sein scheint, so legt sich hier freilich sofort das Bedenken nahe, das Kähler in seinem Worte sanctum sancte zum Ausdruck gebracht hat. Gehört zur Botschaft nicht auch die angemessene Gestalt? Wenn diese Gestalt schon in einer gegebenen und zunächst interimistisch übernommenen Begrifflichkeit fragwürdig ist, ist sie dann nicht in noch höherem Grade problematisch, wenn die Degenerationserscheinungen der modernen Existenz das Schema für die Ausrichtung der Botschaft stellen sollen? Aber auch hier wäre sofort die Gegenfrage zu stellen: Gilt dieses Kählersche Prinzip des sanctum sancte nicht nur für den Kreis der wieder zur Gemeinde gewordenen Menschen und gerade n i c h t für die missionarische Begegnung? Könnte es nicht so sein, daß, wenn wir das Gesetz des sancte über die missionarische Begegnung verhängten, dann etwas ganz Ähnliches mit ihm geschähe, was bei den Judenchristen aus der Beschneidung wurde: daß nämlich das an sich legitime sanctum zur Religion, zu einem neuen Gesetz und damit zu einer menschlichen Barriere wird, wo doch Gott den Himmel aufgerissen hat? Andererseits wird auch hier dasselbe gelten, was wir vom „synkretistischen Interim" sagen: N a c h dem Song gilt, daß es nicht beim Song bleiben kann und daß am Ende der Gasse die Kapelle zu stehen habe. Wer nur in die Gasse führt, führt auf seine Weise auch in das Kraftfeld der Religion, wenn auch einer Religion im negativen Modus. Wir können alle diese Erwägungen nur anstellen, wenn wir auch hier das Interim der Darbietungsweise im Auge haben, und wenn wir uns daran erinnern, daß eine Gasse nicht nur dadurch charakterisiert ist, daß sie ordinär zu sein pflegt, sondern auch dadurch, daß sie irgendwohin führt. Und dieses telos der Gasse wäre eben die Kapelle.

III. Der Versuch, die Religion für die christliche Verkündigung zu retten

Um der Frage näherzukommen, was eine religionslose Christusbotschaft sei, müssen wir noch einige weitere Charakteristika der Religion erörtern. Nur dann können wir die Reagenzien ausfindig machen, mit deren Hilfe die christlich-religiöse Synthesis aufzulösen ist.

Religion hat es immer wieder mit dem Geheimnis zu tun. In diesem Sinne hat sie Rudolf Otto bekanntlich als mysterium beschrieben, das mit dem numen tremendum et fascinosum zu tun hat. Darum sind Geburt und Tod, Weltbeginn und Weltende als die Grenzen unseres Blickfeldes im besonderen Maße Gegenstand von Kontemplation und Kultus. Damit hängt es zusammen, daß die Religion immer wieder als Offenbarung des dem Wissen nicht mehr Zugänglichen, als Aussage etwa über das Mythisch-Vorweltliche oder über die Götterdämmerung und die Abfolge weiterer Theogonien oder über das Leben nach dem Tode in Erscheinung tritt. Daher rührt auch das Vorurteil, daß der Glaube, insofern er als religiöser Akt verstanden wird, als metaphysische Verlängerung des Wissens, als Enthüllung des nicht mehr Wißbaren erscheint. Und damit wiederum hängt es zusammen, daß mit der fortschreitenden Aufklärung und mit der Erweiterung des Aktionsradius der Forschung der Bezirk des Glaubens zunehmend dezimiert und an den äußersten Rand gedrängt wird.

„Es ist mir immer wieder ganz deutlich geworden, daß man Gott nicht als Lückenbüßer unserer unvollkommenen Erkenntnis figurieren lassen darf; wenn nämlich dann – was sachlich zwangsläufig ist – sich die Grenzen der Erkenntnis immer weiter herausschieben, wird mit ihnen auch Gott immer wieder weggeschoben und befindet sich demgemäß auf einem fortgesetzten Rückzug. In dem, was wir erkennen, sollen wir Gott finden, nicht aber in dem, was wir nicht erkennen ... Das gilt für das Verhältnis von Gott und wissenschaftlicher Erkenntnis. Aber es gilt auch für die allgemein menschlichen Fragen von Tod, Leiden und Schuld. Es ist heute so, daß es auch für diese Fragen menschliche Antworten gibt, die von Gott ganz absehen können." (WuE, S. 210 f.l)

Aber die Grenze spielt in der Religion noch eine andere Rolle, nämlich in Gestalt dessen, was man im Anschluß an Jaspers die „Grenzsituation" nennen könnte. Darunter sind die äußersten Verdichtungen, gleichsam die „Knotenpunkte" des Schicksals zu verstehen, wie sie in großen Katastrophen des persönlichen und geschichtlichen Lebens, wie sie im Schrecken des Sterben-müssens vorliegen. Von diesen Knotenpunkten geht Faszination und Schrecken gleichermaßen aus. Man mag als Beispiel an die Phobos-Wirkung der Tragödie denken. Darum sind sie in besonderer Weise Stimulanzien für religiöse Erschütterungen.

„Immer werden
an den Grenzen groß die Gefühle"
(J. Weinheber, Adel und Untergang)

Der Versuch nun, den Glauben so in der Grenzsituation und an den Grenzen anzusiedeln, ist aus mehreren Gründen „Religion".

Erstens deshalb, weil man Gott – um einen modernen, wenn auch wenig schönen, aber doch immerhin prägnanten Ausdruck zu gebrauchen – in die „Vorfindlichkeit" hineinnötigt. Man möchte so etwas wie eine Epiphanie Gottes in einem bestimmten Seinsbereich, nämlich im Phobos und im Erschütterungsbezirk der Grenzen, bewirken, man möchte diesen Bereich gleichsam sakral aufladen und bei einem Kontakt mit ihm transzendente Funken sprühen sehen.

Ich betone: Man möchte hier etwas „sehen" und „fühlen". Luther faßt die Vorgänge von sehen, fühlen und erleben gerne unter den Oberbegriff des Schauens oder des dem sensus Zugeordneten zusammen und kennzeichnet damit jene Vorgänge als ein Widerspiel des Glaubens, nämlich als eine Verleugnung des Glaubens, der nicht sieht, sondern der dem vertraut, den er in der Verborgenheit des Kreuzes gerade nicht sieht.

Zweitens. Der Versuch, den Glauben in der Grenzsituation anzusiedeln, ist auch insofern Religion, als er in einer gleichsam magischen Beschwörung die Erzwingbarkeit der göttlichen Epiphanie voraussetzt. Denn die Religionen verfügen über ein methodisches Zeremoniell (das in der Regel der Vollmacht der Priester anvertraut ist), um die Vergegenwärtigung des sacrum zu bewirken. In der Tat läßt sich im Umkreis christlicher Verkündigung diese kultische Vergegenwärtigungsmethode und damit eine religiöse Intention beklemmend deutlich beobachten. Ich erinnere etwa an das homiletische Liebesspiel, das man mit den Schrecken der Atombombe zu treiben begonnen hat. Diese ist ja fast zu einem Lieblingskind der kirchlichen Verkündigung geworden und dient dem Zweck, durch ein eschatologisches Gruseln das Eschaton zu „vergegenwärtigen". Ferner möge man an Nietzsches bekanntes Wort denken, daß das Christentum einen Mißbrauch mit der Sterbestunde getrieben habe, daß es also durch eine von ihm provozierte psychische Torschlußpanik die Empfänglichkeit für die Ewigkeit zu erhöhen und – religiös gesprochen – so etwas wie eine Art negativer Ekstase zu erregen versuche.

Zu dieser panischen ekstasis gehört auch der Mißbrauch der Gesetzespredigt als einer Art Einheizungsmittel, mit dessen Hilfe dann so etwas wie eine Vorwärmestube für die Botschaft des Evangeliums bewirkt werden soll. (Auf die darin kund werdende Verzerrung des Verhältnisses von Gesetz und Evangelium, die das theologische Geheimnis der genannten Verirrungen ist, kann ich hier nicht eingehen.) In aller Vorsicht und vor allem auch mit allem Respekt sei die Frage gestellt, ob nicht möglicherweise auch die letzten Alternativen, auf die Heims Theologie immer drängt, auf diese Linie gehören: daß es nämlich hier um die Provokation der Verzweiflung im Denken geht.

Was geht hier vor?

Das, was in der religiösen Sprache die beschwörende Erzwingbarkeit Gottes heißt, das nennt man in der theologischen

Sprache cooperatio. Mit Hilfe eines methodisch erstrebten psychischen Effektes, nämlich mit Hilfe des numen tremendum der Grenzsituation – gleichgültig, ob es mit Hilfe von Atomvisionen, mit Hilfe der Gesetzespredigt oder mit Hilfe gedanklicher Spekulationen erreicht werden soll – wird die Präsenz Gottes herbeigezwungen. Es geht hier jeweils um priesterlich religiöse Beschwörungsakte, die anstelle eines göttlichen Tuns ein Tun des Menschen, eine operatio oder zumindest cooperatio hominis treten lassen. Sowohl in der erstgenannten Form des Schauens wie in der zweitgenannten Beschwörung geht es um eine Orgie des menschlichen Willens zur religiösen Macht, geht es also im strengen Sinne um eine Bemächtigung und damit um das diametrale Gegenteil dessen, was das paulinisch-reformatorische sola gratia bedeutet.

Mit dem Begriff der Bemächtigung und der damit korrespondierenden Entmächtigung peilen wir genau den Punkt an, in dem sich die beiden von uns aufgewiesenen Kennzeichen dieser Art Religion berühren: Es sei daran erinnert, daß wir von der Feststellung ausgingen, Gott werde in der Religion aus der Mitte des Lebens an seine Grenzen verbannt, und daß wir ferner konstatierten, im religiösen Beschwörungsakt gehe die Initiative von der göttlichen Gnade auf die menschliche Bemächtigung über. Beides berührt sich in der Tatsache, daß mit der Verbannung Gottes an die Grenzen, mit seiner Verweisung in die Rolle des „Lückenbüßers", die gleich Entmächtigung der Gnade angestrebt wird, wie man sie in jenem Beschwörungszeremoniell ausübt. Hüben und drüben wird Gott aus der Mitte des Lebens herausgenommen und zur Randerscheinung degradiert. Das eigentliche Feld des Daseins wird von der menschlichen Initiative kontrolliert. Der Mensch und niemand anders ist es, der die Rolle des Lotsen auf die Grenze hin spielt. Ohne die Privilegien des Priesterlotsen ist der Grenzort der gottmenschlichen Begegnung nicht zu erreichen.

Eine weitere Form der Religionswerdung des Christentums ist die sogenannte „Christlichkeit". Was darunter zu verstehen ist, habe ich ausführlicher in der Theologischen Ethik, Bd. I, S. 181 ff. dargestellt. Ich kann es darum hier übergehen.

Damit möge der analytische Teil des Referates beendet sein. Wir haben in ihm die religiöse Infizierung der Christusbotschaft besprochen, wiesen aber zugleich noch auf ein weiteres darin befindliches Problem hin: daß nämlich jenes religiöse Ingrediens, wenn es mehr bedeuten soll als ein „synkretistisches Interim", nicht nur die Christusbotschaft sachlich verfälscht, sondern daß es außerdem auch im historischen Sinne einen Anachronismus darstellt, weil die Christusbotschaft heute nicht mehr einfach in einer eindeutig religiösen, sondern in einer weitgehend religionslos gewordenen Umwelt ausgerichtet wird.

C. *Die religionslose Christusbotschaft*

Wir stellen nun abschließend die Frage, wie eine religionslose Christusbotschaft auszusehen habe. Es sei von vornherein betont, daß es sich dabei nicht um ein zu entfaltendes homiletisches Programm, sondern daß es sich bei dem Stichwort „religionslose Verkündigung" nur um eine Art von heuristischem Prinzip handeln kann. Es wäre voreilig, mehr zu wollen.

I. Die Unterscheidung zwischen Letztem und Vorletztem

Wir setzen am besten mit der Frage ein, was es für das Predigen bedeute, wenn es in betonter Weise weder die sogenannte Christlichkeit eines bestimmten Weltbereiches anspräche noch jene Christlichkeit zu bewirken versuchte. Wir wiesen schon darauf hin, daß die Botschaft immer in die Welt hineingerufen ist als deren Heimsuchungsruf, als Gerichtsruf und als Trostbotschaft, daß diese Botschaft aber nicht der Verklärung, eben der Verchristlichung der Welt dienen solle, so wie sie im Bereiche der theologischen Ethik Richard Rothe konzipiert hat. Das Evangelium ist nur dann recht verstanden, wenn es in seiner Spannung zur Welt und also als Anruf aus einer anderen Dimension verstanden wird.

Es ist darum ein religiöser Selbstbetrug, in der Scheinsphäre des „Letzten", in dem angemaßten Klima der Ewigkeit leben zu wollen – als ob die Ewigkeit eben ein Klima wäre. Das, was ich damit meine, hat wohl niemand so gültig ausgesprochen wie Dietrich Bonhoeffer.

„... der Vers ... daß nicht vergessen werde, / was man so gern vergißt, / daß diese arme Erde / nicht unsre Heimat ist" (sagt) wohl etwas Wesentliches, aber doch nur etwas Allerletztes. Ich glaube, wir sollen Gott in unserem Leben und in dem, was er uns an Gutem gibt, so lieben und solches Vertrauen zu ihm fassen, daß wir, wenn die Zeit kommt und da ist – aber wirklich erst dann! – auch mit Liebe, Vertrauen und Freude zu ihm gehen. Aber – um es deutlich zu sagen – daß ein Mensch in den Armen seiner Frau sich nach dem Jenseits sehnen soll, das ist milde gesagt eine Geschmacklosigkeit und jedenfalls nicht Gottes Wille. Man soll Gott in dem finden und lieben, was er uns gerade gibt; wenn es Gott gefällt, uns ein überwältigendes irdisches Glück genießen zu lassen, dann soll man nicht frömmer sein als Gott und dieses Glück durch übermütige Gedanken und Herausforderungen und durch eine wild gewordene religiöse Phantasie ... wurmstichig werden lassen ... Die Hauptsache ist, daß man mit Gott Schritt hält und ihm nicht immer schon einige Schritte vorauseilt ... Es ist Übermut, alles auf einmal haben zu wollen, das Glück der Ehe und das Kreuz und das himmlische Jerusalem ..." (WuE, S. 123 f.)

Bonhoeffer hat hier die sehr glückliche Unterscheidung zwischen Letztem und Vorletztem eingeführt. Das Letzte, die Vergebung der Sünden, die Auferstehung mit Christus, die Hoffnung auf seine Wiederkunft – das alles ist nur gültig, wenn ich es in mein lebendig gelebtes Dasein: in seine Schuld und in seine Aufschwünge, in sein Leben und in sein Weinen, in seine Sehnsüchte und in seine Ängste hineinschenken lasse. Jeder Versuch einer Kombination von beidem im Sinne einer statischen Synthesis – so könnte man vielleicht sagen – gliedert das geschehene und sich zu seiner Zeit ereignende Kerygma als Bestandstück meiner Welt und meiner Psyche ein und läßt es zur religiösen Weltanschauung degenerieren. Es ist dann nicht mehr in die Welt hineingesagt, sondern es wird zu einem religiösen Ingrediens dieser Welt selbst.

„Nur wenn man die Unaussprechlichkeit des Namen Gottes kennt, darf man auch einmal den Namen Jesus Christus aussprechen; nur wenn man das Leben und die Erde so liebt, daß mit ihr alles verloren und zu Ende zu sein scheint, darf man an die Auferstehung der Toten und eine neue Welt glauben." (Wenn man sie nicht so liebt, so dürfen wir wohl interpretierend hinzusetzen, hat man einen illegitimen Wohnsitz im Jenseits. Theologisch geschulte Ohren hören sofort, daß Bonhoeffer mit dieser Beziehung von Letztem und Vorletztem auf die Dialektik von Gesetz und Evangelium anspielt. Sie taucht in der Tat hier auch explicit auf:) „Nur wenn man das Gesetz Gottes über sich gelten läßt, darf man wohl auch einmal von Gnade sprechen ... Man kann und darf das letzte Wort nicht vor dem vorletzten sprechen. Wir leben im Vorletzten und glauben an das Letzte ..." (WuE, S. 112 f.).

Was Bonhoeffer hier meint, kann man sich wieder am Gegenbeispiel verdeutlichen: Es gibt eine bestimmte Heiligungsbewegung auch heute[15], die das Vorletzte überspringt und immer im Letzten existieren will. Sie vertritt im Anschluß an eine osiandersche Theologie das theologische Axiom, daß für den Gläubigen die Sünde überwunden, die Angst beseitigt sei und daß er ontisch im „Zustand" der Erlösung lebe. Er kann im Grunde gar nicht mehr bitten: „Vergib uns unsere Schuld!" oder: „Hand, die nicht läßt, halt du mich fest!" Denn er hat das alles schon real hinter sich. Jedenfalls meint er das. Er lebt nicht mehr in der vorletzten Phase dieses Äons, sondern er ist schon ontisch der Welt des Jüngsten Tages eingegliedert. Er lebt in einem antizipierten Eschaton. So kann er z. B. seine Trauer nicht mehr wahrhaben wollen. Im Morgensternschen Sinne, daß nicht sein kann, was nicht sein darf, gilt es nun, daß ein Kind Gottes immer lachen und fröhlich sein müsse und daß ihm die Dinge dieser Welt, auch wenn sie schmerzlich und katastrophal sind, nicht nahegehen dürfen. Das religiöse Moment besteht hier in der Anmaßung, sich an die Grenze der Welt, in eine Ekstasis der Weltüberwindung aufschwingen zu können und nicht mehr bei dem leidenden Christus inmitten des Fleisches, inmitten der Weltlichkeit, „draußen vor dem Tor" zu bleiben.

[15] Vgl. Theologische Ethik, Bd. I, S. 163 f.

II. Die neue Weltlichkeit

Demgegenüber ist es gerade die Freiheit der religionslosen Christusbotschaft, daß wir so sein können und so kommen dürfen, wie wir sind, nämlich so – um im Gleichnis vom königlichen Hochzeitsmahl zu sprechen –, daß wir die Hecken und Zäune, von denen wir kommen, nicht verleugnen, daß wir keine sakral zurechtpräparierten Leute zu sein brauchen, ja nicht einmal es sein dürfen, um der Einladung in die festlichen Säle des Königs gewärtig zu sein.

Dazu wieder Bonhoeffer: „Christ sein heißt nicht, in einer bestimmten Weise religiös sein, auf Grund irgendeiner Methodik etwas aus sich machen (einen Sünder, Büßer oder einen Heiligen), sondern es heißt Mensch sein, nicht einen Menschentypus, sondern den Menschen schafft Christus in uns. Nicht der religiöse Akt macht den Christen, sondern das Teilnehmen am Leiden Gottes im weltlichen Leben" (WuE, S. 244).

Damit will Bonhoeffer offenbar sagen: Wir müssen die Tatsache ernst nehmen, daß Christus sich in unser Fleisch und Blut gegeben hat, daß er also die Bewegung der Religion, nämlich von unten nach oben, umgekehrt hat. Das ist ja sein Leiden gewesen: daß er, in der Welt existierend, ihren Jammer, ihre Schuld, ihre Verlorenheit ausgehalten und getragen hat – als ein Kamerad seiner Brüder. Und nur indem wir Menschen nun nicht christlicher sein wollen als Christus, indem wir nämlich an dem Punkte bleiben, an dem er selber ausgeharrt hat, in unserer Welt zum Tode, in unserer Welt unter der Schuld, indem wir aber bei diesem seinem Zusammenstoß mit der Welt des Aufstandes auf seine Seite treten und mit ihm leiden, üben wir die Nachfolge. Nur dann existieren wir „weltlich" und nicht „religiös", aber als eben diese Weltleute existieren wir dann unter dem Kreuz und am leeren Grabe.

So löst der Glaube unsere Weltlichkeit nicht auf, er verklärt sie auch nicht, sondern er gibt uns erst die rechte Freiheit, sie auszuleben, die Freiheit, ganz menschlich zu sein, unverkürzt jenes Dasein zu erfüllen, in das wir geworfen sind, und gerade hier den

Ruf in das Vaterhaus zu vernehmen und uns klar zu sein, daß wir nur Gäste sind auf Erden und daß unser Leben ein Pilgrimstand ist.

Das Tiefste und auch wohl sprachlich Vollendetste, was Bonhoeffer darüber gesagt hat, sei wiederum zitiert:

> „Gott und seine Ewigkeit will von ganzem Herzen geliebt sein, nicht so, daß darunter irdische Liebe beeinträchtigt oder geschwächt würde, aber gewissermaßen als cantus firmus, zu dem die anderen Stimmen des Lebens als Kontrapunkte erklingen; eines dieser kontrapunktischen Themen, die ihre volle Selbständigkeit haben, aber doch auf den cantus firmus bezogen sind, ist die irdische Liebe, und auch in der Bibel steht ja das Hohe Lied ... Wo der cantus firmus klar und deutlich ist, kann sich der Kontrapunkt so gewaltig entfalten wie nur möglich" (WuE, S. 192 f.).

In diesem Sinne müßte man einmal die wesentlichen Partien der reformatorischen Theologie neu durchdenken. Man würde dabei ihre außerordentliche Relevanz für dieses Problem weltlichen Existierens, man würde geradezu einen Trend auf diese religionslose Christusbotschaft entdecken: Ist nicht z. B. Luthers Lehre von den beiden Reichen überhaupt erst von hier aus in ihrer theologischen Pointe zu erfassen: daß sie nämlich gegen die Christlichkeit des Lebens, gegen eine naturrechtlich verklärte Welt und gegen eine religiöse Theokratie jeder Art gerichtet ist? Und gilt dasselbe nicht auch für die Formel Luthers simul iustus et peccator? Dieses simul möchte doch festhalten, daß der Sünder nie zum „gemalten Bilde eines Heiligen", daß er nie zu einem sichtbaren Repräsentanten für die Epiphanie Gottes und also zu einem homo religiosus wird, sondern daß Gott ihn täglich neu durch das Leiden seines Sohnes in seiner Weltlichkeit aufsucht und abholt, daß er als Gottloser gerechtfertigt wird.

Nur diese den Menschen immer neu treffende und ihn einholende Gnade ist das Wunder und also eine Tat Gottes. Wird sie zur Signatur des heiligen und des religiösen Menschen, so wird sie zur Medizin in der Hand des priesterlich Privilegierten und damit zum Mittel religiöser Bemächtigungen. Der Mensch der Christlichkeit lebt in der Gnaden-„Atmosphäre" und macht damit das, was eigentlich Gottes Erbarmen ist, zu dem, was Bonhoeffer die „billige Gnade“ nennt[16], die Gnade als verfügbare, unseren Manipulationen ausgelieferte Größe, während sie doch eine „teure Gnade“ ist, die Gott sich im Leiden seines Sohnes etwas kosten ließ und die wir nur haben können, wenn wir, statt sie zur Lebensatmosphäre zu verdampfen, das Leiden des Gottessohnes an und inmitten unserer Weltlichkeit mitleiden.

Ich übergehe angesichts dieses umfassenden Themas, das ja in einem Referat weder erschöpft noch auch nur umschritten werden kann, sondern das nur eine Kettenreaktion eigenen Nach- und Weiterdenkens in uns auslösen soll, die Fragenkomplexe, die gerade den Theologen in uns besonders reizen können. Dazu gehört z. B. die Frage, wie sich unsere Polemik gegen den religiösen Ansatz verhält zu der Art, wie der junge Karl Barth im Römerbrief Religion und Offenbarung voneinander geschieden hat, und was Bonhoeffer etwa zu dem, was in der Kirchlichen Dogmatik, Band II, 1, S. 304 ff. über unser Problem geschrieben steht, sagen möchte. Dazu gehört ferner die Frage, wie sich zu dem, was wir die Wirklichkeit und die Religionslosigkeit der Christusbotschaft nannten, die These Gogartens von der Säkularisation als einem Postulat reformatorischer Theologie und seine These von der Mündigkeit der Welt verhalten. Hier wäre ein ganzes Geflecht von Analogien und Differenzen zu entfalten und zu durchdringen.

Ich möchte zum Schluß noch einmal, damit sich der Ring schließt, auf den Gedanken zurückkommen, daß die Religion – jedenfalls die synkretistisch in das Christentum hineinwuchernde Religion – das sacrum vornehmlich in die Grenzbezirke des Daseins verlegen, während uns Christus in der Mitte unseres Lebens ergreifen möchte. Dazu seien nach allem theoretischen Bedenken dieses Problems noch einige überaus einfache, sozusagen bildhafte Verdeutlichungen versucht:

1. In der sehr schlichten Biographie eines Gemeindepfarrers[17] wird folgender Briefwechsel referiert: Ein frommer, aber wohl im religiösen Sinne frommer Mann schreibt Dr. Busch: „Das Vielerlei des täglichen Lebens nimmt mich zu viel ein, und es ist doch nicht der Mühe wert, daß man sich so hineinlebt.“ Darauf antwortet Dr. W. Busch: „Die zweite Hälfte des Satzes

[16] Vgl. Nachfolge, 1. Kapitel.

[17] Dr. W. Busch von Wilhelm Busch, Hamburg, 1926, S. 63.

klingt ja weltflüchtig und pessimistisch. Das steht in meiner Bibel nirgends geschrieben, wohl aber das, daß all das tägliche Vielerlei geheiligt und durchdrungen werden soll von dem, was im Herzen ist, von Jesus Christus; und das lehrt dann, sich recht hineinzuleben, daß auch das kleinste Geschäft, die geringste Arbeit ein Gottesdienst ist, wenn sie geschieht im Aufblick zum Herrn." Hier findet sich also in der schlichten seelsorgerlichen Anrede genau jene Distanzierung des Glaubens, der sich inmitten der Weltlichkeit anrufen und inmitten ihrer auch leben läßt, wider den religiösen Trend auf die Grenze hin. Hier wird der Bonhoeffersche Gedanke des Kontrapunktes ad hominem demonstriert.

Es mag in diesem Zusammenhange, wenn auch bloß in Klammern, noch folgende Frage erlaubt sein: Sollte vielleicht die soziologische Zusammensetzung unserer durchschnittlichen Gottesdienstgemeinden ebenfalls etwas mit diesem Problem zu tun haben? Daß es nämlich weithin ältere Jahrgänge, weithin Frauen, und auch diese jeweils weithin dem Kleinbürgertum angehörend, sind? Warum fehlen uns in der Regel die Jahrgänge der Lebenshöhe und der Lebensmitte? Sollte der Grenzbezirk des alternden Menschen vielleicht eine soziologische Analogie dazu sein, daß unsere Botschaft sich ebenfalls allzu stark mit den Grenzen beschäftigt, mit Grenzsituationen oder mit einer unweltlichen Transzendenz, die dann eben mehr religiöser als christlicher Natur wäre? Sollte nach dem Anhören einer Predigt unser oft so beklemmendes Resümee: „Vollkommen richtig! Aber was geht mich das an? Wo ist da der Sitz im Leben?", sollte diese weltlos-doketische Entnommenheit der Verkündigung nicht vielleicht ein Hinweis darauf sein, daß wir religiös zu werden drohen?

2. Das führt mich auf einen weiteren Gedanken: Bonhoeffer sagt einmal ganz mit Recht: Was über die Welt hinaus ist, will für die Welt da sein[18]. Damit soll offenbar gesagt sein, daß die biblische Eschatologie ihre Auskünfte über das Drüben, über das Leben nach dem Tode, über die Auferstehung, über die Wieder-

[18] WuE, S. 184.

kunft Christi nie selbstzwecklich in dem Sinne vollzieht, als solle uns im faustischen Sinne der Blick ins Drüben eröffnet werden. Vielmehr enthält jede Aussage über das Drüben oder über das Dereinst und das Nachher eine Aussage über meinen jetzigen Lebensaugenblick. Ganz in diesem Sinne wünscht ja das Gleichnis vom reichen Mann und armen Lazarus keine Topographie des Jenseits zu geben. Vielmehr ist für dieses Gleichnis das Jenseits nur eine Kulisse um jenes theatrum vitae herum, in dem die Entscheidungen des jetzigen Lebensaugenblickes gefällt werden, in dem es um das Schicksal der fünf Brüder des reichen Mannes geht, und in dem also unser Kairos gelebt wird. Die Grenzen des Lebens sind gleichsam der Horizont, der immer auf seine perspektivische Mitte hin eingespielt ist. Und wer theologisch etwas über Weltanfang und Weltende, über Geburt und Tod, über Jüngstes Gericht und ewiges Leben aussagt, ohne daß mit dieser Aussage die Thematik des Jetzt angesprochen wird, hat gerade die theologische Intention verfehlt. Das ist, mit allen Vorbehalten sei das gesagt, jedenfalls ein Wahrheitskern in der sogenannten existenzialen Interpretation der Bibel.

Im Verlaufe dieses Vortrages ist immer wieder der Name Dietrich Bonhoeffers aufgetaucht. Uns ging es dabei nicht, wie ich schon zu Anfang andeutete, um die Zeichnung eines Porträts, das herzustellen etwa die Aufgabe eines Historikers wäre. Denn dem Historiker hätte es darum zu gehen, die geistesgeschichtlichen und persönlichen Umrisse einer Gestalt sozusagen selbstzwecklich aufzuzeigen. Der Referent hat viel zu sehr seine eigene Problemstellung herangetragen, um den Anspruch erheben zu dürfen, er habe einen Vortrag über Dietrich Bonhoeffer gehalten. Es ging uns nicht um ein Porträt, sondern es ging uns um eine sachliche Fragestellung. Aber auf diesem unserem Wege haben wir Dietrich Bonhoeffer angetroffen und haben verschiedene Dialoge mit ihm geführt. In diesen Zwiegesprächen haben wir wesentliche Grundgedanken, die der Referent bei Bonhoeffer gefunden und wiedergefunden hatte, weiterzuführen versucht.

So möchten die Gedanken dieses Vortrages dem Vermächtnis eines Mannes dienen, der auf dem Höhepunkt seiner denkerischen Entfaltung abberufen wurde und der mit seinem Sterben das besiegeln mußte und auch besiegeln durfte, was er gelebt und in seinem Leben gedacht hat. Was seine leidvolle und geistlich doch so erfüllte Existenz in der Zelle oft nur in gehetzten Aphorismen skizzieren konnte, das ist uns allen anvertraut – nicht einfach zum Nachsprechen (gerade dazu ist es oft viel zu fragmentarisch, weil es um die letzten, gleichsam atemlosen Zurufe eines moriturus geht), sondern zum Nachdenken und zur Reife. So darf ich denn auch zum Gedächtnis an diesen unvergeßlichen Zeugen und Denker mit seinen Worten schließen: „Ich habe in den letzten Jahren mehr und mehr die tiefe Diesseitigkeit des Christentums kennen und verstehen gelernt." Und ein anderes Wort: „Der Christ hat nicht immer noch eine letzte Ausflucht ins Ewige, sondern er muß das irdische Leben wie Christus ganz auskosten, und nur indem er das tut, ist der Gekreuzigte und Auferstandene bei ihm und ist er mit Christus gekreuzigt und auferstanden. Das Diesseits darf nicht vorzeitig aufgehoben werden."

Evangelische Welt 10 (1956), S. 545–548.

CHRISTLICHE VERKÜNDIGUNG IN EINER RELIGIONSLOSEN WELT

Von Hans-Rudolf Müller-Schwefe

I

Im 19. Jahrhundert ist das Ende der Religion entdeckt worden. Schon an seinem Aufgang steht die schauerliche Vision Jean Pauls von der Predigt des toten Christus vom Weltengebäude herab, „daß kein Gott sei". Und auf seinem Höhepunkt verkündigt Friedrich Nietzsche: „Gott ist tot." Diesen Feststellungen liegt eine gemeinsame Erfahrung zugrunde: daß nämlich für den Menschen, der sich denkend als Mittelpunkt der Welt erfährt, alles, was er betrachtet, deutet und bearbeitet, Welt ist und nur Welt. In unserer Zeit hat Heisenberg diesen Sachverhalt in dem Satz ausgedrückt: „Zum ersten Mal in der Geschichte der Menschheit steht der Mensch überall nur sich selbst gegenüber."

Diese Erfahrung aber ist das Ende der Religion. Nicht in dem Sinne, als ob es keine religiösen Erfahrungen mehr gäbe – sie scheinen vielmehr auch heute von erheblicher Virulenz zu sein –, sondern in dem viel gefährlicheren Sinne, daß alle religiöse Erfahrung, an deren subjektiver Wirklichkeit kein Zweifel sein kann, immer nur Tatbestände und Wirklichkeiten dieser Welt zur Sprache bringt. In diesem Sinne ist die Stellung von C. G. Jung bezeichnend. Für ihn ist Religion eine psychologische Wirklichkeit, die nachgewiesen werden kann. Aber eben darum ist eine Antwort auf die Frage, ob denn nun Gott eine Realität, d. h. eine vom Menschen unabhängige Wirklichkeit sei, unmöglich.

Wenn wir von einer religionslosen Welt reden, so behaupten wir also nicht, daß es heute keine religiöse Erfahrung mehr gebe, sondern wir meinen nur, daß alle religiöse Erfahrung nicht oder nicht mehr als ein gültiger Hinweis auf die Wirklichkeit Gottes angesehen werden kann, sondern nur als ein Ausdruck für vielleicht sehr verborgene, aber grundsätzlich weltliche, diesseitige Tatbestände. Auf diese Weise werden Phänomene wie Gewissen, Schuld, Hoffnung zu rein diesseitigen Sachverhalten. Der Mensch ist mit sich und seiner Deutung der Welt, mit seinen Erfahrungen ganz allein. Und je mehr er die Lage durchdenkt, um so konsequenter versteht er sie. Der kämpferische Atheismus ist noch primitiv. Die Behauptung, daß Gott und seine Welt nicht existiere, stellt eine unerlaubte Grenzüberschreitung dar. Wir können darüber im Grunde weder Positives noch Negatives aussagen.

II

Die christliche Theologie hat dieses Sterben der natürlichen Religion nur sehr zögernd zur Kenntnis genommen. Im wesentlichen versuchte sie im 19. Jahrhundert, sich der Entdeckungen psychologischer oder sozialer oder ethischer Wirklichkeiten zu bedienen, um so die Wirklichkeit der Offenbarung, das heißt ihre Wirksamkeit in der Welt, zu erweisen. Aber damit eben beschleunigte sie den Zerfall der christlichen Verkündigung. Gerade indem Gottes Offenbarung als Wirklichkeit im Gewissen, im sozialen, seelischen oder geistigen Leben nachgewiesen wurde und auch nachgewiesen werden konnte, vollzog sich die Verweltlichung des christlichen Glaubens. In dem Maße, in dem es gelang, das Christentum als religiöse Wirklichkeit glaubhaft zu machen, wurde der Glaube an die Offenbarung zerstört.

Aber dann entdeckte diese Theologie ihre Aufgabe: diesem Menschen, für den Religion diesseitig geworden war, das Evangelium als das „Ganz Andere" zu verkündigen. Karl Heim sah schon 1904 in seiner frühen Schrift ›Weltbild der Zukunft‹, daß der diesseitige Mensch, für den Gott keine mögliche Fragestellung mehr ist, das eigentliche Problem für die Verkündigung darstellt. Karl Barth verkündigte 1918 in seiner Auslegung des Römerbriefes mit expressionistischen Wortausbrüchen die eine Entdeckung: Gott ist im Himmel und der Mensch auf der Erde. Rudolf Bultmanns Denken war von Anfang an von der Unruhe bestimmt, wie denn, um seinen unglückseligen Ausdruck zu gebrauchen, die Verkündigung des Neuen Testamentes „entmythologisiert" werden könne, d. h. doch: wie das in der Form der Mythologie ergangene Wort Gottes in die Sprache des Menschen umgesetzt werden kann, für den alle Wirklichkeit Diesseits, eine vom Wissenschaftsverständnis der Neuzeit bestimmte Welt ist. Friedrich Gogarten ging in seinen Untersuchungen noch einen entscheidenden Schritt weiter. Er zeigte, daß die Möglichkeit, die Welt als Welt zu sehen, die Verkündigung des Evangeliums zur Voraussetzung hat. Die Entgötterung der Welt ist eine Folge davon, daß Gott als der Schöpfer über Himmel und Erde ausgerufen worden ist. Am stärksten aber wurde vielleicht Dietrich Bonhoeffer von der Frage bewegt, wie wir dem religionslosen Menschen unserer Tage das Evangelium verkündigen können. Er sah, daß es nicht genügte, zu behaupten, Gott sei über den Teufelszirkel – alle Wirklichkeit, auch die religiöse, ist welterhaben. Er sah, daß es unmöglich, ja unterchristlich ist, Gottes Sache zu betreiben, indem man den Menschen auf Religion hin anspricht.

III

Bonhoeffer hat sich in den Briefen aus der Gefangenschaft leidenschaftlich gegen den Versuch ausgesprochen, den Menschen in der Verkündigung anzusprechen, indem man ihn religiös anspricht. Da solche Wege noch unter uns eifrig begangen werden, ist es wohl nützlich, sie als Holzwege ausdrücklich zu beschreiben.

Unmöglich ist der Versuch, mit Hilfe der Tiefenpsychologie die Religion als ein seelisches Faktum darzustellen und den Menschen mit dem Nachweis der Wirksamkeit der religiösen Urbilder zur Religion zu bekehren. Es ist freilich nicht zu leugnen, daß es Ursymbole gibt. Aber sie können den Menschen höchstens von der Zwiespältigkeit der menschlichen Seele überführen und sind zudem rein als diesseitige Phänomene deutbar.

Ebenso unmöglich ist der Versuch, die Verkündigung dadurch wirksamer zu gestalten, daß man das Wort kultisch vollziehen läßt. Wohl ist die Beobachtung wichtig, daß das Wort nicht nur erklärenden, sondern auch vollziehenden Charakter hat; aber diesen Vollzugscharakter mit der Dynamis des Wortes Gottes zu verwechseln, heißt an die Stelle Gottes Magie zu setzen.

Unmöglich ist auch, den Menschen moralisch zu packen, also an sein schlechtes oder zwiespältiges Gewissen zu rühren. Wenn Bonhoeffer meint, daß wir uns diese Welt nicht madig machen lassen sollen, so bekämpft er vor allem den Weg: Gott als den Beobachter, den Polizisten einzuführen. Schon Rilke empörte sich über den Polizeiblick Gottes.

Unmöglich ist schließlich auch der klerikale Weg. Man weist da auf die Katastrophen des Menschen in seiner Geschichte hin und appelliert an seine Einsicht: Du siehst, wohin der Mensch ohne Gott und die Leitung seiner Kirche kommt; also kehre um!

Alle diese religiösen Wege haben ja das miteinander gemein, daß sie den Menschen auf Vorfindliches verweisen. Das aber, mit dem Gott in dieser Welt demonstriert werden soll, ist alles diesseitig. Und diese Diesseitigkeit ist eine Folge der Verkündigung des Evangeliums. Das bedeutet doch: Wohl konnte die Verkündigung bei der Missionierung der heidnischen Welt legitim an die religiöse Welt anknüpfen, weil sie dann den Menschen in seiner wirklichen Lage erfaßte. Der Abendländer aber, dem das Evangelium die Freiheit zur Welt als Welt gebracht hat, kann die Welt nicht mehr in diesem Sinne religiös ernst nehmen. Vielmehr ist seine Situation die Weltlichkeit auch der religiösen Phänomene. Seine Situation ist also nicht die einer Bindung, einer „religio“, sondern die der Freiheit, der Mündigkeit.

Was bedeutet das nun aber für die christliche Verkündigung? Die Verkündigung muß den Menschen auf seine Freiheit hin ansprechen, auf seine autonome Vernunft und darauf, daß er dieser seiner Freiheit nicht entrinnen kann, weil er in sie gesetzt ist. Diese seine Freiheit zur Weltlichkeit muß ihm also als seine Verantwortung bezeugt werden. Konkret gesprochen heißt das: daß der Mensch alles, was ihm begegnet, menschlich deutet, auf den Zusammenhang von Ursache und Wirkung hin untersucht und so sich und seiner Verfügung unterwirft. Das ist seine Position, in die er hineingesetzt und für die er verantwortlich ist. Er muß seine Freiheit als seine Verantwortung erkennen. Bonhoeffer sagt in diesem Sinne: „Wir können nicht redlich sein, ohne zu erkennen, daß wir in der Welt leben müssen – etsi deus non daretur, und eben dies erkennen wir – vor Gott." (›Widerstand und Ergebung‹, S. 241.)

Wenn sich Gott also in Jesus Christus in die Welt begibt und so selbst Welt, Diesseits wird, dann bedeutet das: er liefert sich uns aus, er leidet darunter, daß wir ihn nicht erkennen und annehmen, sondern wie ein Stück Welt behandeln.

Verkündigung in einer nichtreligiösen Welt heißt also: Die Welt ist von dem Menschen als Welt anzusehen von seiner Vernunft her. Gott aber sprengt dieses Verhalten des Menschen, indem er an ihm leidet und zugrunde geht. Daraus folgt, daß der Mensch Gott tötet, indem er ihn als Objekt, als ein Stück Welt behandelt. Und gerade diese Erfahrung, daß Gott sich in Christus zum Diesseits macht und also als ein Stück Welt töten läßt, sprengt die Diesseitigkeit des Menschen und der Welt. Diese Tat Gottes sprengt die Diesseitigkeit des Menschen insofern, als ihm durch den Tod Christi bescheinigt wird, daß er die entscheidende Wirklichkeit verfehlt, wenn er nach dem, was ihn begründen und sichern kann, in der Weise der Vernunft, des Objektivierens sucht. Und Gott sprengt damit die Diesseitigkeit der Welt insofern, als die Welt als Wirklichkeit erfüllt ist von einem Mehr, das die Deutung des Menschen, der sich seiner Vernunft bedient, nie gewahren kann.

Christliche Verkündigung in einer religionslosen Welt bedeutet also, das Leiden Gottes an der Autonomie der Vernunft zu demonstrieren und als den Weg Gottes zu bezeugen, auf dem Gott den Menschen für seine Weltlichkeit verantwortlich macht und sie zugleich von ihrer Autonomie heilt.

In der Theologie unserer Tage wird dieser Weg überall mit mehr oder weniger Konsequenz begangen. Thielicke spricht von der Solidarität Gottes mit der Welt als der eigentlichen Basis der Verkündigung. Karl Barth redet davon, daß Gottes Wort sich selbst „imponiert", das heißt, daß es nicht in der Weise weltlicher

Wirklichkeit eingeführt werden kann. Auch ein Physiker wie C. Fr. von Weizsäcker rät dem Menschen, in der Diesseitigkeit, im Nihilismus auszuhalten, damit an dieser Stelle ihm Gott sich offenbare. Am deutlichsten hat im Anschluß an Bonhoeffer Ebeling diese Zusammenhänge gesehen, wenn er diesen interpretiert: Die nichtreligiöse Interpretation ist christologische Interpretation.

IV

Deuten wir zum Schluß noch einige Konsequenzen an, die sich aus diesem Ansatz ergeben.

1. Christliche Verkündigung bezeugt, daß Gott in Christus ganz ins Diesseits eingestiegen ist und daß er unter der Verkehrung der Diesseitigkeit, die sie religiös überhöht oder ihr Sicherung des Lebens und Vollendung entnehmen will, leidet und ans Kreuz kommt.

2. Der autonome Mensch, der die Welt kraft seiner Vernunft deutet und ordnet, ist der vor Gott für seinen Vernunftgebrauch verantwortliche Mensch. Seine Freiheit, Welt als Welt zu sehen, hat also sein Bestimmtsein zur Freiheit zur Voraussetzung. Daß er sich als Schöpfer der Wirklichkeit mißversteht, dafür macht Gott ihn haftbar. Der Mensch richtet sich so selbst das Gericht zu.

3. Die psychologischen, moralischen, soziologischen und religiösen Realitäten des Lebens sind nicht religiös zu interpretieren, d. h. als Anknüpfungspunkte, an denen die Verbindung zwischen Gottes Welt und unserer Welt zu zeigen wäre, aber auch nicht anthropomorph, d. h. einfach auf den Menschen sich beziehend und von ihm aus allein zu realisieren, sondern vielmehr christologisch. Von Christi Leiden und Auferstehung her allein gewinnt die Diesseitigkeit der Welt ihren Charakter als Gabe Gottes, als Verkehrung des Menschen und als Verheißung.

4. Die Menschlichkeit des Menschen und die „Humanität" der Welt hängen davon ab, ob der Mensch Gottes Kommen in die Welt und sein Leiden an ihr und für sie annimmt. Die Möglichkeit der Humanität liegt also nicht im Menschen (Idealismus),

noch in der Welt (Materialismus), sondern allein in dem Leiden des Mensch gewordenen Gottessohnes.

5. Der Christ verkündigt Gott in seinem Leben, indem er die Mündigkeit des Menschen in der Welt als Weltliebe aus Glauben und als Freiheit zur Weltlichkeit demonstriert.

6. Alles weist darauf hin, daß die nichtreligiöse Verkündigung ein Problem der Sprache ist. Die Sprache des Menschen stirbt an der Autonomie. Sie kann aber nicht wieder gesunden, indem sie erneut mit Mythos und Dunkelheit aufgeladen wird, sondern nur, wenn das Wort des Menschen von Gottes Anruf her in Jesus Christus gesundet und heil wird. Aber realisieren wir Theologen diese Verantwortung?

Die Zeichen der Zeit 11 (1957), S. 8–15.

ZU BONHOEFFERS INTERPRETATION BIBLISCHER BEGRIFFE

Von Manfred Karnetzki

Es handelt sich bei Bonhoeffer um die Frage danach, was das wohl sein könnte: religionslose, weltliche Interpretation der biblischen Begriffe. Seine Gedanken hat er nicht mit wissenschaftlichem Anspruch vor das Forum der Theologen gebracht, sondern lediglich im brieflichen Gespräch geäußert[1]. Dennoch ist B.s Frage zu einer Frage an die Kirche und für die Kirche geworden, an der sie nicht mehr vorbei kann. Ihre Aufgabe wird dabei vorerst weniger die der Stellungnahme für oder wider, als vielmehr die des verantwortlichen Weiterdenkens sein. Eben dieser Aufgabe soll dieser Aufsatz dienen.

Beginnen wir mit einer kurzen Wiedergabe der Gedanken, wie sie sich in B.s Briefen aus dem Gefängnis seit April 1944 finden[2].

1. B. setzt ein mit der Analyse unserer Zeit als einer religionslosen. Er sagt, die Zeit der Innerlichkeit und des Gewissens und d. h. eben die Zeit der Religion überhaupt ist vorbei. „Wir gehen einer völlig religionslosen Zeit entgegen“ (178). Es zeigt sich, daß das religiöse Apriori, auf dem unsere Theologie seit 1900 Jahren aufbaut, in Wirklichkeit nicht existiert, sondern nur menschliche Ausdrucksform ist (178). Dabei versteht B. unter Religion oder unter religiösem Reden: „einerseits metaphysisch, andererseits individualistisch reden“ (183). So ist z. B. die Frage nach dem persönlichen Seelenheil als individualistische Frage

[1] Veröffentlicht von E. Bethge in ›Widerstand und Ergebung‹, Chr. Kaiser Verlag, München 1952.

[2] Die Hinrichtung B.s verhinderte die Ausführung einer geplanten wissenschaftlichen Arbeit, die diese Frage zum Gegenstand haben sollte (vgl. den Entwurf W. u. E., S. 257 ff.).

eine religiöse (184). Religiöses Reden und Denken läßt Gott als deus ex machina dort aufmarschieren, wo menschliche Erkenntnis zu Ende ist und menschliche Kräfte versagen (181). Gott fungiert hier als Lösung unlösbarer Probleme – in Wissenschaft, Gesellschaft und Ethik – oder als Kraft bei menschlichem Versagen – in Not, Sünde, Schuld und Tod (vgl. 181 und 215). – B. meint nun beobachten zu können, daß für den Menschen dieser deus ex machina in zunehmendem Maße überflüssig wird (181), in dem Maße nämlich, in dem er mit dem Leben und seinen Problemen selbst fertig wird. Diese Bewegung zur Autonomie setzt im dreizehnten Jahrhundert ein und kommt in unserer Zeit zu einer gewissen Vollständigkeit (215, vgl. 239). Die Linie geht dabei über Nikolaus v. Cues, Giordano Bruno, Herbert v. Cherburg, Hugo Grotius, Kant bis zu Feuerbach (239 f.). „Der Mensch hat gelernt", so sagt er (215), „in allen wichtigen Fragen mit sich selbst fertig zu werden ohne Zuhilfenahme der ‚Arbeitshypothese: Gott' in wissenschaftlichen, künstlerischen, auch ethischen Fragen." Einen klassischen Ausdruck hat diese Autonomie in der Formel des Hugo Grotius gefunden: „etsi deus non daretur", mit der er die Unabhängigkeit des Naturrechtes von einem Gottesbegriff behauptet (240). Eben so lebt und denkt die Welt: „etsi deus non daretur"! – Ebenso wie auf wissenschaftlichem Gebiet wird auch im allgemein menschlichen Bereich „Gott" immer mehr zurückgedrängt (216). Der Mensch lebt ohne den Vormund Gott – er ist mündig geworden. B. fragt, ob heute noch Sünde und Tod Grenzen des Menschen seien! (181). Später stellt er fest: ja, auch auf die allgemein menschlichen Fragen von Tod, Leiden und Schuld gibt es heute menschliche Antworten, die von Gott absehen können (211). Mit einem Wort: die Welt ist mündig geworden!

2. Dieser Situation steht die Theologie der Kirche mit einer geradezu erbärmlichen Hilflosigkeit gegenüber (218 f.). – Die liberale Theologie hat freilich die Auseinandersetzung wirklich aufgenommen (Troeltsch) und nicht versucht, die Geschichte zurückzudrehen. Aber sie „hat der Welt das Recht eingeräumt, Christus seinen Platz in ihr zuzuweisen". – „Heim macht den pietistisch-methodistischen Versuch, den einzelnen Menschen da-

von zu überzeugen, daß er vor der Alternative ,Verzweiflung oder Jesus' stehe ... Althaus versuchte, der Welt einen Raum lutherischer Lehre und lutherischen Kultus abzugewinnen und überließ im übrigen die Welt sich selbst." – Ganz allgemein macht er der Theologie den Vorwurf, daß sie sich einerseits im gewissen Sinne mit der Entwicklung abgefunden und den Rückzug angetreten habe und andererseits eine sinnlose und vergebliche apologetische Attacke gegen dieselbe Entwicklung reite (230). Einerseits beobachtet er also die Verdrängung der Kirche aus der Welt, aus der Öffentlichkeit der menschlichen Existenz und den Rückzug auf den Bereich des „Persönlichen", „Innerlichen" und „Privaten". Man spürt die Schwächen des Menschen im Bereich des Intimen auf („Kammerdienergeheimnisse" 233) und meint, das Wesen des Menschen bestehe in seinen innersten, intimsten Hintergründen und verwechselt Sünde mit Gemeinheit (235). Von hier aus und von den sogenannten letzten Fragen – Tod, Schuld und Leiden – versucht man dann andererseits apologetisch eine Attacke auf die Mündigkeit der Welt vorzutragen (217), indem man dem sicheren, zufriedenen und glücklichen Menschen nachweist, daß er in Wirklichkeit unglücklich und verzweifelt sei. B. bezeichnet diesen Versuch als sinnlos, unvornehm und unchristlich (218): unchristlich deshalb, weil man Christus mit einer bestimmten Stufe der Religiosität des Menschen verwechselt. Überhaupt ist es nach B. der Fehler jeder Theologie, daß sie religiös denkt und argumentiert: sie versteht z. B. die Erlösung als „Erlösung von Sorgen, Nöten, Ängsten, Sehnsüchten, aus Sünde und Tod in einem besseren Jenseits" (226) und preist Gott als Lösung der verschiedenen letzten ungelösten Fragen des Menschen an, z. B. die Auferstehung als Lösung des Todesproblems (182). So denkt die Theologie metaphysisch und individualistisch und also religiös!

Dagegen schlägt sich nun B. entschieden auf die Seite Karl Barths, soweit er den Gott Jesu Christi gegen die Religion ins Feld führt (219). Er wehrt sich dagegen, daß man Gott einerseits als Lückenbüßer einer unvollkommenen Erkenntnis figurieren läßt (210) und andererseits die Religion zur Bedingung des Heils macht (181). Der paulinischen Freiheit von der peritome (Beschneidung) entspricht heute die Freiheit von der Religion (180 f.). Dagegen bekennt sich B. ausdrücklich zu dem „etsi deus non daretur" (241). Wir müssen in dieser Welt leben ohne Gott, ohne die Arbeitshypothese Gott, müssen mit dem Leben ohne Gott fertig werden. B. anerkennt unsere Mündigkeit – nun nicht mehr nur als Faktum unserer Erfahrung, sondern vor Gott, also theologisch. „Gott selbst zwingt uns zu dieser Erkenntnis" (241). Die beschriebene Entwicklung zur Mündigkeit macht lediglich den Blick frei für den Gott der Bibel. „Der Gott, der mit uns ist, ist der Gott, der uns verläßt (Mark. 15, 34)!" Hier liegt der entscheidende Unterschied zu allen Religionen. Die Religiosität des Menschen weist ihn in seiner Not an die Macht Gottes in der Welt. Die Bibel weist den Menschen an die Ohnmacht und das Leiden Gottes (241)! Nicht der religiöse Akt macht den Christen, sondern die Teilnahme am Leiden Gottes im weltlichen Leben. Das gerade ist die Umkehrung der Religion. Eben das sagt B. auch in seinem Gedicht ›Christen und Heiden‹ (246 f.):

> Menschen gehen zu Gott in ihrer Not,
> flehen um Hilfe, bitten um Glück und Brot,
> um Errettung aus Krankheit, Schuld und Tod.
> So tun sie alle, alle, Christen und Heiden.
>
> Menschen gehen zu Gott in seiner Not,
> finden ihn arm, geschmäht, ohne Obdach und Brot,
> sehn ihn verschlungen von Sünde, Schwachheit und Tod.
> Christen stehen bei Gott in seinem Leiden.

3. Gerade von dieser Erkenntnis aus kommt B. zu dem eigentlichen und positiven Thema seiner Gedanken, nämlich zu der Inanspruchnahme der mündig gewordenen Welt durch Jesus Christus (231), den die Bibel verkündet – so, daß Gott gerade durch seine Ohnmacht in der Welt Macht und Raum gewinnt (242). Und eben hier, so meint er, habe die weltliche Interpretation anzusetzen. Weltliche Interpretation ist also nichts anderes als die Proklamation der Herrschaft Christi über die Welt! Christus ist nicht Gegenstand der Religion, sondern Herr der Welt (180). Jesus nimmt für sich das ganze menschliche Leben in Anspruch (231). Von Christus und von Gott ist darum nicht an den Gren-

zen, sondern in der Mitte zu reden (182): „mitten im Leben muß Gott erkannt werden" (211) – „nicht in den ungelösten, sondern in den gelösten Fragen will Gott von uns begriffen werden" (211). Das bedeutet keine Sanktionierung, sondern gerade die Aufdeckung der Sünden; aber nun eben nicht der schwachen Sünden, auf die sich die christliche Apologetik stürzt, sondern gerade der starken Sünden (235). B. nennt als Beispiele: beim Genie die Hybris, beim Bauern die Durchbrechung der Ordnung und beim Bürger die Scheu vor der freien Verantwortung. Also nicht um Sanktionierung des Bestehenden geht es in dem Evangelium, sondern um Versöhnung und Erneuerung dieser Welt, die Gott geschaffen, erhalten und in Gesetze gefaßt hat (184). Es geht also nicht um irgendein Jenseits. So verweist uns auch die Auferstehungshoffnung nicht auf ein besseres Jenseits, sondern an unser Leben auf der Erde (226). Ebenso ist unser Verhältnis zu Gott kein religiöses zu einem denkbar höchsten, mächtigsten, besten Wesen, sondern ein neues Leben im Dasein für andere. „Der jeweils erreichbare Nächste ist das Transzendente" (260). Von dieser Grunderkenntnis aus, so meint B., stelle sich nun die Aufgabe, die Botschaft der Bibel neu zu hören und also in diesem Sinne „weltlich" zu interpretieren. Es gilt die weltliche Interpretation von Buße, Glaube, Rechtfertigung, Wiedergeburt und Heiligung (185, vgl. 205). Immer wieder schreibt er in seinen letzten Briefen, daß dies sein Bemühen sein werde, aber immer wieder wird er durch widrige Umstände davon abgehalten, bis ihm schließlich der Tod die Arbeit endgültig aus der Hand nimmt. Dennoch enthalten die Briefe B.s bereits verschiedene Ansätze zu solcher weltlichen Interpretation: den Ansatzpunkt findet er einmal im AT und zum anderen in Joh. 1, 14: weltlich interpretieren heißt bei ihm „im alttestamentlichen Sinne und im Sinne von Joh. 1, 14" uminterpretieren (185). Im alttestamentlichen Sinne: d. h. wir müssen lernen, das NT vom AT her zu lesen (182). Das NT darf nicht vom AT gelöst werden (227), denn die Botschaft des NT zielt auf die Welt – eben auf die Welt, die sich im AT entfaltet. Das AT gehört für B. zum „Vorletzten" (113). Weil wir selbst im Vorletzten leben, gilt es uns. – Ferner: im Sinne von Joh. 1, 14: „Das Wort ward Fleisch" – diese Fleischwerdung ist nicht vorübergehende Taktik Gottes, die etwa mit der Auferstehung ihren Zweck erfüllt hätte, sondern Ziel des Planes Gottes. – Auferstehung heißt darum nicht Überwindung des Sterbens (168) und auch nicht „letzte Ausflucht ins Ewige“ (226), sondern die Auferstehungshoffnung verweist den Menschen „in ganz neuer und dem AT gegenüber noch verschärfter Weise an sein Leben auf der Erde“ (226). „Von der Auferstehung her leben – das heißt Ostern!“ (169). Mit Albrecht Schönherr[3] sehe ich in diesen Sätzen den Ansatz zu einer religionslosen Interpretation. Auf der gleichen Linie liegt, was B. über Glaube und metanoia sagt: Glaube steht im Gegensatz zu der religiösen Haltung, die Gott auf die eigenen Nöte und Sorgen bezieht. Er ist vielmehr Teilhaber am Leiden Gottes in Christus (245), ja, er ist Teilnahme „am Sein Jesu in Menschwerdung, Kreuz und Auferstehung“ (259). Und metanoia ist gerade die Abwendung von der Haltung, die zuerst an die eigenen Nöte, Fragen, Sünden und Ängste denkt, und die Bereitschaft, sich in den Weg Jesu Christi hineinreißen zu lassen (245).

Der theologische Ansatz

B. hat diese Gedanken – wie gesagt – in Briefen aus der Haft, also in den letzten Lebensjahren, geäußert. Er betrachtet die dahinterstehende Frage als seine Aufgabe für die kommenden Jahre. Damit ist zugleich gesagt, daß seine vorausgegangenen Schriften – und ich denke insbesondere an ›Nachfolge‹ (1936) und an die Manuskripte zur ›Ethik‹ (1940–43) – noch nicht ausdrücklich unter dieser Aufgabe stehen und also noch nicht eine weltliche Interpretation des Evangeliums darstellen. Dennoch wird man bei näherem Zusehen erkennen, daß die Linie des theologischen Denkens B.s, wie sie sich in ›Nachfolge‹ und der ›Ethik‹ abzeichnet, unverkennbar auf die Frage nach der weltlichen Interpretation zustrebt. Dabei ist freilich nicht zu verkennen, daß ›Nachfolge‹ zunächst in einem mehr dialektischen Ver-

[3] Im Sammelband ›Mündige Welt‹, S. 88.

hältnis zur religionslosen Interpretation steht[4]! Die ›Nachfolge‹ zielt ja gerade nicht auf ein weltliches Christentum, sondern auf die Aussonderung des Christen aus der Welt. Aber diese „Weltfremdheit" ist letztlich in ›Nachfolge‹ der frontale Angriff auf die Welt (186). So kann man wohl sagen, daß ›Nachfolge‹ eine notwendige Station auf dem Wege zur religionslosen Interpretation ist. – Andererseits wird man die nur brieflich geäußerten Gedanken B.s nicht gut in ihrer Tragweite verstehen können, wenn man nicht die Struktur seines theologischen Denkens kennt, wie sie eben jener Freund kannte, dem diese Briefe gelten. Wir befragen darum hier ›Nachfolge‹ und die ›Ethik‹ nach dem Weg und der Struktur theologischen Denkens Dietrich Bonhoeffers.

1. Der Grundakkord von ›Nachfolge‹ ist zweifellos bereits im 1. Kapitel über „die teure Gnade" angeschlagen. Gerade hier zeichnet sich bereits B.s spätere Forderung einer religionslosen Interpretation und sein Kampf gegen das religiöse Mißverständnis des Evangeliums ab: B. kämpft hier gegen die billige Gnade: billige Gnade – so sagt er (1 f.) – heißt Gnade als Lehre, als Prinzip, als allgemeine Wahrheit. Billige Gnade läßt alles beim alten, sie ist Predigt der Vergebung ohne Buße. „Billige Gnade ist die Gnade, die wir mit uns selbst haben" (2), sie ist also nicht Gottes! Gottes Gnade ist teuer, weil sie den Menschen unter das Joch der Nachfolge zwingt (3). Wer ist schuld an dem Mißverständnis der Gnade? B. antwortet: „der religiöse Instinkt des Menschen" (6 – dort bezeichnet er diesen als den eigentlichen Sieger der Reformationsgeschichte, der Luthers Erkenntnis der reinen, teuren Gnade verfälscht habe!). Billige Gnade ist also das religiöse Verständnis von Gnade! – Schon hier deutet also B. den Gegensatz zwischen Evangelium und Religion an. B. hat dies nicht weiter ausgeführt, aber es drängt sich uns geradezu auf, die Linie bis zu den Gedanken in W. E. auszuziehen. Von da aus beantwortet sich die Frage, welches Interesse der religiöse Instinkt an der Gnade hat! Es ist das Interesse an dem individuellen Seelenheil. Die

[4] G. Ebeling, Die „nicht-religiöse Interpretation biblischer Begriffe", ZThK 1955, warnt mit Recht vor einer zu schnellen Harmonisierung (S. 299 ff.).

Frage nach dem individuellen Seelenheil aber ist eine typisch religiöse: sie bedient sich Gottes zur Lösung unserer Lebensprobleme, hier: des Problems der Sünde. Gottes Gnade wird in den Dienst des religiösen Interesses gestellt. So wird die Predigt die Verkündigung der billigen Gnade. Die teure Gnade dagegen nimmt uns in den Dienst Gottes, in die Nachfolge Jesu Christi. – Um die Entfaltung dieser teuren Gnade geht es B. in seinem Buch. Als Christen haben wir es nicht mit christlichen Ideen, Ideologien und Prinzipien zu tun, sondern mit dem lebendigen Christus, der leiblich gegenwärtig ist (in der Kirche – 149) und der uns in leibliche Nachfolge nimmt (79. 162). Der Glaube ist also keine religiöse Überzeugung (Religion ist leiblos! 171), sondern Gehorsam gegen den Herrn. – Auch hier schon zielt B. letztlich auf eine weltliche Interpretation, und zwar einmal darin, daß er Mut hat, von dem Christen das Tun zu fordern, und zum anderen, daß er dieses Tun betont als ein leibliches Tun in dieser Welt entfaltet. Seine Interpretation ist insofern zugleich eine unreligiöse, als die Gnade nicht in den Dienst des Menschen, sondern der Mensch in die Nachfolge und also in den Dienst der Gnade Gottes gestellt wird.

2. Noch handgreiflicher wird diese Linie zur religionslosen und weltlichen Interpretation der biblischen Begriffe in den Aufsätzen zur ›Ethik‹ in den Jahren 1940 bis 1943[5]. Auf der einen Seite ist die Polemik gegen das Religiöse verstärkt (vgl. S. 26): Die Kirche hat es zunächst gar nicht wesentlich mit den sogenannten religiösen Funktionen des Menschen zu tun, sondern mit dem ganzen Menschen! – Es geht in der Kirche nicht um Religion, sondern um die Gestalt Christi! – Auf der anderen Seite wird das Bekenntnis zur „Weltlichkeit" immer betonter:

„Jesus Christus ist der Ort, an dem Gott und die Weltwirklichkeit miteinander versöhnt sind." – „Wer Jesus Christus ansieht, sieht ... Gott und die Welt in einem, er kann fortan Gott nicht mehr sehen ohne die Welt und die Welt nicht mehr ohne Gott" (15). – „Darum verfällt eine Christenheit, die sich der Welt entzieht, der Unnatur, der Unvernunft, dem

[5] D. Bonhoeffer, Ethik, hrsg. von E. Bethge, 1. Aufl. 1949; Chr. Kaiser Verlag, München. Ich zitiere nach der 6. Auflage.

Übermut und der Willkür" (64). – Dabei geht es wirklich um diese wirkliche Welt und nicht um eine Idealwelt: „Gott liebt die Welt ... nicht eine Idealwelt, sondern die wirkliche Welt" (16). – Gerade die „arge" Welt ist mit Gott versöhnt (67). – „Das christliche Handeln läßt also die Welt Welt sein" (179). – Das bedeutet nicht Angleichung an die Welt, sondern der Protest des Christlichen gegen das Weltliche im Namen einer besseren Weltlichkeit (64). – Durch das Wort der Kirche wird die Welt erst von fremden Gesetzen, Ideologien usw. zu einer echten Weltlichkeit befreit (257). Und so kann B. sagen, daß die Welt erst wirklich Welt ist, wo alles auf Christus ausgerichtet ist (281).

Die wirkliche Welt ist für B. die mit Gott versöhnte Welt! So ist der Schlüssel zum Verständnis für B.s Forderung einer weltlichen Interpretation das, was er in seiner Ethik über die Wirklichkeit sagt (S. 55 ff.): B. fragt nach meiner Wirklichkeit und der Wirklichkeit dieser Welt. Und er antwortet mit dem Hinweis auf die Wirklichkeit Gottes als der letzten Wirklichkeit. Aber die Rede von der Wirklichkeit Gottes ist für ihn nun nicht „die religiöse Abrundung eines profanen Weltbildes, sondern das gläubige Ja zu seiner Offenbarung" (56). Er redet also von Wirklichkeit nicht positivistisch-empirisch. Von einer solchen Wirklichkeit könnte man nach B. auch abgesehen von Gott reden. Dieses Reden aber hält er für Abstraktion: die Wirklichkeit Gottes ist die „letzte Wirklichkeit außer und in allem Bestehenden, sie meint damit auch die Wirklichkeit der bestehenden Welt, die allein durch die Wirklichkeit Gottes Wirklichkeit hat ... In Jesus Christus ist die Wirklichkeit Gottes in die Wirklichkeit dieser Welt eingegangen" (60). – So ist also die wirkliche Welt die mit Gott versöhnte Welt! So kann denn also auch die später von B. geforderte weltliche Interpretation nur eben diese mit Gott versöhnte Welt meinen! Maßstab der weltlichen Interpretation ist also nicht etwa eine positivistisch-empirische Welterfahrung und Weltwirklichkeit, sondern die Offenbarung als das „Eingehen der Wirklichkeit Gottes in die Wirklichkeit dieser Welt"! Damit ist B.s Forderung grundsätzlich gegen das Mißverständnis gesichert, es handele sich hier um das liberale Unternehmen einer Angleichung oder Auflösung des Christlichen an und in die Welt. Vielmehr ist der Angriff und die Beanspruchung der Welt durch die

Offenbarung gemeint. – Aber auch diese Beanspruchung ist für unser theologisches Denken in der Konsequenz nicht weniger anstößig als jene liberale Subtraktion und Auflösung. Denn wir sind gewohnt – entsprechend unserer theologischen Tradition, in zwei Räumen zu denken (Ethik S. 61 ff.), „von denen der eine göttlich, heilig, übernatürlich, christlich, der andere aber weltlich, profan, unchristlich ist!“. Dagegen betont B. ausdrücklich, daß es nur eine Wirklichkeit gibt – nur den „einen Raum der Christusverwirklichung“ (62). Er kann und will also nicht zwischen „weltlich“ und „christlich“ unterscheiden. Und darum kann, ja darum muß er schließlich und konsequenterweise die „weltliche Interpretation der biblischen Begriffe“ fordern! – Nur wer also bereit ist, das Denken in den beiden Räumen und den beiden Wirklichkeiten aufzugeben, wird verstehen, was weltliche Interpretation der biblischen Begriffe sein kann und ist! – Wir fragen: Macht nicht B. in illegitimer Vorwegnahme des Eschatons die Welt zum Reiche Gottes? Muß nicht seine Ethik zum Perfektionismus werden, wenn die Wirklichkeit der Welt, in der wir leben, zurückgeführt und einbezogen wird in die Wirklichkeit Gottes? – Aber sowenig der Aufruf B.s zur Weltlichkeit ein resignierendes und liberales Zugeständnis an die gottlose Welt ist, sowenig ist er ein perfektionistischer Radikalismus! Gegen dieses zweite Mißverständnis sichert sich B. durch seine Unterscheidung von Letztem und Vorletztem (75 ff.). Das Letzte: das ist das rechtfertigende Wort Gottes in Jesus Christus, die Rechtfertigung des Sünders aus Gnaden! Es ist die Begegnung der Wirklichkeit Gottes mit der Wirklichkeit der Welt. Das Vorletzte dagegen ist das „Menschsein und Gutsein“ (85). Das Vorletzte ist freilich nicht Bedingung des Letzten im Sinne einer Leistung, aber das Letzte setzt eben als Letztes das Vorletzte voraus. Das Letzte ist Gericht über das Vorletzte und zugleich Gnade für das Vorletzte, das sich im Gericht dem Letzten beugt (84). Gerade um des Letzten willen darf man also das Vorletzte nicht überspringen, ignorieren oder übersehen. Man darf nicht übersehen, daß wir ja noch im Vorletzten leben! „Wir leben im Vorletzten und glauben das Letzte“, sagt B. später in ›Widerstand und Ergebung‹ (112). Von dieser Erkenntnis aus wird man die zunächst recht anstößige These B.s in seinen letzten Briefen verstehen müssen, daß wir ohne Gott zu leben und mit dem Leben fertig zu werden haben! Im Gericht des Kreuzes als dem Letzten über unserem Leben als dem Vorletzten wird unsere Gottlosigkeit offenbar; sie wird im Kreuz offenbart als Gottverlassenheit. Im Kreuz beugt sich der Glaube dieser Offenbarung. Glaube an das Letzte heißt nun Glaube an die Rechtfertigung des Gottlosen. Dieser Glaube als Glaube an ein letztes Wort schließt zugleich die Erkenntnis unseres Menschseins als eines Vorletzten und das heißt Gottlosen ein! Insofern bereitet also B.s Unterscheidung von Letztem und Vorletztem in der Ethik sein Reden von der Gottlosigkeit und Gottverlassenheit des Menschen in seinen Gefangenschaftsbriefen vor und weist zugleich ein perfektionistisches Verständnis seiner Ethik ab.

Religionslose Interpretation und Entmythologisierung

1. Wir haben also durch die Rückfragen nach dem theologischen Ansatz und Weg B.s die Forderung nach einer religionslosen Interpretation der biblischen Begriffe näher zu bestimmen und vor Mißverständnissen zu bewahren gesucht. Wir werden dasselbe nun noch einmal auf eine andere Weise zu tun versuchen: nämlich in einem Vergleich des theologischen Anliegens und der Forderungen Bonhoeffers mit denen Rudolf Bultmanns[6]. Die Veranlassung dazu bietet B. selbst, der sich auf der einen Seite gegenüber dem „Positivismus“ Karl Barths und auf der anderen gegen das – wie er meint – „liberale“ Verfahren Bultmanns abgrenzt (W. E. 220). Diese Verhältnisbestimmung Bonhoeffer–Bultmann ist um so mehr gefordert, als B. an beiden Stellen in W. E., an denen er zu Bultmann Stellung nimmt (183 und 220 f.), damit seine eigene Forderung nach religionsloser Interpretation der biblischen Begriffe zugleich zu klären sucht.

[6] Ich verweise dazu auf den Vortrag von Götz Harbsmeier, Die „nicht-religiöse Interpretation“ biblischer Begriffe bei Bonhoeffer und die Entmythologisierung, Mündige Welt, 2. Band 1956 = oben S. 43–64.

B. lehnt mit kurzen Worten Bultmanns Anliegen und Bemühen als ein typisch liberales Reduktionsverfahren ab, das das Christentum auf sein Wesen zurückführen will und damit das Evangelium verkürzt. Es ist allerdings die Frage, ob das wirklich das letzte Wort in dieser Sache sei. Nun hat auch Harbsmeier darauf hingewiesen, daß B. Bultmann zweifellos mißverstanden habe, als dieser ja eben gerade nicht „eliminieren, sondern interpretieren" will und andererseits ja auch B. selbst die Notwendigkeit der Interpretation betont. Dennoch wird man Harbsmeier zugleich auch darin recht geben, daß dieses Mißverständnis insofern bedeutungslos ist, als Bultmanns Durchführung der Interpretation B.s Vorwurf jedenfalls nicht als gegenstandslos erscheinen läßt! So hat Harbsmeier in der Tat sehr eindrucksvoll die Gegensätze zwischen den beiden Theologen herausgestellt. Bultmann stellt fest: es gibt in unserer Welt keine Wunder mehr! – Bonhoeffer stellt fest: es gibt in unserer Welt keinen Gott mehr! Bultmann ist interessiert an dem Verstehen der Texte, Bonhoeffer am Vollzug der Verkündigung; Bultmann ist Theologe, Bonhoeffer ist Weisheitslehrer. – Dennoch bleibt meines Erachtens dabei noch eine Frage offen: Schließen sich die Bemühungen der beiden Männer gegenseitig aus oder macht die Bemühung Bonhoeffers die Bultmanns überflüssig, oder aber ergänzen sie sich etwa in einer bestimmten Weise und ist die eine oder die andere gar nicht denkbar?

2. Beginnen wir mit einer einfachen äußeren Bestandsaufnahme. Die Frage lautet zunächst: Kennt Bultmann irgendwie das Anliegen Bonhoeffers und umgekehrt? – Von Bultmann sind mir ausdrückliche Äußerungen in dieser Hinsicht nicht bekannt. Fragen wir nach indirekten Belegen. Man mag dabei zunächst an Äußerungen aus den früheren Jahren denken, in denen Bultmann Religion und Moral als menschliche Haltung dem christlichen Glauben gegenüber abwertet (z. B. in dem Aufsatz ›Krisis des Glaubens‹, 1931 in ›Glaube und Verstehen‹, Bd. II, S. 1 ff.): „Mag Glaube mit Moral und Religion zusammenhängen, mag er immer auch zugleich eine menschliche Haltung sein, so unterscheidet er sich doch dadurch von ihnen, daß er immer ein bestimmter Glaube ist, Glaube an ein Gegenüber, an ein Jenseits des Men-

schen.“ – Aber diese Äußerungen bezeugen doch wohl nur die gemeinsame Ausgangsposition der beiden in der dialektischen Theologie. Tatsächlich beruft sich ja auch Bonhoeffer ausdrücklich auf Barths Kritik der Religion (W. E. 184). Aber man horcht doch auf, wenn man in dem Aufsatz Bultmanns ›Anknüpfung und Widerspruch‹ (1944 – also noch vor der Veröffentlichung von ›Widerstand und Ergebung‹ – in ›Glaube und Verstehen‹, Bd. II, S. 117 ff.) ein Urteil über das Schicksal der Religion liest, das der Analyse Bonhoeffers jedenfalls grundsätzlich entspricht: „Religion stirbt ab oder sinkt zur unverbindlichen Verklärung des Arbeitslebens ab, je mehr Welt und Leben ihr Rätsel verlieren, dem Denken verständlich und der Tat beherrschbar, organisierbar werden. Wäre der christliche Glaube also nur eine Religion, ein Phänomen des Geisteslebens, so würde er mit dem Untergang der Religion dahingehen!“ – Damit kann also auch Bultmann nicht umhin, die Notwendigkeit einer religionslosen Verkündigung anzuerkennen, wenn ihm auch die religiöse Gestalt der biblischen Überlieferung in diesem Sinne nicht zu einem Problem geworden ist.

Umgekehrt leugnet auch Bonhoeffer nicht einen gewissen Zusammenhang zwischen Bultmanns Anliegen und dem seinen (183), wenn er Entmythologisierung und religionslose Interpretation in dem Verhältnis von „weniger (bzw. zu wenig) und mehr“ sieht! Wenn Bultmann die Interpretation der mythologischen Begriffe fordere, so sei er auf halbem Wege stehengeblieben; denn nicht nur die mythologischen, sondern auch die „religiösen“ Begriffe schlechthin seien problematisch! Während Bonhoeffer so immerhin einen gewissen positiven Bezug zu Bultmann anerkennt, finden sich bei ihm auch indirekte Belege dafür, daß ihm das Anliegen Bultmanns theologisch nicht fremd ist; denn auch er betont ausdrücklich, daß theologisches Reden ein die Existenz des Menschen betreffendes ist, vgl. z. B. ›Ethik‹ S. 158: „Es handelt sich hier – wie immer, wenn in der Theologie von der Passivität des Menschen gesprochen wird – nicht um einen psychologischen, sondern um einen die Existenz des Menschen vor Gott betreffenden – also um einen theologischen Begriff!“ In der Tat ist z. B. der Satz: „Von der Auferstehung her leben – das heißt Ostern" (W.E. 169) eine auf die Existenz des Menschen zielende Aussage! Und Bonhoeffer weiß wie Bultmann um die Geschichtlichkeit menschlicher Existenz (z.B. ›Ethik‹, S. 166f.: „Ob ein aus seiner geschichtlichen Situation ... gelöstes isoliertes Individuum überhaupt als ethisch relevant angesehen werden kann, ist mindestens sehr fragwürdig ..."). Von dieser Einsicht in die Geschichtlichkeit menschlicher Existenz und die ihr entsprechende Geschichtlichkeit der biblischen Botschaft verbietet sich auch für ihn die Verwandlung dieser Botschaft in einen Mythos: „Der mit dem Bewußtsein der Zeitlichkeit verbundene und sich jeder Mythologisierung(!) widersetzende Begriff des geschichtlichen Erbes ist allein dort möglich, wo der Eingang Gottes in die Geschichte an einem bestimmten Ort und Zeitpunkt, nämlich die Menschwerdung Gottes in Jesus Christus, das Denken bestimmt." Von daher wendet sich Bonhoeffer, ähnlich wie Bultmann, gegen die „positivistische Offenbarungslehre" Karl Barths (W.E. 184f.), weil er weiß, daß es „Stufen der Bedeutsamkeit" (!!) gibt. – Neben diesen Berührungen können wir auch eine gewisse Parallelität ihrer Bemühungen feststellen: beide sehen die Notwendigkeit einer Interpretation der biblischen Botschaft – einer Interpretation, die nach Bedeutsamkeit fragt! Diese Interpretation enthält bei beiden einen negativen und einen positiven Aspekt: der negative Aspekt kommt bei Bultmann in der Vorsilbe seines Schlagwortes von der „*Ent*mythologisierung" und bei Bonhoeffer in dem Attribut „religions*los*" zum Ausdruck. In beiden Fällen geht es dabei um die Befreiung von einer dem Evangelium im Grunde fremden Größe, d.h. beide berufen sich auf das Evangelium in seiner Eigentümlichkeit, das nach Bultmann eben gerade nicht Mythos und nach Bonhoeffer eben gerade nicht Religion ist! Die Berechtigung für ihr Reinigungsverfahren nehmen also beide vom Evangelium her; dennoch gestehen sie zu, daß der Anlaß dazu das Ende eben jener Größen ist: also des Mythos bzw. der Religion. – Dementsprechend führen beide die positive Seite ihrer Interpretation (die existentielle bzw. weltliche) ebenfalls auf die Forderung des NT selbst zurück.

3. Aus den angeführten Berührungen wie aus der Parallelität

der Bemühungen stellt sich uns ihr Verhältnis weniger als ein „entweder – oder" denn vielmehr als ein „weniger und mehr" dar, graphisch ausgedrückt: als zwei konzentrische Kreise um denselben Mittelpunkt. Dabei umschreibt das Bemühen Bonhoeffers zweifellos den weiteren Kreis. Ihre Interpretationen schließen sich gegenseitig nicht aus. Aber dies scheint mir auch deutlich zu werden, daß die Theologie sich von Bonhoeffer über Bultmann hinausführen zu lassen hat. Zwischen beiden steht eine weltgeschichtliche Wende: die mit der Renaissance beginnende Neuzeit ist zu Ende, damit auch das Zeitalter des Individualismus. Jetzt eröffnet sich die Dimension des Sozialen. In der Theologie ist nicht mehr die Frage nach dem Seelenheil des einzelnen, sondern nach der Kirche aktuell. So erscheint Bultmann als der, der als Letzter die unerledigten Fragen aufgearbeitet hat, die an die Theologie der Neuzeit gerichtet waren; Bonhoeffer aber ist der, der die Frage einer neuen Weltzeit gehört hat. So begreift man auch, daß Bonhoeffer der Existenzphilosophie, die Bultmann als richtige Philosophie wertet und die ihn zur existentialen Interpretation anregt, keine Zukunft gibt. Von ihr – so meint er (W.E. 217) – würde nur „eine kleine Zahl von Intellektuellen, von Degenerierten" erreicht. Der „einfache Mann" dagegen, „der sein tägliches Leben in Arbeit und Familie ... zubringt, wird nicht getroffen". So steht bei ihm an der Stelle der existentialen Interpretation die weltliche! – Dennoch wird man sagen müssen, daß der Weg, den Bonhoeffer sucht, für uns erst wirklich gangbar ist, soweit und sofern wir mit Bultmanns Hilfe die Fragen der Theologie des 19. Jahrhunderts wirklich aufgearbeitet haben. Die Frage nach der Hermeneutik des Textes und damit nach der Vergegenwärtigung des Wortes muß beantwortet sein, bevor wir die Gegenwart des Christus und die Wirklichkeit dieser Welt begreifen können, ohne der Gefahr einer neuen Objektivierung des Heilsgeschehens zu verfallen.

Die Zeichen der Zeit 12 (1958), 164–169.

VON DER RELIGIONSLOSEN ZUR SOZIALEN INTERPRETATION DER BIBEL

Von Manfred Karnetzki

Auf der Suche nach einer Sozialtheologie

Wir stehen am Beginn einer neuen Stunde der Theologie, einer Stunde, die bestimmt ist von der Begegnung mit der Soziologie. Zweifellos eine spannungsvolle Situation! Wir stehen freilich erst am Anfang dieser Begegnung, und Ergebnisse sind noch nicht abzusehen. Aber schon jetzt ist das, was neu und aufregend in der evangelischen Theologie gedacht und gesagt wird, von dieser Begegnung mit der Soziologie bestimmt:

Dietrich Bonhoeffer begann seinen theologischen Weg mit einer „dogmatischen Untersuchung zur Soziologie der Kirche“[1]. Am Ende seines Weges steht die Frage nach der weltlichen Interpretation der biblischen Begriffe und damit der theologische Durchbruch durch den Individualismus in die Dimension des Sozialen[2]. Denn die weltliche Interpretation hat ja zweifellos ihren Nerv darin, daß in ihr der Mitmensch nicht nur in seiner ethischen, sondern auch in seiner theologischen Relevanz erkannt wird: „Der jeweils erreichbare Nächste ist das Transzendente“, sagte Bonhoeffer[3]. Gott begegnet mir im Mitmenschen. – Zugleich sieht die evangelische Theologie heute als Aufgabe vor sich, eine Theologie der Gesellschaft – oder man kann auch sagen: eine Sozialtheologie zu entwickeln, indem sie die Kirche und ihre Verkündigung mit der Sozialstruktur der technisierten Welt konfrontiert. Als wichtigster Niederschlag dieser Bemühung sind zu nennen: H. D. Wendland: ›Die Kirche in

[1] D. Bonhoeffer, Sanctorum communio, Neuauflage in der Theologischen Bücherei, München 1954.

[2] Vgl. meine Ausführungen: „Zu Bonhoeffers Interpretation biblischer Begriffe“, besonders S. 15 (ZdZ 1957, S. 8) = oben S. 108–122.

[3] D. Bonhoeffer, Widerstand und Ergebung, München 1952, S. 260.

der modernen Gesellschaft‹, Hamburg 1956, und Hans Storck: ›Die Zeit drängt‹, Berlin 1957[4]. – Schließlich ist in diesem Zusammenhang auch an die Bücher Eugen Rosenstock-Huessys zu erinnern[5]. Sie sind für die kontinentale Theologie vielleicht das Aufregendste und Hilfreichste, was uns von jenseits des Ozeans in den letzten Jahren erreicht hat. Rosenstock-Huessy ist nun aber gerade von Hause aus Jurist und Soziologe, und als solcher weist er die Theologen zurecht, nicht ohne scharfe Worte gegen ihre blutleere und zeitfremde Begrifflichkeit und Denkweise. Eine Sozialtheologie wird zweifellos die abstrakte Begrifflichkeit der Schultheologie mit der Wirklichkeitsnähe des Denkens und Redens im Stile eines Rosenstock-Huessy vertauschen müssen.

So fruchtbar und verheißungsvoll die Stunde für die Theologie nun auch sein mag, für die Kirche und ihr Handeln ist sie nicht weniger gefährlich: Das freilich hat sich in der Kirche herumgesprochen, daß „die Welt anders geworden ist" und darum „die Zeit drängt", d.h., man weiß, daß es höchste Zeit ist, sich den Veränderungen zu stellen, die die Technisierung für die Lebensweise des Menschen mit sich gebracht hat. Die Gefahr aber besteht m.E. darin, daß die Kirche in einer Art Torschlußpanik nach einer neuen Methode kirchlicher Arbeit sucht und in einer solchen die Rettung zu finden meint. Konkret gesagt: es ist gefährlich, in dem Problemkreis „Parochie und Paragemeinde" eine letzte Frage zu sehen. Mit einer neuen Methode kirchlichen Handelns ist gar nichts ausgerichtet, wenn es nicht zuerst und zugleich gelingt, die Verkündigung des Evangeliums auf den Menschen unserer Zeit zuzuspitzen, also den Menschen unserer Zeit – auch in der Anrede – dort aufzusuchen, wo er sich wirklich befindet. Nur dann wird die Kirche auch zu einem verantwortlichen Handeln finden und dem Menschen die Hilfe leisten können, die er gerade heute braucht. Denn das Zentrum kirchlichen

[4] Hinter diesen beiden Büchern steht bezeichnenderweise weniger die „Schultheologie" als vielmehr die Arbeit der Evangelischen Akademie; vgl. Eb. Müller (Akademie Bad Boll), Die Welt ist anders geworden, Hamburg 1954.

[5] Hierzu sei nur hingewiesen auf: E. Rosenstock-Huessy, Der unbezahlbare Mensch, Berlin 1955 und ders., Des Christen Zukunft, München 1955.

Handelns ist und bleibt die Verkündigung, und die Verkündigung des Evangeliums ist die eigentliche Hilfe, die die Kirche dem Menschen zu geben hat. – Daraus ergibt sich die Aufgabe, das Evangelium mit der Sozialstruktur unserer Welt zu konfrontieren.

Hans Storck hat diese Aufgabe mit der wünschenswerten Deutlichkeit formuliert. Sie gewinnt noch besonders an Dringlichkeit durch seinen kirchen- und theologiegeschichtlichen Rückblick[6]. Er stellt darin nämlich fest, daß die Kirche bis ins 19. Jahrhundert hinein immer wieder die jeweiligen sozialen Lebenseinheiten aufgesucht und zu „Bausteinen" der Kirche gemacht hat bzw. die Gemeinde jeweils in konkreter Lebensbeziehung zu jenen sozialen Einheiten gestanden hat (Großfamilie – Stadtstaat – Sippe – Lehnsherrschaft – Bürgergemeinde). Dementsprechend hat die Kirche das Evangelium jeweils so formuliert, daß es als Sinngebung und Richtschnur der betreffenden Weltlage und Sozialstruktur entsprach.

Eines seiner Beispiele ist die Verkündigung Augustins (S. 74 ff.): Augustin steht mitten in dem Zusammenbruch des Römischen Reiches und vor der bedrängenden Frage: „Was soll bloß werden?" Da deutet er den Zusammenbruch des Reiches als ein Glied in der Kette des Vergehens weltlicher Formen in der Zeit zwischen den Ewigkeiten am Anfang und am Ende. Der Zusammenbruch ist so Folge der eingeborenen Sündhaftigkeit. Der einzelne aber kann als Erwählter schon jetzt die Seligkeit der Ruhe erlangen, die ihm von Christus durch die Gnadenmittel der Kirche angeboten wird. Krieg und Not erkennt er dann als Mittel Gottes, um ihn für die Seligkeit zu reinigen. Damit versetzt Augustin den westlichen Christen wieder in den Stand, aus dem allgemeinen und dem ganz persönlichen Schicksal für sich etwas zu machen.

Wir stehen heute vor der Aufgabe, das Evangelium zu formulieren, daß es dem Menschen der technisierten Welt als frohe und befreiende Botschaft hörbar werde. Ich meine nun, in Bonhoeffers Versuch einer weltlichen Interpretation liege der Ansatz zu einer solchen Verkündigung, die dem Menschen unserer Welt wieder zur überzeugenden Sinndeutung werden kann. Es kommt m. E. darauf an, die weltliche Interpretation in Richtung auf eine

[6] Hans Storck, a. a. O., S. 48 ff.

soziale Interpretation zu entfalten. Dem möchte ich im folgenden nachgehen.

Der unmündige Mensch in der mündigen Welt

Wir werden zunächst versuchen, in einer kurzen Vorüberlegung den Ort und die Situation zu beschreiben, an dem und in der sich der Mensch in der technisierten Welt befindet. Wir sprechen von einer technisierten Welt. Wir sagen damit: das Wesensmerkmal unserer Zeit ist die Technisierung des gesamten menschlichen Lebens. Das Leben des Menschen vollzieht sich schon heute auf einem Boden, der von einem fast lückenlosen Zusammenhang technischer Vorkehrungen und Aktionen bereitet ist. So wird dem einzelnen der in der Technik sich vollziehende Kampf gegen die Natur kaum noch bewußt. – Das hat seine entscheidenden Auswirkungen – einmal auf das Bewußtsein des Menschen (zumal auf das religiöse!): Der Sieg über die Natur wird zur Selbstverständlichkeit. So ist die Natur entdämonisiert – und zwar in dem Maße, in dem sie technisch und erkenntnismäßig bewältigt ist. – Noch stärker aber wirkt sich die Technisierung auf das menschliche Zusammenleben aus: Die Technik fordert einerseits differenzierte Arbeitsteilung und andererseits organisierten Zusammenschluß der Menschen in Arbeitsgruppen, Betrieben, Verbänden, Staaten und Wirtschaftseinheiten. Je mehr es nun aber der Gesellschaft gelingt, die Probleme und Schwierigkeiten des menschlichen Lebens in der Natur und in der Gesellschaft zu lösen, desto mehr gerät der Mensch in die Abhängigkeit einer technischen Apparatur, die nicht mehr nach seiner Entscheidung und Meinung, nach seinem Willen und seiner Phantasie fragt. Je mündiger die Welt geworden ist, desto unmündiger wurde der Mensch in ihr. Wir stehen vor dem bedrohlichen Phänomen des instrumentalen Menschen und der Vermassung unserer Gesellschaft. – Es gilt freilich, scharf zu unterscheiden zwischen zwangsläufigen Prozessen einerseits und Fehlentwicklungen andererseits, die uns zur Auseinandersetzung und zur Bewältigung herausfordern. Eine zwangsläufige Folge aus der Technisierung ist nun zweifellos die soziale Abhängigkeit des einzelnen. Sie ist an die Stelle der religiösen Abhängigkeit von unberechenbaren außermenschlichen – dämonischen oder göttlichen – Mächten getreten. – Dagegen ist die Entmündigung und die Vermassung des Menschen eine Fehlentwicklung. Tatsächlich gibt es auch in unserer technisierten Welt noch immer einen Raum des Menschlichen – gibt es menschliche Entscheidung, gibt es Einsatz und Beteiligung in Meinung und Phantasie –, gibt es das alles nicht nur am Rande der Technik und Organisation, sondern in ihnen selbst. Rosenstock-Huessy sagt: der Mensch ist unbezahlbar – gerade heute – gerade in der heutigen Sozialstruktur[7]. Er belegt diesen Satz durch den Aufweis von Tatsachen aus der Welt des Betriebes, insbesondere in dem Aufweis einer sogenannten „Sozialgrammatik"[8]; der Mensch – so sagt er – lebt ja tatsächlich nicht nur im Singular (als einzelner) oder im Kollektiv, sondern er lebt zugleich im Plural (etwa in der Arbeitsgruppe als dem Molekül der Produktion) und im Dual (in der Ehe, in der Freundschaft usw.). Daß der Mensch deshalb in der Technik tatsächlich nicht einfach als ein auswechselbares Rädchen betrachtet werden kann, sondern im lebendigen Zusammenspiel einer Gruppe unbezahlbar ist, also Mensch wird und Mensch bleiben kann, ist ein nicht zu unterschätzendes Faktum. Es kommt also nicht nur darauf an, außerhalb der Technisierung einen menschlichen Raum zu schaffen – etwa in der Ausdehnung der Freizeit, zumal der Mensch auch hier sich ja nicht einfach der Technik entziehen kann (vgl. Rundfunk, Kino, Reise- und Vergnügungsindustrie). Sondern darauf kommt es an, den Ort des Menschlichen in der Technik und der technisierten Gesellschaft zu entdecken und zu entfalten, also den Ort, an dem der Mensch in seiner Hingabe, in seinem Einsatz, in seiner Phantasie und seiner Entscheidung gefordert ist, und zugleich an sich selbst Hingabe, Entscheidung, Phantasie und Beteiligung anderer erfährt.

Von der weltlichen zur sozialen Interpretation

Die Frage an die Kirche heute ist: wird sie mit ihrer Verkündigung dieser Situation des Menschen gerecht? Man weiche dieser Frage nicht aus mit dem Hinweis auf den Ewigkeitscharakter des Wortes Gottes, das immer und zu allen Zeiten gültig sei. Wir haben eben das Wort Gottes nicht zur Verfügung, sondern wir haben es nur im Glauben, Hören und Verstehen; d.h. aber, es gibt keine Verkündigung ohne Interpretation. Hier stellt sich uns Bonhoeffers Frage nach der weltlichen Interpretation.

[7] Rosenstock-Huessy, Der unbezahlbare Mensch (s. o.).
[8] A. a. O., S. 56 ff.

Weltliche Interpretation heißt ja zunächst, daß die Kirche im Glauben an Jesus Christus als den Herrn mit der Welt so solidarisch wird, daß sie mit den Ohren der Welt das Evangelium für die Welt hört. Wir fragen also nach dem Evangelium für die mündig gewordene Welt und den unmündigen Menschen. Es liegt auf der Hand, daß eine Verkündigung des Evangeliums dem heutigen Menschen nicht gerecht wird, ihn gar nicht trifft, die ihn auf seine religiös-metaphysische Abhängigkeit hin anspricht, denn in der technisierten Welt fehlt – wie wir sahen – das Erlebnis der Abhängigkeit von außermenschlichen Größen. Es ist ersetzt durch die Erfahrung der technischen Herrschaft und der Unabhängigkeit auf der einen Seite und die der sozialen Bezogenheit und Abhängigkeit auf der anderen Seite. – Ebensowenig wird die Verkündigung des Evangeliums dem heutigen Menschen gerecht, wenn sie ihn individualistisch als einzelnen vor Gott anredet und ihm den metaphysischen Bezug Gott–Mensch als Heilsbezug verkündet[9]. Denn der wirkliche Mensch lebt gar nicht als einzelner, sondern zunächst und zuerst in den verschiedenen sozialen Bezügen – im Kollektiv, im Plural und im Dual. Sein isoliertes Einzelsein erfährt der Mensch nun gerade nicht als Heilssituation, sondern als seine Not, als den unaufhebbaren und tragischen Bruch in den sozialen Bezügen und als das Ausgeliefertsein an unmenschliche und anonyme Apparaturen und Organisationen. – Dagegen ist leicht einzusehen, wie Bonhoeffer mit seinem Ansatz einer weltlichen Interpretation mit den Ohren unserer Welt das Evangelium gehört hat und wie gerade diese weltliche Interpretation dem Menschen der technisierten Welt gerecht zu werden vermag: Bonhoeffer anerkennt zunächst die Mündigkeit der Welt, er redet den Menschen gerade nicht auf eine religiös-metaphysische Abhängigkeit an, und er versucht nicht, ihn aus den sozialen Bezügen herauszulösen, um ihn in einen metaphysischen Bezug Gott–Mensch zu stellen. Vielmehr redet Bonhoeffer den Menschen auf seine Mündigkeit einerseits und auf seine Sozialität andererseits an und verkündigt, daß er heute gerade seine Mündigkeit und Unabhängigkeit vor Gott leben kann und soll, und ferner, daß sich der Heilsbezug Gott–Mensch in dem Bezug Mensch–Mitmensch ereignet.

Hier liegt die theologische Basis für eine Sozialtheologie. Es ist nun leicht, den Bogen zu schlagen zu der Grundthese einer solchen Theologie bei Hans Storck: „Das Evangelium erzeugt keine

[9] Vgl. D. Bonhoeffer, Widerstand und Ergebung, S. 183: „Was heißt nun religiös interpretieren? Es heißt einerseits metaphysisch, andererseits individualistisch reden."

Gruppe, aber es macht eine vorhandene Gruppe zur echten Gemeinschaft" (S. 106). Die frohe Botschaft verkündigt die Heilung des sozialen Bezuges, sie verkündigt dem Menschen, daß er wieder Mensch werden darf und bleiben kann – auch in einer mündig gewordenen und technisierten Welt. Dieser These möchte ich im folgenden noch etwas weiter nachgehen:

1. Was sagt das Evangelium zur Technisierung unserer Welt und unseres Lebens? Technik ist die Herrschaft des Menschen über die Natur. Nun sieht das Evangelium die Herrschaft des Menschen über die Natur nicht in einem Gegensatz zur Herrschaft Gottes des Schöpfers über seine Schöpfung, sondern sieht vielmehr beide im Verhältnis eines „in, mit und unter": Gott delegiert dem Menschen die Herrschaft über die Schöpfung (Gen. 1 und 2); so vollzieht sich in, mit und unter der technischen Bewältigung der Natur die Schöpfervollmacht Gottes.

Gerade im Vollzug der technischen Bewältigung ist der Mensch Gottes Ebenbild – ob er es weiß oder nicht –; er ist es insofern, als in der Technik der Mensch bzw. die menschliche Gesellschaft im technisch organisierten Zusammenspiel der sozialen Einheiten das Leben ermöglicht. Ebenbildlichkeit des Menschen in der Technik heißt also zweierlei: einmal begegnet mir als Menschen des technischen Zeitalters die erhaltende Schöpfermacht nicht nur in den natürlichen Vorgängen des Wachsens und Reifens, sondern primär und noch viel konkreter in der Gesellschaft und den sozialen Einheiten (Arbeitsgruppe, Betrieb, Staat usw.): die sozialen Einheiten sind ja das Subjekt des technischen Vollzuges, von dem meine Existenz abhängt, der mein Leben prägt, gestaltet und ermöglicht. Gottes-Ebenbildlichkeit heißt aber zum anderen: als Glied der Gesellschaft und der sozialen Einheiten bin ich Mitträger und Teilhaber des technischen Vollzuges, von dem das Leben anderer abhängt. Darin bin ich Gottes Ebenbild. Das fordert meine letzte Verantwortlichkeit. Letzte Verantwortlichkeit heißt: so wahr Gott nicht einen bestimmten Lebensstandard will, sondern das heile Menschsein des Menschen, so wahr bin ich verantwortlich gefragt, wie mein Mitmensch innerhalb der technisierten Welt als Mensch lebt und leben kann; d. h., die

Gesellschaft und ich in ihr sind auf Grund der Gottes-Ebenbildlichkeit des Menschen gefordert, in schöpferischer Phantasie dem Menschen innerhalb der technisierten Welt einen Raum des Menschseins zu entfalten und zu gestalten. Damit kommen wir zu dem zweiten Problemkreis:

2. Was sagt das Evangelium zu der sozialen Abhängigkeit des Menschen in unserer technisierten Welt? Die Technisierung unseres Lebens – so sagten wir – bedingt die soziale Abhängigkeit des einzelnen. Zugleich lehrt uns die heutige Wissenschaft, daß die Sozialität eine Grundstruktur des menschlichen Lebens ist. (Vgl. dazu Rosenstocks Sozialgrammatik und Bonhoeffers Auseinandersetzung mit den verschiedenen soziologischen Grundauffassungen vom Menschen in „sanctorum communio“. Vor allem aber ist auf die Aufsehen erregenden Erkenntnisse Adolf Portmanns über den Menschen von der Zoologie her hinzuweisen, der von einem „sozialen Uterus“ spricht, in dem der Mensch im ersten Lebensjahr sein Menschsein von der ihn umgebenden sozialen Lebenseinheit erhält und gewinnt.[10])

Das Evangelium stellt nun die soziale Abhängigkeit nicht gegen oder neben die Abhängigkeit von Gott, sondern sieht beide im Verhältnis eines „in, mit und unter“: indem Gott den Menschen als Mann und Frau schafft und d. h. in gegenseitige Bindung und Abhängigkeit stellt, macht er ihn zu seinem Ebenbild: d. h. in, mit und unter der Abhängigkeit vom Mitmenschen, von der sozialen Einheit und der Gesellschaft erfahren ich die Gottes-Ebenbildlichkeit des Menschen; bzw. in der Abhängigkeit des anderen von mir als Mitmensch und Mitträger sozialer Akte der Gesellschaft bin ich dem anderen Gottes Ebenbild. Damit aber wird die soziale Abhängigkeit, die wir als Faktum unserer Welt analysiert haben, theologisch relevant: ich begegne Gott in meiner sozialen Abhängigkeit und Bedingtheit: einmal als dem Schöpfer; denn die soziale Einheit ist der Raum, in dem ich leben kann, ist für mich die Quelle und Ermöglichung des Lebens. Zum anderen als dem Erlöser: denn eben dieser Raum ist als der Raum

[10] Adolf Portmann, Zoologie und das neue Bild vom Menschen, Hamburg 1956.

meines Geschaffenseins auch der Raum meiner Erlösung; bzw. indem ich in, mit und unter meiner sozialen Abhängigkeit meine Erlösung erfahre, erkenne ich diese als die gute Schöpfung Gottes. – Was heißt nun: Erlösung in, mit und unter der sozialen Abhängigkeit? Wir erkannten: die soziale Lebenseinheit ermöglicht mir mein Leben, garantiert aber noch lange nicht, daß es heil ist oder wird. Vielmehr kann die soziale Abhängigkeit auch zur Not werden, ja ist sie weithin *die* Not des Menschen in der technisierten Welt, indem die Gesellschaft den Menschen zum Instrument ihres technischen Vollzuges degradiert. Nun aber verkündigt das Evangelium die Wiederherstellung des Ebenbildes in Jesus Christus (vgl. 2. Kor. 4,4 und Kol. 1,15–18): in dem Menschen Jesus Christus stiftet Gott das Heil und d. h. konkret die Heilung des sozialen Bezuges. In der Kraft Jesu Christi geschieht es, daß soziale Bezüge heil werden, daß also etwa in einer Gruppe einer dem anderen zum Erlöser, zum „Christus“ wird – nämlich in der Liebe, im Einsatz, in der Fürsorge, im Verstehen, in der Hingabe, im Vertrauen. Wir rühren damit an die Wirklichkeit von Kreuz und Auferstehung in unserer Welt: die Erlösung ist wohl ein „soziales“ Ereignis – sie ist aber nichtsdestoweniger grundsätzlich unverfügbar, kann weder geplant noch organisiert werden, darf also nicht mit irgendeiner menschlichen Bemühung verwechselt werden (vgl. „human relations“!). – Das Wunder der Erlösung ereignet sich zwischen Menschen – immer so, daß ich es als Geschenk des anderen erfahre, der mir damit mehr schenkt, als er hat. Dieses Geschenk kommt aus der gegenseitigen Offenheit, und es fordert und schafft meine Offenheit für den anderen. Offenheit aber bedeutet den Abbau und das Ende der Selbstsicherung. Damit erscheint die Wirklichkeit des Kreuzes Jesu Christi als soziales Ereignis. Wenn wir es wagen können, Kreuz und Auferstehung als soziale Wirklichkeit zu beschreiben, so ist damit zugleich gesagt, daß das Soziale durch Jesus Christus seine letzte Erfüllung erfährt. Die soziale Abhängigkeit des Menschen in der technisierten Welt wird durch das Evangelium als eine vorletzte Gegebenheit offenbar gegenüber der letzten Abhängigkeit des Menschen von seinem Mitmenschen im Wunder der Erlösung.

3. Soziale Interpretation der Bibel – als Konkretion der religionslosen und weltlichen Interpretation – ist der Versuch, die Wirklichkeit Jesu Christi als des Herrn der Welt in der sozialen Wirklichkeit unserer Welt zu bekennen und zu erfassen. Sie fordert eine kritische Überprüfung unserer traditionellen theologischen Aussagen und der gesamten theologischen Denkstruktur. Nur in einigen Stichworten möchte ich die Richtung dieser kritischen Überprüfung skizzieren:
a) Der Bezugsort der Christologie ist dann nicht eine religiös-metaphysische Heilssehnsucht, sondern die Menschlichkeit des Menschen als Mitmenschlichkeit innerhalb einer technisch organisierten Welt. Gegenstand der Verkündigung ist das Wunder, die Verheißung, die Möglichkeit menschlichen Lebens in dieser technisierten Welt.
b) Der Bezugsort der Theologie – im engeren Sinne – ist nicht die transzendente Herrschaft Gottes und die metaphysische Abhängigkeit des Menschen, sondern die technische Herrschaft und zugleich die soziale Abhängigkeit und Bedingtheit des Menschen. So wird etwa der Schöpfer nicht durch den Hinweis auf die Natürlichkeit der Natur (also etwa auf die Bergwelt, den Mikrokosmos oder den Makrokosmos, soweit sich diese Welten außerhalb der Verfügungsgewalt des Menschen befinden) glaubhaft, sondern durch den Aufweis der Sozialität des Menschen.
c) D. h. aber, daß der Weg der Glaubenserkenntnis in der sozialen Interpretation vom dritten über den zweiten zum ersten Artikel des Glaubensbekenntnisses geht: Wer wissen will, wer Jesus Christus ist, der ist auf die Gemeinde verwiesen als die leibhaftige Wirklichkeit Jesu Christi in dieser Welt. Die Gemeinde aber ist ohne Zweifel ein soziales Ereignis! – Wer wissen will, wer Gott ist, der ist auf Jesus Christus verwiesen – also auf einen Menschen, dessen Heilsmacht sich als soziale Wirklichkeit erweist und durch den die geschöpfliche Sozialität als Heilsraum offenbar wird.

Mit der Überprüfung der Theologie fordert die soziale Interpretation zugleich eine Überprüfung unserer Verkündigung: wenn ich die Wirklichkeit Jesu Christi als soziale Wirklichkeit verkündigen will, so wird die Verkündigung in keinem Falle abstrahieren dürfen; sie wird vor allem den Menschen nicht aus seiner sozialen Wirklichkeit abstrahieren, lösen dürfen, sondern ihn gerade auf diese seine soziale Wirklichkeit anreden müssen. Sie wird das sehr konkret tun müssen, sie wird also diese soziale Wirklichkeit genau kennen müssen. (Sie wird ohne sachliche Kenntnisse nicht auskommen.) Sie hat Jesus Christus als den Herrn der sozialen Wirklichkeit zu verkündigen, d. h., die Verkündigung hat konkret und genau die Möglichkeit, die Verheißung und die Forderung des Menschseins in der technisierten Welt zu entfalten.

John D. Godsey: The Theology of Dietrich Bonhoeffer. 1960, pp. 264–272 (= Chapter IV: Theological Evaluation. B. The Clue to Bonhoeffer). © W. L. Jenkins MCMLX. Reprinted by permission of the Westminster Press, Philadelphia. Aus dem Englischen übersetzt von Karl Nicolai.

DER SCHLÜSSEL ZUR THEOLOGIE BONHOEFFERS

Von John D. Godsey

Dasjenige Element, das die Theologie Dietrich Bonhoeffers zusammenhält und erklärt, ist die unablässige Konzentration auf die Offenbarung Gottes in Jesus Christus. In seiner ganzen Theologie, die sich während der wechselnden Situationen seines Lebens kontinuierlich entwickelte, war es die Gestalt des menschgewordenen, gekreuzigten und auferstandenen Herrn, die seine Aufmerksamkeit fesselte und seinen gläubigen Gehorsam hervorrief. Für Bonhoeffer war Theologie im wesentlichen Christologie; weil aber Christus nicht ohne seinen Leib ist, schließt die Christologie die Lehre von der Kirche ein. Dies erklärt, warum Bonhoeffer unermüdlich betonte, daß Offenbarung immer konkrete Offenbarung ist. Das Wort Gottes – Jesus Christus – wurde nicht eine Idee, sondern Fleisch! Gott hat sich in einem konkreten historischen Leben offenbart, und Bonhoeffer glaubte leidenschaftlich, daß Offenbarung auch weiterhin sich nur in einer konkreten Form ereignet, nämlich sofern Jesus Christus lebt und in einer konkreten Gemeinschaft – in seiner Kirche – Gestalt annimmt.

Bethge hat nachgewiesen, daß Bonhoeffers Leidenschaft für die Konkretheit der Offenbarung eine Erklärung für seine besonderen Auffassungen und Aktionen liefert (vgl. Bethges Nachwort zur 2. Auflage von ›Dein Reich komme!‹, S. 40 ff.). Ihr entsprang sein Interesse an der *soziologischen* Form der Kirche in ›Sanctorum Communio‹ (SC); seine Frage (in ›Akt und Sein‹ [AS]) an die dialektische Theologie, wie die Offenbarung, die frei ist und über die der Mensch nicht verfügen kann, überhaupt *konkrete* Offenbarung wird; seine Kritik an Emil Brunner, daß dieser in seiner Ethik nicht untersuchte, ob die Kirche die Verkündigung ganz konkreter Gebote riskieren müsse. Diese Leidenschaft erklärt Bonhoeffers unablässige Forderung bei ökumenischen Konferenzen, daß die Kirche ein konkretes Gebot riskieren müsse; sein Interesse an der Bergpredigt und an der Nachfolge; seine unnachgiebige Haltung in bezug auf die kirchenpolitischen Entscheidungen der Bekennenden Kirche. Diese Leidenschaft trieb ihn auch zur Arbeit an seiner ›Ethik‹, die fragt, wie die Wirklichkeit Gottes auf Erden wirklich wird, und die behauptet, daß die Offenbarung sich nur im Kontext des wirklichen Lebens mit den vorletzten Dingen verbindet, daß es keine statische Trennung des Raumes der Welt vom Raum der Kirche geben kann. Und diese Leidenschaft veranlaßte ihn schließlich zu bestreiten, daß das Christentum eine die Befreiung von dieser Welt betonende Erlösungsreligion sei, und den „diesseitigen" Charakter des christlichen Glaubens zu behaupten.

Das Schema Bethges ist zweifellos richtig und zeigt ein Motiv auf, das für ein angemessenes Verständnis Bonhoeffers unerläßlich ist. Trotzdem meinen wir, daß hinter dieser ständigen Forderung nach Konkretisierung der Offenbarung ein noch einfacherer Schlüssel zur Entwicklung von Bonhoeffers Leben und Denken steckt: der „Inhalt" der Offenbarung. Bonhoeffers Tendenz zur Konkretisierung entspringt seiner Konzentration auf die Christologie, d. h. seinem Nachdenken über Person und Werk des lebendigen Christus und seinem Verständnis dieser Person und dieses Werkes. Die Konzentration auf Christus und die Forderung, daß Offenbarung konkret sein müsse, kennzeichnen die Theologie Bonhoeffers tatsächlich von Anfang an; was sich jedoch entwickelt und was daher den richtigen Schlüssel zum Fortschritt in seiner Theologie liefert, ist sein *Verständnis* der Offenbarung Gottes in Jesus Christus. Die wechselnden Schwerpunkte und der Fortschritt in Bonhoeffers Theologie erklären sich aus dem immer besseren Begreifen der in diesem Namen enthaltenen Konsequenzen, aus dem wachsenden Erkennen der ganzen Bedeutung Jesu Christi, das natürlich mit den äußeren Ereignissen seines eigenen Lebens eng zusammenhängt.

Trotz der Gefahr allzu starker Vereinfachung möchte ich folgendes Schema vorschlagen. Ich nehme in Bonhoeffers Verständnis der Christologie ein Fortschreiten an und sehe darin den richtigen Wegweiser für die drei Phasen, die sich in seiner theologischen Entwicklung unterscheiden lassen. Während der ersten Phase kreiste sein Denken um *Jesus Christus als die Offenbarungswirklichkeit der Kirche.* Während der zweiten Phase betonte er *Jesus Christus als den Herrn über die Kirche.* In der dritten Phase konzentrierte sich Bonhoeffer auf *Jesus Christus als den Herrn über die Welt.* Natürlich ist von vornherein zuzugeben, daß alle diese Aspekte der Christologie sich bis zu einem gewissen Grade in jeder Phase finden. Aber die hier vorgetragene These bedeutet zweierlei: erstens, daß in jeder Phase einer dieser Aspekte überwog, und zweitens, daß die aufeinander folgenden Phasen jeweils eine Erweiterung von Bonhoeffers Christusverständnis darstellen. Dieser Blickwinkel ermöglicht es uns, den erstaunlichen Gegensatz zwischen Bonhoeffers ursprünglicher Betonung der Kirche und seiner späteren Betonung der Welt nicht als einen Bruch in seiner Theologie anzusehen, sondern als die beiden Pole einer Entwicklung. Im folgenden wollen wir versuchen, unsere These durch eine knappe Analyse der einzelnen Phasen zu bestätigen.

In der ersten Phase interessiert sich Bonhoeffer hauptsächlich für das Verhältnis Jesu Christi zum soziologischen Phänomen der Kirche, und er definiert dieses Verhältnis als *Gegenwart* Christi. Wie Christus die Gegenwart Gottes ist, so ist die Kirche die Gegenwart Christi: „Das Neue Testament kennt eine Offenbarungsform ‚Christus als Gemeinde existierend'“ (SC 92). Deshalb ist eine konkrete Gemeinschaft von Personen als eine Kollektivperson anzusehen, und das beruht auf dem Prinzip der Vertretung oder Substitution; denn Christus als der zweite Adam trägt die Schuld und Sünde der alten Menschheit bis zum Tod am Kreuz und begründet in seinem Leib die neue Menschheit. Durch eben diesen Akt stellt Christus jedoch die zerbrochene Gemeinschaft unter den Menschen wieder her und schafft eine Liebesgemeinschaft, die auf dem Lebensprinzip der Stellvertretung beruht (SC 98). Dies ist eine Gemeinschaft *sui generis*, weil sie eine Gemeinschaft des Heiligen Geistes ist (SC 204), der durch die Predigt des Wortes von der Rechtfertigung Christus vergegenwärtigt und dadurch in den Herzen der Hörer Glauben und Liebe erweckt. Gott herrscht durch sein Wort, aber das Paradoxe an der Herrschaft Gottes ist, daß er herrscht, indem er dient (SC 126)! Sein Herrschaftswille ist sein Liebeswille; das heißt, er will eine Liebesgemeinschaft begründen. Die Gemeinde ist also ein Mittel zum Zweck (ein Instrument, um das Wort von Gottes souveränem Anspruch zu verkündigen) und zugleich Selbstzweck (Gott nimmt den Menschen für eben diese Liebesgemeinschaft in Anspruch). Die Glieder der Gemeinschaft leben „füreinander“, d. h., sie werden in ihrem Handeln „wie Christus“ oder – wie Luther es ausdrückte – einer wird dem anderen ein Christus (SC 127).

Das Problem dieser Lehre von der Kirche als *Christus praesens* – mit ihrer Betonung des „Seins der Christusperson in der Personengemeinschaft der Kirche“ (AS 104) – besteht darin, eine Identifikation Christi mit der Kirche zu vermeiden. Bonhoeffer erkennt, daß das Neue Testament eine totale Identifikation nicht zuläßt, da Christus zum Himmel gefahren ist und wiederkommen wird; vielmehr behauptet er, das Problem des Verhältnisses zwischen „Christus als Gemeinde existierend“ und „Christus im Himmel“ bleibe ungelöst (SC 92). In der zweiten Phase überwindet Bonhoeffer dieses Problem, indem er sich auf die Herrschaft des auferstandenen Christus über seinen Leib konzentriert.

Dieser neue Schwerpunkt zeigte sich bereits im Mai 1932, als Bonhoeffer eine denkwürdige Exaudi-Predigt hielt, der er als Text folgende Worte aus 2. Chron. 20, 12 zugrunde legte: „Wir wissen nicht, was wir tun sollen, sondern unsere Augen sehen nach dir“ (Gesammelte Schriften I, 133 ff.). In dieser Predigt erklärt Bonhoeffer, die Kirche stehe vor schweren ethischen Problemen und nur der auferstandene Herr könne ihr den rechten Weg weisen! Immer mehr beanspruchte ein einziges Problem diesen jungen deutschen Theologen: die Nachfolge Christi in der modernen Welt. Was befiehlt der Herr? Daß wir ihm nachfolgen! Und was bedeutet Nachfolge? „Bindung an die Person Jesu Christi“ (Nachfolge [N] 30)! Und wo kann man leibliche Gemeinschaft mit ihm finden? Im Leib Christi, d. h. in der Kirche (N 212)! Bonhoeffers ganzes Nachdenken über das Problem, wie wir in der heutigen Welt als Christen leben können, gipfelt in der

›Nachfolge‹, deren Kern seine tiefe Auslegung der Bergpredigt bildet. In diesem Buch drehen sich seine Gedanken immer noch um das Problem des Verhältnisses zwischen Jesus Christus und seiner Kirche; aber jetzt durchdenkt er dieses Verhältnis gründlich unter dem Aspekt der Herrschaft Christi über die Kirche – Christus wird verstanden als der Herr, der uns zu gläubigem Gehorsam ruft. Was in ›Sanctorum Communio‹ stillschweigend mit inbegriffen war, wird jetzt deutlich ausgesprochen, und dabei erweitert sich Bonhoeffers Christologie, d. h. sein Verständnis von der Bedeutung Christi. Jetzt geht es nicht mehr so sehr um „Christus in der Kirche", sondern um „Christus über der Kirche", nicht so sehr um „Glaube und Gemeinschaft", sondern um „Glaube und Gehorsam". Bonhoeffers ethisches Anliegen erforderte ein Durcharbeiten des Problems von Gnade und Nachfolge, von Rechtfertigung und Heiligung, und deshalb konzentriert er sich auf die Gestalt Jesu Christi, dessen Wort nicht nur Evangelium, sondern auch Gesetz, nicht nur Gnade, sondern auch Gebot ist – und natürlich das eine niemals ohne das andere!

Die Hauptgefahr in der zweiten Phase von Bonhoeffers theologischer Entwicklung ist, daß aus dem Evangelium der Gnade ein neues Gesetz gemacht wird. Die scharfe Polemik Bonhoeffers gegen die „billige Gnade" und sein nachdrückliches Betonen des Gehorsams könnten *miß*verstanden werden in Richtung auf eine neue Gesetzlichkeit, die entweder zu Verzweiflung oder zu Hochmut führen könnte. Bonhoeffer war jedoch bereit, dieses Risiko einzugehen, denn er glaubte, das Wort von der billigen Gnade habe „mehr Christen zugrunde gerichtet als irgendein Gebot der Werke" (N 26). Nach unserer Auffassung wurde diese Gefahr in der dritten Phase überwunden durch Bonhoeffers Lehre von der christlichen „Weltlichkeit", d. h. eine tiefe Auslegung der *Freiheit*, die denjenigen zuteil wird, die gehorsam sind – eine Freiheit für ein Leben wahrer Weltlichkeit.

Die letzte Phase von Bonhoeffers Theologie umfaßt ein schrittweises Durchdenken der gewaltigen Tatsache, daß Jesus Christus nicht nur der Herr der Kirche, sondern zugleich der Herr der Welt ist. Sogar die gottlose Welt steht unter seiner Herrschaft, und wegen ihrer positiven Beziehung zu ihm ist sie nicht ohne Hoffnung. Diese neue Konzentration in Bonhoeffers Denken zeigt sich deutlich in seiner ›Ethik‹, besonders in den Ausführungen über ›Wirklichkeit‹, über ›letzte und vorletzte Dinge‹ und über ›Kirche und Welt‹; sie wird aber noch intensiver in seinen Briefen und Aufzeichnungen aus der Haft. Hier ist es jedoch wichtig zu erkennen, daß sein Werk unvollendet blieb. Bonhoeffer hatte nie Gelegenheit, seine Gedanken über das Verhältnis der Welt zu Christus ausführlich darzulegen; aber er weist die Richtung und fordert die Kirche auf, diese Aufgabe zu vollenden!

Wie die gesamte Theologie der ersten Phase in die zweite übernommen wird, so ist die angesammelte Weisheit beider Phasen in der dritten präsent. Neu ist die Betonung, die Erforschung und Ausarbeitung eines Themas, das vorher kaum behandelt wurde. Andeutungen des neuen Interesses finden sich in der ›Nachfolge‹, wo Bonhoeffer konstatiert, daß Christus der Mittler zwischen Mensch und Wirklichkeit ist (N 71) und daß Christen die Welt lieben müssen mit derjenigen Liebe, „mit der Gott die Welt geliebt hat in Jesus Christus" (N 75); die Hauptabsicht des Buches ist jedoch, den *Unterschied* zwischen der Kirche und der Welt hervorzuheben. Der Ruf Christi verlangt einen Bruch mit der Welt! Selbstverständlich müssen Christen weiterhin in dieser Welt leben; weil aber ihr Vaterland im Himmel ist, können sie in der Welt leben, ohne sich an sie zu verlieren (N 27). Sie haben „als Bürger zweier Welten am Rande zwischen Welt und Himmelreich zu gehen" (N 166). Hier liegt das Gewicht auf der Bewegung von der Welt zur Kirche, während Bonhoeffer in der dritten Phase sich mit genau der entgegengesetzten Bewegung beschäftigt. In Wirklichkeit kann die Kirche niemals wünschen, von der Welt getrennt zu sein; denn nur durch ihre totale Verwicklung in die Welt und Auseinandersetzung mit der Welt kann sie Kirche sein! Kirche und Welt dürfen nicht gleichgesetzt werden, aber „abgesondert ist die Gemeinde von der Welt durch nichts anderes als dadurch, daß sie die Wirklichkeit des von Gott Angenommenseins, die aller Welt gehört, glaubend über sich gelten läßt und eben darin als aller Welt geltend bezeugt" (Ethik [E] 219).

Seine christozentrische Konzeption von der Wirklichkeit, die Bonhoeffer in der ›Ethik‹ darlegt, illustriert vielleicht am besten das Leitmotiv der dritten Phase und dient gleichzeitig als Übergang zu seinen Meditationen im Gefängnis. Bonhoeffer erklärt, daß es nur eine letzte Wirklichkeit gibt, nämlich die Wirklichkeit in Jesus Christus. In der Person Christi vereinigen sich die Wirklichkeit Gottes und die Wirklichkeit dieser Welt; diese gehören in einer „widerspruchsvollen Einheit" zusammen, so daß man, wenn man an Christus teilhat, das eine nicht ohne das andere haben kann. „Die Wirklichkeit Gottes erschließt sich nicht anders, als indem sie mich ganz in die Weltwirklichkeit hineinstellt", sagt Bonhoeffer, „die Weltwirklichkeit aber finde ich immer schon getragen, angenommen, versöhnt in der Wirklichkeit Gottes vor. Das ist das Geheimnis der Offenbarung Gottes in dem Menschen Jesus Christus" (E 208). Weil in Christus die Gotteswirklichkeit und die Weltwirklichkeit eins sind, rief Bonhoeffer die Kirche auf, nicht mehr in zwei statischen Räumen zu denken, z. B. in den Begriffspaaren „weltlich – christlich, natürlich – übernatürlich, profan – sakral, vernünftig – offenbarungsgemäß" (E 211). Andererseits dürfen die Räume nicht als identisch betrachtet werden, sondern ihre Einheit in Christus bedeutet, daß es das „Christliche" nur im „Weltlichen", das „Übernatürliche" nur im „Natürlichen" usw. gibt. Die Kirche darf sich nicht so verhalten, als sei jeder der beiden Räume ein selbständiger Bezirk für sich und als sei der Konflikt zwischen beiden die entscheidende Frage der Geschichte. Die Kirche muß die Tatsache ernst nehmen, daß die ganze Weltwirklichkeit bereits in Christus hineingezogen und in ihm zusammengefaßt ist und daß die Bewegung der Weltgeschichte eine „Bewegung des Angenommenseins und Angenommenwerdens von Gott in Christus" ist (E 211). Der Christ ist nicht der Mensch des ewigen Konflikts, sondern er wird – da er an der Einheit der beiden Wirklichkeiten in Christus teilhat – auch selbst ein Ganzes. „Seine Weltlichkeit trennt ihn nicht von Christus, und seine Christlichkeit trennt ihn nicht von der Welt. Ganz Christus angehörend steht er zugleich ganz in der Welt" (E 214).

Unter diesem Aspekt entwickelte Bonhoeffer seine Gedanken

über die „Weltlichkeit" des Christentums. Sie fielen nicht einfach vom Himmel, während er im Gefängnis saß, sondern diese neuen, originellen Einsichten basieren auf der gesamten vorausgehenden Theologie Bonhoeffers und sind deren Weiterentwicklung! Christliche „Weltlichkeit" ist ein christologisches Urteil, ein Urteil, das abgeleitet ist aus Bonhoeffers Verständnis von der Menschwerdung, Kreuzigung und Auferstehung Jesu Christi. Dies läßt sich auch aus der ›Ethik‹ illustrieren, wo Bonhoeffer erklärt, die *Menschwerdung* bedeute, „daß Gott alles menschliche Wesen leibhaftig angenommen hat, daß göttliches Wesen von nun an nicht anders als in menschlicher Gestalt gefunden werden kann, daß in Jesus Christus der Mensch dazu befreit ist, vor Gott wirklich Mensch zu sein". Die *Kreuzigung* bedeutet, „daß die ganze Welt durch ihre Verwerfung Jesu Christi gottlos geworden ist", daß jedoch „die gottlose Welt zugleich unter der Signatur der Versöhnung als der freien Satzung Gottes" steht; mit anderen Worten: „Das Kreuz der Versöhnung ... ist die Befreiung zum Leben in echter Weltlichkeit." *Auferstehung* und *Himmelfahrt* bedeuten, „daß Jesus Christus Sünde und Tod überwunden hat und der lebendige Herr ist, dem alle Gewalt gegeben ist im Himmel und auf Erden". Seine Herrschaft „befreit das Geschaffene zur Erfüllung des ihm eigenen – das heißt aber von seinem Ursprung, Ziel und Wesen in Jesus Christus her innewohnenden – Gesetzes" (E 313–316).

Aus diesem tiefen Verständnis von Gottes Liebe und Interesse für die Welt spricht Bonhoeffer von „Weltlichkeit" – nicht aus irgendeinem Bedürfnis, die christliche Botschaft durch Zugeständnisse zu modernisieren. Darüber sollten wir uns von Anfang an im klaren sein, sonst werden alle Aussagen in Bonhoeffers Gefängnisbriefen verzerrt. Die „Weltlichkeit", von der er spricht, ist *nicht* die populäre Auffassung von Weltlichkeit, nicht „die platte und banale Diesseitigkeit der Aufgeklärten, der Betriebsamen, der Bequemen oder der Lasziven", sondern eine Diesseitigkeit, die aus der Erkenntnis Christi stammt und „in der die Erkenntnis des Todes und der Auferstehung immer gegenwärtig ist" (Widerstand und Ergebung [WE] 401). Bonhoeffer will so von Gott sprechen, „daß die Gottlosigkeit der Welt dadurch nicht irgendwie verdeckt, sondern vielmehr gerade aufgedeckt wird und gerade so ein überraschendes Licht auf die Welt fällt" (WE 396). Außerdem meint er nicht, daß die Kirche durch ihre Hinwendung zur „Welt" aufhören würde, Kirche zu sein, sondern daß sie nur dann Kirche im wahren Sinn sein kann, wenn ihre Einstellung zur Welt der Einstellung Gottes gleicht, wenn ihr Leben in der Welt sich am Leben Christi orientiert, wenn sie ihre Rolle als Stellvertreter für die Welt ganz ernst nimmt. Daß der Gedanke der christlichen Weltlichkeit weder die Identität der Kirche zerstört noch ihre wesentlichen Funktionen aufhebt, läßt sich leicht nachweisen; denn Bonhoeffer spricht von ihrer bleibenden Aufgabe, das Wort Gottes zu verkündigen (WE 328), von ihrer Arkandisziplin (WE 306, 312), ihrem Kultus (WE 415) und ihrer Aufgabe der geistigen Auseinandersetzung mit der Welt (WE 411).

Bonhoeffer polemisiert gegen „religiöse" Interpretationen des Glaubens gerade deshalb, weil sie entweder das Interesse Gottes an der Welt abschwächen oder die Herrschaft Christi über die Welt nicht anerkennen. Das heißt, „religiöse" Interpretationen – für Bonhoeffer bedeutet das „metaphysische" oder „individualistische" Interpretationen – trennen die Wirklichkeit Gottes von der Wirklichkeit der Welt, denken immer noch in zwei Räumen und verneinen daher deren Einheit in Christus. Metaphysische Interpretationen fabrizieren einen „Gott" als „Arbeitshypothese" (WE 393), als „Lückenbüßer unserer unvollkommenen Erkenntnis" (WE 341), einen *deus ex machina*, den man aufmarschieren läßt „entweder zur Scheinlösung unlösbarer Probleme oder als Kraft bei menschlichem Versagen, immer also in Ausnutzung menschlicher Schwäche bzw. an den menschlichen Grenzen" (WE 307). So wird Gott aus der Mitte der Welt verdrängt und in eine Nebenrolle an der Peripherie des Lebens abgeschoben. Christus wird nicht mehr als Herr der Welt anerkannt, sondern wird zu einem „Gegenstand der Religion" (WE 306); er ist keineswegs dazu gekommen, „uns ungelöste Fragen zu beantworten" (WE 342), sondern er „faßt den Menschen in der Mitte seines Lebens" (WE 369). Individualistische Interpretationen dagegen machen aus dem Christentum eine „Erlösungsreligion", die das Gewicht auf die Rettung der Seelen für eine andere Welt legt; damit wird die Geschichte zugunsten einer „Ewigkeit nach dem Tod“ (WE 368) verneint. Hier wird verkannt, daß es der biblischen Botschaft in erster Linie um diese Welt geht, „wie sie geschaffen, erhalten, in Gesetze gefaßt, versöhnt und erneuert wird“ (WE 312). Die Transzendenz Gottes ist weder eine erkenntnistheoretische noch eine jenseitige, sondern eine *diesseitige* Transzendenz, denn „Gott ist mitten in unserem Leben jenseits“ (WE 308). „Was über diese Welt hinaus ist“, erklärt Bonhoeffer, „will im Evangelium für diese Welt da sein; ich meine das nicht in dem anthropozentrischen Sinne der liberalen, mystischen, pietistischen, ethischen Theologie, sondern in dem biblischen Sinne der Schöpfung und der Inkarnation, Kreuzigung und Auferstehung Jesu Christi“ (WE 312). Sogar die christliche Auferstehungshoffnung „verweist den Menschen in ganz neuer ... Weise an sein Leben auf der Erde“ (WE 369). „Von der Auferstehung her leben – das heißt doch Ostern“ (WE 270)!

Jetzt begreifen wir, warum Bonhoeffer zum modernen technischen Zeitalter, das seine Antworten nicht mehr bei „Gott“ suchte und daher nicht „religiös“ war, eine so positive Einstellung hatte. Durch den Gebrauch seiner Vernunft hat der Mensch schrittweise die Gesetze entdeckt, nach denen die Welt lebt und handelt – nicht nur in den Naturwissenschaften, sondern auch auf dem Gebiet der Gesellschaft und der Politik, der Kunst, der Ethik und der Religion, und im Namen der intellektuellen Redlichkeit verwendet er „Gott“ nicht länger als Arbeitshypothese. Da der Mensch aufgehört hat, religiös zu sein, und da die von ihm entdeckten Gesetze Ursprung, Ziel und Wesen in Jesus Christus haben (E 316), ist der gottlose, weltliche Mensch von heute reif für die christliche Botschaft, daß Jesus Christus der Herr der Welt ist, daß die Welt immer vor Gott steht – dem einen Gott, der Schöpfer, Versöhner und Erlöser ist und der sich weigert, ein *deus ex machina* zu sein. Das meint Bonhoeffer, wenn er behauptet: „Die mündige Welt ist gottloser und darum vielleicht gerade Gott-näher als die unmündige Welt“ (WE 396). Damit wird die Gottlosigkeit der Welt nicht sanktioniert, sondern vielmehr anerkannt, daß es eine *hoffnungsvolle* Gottlosigkeit ist. „So führt uns unser Mündigwerden", schreibt Bonhoeffer, „zu einer wahrhaftigeren Erkenntnis unserer Lage vor Gott" (WE 394). Durch eine solche Argumentation – nämlich durch einen kühnen Versuch, die Frage zu beantworten, wie Jesus Christus der Herr sogar der Religionslosen werden kann – gelangte Bonhoeffer zu seiner Forderung, die Kirche solle eine „nicht-religiöse" Interpretation der zentralen biblischen Begriffe ausarbeiten und verkünden.

Theologische Literaturzeitung 86 (1961), Sp. 721–744.

DIETRICH BONHOEFFERS PRINZIP DER WELTLICHEN INTERPRETATION UND VERKÜNDIGUNG DES EVANGELIUMS[1]

Von Dedo Müller

Ich spreche zu Euch, um die großen Worte, die den Menschen gegeben sind, vor dem Mißbrauch zu schützen. Sie gehören nicht in den Mund der Masse und in die Überschriften der Zeitungen, sondern in die Herzen der wenigen, die sie mit ihrem Leben hüten und schützen. Es ist nie-

[1] Bonhoeffer, D., Sanctorum communio, Eine dogmatische Untersuchung zur Soziologie der Kirche, München, (Abk. SC).
Ders., Akt und Sein, Transzendentalphilosophie und Ontologie in der systematischen Theologie. München, 1956.
Ders., Schöpfung und Fall, Theologische Auslegung von Genesis 1 bis 3, München, 1955 und Berlin, 1960.
Ders., Nachfolge, 3. Aufl. München, 1950, 229 S.; Berlin, 1954, (Abk. N).
Ders., Gemeinsames Leben, 6. Aufl. München, 1951; Berlin, 1954.
Ders., Ethik. Zusammengest. und hrsg. von E. Bethge, München, 1949, (Abk. E).
Ders., Widerstand und Ergebung. Briefe und Aufzeichnungen aus der Haft. Hrsg. von E. Bethge, 4. Aufl. München, 1954 (Zitate nach dieser Ausg., Abk. WE); Berlin 1957.
Ders., Versuchung. Bearb. u. hrsg. v. E. Bethge, 3. Aufl. München, 1956.
Ders., Gesammelte Schriften. Hrsg. von E. Bethge, München, 1958–1960.
Bd. 1: Ökumene. Briefe, Aufsätze, Dokumente 1928–1942.
Bd. 2: Kirchenkampf und Finkenwalde. Resolutionen, Aufsätze, Rundbriefe 1933–1943.
Bd. 3: Theologie – Gemeinde. Vorlesungen, Briefe, Gespräche 1927–1944.
[Bonhoeffer, D.] Die mündige Welt, München, 1955–1960.
Bd. 1: Dem Andenken Dietrich Bonhoeffers. Vorträge u. Briefe, 1955.

mals ein gutes Zeichen, wenn das, was von jeher stiller und fester Besitz und selbstverantwortliche Haltung aller Gutgesinnten im Lande ist, als allerneueste Weisheit auf den Straßen ausgeschrien wird ... Laßt und die großen Güter eine Zeitlang durch Schweigen ehren, laßt uns lernen, eine Zeitlang ohne Worte das Rechte zu tun.[2]

Es hat gewiß seine guten Gründe, daß der aus den Gefangenschaftsbriefen B.s stammende Begriff der religionslosen Interpretation die Bedeutung einer Kampfparole für eine radikale Neuordnung des in der Tat alarmierenden Verhältnisses von Kirche und Welt gewonnen hat. Aber nun wird es doch Zeit zu bedenken, daß der in der Intention Bonhoeffers an das Arkanum des Kreuzes rührende Begriff nicht auf die Gasse des Tageskampfes – weder des politischen noch des kirchlichen und theologischen – gehört, sondern in die „Herzen", daß er also Gegenstand einer Besinnung werden muß, die ihn nicht nur von den tiefsten Intentionen B.s, sondern auch von den zentralen Gehalten des Evangeliums her verstehen will.

Das Erscheinen der Gesammelten Schriften bietet jedenfalls die Möglichkeit, jene letzten „änigmatischen" Äußerungen B.s zum Ganzen seiner Theologie in Beziehung zu setzen und sie damit aus dem Kielwasser der Sensation herauszubringen, das gewiß für ein genuines Verständnis die ungünstigsten Erkenntnisbedingungen enthält.

Bd. 2:1. Weißensee – 2. Verschiedenes, 1956.
Bd. 3:Weißensee 1959, 1960.

Godsey, John D., The Theology of Dietrich Bonhoeffer, London, 1960.

Müller, H., Von der Kirche zur Welt. Ein Beitrag zu der Beziehung des Wortes Gottes auf die societas in Dietrich Bonhoeffers theologischer Entwicklung, Leipzig, 1961.

[2] Dietrich Bonhoeffer, Dramenfragment 1943, Gesammelte Schriften, Bd. 3, 479.

I. Die Intention Bonhoeffers

Es ist zur Klärung der Problemlage ratsam, zunächst festzustellen, was B. ganz bestimmt *nicht* mit diesen Formulierungen gemeint hat.

1. Keine situationsbedingte pädagogische Anpassung

Er will das Problem einer neuen Beziehung zwischen Kirche und Welt gewiß nicht bloß *pädagogisch* lösen. Das wäre in der Tat ein peinliches Mißverständnis B.s, eine banale Verkennung seines geistigen Ranges. Religionslose Interpretation ist keine einfache Gebrauchsanweisung für Prediger und Seelsorger, die Berufsschwierigkeiten haben – so wichtige Konsequenzen sich gewiß daraus auch dafür ergeben. Es handelt sich also bestimmt nicht um eine neue Empfehlung des Prinzips der pädagogisch-missionarischen Anpassung an eine nun einmal unwiderruflich religionslos gewordene Welt. Was an den Gefangenschaftsbriefen allenfalls zunächst als situationsbedingter praktischer Ausbruchsversuch aus einer allmählich unerträglich gewordenen Absperrung der Kirche von der Welt anmuten könnte, will zweifellos *grundsätzlich theologisch* verstanden sein. Wenn daran noch ein Zweifel möglich gewesen wäre, so wird vom literarischen Gesamtwerk her unmißverständlich deutlich, daß es sich hier um Konsequenzen einer von den ersten literarischen Anfängen an durchgehaltenen theologischen Grundhaltung handelt. Gewiß wird die ungeheuerliche Situation einer Gefangenschaft, die aus allen überlieferten Lebens- und Geisteszusammenhängen brutal herausriß, an der sprachlichen Formung dieser Konsequenzen ihren freilich nicht leicht definierbaren Anteil haben. Aber es hieße auch den menschlichen Rang B.s unterschätzen, wenn man ihn für entscheidend hielte. Man müßte hier ganze Briefe wiedergeben, um die erstaunliche innere Freiheit B.s seiner Lage gegenüber deutlich zu machen. Wir begnügen uns mit einem einzigen Beispiel. B. freut sich im Brief vom 9. 5. 44 über den „nahen Urlaub" des Freundes, der „eine ganz große Freudenachricht" für ihn darstellt. Der Gedanke an seine Verhinderung bei der dafür geplanten Tauffeier soll „nicht den geringsten Schatten" auf ihre Freude werfen. Er wird mit allen seinen Gedanken dabei sein:

Es wäre mir ein geradezu unerträglicher Gedanke, wenn von meinem gegenwärtigen Erleben her die schwer genug erkämpften paar Wochen Eurer Freude auch nur im allergeringsten getrübt würden. Das erst wäre eine wirkliche Kalamität, das andere ist es nicht … Und denkt bitte vor allem nicht, daß ich mir diese Worte nur mühsam um Euretwillen abringe, sie sind vielmehr meine herzlichste Bitte an Euch, deren Erfüllung mich wirklich froh und glücklich machen würde (WE 187 ff.).

Wer eine so souveräne Freiheit seinem eigenen Schicksal gegenüber gewonnen hat, das doch wahrlich bewältigt sein wollte, – was bedeutete allein der Verzicht auf „Aussprache", die er im Brief vom 25. 12. 43 an denselben Freund „wirklich eine ‚necessitas'" nennt, einen „Hunger", „der viel quälender ist als der leibliche" (132) –, dem darf man von vornherein zutrauen, daß auch seine extremsten Aussagen über die Lage des Christentums in der gegenwärtigen Welt aus der inneren Distanz sachlichen Erkenntniswillens kommen und daß es sich in ihnen nicht um emotionale Ausbrüche handelt, so verständlich sie in seiner unerhörten Lage gewesen wären.

2. Das zentrale theologische Anliegen Bonhoeffers

So enthalten denn nun auch die Gefangenschaftsbriefe eine ganze Reihe eindeutiger Aussagen darüber, daß B. den Begriff der religionslosen Interpretation zentral *theologisch* verstanden wissen will. Diesen Sinn hat neben der Auseinandersetzung mit Karl Barth, dem er bei aller bleibenden theologischen Nähe „Offenbarungspositivismus" vorwirft (184), besonders seine Kritik an Bultmann: „Bultmanns Ansatz ist eben im Grunde doch liberal (d. h. das Evangelium verkürzend), während ich *theologisch* denken will" (183). Theologisch heißt aber eben nicht „religiös" und nicht „liberal", nicht „Evangelium verkürzend". „Religiös interpretieren" heißt ihm „einerseits metaphysisch, andererseits individualistisch reden." Und „beides trifft weder die biblische Botschaft noch den heutigen Menschen" (183 f.). B.s Überzeugung ist also eindeutig die, daß die *pädagogische* Frage der Begegnung mit dem heutigen Menschen nur *theologisch*, vom Zentrum der biblischen Botschaft her lösbar wird. Wer theologische Substanz preisgibt, verfehlt auch den modernen, den „religionslosen" Menschen der Gegenwart. Diese Substanz aber liegt nicht in der „individualistischen Frage nach dem persönlichen Seelenheil", die „uns allen fast völlig entschwunden" ist. „Der Mittelpunkt von allem" schon im Alten Testament, in dem es „die Frage nach dem Seelenheil" überhaupt nicht gibt, ist die „Gerechtigkeit und das Reich Gottes auf Erden". Auch die paulinische Lehre, „daß Gott allein gerecht sei", in Römer 3, 24 ff. meint „nicht eine individualistische Heilslehre".

Nicht um das Jenseits, sondern um diese Welt, wie sie geschaffen, erhalten, in Gesetze gefaßt, versöhnt und erneuert wird, geht es doch ... Ich meine das nicht in dem anthropozentrischen Sinne der liberalen, mystischen, pietistischen, ethischen Theologie, sondern in dem biblischen Sinne der Schöpfung und der Inkarnation, Kreuzigung und Auferstehung Jesu Christi (184).

Auch seine gesamte Auseinandersetzung mit der zeitgenössischen Theologie will er *theologisch* verstanden wissen. Verwerflich ist ihm die ganze „Attacke der christlichen Apologetik auf die Mündigkeit der Welt" nicht nur, weil sie „sinnlos" und „unvornehm", sondern vor allem, weil sie „unchristlich" ist, „weil Christus mit einer bestimmten Stufe der Religiosität des Menschen, d.h. mit einem menschlichen Gesetz verwechselt wird" (217 f.). Darin wird nicht nur „die Schwäche der liberalen Theologie" gesehen, die „der Welt das Recht einräumte, Christus seinen Platz in ihr zuzuweisen" und „im Streit von Kirche und Welt den von der Welt diktierten – relativ milden – Frieden akzeptierte", sondern auch Karl Heim, Paul Althaus, Paul Tillich, schließlich auch Rudolf Bultmann und Karl Barth genügen den radikal-theologischen Kriterien nicht, um die es B. geht: nämlich Christus nicht mehr als „Gegenstand der Religion", sondern „wirklich" als „Herrn der Welt" und die „mündige" Welt ohne alle „Polemik und Apologetik" „vom Evangelium, von Christus her" (221) zu verstehen.

II. Das Problem der Konkretisierung

1. Das methodische Problem theologisch-richtiger Konkretisierung

So unbezweifelbar also die theologische Intention aller, auch der radikalsten Äußerungen der Gefangenschaftsbriefe über den Begriff der nichtreligiösen Interpretation des Evangeliums feststeht, die Frage der konkreten Bedeutung und der Durchführbarkeit dieser Parole ist damit noch nicht beantwortet. Und dafür gelten ja nun gewiß zunächst die Sätze Karl Barths vom 21. 12. 1952 über ihren „änigmatischen" Charakter[3]. Die hier unleugbar vorliegende Schwierigkeit sieht Karl Barth – auch darin wird man ihm recht geben müssen – nicht nur in der Situation, sondern auch in der geistigen Struktur B.s begründet. Er nennt ihn einen „impulsiven, visionären Denker, dem plötzlich etwas aufging, dem er dann lebhaft Form gab, um nach einiger Zeit doch auch wieder, man wußte nicht: endgültig oder nur bis auf weiteres, Halt zu machen bei irgendeiner vorläufig letzten These". So sei es schon bei der ›Nachfolge‹, bei seinen „liturgischen Anwandlungen" und auch mit den „Mandaten" seiner ›Ethik‹ gewesen. Es ist also nun zweifellos so, daß „religionslose Interpretation" kein einfach anwendbares Rezept, sondern ein selbst wieder interpretationsbedürftiges Prinzip ist. Es liegt auf der Hand, daß es B. versagt war, dieses Prinzip selbst noch zu entfalten und daß die Durchführung der mehrfach vorkommenden Ankündigungen und Ansätze durch die Ermordung verhindert wurde. Nur die entscheidende Bedeutung und der theologische Charakter der Aufgabe steht ihm unzweifelhaft fest. Damit sind auch der Formel unverrückbare Grenzen gesetzt, man müsse B. besser verstehen, als er sich selbst verstand, die bei der Lage der Dinge natürlich immer ihren relativen Sinn behält. Es wird jedenfalls zunächst der Versuch gemacht werden müssen, ihn aus sich selbst, von seinen eigenen theologischen Voraussetzungen und Intentionen aus zu verstehen. Schon dies heißt, not-

[3] Die mündige Welt, München, 1955, S. 121.

gedrungen über den Wortlaut seiner Aussagen überall da hinausgehen, wo das allgemeine hermeneutische Grundprinzip in Frage steht, das allen buchstabengläubigen Dogmatismus bricht: „Der Buchstabe tötet, aber der Geist macht lebendig“ (2. Kor. 3, 6).

Die Äußerungen der Gefangenschaftsbriefe müssen also vom Ganzen des vorliegenden literarischen Werkes und dieses wieder von der Grundkonzeption aus interpretiert werden, die darin um immer neuen Ausdruck ringt. Es wird dabei vor allem um die Frage nach dem inneren systematischen Ort des Prinzips der religionslosen Interpretation in der Theologie B.s, also um die Frage gehen, ob sich in seiner Theologie bestimmte theologische Kriterien für die Entfaltung dieses Prinzips auffinden lassen, die ihm seine gefährliche Unbestimmtheit und Vieldeutigkeit nehmen und es zu einer brauchbaren Hilfe für den kirchlichen Auftrag in der „mündig“ gewordenen Welt werden lassen können. Dabei werden wir bei der Entstehungsart des literarischen Werkes und der denkerischen Eigenart B.s von vornherein keine bequeme Einordnung in ein *äußeres System* erwarten dürfen, sondern damit rechnen müssen, daß wir über den Wortlaut hinaus auf die *innere Systematik* und die in ihr wirksamen letzten Intentionen zurückzugehen haben, – ein Verfahren, das nicht ohne die ständige „Unterscheidung von Wesentlichem und Unwesentlichem“ (Notizzettel zur ›Ethik‹) und deshalb auch nicht ohne eigene Entscheidung durchgeführt werden kann – mit allen Risiken, die in der Unterscheidung zwischen Geist und Buchstabe nun einmal beschlossen liegen.

Wie notwendig diese methodische Besinnung ist, zeigt die leidenschaftlich um eine neue Beziehung zur gesellschaftlichen Wirklichkeit ringende Dissertation Hanfried Müllers ›Von der Kirche zur Welt. Ein Beitrag zu der Beziehung des Wortes Gottes auf die societas in Dietrich Bonhoeffers theologischer Entwicklung‹. Hier ist die These vertreten, daß „in den Jahren der Haft bei Bonhoeffer ein qualitativer Sprung in seiner Entwicklung erfolgt“. Sosehr man von der Gegenwarts- und Zukunftsbedeutung der in den Gefangenschaftsbriefen enthaltenen Erkenntnisse und Impulse überzeugt sein mag, es ist damit noch keineswegs erwiesen, daß sie den früheren Schriften gegenüber „etwas völlig Neues" darstellen und daß dieses völlig Neue mit den von Müller verwendeten anthropologisch-kosmologischen Begriffen „unbedingt progressiv" und des „klaren Optimismus in in seiner Weltanschauung" (355) zutreffend und ausreichend charakterisiert wird, wenn nicht einsichtig gemacht werden kann, welche konkreten Zusammenhänge zwischen diesen Begriffen und den *theologischen* Grundanliegen B.s bestehen. Müssen sie sonst nicht den Eindruck erwecken, als verlören mit dem „qualitativen Sprung" im Denken B.s die sonst überall vertretenen theologischen Grundanschauungen jede *konkrete* Bedeutung und jede bindende Kraft für die Beziehung des Menschen zur *societas*? Sollte die B.s Theologie beherrschende Berufung auf das Wort Gottes wirklich auf nichts anderes hinauslaufen, als auf die radikale Autonomisierung der Welt? Gewiß will Müller B.s Theologie nun in ihrer Endphase als reine, von allen Elementen einer *theologia gloriae* befreite *theologia crucis* verstehen; aber heißt es noch im Sinne B.s denken, wenn das nichts anderes heißt, als die „mündige", „religionslose" Welt mit einem theologischen Freibrief versehen, der alle *konkreten* Fragen der Welthaltung und Weltgestaltung einem allzu gängigen „immanenten Optimismus" und Rationalismus überläßt, demgegenüber diese Kreuzestheologie keinerlei reale, sondern nur noch rhetorische Bedeutung haben kann? Wäre das aber, strukturell gesehen, nicht, in zeitgemäßer Abwandlung, die mit Recht verabscheute, bürgerlich-liberale Säkularisierung des Christentums noch einmal? Sollte das wirklich B.s Intention sein, sollte das der mit dem Einsatz seines Lebens bezahlte Kampf um den reinen und unverkürzten Sinn des Evangeliums und gegen die „Verbilligung der Gnade" gemeint haben: „Die Freiheit des Christenmenschen" verstanden als Ausscheidung aller „pessimistischen Elemente" „aus seiner Weltanschauung", als „Verbindung der *theologia crucis* mit immanentem Optimismus"? Gewiß will die Gefahr einer „Entweltlichung der Kirche", die praktisch auf nichts anderes als „Restauration oder innerweltliche Resignation" hinausläuft, in aller Klarheit gesehen sein, aber wer ihr begegnen will, muß *konkrete theologische Kriterien* angeben. Sonst führt der „positive, optimistische, immanent vorwärtsführende Gebrauch" der Freiheit des

Christenmenschen, auf den bei H.M. alles abgesehen ist, zu einer bloßen religiösen Bejahung und Verklärung der nun einmal gegebenen Welt, also einer neuen Form von praktischem Bindestrichchristentum, das seine konkreten Inhalte und seine Gestalt nicht vom Evangelium, sondern von der Welt her erhält. Und was sollte damit der Welt und auch gerade der „mündigen" Welt von heute und morgen gedient sein?

Für die Frage nach den theologischen Kriterien für die Konkretisierung des Prinzips der religionslosen Verkündigung enthalten die Gefangenschaftsbriefe vor allem den Begriff der *Arkandisziplin.*

2. Die theologischen Kriterien richtiger Konkretisierung. Der Begriff der Arkandisziplin

Alle Äußerungen lassen erkennen, daß es B. darin um eine auch heute mögliche Form der Aneignung, Darstellung und Übermittlung der unverkürzten zentralen Gehalte des Evangeliums zu tun ist. Sicher ist, daß er darin Zugang zum Evangelium und Weitergabe des Evangeliums auch in der religionslosen Welt von heute sieht. Das Evangelium ist in seinem innersten Gehalt „Geheimnis". Das will heißen, daß es von der „mündigen" Welt und ihren Erkenntnis- und Wirkungsmitteln gar nicht erreicht und deshalb auch nicht in Frage gestellt werden kann. B. sieht das Evangelium also ebenso allem weltlichen Rationalismus wie allem theologischen und kirchlichen Intellektualismus, ja, er sieht es in gewisser Beziehung überhaupt dem Bereich des Wortes entzogen. Es kann nicht, wie Gegenstände der äußeren Erfahrung, im Begriff, sondern nur im Bild, der Sprache der inneren Erfahrung, erkannt und nicht ohne weiteres im Wort, sondern, wie im Sakrament, in seinem letzten Gehalt nur in der symbolischen Handlung ausgedrückt und weitergegeben werden. So fragt er:

> Was bedeutet in der Religionslosigkeit der Kultus und das Gebet? Bekommt hier die Arkandisziplin bzw. die Unterscheidung (die Du ja bei mir schon kennst) von Vorletztem und Letztem neue Wichtigkeit? (WE 180).

Diese Unterscheidung von Vorletztem und Letztem spielt schon in der ›Ethik‹ eine wichtige Rolle. Weil danach „die Rechtfertigung aus Gnaden und Glauben allein in jeder Hinsicht letztes Wort bleibt, darum muß nun auch von den vorletzten Dingen gesprochen werden ... Um des Letzten willen muß vom Vorletzten die Rede sein". Er fragt dort, ob der „lebendige Glaube, der ein Leben rechtfertigt", „täglich, stündlich realisierbar ist und sein soll oder ob auch hier immer wieder die Länge des Vorletzten durchschritten werden muß um des Letzten willen"[4]. In den Gefangenschaftsbriefen taucht dann die Unterscheidung im Zusammenhang mit dem Alten Testament wieder auf.

Ich spüre übrigens immer wieder, wie alttestamentlich ich denke und empfinde ... Nur wenn man die Unaussprechlichkeit des Namens Gottes kennt, darf man auch einmal den Namen Jesus Christus aussprechen; nur wenn man das Leben und die Erde so liebt, daß mit ihr alles verloren und zu Ende zu sein scheint, darf man an die Auferstehung der Toten und eine neue Welt glauben; nur wenn man das Gesetz Gottes über sich gelten läßt, darf man wohl auch einmal von Gnade sprechen, und nur wenn der Zorn und die Rache Gottes über seine Feinde als gültige Wirklichkeit stehen bleiben, kann von Vergebung und von Feindesliebe etwas unser Herz berühren. Wer zu schnell und zu direkt neutestamentlich sein und empfinden will, ist m.E. kein Christ ... Man kann und darf das letzte Wort nicht vor dem vorletzten sprechen. Wir leben im Vorletzten und glauben das Letzte ... (WE 112 f.).

Das den letzten Gehalten des christlichen Glaubens gemäße Darstellungsmittel ist danach auch heute der Kultus. Daß Bonhoeffer daran unbeirrbar festgehalten hat und daß es sich dabei nicht, wie Karl Barth vermutet, um eine bloße „liturgische Anwandlung"[5], sondern um eines seiner Dauerprobleme handelt, zeigt der ›Entwurf einer Arbeit‹. Hier behandelt er im 2. Kapitel: „a) Weltlichkeit und Gott, b) Was ist Gott? ... c) Interpretation der biblischen Begriffe von hier aus ... d) Kultus *(darüber später ausführlich, speziell über Kultus und ‚Religion'!)*"[6]. Wir versuchen, seine Andeutungen weiterzudenken.

[4] E, S. 79.
[5] Die mündige Welt, 1955, S. 121.
[6] WE S. 257 ff. (Kursivierung von uns).

Dem Kultus eignet die Verhaltenheit des Ausdrucks, die das Heilige vor Profanierung schützt. Die ihm gemäße Form der Kommunikation mit dem Heiligen ist nicht das Reden *über* Gott, sondern das Reden *mit* Gott, das Gebet. Wer B. richtig interpretieren will, darf also auch aus seinen extremsten Formulierungen über religionslose Verkündigung in der „mündigen“ Welt nicht den nihilistischen Avantgardisten heraushören, den es zu Experimenten im kirchlichen Niemandsland der modernen mündigen Welt lockt. Es steht ihm vielmehr fest, daß sich die Grundgehalte der christlichen Offenbarung nicht nur auch auf die „mündige“ Welt beziehen, sondern daß es auch heute die konkrete Möglichkeit eines echten Kultus gibt, sie ihr zuzuwenden.

a) Arkandisziplin und rationales Bewußtsein

Will man aber die Andeutungen, über die B. hier nicht mehr hinausgelangen konnte, in seinem Sinn weiterdenken, muß man sehen, daß schon im Begriff der Arkandisziplin *das Problem des Bewußtseins* auftaucht. Das Arkanum ist bewußtseinstranszendent. Aber es ist nicht weltjenseitig. Es ist weltgegenwärtig – nicht im Sinne eines Weltimmanentismus, dem nur die empirische Welt als wirklich gilt, wohl aber im Sinne eines Einbruches weltjenseitiger Realität in die wirkliche Welt. Denn „das Jenseitige ist nicht das unendlich Ferne, sondern das Nächste“ (WE 255). Genau dies sagt ja schon der Begriff der Schöpfung. Dem rationalen Bewußtsein kann der damit gemeinte Sachverhalt völlig verborgen bleiben. Das Mündigkeitsbewußtsein der modernen Welt verschließt sich ihm grundsätzlich. In der Arkandisziplin geschieht nun zweierlei. Einmal werden die transzendenten Gehalte des Glaubens der Neugier und dem naiven Verfügungswahn der rationalen Reflexion entzogen. Dann aber wird der Versuch unternommen, *das rationale Bewußtsein* für die Wirklichkeitsgehalte *aufzuschließen*, die es aus seinen eigenen Voraussetzungen heraus nicht erfassen kann. B. ist sichtlich der Meinung, daß diese Möglichkeit auch heute wiedergewonnen werden muß und kann. In der Unterscheidung von Letztem und

Vorletztem liegt sie für ihn beschlossen. Die letzten Geheimnisse, auf denen das Leben beruht, können nur gelebt, nur vom ganzen Menschen, nur von der Mitte seines Wesens, nur vom „Herzen" aufgenommen werden, aber sie entziehen sich dem intellektuellen Zugriff, man kann sie *nicht begreifen,* man kann nur von ihnen *ergriffen werden.* Man kann *Gott nicht begreifen,* man kann ihm *nur begegnen.* Man kann *nicht über ihn reden,* man kann *nur mit ihm reden.* Diese Möglichkeiten sieht B. auch für den mündigen Menschen. Im Kultus und im Gebet erschließen sich also Erfahrungs- und Erkenntnismöglichkeiten, die dem autonomen Vernunftgebrauch verwehrt sind.

Von da her ist B. besonders hellhörig für den falschen, diese inneren Gesetze der Arkandisziplin außer acht lassenden frommen Wortgebrauch. Das Gesetz heißt: „Man kann und darf das letzte Wort nicht vor dem vorletzten sprechen" (WE 113). Seine Gedanken über „die Wahrheit sagen" sind ganz von diesem Instinkt bestimmt. Es gibt eine schamlose und zynische Art, die „Wahrheit" zu sagen. Da wird

unter dem Anschein der Ehrlichkeit etwas als ‚natürlich' ausgegeben, was doch im Grunde ein Symptom der Sünde ist; es ist wirklich ganz analog dem offenen Reden über sexuelle Dinge. ‚Wahrhaftigkeit' heißt eben doch nicht, daß alles, was ist, aufgedeckt wird. Gott selbst hat den Menschen Kleider gemacht, d. h. in *statu corruptionis* sollen viele Dinge im Menschen verhüllt bleiben, und das Böse, wenn man es schon nicht ausrotten kann, soll jedenfalls verhüllt werden, Bloßstellung ist zynisch; und wenn der Zyniker sich auch besonders ehrlich vorkommt oder als Wahrheitsfanatiker auftritt, so geht er doch an der entscheidenden Wahrheit, nämlich, daß es seit dem Sündenfall auch Verhüllung und Geheimnis geben muß, vorbei" (WE 114 f.). „‚Die Wahrheit sagen' ... heißt m. E. sagen, wie etwas in Wirklichkeit ist, d. h. Respektierung des Geheimnisses, des Vertrauens, der Verhüllung (116).

b) Arkandisziplin und persönliche Existenz

So spricht er nun davon, wie stark ihn die wortlosen Ordnungen, Gebärden und Symbole des Kultus berühren. Er empfindet es dem Freund gegenüber als „Versäumnis, den lange gehegten Wunsch", mit ihm „wieder einmal zum Abendmahl zu gehen, nicht durchgeführt zu haben". Es bedeutet ihm viel zu wissen, „daß wir – wenn auch nicht leiblich – so doch spiritualiter der Gabe der Beichte, Absolution und Kommunion teilhaftig geworden sind"; er treibt täglich „Bibelarbeit" und kann schon am 18. 11. 43 berichten, daß er „2½ mal das Alte Testament gelesen und viel gelernt" habe (WE 93). Er gesteht, daß die schweren Luftkämpfe ihn „ganz elementar zum Gebet und zur Bibel" führen (111). Nach der Nachricht vom Fehlschlag des 20. Juli 1944 schreibt er:

Zwar beschäftigen mich die theologischen Gedanken unablässig, aber es kommen dann doch auch Stunden, in denen man sich mit den unreflektierten Lebens- und Glaubensvorgängen genügen läßt. Dann freut man sich ganz einfach an den Losungen des Tages, wie ich mich z. B. an der gestrigen und heutigen besonders freue, und man kehrt zu den schönen Paul-Gerhardt-Liedern zurück und ist froh über diesen Besitz (247).

Wenn um 6 Uhr abends die Glocken der Gefängniskirche zu läuten anfangen, so spricht ihn das auf die mannigfachste Weise an. „Es ist merkwürdig, was für eine Gewalt die Glocken über den Menschen haben und wie eindringlich sie sein können. Es verbindet sich so vieles aus dem Leben mit ihnen. Alles Unzufriedene, Undankbare, Selbstsüchtige schwindet dahin" (55).

Immer handelt es sich in all diesen Beispielen um das Berührtwerden in seelischen Schichten, die sich dem intellektuellen Zugriff entziehen, nicht deshalb, weil sie weniger wirklichkeitsbezogen wären als die intellektuellen Bezirke des Bewußtseins, sondern gerade, weil sie zentraler und lebenswichtiger sind und weil sie wie alle zentral-personhaften Lebensorgane und Lebensfunktionen an der Verborgenheit und an dem Geheimnis Gottes teilnehmen.

Damit hängt es zusammen, daß B. eine instinktive Abneigung gegen alles vorschnelle fromme Reden von Gott, gegen allen allzu selbstverständlichen, allzu billigen Gebrauch des Gottesbegriffes, gegen alle fromme Konvention hat. Von daher erscheinen ihm „die religiösen" Begriffe schlechthin problematisch, „nicht nur mythologische Begriffe wie Wunder, Himmelfahrt etc.", sondern auch „Begriffe wie Gott, Glauben etc.", die sich doch von jenen anderen „nicht prinzipiell trennen lassen" (183).

3. „Weltliche Interpretation der biblischen Begriffe.“ Die neue Sprache der Verkündigung

Aber die Forderung der Arkandisziplin ist für B. alles andere als ein schwärmerisch-mystischer Rückzug ins Wortlos-Unaussprechliche. Es geht ihm auch um eine neue *Verkündigung* in der religionslosen Welt von heute. Und dazu bedarf es einer verbalen „weltlichen Interpretation der biblischen *Begriffe*“ (237). Diese „weltliche Interpretation“ steht somit unter zwei Kriterien. 1. Zunächst will B. mit ihr darauf hinaus, „daß man Gott nicht noch an irgendeiner allerletzten heimlichen Stelle hineinschmuggelt, sondern daß man die Mündigkeit der Welt und des Menschen einfach anerkennt, daß man den Menschen in seiner Weltlichkeit nicht ‚madig macht‘, sondern ihn an seiner stärksten Stelle mit Gott konfrontiert ...“ (236). Also kein Vorbeigehen, keine Abwehr, keine Abschwächung, keine Verfälschung, sondern vorbehaltloses verstehendes Ernstnehmen: echte Begegnung mit der „mündigen“ Welt. Die mündige Welt liefert dabei nicht die Inhalte, wohl aber die sprachlichen Ausdrucksmittel für die Verständigung. Also: *Übersetzung* des Evangeliums in die Sprache des „mündigen“, „religionslosen“ Menschen der Gegenwart! 2. Dann aber wäre es eine Verleugnung alles dessen, was er bisher vertreten hatte, wenn es ihm in dieser Übersetzung allen Gefahren und Versuchungen der „Verbilligung“, Verdünnung und Verflüchtigung der Gnade gegenüber nicht um den vollen Ernst und den vollen Umfang der theologischen Aussage ginge, aber nun nicht im bloß konservativ-statischen Sinne der Bewahrung der Glaubenssubstanz, sondern auch im kritisch-progressiv-dynamischen Sinne der Entfaltung der potentiellen, bisher unentfaltet gebliebenen oder verfälschten Offenbarungsgehalte. In diesem Sinne denkt B. darüber nach, „wie die Begriffe Buße, Glaube, Rechtfertigung, Wiedergeburt, Heiligung, ‚weltlich‘ – im alttestamentlichen Sinne und im Sinne von Joh. 1, 14 – umzuinterpretieren sind“ (185).

Charakteristisch dafür ist, daß ihm Bultmann, mit dessen Entmythologisierungsbemühungen er sich hier berührt, auf der einen Seite „zu wenig weit“ geht. „Nicht nur ‚mythologische‘

Begriffe wie Wunder, Himmelfahrt etc. (die sich ja doch nicht prinzipiell von den Begriffen Gott, Glauben etc. trennen lassen!), sondern die ‚religiösen' Begriffe schlechthin sind problematisch" (183). „Man kann nicht Gott und Wunder voneinander trennen (wie Bultmann meint), man muß *beide* ‚nicht-religiös' interpretieren und verkündigen können" (183). Auf der anderen Seite scheint ihm „Bultmanns Ansatz" „im Grunde doch liberal (d. h. das Evangelium verkürzend)", während er „theologisch denken" will (183). Bultmann scheint ihm zwar „Barths Grenze" – seinen „Offenbarungspositivismus" – gespürt, aber sie „im Sinne der liberalen Theologie" mißverstanden zu haben und daher „in das typisch liberale Reduktionsverfahren" verfallen zu sein: „Die ‚mythologischen' Elemente des Christentums werden abgezogen und das Christentum auf sein ‚Wesen' reduziert!" Nun wird er Bultmann hierin sicher nicht ganz gerecht. Aber für seine eigene Absicht ist seine Kritik doch aufschlußreich. Er ist der Auffassung, „daß die vollen Inhalte einschließlich der ‚mythologischen' Begriffe bestehen bleiben müssen – das Neue Testament ist nicht eine mythologische Einkleidung einer allgemeinen Wahrheit, sondern diese Mythologie (Auferstehung etc.) ist die Sache selbst!" (220 f.).

Der mündig gewordenen Welt gegenüber geht es nun um die unmißverständliche Verdeutlichung der bisher übersehenen und unentfaltet gebliebenen Weltverantwortung des Evangeliums, um den „biblischen Sinn der Schöpfung und der Inkarnation, Kreuzigung und Auferstehung Christi" (184). Nur so ist es möglich, ebenso die „biblische Botschaft" wie den „heutigen Menschen" (183 f.) zu treffen. Nicht also „die individualistische Frage nach dem persönlichen Seelenheil", die „uns allen fast völlig entschwunden" ist, sondern „die Gerechtigkeit und das Reich Gottes auf Erden" haben wie für das Alte so für das Neue Testament im Mittelpunkt dieser „nichtreligiösen" Interpretation zu stehen. Und „nicht um das Jenseits, sondern um diese Welt, wie sie geschaffen, erhalten, in Gesetze gefaßt, versöhnt und erneuert wird", geht es in ihr (184).

Es muß also nach der Intention B.s in dieser ‚nichtreligiösen' Interpretation der zentralen biblisch-dogmatischen Begriffe deutlich werden, daß im Evangelium ein unbedingter Realismus beschlossen liegt, der alle im autonomen Wirklichkeitsverständnis enthaltenen oder gemeinten menschlichen und sachlichen Realitäten und Probleme nicht aus-, sondern ausdrücklich einschließt. Neuinterpretiertes Evangelium ist also nicht verbal, sondern sachlich, nicht rhetorisch, sondern realistisch, nicht abstrakt, sondern konkret verstandenes Evangelium. Es geht im Evangelium nicht um Religion, sondern um Reich Gottes, nicht um Worte, sondern um die Fleischwerdung des Wortes in leibhafter, menschlich-welthafter Gestalt, nicht um Begriffe, sondern um Leben, nicht um subjektives Gefühl, sondern um objektive Wirklichkeit, aber nicht um die halbe, immanent verstandene, vorletzte, in sich ruhende, sondern um die ganze, sich selbst transzendierende, über sich selbst hinausweisende, im Lichte der letzten Wirklichkeit aufleuchtende und zu ihrem Organ gewordene Wirklichkeit. „Unser Verhältnis zu Gott ist kein ‚religiöses' zu einem denkbar höchsten, mächtigsten, besten Wesen – dies ist keine echte Transzendenz –, sondern unser Verhältnis zu Gott ist ein neues Leben ..." Das Verhältnis zu Gott ist nicht bloß spirituell, nicht nur innerlich, nicht bloß bewußtseinsmäßig, nicht bloß verbal, sondern es ist total, leibhaft, wesensmäßig, seinsmäßig-real, es ist ein neuer Lebenszustand, *in* dieser Welt, *für* diese Welt, aber nicht *von* dieser Welt: es ist „Teilnahme am Sein Jesu" und es ist „Dasein für andere". „Das ‚Für-andere-da-Sein' Jesu ist die Transzendenzerfahrung! Aus der Freiheit von sich selbst, aus dem ‚Für-andere-da-Sein' bis zum Tod entspringt erst die Allmacht, Allwissenheit, Allgegenwart. Glaube ist das Teilnehmen an diesem Sein Jesu (Menschwerdung, Kreuz, Auferstehung)" (WE 259). Unüberhörbar redet B. hier vom Zentrum seiner persönlichsten, schicksalhaft erhärteten und erprobten Glaubenserfahrung.

So gesehen rückt in der Frage der weltlichen Interpretation für B. ein Grundproblem seines Evangeliumsverständnisses nur in neue, grellere und beunruhigendere Beleuchtung, das ihn schon in der ›Nachfolge‹ und in der ›Ethik‹ beschäftigt hat.

4. Weltliche Interpretation als Nachfolgeproblem

So ist zunächst die ›Nachfolge‹ nach Kriterien für die Durchführung des Prinzips der weltlichen Interpretation zu befragen. Schon in den Jahren der Entstehung der ›Nachfolge‹, 1935–37, geht es B. darum, „den vielen, denen die Kirche und ihre Botschaft fremd geworden ist", „das reine Wort Jesu" zu bringen (N 5). „Es ist doch nicht nur die Schuld der anderen, wenn sie unsere Predigt, die ja gewiß ganz allein Christuspredigt sein will, hart und schwer finden, weil sie belastet ist mit Formeln und Begriffen, die ihnen fremd sind" (5). Von hier aus kommt er zur Wiederentdeckung des Gesetzes – einer „Verbilligung" der reformatorischen Gnadenlehre gegenüber, die „Vergebung ohne Buße", „Taufe ohne Gemeindezucht", „Gnade ohne Nachfolge", „ohne Kreuz", „ohne den lebendigen menschgewordenen Christus" (12) haben will.

Teure Gnade ist das Evangelium, das immer wieder gesucht, die Gabe, um die gebeten, die Tür, an die geklopft werden muß. Teuer ist sie, weil sie in die Nachfolge ruft; Gnade ist sie, weil sie in die Nachfolge *Jesu Christi* ruft; teuer ist sie, weil sie dem Menschen das Leben kostet, Gnade ist sie, weil sie ihm so das Leben erst schenkt (13).

In diesem Verständnis der Nachfolge kämpft B. für die Orientierung des *ganzen* Lebens am Evangelium gegen die Verflüchtigung der Gnade „als Lehre, als Prinzip, als System" (11), gegen die mit der Ausbreitung des Christentums zunehmende „Verweltlichung der Kirche", die die Welt für „christianisiert" und die Gnade für das „Allgemeingut einer christlichen Welt" hält (14). Er kämpft gegen die Parole, der Christ müsse „um des Ernstes der Gnade willen" leben „wie die übrige Welt", „weltlich leben", statt sich „von der Welt mit seinem Leben zu unterscheiden" (12). „Das ist billige Gnade als Rechtfertigung der Sünde ... nicht Vergebung der Sünde, die von der Sünde trennt" (12). So versteht er „Luthers Weg aus dem Kloster zurück in die Welt" als den „schärfsten Angriff, der seit dem Urchristentum auf die Welt geführt worden ist" (17) – keineswegs als eine „Heiligsprechung", eine „Rechtfertigung der Welt durch die vergebende Gnade" (17).

Man trifft den Sinn der ›Nachfolge‹ also nicht, wenn man in ihr lediglich die Bemühung um eine „spezifisch kirchliche Ethik" sieht – im Unterschied von „Ethik schlechthin", in der es „um das profane Handeln des Menschen in der Gesellschaft und an der Natur entsprechend der Wirklichkeit der Erde"[7] geht. Dieser Unterschied von kirchlich und profan trägt ein Motiv in die innere Entwicklung B.s ein, das weder seinem Selbstbewußtsein noch der erkennbaren Intention seiner früheren Arbeiten entspricht. Ihm ist es in der ›Nachfolge‹ um den Unterschied zwischen einer „rechtgläubigen Kirche der reinen Lehre von der Gnade" und einer „nachfolgenden Kirche" zu tun, er will „Gnade und Nachfolge wieder in ihrem rechten Verhältnis zueinander verstehen" (N 24 f.). Der „Fortschritt", der hier in den Gefangenschaftsbriefen stattfindet, liegt also lediglich in der Radikalisierung und *Intensivierung seines Ringens um Konkretheit* im Verhältnis der Kirche zur Welt.

Das erhellt schon daraus, daß diese Konkretisierung in der ›Nachfolge‹ so gesucht wird, daß Christus als „der Mittler, nicht nur zwischen Gott und Mensch, sondern auch zwischen Mensch und Mensch, zwischen Mensch und Wirklichkeit" verstanden wird. Nachfolgen heißt, die lebensmäßigen Konsequenzen aus der Tatsache ziehen, daß „alle Welt durch ihn und zu ihm geschaffen ist (Joh. 1, 3; 1. Kor. 8, 6; Hebr. 1, 2)" (N 69). So wird denn am Begriff der „Nachfolge" der innere Zusammenhang deutlich, in dem das Prinzip der weltlichen Interpretation mit dem theologischen Gesamtwerk B.s steht. Nachfolgen heißt, das Evangelium nicht nur bewußtseinsmäßig, sondern auch lebensmäßig verstehen und ernst nehmen und somit auch einen neuen Weltbezug gewinnen, der die Welt im Lichte Christi als die durch und zu Christus geschaffene Welt sehen und nach diesem Verständnis in ihr leben will. Die Gefangenschaftsbriefe rücken nur einen Zug dieser neuen Weltschau von Christus her in helleres und wenn man so will in grelleres Licht: das „Mündigwerden" der modernen Welt, ihr autonomes Selbstverständnis, ihre betonte Weltlichkeit kann an Ursprung und Bestimmung der Welt

[7] Hanfried Müller, a. a. O., S. 197.

in Christus sachlich nichts ändern. Es gilt, in dieser Welt Christus als den Herrn der Welt anzuerkennen und die Wege zu gehen, die er selbst für die Aufrichtung der Gottesherrschaft gegangen ist, das aber heißt, den Weg des Kreuzes zu gehen und „bei Gott zu stehen in seinem Leiden" (WE 247).

B. will sich in der ›Nachfolge‹ demgemäß dicht am reinen Wort Jesu, namentlich der Bergpredigt, halten, deren Auslegung im Zentrum des Buches steht. Und sodann will er im 2. Teil die Kirche in den Dienst der Nachfolge stellen und damit uns, den Menschen der Gegenwart, der „hoffnungslosen Lage" entreißen, in der wir wären, wenn Christus „zu uns anders" reden würde als zu seinen Jüngern. „Aber es ist keineswegs wahr. Christus spricht zu uns nicht anders, als er damals sprach" (N 195). „Christus erkennen heißt, ihn in seinem Wort als Herrn und Heiland meines Lebens erkennen" (195). Das Wort Christi ist damals wie heute „der gnädige Ruf in sein Reich und seine Herrschaft" (196). Diesen Ruf, „den Ruf Jesu in die Nachfolge" gilt es heute zu hören: „Höre die Predigt, empfange sein Sakrament, höre darin ihn selbst, und du hörst seinen Ruf!" (196). Wird so die Kirche, die sichtbare Kirche in all ihrem Tun völlig für den Ruf Jesu zur Nachfolge in Anspruch genommen, so ist klar, daß damit nicht nur die Welt, sondern auch die Kirche unter das Gericht und die Verfügungsgewalt des Wortes gestellt ist, über das sie selbst nicht verfügen kann. Damit aber ist schon dieselbe Aufgabe ins Auge gefaßt, die dann in der letzten Lebensphase in der erregenden Formel der weltlichen Interpretation und der religionslosen Verkündigung in der mündigen Welt beschrieben ist. Wie sehr er darin nur eine notwendige Konsequenz und eine schärfere Erfassung einer schon in der ›Nachfolge‹ gemeinten Aufgabe sieht, zeigt deutlich die Art, in der er in den Gefangenschaftsbriefen auf die ›Nachfolge‹ Bezug nimmt. Er erinnert sich eines Gesprächs mit einem jungen französischen Pfarrer „vor 13 Jahren", in dem es um die Frage ging, was sie mit ihrem Leben „eigentlich wollten". Der Gesprächspartner sagt, er wolle „ein Heiliger" werden. B. sagt: er möchte „glauben lernen". Lange Zeit habe er gedacht, er könne den Glauben lernen, wenn er selbst „so etwas wie ein heiliges Leben zu führen versuchte". „Als

Ende dieses Weges schrieb ich wohl die ›Nachfolge‹". Nun – am 21.7.44 nach der Nachricht vom Fehlschlagen des 20. Juli – sieht er zwar deutlich „die Gefahren dieses Buches". Aber er „steht doch nach wie vor zu ihm". Er hat nur – und darin bezeichnet er präzis die innere Kontinuität seiner späteren Entwicklung mit der ›Nachfolge‹ – erfahren, „daß man erst in der vollen Diesseitigkeit des Lebens glauben lernt" (WE 248). Erst

wenn man völlig darauf verzichtet hat, aus sich selbst etwas zu machen ... und dies nenne ich Diesseitigkeit, nämlich in der Fülle der Aufgaben, Fragen, Erfolge und Mißerfolge, Erfahrungen und Ratlosigkeit leben – dann wirft man sich Gott ganz in die Arme, dann nimmt man nicht mehr die eigenen Leiden, sondern das Leiden Gottes in der Welt ernst, dann wacht man mit Christus in Gethsemane, und ich denke, das ist Glaube, das ist ‚Metanoia'; und so wird man ein Mensch, ein Christ (vgl. Jer. 45). Wie sollte man bei Erfolgen übermütig oder an Mißerfolgen irre werden, wenn man im diesseitigen Leben Gottes Leiden mitleidet? (WE 248 f.).

Seine ›Nachfolge‹ hatte er mit dem Satz geschlossen:

Der Nachfolgende sieht allein auf den, dem er folgt. Von ihm aber, der in der Nachfolge das Bild des menschgewordenen, gekreuzigten und auferstandenen Jesus Christus trägt, von ihm, der Ebenbild Gottes geworden ist, darf es nun zuletzt heißen, daß er berufen ist, ‚Gottes Nachahmer' zu sein. Der Nachfolger Jesu ist der Nachahmer Gottes. ‚So seid nun Gottes Nachahmer als die lieben Kinder' (Eph. 5, 2[8] (N 284).

Aus alledem wird jedenfalls deutlich, daß Nachfolge auch in einer total diesseitigen und von der Kirche in dieser Diesseitigkeit in keiner Weise „madig gemachten" Welt eine der grundlegenden Formen der „religionslosen" Interpretation und Verkündigung des Evangeliums bleibt. Der in sich undeutliche und mehrdeutige Begriff der weltlichen Interpretation muß in der Intention B.s vom Begriff der Nachfolge her interpretiert werden. Dann ist klar, daß es ein banales und seinen theologischen Rang verkennendes Mißverständnis B.s ist, wenn man darin das bloße undialektische Einverstandensein mit der „mündigen" Welt sieht. Mit dem radikalen Ja zu dieser Welt ist untrennbar das radikale

[8] Muß heißen: 1.

Nein verbunden, mit dem Prinzip der unbedingten Nähe unzertrennlich das Prinzip der unbedingten Distanz.

Wer zu Christi Leib gehört, der ist aus der Welt befreit und herausgerufen, der muß der Welt sichtbar werden, nicht nur durch die Gemeinschaft des Gottesdienstes und der gemeindlichen Ordnung, sondern auch durch die neue Gemeinschaft des brüderlichen Lebens ... Um des Bruders willen, sei er Jude oder Grieche, Knecht oder Freier, stark oder schwach, edel oder unedel, wird er auf alle Gemeinschaft der Welt verzichten; denn er dient der Gemeinschaft des Leibes Jesu Christi (N 230). So greift zwar der Leib Christi tief hinein in die weltlichen Lebensbereiche, und doch bleibt an anderen Stellen die völlige Trennung sichtbar ... Es geschieht beides im Gehorsam gegen das eine Wort: „Stellt euch nicht dieser Welt gleich, sondern laßt euch zu einer anderen Gestalt verwandeln (μεταμορφοῦσθε) durch Erneuerung des Geistes, damit ihr prüfen könnt, was der Wille Gottes ist" (Röm. 12, 2) ... Es gibt ein unerlaubtes Bleiben in der Welt und eine unerlaubte Flucht aus der Welt (N 240).

5. Weltliche Interpretation als Problem der ›Ethik‹

Ebenso wie die ›Nachfolge‹ beschreibt B. auch im Entwurf seiner ›Ethik‹ eine der bleibenden Möglichkeiten „religionsloser" Verkündigung in der „mündigen" Welt. Wie sehr die Problematik der Gefangenschaftsbriefe schon in der ›Ethik‹ enthalten ist, zeigt einmal der eigentümliche Wirklichkeitsbegriff, der für die Grundlegung der ›Ethik‹ entscheidend ist, und dann der Mandatsbegriff. B. sieht „das Problem der christlichen Ethik" im „Wirklichwerden der Offenbarungswirklichkeit Gottes in Christus unter seinen Geschöpfen" (E 57).

An die Stelle, die in aller anderen Ethik durch den Gegensatz von Sollen und Sein, von Idee und Realisierung, von Motiv und Werk bezeichnet ist, tritt in der christlichen Ethik die Beziehung von Wirklichkeit und Wirklichwerden, von Vergangenheit und Gegenwart, von Geschichte und Ereignis (Glaube) ... von Jesus Christus und dem heiligen Geist (57).

Es ist deutlich, daß ihn schon hier – wie auch in ›Akt und Sein‹

und in der ›Sanctorum communio‹ – das Verhältnis von Offenbarung und profaner Welt beschäftigt, das dann in den Gefangenschaftsbriefen wohl in zugespitzter Formulierung, aber doch in der Sache nicht unvorbereitet erscheint. Schon die ›Ethik‹ hat es mit dem „Wirklichwerden" des Evangeliums im säkularen Raum zu tun. In der ›Ethik‹ sieht B. die „Wirklichkeit des Ich und der Welt" „selbst noch eingebettet" „in eine ganz andere letzte Wirklichkeit, nämlich die Wirklichkeit Gottes des Schöpfers, Versöhners und Erlösers" (55). Es ist danach in der christlichen Ethik „von letzter Wichtigkeit", „daß die Wirklichkeit Gottes sich als die letzte Wirklichkeit erweise" (55), und „diese Erkenntnis ist der Wende- und Angelpunkt aller Wirklichkeitserkenntnis überhaupt" (56). „Teilbekommen an dem unteilbaren Ganzen der Gotteswirklichkeit ist der Sinn der christlichen Frage nach dem Guten" (59). Diese Begründung der christlichen Ethik auf den Wirklichkeitsbegriff ist völlig verschieden von der positivistisch-empirischen Ethik. Hier ist das Gute „im Grunde nichts anderes als das Zweckmäßige, Nützliche, der Wirklichkeit Dienliche" (59). „Der Vorzug dieser Auffassung von der idealistischen besteht in ihrer unzweifelhaft größeren ‚Wirklichkeitsnähe' ... die Wirklichkeit selbst lehrt, was gut ist. Die Frage ist nur, ob die hier gemeinte Wirklichkeit dazu imstande ist, diese Forderung zu erfüllen" (59). Das ist deshalb unmöglich, weil der „der positivistischen Ethik zugrundeliegende Wirklichkeitsbegriff der vulgäre Begriff des empirisch Feststellbaren ist, der die Weigerung jeder Begründung dieser Wirklichkeit in der letzten Wirklichkeit, in Gott, einschließt" (59 f.). Die so verstandene Wirklichkeit kann nie Ursprung des Guten werden, sie kann nur „den völligen Verfall an das Jeweilige, Gegebene, Zufällige, augenblicklich Zweckmäßige" verlangen (60). Demgegenüber meint die christliche Ethik „die Wirklichkeit Gottes als letzte Wirklichkeit außer und in allem Bestehenden, sie meint damit auch die Wirklichkeit der bestehenden Welt, die allein durch die Wirklichkeit Gottes Wirklichkeit hat" (60). „Die Wirklichkeit Gottes" ist „in Jesus Christus" „in die Wirklichkeit dieser Welt eingegangen" (60), „so daß ich die Wirklichkeit Gottes nie ohne die Wirklichkeit der Welt und die Wirklichkeit der Welt nie ohne die Wirklichkeit

Gottes erfahre“ (61). Es ist schon danach völlig ausgeschlossen, den Begriff der „Mündigkeit“ der Welt als Bekenntnis B.s zur Weltimmanenz im Sinne einer distanzlosen Bejahung des völligen Insichruhens der Welt zu verstehen. Das wäre eine Verleugnung alles dessen, was er in der ›Ethik‹ vertreten hat und stünde in unvereinbarem Widerspruch mit seinem Selbstverständnis, das ihm sagen läßt:

Es gibt Menschen, die sich ändern und manche, die sich kaum ändern können. Ich habe mich, glaube ich, nie sehr geändert, höchstens in der Zeit meiner ersten Auslandseindrücke und unter dem ersten bewußten Eindruck von Papas Persönlichkeit. Damals ist eine Abkehr vom Phraseologischen zum Wirklichen erfolgt (WE 174).

Nur so kann, wenn man ihm die Kontinuität seiner inneren Entwicklung, die offenbar eine wesentliche Komponente seines Selbstbewußtseins ist, nicht absprechen will, auch der Fortschritt, die neue Qualität im Denken der Gefangenschaftsbriefe deutlich werden: er ringt darin um eine Klärung, Vertiefung und Verdichtung der realistischen Grundanliegen seiner Theologie. So kann er denn am 15. Dez. 1943 aus Tegel schreiben: „Manchmal denke ich, ich hätte nun eigentlich mein Leben mehr oder weniger hinter mir und müßte nur noch meine Ethik fertigmachen ...“ (WE 118).

Der Mandatsbegriff, an dem diese innere Systematik noch deutlicher hervortritt, hat den Sinn, dieses der christlichen Ethik zugrunde liegende Wirklichkeitsverständnis konkret zu vollziehen. Er will vor allem das traditionelle „Denken in zwei Räumen“ ablösen, das eine schwere Verfälschung des christlichen Ethos darstellt. Danach zerfällt das Wirklichkeitsganze in zwei Teile: das Reich des Natürlichen und das Reich der Gnade, die nun im Ethos in die rechte Beziehung zueinander gesetzt werden sollen. Das Mittelalter kreist um „das Thema der Herrschaft des geistlichen Raumes über den weltlichen“, die Neuzeit ist „durch eine immer fortschreitende Verselbständigung des Weltlichen gegenüber dem Geistlichen charakterisiert“. So will dann der Mensch entweder „Christus ohne die Welt oder die Welt ohne Christus“ (E 62). Demgegenüber will der Mandatsbegriff zum

Ausdruck bringen, daß die Welt „ihren Bestand allein in Christus“ hat (Joh. 1, 1a; Kol. 1, 16). Und zwar gilt dieser Sachverhalt *unabhängig vom menschlichen Bewußtsein.* „Die Welt steht in Beziehung auf Christus, *ob sie es weiß oder nicht*“ (70). Das wird konkret in den Mandaten der Arbeit, der Ehe, der Obrigkeit und der Kirche.

Das Problem der Verkündigung der realen Herrschaft Christi in der „mündigen“, der „religionslosen“ Welt ist also schon in der ›Ethik‹ von zentraler Bedeutung. Es ist nicht einzusehen, wie die Proklamationen der Gefangenschaftsbriefe die Gedanken der ›Ethik‹ außer Kraft setzen oder auch nur abschwächen könnten, die sie doch offenbar nur verdichten und konkretisieren wollen. Die Mandate gelten auch für den „religionslosen“ Menschen der Gegenwart. So kann sich dem Mandatcharakter der Arbeit – daß sie nämlich „keine Schöpfung aus dem Nichts wie die Schöpfung Gottes“, aber „ein Schaffen von Neuem auf Grund der ersten Schöpfung Gottes“ ist – „kein Mensch entziehen“ (71).

Dabei handelt es sich „in dem göttlichen Mandat der Kirche um den Auftrag, die Wirklichkeit Jesu Christi in Verkündigung, kirchlicher Ordnung und christlichem Leben wirklich werden zu lassen, es geht also um das ewige Heil der ganzen Welt“. So erstreckt sich auch das Mandat der Kirche „über alle Menschen, und zwar innerhalb aller anderen Mandate ... jede Aufteilung in getrennte Räume verbietet sich hier. Der ganze Mensch steht vor der ganzen irdischen und ewigen Wirklichkeit, wie sie Gott in Jesus Christus für ihn bereitet hat“ (73). Um dieser Einheit und Totalität des göttlichen Anspruches willen bevorzugt B. den Begriff des Mandats vor den Begriffen der Ordnung, des Standes und des Amtes. Methodisch wendet hier B. schon das Prinzip der „Uminterpretation“ traditioneller theologischer Begriffe an, das er dann in den Gefangenschaftsbriefen auf alle grundlegenden biblisch-dogmatischen Begriffe ausgedehnt wissen will. Dem Ordnungsbegriff wohnt seiner Auffassung nach die Gefahr inne, „den Blick stärker auf das Zuständliche der Ordnung als auf die die Ordnung allein begründende göttliche Ermächtigung, Legitimierung, Autorisierung zu richten, woraus dann allzu leicht die göttliche Sanktionierung aller überhaupt existierenden Ordnungen und damit ein romantischer Konservatismus folgt ..." (223). Die Lehre von den „Ständen" droht „zu einer gefährlichen Zerreißung des Menschen und der Wirklichkeit" zu führen (73). Der Begriff des Amtes aber ist „so profaniert und so eng mit institutionell-bürokratischem Denken verbunden, daß die Erhabenheit des göttlichen Beschlusses in ihm nicht vernommen werden kann" (223).

Daß es schon in dieser Anlage der ›Ethik‹ um die Beziehung des Evangeliums zur *ganzen* Welt, auch zur „mündigen", zur religionslosen Welt von heute geht, zeigt der Entwurf ›Über die Möglichkeit des Wortes der Kirche an die Welt‹, der in Tegel entstanden und im Anhang der ›Ethik‹ veröffentlicht ist. Da ist von dem „in der ganzen Christenheit der Welt erwachenden Verlangen nach dem lösenden Wort der Kirche an die Welt" ausgegangen, das auf die zunehmende Verwicklung aller „sozialen, ökonomischen, politischen, sexuellen, pädagogischen" Weltprobleme der Gegenwart (276) und auf das bisherige Versagen der Kirche in dieser Hinsicht zurückgeht. B. will dabei nicht verwischt sehen, daß das Wort Jesu es nicht „mit der Lösung weltlicher Probleme", sondern mit „Erlösung" zu tun hat. Aber daraus folgt nicht, „daß die Kirche in dieser Hinsicht gar keine Aufgabe hätte" (278). „Weil Jesus statt der *Lösung* von Problemen *Erlösung* der Menschen bringt, darum bringt er aber auch wirklich die Lösung aller menschlichen Probleme – ‚es wird alles zufallen' (Matth. 6, 33) – nur von ganz anderer Warte her" (277).

So will nun im einzelnen gesehen sein, daß „das Wort der Kirche an die Welt" „kein anderes sein" kann „als das Wort Gottes an die Welt" (278). „Nicht von einem Naturrecht, Vernunftrecht, allgemeinem Menschenrecht aus, sondern *allein* vom Evangelium von Jesus Christus aus ergibt sich das richtige Verhältnis der Kirche zur Welt", weil „das Wort der Kirche an die Welt" das „Kommen Gottes im Fleisch ist" (278). Deshalb darf es im besonderen ebensowenig eine Trennung wie eine Identifizierung von Gesetz und Evangelium geben, es darf nicht das Gesetz der Welt und das Evangelium der Gemeinde, es muß „Gesetz und Evangelium in gleicher Weise der Welt und der Gemeinde" gepredigt werden. Es gibt keine „doppelte kirchliche Moral", nämlich eine „für die Welt" und eine „für die Gemeinde", eine „für die Heiden" und eine „für die Christen", eine „für den Christen im weltlichen Bereich" und eine „für den homo religiosus". „Das ganze Gesetz und das ganze Evangelium Gottes gehört in gleicher Weise allen Menschen" (279). So sind denn auch „Dekalog und Bergpredigt" „nicht zwei verschiedene ethische Ideale, sondern der *eine* Ruf zu konkretem Gehorsam gegen den Gott und Vater Jesu Christi" (280). Erst „dort, wo alles auf Jesus Christus ausgerichtet wird", wird „die Welt wirklich Welt und der Mensch wirklich Mensch, ... nach Matthäus 6, 33" (281). „Von hier aus löst sich das viel behandelte Problem der Eigengesetzlichkeit der weltlichen Ordnungen". Es gibt „vor Gott" „keine Eigengesetzlichkeit". Es gibt nur „relative Eigengesetzlichkeit" etwa gegenüber einer „Heteronomie kirchlicher Theokratie". „Die konkrete Gestalt des göttlichen Gesetzes in Wirtschaft, Staat etc. muß von denen erkannt und gefunden werden, die verantwortlich in Wirtschaft und Staat arbeiten" (282).

Diese Sätze machen deutlich, daß die zugespitzten Aussagen der Gefangenschaftsbriefe über die nichtreligiöse Verkündigung in der mündigen Welt bei B. keineswegs unvorbereitet auftauchen – sie sprengen nicht die innere Systematik seiner Theologie. Sie können deshalb auch nicht als „qualitativer Sprung" in den „autonomen Gebraucht der Vernunft", statt nur den „Gebrauch der autonomen Vernunft" (Hanfried Müller 359) und als Wendung „zu einem klaren Optimismus in seiner Weltanschauung" (355) unter Ausscheidung aller auf eine versteckte theologia gloriae hindeutenden pessimistischen und irrationalistischen Elemente (356) interpretiert werden. Der Unterschied zu seinen früheren Schriften liegt weder im Sachverhalt noch im Motiv seines Denkens, sondern in der bestürzenden und antreibenden Vehemenz, mit der früher am Rande liegende Zusammenhänge in den Lichtkegel des Bewußtseins treten. Aus der grellen Beleuchtung, in der sie nunmehr erscheinen, den Schluß ziehen, daß sie die innere Systematik seines Denkens sprengen, heißt den Rang des Denkers B. unterschätzen. Der „änigmatische Charakter" der Gefangenschaftsbriefe, auf den Karl Barth hingewiesen hat, verliert von daher seine absolute und seine verwirrende Bedeutung. Es bleibt gewiß – das hängt mit dem schicksalhaft-fragmentarischen Charakter dieser letzten Äußerungen zusammen – die Interpretationsnotwendigkeit. Es handelt sich nicht um eindeutige und sofort anwendbare Rezepte. Richtig aber dürften sie nur dort interpretiert sein, wo sie nicht als Bruch mit den früheren Anschauungen, sondern als eine diese Anschauungen nicht aus-, sondern einschließende, nicht aufhebende, sondern bestätigende scharfe Akzentuierung und Beleuchtung der dort gemeinten Sachverhalte verstanden werden. Die früheren Anschauungen rücken, ohne verleugnet zu werden, unter einen neuen Gesichtspunkt. „Kultus", „Arkandisziplin", „Gemeinsames Leben", „Nachfolge" und „Ethik" sind bleibende Formen und Möglichkeiten der „religionslosen", der lebensmäßigen, nicht nur in Worten, sondern im extremen Fall wortlos-lebensmäßig erfolgenden Interpretation des Evangeliums in der religionslosen Welt. Da wo der Mensch bewußtseinsmäßig jeder direkten Anrede verschlossen und unerreichbar gegenübersteht, bleibt die Aufgabe und die Möglichkeit der lebensmäßigen, schweigenden Darstellung des Evangeliums in der „mündigen" Welt in der Form der ›Nachfolge‹ und der ›Ethik‹.

6. Weltliche Interpretation als Problem der soziologischen Gestalt der Kirche

Darüber hinaus taucht in der Theologie B.s schon in der Dissertation des 21jährigen ›Sanctorum communio‹ das Problem der soziologischen Gestalt der Kirche als einer Interpretation des Evangeliums auf, auf das zuletzt noch ein Blick geworfen sei. Ernst Wolf hat diese Arbeit „innerhalb der verhältnismäßig geringen Zahl neuerer Monographien zur Lehre von der Kirche wohl die scharfsinnigste und vielleicht tiefsinnigste Behandlung der Frage nach der wesenhaften Struktur der Kirche" genannt (SC 5). Ihre Bedeutung liegt darin, daß sie als „dogmatische Untersuchung zur Soziologie der Kirche" verstanden sein will, daß in ihr also nach theologischen Kriterien für die sichtbare, institutionelle Gestalt der Kirche gesucht und damit das Problem der theologisch richtigen Konkretisierung auf diejenige Seite der kirchlichen Existenz bezogen wird, die theologischer Besinnung bis auf den heutigen Tag am schwersten zugänglich ist. Daß „Sozialphilosophie und Soziologie" darin „in den Dienst der Dogmatik gestellt" werden, will nicht heißen, daß der soziologische Gesichtspunkt einer heteronomen Betrachtung unterworfen und dadurch verfälscht und „madig gemacht", sondern vielmehr, daß die „Gemeinschaftsstruktur der Kirche" „dem systematischen Verständnis erschlossen", daß also das theologische Bewußtsein für die soziologische Fragestellung geöffnet und ausgeweitet werden soll. „Je länger sich der Blick auf die Bedeutung der soziologischen Kategorie für die Theologie richtete, desto klarer trat die soziale Intention sämtlicher christlicher Grundbegriffe heraus. ‚Person', ‚Urstand', ‚Sünde', ‚Offenbarung' lassen sich nur im Bezug auf die Sozialität voll begreifen" (7). So gilt es denn „die in der Offenbarung in Christus gegebene Wirklichkeit einer Kirche Christi sozialphilosophisch und soziologisch strukturell zu verstehen" (14). Mit dieser Aufgabenstellung befindet sich B. bereits in vollem Umfang in der Problematik einer „religionslosen" Interpretation des Evangeliums inmitten der „mündigen" Welt. Und dies gilt nun auch nach der anderen Seite. Es ist ja nicht nur so, daß hier der Theologe die Probleme der Sozialphilosophie und Soziologie verstehend in das theologische Bewußtsein aufnimmt, er will ja auch den Offenbarungscharakter der Kirche dem sozialphilosophischen und soziologischen Bewußtsein verständlich machen, also in einer Sprache von ihm reden, die vom Autonomiebewußtsein geprägt ist. Er erreicht diese Übersetzung mit Hilfe des Strukturbegriffes. So kann er feststellen, daß „Personbegriff, Gemeinschaftsbegriff und Gottesbegriff" „in unlöslicher, wesentlicher Beziehung" (16) stehen. „Wir könnten, um zum Wesen des christlichen Gemeinschaftsbegriffes zu gelangen, prinzipiell ebensogut vom Gottesbegriff wie vom Personbegriff ausgehen" (16). Dieser durchgängige Rückgang hinter das Bewußtsein auf die Struktur ist charakteristisch für die Arbeit.

Diese Betrachtung erweist sich nach beiden Seiten hin als

fruchtbar. Die soziologischen Grundphänomene werden tiefer, die plastische Kraft der Kirche wird lebendiger erfaßt: „Indem wir gewisse Grundformen als schöpfungsmäßig erkannten, wird sich nun fragen, wie weit die Gestalt der Kirche in sie eingeht, und ob etwa in ihr sich die Synthese ihrer aller finden läßt" (83). Dabei darf nicht verwischt werden, daß man nicht von einem allgemeinen Religionsbegriff oder der Idee des Heiligen aus, sondern „nur aus dem Offenbarungsbegriff zu dem Kirchenbegriff kommt" (90). „Christus als Gemeinde existierend" (137, 139, 145, 146, 151, 156, 158) – darin sind auch alle Probleme der soziologischen Gestalt der Kirche beschlossen. Dabei ist entscheidend, daß „die Einheit der Kirche als Struktur" hergestellt ist „vor allem Wissen und Wollen der Glieder, sie ist nicht Ideal, sondern Wirklichkeit" (145). In diesem Sinne kann B. sagen: „Auch von Soziologen ist die soziologische Bedeutung des Vaterunsers erkannt worden" (147). „Um den zeitlichen Bau der Kirche als der Gemeinde Gottes auszuführen, offenbart sich Gott als Heiliger Geist" (95). Die in Christus gesetzte Kirche wird „notwendig aktualisiert" (95). So gesehen, ist die Kirche „identisch mit Reich Christi" als dem „in der Geschichte seit Christus verwirklichten Reich Gottes" (105). Darin erweist sich Christus als der Herr der neuen Menschheit; er stellt „in seinem geschichtlichen Leben die gesamte Geschichte der Menschheit" dar (99), er ist „das neue Lebensprinzip seiner Gemeinde", „seine Beziehung zur Gemeinde ist ‚gemeinschaftlich' und ‚herrschaftlich'" (98). So ist „in Christus die Menschheit real in die Gottesgemeinschaft hineingezogen, wie in Adam die Menschheit fiel" (97), „Stellvertretung ist das Lebensprinzip der neuen Menschheit" (98). Und so kommt es denn nun zur „empirischen Gestalt der Kirche" (153) – die „mitten unter uns" die „Gemeinschaft der Heiligen" „darstellt" (153) – darstellt als „organisierte Heils‚anstalt'" mit Kultus und Sakrament, mit der „Versammlung der Glieder", „rechtlich verfaßt", mit „festgesetzten gottesdienstlichen Ordnungen", ohne „Garantie für die innere Beschaffenheit ihrer Glieder", als „Darstellung des objektiven Geistes der Gemeinde" (153). Diese „konkrete geschichtliche Gemeinschaft in der Relativität ihrer Formen, in der Unvollkommenheit und

Unscheinbarkeit ihres Auftretens" ist „Leib Christi, Gegenwart Christi auf Erden, denn sie hat sein Wort" (154). Auch in der Kirche bewährt sich somit das sozialphilosophische, für alles irdische Gemeinschaftsleben festgestellte Fundament des „objektiven Geistes", das hier „auf die Kirche übertragen" den Anspruch erhebt, „Träger der geschichtlichen Wirksamkeit Jesu Christi und der sozialen Wirksamkeit des Heiligen Geistes zu sein" (154). So verstanden ist bei aller Trübung durch „die menschliche Unvollkommenheit und die Sünde" (154) „die Kirchengeschichte das verborgene Zentrum der Weltgeschichte" (155). Damit ist B. gewiß, den „lutherischen Kirchenbegriff" wieder auf den Leuchter gestellt zu haben – sowohl Kant wie Hegel gegenüber. Er weiß nicht nur wie Kant von der Unvollkommenheit, sondern von der Sünde der Kirche. Die Sanctorum communio bleibt eine Gemeinschaft der Sünder. Und der objektive Geist geht nicht wie bei Hegel „einfach in die subjektiven Geister ein" (156). Der „idealistische Geistmonismus" scheitert am „Wort" (157). Der „objektive Geist" darf nicht mit dem „Heiligen Geist" identifiziert werden (158). Christus und der Heilige Geist „bedienen sich" aber „beim Bau der empirischen Kirche" des jeweils in individuellen geschichtlichen Formen gegebenen objektiven Geistes (158 f.). Jedenfalls aktualisiert sich die Offenbarung Gottes in Christus wesensnotwendig immer auch in soziologischer Gestalt. Das Walten des Heiligen Geistes erweist seine Mächtigkeit auch und gerade in der religionslosen Welt von heute und morgen im immer neuen Ringen um echte, wesensgemäße und wirkungskräftige Formen „Gemeinsamen Lebens". Es ist deshalb nicht zufällig, daß B. unter diesem Titel das Thema von Sanctorum communio 1939, nun auf Grund konkreter Erfahrungen im Kirchenkampf und in der Leitung des Predigerseminars der Bekennenden Kirche in Finkenwalde, noch einmal in Form einer Besinnung über konkrete Formen geistlicher Lebensordnung aufnimmt. Dabei kommt es ihm darauf an, die Klärung und Förderung der behandelten Fragen: Gemeinschaft, Der gemeinsame Tag, Der einsame Tag, Der Dienst, Beichte und Abendmahl als „eine der Kirche gestellte Aufgabe" eindringlich zu machen. So ergibt sich, wie dies auch John D. Godsey in seiner trefflichen

Darstellung der Theologie B.s[9], einer Dissertation bei Karl Barth, und Jürgen Moltmann[10] aufzeigen, daß schon in der Frage der soziologischen Gestalt der Kirche sich für B. die Problematik einer „religionslosen", in weltlichen Formen erfolgenden Auslegung und Darstellung des Evangeliums ankündigt und daß auch die soziologische Gestalt der Kirche eine der bleibenden „religionslosen" Auslegungs- und Verkündigungsformen des Evangeliums in der „mündigen Welt" darstellt. Es ist, aufs Ganze gesehen, also deutlich, daß zwischen den alarmierenden Äußerungen der Gefangenschaftsbriefe und den grundlegenden theologischen Schriften ein viel engerer sachlicher und systematischer Zusammenhang besteht, als zunächst scheinen mag. Die Beziehung zwischen Kirche und Welt ist das erregende und weitertreibende Grundmotiv schon der theologischen Hauptschriften. Von ihnen muß deshalb bei der Interpretation der „änigmatischen" Äußerungen der Briefe ausgegangen werden, wenn man nicht den Boden unter den Füßen verlieren und ins Fantasieren geraten will.

III. Die terminologische Problematik

Aber so fest uns nach unserer hier nur im Umriß andeutbaren Strukturanalyse der sachliche Zusammenhang des Prinzips der weltlichen Interpretation mit den Hauptschriften B.s zu stehen scheint und so sicher sich daraus die konkrete Bedeutung und die praktische Anwendbarkeit des Prinzips ergibt, so nachdrücklich muß nun noch auf die in der Terminologie B.s liegenden Schwierigkeiten hingewiesen werden, da sie sowohl die Erkenntnis dieses systematisch-sachlichen Zusammenhanges wie die praktische Anwendung des Prinzips der weltlichen Interpretation und Verkündigung in Frage stellen.

[9] The Theology of Dietrich Bonhoeffer, London, 1960.

[10] Jürgen Moltmann, Herrschaft Christi und soziale Wirklichkeit nach Dietrich Bonhoeffer, München, 1959.

1. Der Begriff der „Mündigkeit"

Da ist zunächst vom Begriff der „Mündigkeit" zu sagen, daß gewiß seine Bedeutung für das *Bewußtsein* des Gegenwartsmenschen gar nicht überschätzt werden kann. Er ist für das Selbstbewußtsein und das Selbstverständnis des modernen Menschen gewiß schlechthin konstitutiv. Dieses Mündigkeits*bewußtsein* entwickelt sich unaufhaltsam in dem von B. zutreffend umschriebenen Zeitraum, also etwa seit dem 13. Jahrhundert (WE 215). Fraglich ist aber schon, ob es überhaupt ratsam ist, den Begriff der Mündigkeit anstelle des kaum entbehrlichen Autonomiebegriffes einzuführen. Auch B. selbst verwendet diesen an der Stelle, an der er, mehr vom „Instinkt für kommende Fragen" als schon gewonnener Klarheit geleitet (WE 215), seinen Standort „am Geschichtlichen" zu bezeichnen versucht. Er redet hier von der im 13. Jahrhundert beginnenden „Bewegung in der Richtung auf die menschliche Autonomie" und versteht darunter „die Entdeckung der Gesetze, nach denen die Welt in Wissenschaft, Gesellschafts- und Staatsleben, Kunst, Ethik und Religion lebt und mit sich selbst fertig wird" (215). Man kann nur vermuten, was B. veranlaßt haben mag, anstelle des Autonomiebegriffs den der Mündigkeit einzuführen. Vermutlich ist es der persönliche Akzent, der den Begriff der Mündigkeit auszeichnet. Er drückt die Konsequenzen der Autonomiebewegung für das menschliche Selbstverständnis und Selbstbewußtsein aus. Man kann B. nun voll zustimmen, daß diese persönliche Seite deutlicher gesehen werden muß als bisher. Dann aber wird auch die *Unterscheidung von Mündigkeitsanspruch und wirklicher Mündigkeit* zu einer unerläßlichen Notwendigkeit. Sonst wird der Sprachgebrauch unkritisch und verliert entscheidend an Erkenntniswert. Diese Unterscheidung fehlt in der Tat bei B. Man gewinnt den Eindruck, daß ihn hier der polemische Eifer gegenüber der theologisch-kirchlichen Tradition gehemmt hat, die Grenze des Begriffs zu sehen. Damit nimmt er sich aber, wie doch seine eigentliche Absicht ist, die Möglichkeit, „die Mündigkeit der Welt" „besser" zu verstehen, „als sie sich selbst versteht" (WE 221); statt dessen identifiziert er sich mit ihr, und so wird aus „verstehen" „einverstanden sein" – jedenfalls kann man es niemandem verargen, wenn er dies nun für B.s Meinung hält und im besonderen die begierig aufgegriffene Wendung „den Menschen in seiner Weltlichkeit" „nicht madig machen" (236) als die ausdrückliche Bestätigung seines Mißverständnisses durch B. auffaßt. So entsteht unvermeidlich ein unkritischer und verwirrender Sprachgebrauch, der der realen Dialektik im „Zustand", in der charakterologischen Struktur, im Unterschied vom bloßen Bewußtsein, des modernen Menschen nicht gerecht wird. Charakteristisch dafür ist jedenfalls ein schwer entflechtbares Ineinander von Mündigkeitsrhetorik und realer, struktureller, gelebter Unmündigkeit.

2. Der Religionsbegriff Bonhoeffers

Diese charakterologische Dialektik kann aber nur aufgehellt werden, wenn auch die Problematik von B.s Religionsbegriff gesehen wird. B. geht hier offensichtlich von der Religionskritik Karl Barths aus, ohne sich freilich an dessen Regel zu halten, daß die theologische Betrachtung der Religion sich „vor allem in der Übung einer ausgezeichneten Geduld gegenüber diesem Gegenstand von anderen Betrachtungsweisen abzuheben"[11] und sich durch eine „große Behutsamkeit und Barmherzigkeit ihrer Beobachtung und ihrer Werturteile auszuzeichnen" habe (324). Auch Karl Barth kommt zu dem Verwerfungsurteil: „Religion ist Unglaube", sie ist „die Angelegenheit des *gottlosen* Menschen", und er sieht darin „das Urteil der göttlichen Offenbarung über alle Religion" – auch die christliche (327), die als „Götzendienst" und „Werkgerechtigkeit" „entlarvt" wird. Ihre Gefahr ist der „Religionismus" (321), der den Menschen in ihr „seinen Trost" und „seinen Gott" suchen läßt (323). Das heißt wahrlich, ihr gegenüber zur höchsten Wachsamkeit aufrufen – der Wachsamkeit, die Paulus gegenüber dem Gesetz für geboten hielt. Aber das ergibt doch einen wesentlich differenzierteren Sprachge-

[11] Dogmatik I, 2, 4. Aufl., Zürich, 1948, 326.

brauch, als B. ihn hat. B. rechnet mit dem Verschwinden des Phänomens der Religion aus dem Lebenshaushalt des modernen Menschen, während Barth ihm bleibende anthropologische Bedeutung zuspricht. Er sieht es auch noch in ihren fremdesten Formen der „Mystik" und des „Atheismus" wirken (344). Gewiß ist Offenbarung „souveränes Handeln Gottes am Menschen" – dabei darf aber „der Mensch keineswegs übersehen und ausgeschaltet werden ... – und so wahrlich auch nicht die Religion" (322). Sie stellt eben die „letzte, höchste Menschenmöglichkeit" dar[12]. „Was anders können wir denn ehrlicherweise sein als eben – religiöse Menschen, büßend in Staub und Asche, ringend danach, daß wir selig werden unter Furcht und Zittern und wahrlich, wenn mit einer Geste, dann mit der des Adoranten?!" (›Römerbrief‹, 236).

Dieser Zeichnung gegenüber erscheint nun das Bild, das B. von der Religionslosigkeit des „mündigen" Menschen entwirft, eigentümlich flächenhaft und unperspektivisch. Das hängt unverkennbar damit zusammen, daß sein Religionsbegriff ebenso wie der Begriff der Mündigkeit nur das Bewußtsein, aber nicht das Sein, den „Zustand" (Nietzsche) des modernen Menschen trifft, also die unbewußten seelischen Funktionen außer Betracht läßt. Das Mündigkeitsbewußtsein und der Mündigkeitsanspruch enthalten bei aller ihrer dogmatischen Selbstverständlichkeit keinerlei Gewähr für wirkliche Mündigkeit. Und so besagt auch das *Bewußtsein* der Religionslosigkeit, so unwiderruflich und pathetisch es sich auch aussprechen mag, nichts über die wirkliche Bedeutung, die das Phänomen der Religion im Erleben des mündigen Menschen hat. Die Religion ist bei B. nur als intellektuelles, nicht als psychologisches und anthropologisches Problem gesehen. Das menschliche Bewußtsein deckt sich nicht mit dem menschlichen Sein, und das ist nicht nur für das Selbstverständnis und für den Welt- und Wirklichkeitsbezug des modernen Menschen, sondern schlechterdings für alle anthropologischen und kosmologischen Zusammenhänge der menschlichen Existenz von umstürzender Bedeutung. So gehört es denn zu den sicher-

[12] Römerbrief, 2. Aufl., München, 1922, 224.

sten Ergebnissen der heutigen Psychologie, Charakterologie und Anthropologie, daß das Mündigkeitsbewußtsein des modernen Menschen eine Selbsttäuschung ist. Paul Tillich hat schon 1930 (in: Religiöse Verwirklichung, Berlin 1930 und dann wieder in: Der Protestantismus. Prinzip und Wirklichkeit, Stuttgart 1950) in unwiderleglichen Analysen den Zusammenbruch des Autonomiebewußtseins vom Unbewußten, dem „zerstörerischen Hervorbrechen der verdrängten seelisch-vitalen Mächte" her aufgezeigt. Die Psychotherapie hat von ihren Begründern S. Freud, A. Adler und C. G. Jung an bis zu ihren jüngsten Vertretern in einer erdrückenden Fülle von Beobachtungen den Sachverhalt erhärtet, den C. G. Jung in dem Satz beschreibt:

> Die moderne Psychopathologie verfügt über eine Fülle von Beobachtungen seelischer Tätigkeiten, welche den Bewußtseinsfunktionen durchaus analog und doch unbewußt sind ... Alles, was im Bewußtsein geschieht, kann gegebenenfalls auch unbewußt geschehen ... Was außerhalb (sc. des Lichtkegels des Bewußtseins) im Dunklen liegt, ist zwar unbewußt, lebt und wirkt aber trotzdem[13].

Mit zunehmender Deutlichkeit beziehen sich diese Feststellungen nun auch auf das Phänomen der Religion. Religion ist nicht nur ein Bewußtseins-, sondern ein anthropologisches Strukturphänomen, das zwar verdrängt, aber nicht unwirksam gemacht werden kann. „Der religiöse Akt wird von jedem Menschen notwendig vollzogen." Diese frühe Feststellung Max Schelers[14] ist seither nicht nur von C. G. Jung, der die *psychische* Realität, sondern neuerdings auch von den Wiener Psychotherapeuten Igor Caruso und Wilfried Daim, die die *metaphysische* Realität der Religion für erwiesen ansehen, und von dem Wiener Psychiater Viktor E. Frankl nachdrücklich bestätigt worden. Der Mensch „glaubt" bewußt oder unbewußt an Gott oder an Götter. „Es" glaubt in ihm. Auch der Atheist hat seinen „unbewußten Gott" (Frankl).

Für unser Problem ist besonders wichtig, daß es sich dabei

[13] Seelenprobleme der Gegenwart, Zürich, Leipzig, Stuttgart, 1931, 177.

[14] Vom Ewigen im Menschen, Leipzig, 1921, 559.

offenbar um die Wiederentdeckung und Bestätigung der Religionsauffassung Luthers handelt, ohne daß übrigens diese Autoren auf ihn Bezug nehmen. Es ist aus Raumgründen hier unmöglich, diesen ganzen Sachverhalt in der eigentlich gebotenen Ausführlichkeit darzulegen. Für Luther mag ein Hinweis genügen, dessen repräsentative Bedeutung für seine „Uminterpretation" der biblischen Grundbegriffe auf der Hand liegt und auf den man nicht oft genug hinweisen kann. „Was heißt" – so fragt er bei der Erläuterung des 1. Gebots im Großen Katechismus –

> ein Gott haben oder was ist Gott? Antwort: Ein Gott heißet das, dazu man sich versehen soll alles Guten und Zuflucht haben in allen Nöten. Also daß ein Gott haben nichts anders ist, denn ihm von Herzen trauen und glauben ... Worauf Du nu (sage ich) Dein Herz hängest und verlässest, das ist eigentlich Dein Gott.

„Die Meinung" des 1. Gebotes ist danach, „daß es fordert rechten Glauben und Zuversicht des Herzens, welche den rechten einigen Gott treffe und an ihm alleine hange". Diese Beschreibung des Glaubens als fiducia, als „Hängen und Verlassen des Herzens" macht eindeutig klar, daß es sich hier nicht um eine in das Belieben des Menschen gestellte Bewußtseins-, sondern um eine sich auch unabhängig vom Bewußtsein durchsetzende, einfach zu seiner Existenz als Mensch gehörige Wesensfunktion handelt, an der er nicht nur mit dem Intellekt, dem Willen oder dem Gefühl, sondern mit dem „Herzen" als der Mitte und dem Quellort seines Wesens beteiligt ist und von der „der Aufbau der Person"[15], die Prägung seines Charakters und seines „Zustandes" ausgeht. Daß es sich hier um eine dem Bewußtsein unverfügbare, nur theologisch definierbare, in seiner Geschöpflichkeit begründete, sich mit triebhafter Unwiderstehlichkeit durchsetzende Existentialfunktion des Menschen handelt, hat Luther in plastischer Klarheit gesehen. „Denn es ist nie kein Volk so rauchlos [ruchlos] gewesen, das nicht einen Gottesdienst aufgerichtet und gehalten habe; da hat jiderman zum sonderlichen Gott aufgeworfen, dazu er sich Guts, Hülfe und Trost versehen hat." Darin

[15] Vgl. dazu das grundlegende Werk von Philipp Lersch, München, 1954.

sieht Luther das Grundmotiv der ganzen Religionsgeschichte der Menschheit. „Es machet ihm jedermann zum Gott, dazu ihn sein Herz trug. Also daß eigentlich, auch nach aller Heiden Meinung, einen Gott haben heißet trauen und gläuben." Diese Wesensstruktur erläutert er beispielhaft am Verhältnis des Menschen zum Geld, dem „Mammon", dem „allergemeinest Abgott auf Erden". „Es ist mancher, der meinet, er habe Gott und alles genug, wenn er Geld und Gut hat, verläßt und brüstet sich drauf so steif und sicher, daß er auf niemand nichts gibt ... Wer Geld und Gut hat, der weiß sich sicher, ist fröhlich und unerschrocken, als sitze er mitten im Paradies: und wiederümb, wer keins hat, der zweifelt und verzagt, als wisse er von keinem Gott." Jeder Weltinhalt, jede menschliche Grunderfahrung und -beziehung ist solcher Verabsolutierung, solcher Verwechselung von Gott und Abgott fähig. „Also auch, wer darauf trauet und trotzet, daß er große Kunst, Klugheit, Gewalt, Gunst, Freundschaft und Ehre hat, der hat auch einen Gott, aber nicht diesen rechten, einigen Gott. Das siehest du abermal dabei, wie vermessen, sicher und stolz man ist auf solche Güter, und wie verzagt, wenn sie nicht furhanden oder entzogen werden."[16]

Dieser Existentialcharakter der Glaubensfunktion macht den Unterscheidungs- und Entscheidungscharakter des Glaubens, der für die christliche Auffassung charakteristisch ist, erst recht einsichtig. Die eigentliche Ursünde, die Erbsünde des Menschen, liegt in der Pervertierbarkeit der Glaubensfunktion. Der Mensch kann nicht nur an Gott, er kann auch an Götter glauben. Daran fehlt es bei den Heiden, „daß ihr Trauen falsch und unrecht ist; denn es ist nicht auf den einigen Gott gestellet ... Also ist es ümb alle Abgötterei getan; denn sie stehet nicht allein darin, daß man ein Bild aufrichtet und anbetet, sondern fürnehmlich im Herzen, welchs anderswohin gaffet, Hülfe und Trost suchet bei den Kreaturn ..."[17].

[16] Bekenntnisschriften, 1930, S. 560 ff.; WA 30, I, 133 ff. Vgl. die Erörterung des Problems der Wiederentdeckung von Luthers Glaubensverständnis im modernen wissenschaftlichen Bewußtsein in meiner Schrift: Die Erkenntnisfunktion des Glaubens, Berlin, 1952.

[17] Gr. Kat., Bekenntnisschr. S. 564.

Worauf es beim Religionsbegriff für den mündigen Menschen ankommt, wird in der heutigen wissenschaftlichen Wiederentdeckung dieses realistisch-existentialen Glaubensverständnisses klar. Da steht – um nur einige Beispiele herauszuheben – für Max Scheler fest:

Da der religiöse Akt eine wesensnotwendige Mitgift der menschlichen geistigen Seele ist, kann gar nicht die Frage ergehen, ob er von einem Menschen vollzogen wird oder nicht. Es kann nur die Frage ergehen, ob er das ihm adäquate Objekt findet, das Ideenkorrelat, zu dem er wesensmäßig gehört oder ob er auf ein Objekt zielt und es als heilig und göttlich, als absolutes Wertgut bejaht, das seinem Wesen widerstreitet, da es der Sphäre endlicher, kontingenter Güter angehört. Es besteht das Wesensgesetz: jeder endliche Geist glaubt entweder an Gott oder an einen Götzen.[18]

Für Eduard Spranger kommt es der „verwaschenen Bedeutung" gegenüber, die das Wort „Glauben" im heutigen Sprachgebrauch hat, darauf an, daß „glauben" nicht soviel wie „meinen", „annehmen", „von außen her übernehmen", sondern, daß es „ein Vertrauen auf gewisse Tatbestände der Welt und des Menschenlebens in ihr bedeutet, und zwar ein Vertrauen, das als eigentliches Fundament der persönlichen Lebensstruktur eingebaut ist und den ganzen Lebensvollzug in Erlebnis und Tat maßgebend bestimmt". „Glaube ist diejenige Art von Gewißheit über weltanschaulich bedeutsame Sachverhalte, mit der die persönliche Existenz steht und fällt." In dieser Definition fehlt zwar der Hinweis auf die Zweideutigkeit und den Entscheidungscharakter des Glaubens, aber es ist dafür das Moment der Unmittelbarkeit und möglichen Unbewußtheit besonders klar gesehen. „Dieser Glaube kann ganz anders beschaffen sein, als sein Inhaber selbst weiß und aussagt. Was einer implizite glaubt (indem er danach lebt), ist meistens verschieden von dem, was er explizite bekennt."[19]

Bei Wilfried Daim ist neben der unverfügbaren Existentialität

[18] Vom Ewigen im Menschen, 559.

[19] Die Magie der Seele. Religionsphilosophische Vorspiele, Berlin, 1947, 52.

und der Zweideutigkeit der Glaubensfunktion ihre entscheidende Bedeutung für den Weltbezug und das Wirklichkeitsverständnis des „mündigen“ Menschen besonders klar gesehen.

Mit seinem Absoluten steht und fällt der Mensch, es ist ihm das allein wirklich und endgültig Interessante und Wichtige. Das Absolute ist das, womit der Mensch sich absolut identifiziert. Es ist das, was seinen eigentlichen ‚Lebensinhalt‘ ausmacht, worauf er ‚alle Hoffnung‘ setzt, womit er ‚steht und fällt‘ ... Dieses Absolute ist ... sein ‚Schatz‘, worauf er ‚sein Herz setzte‘, wie eine wörtliche Übersetzung von credere cordare lauten würde[20].
Das objektiv Absolute ist Gott. Des Menschen zentralste Potenz ist die Fähigkeit der Kommunikation mit ihm. Gott ist der Welt gegenüber transzendent ... Wird aber nicht das Absolute als absolut genommen, sondern als relativ, dafür aber etwas Relatives als Absolutes, dann entsteht ein zentraler Konflikt im Menschen. Jenes Relative, das verabsolutiert wurde, ist nun nicht Gott, sondern ein Götze. Der Götze entsteht also durch eine Vergötterung eines Relativen und geht mit einer Entthronung Gottes einher ... Mit der Relativierung Gottes und der Verabsolutierung eines Götzen entsteht aber ein Zusammenstoß mit der Realität, der verhängnisvolle Folgen haben muß ... Wird aus der Realität ein Sektor der Welt ausgeschnitten und zum Götzen erhoben, also verabsolutiert, dann tritt eine Verzerrung und Verrückung des Standpunktes sowohl der Dinge als auch der Person selber ein. Mensch und Welt sind zueinander verrückt, die gegebenen Ordnungen sind zerbrochen[21].

Dieser dem Bewußtsein und der Willkür des Menschen völlig unverfügbare anthropologische Tatbestand muß gesehen werden, wenn das Mündigkeitsbewußtsein des modernen Menschen in die richtige Proportion zu seinem Sein, zu seinem wirklichen Zustand gesetzt werden soll. Es nützt ja nichts, daß er nicht „religiös“ sein und daß er mit dem Begriff auch die Sache losgeworden sein will, wenn wirklich „der religiöse Akt von jedem Menschen notwendig vollzogen“ (Max Scheler) wird und wenn Religion es wirklich mit dem zu tun hat, was „unbedingt angeht“ (Paul Tillich). So muß denn die Kennzeichnung der *Bewußtseins*haltung des modernen Menschen, die B. in den beiden

[20] Umwertung der Psychoanalyse, Wien, 1951, 128.
[21] A. a. O., S. 130 f.

Begriffen „mündig“ und „unreligiös“ gibt, unbedingt durch eine Aussage ergänzt werden, die seine *Herzens*haltung und d. h. seinen Glauben im existential-realistischen Sinn des Wortes betrifft. Und dies gerade deshalb, weil nur so die Intention B.s erfüllt werden kann, den modernen Menschen wirklich in seinem innersten Anliegen ernst zu nehmen und zu verstehen – wenn möglich besser, als er sich selbst versteht. So darf es sich denn auch nicht darum handeln, die Religionskritik B.s irgendwie abzuschwächen. Die religiöse Gefährdung ist deshalb so groß, weil es in der Religion um die innersten Bereiche des menschlichen Seins und des menschlichen Erlebens geht. Corruptio optimi pessima! Der „Religionismus“ bedroht nicht nur das Innenleben der Kirche in Gottesdienst, Verkündigung, Seelsorge und Unterricht, er gefährdet auch die Beziehung der Kirche zur Welt. Die Verwechselung von Religion und Reich Gottes reicht eben bis in das innerste Zentrum des kirchlichen Auftrags. Aber gerade weil die Gefahr so groß ist, darf nicht übersehen werden, daß ihr auch der „mündig“ gewordene Mensch noch voll unterliegt. Der Religionismus ist eben nicht nur ein kirchliches, sondern auch ein allgemein menschliches, ein anthropologisches Grundproblem. Das übersehen, hieße den „mündigen“ Menschen in einem Pharisäismus legitimieren, der seine Unausstehlichkeit und Gefährlichkeit nicht dadurch verliert, daß er weltliche Form annimmt. Der aus dem Bewußtsein verdrängte Glaubensimpuls des mündig und religionslos gewordenen Menschen kann seine Objekte nur mehr noch in der immanenten, der sinnlichen Erfahrung oder dem rationalen Denken zugänglichen Welt finden, und er muß hier, zum „verdrängten Komplex“ geworden, unweigerlich tiefgreifende Strukturveränderungen hervorbringen, die aus dem dunkeln Drang nach Unbedingtheit entspringen. Das Mündigkeitsbewußtsein des modernen Menschen ist somit ganz unvermeidlich von einer unübersehbaren Fülle ungewollter und unerkannter Glaubensbindungen durchsetzt, die sein Selbstverständnis, seine Weltdeutung und Weltbeziehung entscheidend bestimmen.

So weist C. F. v. Weizsäcker nach, daß im „Weltbild der neuzeitlichen Naturwissenschaft“ „die Würde, die im Mittelalter Gott vorbehalten war“, „der Welt zugefallen ist ... Das Leiden jedes Menschen an Zeit und Vergänglichkeit ist wohl so groß, daß er an etwas der Vernichtung Enthobenes glauben muß, um leben zu können. Wer nicht mehr an ein ewiges Leben glaubte, der mußte wohl an eine unendliche Dauer der materiellen Welt glauben."[22] In diesem Sinne nennt er den „Glauben an die Naturwissenschaft" die „Weltreligion" von heute, „eine Religion, der alle Menschen auf der Welt anhängen", und er hält die „Entmythisierung" der Naturwissenschaft für ein kategorisches Gebot echter „Wissenschaftlichkeit"[23]. In entsprechender Weise zeigt der Nationalökonom Alfred Müller-Armack die Bedeutung des Phänomens der „Idolisierung" für das moderne Wirtschaftsdenken und die Entstehung der Wirtschaftsstile in der neueren Geschichte auf. Er versteht darunter wieder die Verabsolutierung endlicher Wirtschaftsgüter und legt Wert darauf, daß seine Untersuchungen weder „theologisch" noch „metaphysisch-spekulativ", sondern „empirisch" und „fachwissenschaftlich" gedacht sind und auf „konkreten, nationalökonomischen und soziologischen Erhebungen und Erfahrungen" beruhen[24].

Nur wer diese Unterströmungen mit der in betäubender Lautstärke zutage tretenden Oberströmung des Autonomiebewußtseins, nur wer den Implizite-Glauben des mündigen Menschen, nach dem er unbewußt lebt, mit seinem Explizite-Glauben, den er laut bekennt, zusammenzuschauen und zusammenzuhören versucht, kann hoffen, den modernen Menschen nicht nur in seinem „Herzen", sondern auch in seinem Welt- und Wirklichkeitsbezug zu treffen. Wer den mündigen Menschen ernst nehmen, wer ihn verstehen, besser verstehen will, als er sich selbst versteht, muß ihn seinem Mündigkeitsbewußtsein gegenüber kritisch machen. So allein werden beide Intentionen B.s erfüllt: unverkürztes und unverwässertes Evangelium, Herrschaft Christi über

[22] Zum Weltbild der Physik. Stuttgart, [4]1949, 152.

[23] Christlicher Glaube und Naturwissenschaft, Berlin, 1959, 12, 27.

[24] Das Jahrhundert ohne Gott. Zur Kultursoziologie unserer Zeit, Regensburg / Münster, 1948, 8; Diagnose unserer Zeit. Zur Bestimmung unseres geistesgeschichtlichen Standorts, Gütersloh, 1949; Genealogie der Wirtschaftsstile, Stuttgart, 1941.

alle Bereiche der Wirklichkeit und uneingeschränkte Offenheit und Begegnungsbereitschaft mit dem mündigen Menschen. Heute Evangelium verkündigen muß beides heißen: unbedingter Realismus und unbedingte Kritik. Das Wort Gottes muß dem mündigen, sich gegen alle direkte religiöse Anrede sperrenden Menschen als das Licht verständlich werden, das nicht nur sein Bewußtsein erhellend umfängt, sondern auch sein Sein enthüllend und richtend durchdringt und das so allein auch die falschen metaphysischen Akzente aufzudecken die Vollmacht hat, die sein Wirklichkeitsbild und seinen Weltbezug „verrücken". „Verstehen" kann der Mensch von heute die evangelische Botschaft erst dann wieder, wenn ihm die Augen aufgehen über den unverbrüchlichen Realismus des Herrenwortes: „Wer sein Leben erhalten will, der wird es verlieren; und wer sein Leben verliert um meinet- und des Evangeliums willen, der wird es erhalten" (Mark. 8,35). Er muß begreifen, daß es ein unabdingbares Lebensgesetz ist, daß jede Verabsolutierung irdischer Lebensgüter im genauen Gegensatz zu dem, was darin gewollt ist, zu ihrer Zerstörung führt. Insofern hat Max Scheler, der ja doch wahrlich ein mündiger, ein moderner Mensch war, recht, wenn er die „religionspädagogische Regel" aufstellt:

Nicht eine äußere Hinführung des Menschen zur Idee und Realität Gottes (sei es durch sog. Beweise oder durch Überredung) ist der Weg, auf dem der sog. Unglaube zu beseitigen ist, sondern der an dem besonderen Leben jedes Menschen und jeder Klasse solcher Menschen sicher mögliche Nachweis, daß er an die Stelle Gottes, d.h., daß er in die Absolutsphäre seines Gegenstandsreiches, die ihm als Sphäre auf alle Fälle „gegeben" ist, ein endliches Gut gesetzt habe, – daß er ein solches Gut, wie wir sagen wollen, „vergötzt" habe, daß er sich in es „vergafft" habe (wie die alten Mystiker sagten)[25].

Bei der heute gegebenen Lage, in der der direkte religiöse Begriff von vornherein auf verschlossene Ohren trifft, ist nur die indirekte Verkündigung möglich, die von dem Realitätsbewußtsein des mündigen Menschen ausgeht, es von den falschen, unbe-

[25] Vom Ewigen im Menschen, a. a. O., S. 559.

wußten, metaphysischen Akzenten reinigt, von denen es durchsetzt ist und die Urworte des Evangeliums in die Sprache dieser entgötterten Wirklichkeitserfahrung übersetzt. So allein kann die „Korrelation" deutlich werden, in der die christliche Offenbarung zu Grundfragen der menschlichen Existenz auch gerade des mündigen Menschen steht, die eben nicht vom autonomen Bewußtsein, sondern nur von der Offenbarung her, nur theologisch-realistisch beantwortet werden können[26]. Daß hier jede menschliche Bemühung zuletzt noch von der Wirksamkeit des Heiligen Geistes abhängt, von der es heißt: „Was kein Auge gesehen hat und kein Ohr gehört hat und in keines Menschen Herz gekommen ist, was Gott bereitet hat denen, die ihn lieben. Uns aber hat es Gott offenbart durch seinen Geist ..." (1, Kor. 2, 9 f.), das hebt die Notwendigkeit nicht auf, hier bis an die äußerste Grenze menschlicher Verantwortung zu gehen[27].

Sollte aber der Eindruck entstehen, daß eine so einschneidende Kritik an der Terminologie B.s die innere Systematik seiner Theologie überhaupt sprenge, so kann dazu nur gesagt werden, daß sie uns gerade vom Vertrauen in die unerschöpfte Fruchtbarkeit seines Denkens her gefordert scheint. So wie heute keine Verkündigung des Evangeliums wirkungskräftig werden kann, die am Mündigkeitsbewußtsein der heutigen Welt und an ihrer Religionslosigkeit vorbeigeht, wie also die in dieser Richtung liegenden sachlichen Anliegen B.s keinerlei Abschwächung vertragen, so will auch gesehen sein, daß die Entfaltung und konkrete Durchführung seiner theologischen Grundanliegen jede Dogmatisierung seiner *Formulierungen* verbietet. Im übrigen liegen in der inneren Weiträumigkeit seiner Gedanken Möglichkeiten genug für die Anwendung der kritischen Gesichtspunkte, die wir aufgestellt haben. Es sei nur etwa noch an die Energie erin-

[26] Vgl. Paul Tillich: Die Methode der Korrelation. In: Systematische Theologie, Bd. 1, S. 73 ff.

[27] Vgl. hierzu: Dedo Müller: Die Sprache als Problem der Praktischen Theologie. In: Das Problem der Sprache in Theologie und Kirche. Referate vom Deutschen Evang. Theologentag 27.–31. Mai 1958 in Berlin, hrsg. von Wilhelm Schneemelcher, Berlin 1959.

nert, mit der er in seiner Habilitationsschrift ›Akt und Sein‹, 1930, die erkenntnistheoretische Problematik, mit der er dort beschäftigt ist, theologisch durchdringt und die Konsequenzen aufzeigt, die das *cor curvum in se* ebenso unbewußt wie strukturbestimmend auf die geistige Grundhaltung des Idealismus ausübt, der das Ich zum Schöpfer macht, ohne bei seiner grundsätzlichen Abkehr von der christlichen Gottesidee recht sehen und definieren zu können, was eben nur theologisch definiert werden kann.

Es bleibt zu konstatieren, daß im kantischen Transzendentalismus wie im Idealismus sich Vernunft in sich selbst verfängt. ‚Sich verstehen' kann mithin nur heißen, ‚sich aus sich selbst verstehen', ‚Ich bin' heißt darum: ich denke (cogito, sum), ‚Gott ist' heißt darum: der Geist kommt zu sich selbst, er erkennt in Einheit des Bewußtseins. Hiermit scheint dem Anliegen eines echten Gottesglaubens, nämlich das Sein Gottes außerhalb des Ich behaupten zu können, der Boden entzogen, da ja nur die Vernunft bei sich ist. An dieser Stelle tritt klar hervor: das Ich kommt nicht durch sich selbst über sich selbst hinaus. Es ist in sich gefangen, es sieht nur sich, auch wenn es anderes sieht, selbst wenn es Gott sehen will, es versteht sich aus sich, d. h. aber eben: es versteht sich im Grunde gar nicht, wie freilich erst gesagt werden kann, wenn dieses Ich durch ein anderes in seiner Existenz getroffen und überwunden ist; es glaubt sich in Freiheit und ist gefangen, es steht in Vollmacht und hat nur sich selbst zum Untertan: das ist es, was die protestantische Dogmatik mit der Korruption der Vernunft meint. Es ist die ontische Verkehrung in sich selbst, das cor curvum in se (Luther: Röm. Komm. II. 137, 1. ed. Ficker); hatte Kant davon etwas geahnt, wie das ja auch etwa an seiner Lehre vom radikalen Bösen sichtbar zu werden scheint, hatte er aber zuletzt doch vergeblich darum gerungen, durch den transzendentalen Ansatz darüber hinaus zu kommen, so hat der Idealismus in seinem weiteren Verlauf gerade hier unbekümmert das Ich den Triumph seiner Befreiung feiern lassen (Akt und Sein, 23 f.).

Schon diese Sätze des 25jährigen enthalten für das Gebiet der Erkenntnistheorie, bis zu dem man vorstoßen muß, wenn man das moderne Welt- und Wirklichkeitsverständnis in der Wurzel verstehen und heilen will, die theologischen Kriterien, die das Prinzip der religionslosen Interpretation und Verkündigung des Evangeliums in der von uns angedeuteten Weise gegen das banale Mißverständnis sicherstellen können, als ob es B. um das einfache, unkritische Einverstandensein mit der „mündigen“ Welt der Gegenwart gegangen sei. Es liegt auf der Hand, daß man seiner Warnung vor dem „madig machen“ des mündigen Menschen nur unter Preisgabe seiner gesamten Theologie diesen Sinn geben könnte. Die Warnung vor der „billigen Gnade“ und der Mandatsbegriff, um nur daran noch einmal zu erinnern, wollen ja eben die unaufhebbare dialektische, immer zugleich realistische und kritische Polarität der christlichen Weltdeutung und Welthaltung zum Ausdruck bringen, die auch dem Begriff der theologia crucis allein einen konkret-realistischen, statt nur formal-rhetorischen Sinn geben kann. Gottes Leiden in der Welt geht ja eben darauf zurück, daß er nicht etwa seinen Herrschaftsanspruch preisgibt, sondern, daß er, der Herr der Welt, in alle Formen menschlich-geschichtlicher Existenz eingeht und hier als der fleischgewordene Logos grundsätzlich andere Wege zur Errichtung seines Reiches geht, als der Mensch unter Adam mit seinen tauben Ohren und blinden Augen sie allein für möglich hält (Phil. 2, 5 f.). Alles andere läuft auf eine Wiederbelebung der ja gerade vom „mündigen“ Menschen so scharf gesehenen und kritisierten Konsistorialrats- und Oberhofpredigertheologie hinaus, die das Evangelium zu einer bloßen metaphysischen Bejahung und Verklärung der nach „eigenen Gesetzen“ geordneten Welt verblassen läßt – woran auch die zur Gewissensberuhigung mehr oder weniger laut proklamierten Rückzugsmöglichkeiten ins Kämmerlein oder in die Sakristei nichts zu ändern vermögen. Man sollte B. nicht den Schimpf antun, ihn damit in einem Atem zu nennen.

Edmond Grin, Dietrich Bonhoeffer et l'interprétation non-religieuse des notions bibliques. Etudes Théologiques et Religieuses 37 (1962), pp. 115–137. Aus dem Französischen übersetzt von Dietrich Voigt. Verwendung der Bonhoeffer-Zitate im deutschen Originaltext mit Genehmigung des Chr. Kaiser Verlags, München.

DIETRICH BONHOEFFER UND DIE „NICHT-RELIGIÖSE" INTERPRETATION BIBLISCHER BEGRIFFE

Von Edmond Grin

Schon wenn man nur einige Stellen von Bonhoeffer gelesen hat, ist man überrascht vom Reichtum und der Originalität seines Denkens. Unter den vielen neuen Ideen, die er verbreitet hat, gibt es eine, die unserer Meinung nach besondere Aufmerksamkeit verdient: Die Heilige Schrift muß „nicht-religiös" interpretiert werden, wenn man sie der heutigen Welt vorstellen und anbieten will, einer Welt, die in bezug auf die Kirche und die Lehren des Evangeliums so völlig emanzipiert ist.

Der Ausdruck „nicht-religiöse Interpretation", so interessant er auch sein mag, ist nicht auf Anhieb völlig klar. Wenn es dafür noch eines Beweises bedürfte, wir fänden ihn darin, daß die Bewunderer dieses Märtyrer-Theologen, die zur Zeit vor allem in den deutschsprachigen Ländern sehr zahlreich sind, sich durchaus nicht darüber einig sind, welche Bedeutung dieser Begriff haben soll.

Nicht wenige bei uns haben sich gefragt, ob er nicht völlig ungebräuchlich ist. Sie denken dabei an ein 1944 im Verlag de la Baconniere in Neuchâtel erschienenes Werk mit dem Titel ›Pouvoir et Travail‹ (›Macht und Arbeit‹). Es enthält u. a. eine Studie von Eric de Montmollin – einem engagierten Laien, wie man heute sagt – über das ›Christentum und die Welt der Arbeiter‹ (S. 153). Wir heben folgendes daraus hervor: Der modernen Welt fehlt ein wirkliches Christentum. Das Leben, das man z. B. in der Schweiz führt, ist nicht christlich, selbst in unserer demokratischen Schweiz. Man kann die Zeitung lesen, Radio hören, an allen Unterrichtsveranstaltungen in Schule und Universität teilnehmen, man kann hören, was um einen herum in der Welt der Wirtschaft gesprochen wird, ohne daß in einem der Gedanke entsteht, daß Gott existiert, daß er einen Plan für diese Welt hat und für die Menschen, die darin leben, es sei denn, diese Idee ist schon als Keim vorhanden. „Alles, was jung und überschwenglich ist, die Starken, die Sportler, die Abenteurer, die komischen, schillernden Typen“ sind nicht mehr in der Kirche oder wollen ihr nicht länger angehören. Die Welt der Arbeiter, die sich von ihr fernhält, ist geschieden von der sogenannten bürgerlichen Welt, die in ihren Mußestunden meint, dem Geist der Kirche treu zu sein. „Es besteht ein völliger Widerspruch zwischen der Rolle, die das Christentum zu spielen vorgibt ... und der kleinen Zahl ... derjenigen, die es offiziell vor der Welt repräsentieren.“

Warum aber verhält es sich so? Wenn man de Montmollin glauben will, dann im wesentlichen aus einem terminologischen, sprachlichen Grund.

Das religiöse Vokabular ist notgedrungen voll von abstrakten Wörtern oder solchen, die abstrakt geworden sind. Man könnte ein ganzes Lexikon zusammenstellen von Sätzen und Ausdrücken, die ständig in der Sprache der Kirche Verwendung finden und deren Sinn niemand mehr versteht; an die man sich so gewöhnt hat, daß niemand auch nur bemerkt, daß er ihren Sinn nicht versteht, wenigstens niemand von denen, die daran gewöhnt sind. Ein Außenstehender jedoch wird sich durch nichts täuschen lassen. Wendung wie „in Christus“, „in Jesu Namen“, „durch den Glauben“ sind genauso gängig wie „Lassen Sie es sich gutgehen“ oder „Wie geht es Ihnen?“, und niemand bemerkt, daß man nicht mehr an ihren wirklichen Sinn denkt, wenn man sie ausspricht. Und wenn schon so einfache Ausdrücke nicht verstanden werden, wie steht es dann erst mit völlig abstrakten Wörtern wie Gnade, Glaube, Kirche, Gebet? Ich weiß wohl, daß es nicht notwendig ist, jedesmal den Sinn eines dieser Wörter zu definieren, denn selbst wenn man es versuchte, würde es einem nicht gelingen. Es gibt in Wirklichkeit keinen anderen Weg, als das Wort selbst zu leben. Wenn jemand seinen Glauben lebt, werden alle anderen begreifen, was er unter diesem Wort versteht, wenn er es ausspricht. Aber denjenigen, der, während er noch das Wort Glaube im Munde führt, Angst hat vor der Zukunft, Angst vor dem Krieg, Angst vor seiner Frau oder der fürchtet, von seinen Gemeindegliedern schlecht beurteilt zu werden, je nachdem, was er sagt, den wird man schlechter oder sogar überhaupt nicht verstehen. Schließlich ist alles nur eine Frage der Redlichkeit (S. 161).

Die biblischen Begriffe und Ausdrücke aufwerten, indem man sich von ihnen durchdringen läßt und täglich nach ihnen lebt, ist nach de Montmollin eine dringende und heilige Aufgabe für jeden Christen, für das gläubige Gemeindeglied wie für den Pfarrer. Sollte dies nicht auch genau die Meinung Dietrich Bonhoeffers gewesen sein, als er im selben Jahr 1944 von der Notwendigkeit einer „nicht-religiösen Interpretation biblischer Begriffe" sprach?

Wir meinen nein. Und obwohl es nicht einfach ist, wollen wir versuchen zu sagen, warum. Man darf dabei nicht vergessen, daß Bonhoeffer erst knapp ein Jahr vor seinem gewaltsamen Tod, nämlich im Mai 1944, begonnen hat, diesen Ausdruck zu benutzen. Er hatte also nicht genug Zeit, sich detailliert zu diesem Thema zu äußern. Wir sind daher auf Hypothesen angewiesen. Und die jüngste Veröffentlichung der drei umfangreichen Bände unter dem Titel „Gesammelte Schriften" (Briefe, Essays, Vorlesungsfragmente usw.) bringt uns keine Klarheit in diesem Punkt, weil sie über den Anfang des Jahres 1944 nicht hinausgehen. Dennoch besitzen wir einige unendlich kostbare Briefe. Sie bilden einen winzigen Teil des Werkes ›Widerstand und Ergebung, Briefe und Aufzeichnungen aus der Haft‹: etwa 15 Seiten von fast 300. Aber das ist besser als gar nichts.

Die Untersuchungen, die wir bisher gelesen haben, schmücken die Darstellung in bezug auf die „nicht-religiöse Interpretation" mit Zitaten, die diesen Briefen entnommen sind. Der Autor benutzt sie, um seine Hypothesen zu stützen und zu rechtfertigen. Wir lehnen diese Methode ab. Sie zerschneidet in unerfreulicher Weise gut gewachsene Texte. Vom Wunsch beseelt, diese Zerstückelung zu vermeiden und diesen Botschaften, die im Gefängnis geschrieben wurden, ihre ganze Frische zu erhalten, werden wir zuerst in chronologischer Reihenfolge jede einzelne der Passagen wiedergeben, die sich auf unser Thema beziehen. Danach werden wir versuchen, ihre Grundgedanken herauszustellen. Nach unserer Meinung ist es die sicherste Methode, Bonhoeffer sich selbst äußern zu lassen über den Sinn der ein wenig sibyllinischen Ausdrücke, für die er eine Vorliebe hatte.

Eine Theologie aus Briefen

In der Mitteilung vom 1. Februar 1944 (S. 142) beschreibt der inhaftierte Theologe sich selbst:[1]

... Du wirst wissen, daß die letzten Nächte schlimm waren ... Unsere Ausgebombten kamen morgens zu mir, um sich ein bißchen trösten zu lassen. Aber ich glaube, ich bin ein schlechter Tröster. Zuhören kann ich, aber sagen kann ich fast nie etwas. Aber vielleicht ist schon die Art, in der man nach bestimmten Dingen fragt und nach anderen nicht, ein gewisser Hinweis auf das Wesentliche. Auch scheint es mir wichtiger, daß eine bestimmte Not wirklich erlebt wird, als daß man irgend etwas vertuscht oder retuschiert. Nur gegen gewisse falsche Interpretationen der Not bin ich unnachsichtig, weil sie auch ein Trost sein wollen und doch ein ganz falscher sind. So lasse ich die Not uninterpretiert und glaube, daß das ein verantwortlicher Anfang ist, allerdings nur ein Anfang, über den ich sehr selten hinauskomme. Manchmal denke ich, der wirkliche Trost muß ebenso unvermutet hereinbrechen wie die Not. Aber ich gebe zu, daß das eine Ausflucht sein kann ...

Vom 5. Mai 1944 (S. 183f.):

... Noch ein paar Worte zu den Gedanken über die „Religionslosigkeit". Du erinnerst dich wohl des Bultmannschen Aufsatzes über die „Entmythologisierung" des Neuen Testaments? Meine Meinung dazu würde heute die sein, daß er nicht „zu weit", wie die meisten meinten, sondern zu wenig weit gegangen ist. Nicht nur „mythologische" Begriffe wie Wunder, Himmelfahrt etc., sondern die „religiösen" Begriffe schlechthin sind problematisch. Man kann nicht Gott und Wunder voneinander trennen (wie Bultmann meint), aber man muß beide „nichtreligiös" interpretieren und verkündigen können. Bultmanns Ansatz ist eben im Grunde doch liberal (d. h. das Evangelium verkürzend), während ich theologisch denken will.
Was heißt nun „religiös interpretieren"? Es heißt m. E. einerseits metaphysisch, andererseits individualistisch reden. Beides trifft weder die biblische Botschaft noch den heutigen Menschen. Ist nicht die individualistische Frage nach dem persönlichen Seelenheil uns allen fast völlig entschwunden? Stehen wir nicht wirklich unter dem Eindruck, daß es wich-

[1] Alle Zitate nach Dietrich Bonhoeffer, Widerstand und Ergebung, Chr. Kaiser Verlag, München 1959, hrsg. von Eberhard Bethge.

tigere Dinge gibt als diese Frage (vielleicht nicht als diese Sache, aber doch als diese Frage!?)? Ich weiß, daß es ziemlich ungeheuerlich klingt, dies zu sagen. Aber ist dies nicht im Grunde sogar biblisch? Gibt es im Alten Testament die Frage nach dem Seelenheil überhaupt? Ist nicht die Gerechtigkeit und das Reich Gottes auf Erden der Mittelpunkt von allem? Und ist nicht auch Römer 3, 24 ff. das Ziel des Gedankens, daß Gott allein gerecht sei, und nicht eine individualistische Heilslehre? Im Evangelium geht es doch nicht vor allem um das Jenseits, sondern um diese, unsere Welt ... Ich meine das nicht in dem anthropozentrischen ..., sondern in dem biblischen Sinne der Schöpfung und der Inkarnation, Kreuzigung und Auferstehung Jesu Christi.

Barth hat als erster Theologe – und das bleibt sein ganz großes Verdienst – die Kritik der Religion begonnen, aber er hat dann an ihre Stelle eine positivistische Offenbarungslehre gesetzt, wo es dann heißt: „friß, Vogel, oder stirb"; ob es nun Jungfrauengeburt, Trinität oder was immer ist, jedes ist ein gleichbedeutsames und -notwendiges Stück des Ganzen, das eben als Ganzes geschluckt werden muß oder gar nicht. Das ist nicht biblisch. Es gibt Stufen der Erkenntnis und Stufen der Bedeutsamkeit; d. h. es muß eine Arkandisziplin wiederhergestellt werden, durch die die Geheimnisse des christlichen Glaubens vor Profanierung geschützt werden. Der Offenbarungspositivismus macht es sich zu leicht, indem er letztlich ein Gesetz des Glaubens aufrichtet und indem er das, was eine Gabe für uns ist – durch die Fleischwerdung Christi! –, zerreißt. An der Stelle der Religion steht nun die Kirche – das ist an sich biblisch –, aber die Welt ist gewissermaßen auf sich selbst gestellt und sich selbst überlassen, das ist der Fehler. Ich denke augenblicklich darüber nach, wie die Begriffe Buße, Glaube, Rechtfertigung, Wiedergeburt, Heiligung „weltlich" – im alttestamentlichen Sinne und im Sinne von Joh. 1, 14 – umzuinterpretieren sind. Ich werde Dir weiter darüber schreiben."

Vom 8. Juni 1944 (S. 215 ff.):

... Du stellst nun in Bezug auf die Gedanken, die mich in letzter Zeit beschäftigen, so viele wichtige Fragen, daß ich froh wäre, wenn ich sie selbst beantworten könnte. Es ist eben alles noch sehr im Anfang und es leitet mich, wie meist, mehr der Instinkt für kommende Fragen als daß ich über sie schon Klarheit hätte. Ich will versuchen, einmal am Geschichtlichen meinen Standort zu bezeichnen.

Die etwa im 13. Jahrhundert ... beginnende Bewegung in Richtung auf die menschliche Autonomie ... ist in unserer Zeit zu einer gewissen Vollständigkeit gekommen. Der Mensch hat gelernt, in allen wichtigen

Fragen mit sich selbst fertig zu werden ohne Zuhilfenahme der „Arbeitshypothese: Gott“. In wissenschaftlichen, künstlerischen, auch ethischen Fragen ist das eine Selbstverständlichkeit geworden, an der man kaum mehr zu rütteln wagt; seit etwa 100 Jahren gilt das aber in zunehmendem Maße auch für religiöse Fragen; es zeigt sich, daß alles auch ohne „Gott“ geht, und zwar ebensogut wie vorher ...
„Gott“ wird immer weiter aus dem Leben zurückgedrängt, er verliert an Boden ... Die christliche Apologetik versucht nun, der mündig gewordenen Welt zu beweisen, daß sie ohne den Vormund „Gott“ nicht leben könne. Wenn man auch in allen weltlichen Fragen schon kapituliert hat, so bleiben doch immer die sogenannten „letzten Fragen“ – Tod, Schuld – auf die nur „Gott“ eine Antwort geben kann und um derentwillen man Gott und die Kirche und den Pfarrer braucht. Wir leben also gewissermaßen von diesen sogenannten letzten Fragen der Menschen. Wie aber, wenn sie eines Tages nicht mehr als solche da sind, bzw. wenn auch sie „ohne Gott“ beantwortet werden? Nun kommen zwar die säkularisierten Ableger der christlichen Theologie, nämlich die Existenzphilosophie und die Psychotherapeuten, und weisen dem sicheren, zufriedenen, glücklichen Menschen nach, daß er in Wirklichkeit unglücklich und verzweifelt sei ... Sie legen es darauf an, den Menschen erst einmal in eine innere Verzweiflung zu treiben und dann haben sie gewonnenes Spiel. Das ist säkularisierter Methodismus. Und wen erreicht er? Eine kleine Zahl von Intellektuellen, von Degenerierten, von solchen, die sich selbst für das Wichtigste auf der Welt halten und sich daher gern mit sich selbst beschäftigen. Der einfache Mann, der sein tägliches Leben in Arbeit und Familie und gewiß auch mit allerlei Seitensprüngen zubringt, wird nicht getroffen. Er hat weder Zeit noch Lust, sich mit seiner existentiellen Verzweiflung zu befassen und sein vielleicht bescheidenes Glück unter dem Aspekt der „Not“, der „Sorge“, des „Unheils“ zu betrachten.
Die Attacke der christlichen Apologetik auf die Mündigkeit der Welt ist sinnlos ... Sie erscheint mir wie der Versuch, einen zum Mann gewordenen Menschen in seine Pubertätszeit zurückzuversetzen, ... wie ein unchristlicher Versuch, weil er die Person Christi, die allein von Bedeutung ist, verwechselt mit einer bestimmten Stufe der Religiosität des Menschen ... Die Bemühungen eines Heim, eines Althaus, eines Tillich sind alle gescheitert ... Ohne es zu ahnen, segelten diese Theologen alle noch im Fahrwasser der liberalen Theologie. Barth erkannte als erster den Fehler aller dieser Versuche darin, daß sie alle darauf ausgehen, einen Raum für Religion in der Welt oder gegen die Welt auszusparen. Der Baseler Theologe führte den Gott Jesu Christi gegen die Religion ins Feld ... Das bleibt sein größtes Verdienst. ... Nicht in der Ethik, wie man häu-

fig sagt, hat er dann versagt ..., aber in der nichtreligiösen Interpretation der theologischen Begriffe hat er keine konkrete Wegweisung gegeben, weder in der Dogmatik noch in der Ethik. Hier liegt seine Grenze und darum wird seine Offenbarungstheologie positivistisch, „Offenbarungspositivismus", wie ich mich ausdrückte ...
Bultmann scheint nun Barths Grenze irgendwie gespürt zu haben, aber er mißversteht sie im Sinne der liberalen Theologie, und verfällt daher in das typisch liberale Reduktionsverfahren (die „mythologischen" Elemente des Christentums werden abgezogen und das Christentum auf sein „Wesen" reduziert). Ich bin nun der Auffassung, daß die vollen Inhalte einschließlich der „mythologischen" Begriffe bestehen bleiben müssen – das Neue Testament ist nicht eine mythologische Einkleidung einer allgemeinen Wahrheit!, sondern diese Mythologie (Auferstehung etc.) ist die Sache selbst! – aber daß diese Begriffe nun in einer Weise interpretiert werden müssen, die nicht die Religion als Bedingung des Glaubens ... voraussetzt. Erst damit ist m. E. die liberale Theologie ... überwunden ..., was im Offenbarungspositivismus der B. K. (Karl Barths) nicht der Fall ist.
Die Mündigkeit der Welt ist nun kein Anlaß mehr zu Polemik und Apologetik, sondern sie wird nun wirklich besser verstanden, als sie sich selbst versteht, nämlich vom Evangelium, von Christus her ...

Vom 8. Juli 1944 (S. 233 f.):

... Die Verdrängung Gottes aus der Welt, aus der Öffentlichkeit der menschlichen Existenz, führte zu dem Versuch, ihn wenigstens in dem Bereich des „Persönlichen", „Innerlichen", „Privaten" noch festzuhalten. Und da jeder Mensch irgendwo noch eine Sphäre des Privaten hat, hielt man ihn an dieser Stelle für am leichtesten angreifbar. Die Kammerdienergeheimnisse – um es grob zu sagen – d. h. also der Bereich des Intimen (vom Gebet bis zur Sexualität) – werden das Jagdgebiet der modernen Seelsorger ... Soziologisch gesehen handelt es sich dabei um eine Revolution von unten, um einen Aufruhr der Minderwertigkeit. ... Es ist eine Art übler Genugtuung, zu wissen, daß jeder seine Schwächen und Blößen hat. Es ist mir im Umgang mit den gesellschaftlichen „outcasts" – „Parias" – immer wieder aufgefallen, daß für sie das Mißtrauen das bestimmende Motiv aller Beurteilung anderer Menschen ist. Jede, selbst die selbstloseste Tat eines in Ansehen stehenden Menschen, wird von vornherein verdächtigt ... Sie suchen auch im Blumengarten nur den Dung, auf dem die Blumen wachsen. Je bindungsloser ein Mensch lebt, desto eher verfällt er dieser Einstellung.

Es gibt auch eine Bindungslosigkeit unter den Geistlichen, die wir das „Pfäffische“ nennen, jenes Hinter-den-Sünden-der-Menschheit-Herschnüffeln, um sie einzufangen. Es ist, als ob man ein schönes Haus erst kennte, wenn man die Spinnweben im letzten Keller gefunden hätte, als ob man ein gutes Theaterstück erst recht würdigen könne, wenn man gesehen hat, wie sich die Schauspieler hinter den Kulissen aufführen ... Theologisch gesehen ist der Fehler ein doppelter: erstens, man glaubt, einen Menschen erst als Sünder ansprechen zu können, wenn man seine Schwächen bzw. sein Gemeines ausspioniert hat; zweitens, das Wesen des Menschen bestehe in seinen innersten, intimsten Hintergründen, und das nennt man dann seine „Innerlichkeit“ ...
Zum ersten ist zu sagen, daß der Mensch zwar ein Sünder, aber deswegen noch lange nicht gemein ist ... Nicht die Sünden der Schwäche, sondern die starken Sünden sind es, um die es geht. Es ist gar nicht nötig, herumzuspionieren. Die Bibel tut es nirgends ... Zum zweiten: Die Bibel kennt unsere Unterscheidung von Äußerem und Innerem nicht ... Es geht ihr immer um den ganzen Menschen ... Die Entdeckung der sogenannten Innerlichkeit wird erst in der Renaissance gemacht. Das „Herz“ im biblischen Sinne ist nicht das Innerliche, sondern der ganze Mensch, wie er vor Gott ist ...
Ich will also darauf hinaus, daß man Gott nicht noch an irgendeiner allerletzten heimlichen Stelle hineinschmuggelt, sondern daß man die Mündigkeit der Welt und des Menschen einfach anerkennt, daß man den Menschen in seiner Wirklichkeit nicht „madig macht“, sondern ihn an seiner stärksten Stelle mit Gott konfrontiert, daß man auf alle pfäffischen Kniffe verzichtet und nicht in Psychotherapie oder Existenzphilosophie einen Wegbereiter Gottes sieht. Dem Wort Gottes ist die Zudringlichkeit aller dieser Menschen viel zu unaristokratisch, um sich mit ihnen zu verbünden. Es verbündet sich nicht mit dem Aufruhr des Mißtrauens, dem Aufruhr von unten. Sondern es regiert ...

Vom 16. Juli 1944 (S. 239 f.):

... Nun wieder ein paar Gedanken zu unserem Thema. Ich arbeite mich erst allmählich an die nicht-religiöse Interpretation der biblischen Begriffe heran. Ich sehe mehr die Aufgabe, als daß ich sie schon zu lösen vermöchte. Zum Historischen: es ist eine große Entwicklung, die zur Autonomie der Welt führt. In der Theologie zuerst Herbert von Cherburg, der die Suffizienz der Vernunft für die religiöse Erkenntnis behauptet. In der Moral: Montaigne, Bodin, die anstelle der Gebote Lebensregeln aufstellen. In der Politik: Macchiavelli, der die Politik von der allgemeinen Moral löst und die Lehre von der Staatsraison begründet. Später, inhaltlich sehr von ihm verschieden, aber in der Richtung auf die Autonomie der menschlichen Gesellschaft doch mit ihm konform, H. Grotius, der sein Naturrecht als Völkerrecht aufstellt, das Gültigkeit hat „etsi deus non daretur", „auch wenn es keinen Gott gäbe". Schließlich der philosophische Schlußstrich: einerseits der Deismus des Descartes: die Welt ist ein Mechanismus, der ohne Eingreifen Gottes von selbst abläuft; andererseits der Pantheismus Spinoza's: Gott ist die Natur. Kant im Grunde Deist, Fichte und Hegel Pantheisten. Überall ist die Autonomie des Menschen und der Welt das Ziel der Gedanken ...

Gott als moralische, politische, naturwissenschaftliche Arbeitshypothese ist abgeschafft, überwunden; ebenso aber als philosophische und religiöse Arbeitshypothese (Feuerbach!). Es gehört zur intellektuellen Redlichkeit, diese Arbeitshypothese fallen zu lassen bzw., sie so weitgehend wie irgend möglich auszuschalten. Ein erbaulicher Naturwissenschaftler, Mediziner etc. ist ein Zwitter.

Wo behält nun Gott noch Raum? fragen ängstliche Gemüter und weil sie darauf keine Antwort wissen, verdammen sie die ganze Entwicklung, die sie in solche Notlage gebracht hat ... Hinzuzufügen wäre noch der salto mortale zurück ins Mittelalter. Das Prinzip des Mittelalters aber ist die Heteronomie in der Form des Klerikalismus. Die Rückkehr dazu kann aber nur ein Verzweiflungsschritt sein, der nur mit dem Opfer der intellektuellen Redlichkeit erkauft werden kann. Er ist ein Traum von der Melodie: „O wüßt ich doch den Weg zurück, den weiten Weg ins Kinderland". Diesen Weg gibt es nicht, – jedenfalls nicht durch den willkürlichen Verzicht auf innere Redlichkeit, sondern nur im Sinne von Matth. 18, 3, d. h. durch Buße, d. h. durch letzte Redlichkeit.

Und wir können nicht redlich sein, ohne zu erkennen, daß wir in der Welt leben müssen – „etsi deus non daretur". Und eben dies erkennen wir – vor Gott! Gott selbst zwingt uns zu dieser Erkenntnis. So führt uns unser Mündigwerden zu einer wahrhaftigen Erkenntnis unserer Lage vor Gott. Gott gibt uns zu wissen, daß wir leben müssen als solche, die mit dem Leben ohne Gott nicht fertig werden. Der Gott, der mit uns ist, ist der Gott, der uns verläßt (Markus 15, 34)! Der Gott, der uns in der Welt leben läßt ohne die Arbeitshypothese Gott, ist der Gott, vor dem wir dauernd stehen. Vor und mit Gott leben wir ohne Gott. Gott läßt sich aus der Welt herausdrängen ans Kreuz, Gott ist ohnmächtig und schwach in der Welt und gerade und nur so ist er bei uns und hilft uns. Es ist Matth. 8, 17 ganz deutlich, daß Christus nicht hilft kraft seiner Allmacht, sondern kraft seiner Schwachheit, seines Leidens!

Hier liegt der entscheidende Unterschied zu allen Religionen. Die Religiosität des Menschen weist ihn in seiner Not an die Macht Gottes in der Welt, Gott ist der deus ex machina. Die Bibel weist den Menschen an die Ohnmacht und das Leiden Gottes; nur der leidende Gott kann helfen. Insofern kann man sagen, daß die beschriebene Entwicklung zur Mündigkeit der Welt, durch die mit einer falschen Gottesvorstellung aufgeräumt wird, den Blick freimacht für den Gott der Bibel, durch seine Ohnmacht in der Welt Macht und Raum gewinnt. Hier wird wohl die „weltliche Interpretation“ einzusetzen haben.

Vom 18. Juli 1944 (S. 244 ff.):

... Christen stehen bei Gott in seinem Leiden, das unterscheidet Christen von Heiden. „Könnt ihr denn nicht eine Stunde mit mir wachen?“ fragt Jesus in Gethsemane. Das ist die Umkehrung von allem, was der religiöse Mensch von Gott erwartet. Der Mensch wird aufgerufen, das Leiden Gottes an der gottlosen Welt mitzuleiden ...
Nicht der religiöse Akt macht den Christen, sondern das Teilnehmen am Leiden Gottes im weltlichen Leben. Das ist „Metanoia“, nicht zuerst an die eigenen Nöte, Fragen, Sünden, Ängste denken, sondern sich in den Weg Jesu Christi mithineinreißen lassen, in das messianische Ereignis, daß Jes. 53 nun erfüllt wird! ...
Dieses Hineingerissenwerden in das messianische Leiden Gottes in Jesus Christus geschieht im Neuen Testament in verschiedener Weise: durch den Ruf der Jünger in die Nachfolge, durch die Tischgemeinschaft mit den Sündern, durch „Bekehrungen“ im engeren Sinne des Wortes (Zachäus), durch das (ohne jedes Sündenbekenntnis sich vollziehende) Tun der großen Sünderin (Luk. 7) ... Die Hirten wie die Weisen aus dem Osten stehen an der Krippe, nicht als „bekehrte Sünder“, sondern einfach, weil sie, so wie sie sind, von der Krippe her angezogen werden (Stern). Der Hauptmann von Kapernaum, der gar kein Sündenbekenntnis ablegt, wird als Beispiel des Glaubens hingestellt ... Der Kämmerer (Apg. 8), Cornelius (Apg. 10) sind alles andere als Existenzen am Abgrund ... Das einzige, ihnen allen Gemeinsame, ist das Teilhaben am Leiden Gottes in Christus. Das ist ihr „Glaube“.
Nichts von religiöser Methodik, der „religiöse Akt“ ist immer etwas Partielles, der „Glaube“ ist etwas Ganzes, ein Lebensakt. Jesus ruft nicht zu einer neuen Religion, sondern zum Leben ...
Wenn man von Gott „nicht-religiös“ sprechen will, dann muß man so von ihm sprechen, daß die Gottlosigkeit der Welt dadurch nicht irgendwie verdeckt, sondern vielmehr gerade aufgedeckt wird und gerade so

ein überraschendes Licht auf die Welt fällt. Die mündige Welt ist gottloser und darum vielleicht gerade Gott-näher als die unmündige Welt.

Und der Brief endet mit den Worten:

Verzeih, es ist alles noch furchtbar schwerfällig und schlecht gesagt, ich spüre das deutlich. ... Wir stehen hier fast allnächtlich um ½2 Uhr auf. Das ist eine schlechte Zeit und beeinträchtigt die geistige Arbeit etwas.

Das Wesen der nicht-religiösen Interpretation

Wir glauben, richtig gehandelt zu haben, wenn wir beim Inhalt dieser Briefe verweilt haben. Sie sind – mit einigen Seiten der ›Ethik‹, die aber unserer Meinung nach spürbar weniger klar sind – die einzigen Schriften, in denen Bonhoeffer eindeutig von dem Begriff schreibt, der ihm so wichtig ist. Da das Werk ›Widerstand und Ergebung‹ nicht übersetzt ist, wollten wir dem französischsprachigen Leser die Gelegenheit geben, selbständig nach den Texten zu urteilen. Wir haben Wert darauf gelegt, dabei die chronologische Reihenfolge dieser Botschaften einzuhalten. Man ist so unmittelbar dabei, wenn dieser Theologe mit seiner seelsorgerlichen Art sucht, wenn er zögert, sich vorantastet und wieder in Ratlosigkeit verfällt. Der Schlußabsatz des letzten Briefes bewegt durch seine Aufrichtigkeit: der Ausdruck, den er seinen Gedanken verleiht, ist schwerfällig, ungeschickt, aber er f ü h l t, sagt er, alles, worüber er spricht, mit großer Deutlichkeit.

Diese Briefe erlauben uns zunächst – und zwar mit Sicherheit, wie wir meinen – zu sagen, was diese nicht-religiöse Interpretation der biblischen Aussagen nicht bedeuten kann. Wenn wir so vorgehen, werden wir einige unnötige Hindernisse aus dem Weg räumen.

Wir haben es hier nicht zu tun mit einer einfachen Forderung von „pädagogischer" Bedeutung, auferlegt durch die geistige Situation der heutigen Welt. Das hieße, einem Mann vom Format Bonhoeffers unrecht tun, seine Absicht und Sorge abzuwerten. Ist die nicht-religiöse Interpretation dann eine Art praktischer Nutzanwendung, die dem Prediger oder dem Pastor, der sich als

Seelsorger betätigt, erlaubt, einer solchen Schwierigkeit zu entgehen? Niemals! Die Briefe beweisen es. Es handelt sich vielmehr in ihnen um einen Rat, sich und seine Botschaft einer unreligiös gewordenen Welt anzupassen. Es ist unmöglich, darin nur einen einfachen Versuch zu sehen, dem Beiseiteschieben der Kirche durch die Menschen unserer Zeit auszuweichen. Hinter allen diesen Bemerkungen, Feststellungen und Fragen stehen tiefe, rein theologische Gründe. Darin liegt ihre Bedeutung. Es geht auch nicht um eine Bemühung in Bultmanns Richtung. Der Brief vom 8. Juni 1944 läßt in seinem Schlußteil in dieser Hinsicht keinen Zweifel zu. Bonhoeffer ist sehr streng gegenüber dem Mann der „Entmythologisierung". In seinen Augen bedeutet es eine große Verarmung für das Christentum, wenn man es seiner „mythologischen" Elemente beraubt, einen „Substanz"verlust, der es mitten ins Herz trifft. Wenn man daran denkt zu „reduzieren", zu „subtrahieren", so läuft man in eine schreckliche Falle, so greift man zu einer Methode, die nach Bonhoeffer sehr derjenigen ähnelt, derer sich die liberale Theologie bedient. Das Spiel ist schon von vornherein entschieden. Von einem solchen Bemühen kann man nichts Gutes erwarten.

Um zu einiger Klarheit in diesem schwierigen Punkt von Bonhoeffers Denken zu gelangen, muß man zuerst definieren, welches genau seine Vorstellung von der „Religion" ist. Hier nimmt er, wie wir glauben, seinen Ausgang bei Karl Barth, ohne sich aber völlig von dessen Ansicht abhängig zu machen. Man kennt die suggestiven Seiten, die der Baseler Theologe in seiner ›Kirchlichen Dogmatik‹ dem Thema „Religion als Unglaube" widmet (KD I/2, § 17.2). Unter der ausdrucksvollen Überschrift: „Gottes Offenbarung als Aufhebung der Religion" (KD I/2, § 17) bestreitet Barth nicht, daß die göttliche Offenbarung eine gewisse Beziehung zur Religion hat. Sie zu leugnen hieße, eine T a t s a c h e zu leugnen. Aber es ist wichtig, niemals die beiden Größen zu verwechseln, sonst würde nicht die Religion von der Offenbarung her untersucht und erklärt, sondern genau das Gegenteil träte ein. Nun muß aber, ausgehend von der Offenbarung, die Religion als „Unglaube" definiert werden, da sie nichts anderes ist als die „Besonderheit des Menschen ohne Gott". In der Religion nimmt ein Bild Gottes, das „in allen seinen Teilen vom Menschen geschaffen ist", den Platz des einzigen wahren Gottes ein. Wenn der Mensch glaubt, hört er zu; in der Religion dagegen spricht als einziger der Mensch. Er behauptet, Gott in seinen Formulierungen zu erfassen, anstatt sich von Ihm erfassen zu lassen. Darüber hinaus will der Mensch selbst das Problem seiner Existenz lösen, was den Forderungen Gottes, wie die Bibel ihn offenbart, zuwiderläuft. Die Offenbarung Gottes in Jesus Christus und nur sie allein kennzeichnet die Religion als Idolatrie und beweist, daß sie nichts anderes ist als Unglaube. Trotzdem erreicht die Kritik der Religion, wie radikal sie auch sein mag (Mystizismus, Atheismus), ihr Ziel nicht. Auf diese oder jene Weise bleiben die Religionen bestehen oder erneuern sich sogar beständig. Ihre Vitalität kommt einerseits aus der Unruhe, die Mystizismus und Atheismus ihnen einflößen (sie fühlen sich bedroht), aber auch aus den positiven Gegebenheiten, die zu repräsentieren sie behaupten. „Mit den Religionen ist es wie mit Ebbe und Flut, die dem Leben des Ozeans ihren Rhythmus verleihen" (nach S. 114 d. franz. Ausg., fascicule 4; vgl. KD I/2, S. 355).

Obwohl Barth die Religion heftig angreift, schreibt er ihr, wie man sieht, eine dauernde Bedeutung im Leben des Menschen zu, während Bonhoeffer ohne zu zögern mit dem Verschwinden des religiösen Phänomens außerhalb des Rahmens der Existenz des heutigen Menschen rechnet. Deshalb ist wahrscheinlich das Bild, das der Berliner Theologe vom „nicht-religiösen" Zustand des emanzipierten, nämlich mündigen Menschen zeichnet, so farblos und schwach. Wir sind nicht die einzigen, die sagen, daß seine Vorstellung von „Religion" wie auch von „Mündigkeit" zu ausschließlich intellektuell ist. Und das hindert ihn daran, die psychologischen und anthropologischen Probleme zu sehen, die mit diesem Thema verbunden sind. Ich verweise hierzu auf den Aufsatz von Dedo Müller, Leipzig, ›Dietrich Bonhoeffers Prinzip der weltlichen Interpretation und Verkündigung des Evangeliums‹ (ThLZ 86, 1961, Sp. 720–744; s. o. S. 145–189), besonders die Beobachtungen in Sp. 739 f. Wir können hier auf diese Einzelheiten nicht eingehen.

Zwei Gründe veranlassen Bonhoeffer, die „religiöse" Interpretation der biblischen Ausdrücke abzulehnen: sie ist zu metaphysisch, er aber will auf jeden Fall eine rein theologische Interpretation. Und sie ist zu individualistisch. Wegen dieses doppelten „Kennzeichens“ verändert sie die biblische Botschaft und verurteilt sich als unvermeidbare Konsequenz selbst dazu, die Menschen unserer Zeit nicht zu erreichen, nicht mehr erreichen zu können. Nach Bonhoeffer ist die Frage des persönlichen Heils, die zu gewissen Zeiten ganz im Vordergrund stand, außerhalb des geistigen Horizonts unserer Zeitgenossen. Wie sollte man darüber erstaunt sein? Der Mensch des Jahres 1944 hat unendlich viel dringendere Probleme. Ist das Unfrömmigkeit? Keineswegs. Wenn er diese Haltung einnimmt, stellt er sich, selbst ohne sich dessen bewußt zu sein, auf die Linie der beiden Testamente. Im Buch des Alten Bundes geht es sehr viel weniger um das persönliche Heil als um die Herrschaft Gottes, also eine kollektive Hauptsorge. Und im Neuen Testament ist der Theozentrismus nicht weniger deutlich: Inkarnation des Sohnes Gottes für das Heil der Welt; Auferstehung Jesu Christi für die geistliche Befreiung aller Geschöpfe Gottes. Wenn man das individuelle Heil zum Mittelpunkt der evangelischen Botschaft macht, gelangt man unausweichlich dahin, Mißtrauen in die Herzen und Sinne zu säen: Man schafft eine geradezu panische Angst vor der Sünde. Die Briefe sprechen für sich, in denen Bonhoeffer die Geistlichen stigmatisiert, die „herumschnüffeln“ in den verborgensten Ecken der menschlichen Seele. Darin liegt in seinen Augen ein Mangel an Würde. Wenn man es tut, erniedrigt man sich selbst und man erniedrigt seinen Nächsten. Der Dienst am heiligen Gott hat nichts gemein mit einem Spionagedienst.

Außerdem läuft man Gefahr, das Evangelium in eine Religion des „Kalküls“ zu verwandeln, was es in keiner Weise ist. Wie könnte die Botschaft des Heils aus bloßer Gnade, die Botschaft der uneigennützigsten Liebe, die es gibt, zu einer eigennützigen Haltung beim Gläubigen führen? Das aber geschieht, sobald die „Religion“ sich einmischt. Sie ist gemacht für den verzweifelten, beladenen Menschen. Da er in Mühsal und Verzweiflung ist, sucht er Gott. Das ist das „do ut des“, die Frömmigkeit des „nichts ohne Gegenleistung“. Das Evangelium dagegen zeigt uns etwas ganz anderes: in Gethsemane z. B. einen Gott – Christus –, der die Menschen um Hilfe bittet: „Könnt ihr denn nicht eine Stunde mit mir wachen?"

Die Religion ist bestrebt, die Leute von der dauernden Notwendigkeit der Kirche und des Pastors für sie zu überzeugen. Selbst wenn ein Leben leicht und glücklich verläuft, endet es unausweichlich mit dem Tode, der großen Begegnung mit dem obersten Richter. Und wer würde sich vor ihm nicht schuldig fühlen? ... Aber da haben einige die Erfahrung gemacht – schüchtern zuerst, aber dann immer kühner –, daß es möglich ist, ohne den „Vormund Kirche" (also den Pastor), ja sogar ohne den „Vormund Gott" zu leben. Für viele ist das der Bruch, auch wenn sie um ein kirchliches Begräbnis bitten, damit sie – rein äußerlich– diesem oder jenem Familienmitglied Genüge tun. Welche Heuchelei steckt doch in diesem Verhalten!

Die verhängnisvollsten Folgen der Religion sind die beklagenswerten Verwirrungen, die sie hervorruft. Was wird aus Jesus Christus in einem solchen Klima? Er verschwindet hinter sozialen Konventionen und Formeln, und eine gewisse Apologetik, die darauf abzielt, diese Formeln – nichts als Wörter! – neu zu beleben, merkt das nicht! In seinem Brief vom 8. Juni versucht Bonhoeffer, sich selbst in diesen langen Emanzipationsprozeß zu stellen, der die Menschheit mit sich fortzieht. Er ist davon überzeugt, daß die Welt, die den Zustand ihrer Mündigkeit erreicht hat, sich selbst nicht mehr versteht. Nur die Christen – und zwar die wirklichen Christen – können es sie lehren. Das einzige Geheimnis dazu lautet: Man muß das Leben und die Menschen von Jesus Christus aus betrachten. Aber wenn auch das Ziel deutlich sichtbar ist, so sind doch die Wege, die dorthin führen, nicht leicht zu finden.

Einsichten auf dem Weg

Bonhoeffer tappt trotzdem in dieser Hinsicht nicht völlig im Dunkeln. Einige Einsichten weisen ihm den Weg. Deshalb lehnt er es ab, sich mit dem Verlassen Gottes durch die Menschen abzufinden. Und er wagt folgende paradoxe Behauptung: Durch ihre Mündigkeit hat sich die Welt sicher von Gott entfernt; jedoch durch diese Tatsache ist sie Gott näher als sie es war „unter Vormundschaft“, in ihrem Zustand der „Minderjährigkeit“.

Man muß in dieser unerhörten Erklärung ein gewisses Echo sehen auf Luthers Gewißheit: Wir kennen Gott, weil er sich in Christus offenbart hat; und trotzdem bleibt er uns verborgen? Wir können das nicht behaupten. Auf jeden Fall erfährt die Überzeugung einen anderen Ausdruck. Der Gott, der bei uns ist, sagt Bonhoeffer, ist auch derjenige, der uns vorübergehend verläßt, wie er es mit seinem Sohn im Todeskampf gemacht hat. Insgesamt gesehen nimmt Bonhoeffer die Worte des Paulus aus 1. Kor. 1,27 wieder auf: „Was schwach ist vor der Welt, das hat Gott erwählt, daß es zu Schanden mache, was stark ist.“ Und was für seine Kreaturen stimmt, das stimmt zuerst für Gott selbst. Denn er fordert nichts von uns,, was er uns nicht vorher an sich gezeigt hätte. Aus Liebe zu seinen Kindern läßt er sich in gewisser Weise aus der Welt hinauswerfen; er läßt sich zur ehrenrührigsten Strafe verurteilen, nämlich zum Tod am Kreuz; er läßt sich in den Tod werfen. Und als seine Feinde meinen, er sei für immer „liquidiert“ und endgültig zum Schweigen gebracht, da ist er stark und mächtig und kann uns zu Hilfe kommen. In diesem Sinne verstehen wir die ungewöhnlichen Ausdrücke, derer sich Bonhoeffer mehr als einmal bedient: Gott erlaubt uns, auf der Erde zu leben, indem wir ohne ihn auskommen; Gott lehrt uns, daß wir unsere menschliche Existenz erfüllen können, als ob er nicht existierte.

Im göttlichen Leiden also – für uns unverständlich – ist die „nicht-religiöse“ Interpretation der biblischen Ausdrücke verankert. Das Kennzeichen der Heiden unterscheidet sich grundlegend von dem der Christen. Letztere sind aufgerufen durch eine besondere Berufung, am Leiden ihres Gottes teilzuhaben, es auf sich zu nehmen. Wenn sie dies tun, schließen sie sich nicht einer neuen, noch nicht dagewesenen „Religion“ an, sondern sie treten ein in ein neues Leben, in d a s L e b e n.

Und diese rein theologische Vision führt zu einer Frage des Vokabulars; aber das ist eine Folge und nicht eine Ursache. Da die geistliche, theologische Optik völlig verändert ist (im Verhältnis zur „religiösen“ Optik), sind die Sprache, die Terminologie völlig neu. Es mag genügen, zwei Beispiele dafür anzuführen:

An die Stelle des Gefühls der Sünde, der man im Protestantismus die Hauptrolle zugewiesen hat, setzt Bonhoeffer die Faszination, die Christus ausübt auf die Menschen, die ihm begegnen. Zachäus, der unbedeutende Mensch, der Spitzbube, klettert nicht auf einen Baum, weil er vom Bewußtsein seiner Vergehen dazu getrieben wird, sondern nur, um diesen Mann aus Galiläa, von dem jeder spricht, von so nahe wie möglich zu sehen. Ebenso die Hirten von Bethlehem: reuige Sünder, diese Männer? In keiner Weise. Sie sind nur dort, weil sie unwiderstehlich angezogen wurden von dem Stern, dessen Strahlen ein Abglanz sind von der Ausstrahlung Christi.

Anstatt von der Notwendigkeit der „Metanoia“, von der Reue über begangene und geliebte Fehler, von der Bekehrung spricht Bonhoeffer von der Notwendigkeit, sich auf den Spuren Christi mitreißen zu lassen, von der Forderung teilzunehmen an seinem Leiden, das zugleich das Leiden Gottes selbst ist.

So machen diese beiden Beispiele deutlich, warum Bonhoeffer erklärt: Die Religion ist eine Art Methode, eine Lebensregel. Das Evangelium ist die Gegenwart und die Anziehungskraft einer Person, der Person Jesu Christi.

Arkandisziplin

In enger Verbindung mit der nicht-religiösen Interpretation biblischer Begriffe erwähnt Bonhoeffer die Arkandisziplin. Dieses wichtige Thema seines religiösen Denkens hätte eine intensive Weiterentwicklung nötig. Der Umfang, den unser Artikel angenommen hat, erlaubt das nicht. Wir beschränken uns hier auf das unbedingt Notwendige, auch wenn wir eines Tages auf dieses Thema zurückkommen müssen. Dies ist um so notwendiger, als wir den jüngsten Aufsatz von Gisela Meuss: ›Arkandisziplin und Weltlichkeit bei D. Bonhoeffer‹ (›Die Mündige Welt‹, Bd. III) erst erhalten haben, als unsere Seiten bereits geschrieben waren. Wir konnten ihn nur überfliegen.

In seiner ›Geschichte der alten Kirche‹ stellt H. Lietzmann folgendes fest: Im 4. Jahrhundert vollzieht sich eine entscheidende Wandlung im Zustand der Kirche im Westen. Bis Konstantin erforderte der Wunsch, der Kirche anzugehören, großen moralischen Mut. Man wurde Christ auf eigene Gefahr, ja, man setzte sich sogar dem Tod aus. Dazu mußte man sich einer strengen Disziplin unterwerfen. Das einfache Volk wurde daher abgeschreckt durch diese Forderungen. Sie besaßen nur Anziehungskraft auf auserwählte Menschen. Die Situation änderte sich völlig in dem Augenblick, als Konstantin die Kirche offiziell anerkannte und mehr noch, als Theodosius das Christentum zur alleinigen Staatsreligion erhob. Vorher hatte es einer wahren Seelengröße bedurft, um Christ zu werden. Von nun an brauchte man sie eher, um es nicht zu werden, weil die Kirche nun ein wesentliches Element des öffentlichen Lebens war, ein integrierender Teil der „Welt“, die sie bis dahin so heftig bekämpft hatte. Die Auswirkungen dieser Veränderung lassen nicht auf sich warten. Die Massen, die in den Gemeinden zusammenströmen, betrachten Taufe und Abendmahl immer mehr als besonders wirksames Heilsmittel. Die Kluft zwischen Getauften und noch nicht Getauften verbreitert sich schnell. Man lebt wieder in der Atmosphäre der alten Mysterienkulte. Die Getauften sind die „Eingeweihten“. Nicht nur, daß sie allein (wie schon seit jeher) an der Feier des Abendmahls teilnehmen können, sondern sie müssen auch das Taufsymbol geheim halten: Es darf nicht aufgeschrieben, es muß auswendig gelernt werden. Das Vaterunser wird der Masse der Gläubigen genommen und bleibt ausschließlich den Getauften vorbehalten … (H. Lietzmann, ›Geschichte der alten Kirche‹ IV, S. 90 f.)

Die Theologie des 17. Jahrhunderts hatte einen Ausdruck geprägt, um diese Praxis zu bezeichnen, die bezüglich gewisser Elemente der Liturgie und des Gottesdienstes wiedererstand: Arkandisziplin, „Disziplin des Geheimnisses“. Bonhoeffer bringt dieses Wort, das in der protestantischen Kirche völlig vergessen war, wieder zu Ehren. In seinem Brief vom 5. Mai 1944 (›Widerstand und Ergebung‹, S. 185) erklärt er kategorisch: „Es muß eine Arkandisziplin wiederhergestellt werden, durch die die Geheimnisse des christlichen Glaubens vor Profanierung geschützt werden." Diese Worte aus der Feder eines Bonhoeffer haben Erstaunen hervorgerufen, und wir haben das Recht, eine Reihe von Fragen dazu zu stellen. Beschränken wir uns darauf zu sagen, daß es sich für den Theologen des Widerstandes nicht um einen Versuch des „Verbergens" handeln kann, um eine Bemühung, „Christus aufzubewahren" zugunsten einiger Privilegierter. Im Gegenteil: Diese Arkandisziplin ist immer im Dienste Christi und im Hinblick auf die Welt, der es zu helfen und die es zu unterstützen gilt.

Statt einer Schlußfolgerung

Wir würden gerne unsere Studie mit einigen Überlegungen abschließen, die sich auf die Auswirkung der Ideen Bonhoeffers auf das Leben der Kirche von heute beziehen. Wir verzichten darauf. So eine Darstellung bedarf eines gesonderten Artikels. Ihr nur eine oder zwei Seiten zu widmen, wäre sicher dieses so großen Themas unwürdig.

In den Betrachtungen des Märtyrer-Theologen zur nicht-religiösen Interpretation meinen wir vor allem eine seelsorgerliche Unruhe entdecken zu können. Für ihn scheint die quälende Frage zu lauten: Wie kann ich Jesus Christus meinem Zeitgenossen näherbringen? Wie kann ich diesem unreligiös gewordenen Menschen das Evangelium predigen als Befreiung vom Gesetz und Christus als Erfüllung dieses Gesetzes, ohne ihm vorher ein Gesetz vorzulegen, das ihn aber auch nicht erreicht, das nichts für ihn bedeutet, da er ohne Gesetz ist? Es gibt in den Briefen Passagen zwischen Evangelium und Gesetz, über die Notwendigkeit, nicht zuerst das letzte Wort (die Gnade) auszusprechen und dabei das vorletzte (das Gesetz) zu vergessen, Passagen, die es wert sind, daß man sich lange mit ihnen beschäftigt.

Wir verschieben dies alles auf einen späteren Beitrag (den die ›Etudes‹ vielleicht noch aufnehmen werden) und schließen mit drei Bemerkungen.

Die Bemerkungen Bonhoeffers über die nicht-religiöse Interpretation bilden alles in allem einen mitreißenden Appell zum

Christozentrismus. Heutzutage ist für die Masse der Gläubigen die christliche Religion vor allem eine Ansammlung moralischer Grundsätze. Selbst in der „evangelischen“ Kirche ist die Gesetzlichkeit nicht tot. Und Bonhoeffer will jeden daran erinnern, vor allem jedem zeigen, daß das Evangelium etwas ganz anderes ist als ein System, nämlich der lebendige Kontakt mit der einzigartigen Person Jesu Christi.

Als treuer Schüler Barths (in diesem Punkt wenigstens) verurteilt Bonhoeffer jede Apologetik. Es ist uns nicht möglich, ihm hier ohne Einschränkung zu folgen, weil es diese und jene Apologetik gibt. Diese, die behauptet zu beweisen – auf einem Gebiet, wo kein Beweis möglich ist –, ist unwirksam. Aber behält nicht jene, die sich ihrer Grenzen bewußt ist und sich darauf beschränkt, ärgerliche Mißverständnisse zu vermeiden, ihre Bedeutung?

Wie viele brennende Fragen stellen schließlich Bonhoeffers Bemerkungen unseren pluralistischen Kirchen! Besonders in bezug auf die Arkandisziplin. Können sie Kirchen vorenthalten werden, die kein Glaubensbekenntnis haben? Wenn die Arkandisziplin die Tendenz verfolgt, die „Gläubigen“ zu trennen, sie auszusondern, ist man da nicht unterwegs zur Gründung einer *ecclesiola in ecclesia*? Ist das wünschenswert in einer Zeit, in der die „mündig“ gewordene Welt sich anschickt, auf Gott und Christus zu verzichten?

Pastoralblätter 104 (1964), S. 66–79.

WELTLICHE INTERPRETATION

Zu Gedanken Bonhoeffers

Von Karl-Heinz Nebe

Dietrich Bonhoeffer ist unvergessen. Aber über dem von ihm Gelebten und mit seinem Sterben Besiegelten droht das Vergessen des von ihm Gelehrten. Zwar beschäftigt sich die theologische Wissenschaft hier und da auch ernstlich mit seinen Gedankengängen und versucht, sie ein- oder unterzuordnen, aber viel zuwenig dringt das von ihm Erkannte an die Front der Verkündigung. Das ist um so bedauerlicher, da gerade seine Theologie eine klarere Sicht der Grundlagen der Verkündigung, der Verkündigung selbst und des Verkündigenden schenken will – und auch kann.

Sein Hauptanliegen, Überlagerungen zu beseitigen, könnte man bildlich als Entschleierung bezeichnen. Schleier verwischen die klaren Konturen und verdecken Profilierungen. Schier unerträglich z. B. wirken doch jene roten Samtvorhänge an den Säulen italienischer Kirchen – etwa St. Markus in Venedig etc., mit denen herrliche Architektur versteckt wird. Das ergibt außerdem noch muffige Räume, denen viel von ihrer Klarheit, Weite und Höhe genommen ist.

Als eine Entschleierung stellt sich die von Bonhoeffer geforderte „weltliche Interpretation" gegenüber der bisher weithin als selbstverständlich richtig empfundenen „religiösen Interpretation" dar. Das klingt erst einmal sehr befremdend. Manchem mag es sogar gekünstelt oder wie eine interessante Wortspielerei erscheinen. Mancher mag vielleicht sogar sagen: „Schon wieder Bonhoeffer! Ist das nicht schon längst erledigt?" Wir meinen, Bonhoeffer sei noch nicht ernst genug genommen. Darum dieser Artikel, der ein sehr geraffter Auszug aus meiner 1962 eingereichten Doktorarbeit ist. Bonhoeffer selber meint es so ernst, daß nach seiner Ansicht der Verkündigung durch die „Schleier" die Tiefe, Weite und Höhe – und damit weithin ihre Kraft – genommen ist. Es gibt für einen Theologen, der das Herzstück aller Theologie, die Verkündigung, ernst nimmt, keinen Weg um Bonhoeffer herum, er muß sich mit der Gedankenwelt Bonhoeffers beschäftigen. Es gibt vielleicht einen Weg über diese hinaus, aber nicht hinter sie zurück.

In dem Nachstehenden soll nun der Versuch unternommen werden, auf engem Raum etwas darüber zu sagen. Um bei dem Bilde der Entschleierung zu bleiben, soll es hier einmal so gesagt sein: Bonhoeffer zerrt den Schleier der „religiösen Interpretation" hinweg, findet die Notwendigkeit der „weltlichen Interpretation" und damit eine klare Sicht.

I. Die Verschleierung durch die „religiöse Interpretation"

Schon sehr früh in seiner theologischen Entwicklung stößt Bonhoeffer auf diese Verschleierung. Er beginnt sofort, sie zu beseitigen. Aber das ist gar nicht so einfach. Sie will erst ganz klar erkannt sein. Je mehr er sie erkennt, desto widerwärtiger wird sie ihm. Er findet sie überall: Exegese, Dogmatik und praktische Theologie – also vom Text her bis zur Predigt hin – alles liegt unter diesem gefährlichen Schleier. Aber damit nicht genug: Auch der Predigthörer und der Verkündende selbst sind verschleiert. Das ergibt eine unheimliche Situation: Alle Verkündigung wird fragwürdig, weil die Konturen Gottes, Christi, des Menschen, des Lebens usf. unklar geworden, ihre Profile verwischt sind. Es kommt zu einem Verkündigen eines „unwirklichen" Gottes etc. an einen „unwirklichen" Menschen. Das trifft also nicht die Sache und geht außerdem vorbei.

Bonhoeffer stürzt sich auf den Gegner „Religion" und sucht ihn zu entlarven. Es kommt ihm dabei nicht auf umfassende Definitionen an, sondern er weist auf, wo und wie Religion Schleier wird, sein muß und jede klare Sicht verhindert.

Wir wundern uns dann nicht, wenn Bonhoeffer schon in seiner

Dissertation ›Sanctorum Communio‹[1] 1930 schreibt: Kirche und Offenbarung haben nichts mit Religion zu tun. Nur der Offenbarungsbegriff führt zur Kirche. Der Religionsbegriff ist darum unsachgemäß.

Hieran ist wichtig, daß Bonhoeffer den Religionsbegriff vom Kirchenverständnis her überwindet. Damit steht er auch unter Gleichgesinnten einsam da. Die Kirche ist eigenartigerweise bei Bonhoeffer nie in den Bereich seiner sonst so häufigen Zweifel an allem gezogen worden. Dies hat seinen Grund in der christologischen Verankerung der Ekklesiologie. Mit Christus, in dem Wesen und Wirklichkeit der Kirche zu finden sind, steht sie stellvertretend da, wo die Menschheit stehen sollte. Kirche ist kein Ideal, sondern Offenbarungsrealität, Leib Christi.

Dazu einige Zitate bzw. Ausführungen Bonhoeffers:

In ›Sanctorum Communio‹ sagt Bonhoeffer: „Ferner erweist sich m. E. die Unmöglichkeit, an einem allgemeinen Begriff der Religion den Gedanken der religiösen Gemeinschaft als notwendig zu erweisen.“ „Nur aus dem Offenbarungsbegriff kommt man zum christlichen Kirchenbegriff.“ Im Blick auf den Kirchenbegriff stehen einander damit Religion und Offenbarung gegenüber. Offenbarung entspricht der Wirklichkeit der Kirche. Es gibt nicht Religion, sondern Offenbarung, nicht Religionsgemeinschaft, sondern Kirche.

Etwa in der gleichen Zeit stellt Bonhoeffer fest: Religion ist Tun und Möglichkeit des Menschen. Da aber gerade Christus die Wirklichkeit ist, hat er auch gar nichts mit Religion zu tun. Auf die Seite Christi gehören vielmehr: Offenbarung, Wort Gottes als Mittler, Glaube, während auf die Seite der Religion Fleisch und vermeintliche Unmittelbarkeit zu Gott gehören. Hier wird eine unerhörte Gegensätzlichkeit deutlich.

Hören wir auch hierzu Bonhoeffer aus ›Akt und Sein‹ von 1931.

„Religiöse Akte sind nicht identisch mit Glauben.“

[1] Wir verzichten auf genaue Stellenangabe, da dies zuviel Platz beanspruchen würde. Eine bis 1956 vollständige Bibliographie findet sich in: Die Mündige Welt Bd. II, München 1956, S. 204–213. Danach sind Bonhoeffer, Gesammelte Schriften, Bd. I–IV erschienen.

In einem Vortrag 1936: „Was für ein modriger Untergrund dieser Frömmigkeit ... Ja, das ist der Mensch! Der fromme Mensch! Es graut einem vor den Folgen des finitum capax infiniti. Es muß die reine und klare Luft des Wortes um uns sein." Religion, Ethik, metaphysische Erkenntnis stehen als Menschenwerk unter dem Gericht Gottes. Der fromme Mensch steht gegen Gott.
Auf der anderen Seite gilt: „Menschliche Unmöglichkeit und Gottes Verheißung sind eins."

Wenn Bonhoeffer nun weiter diesem Schleier nachspürt, kommt er 1932/33 auf Grund von Gen. 1–3, besonders Kap. 3, zu einer weiteren Erkenntnis: Frömmigkeit und Gottlosigkeit (Sünde) sind hier identisch. Die Frömmigkeit selbst ist Auflehnung gegen Gott. Sie ist *die* Sünde, die Urform alles Bösen. Sie als das eigene Für-Gott-sein-Wollen verkörpert aber das Wesen der Religion. Religion ist daher die Ursünde.

Auch dazu einige Formulierungen Bonhoeffers:

Das Gespräch Evas mit der Schlange ist das erste religiös-theologische Gespräch. Nun steht die Wahrheit der Schlange gegen die Gottes, Gott und Imago-dei-Mensch gegen Gott und Sicut-dei-Mensch. Adam versteht dies alles natürlich nur als die Möglichkeit des Frömmerseins, des Gehorsamerwerdens als er es in seiner imagodei-Struktur ist. Nun steht er zwischen Gott und Götze, der sich als der wahre Gott ausgibt.
Zusammenfassend stellt Bonhoeffer dann fest: Das Frommsein des Menschen und das Sicut-dei-Sein des Menschen ist dasselbe. Anders herum betrachtet heißt das: Der Mensch hört das Wort Gottes nicht mehr in Ruhe und Frieden, sondern in der Entstellung der frommen Frage. Damit sind Anfechtung, Angst und Zerfall ins Leben getreten.

Ist mit dem vorher Gesagten Entscheidendes festgestellt, so bestätigt es sich für ihn noch von anderen Überlegungen her, so z. B. in den Schriften, die er 1939 in den Vereinigten Staaten verfaßte. Er stellt fest, daß, da Religion und Ethik ohne Christus bestehen können, beiden die Existenzberechtigung abzusprechen sei.

Er faßt das etwa so zusammen: Er müsse sich von der Religion in ihrer christlichen Form trennen. Denn im Blick auf die Welt und die Gestalt des Lebens hat sie keinen Sinn. Das Wort Gottes ist die Kritik der Religion, der Christlichkeit der Kirchen und der Heiligkeit der Christen in der Gestalt des Gerichts- und Gnadenwortes. Person und Werk Jesu haben nichts mit Religion zu tun. Religion und Ethik können durchaus ohne Christi Werk und Person existieren. Deshalb muß ihnen die Existenzberechtigung vor Gott abgesprochen werden.

In der ›Ethik‹ und in ›Widerstand und Ergebung‹ aus den Jahren 1943/44 kommen – angeregt durch den Blick auf die bestehende gottlose Welt – einige Gründe dazu.

Dort lesen wir etwa: Durch seine weltliche Tätigkeit in der „Abwehr" erfährt Bonhoeffer, daß sich weltliche Tätigkeit und Glaube gut miteinander vereinen lassen, Religion und Leben aber nicht zusammenpassen. Daraus erwächst ein Widerstand gegen alles Religiöse. In der Haft verstärkt sich diese Haltung: „Ich komme bestimmt nicht als ‚homo religiosus' von hier heraus! – ganz im Gegenteil, mein Mißtrauen und meine Angst vor der ‚Religiosität' sind hier noch größer geworden als je."

Nach den letzten Briefen ist Religion einengendes Gewand des Christentums. Religion ist Metaphysik und Idealismus. Sie verdeckt die wahre Botschaft der Bibel. Diese Botschaft möchte Bonhoeffer aus der religiösen Umklammerung befreien. Religion verdeckt aber auch die Wirklichkeit des Lebens. Da es ihm dabei um die Realität des Lebens geht, sind Leben und Religion für ihn nicht zu vereinen, wohl aber weltliches Tun und Glauben. Hier steht Idee gegen Realität. Was nicht zur letzteren gehört, ist Gewand. Gottes Offenbarung aber gehört zur Realität. Mit dem Bild des Gewandes geht Bonhoeffer noch über das hinaus, was wir bildlich als Schleier bezeichnet haben. Es geht für ihn also nicht nur um eine Entschleierung, sondern um eine Entkleidung.

Auch hier einige Zitate aus ›Widerstand und Ergebung‹ und ›Gesammelte Schriften III‹: Religion, weil sie Gewand ist, gehört nicht zum Wesen des Christentums und muß abgeworfen werden.
Außer Metaphysik und Idealismus oder Philosophie fällt die pietistisch-individualistische Frömmigkeit unter diesen Begriff.
Die Offenbarung vollzieht sich nicht im Bereich der Idee, sondern der Realität. Sie wird von der liberalen Theologie und von der seelsorgerlichen Methode des Hinter-den-Sünden-anderer-Herschnüffelns verfehlt.

Weiter geht es der Religion nicht mehr um Gott selber. Sie lebt genauso wie die säkulare Welt ohne Gott. Wird in der Religion von Gott gesprochen, handelt es sich nur um einen deus ex machina, der seine Existenz aus der Schwäche der Menschen bezieht. Hieraus folgert Bonhoeffer: Über den wirklichen Gott und den wirklichen Christus kann die Religion nichts aussagen.

Auch dazu Bonhoeffer aus ›Widerstand und Ergebung‹: Wie auf dem wissenschaftlichen Gebiet wird auch durch die Religion Gott immer weiter aus dem Leben zurückgedrängt.
Gottes Existenz bezieht sich in ihr eigentlich nur auf die menschliche Schwäche: Seine Grenze ist Kraft, Erkenntnis und Leistung des Menschen, seine Stärke die Grenzerfahrung des Menschen. Das ist typisch für Religion, der Sache aber nicht angemessen. Diese religiöse Interpretation verdeckt, wer Christus – und in ihm Gott – für uns heute eigentlich ist: Herr der ganzen Welt und damit auch der Religionslosen.

Aber die Religion verschleiert den Blick nicht nur für den wirklichen und lebendigen Gott, sondern ebenfalls für die Wirklichkeit der Welt und des Menschen. Nach Bonhoeffer ist Religion somit eine unsachgemäße Voreingenommenheit, ein Hinterweltlertum. An der Wirklichkeit der Welt geht der vorüber, der ihre Gottlosigkeit nicht ernst nimmt. Darum darf der Christ die Gottlosigkeit nicht durch Religion verdecken wollen. Aus dem Vorgesagten stößt dann Bonhoeffer auf die Notwendigkeit der „weltlichen Interpretation". Doch davon später.

Juli 1944 schreibt er: „Er (der Christenmensch, d. V.) muß also wirklich in der gottlosen Welt leben, und darf nicht den Versuch machen, ihre Gottlosigkeit irgendwie religiös zu verdecken, zu verklären; er muß ‚weltlich' leben, d. h. ist befreit von den falschen religiösen Bindungen und Hemmungen. Christsein heißt nicht in einer bestimmten Weise religiös sein, auf Grund irgendeiner Methodik etwas aus sich machen (einen Sünder, Büßer oder Heiligen), sondern es heißt Menschsein."

Das religiöse Denken zerschneidet für Bonhoeffer ferner die Ganzheit des Lebens in zwei Bereiche. Das allgemein theologisch-ethische Denken ist daher Denken in zwei Räumen. Der göttliche, heilige, christliche, übernatürliche Raum steht dadurch neben dem weltlichen, profanen, unchristlichen, natürlichen Raum. In der Religion wird daher die Sache Christi zu einer partiellen Angelegenheit innerhalb des Wirklichkeitsganzen. Sie ist dann nur Teilwirklichkeit. In der Religion gibt es entweder

Christus ohne Welt oder Welt ohne Christus. Aber in Jesus Christus ist kein Teil des Lebens, sondern das ganze geschaffene und erlöste Leben. Diese in Christus zutage tretende Ganzheit der Welt und des Menschen muß unbedingt festgehalten werden. Denn sie ist das Neue, das durch die Predigt des Kreuzes geschieht. Von hier aus – nämlich vom Evangelium her – wird Religion zur Gesetzlichkeit, d. h., sie wird ein zweites und damit unechtes Gesetz. Dieses christlich-religiöse Gesetz wird von der Religion her gegen die Welt aufgerichtet und zerstört deren Ganzheit. Religion, die sich anmaßt, Bedingung des Heiles zu sein, zerreißt die Ganzheit des Lebens und verfehlt den Menschen. Dieses Gesetz muß fallen, denn es gefährdet das Evangelium, indem es dem Menschen eine Last aufbürdet, ihn also nicht befreit. Diesen Gedankengängen, die einen sehr wichtigen Platz in Bonhoeffers Theologie einnehmen, müßte nachgegangen werden. Es muß hier aber genügen, daß die Religion von ihm als Gesetz mit allen verheerenden Konsequenzen erkannt ist.

Dazu erklärt Bonhoeffer in ›Widerstand und Ergebung‹: Religion ist ihrem Wesen nach Bedingung des Heiles. Im Blick auf das Evangelium darf sie aber nie dazu werden. Darum sind wir frei von allem Religiösen wie die Heidenchristen von der Beschneidung. Das heißt, Bonhoeffer sieht die Religion so an wie Paulus Teile des israelitischen Gesetzes.
In der ›Ethik‹ nennt Bonhoeffer das Denken in zwei Räumen „gesetzliches Denken". „Ein christliches Gesetz, das das Gesetz der Welt verurteilt, wird hier aufgerichtet und gegen die Welt, die Gott mit sich versöhnt hat, unversöhnlich zu Felde geführt." Die Folge davon ist Bindungslosigkeit und Willkür der Welt und Unnatur, Unvernunft, Übermut und Willkür der Christlichkeit. Da Kirche es immer mit dem ganzen Menschen zu tun hat, führt sie keine religiöse Sonderexistenz, die in eigner Sache kämpft. So erreichen Wesen und Gestalt der Kirche nur ihre auftragsgemäße Wirklichkeit in der strikten Trennung vom Religiösen.

Zusammenfassend vergegenwärtigen wir uns noch einmal, was Bonhoeffer über Religion gesagt hat: Kirche und Offenbarung haben nichts mit Religion zu tun; Religion ist Tun und Möglichkeit des Menschen und steht damit wider Christus; Religion ist die Ursünde; da Religion ohne Christus sein kann, ist ihr die Existenzberechtigung abzusprechen; Religion und Leben passen nicht zueinander; Religion ist einengendes Gewand des christlichen Glaubens; da es der Religion nicht um Gott geht, kann sie über Gott und Christus nichts aussagen; die Religion zerschneidet die Ganzheit des Lebens in zwei Bereiche und macht Christus und seine Sache zu einer partiellen Angelegenheit; Religion ist Gesetz und vergesetzlicht das Evangelium und macht es dadurch unwirksam.

Damit ist das Gesetz als Schleier erkannt. Dieser Schleier muß fallen, damit das Wirkliche zutage treten kann. Es geht also um die strikte Trennung vom Religiösen!

II. Was nach der Entschleierung zutage tritt

Ist es mit der Religion nichts, so muß auch die religiöse Interpretation verworfen werden. Ist das geschehen, so bleibt als Möglichkeit ihr Gegenstück: die weltliche Interpretation. Hier und da klang das in dem Vorgesagten schon an. Sie ist nun aber hier als die geeignete, ja die allein mögliche Möglichkeit und darum als die geforderte zu erweisen. Ist es also mit der Welt etwas, dann müßte daraus die Notwendigkeit der weltlichen Interpretation abgeleitet werden können.

Das klingt sehr einfach, sogar fast mechanisch. In Wirklichkeit ist es ein langer Weg, an dessen Ende eben die Formulierung religionslose bzw. – leider in den bisherigen Untersuchungen zu Bonhoeffer nicht genügend beachtet – weltliche Interpretation steht.

So schreibt Bonhoeffer in ›Widerstand und Ergebung‹, S. 185: „Ich denke augenblicklich darüber nach, wie die Begriffe Buße, Glaube, Rechtfertigung, Wiedergeburt, Heiligung ‚weltlich' – im alttestamentlichen Sinne und im Sinne von Johannes 1, 14 – umzuinterpretieren sind." Dieses Zitat ist mit genauer Stellenangabe gebracht, um nachzuweisen, daß Bonhoeffer nicht bei der negativen Formulierung religionslose Interpretation stehengeblieben ist, sondern immer, wenn er religionslose Interpretation sagt, weltliche Interpretation meint. Wir stehen hier also einer positiven Aussage gegenüber. Aber noch aus einem anderen Grunde ist dieses Zitat ungemein wichtig. Weil in ihm deutlich wird, daß bei dieser sogenannten weltlichen Interpretation nicht nur die Aussagen der Schöpfungsgeschichte, sondern die Christologie (Joh. 1, 14) Pate stehen. Anders gesagt: Von der von Bonhoeffer als Zentrum erkannten Christologie aus kann und muß er diese weltliche Interpretation fordern.

Diese Entwicklung liegt tatsächlich vor: Zu den zeitlich frühesten, positiven Aussagen in dieser Richtung gehört seine Vorlesung über Christologie 1933. Das Frappierende ist, daß im Grund alle späteren, umwälzenden Erkenntnisse hierin schon enthalten sind. In mancher Beziehung interpretiert er dort schon religionslos, d. h. weltlich.

Es berührt nicht nur sympathisch, sondern bei der heutigen Lage der Theologie ungemein beruhigend, daß alle diese Folgerungen aus nichts Geringerem als gerade der Christologie gezogen werden. Dazu einige wichtige Gedankengänge:

Der Ausgangspunkt alles Denkens über Christus ist der Auferstandene und Erhöhte. Für diese Christologie ist es charakteristisch, daß Bonhoeffer dies als Christi Gegenwart in der Kirche interpretiert, so daß Christus als der gedacht wird, der in der Gemeinde „für mich" da ist. Dies Für-mich-Sein Christi in der Gemeinde ist sogar sein Wesen. Stärker kann die Welt- und Menschheitsbeziehung Christi gar nicht ausgedrückt werden.

Bonhoeffer führt aus:

Allein der Auferstandene gibt die Voraussetzung für die Christologie. Christus ist kraft der Pro-me-Struktur des Gottmenschen Jesus Christus in der Kirche gegenwärtig. Dies ist sein Wesen, das bedeutet, daß Christus nur im existentiellen Bezug in der Gemeinde gedacht werden kann. Diese Pro-me-Struktur bedeutet ein Dreifaches für das Verhältnis Christi zur neuen Menschheit:

1. In seiner Geschichtlichkeit ist Jesus im Sinne des Anfängers für andere pro me.
2. Er ist die neue Menschheit und steht damit stellvertretend dort, wo die neue Menschheit stehen sollte. In ihm ist darum die Menschheit gekreuzigt, gestorben und gerichtet.
3. Er handelt als neue Menschheit. Darum ist sie in ihm und er in ihr.

Die schon erwähnte Pro-me-Struktur des Christus wird in

dem Wort, dem Sakrament und der Gemeinde gegenwärtig. Der verkündigte Christus – Christus als Predigt – ist der gegenwärtig wirkliche Christus. So spitzt sich die Christologie hier schon auf die Verkündigung zu. Die Verkündigung ist die Form der Erniedrigung des Auferstandenen und Erhöhten. Nur so haben wir ihn wirklich.

Zugleich aber ist Christus als Wort das Schöpfungswort in all seiner Macht. Christi Gegenwart als Wort, Sakrament und Gemeinde bewirkt darum Neuschöpfung.

Dazu nur einige Anmerkungen Bonhoeffers:
Christus ist das Wort in seiner Person.
„Christus ist gegenwärtig als das gesprochene Wort der Predigt." „Christi Gegenwart ist sein Dasein als Predigt." „Die Predigt ist der Reichtum und die Armut der Kirche. Sie ist die Gestalt des gegenwärtigen Christus, an die wir gebunden sind und an die wir uns zu halten haben."
Die Gegenwart des Gottmenschen ist verhüllt in der Verkündigung. „Der verkündigte Christus ist der wirkliche Christus." Diese Verkündigung ist Erniedrigung.
Das Sakrament als Gestalt Christi ist Verkündigung des Evangeliums als leibgewordenes Wort. Es ist die Gestalt, in der der Mensch in seiner Natur erreicht wird. Hier spielt der Gedanke der Schöpfung eine Rolle. Christus selbst ist im Sakrament; in ihm wird die gefallene Schöpfung durchbrochen. Denn es ist die wiederhergestellte Schöpfung unserer geistleiblichen Existenz. Christus im Sakrament ist zugleich Schöpfer dieser geschehenden neuen Schöpfung und Geschöpf.

Auch in der Auseinandersetzung mit der Dogmengeschichte der Alten Kirche verbannt Bonhoeffer alle Spekulationen aus der Theologie, die über das, was uns gegeben ist, hinaus will. Seine Grunderkenntnis ist: Dieser schwache Mensch Jesus muß als Gott geglaubt werden. Es ist nicht von einer Gottesidee, deren Repräsentant Jesus dann ist, nicht von Allwissenheit und Allmacht zu reden, sondern von der Schwachheit dieses Menschen. In diesem Gedanken weiß Bonhoeffer sich mit Luther eins. Es gibt nur den Menschen in der homoioma sarkos. Diese Erkenntnis begründet die spätere Verwerfung der philosophischen Transzendenz der Gottesidee, die Bonhoeffer in den letzten Briefen vornimmt.

Bonhoeffer entfaltet: Jesus ist ganz Mensch. Ihm fehlt nichts vom Menschen. Nichts Menschliches ist ihm fremd geblieben. Dieser Mensch gerade ist es, von dem wir sagen: Dieser ist Gott für uns. „Jesus der Mensch wird als Gott geglaubt." „Am Menschen Jesus entzündet sich der Glaube an das Wort." Nun fügt Bonhoeffer eine Bemerkung hinzu, deren Inhalt er bis an sein Lebensende durchgehalten hat: „Wenn wir von Jesu Gottheit handeln, müssen wir gerade von seiner Schwachheit reden." Auf keinen Fall dürfen wir so von Christus als Gott reden, daß wir „von ihm als dem Repräsentanten einer Gottesidee sprechen, welcher die Eigenschaften der Allwissenheit und Allmacht besitzt – dieses abstrakte göttliche Wesen gibt es nicht! Sondern man muß von seiner Schwachheit, von Krippe und Kreuz sprechen, und dieser Mensch ist kein abstrakter Gott."

Was ist mit *homoioma sarkos* gemeint? Alles kommt darauf an, daß Christus unsere Sarx annahm. „Bis zur Unkenntlichkeit trat er in die sündige Existenzweise der Menschen ein."

Damit hat Bonhoeffer schon in dieser frühen Vorlesung die Welt und den Menschen, denen die Verkündigung gilt, im Zentrum seiner Theologie, der Christologie, verankert. Hier ist der theologische Grund für sein Reden über die Wirklichkeit und Weltlichkeit gelegt. Welt und Mensch sind ganz ernst genommen. Die Menschheit Christi ist unsere Menschheit. Die historische Distanz ist durch die Betonung der Auferstehung, der Gegenwart des Auferstandenen und der Kirche als des Ortes dieser Gegenwart beseitigt. Dies alles läuft in der Kennzeichnung der Pro-me-Struktur als des Wesens dieses Gottmenschen zusammen. Sie hat – wie schon gezeigt – ihre Spitze in Verkündigung, Sakrament und Gemeinde.

Welt und Mensch sind – wie es schon mehrfach anklang – noch auf eine zweite Weise in die Christologie hineingenommen: Die Welt ist Schöpfung und wartet auf ihre Erneuerung als Neuschöpfung. Sie geschieht in Christus und damit in der Gemeinde. In Christus und der Gemeinde sind Schöpfer und Schöpfung gegenwärtig, wie wir hörten. Die erste, durch die Sünde entstellte Schöpfung wird in dem Christus praesens wiederhergestellt. So ist bei Bonhoeffer ein ganz enger Zusammenhang zwischen dem Wort, der Kirche und der Schöpfung festzustellen.

Den Zugang von der Christologie aus zur Welt als Schöpfung

findet Bonhoeffer durch den folgenden Satz: Die Welt ist in Christus geschaffen. Sie kann deshalb nur in ihm bzw. unter seiner Herrschaft wiederhergestellt werden. Das eben entfaltete Verständnis der Schöpfung und ihrer Wiederherstellung ist und bleibt bei Bonhoeffer die Basis für die Erörterungen über die Verkündigung des Evangeliums. Es ist auch die Basis für die „religionslose Verkündigung" in der „mündigen Welt".

In der Tat gibt es verstreut in fast allen Schriften und Perioden Aussagen, die diese Auffassung unterstreichen. Bonhoeffer spricht z. B. in einer Finkenwalder Rundbriefbeilage aus dem Wintersemester 1935/36 über das Pfingstereignis. Er wertet es nicht als religiöses Geschehen, als neue Religiosität, sondern als eine neue Schöpfertat Gottes. Und das bedeutet: Das ganze Leben wird mit Beschlag belegt. Die Lehre des Evangeliums ist Sorge um die Ausrichtung des Willens Gottes zur neuen Schöpfung. Weder die erste Schöpfung noch die zweite ist eine religiöse Angelegenheit. Sie ist Wirklichkeit Gottes. Hier wird einfach ein Stück Welt nach dem Ebenbilde Gottes neu geschaffen. Bonhoeffer faßt zusammen: „In dem Schöpferanspruch des Heiligen Geistes in der Kirche liegt der Totalitätsanspruch der Kirche begründet, der sich nicht mit der Überordnung des Religiösen begnügt." Die Christologie gewinnt Kraft und Weite, indem Bonhoeffer sie von der Schöpfungstat Gottes her interpretiert. Erlösung und Versöhnung sind Schöpfungstat.

Es ist auch die eindeutige Meinung Bonhoeffers, daß die Erlösung nicht ohne die Schöpfung verstanden werden kann. Sie ist das Objekt oder der Horizont der Erlösung. An und in der Schöpfung vollzieht sich die Erlösung als Umgestaltung. Sie geschieht in Christus und wird in ihm vollendet. Die Gedanken über die Herrschaft Christi erhalten ihre Ermöglichung letztlich von der Schöpfung. Das betrifft vor allem die ›Ethik‹. Dies ist Hintergrund und Erklärung für die wichtige Feststellung Bonhoeffers, die besagt, daß alles, was in und unter Christus, was in und durch die Gemeinde und in und durch die Verkündigung geschieht, nie Fremdherrschaft ist, sondern nichts anderes als Befreiung des Geschaffenen zu dem ihm eigenen Wesen und Gesetz. So treffen Verkündigung und Gebot Christi immer schon auf das Geschaffene und den Menschen der Schöpfung. Die Lehre von den Mandaten ist in diese christologische Schöpfungslehre von Bonhoeffer eingeordnet.

Die Christusherrschaft ist nach der ›Ethik‹ Herrschaft des Schöpfers, Versöhners und Erlösers, durch den und zu dem hin alles Geschaffene ist. Das Gebot Christi befreit das Geschaffene zur Erfüllung des ihm eigenen Gesetzes.

Von diesem Zusammenhang aus fällt auch auf die Rechtfertigung ein besonderes Licht. Sie ist nach Bonhoeffer nichts anderes als der Glaube, daß Gott Schöpfer des Menschen ist. Auf dem Hintergrund dieser seiner Erkenntnisse weitet sich die Christologie so sehr, daß in Christus Platz für die ganze Welt, die Gott schuf, und für ihre Probleme ist.

Aus dem Jahre 1931 stammt folgender Gedanke:
Erst in der Rechtfertigung erkennt und glaubt der Mensch – was er vorher nicht erkennen und glauben konnte –, daß Gott sein Schöpfer ist. Dazu heißt es in einem Brief, der wahrscheinlich 1940 geschrieben wurde: In Christus oder durch die Rechtfertigung hindurch öffnet sich nun die ganze Welt, die Gott geschaffen hat. Nachdem das „und" als Beziehung zwischen Christus und der Welt gefallen ist, ist nun wirklich in ihm Platz für die ganze Herrlichkeit der Erde, sofern sie ihm allein dienen kann. Dies „in ihm" ist das „in ihm" der Schöpfung. Von hier aus ist eine Reihe von Feststellungen aus d. J. 1929 zu deuten, die sonst unklar bleiben, etwa die, daß Ethik eine Sache der Erde und des Blutes sei und daß der Mensch, der die Erde verlassen will, die Kraft verliert, die ihn durch ewige Kräfte immer noch hält.

Die Gedanken zur Schöpfung in der Christologie geben der Vorstellung von dem Wesen Christi als dem Pro-me-Sein den letzten Hintergrund und das eigentliche Profil. So wird Christus zum Mittler, der in der Mitte zwischen Ich und Ich und zwischen Ich und Gott steht. Er ist nach der Vorlesung ›Christologie‹ die Mitte der menschlichen Existenz, der Geschichte und der Natur. Das aber bedeutet: Rede ich von Christus, so befinde ich mich nicht abseits von der Welt und dem Menschen, sondern in der Mitte des gesamten Daseins. Denn in ihm habe ich es mit dem Schöpfer und der Schöpfung in einem zu tun. Die entfalteten Gedanken spitzt Bonhoeffer besonders in der ›Ethik‹ im Blick auf die gottlose Welt zu.

Es war die Erkenntnis der ›Nachfolge‹, daß die Gestalt Christi durch die Menschwerdung die gesamte Menschheit umfaßt. Die

›Ethik‹ entwickelt diesen Gedanken weiter. Christus als der Menschgewordene, Gekreuzigte und Auferstandene ist der wirkliche Mensch. Damit ist in Christus eine neue Beziehung Gottes zur Welt gesetzt. Nun gibt es keine Welt mehr ohne Gott, noch Gott ohne die Welt. Aus Raumgründen können wir diesen Gedanken hier leider nicht weiter ausführen. Es wäre viel dazu zu sagen.

Nach der Darstellung auch nur einiger wichtiger christologischer Gedankengänge Bonhoeffers kann man schon nicht umhin, den starken, auf die Welt und die Menschen ausgerichteten, christologischen Bezug zu erkennen und zu bewundern.

In dieser Christologie gilt die Welt etwas. Von hier aus wird verständlich, wie der Ausdruck „weltlich" eine ganze andere Wertung erfährt. Die Forderung einer weltlichen Interpretation ist nun gar nicht mehr so befremdlich, sondern legt sich einfach als selbstverständlich nahe. Weltlich wird hier ja fast synonym mit christologisch. Mit der christologisch begründeten Beseitigung der religiösen Interpretation als dem Schleier, der alles verdeckte, wird so der Weg zu echter Weltlichkeit frei.

Nun ist es nicht mehr möglich, von Christus und Gott zu reden, ohne daß die ganze Welt, alle Menschen – und zwar auch die gottlosen – und sogar der einzelne Mensch in seiner Ganzheit in den Blick kommen.

In Kürze nur einige Gedanken Bonhoeffers zum Menschen: Dies Leben ist gottlos. Der Mensch ist gottlos. Die Gottlosigkeit des Menschen muß vor Gott ausgehalten werden.

Darum fordert Bonhoeffer in ›Widerstand und Ergebung‹: Der Mensch soll an seiner stärksten Stelle mit Gott konfrontiert werden, d.h. in seiner Mündigkeit. Wo das geschieht, entsteht ein Menschsein ganz neuer Art. Das ist immer dann der Fall, wenn der Mensch in Christi Gestalt hineingezogen wird. Dieser Mensch ist der im einzig richtigen Sinne „weltliche" Mensch, weil hier Gottes Welt Gestalt gewonnen hat. Diese Gestaltwerdung ist dort am sichtbarsten, wo der Mensch mit seiner ganzen Existenz den Weg Gottes mit der gottlosen Welt mitgeht, d.h., wo er Gottes Leiden an der gottlosen Welt mitleidet. Dieses Teilnehmen am Leiden Gottes bezeichnet Bonhoeffer als Glaube.

Bonhoeffer schreibt: „Ich will also darauf hinaus, daß man die Mündigkeit der Welt und des Menschen einfach anerkennt, daß man den Menschen in seiner Weltlichkeit nicht ‚madig macht', sondern ihn an seiner stärksten Stelle mit Gott konfrontiert."
„Der Mensch ... muß ‚weltlich' leben und nimmt eben darin an dem Leiden Gottes teil ... Nicht der religiöse Akt macht den Christen, sondern das Teilnehmen am Leiden Gottes im weltlichen Leben."

So wird also für Bonhoeffer Christsein dasselbe wie Menschsein oder „mitten im Menschlichen" sein. Christ ist der, der als wahrer Mensch vor Gott lebt. Im Blick auf die Welt heißt das: Der Christ hat die Verantwortung für die weltlichen Ordnungen. Der Mensch in Christus ist der „Mensch des Berufes in der Welt". Aufhebung des Glaubens wäre damit Zerstörung des Menschen und Anfang des Nihilismus. Große Bedeutung kommt dem Begriff „ganzer Mensch" zu, den Bonhoeffer zu allen Zeiten, besonders betont aber in der letzten Zeit gebraucht.

Nach ›Widerstand und Ergebung‹ ist der Christ ein ganzer Mensch, der die ganze Welt in sich beherbergen kann. Sein Glaube vollendet sich erst in der vollen Diesseitigkeit. Indem der Christ das diesseitige Leben ganz auskostet, ist der Gekreuzigte und Auferstandene bei ihm.

Dieser Gedankengang ist ohne die früheren Schriften kaum zu verstehen. Denn er setzt vieles dort Gesagte einfach voraus. Hier nur einige Beispiele: Nach ›Schöpfung und Fall‹ stand Gott ursprünglich als Mitte und Grenze des Menschen in der Mitte des Lebens. Durch den Fall betrat Adam die Mitte und ist seitdem tot, d. h., er verlor die Geschöpflichkeit und ist alleine. Alle Pervertierungen wie z. B. Sexualität, Zorn, Haß, Neid folgten daraus.

Auf dem Hintergrund wird verständlich, weshalb Bonhoeffer immer wieder von der Ganzheit des Menschen spricht. Die Ganzheit gehört zur echten Diesseitigkeit, da in der Christuswirklichkeit Christsein, Menschsein und Weltlichkeit vereint sind. Wo Gott in Christus in die Mitte des Lebens tritt, ist diese Ganzheit wiederhergestellt. Und nur da. Bonhoeffer kann auch sagen: der religiöse Akt zerreißt die Ganzheit, der Glaube fügt das Zerrissene zu einer Ganzheit zusammen.

Besonders an dem, was Bonhoeffer hierzu ausführt, wird sehr deutlich, was er mit Religionslosigkeit und Weltlichkeit meint. U. E. ist es auf Grund dieser Aussagen nicht mehr möglich, von vagen Begriffen und Vorstellungen Bonhoeffers zu reden.

Von hier aus gewinnen auch zentrale Gedanken der ›Ethik‹ ihre Kraft. So z. B.: „Letztes und Vorletztes“, das „Natürliche“, die Ratio mit der Forderung der intellektuellen Redlichkeit. Selbst zum leiblichen Leben mit seinen Problemen bekommt Bonhoeffer einen guten Zugang.

Dabei geht es für Bonhoeffer nicht mehr um die individualistische Frage nach dem Seelenheil, sondern um die ganze Welt, in der der Mensch lebt. Auch bei der Welt geht es nicht um eine Verchristlichung, sondern um den rechten Staat, die rechten Ordnungen usw. So ist er schon 1929 der Meinung, daß durch Verchristlichung die Erde übersprungen würde. Das darf nicht geschehen. Denn es wäre Religion. Die Erde muß um ihrer selbst willen geliebt werden. Das Reich Gottes ist in dieser Welt und nicht an einem Ort dahinter zu suchen.

In ›Gesammelte Schriften III‹ gibt es eine Reihe Äußerungen, die uns zur Klarheit verhelfen. 1929: „Der Mensch, der die Erde verlassen will ... verliert die Kraft ...“ 1932: „Hinterweltlerisch sind wir, seit wir den bösen Kniff herausbekamen, religiös, ja sogar ‚christlich‘ zu sein auf Kosten der Erde ... Aber Christus macht den Menschen stark. Er führt ihn nicht in Hinterwelten der religiösen Weltflucht, sondern er gibt ihn der Erde zurück als ihren treuen Sohn.“ Die Erde muß ganz bejaht werden.

Aus dieser Sicht der Welt ergibt sich in ›Widerstand und Ergebung‹ Bonhoeffers These von der Mündigkeit der Welt. Er begründet sie aus der Bibel und der heutigen Gestalt der Welt.

In einem Brief vom 27. 6. 44 schreibt er über das Christentum als Erlösungsreligion: „Nun sagt man, das Entscheidende sei, daß im Christentum die Auferstehungshoffnung verkündigt würde und daß also damit eine echte Erlösungsreligion entstanden sei. Das Schwergewicht fällt nun auf das Jenseits der Todesgrenze. Und eben hierin sehe ich den Fehler und die Gefahr ... Das Diesseitige darf nicht vorzeitig aufgehoben werden ... Erlösungsmythen entstehen aus den menschlichen Grenzerfahrungen. Christus aber faßt den Menschen in der Mitte seines Lebens.“

Mündigkeit bedeutet, die Welt ist so sehr zum Bewußtsein ihrer selbst und ihrer Lebensgesetze gekommen, daß es uns unheimlich wird. Demgegenüber ist das apologetische Bemühen, Lücken in der Mündigkeit der Welt nachzuweisen, die Einstiegsstellen für die religiöse Verkündigung wären, sinnlos und unchristlich. Es geht Bonhoeffer vielmehr um die Inanspruchnahme der mündig gewordenen Welt durch Christus. Von Christus her kommt Bonhoeffer zu ihr. So ist Weltlichkeit nichts anderes als die Christusherrschaft vom Menschen aus gesehen. Damit ist die Sektiererei des Raumdenkens mit ihren beiden Formen in der Christenheit, Schwärmerei und Säkularismus, in Christus überwunden. So führt das echte Mündigwerden zu einer wahrhaftigen Erkenntnis der Lage vor Gott, vor dem Gott, der sich aus der Welt ans Kreuz drängen läßt und uns damit hilft. Kennzeichnend für das Verhältnis Gottes zur Welt, in das die Christen hineingezogen werden, sind somit das Leiden und die Stellvertretung.

Besonders auffallend ist die in der allerletzten Zeit der Gefangenschaft auftretende Verknüpfung von Mündigkeit und Leiden Gottes: „Der Mensch wird aufgerufen, das Leiden Gottes an der gottlosen Welt mitzuleiden. Er muß also wirklich in der gottlosen Welt leben und darf nicht den Versuch machen, ihre Gottlosigkeit irgendwie religiös zu bedecken ... er muß weltlich leben und nimmt eben darin an dem Leiden Gottes teil ... Christsein heißt ... Menschsein."

Bonhoeffer sagt in ›Schöpfung und Fall‹: Ohne Gottes Wort fällt die Welt ins Bodenlose. Durch den Fall werden Gott und Welt zerrissen. Im Kreuz Christi wird ihre Einheit wiederhergestellt, sagt die ›Ethik‹. Nun hat der polemische Gebrauch des Christlichen gegen das Weltliche im Namen einer besseren Weltlichkeit zu geschehen. Entscheidend ist nun: Echte Weltlichkeit gibt es nur auf Grund der Verkündigung des Kreuzes Christi. Unter ihm kommen alle Bereiche des menschlichen Lebens zu ihrer angeschaffenen Freiheit und Bestimmung. Hier hat die Gemeinde eine besondere Verantwortung. Es ist die rechte Verkündigung von Christus und seiner Herrschaft.

Es ist vor allem die Verkündigung des Kreuzes Christi, was die Welt unter diese Christusherrschaft bringt und ihr echte Natürlichkeit im Gehorsam gegen Gottes Wort gibt. Dieser Gehorsam aber schließt eine Verkirchlichung und Verchristlichung aus.

Wie schlechthin entscheidend rechte Verkündigung für die echte Weltlichkeit ist, zeigt besonders eine Stelle aus der ›Ethik‹: „Ohne oder gegen die Verkündigung des Kreuzes Christi gibt es keine Erkenntnis der Gottlosigkeit und der Gottverlassenheit der Welt, vielmehr wird das Weltliche immer sein unstillbares Verlangen nach eigener Vergöttlichung zu befriedigen suchen. Wo aber das Weltliche neben der Christusverkündigung sein eigenes Gesetz aufrichtet, dort verfällt es ganz sich selbst und muß sich schließlich selbst an Gottes Statt setzen. In beiden Fällen hört das Weltliche auf, weltlich zu sein, und auf sich selbst gestellt will und kann das Weltliche nicht nur weltlich sein, sondern es sucht verzweifelt und krampfhaft nach der Vergöttlichung des Weltlichen, und die Folge ist, daß gerade dieses betont und ausschließlich weltliche Leben einer unechten, halben Weltlichkeit verfällt; es fehlt die Freiheit und der Mut zu echter und ganzer Weltlichkeit, d. h. die Welt das sein zu lassen, was sie vor Gott in Wirklichkeit ist, nämlich eine in ihrer Gottlosigkeit mit Gott versöhnte Welt ... Entscheidend ist hier, daß es echte Weltlichkeit gerade und nur auf Grund der Verkündigung des Kreuzes Jesu Christi gibt."

Zusammenfassend soll noch einmal gesagt sein: Die Christologie Bonhoeffers ist entscheidend für die Forderung der religionslosen, positiv gesagt: weltlichen Interpretation. Wir fanden in seiner Christologie etwa folgende dahin weisende prägnante Aussagen: Das Für-mich-Sein Christi in der Gemeinde ist sein Wesen; die Verkündigung ist die Form der Erniedrigung des Auferstandenen und Erhöhten; es gibt nur den Menschen in der *homoioma sarkos:* die Menschheit Christi ist unsere Menschheit; die Welt ist in Christus geschaffen; in Christus und der Gemeinde sind Schöpfer und Schöpfung gegenwärtig; Rechtfertigung ist nichts anderes als der Glaube, daß Gott Schöpfer des Menschen ist; Christus ist die Mitte der menschlichen Existenz ...; nun gibt es keine Welt mehr ohne Gott, noch Gott ohne die Welt; nun ist es nicht mehr möglich, von Christus und Gott zu reden, ohne daß die ganze Welt, alle Menschen – und zwar auch die Gottlosen und sogar der einzelne Mensch in seiner Ganzheit – in den Blick kommen.

Daraus ergaben sich notwendig analoge Aussagen für die Welt

und den Menschen: Der Mensch soll an seiner stärksten Stelle mit Gott konfrontiert werden, d. h. in seiner Mündigkeit; Christ ist der, der als wahrer Mensch vor Gott lebt; in der Christuswirklichkeit sind Christsein, Menschsein und Weltlichkeit vereint; das echte Mündigwerden des Menschen führt zu einer wahrhaftigen Erkenntnis der Lage vor Gott; wo der Mensch mit seiner ganzen Existenz den Weg Gottes mit der gottlosen Welt mitgeht, d. h. wo er Gottes Leiden an der gottlosen Welt mitleidet, da ist Glaube.

III. Die Richtung, in die damit die Verkündigung gewiesen ist

Unseres Erachtens ist damit deutlich gemacht, daß wir bei den geschilderten Gedankengängen Bonhoeffers einem unerhört stark begründeten Novum gegenüberstehen. Dem wird sich niemand – mit welchen Mitteln auch immer – entziehen können. Und wie schon anfangs gesagt, es mag Wege über Bonhoeffer hinaus geben, hinter ihn zurück kann man nicht mehr. Da es Bonhoeffer aber nicht um ein Theologisieren geht, sondern um die rechte Ausrichtung der Verkündigung, so wird eben diese Verkündigung erhebliche Notiz davon nehmen müssen. Sie wird in der Form genommen werden müssen, daß die Verkündigung nicht mehr als religiöse Interpretation, sondern als weltliche Interpretation zu geschehen hat. Lassen wir – wenn auch nur in sehr wenigen und nicht erschöpfenden Aussagen – Bonhoeffer dazu sprechen. Es sind die uns schon von dem II. Teil her bekannten Zitate:

„Christus ist gegenwärtig als das gesprochene Wort der Predigt." – „Christi Gegenwart ist sein Dasein als Predigt." – „Die Predigt ... ist die Gestalt des gegenwärtigen Christus." – „Der verkündigte Christus ist der wirkliche Christus."

Wir könnten mit ähnlichen Zitaten aus Bonhoeffer fortfahren. Es wird aber schon aus diesen wenigen Sätzen deutlich, welch einen Rang er gerade der Predigt zubilligt. Sie kann keinen höheren haben. Damit ist für uns besonders die Predigt in den Vordergrund gerückt. Mit dieser Predigt müssen wir an die Front der Verkündigung. Bonhoeffer ist leider nicht Zeit genug geblieben, alle Folgerungen für die Verkündigung selber zu ziehen. Hier hat unsere Weiterarbeit einzusetzen. Das bedeutet, daß wir in der Praxis mit der weltlichen Interpretation vollen Ernst machen, da nur so die entgötterte, mechanisierte und rationalisierte heutige Welt berücksichtigt wird. Sie darf auf keinen Fall „religiös verbrämt" werden; denn dann wäre sie nicht mehr echte Weltlichkeit. Eine Predigt in eine unechte, halbe Weltlichkeit hinein kann diese unsere Welt nicht treffen. D.h. aber wieder, daß Christus ihr nicht vergegenwärtigt werden kann. Wird aber Welt – und in ihr der weltliche Mensch – nicht mit ihm echt konfrontiert, dann kann es nur ein unendlich folgenschweres und trauriges „Vorbei" geben. Ob wir uns das leisten dürfen und leisten können?[2]

Es ist u. E. so: Größte Mühe und Sorgfalt ist in den vergangenen Jahrhunderten an die Predigt gewendet worden. Es ist dieser Predigt auch Segen nicht versagt geblieben. Gerade unsere evangelische Kirche braucht sich darin nicht zu schämen. Aber heißt das schon: So nur getrost weiter!? Haben die Prediger nicht immer lernen, oft sogar umlernen müssen? Warum wollen wir es im Falle Bonhoeffers eigentlich nicht? Fühlen wir uns bei unserer weithin geübten „religiösen Interpretation" denn wirklich so wohl? Ist uns nicht schon oft – wenn auch nicht so klar wie Bonhoeffer – der Gedanke gekommen, daß irgend etwas nicht mehr stimmt? Wer von uns Predigern hat denn nicht schon häufig darüber nachgedacht, warum seine so „fleißige Predigt" nicht ankam? Nun sagt dazu Bonhoeffer: Es lag ja gar nicht an dem etwaigen Mangel an Fleiß; es lag noch nicht einmal am Mangel theologischer Kenntnisse; es lag ganz allein daran, daß aus einer

[2] Darum wäre z.B. für die Beurteilung der heutigen evangelischen Theologie notwendig zu zeigen, welche Bedeutung Barths, Bultmanns und Tillichs Bemühungen damit erhalten. Hier nur kurz ein Seitenblick Bonhoeffers auf Bultmann: „Bultmanns Ansatz ist eben im Grunde doch liberal (d.h. das Evangelium verkürzend), während ich theologisch denken will." Von uns aus mag schon gesagt sein, daß die Bonhoeffersche Interpretation weitergehender und radikaler ist als die Bultmanns. U.E. stehen Untersuchungen hierzu noch aus.

unechten Weltlichkeit des Verkündigers in eine unechte Weltlichkeit des Hörers hineingeredet wurde. Was ist alles versucht? Wir haben volkstümlich zu predigen versucht, bildhaft usf. Der Hörer staunte über unsere Volkstümlichkeit, über den im Raum der Kirche ungewohnten Ton, oder er nahm die Bilder mit, aber Christi Gegenwart in seinem Leben, so wie es wirklich war und ist, erfuhr er nur ganz selten. Wir brauchen nicht für Bonhoeffer zu sprechen. Seine Sprache spricht für sich selbst. Aber diese Abhandlung möchte Mut machen, Bonhoeffer erst einmal unvoreingenommen anzuhören.

Zu der Frage der Predigt könnte und müßte nun noch viel gesagt werden. Aus Raumgründen müssen wir es uns aber an dieser Stelle noch versagen. Eventuell muß das einem späteren Artikel vorbehalten bleiben. Nehmen wir nämlich die Bonhoeffersche Entschleierung ernst, erscheinen Inhalt, Gegenüber und Gestalt der Verkündigung in klarerer und d. h. neuer Sicht. Was vorher verwischt konturenhaft auszumachen war, das ist jetzt profiliert. Es sind viele Punkte, an denen es klar nachzuweisen wäre:

z. B. 1. an der Bedeutung der Vernunft,
2. an der Stellung von Not und Tod,
3. an der Auffassung der Buße,
4. an dem Verständnis des Gesetzes,
5. an der Bedeutung des Religionsverständnisses für die kirchliche und missionarische Praxis,
6. an der Bedeutung der Christusherrschaft,
7. an dem Verständnis des Glaubens,
8. an der Gegenwart Christi etc.

Kornelis Heiko Miskotte, Wenn die Götter schweigen. Vom Sinn des Alten Testaments. München: Chr. Kaiser Verlag 1963, S. 86–91.

DER MÜNDIGE MENSCH

Von Kornelis Heiko Miskotte

Wir haben unsern Ausgangspunkt genommen bei dem „vierten Menschen". Wir verstanden den Ausdruck als einen Fingerzeig und verließen uns größtenteils auf die Sicht der Soziologen. Wir wollten, ohne eigentlich recht von Herzen an die Konstruktion zu glauben, die Situation so ernst nehmen wie möglich. Es ist bekannt, daß *Dietrich Bonhoeffer* den modernen Menschen, dem die Kirche begegnet (oder nicht mehr begegnet), *anders* sah, nämlich gerade als den *mündig* gewordenen Menschen, als Teil und Repräsentanten einer „mündigen Welt".

Er meinte damit nicht gerade dasselbe wie *Kant* bei seiner Kennzeichnung der Aufklärung. Aber er rechnet sicher nicht damit, daß dieser Mensch auf keinen geistlichen Appell mehr würde anworten können. Er meint, indem er sich mehr in die Frage vertieft, was die *Kirche* zu tun hat, sie müsse auf diesen Menschen zugehen mit einem „religionslosen Christentum".

Die Seiten von ›Widerstand und Ergebung‹ (Briefe und Aufzeichnungen aus der Haft), die davon handeln, sind besonders ergreifend, weil da ein gequälter Mann aus der deutschen Illegalität, ein integrer Geist unter dem Druck der Einsamkeit, der Verhöre und später des Todesurteils, seine Gedanken ganz vom eigenen Leben wegwendet und in scharfblickender Weise sieht, wie es mit der Welt demnächst bestellt sein wird.

Uns ist nicht vollkommen deutlich, wie er sich der Übersetzung des Wortes Gottes „religionslos" vorgestellt hat. Soviel ist jedenfalls deutlich: er trachtet in seinem Sinnen loszukommen von dem „religiösen Apriori", auf das die Predigt jahrhundertelang stillschweigend gebaut hat[1]. „Unserem ganzen bisherigen

[1] Dietrich Bonhoeffer, Widerstand und Ergebung, 1952, S. 178; vgl. das Kapitel Erbe und Verfall in seiner Ethik, 1949, S. 30 ff.

‚*Christentum*' *wird das Fundament entzogen* und es sind nur noch einige ‚letzte Ritter' oder ein paar intellektuell Unredliche, bei denen wir ‚religiös' landen können. Sollten das etwa die wenigen Auserwählten sein? Sollen wir uns eifernd, piquiert oder entrüstet ausgerechnet auf diese zweifelhafte Gruppe von Menschen stürzen, um unsere Ware bei ihnen abzusetzen? Sollen wir ein paar Unglückliche in ihrer schwachen Stunde überfallen und sie sozusagen religiös vergewaltigen?" Es bleibt die Frage: „Wie kann Christus *der Herr auch der Religionslosen werden?*"[2]

Wir sehen, wie Bonhoeffer viel weniger radikal einsetzt als der junge Barth um 1918. Entdeckte dieser die Religion als das prinzipielle Hindernis für den Glauben, so sieht Bonhoeffer historisch-faktisch diese Stütze für den Glauben dahinfallen. Für Barth hieß die Frage: wie ist evident zu machen, daß Religion *die* Sache des gottlosen Menschen ist (d.h. des Menschen, der abgelöst ist oder sich ablösen will von dem „Namen")? Für Bonhoeffer lautet die Frage: was bedeuten Gemeinde, Predigt und Liturgie noch in einer religionslosen Welt? Die Wahrheitsfrage steht bei ihm nicht zur Erörterung, in seinem Kampf ist er mehr denn je überzeugt von der Notwendigkeit der „Arkandisziplin", von dem unerschütterlichen Bestand der letzten Geheimnisse, die sich in *vor*letzten Antworten aussprechen müssen und die man nicht jederzeit jedermann zeigen soll. Was ihn ärgert, ist, daß die „Religiösen" über Gott erst zu reden beginnen, wenn das menschliche Wissen und Erkennen am Ende ist und die menschlichen Kräfte unterliegen. Gott ist für die „Religiösen", wenn er nicht die Natur ist, eigentlich immer ein „deus ex machina".

Was uns am meisten interessiert, ist die Art und Weise, wie auch Bonhoeffer von der Situation aus, wie er sie sieht, nach dem Alten Testament greift und darauf verweist, wenn er für ein „*weltliches* Christentum" eintritt: „Ich möchte von Gott nicht an den Grenzen, sondern in der Mitte, nicht in den Schwächen, sondern in der Kraft, nicht also bei Tod und Schuld, sondern im Leben und im Guten des Menschen sprechen. An den Grenzen scheint es mir besser, zu schweigen und das Unlösbare ungelöst

[2] Widerstand und Ergebung, S. 179.

zu lassen. Der Auferstehungsglaube ist nicht die ‚Lösung' des Todesproblems. Das ‚Jenseits' Gottes ist nicht das Jenseits unseres Erkenntnisvermögens! Die erkenntnistheoretische Transzendenz hat mit der Transzendenz Gottes nichts zu tun. Gott ist mitten in unserem Leben jenseitig ... So ist es *alttestamentlich* und in diesem Sinne lesen wir das Neue Testament noch viel zu wenig vom Alten her."[3]

In weiter eindringender Überlegung umschreibt Bonhoeffer das religiöse Reden als ein a) metaphysisches und b) individualistisches Reden. Beides hält er für mit der biblischen Botschaft unmöglich vereinbar. Aber auch hier argumentiert er nicht prinzipiell, sondern von der Tatsache aus, daß z. B. die Frage nach dem Seelenheil heute für die meisten vollkommen fortgefallen ist. Begriffe wie Buße, Glaube, Wiedergeburt müssen in einem „weltlichen" Sinn neu übersetzt werden. „Weltlich" heißt: in der Sprache der „mündigen Welt". Nun, wir sind der Meinung, daß Bonhoeffer diese Mündigkeit etwas unbestimmt gelassen und auf jeden Fall sehr überschätzt hat; andernfalls würde sich der „mündige" Mensch als das Gegenteil des „vierten" Menschen herausstellen, obwohl doch letztlich mit beiden Umschreibungen auf denselben Menschentyp gezielt sein muß. Der Ausdruck „Mündigkeit" ist, von Bonhoeffers Aversion gegen die gängige Apologetik des christlichen Glaubens her, ein wenig rosa gefärbt.

Wohl gibt er zu, daß die liberale Theologie diese Mündigkeit bis zur Unsinnigkeit übertrieben hat, indem sie z. B. der Welt das Recht zusprach, darüber zu entscheiden, welcher Platz – religiös, logisch und praktisch – Christus eingeräumt werden könnte. Das führte natürlich zu einer raschen Niederlage und zu einer totalen Kapitulation.

Aber der moderne Pietismus trieb den Menschen aufdringlich in die Wahl zwischen Christus und der Verzweiflung, und das unter ständigem Aufspüren der schwachen Stellen in den Herzen und der bangen Stunden im Leben. So wird das Christentum als „Erlösungsreligion" vorgeführt. „Liegt darin nicht ein kardinaler Fehler, durch den *Christus vom Alten Testament getrennt* und von

[3] Widerstand und Ergebung, S. 182.

den Erlösungsmythen her interpretiert wird? ... Die Erlösungsmythen suchen ungeschichtlich eine Ewigkeit nach dem Tod ... Das Schwergewicht fällt nun auf das Jenseits der Todesgrenze ... Sollte dieses aber wirklich das Wesentliche der Christungsverkündigung der Evangelien und des Paulus sein? Ich bestreite das. Die christliche Auferstehungshoffnung unterscheidet sich von der mythologischen darin, daß sie den Menschen in ganz neuer und gegenüber dem Alten Testament noch verschärfter Weise an sein Leben auf der Erde verweist ... Das Diesseits darf nicht vorzeitig aufgehoben werden. *Darin bleiben Neues und Altes Testament verbunden.* Erlösungsmythen entstehen aus den menschlichen Grenzerfahrungen. Christus aber faßt den Menschen in der Mitte seines Lebens."[4]

In der Mitte! – dort entsteht dann der *„weltliche" Glaube!* Unter „weltlich" versteht Bonhoeffer 1. nicht-metaphysisch, d. h. existentiell, 2. nicht-individualistisch, d. h. kollektiv und stellvertretend, und vor allem 3. nicht mächtigen Geistes und glanzvoll, d. h. in Übereinstimmung mit der Ohnmacht Jesu Christi. Denn nur der leidende Gott kann helfen. „Insofern kann man sagen, daß die beschriebene Entwicklung zur Mündigkeit der Welt, durch die mit einer falschen Gottesvorstellung aufgeräumt wird, den Blick freimacht für den Gott der Bibel, der durch seine *Ohnmacht* Macht und Ruhm gewinnt. Hier wird wohl die ‚weltliche Interpretation' einzusetzen haben."[5]

Fragen wir, was sich schließlich aus den Bildern des „vierten Menschen" und des „mündigen Menschen" an gemeinsamen Konsequenzen für die „christliche Unterweisung" ergibt, dann zeigt sich sehr deutlich, daß sie in dem Verweis auf das Alte Testament liegen. In der dynamischen Linie des christlichen Bekennens zu stehen, ist etwas sehr anderes, als Anhänger des Christentums zu sein. Auch Bonhoeffer war sehr nahe an der Einsicht, daß die Strukturen gerade des Alten Testaments auf ein *Jenseits der menschlichen Religiosität* hinweisen.

Er sah, soweit wir erkennen können, nicht, daß das „Schwei-

[4] Widerstand und Ergebung, S. 225 ff.

[5] Ebd. S. 242.

gen der Götter" einen Nihilismus auf den Plan ruft, der als solcher schwerlich als Exponent der „Mündigkeit" zu begreifen ist, und er rechnete u. E. nicht mehr mit dem ambivalenten Charakter dieses Nihilismus. Ihm war von früh auf alles gelegen an der „kostbaren Gegenwärtigkeit Christi"[6]. Was durch ihn in Gang gekommen ist, ist weniger eine Frage nach anderen, neuen, „religionslosen" Worten über Gott, als vielmehr die Frage nach einem anderen, nichtreligiösen Lebensgefühl in der Kirche.

Selten oder nie gebraucht er das Wort „Säkularisierung"; möchte das nicht daran liegen, daß er in diesem Wort noch zu deutlich die romantische Wehmut nach einer sakralen Vergangenheit spürt? Er hat – trotz der Lehre von der „Arkandisziplin", durch welche in rohen, aggressiven Zeiten das Leben der Wahrheit wie in einer Arche bewahrt werden kann – nicht viel übrig z. B. für liturgische Restauration als Gegenwehr gegen die Säkularisierung. „*Nur wer für die Juden schreit,* darf auch gregorianisch singen."[7]

Eine solche Haltung wird von entscheidender Bedeutung sein für den christlichen Unterricht, der es mit der „Weisung" des Alten Testaments zu tun hat. Hier *bekommen* viele *Juden, Humanisten und Freidenker recht,* wenn sie (wäre es nur eine Mehrheit oder, womöglich, alle, die so denken!) sich scheuen vor der „Religion" als einer Verkennung der Zeit und einer Flucht aus der Not.

„Hinterweltlerisch sind wir, seit wir den bösen Kniff herausbekamen, religiös, ja sogar ‚christlich' zu sein auf Kosten der Erde. Im Hinterweltlertum läßt es sich prächtig leben. Man springt immer dort, wo das Leben peinlich und zudringlich zu werden beginnt, mit kühnem Abstoß in die Luft und schwingt sich erleichtert und unbekümmert in sogenannte ewige Gefilde."[8]

[6] Eberhard Bethge, Dietrich Bonhoeffer, Person und Werk, Ev. Theol. 1955, S. 158.

[7] Dietrich Bonhoeffer, bei E. Bethge, a. a. O., S. 161; ebd.: „... die Besorgnis darum, daß nicht jedes Wort jederzeit in jeden Mund und vor jedes Ohr gehört." Vgl. Ethik, S. 283 ff., 204.

[8] Dietrich Bonhoeffer, Dein Reich komme, 1957, S. 5.

Die *Profanität* des Lebens hat auch der Philosoph Wilhelm *Kamlah* ausgerufen, aber er gibt seiner Kulturkritik, so radikal sie ist, die Wendung zu einer Wiederbelebung der Religion[9], damit verhütet werde, daß der sogen. mündige Mensch zur *Masse* und damit zur Beute der Tyrannen der äußersten Finsternis wird. Denn in Wirklichkeit wird niemand so sehr als Unmündiger behandelt und der herrschende Unmündigkeit preisgegeben, wie gerade der sogen. mündige Mensch. Insofern gerät er doch wieder sehr in die Nähe des – „vierten" Menschen.

In den letzten Wochen seines Lebens ließ Bonhoeffer sich von einem Mitgefangenen (einem Neffen von Molotow) in Russisch unterrichten, und er seinerseits lehrte ihn, was der christliche Glaube ist. Wie mag diese „christliche Unterweisung" ausgesehen haben?, fragen wir uns. Bethge sagt in diesem Zusammenhang: „Ob er seinem russischen Mitgefangenen auch *von seinem geliebten Alten Testament* erzählt hat? Weil es das Buch derer ist, die in keinen frommen Raum fliehen können, sondern im Segen oder im Trotz, mit dem verspotteten Jahwe oder unter seinem herrlichen Namen auf dieser Erde leben müssen oder leben dürfen? Weil er dieses Buch für das große Zeugnis von der *Überwindung des Religiösen* hält?"[10]

Wir können kein integres und vernünftiges Leben führen, wenn wir uns nicht Rechenschaft darüber geben, daß auch wir, Kinder der Kirche und der Synagoge, in der gegenwärtigen Welt leben, „als ob es keinen Gott gäbe". Das, genau das haben wir zu bekennen vor *Gott* und in der Kraft Seines Wortes. Gott als Hypothese, als Trost in Grenzsituationen, als Asyl für unsere Unwissenheit, als „Lückenbüßer", Gott als Mittel zum Zweck, Gott als Ornament – das alles ist ein *Überrest* von Gott als Substanz und als Fundament, als ens realissimum und als summum bonum, als der götzenhaften Gottheit unserer Spiritualität.

Diese Überreste zeigen alle Züge der Ambivalenz. Diese Unterweisung in den Schriften, die uns vorschwebt, kann diese Überreste in ihrer Widersprüchlichkeit nicht ernst nehmen: welt-

[9] W. Kamlah, Der Mensch in der Profanität, 1949, S. 35.

[10] E. Bethge, a. a. O., S. 160.

lich und geistlich, natürlich – übernatürlich, profan – sakral, vernünftig – übervernünftig sind keine letzten Gegensätze. Sondern, vorangetrieben vom Alten Testament, geht die Bewegung in die Richtung der Profanität des Daseins auf der Erde unter dem Himmel des Übergewichts der schöpferischen Gnade.

Arnold E. Loen, Säkularisation. Von der wahren Voraussetzung und angeblichen Gottlosigkeit der Wissenschaft. München: Chr. Kaiser Verlag 1965, S. 205–212.

RELIGIONSLOSES CHRISTENTUM NACH DIETRICH BONHOEFFER

Von Arnold E. Loen

Auch mit diesem Thema gehen wir zur Quelle zurück. Diese Quelle finden wir in der Bonhoeffer-Sammlung ›Widerstand und Ergebung‹[1]. Von hier aus hat sich der Ausdruck „religionsloses Christentum" verbreitet. Für derartige Geistesbewegungen ist die Quellenfixierung jedoch nur relativ. Daniel Jenkins nennt in seinem Buch ›Beyond Religion‹[2] auch Barth und Tillich als Quellen. Bonhoeffer ist es aber doch wohl in besonderem Sinn. Bei ihm hat dieses Motiv Durchbruch-Charakter, die Urgenz des noch nicht Verstandenen, das sich aus der Existenz heraus Bahn bricht zum Begriff.

Das hängt zusammen mit der allgemeinen und persönlichen Situation, in der diese Briefe und Aufzeichnungen geschrieben sind. Wir wollen nicht vergessen, daß Bonhoeffer am 9. April 1945 gehängt wurde. In dieser Perspektive zeugt das Buch von viel mehr als den Gedanken über „religionsloses Christentum", die wir analysieren und kritisch beurteilen werden. Es zeugt von einer Nachfolge Christi. Wenn dieses Leben und Sterben die Gedanken über religionsloses Christentum als eine notwendige Folge mit sich brächte, würden wir schweigen müssen. Wir meinen aber, daß gerade das Gegenteil der Fall ist. Das bedeutet nun alles andere, als daß wir jetzt ein Plädoyer für die Religion halten.

Was Bonhoeffer ins Gespräch bringt, ist die Gestalt, die das christliche Leben in der Zukunft haben soll. Mit Recht nimmt er

[1] D. Bonhoeffer, Widerstand und Ergebung, 12. Aufl. 1964.

[2] D. Jenkins, Beyond Religion. The Truth and Error in Religionless Christianity, London 1962.

dabei auf die Lage der modernen Welt Rücksicht, in der das Evangelium verkündigt werden darf und soll. Die Sache, um die es sich handelt, und die Dringlichkeit, mit der Bonhoeffer sie vorbringt, werden nicht durch die Bedenken angetastet, die wir meinen vorbringen zu müssen. Diese Bedenken sind, daß Bonhoeffer das, was ihm und uns zu Herzen geht, in der Forderung eines „religionslosen Christentums" ausdrückt; daß nicht deutlich wird, was er darunter versteht; daß die verschiedenen Begründungen, die er gibt, verwirrend von hier und von da aus einer Überzeugung auftauchen, die wohl in ihrem Anti, aber nicht in ihrem Pro deutlich wird; und daß mehrere dieser Begründungen von falschen Voraussetzungen ausgehen. Beim letzteren denken wir u. a. an die Begründung des „religionslosen Christentums" durch die behauptete Autonomie der Mündigkeit der Welt.

Was wir jetzt zu tun haben, ist, das „Recht" Bonhoeffers in dem Koordinatensystem der wahren Voraussetzungen zu interpretieren. Das ist keine Koordinatentransformation; unsere Bedenken gegen die Gedanken Bonhoeffers waren gerade, daß ihnen ein Koordinatensystem fehlt. Es sind wohl Hinweise vorhanden, aber auf Voraussetzungen, die unausgesprochen bleiben, sich nicht zur Einheit eines Koordinatensystems rekonstruieren lassen und, soweit sie sich zu Fragmenten rekonstruieren lassen, teilweise unwahr sind.

Der Versuch zur korrigierenden Übertragung muß damit beginnen, daß wir uns fragen, was nun eigentlich Religion ist. Die systematische Ortsbestimmung der Religion fordert eine Erhellung von „Subjektivität"; diese wieder von „Wahrheit" und von „Sein". Damit ist dann die Zurückführung auf das feste Koordinatensystem vollendet; zugleich ist „die Wirklichkeit" als falsche Voraussetzung entlarvt und damit die Möglichkeit gegeben, die Gedanken Bonhoeffers über die Mündigkeit der Welt zu beurteilen. In der Hauptsache wird das auf eine Wiederholung des bereits mehrfach Erörterten hinauskommen. Dabei werden wir versuchen müssen, das, was Bonhoeffer eigentlich erstrebt, auf Grund dieser Voraussetzungen als Koordinatensystem auszudrücken.

Bonhoeffer fordert ein religionsloses Christentum. – Was verstehen wir eigentlich unter Religion? Unserer Meinung nach zweierlei:

1. Unter *einer* Religion können wir verstehen: eine der bestehenden oder nicht mehr bestehenden Religionen: Christentum, Brahmanismus, Hinduismus, Buddhismus, die Religion der alten Ägypter usw. Diese Religionen sind Gestalten in der empirischen Geschichte. Die gegenseitige Vergleichung steht im Vordergrund. Diesen Reden über Religionen und eine Religion hat sich also von vornherein auf den Kader der empirischen Geschichte beschränkt. In dieser Beschränkung liegt eine Enthaltung bezüglich der Wahrheitsfrage. Sobald wir die eigentlichen Fragen stellen, somit den Raum des Seins als die wahre Voraussetzung anerkennen, können wir nicht mehr in dieser Weise über die Religionen als über gleichartige historische Gestalten reden. Die Beschränkung auf den Kader der empirischen Geschichte ist labil, wie immer, wenn die Geschichte sich bis in das Heute fortsetzt.

2. Unter Religion können wir auch eine spezifische Art des Erlebens, Verhaltens und Denkens verstehen, in Unterscheidung von areligiösen Arten des Erlebens, Verhaltens und Denkens und in Gegensatz zu dem darin als objektiv Intendierten. Kurz gesagt: alles, was sich auf der menschlichen Seite innerhalb des spezifischen Gebiets der Religion abspielt. Was das Christentum betrifft: Religion ist alles, was der christliche Mensch individuell oder korporativ als Kirche erlebt, tut und bekennt, sofern es „christlich“ ist. So meinen wir es, ungeachtet der Tatsache, daß die angegebenen Trennungen sich nicht durchführen lassen: das Spezifische der religiösen gegenüber der areligiösen Subjektivität hat keiner je angeben können. Auch hier ist der Kader labil; er ist eine Anthropologie, die sich an die empirischen Erscheinungen halten zu können meint. Das ist jedoch unmöglich[3]. Von diesem Kader werden wir zum Raum des Seins abgedrängt.

Es ist nun selbstverständlich, daß in beiden möglichen Bedeutungen des Wortes „Religion“ religionsloses Christentum unmöglich ist. Was die erste Bedeutung betrifft: das Christentum *ist*

[3] Vgl. unsere Besprechung der Psychologie als Fachwissenschaft, Kap. IX, X.

eine Religion. Was die zweite Bedeutung betrifft: innerhalb des Christentums spielt sich immerhin einiges auf der menschlichen Seite ab. Religionslosigkeit dürfen wir auch nicht erstreben. Der Herr Gott fordert die menschliche Antwort. Diese menschliche Antwort läßt sich dann innerhalb verschiedener Kader als Erleben, Verhalten und Denken konstatieren und untersuchen. Deshalb ist der Ausdruck „religionsloses Christentum" für das, was Bonhoeffer wahrscheinlich meint, schlecht gewählt.

Falls und insofern Bonhoeffer mit seiner Ablehnung der Innerlichkeit [4] meint, daß die subjektive Teilhabe an objektiver Wahrheit nicht der tragende Grund dieser objektiven Wahrheit ist, so sind wir von Herzen einverstanden.

Oder auch: Falls und insofern er mit seiner Ablehnung des „religiösen Apriori"[5] meint, daß die christliche Verkündigung nicht ungebrochen auf einer vorausgesetzten natürlichen Religiosität als Reflex einer natürlichen Offenbarung fortbauen darf, so ist uns das aus dem Herzen gesprochen.

Noch einmal: Falls und insofern er mit seiner Forderung eines religionslosen Christentums[6] ein einseitig introverses kirchliches Leben verurteilt, gehen wir gerne mit.

Und wieder: Falls und insofern er meint, daß der Christ sich nicht spezifisch christliche Qualitäten zuerkennen darf, die ihn von dem Nichtchristen unterscheiden würden, sondern daß er solidarisch sein muß – einverstanden.

Diese Motive sind jedoch zentriert in dem sich widersprechenden Ausdruck des religionslosen Christentums. Unserer Meinung nach wäre die richtige Zentrierung mit der Unterscheidung objektiver und subjektiver Wahrheit des Glaubens gegeben. Worum es Bonhoeffer eigentlich stets zu tun ist, das ist die Ablehnung einer falschen Subjektivität. Diese Ablehnung, und, was wichtiger ist, ihre positive Korrektion, liegt in der genannten Unterscheidung. Unter diesem Gesichtspunkt wiederholen wir vorher Gesagtes.

[4] D. Bonhoeffer, a. a. O., S. 178.
[5] Ebda.
[6] Ebda.

Dabei muß die Einheit der Wahrheit von vornherein feststehen. Wahrheit hat verschiedene Gestalten: die Wahrheit einer Aussage, einer wissenschaftlichen Theorie, einer Wissenschaft als Ganzes, einer Person; die Wahrheit des Glaubens; die Wahrheit Gottes. Wenn wir sagen, daß die Einheit der Wahrheit von vornherein feststehen muß, so sagen wir damit zweierlei. An erster Stelle, daß das Wort „Wahrheit" in diesen verschiedenen Gestalten eine gleiche Bedeutung hat, die aber in den verschiedenen Gestalten in verschiedener Fülle durchklingt. An zweiter Stelle, daß die Wahrheit kein genus ist, dessen species – auf gleicher logischer Höhe – die genannten und andere Gestalten sind; sondern daß die Fülle der Wahrheit die Wahrheit Gottes ist.

Was ist dann aber diese gleiche Bedeutung des Wortes „Wahrheit" in allen diesen Gestalten? Wir haben das phänomenologisch untersucht, zuerst für die Gestalt der Wahrheit einer einfachen Aussage und die Wahrheit einer Wissenschaft. Dabei fanden wir, daß die Wahrheit primär den Charakter eines objektiven Ausgesprochenseins hat, sekundär den Charakter der subjektiven Teilhabe an diesem objektiven Ausgesprochensein. Wir müssen also zwischen objektiver und subjektiver Wahrheit unterscheiden. Die subjektive Wahrheit ist nur möglich auf Grund der objektiven Wahrheit, nämlich wenn ein Subjekt da ist, das an der objektiven Wahrheit teilhat. Die objektive Wahrheit ist auch dann da, wenn sich kein menschliches Subjekt auf sie richtet, ist also unabhängig von der subjektiven Wahrheit; um den Schein einer Korrelation mit der subjektiven Wahrheit zu vermeiden, könnte man sie auch „ontische Wahrheit" nennen. Diese ontische Wahrheit hat also den phänomenalen Charakter des Ausgesprochenseins. Aber eines defektiven Ausgesprochenseins; nämlich ein Ausgesprochensein, ohne daß der Sprecher mit zum phänomenalen Gehalt gehört.

Sodann sprachen wir über die Wahrheit des Glaubens. Auch hier ist die Unterscheidung von objektiver (ontischer) und subjektiver Wahrheit notwendig. Auch hier ist die objektive Wahrheit Ausgesprochensein; jetzt aber nicht mehr defektiv, sondern das volle Ausgesprochensein Gottes in Jesus Christus, als Telos seines Ausgesprochenseins in der Geschichte Israels, begleitet von dem prophetischen Wort. Ein Ausgesprochensein, in dem Perfekt, Präsens und Futur eins sind – weil es das Ausgesprochensein des ewigen Gottes ist. Ein Ausgesprochensein weiter, das nicht nur das systematische Ganze theoretischer Wissenswürdigkeiten ist, sondern die Einheit der Werke Gottes in Schöpfung, Versöhnung, Erlösung, Vollendung. Diese objektive Wahrheit ist Jesus Christus.

Wenn wir das sagen: Jesus Christus ist die Wahrheit; oder auch wenn wir sagen: er ist das Wort, oder: er ist der Sohn, so haben die Worte „Wahrheit", „Wort", „Sohn" hier ihre eigentliche, ursprüngliche Bedeutung. Sie sind dann Ursprungsworte. Der Ursprung der Bedeutungen liegt nicht in der Wahrnehmung, sondern in Gottes Offenbarung, in seinem Sichaussprechen in Jesus Christus. Hier liegt auch der Ursprung der Kategorien, das ist der Seinsbestimmungen. Wo bleibt dann die Autonomie oder Mündigkeit der Welt?

Die objektive, ontische Wahrheit des Glaubens ist Jesus Christus. Die subjektive Wahrheit des Glaubens ist auch hier die Teilhabe an dieser ontischen Wahrheit. Die subjektive Wahrheit ist folglich wesentlich sekundär, abhängig, und nicht *a priori*. Auf die Subjektivität kommt es nicht an; das bedeutet aber nicht, daß wir ohne Subjektivität leben können oder sollen.

Diese subjektive Wahrheit des Glaubens vollzieht sich – wiederholen wir – in drei Weisen.

1. Der Mensch, jeder Mensch, hat als solcher teil an Christus. Die menschliche Existenz ist – nicht Geworfensein, sondern Gerufensein im Wort der Schöpfung, das nicht nur Perfekt, sondern auch Präsens und Futur ist. Und nicht nur am Wort der Schöpfung hat der Mensch existentiell teil, sondern auch an Versöhnung, Erlösung, Vollendung. *Diese* subjektive Wahrheit des Glaubens, als Teilhabe an der objektiven Wahrheit, besteht also auch ohne Glauben. Die menschliche Existenz kann Bestimmtheiten haben, die sie nicht anerkennt und von denen sie vielleicht nichts weiß. Man muß diese Nichtanerkennung und dieses Nichtwissen dann aber nicht Mündigkeit, sondern Unmündigkeit nennen.

2. Die subjektive Wahrheit des Glaubens ist außerdem – oder

eigentlich nicht daneben, sondern das erste umfassend – die Teilhabe im Heiligen Geist an der objektiven Wahrheit, das ist an Jesus Christus. Sie ist als solche ungeschieden individuell und korporativ: der einzelne ist nur einzelner als Glied der Gemeinde, die der Leib Christi ist. In diesem Zusammenhang stehen die Fragen nach der Gebotenheit oder Verwerflichkeit der Säkularisation: Wenn das Leben der Gemeinde durch die Teilhabe an Christus als dem Ausgesprochensein Gottes konstituiert wird, dann wird auch ihre Solidarität mit und ihr Gegensatz dem *aiōn houtos* durch die Solidarität und den Gegensatz Jesu Christi mit bzw. zu diesem *aiōn* bestimmt sein. Nun ist die Kirche die organisatorische Erscheinungsform der Gemeinde. Bei allen Fragen bezüglich der gebotenen oder verbotenen Säkularisation des kirchlichen Lebens wird also im Vordergrund stehen müssen, daß auch der *aiōn houtos* im erstgenannten Sinne an der objektiven Wahrheit teilhat.

3. Zur subjektiven Wahrheit des Glaubens gehört auch, als untergeordnetes Moment, die Teilhabe an der objektiven Wahrheit als Begrifflichkeit. Daß Jesus Christus die Wahrheit ist, das Ausgesprochensein Gottes, bedeutet *auch*, daß in ihm Gott verwortbar ist. Und wenn der Glaube an Christus teilhat, so bedeutet das *auch*, daß der Gläubige (in der Ungeschiedenheit von Einzelnem und Gemeinde) die Wahrheit in Sprache ausdrücken kann. So sind Bekenntnisschriften möglich, so ist Dogmatik möglich. Wenn diese Begrifflichkeit auch ein untergeordnetes Moment in der Wahrheit ist, so ist es doch ein Moment, das alles durchdringt und ohne welches das Leben nicht möglich ist. Ohne Begrifflichkeit ist das Leben der Kirche nicht möglich, und ist sogar das menschliche Leben als solches nicht möglich.

Wir sagten: Die objektive oder ontische Wahrheit des Glaubens ist Jesus Christus; die subjektive Wahrheit des Glaubens ist die (dreifache) Teilhabe an dieser objektiven Wahrheit. Nun würde alles wieder verwirrt, wenn wir diese Unterscheidung von subjektiv und objektiv zu einer ontischen Geschiedenheit verabsolutierten, als ob der Mensch als solcher Subjekt wäre und Gott Objekt. Gott kann Objekt menschlicher Gedanken sein, aber er ist Subjekt seiner Taten. Auf das persönliche

Gegenüber von Gott und Mensch ist die Unterscheidung von Subjekt und Objekt gar nicht anwendbar; in dieser persönlichen Begegnung, in diesem (asymmetrischen!) Ich-Du-Verhältnis *ist* kein Subjekt und Objekt. Man kann nicht sagen, daß „ich" Subjekt ist und „du" Objekt.

Eine zweite Verwirrung, vor der wir uns hüten müssen, bestände darin, daß wir das Wort „subjektiv" relativistisch auffassen, so daß „subjektive Wahrheit" nicht auf objektive Wahrheit bezogen wäre, sondern auf andere subjektive Wahrheitsüberzeugungen. Dann würde unter subjektiver Wahrheit verstanden: unbegründete Meinung.

Wahrheit ist nicht ein Seiendes – subjektive Wahrheit ist also kein Subjekt –, sondern Wahrheit ist Ausgesprochensein des Seienden, Gottes und von Gott. (Gott ist also Subjekt der objektiven Wahrheit und zum Teil auch Objekt.) Damit ist schon gesagt, daß das Koordinatensystem, die Voraussetzung für unser Denken, ist, was wir nannten: den (Denk-)Raum des Seins, und das ist: das Heilshandeln Gottes in Schöpfung, Versöhnung, Erlösung, Vollendung. Über die Verwirrungen, die auch hierbei möglicherweise entstehen, können wir uns hier nicht verbreiten. Das Sein ist das Sein Gottes. Das Sein ist nicht zeitlose Substanz, ist nicht wirkungslos. Diese Barbarei sei uns ferne. Und es ist das Denkhindernis, daß es ein „und" gibt: Sein ist auch das Sein der Schöpfung, der Gott eine beschränkte Seinsselbständigkeit verliehen hat. Über dieses Hindernis in der Voraussetzung (das nicht wir gesetzt haben) kommen wir nicht hinweg: Übel, Sünde, Geschichte. Das Heilshandeln Gottes ruft in *allen* seinen Abschnitten das geschöpfliche Sein ins Dasein und hat seinen Ursprung im Sein Gottes. Darum nannten wir die uns gesetzte Voraussetzung des Heilshandeln Gottes den „Raum des Seins". Diese Voraussetzung, dieses Koordinatensystem *hat* das Denken. Das besagt noch nicht, daß das Denken es auch *anerkennt*; auch nicht, daß, wenn das Denken es anerkennt, es das Gedachte auch immer darauf bezieht. Bisweilen legen wir ein falsches Koordinatensystem zugrunde: sehr oft beschränken wir uns auf beschränkte Kader. Das falsche, quasi allumfassende Koordinatensystem dieser Zeit ist „die Wirklichkeit". Wir meinen nicht, daß es gegenwärtig ein Fatum sei, in „der Wirklichkeit" zu denken; wohl aber eine Illusion mit einem gefährlichen Schein der Selbstverständlichkeit.

Bonhoeffer redet über die Autonomie oder Mündigkeit der Welt als über eine wahre Voraussetzung: „... Wir können nicht redlich sein, ohne zu erkennen, daß wir in der Welt leben müssen ‚etsi deus non daretur'."[7] Was ist das anderes als die Voraussetzung „der Wirklichkeit"? „Eine unendliche Welt ... ruht in sich selbst ‚etsi deus non daretur'."[8] Nun also: Schluß. Es ist uns nun unbegreiflich, daß Bonhoeffer dennoch weiterredet: „Und eben dies erkennen wir – vor Gott!"[9] Gehört denn dieses „erkennen – vor Gott" nicht dem Leben in der Welt an? Und kann man etwas vor Gott erkennen *etsi deus non daretur?*

Wenn die Wirklichkeit als die Welt, die in sich selbst ruht, die wahre Voraussetzung ist, und wenn es also redlich ist, einzusehen und anzuerkennen, daß wir in der Welt leben müssen *etsi deus non daretur* – dann ist also diese Wirklichkeit und dann sind wir als ein Stück dieser Wirklichkeit gottlos (ohne Gott, nicht wider Gott; bei Bonhoeffer mehrfach *quaternio terminorum*). Die Voraussetzung des Evangeliums ist, daß Gott sich als den Schöpfer, Versöhner, Erlöser und Vollender voraussetzt. Entweder das eine oder das andere; das eine und das andere, das geht nicht.

[7] D. Bonhoeffer, a. a. O., S. 241.
[8] D. Bonhoeffer, a. a. O., S. 240.
[9] D. Bonhoeffer, a. a. O., S. 241.

Evangelische Theologie 25 (1965), S. 283–297.

ZUR HERKUNFT UND ABSICHT DER FORMEL „NICHT-RELIGIÖSE INTERPRETATION BIBLISCHER BEGRIFFE" BEI DIETRICH BONHOEFFER*

Von Gerhard Sauter

Das Motto „nicht-religiöse Interpretation biblischer Begriffe" entstammt bekanntlich den letzten Briefen D. Bonhoeffers, die 1951 unter dem Titel ›Widerstand und Ergebung‹ veröffentlicht wurden[1]. Diese Formel gehört heute wie „Entmythologisierung"

* Göttinger Habilitations-Probevorlesung vom 8. März 1965. Auf Wunsch von Herrn Prof. D. Ernst Wolf ist der Text der Vorlesung nicht erweitert worden. In den Anmerkungen werden daher auch nur die wichtigsten Belege genannt. Für den Bericht wird die Diskussion um Bonhoeffer vorausgesetzt. Es wurde also weitgehend darauf verzichtet, das Referat thematisch und in expliziter Auseinandersetzung mit der Bonhoeffer-Literatur weiterzuführen (s. dazu bes. die in Die mündige Welt I–IV, 1955–1963, gesammelten Beiträge; H. Müller, Von der Kirche zur Welt, 1961; K.-H. Nebe, „Religionslose" Interpretation bei Dietrich Bonhoeffer und ihre Bedeutung für die Aufgabe der Verkündigung. Masch. Dissertation Hamburg 1963).

Die zitierten Schriften Bonhoeffers werden wie folgt abgekürzt: SC = Sanctorum Communio. Eine dogmatische Untersuchung zur Soziologie der Kirche, (1930) ²1954 [Werke 1, hg. von Joachim von Soosten, München 1986]; AS = Akt und Sein. Transzendentalphilosophie und Ontologie in der systematischen Theologie, (1931) ²1956 [Werke 2, hg. von Hans-Richard Reuter, München 1988]; E = Ethik (ed. E. Bethge), (1949) [¹¹1985]; WE = Widerstand und Ergebung. Briefe und Aufzeichnungen aus der Haft (ed. E. Bethge), 1951 [Neuausgabe 1970. ³1985]; GS = Gesammelte Schriften (ed. E. Bethge) I–IV, 1958–1961.

[1] Im Wortlaut WE 233 [377]. 239 [392]; „‚nicht-religiös' interpretieren und verkündigen" WE 183 [311] bzw. „sprechen" WE 246 [396]; „‚weltlich' – im alttestamentlichen Sinne und im Sinne von Joh. 1, 14 –

oder „Kerygmatheologie" zu den Begriffswaffen eines theologischen Vokabulars, die nicht ungefährlich sind[1a]. Solche Worte spiegeln nicht nur vor, kraft ihrer Formulierung schon eine Antwort auf ungelöste Fragen zu enthalten, sondern sie scheinen zugleich diese Fragen selbst verdichtet zum Ausdruck zu bringen – Fragen, die das jeweilige Schlagwort oft erst provoziert hat. Zur scholastischen, theologisch-schulmäßigen Phrase geworden, verhindern sie dann jede kritische Rückfrage. Darum möchte man fast vorschlagen, der Formel Bonhoeffers eine Schonzeit zu gewähren, wenn ihr mehr geahnter als profiliert verstandener Gehalt ohne weiteres suspendiert werden könnte. Es darf jedenfalls nicht darum gehen, einfach den praktischen Effekt der genannten These auszubeuten – einen Effekt, der Wirkung ohne Ursache wäre –, sondern es muß versucht werden, den Ansatz der These und ihre Grenze, ihre Tragweite und ihr Fassungsvermögen zu bestimmen. Dieser Aufgabe soll mit einigen Erwägungen entsprochen werden, die in Kürze nicht so breit ausgeführt und lückenlos belegt werden können, wie sie es verlangten; es muß genügen, sie ebenfalls mehr thesenartig anzuzeigen, und zwar in dreifacher Hinsicht:

1. in Bemerkungen zur *Methode* der Begriffsklärung der Wörter „Interpretation" und „nicht-religiös" bei Bonhoeffer selbst;
2. im Blick auf die *theologiegeschichtliche* Verflechtung des Begriffes „Religion" im Sinne Bonhoeffers, und
3. in Richtung auf die *dogmatischen* Anfragen, die daraus folgen.

Zum ersten: Ist nicht schon mit dem Wort „Interpretation" der Schlüssel zu Bonhoeffers Absicht gegeben? Bezeichnet es nicht prägnant die Übersetzungsaufgabe der Verkündigung und be-

uminterpretieren" WE 185 [313]; „weltliche Interpretation der biblischen Begriffe" WE 237 [380]. 242 [394]; „nicht-religiöse Interpretation der theologischen Begriffe" WE 219 [359].

[1a] Speziell eine gewisse Kanonisierung Bonhoeffers kommt auch seiner Forderung nach „intellektueller Redlichkeit" zugute, die nun die Überzeugungskraft gewinnt, die ihr bei ihren Vätern eher versagt blieb. Trotzdem sollte ihr Einsatz bei Kierkegaard und vor allem bei Nietzsche nicht einfach vergessen werden.

nennt damit zugleich ihre Ausführungsbestimmungen als Aufgabe der Theologie? Aber was könnte dann „nicht-religiöse Interpretation“ bedeuten? Will sie auf eine Generalreinigung der Kanzelsprache hinaus, die möglichst alle Worte ausmerzt, die den „Kirchentreuen“ geläufig sind? Damit wäre allenfalls ein neuer Predigtjargon erreicht, der den notorisch „Modernen“ von vornherein vertraut ist und sie deswegen auch alsbald langweilen würde. Soll etwa die Predigt die beste Zensur erhalten, in der Worte wie Sünde, Gnade, gar Bekehrung oder auch Gott nicht mehr vorkommen? Dergleichen geht doch wohl an Bonhoeffers eigenen Bemühungen vorbei, wie seine ›Auslegungen aus der Tegeler Zelle 1944‹[2] exemplarisch zeigen. Sie zeichnen sich in ihrer Begrifflichkeit gerade nicht durch eine andere, neue Sprache aus.

Vielleicht könnte aber mit der „Interpretation biblischer Begriffe“ insgesamt und vorausschauend die heute so intensiv verhandelte „hermeneutische Funktion“ der Theologie bezeichnet sein, und zwar allein schon deshalb, weil der Interpretation bei Bonhoeffer eine derart zentrale Bedeutung zugesprochen wird. Doch auch damit wäre Bonhoeffers Meinung kurzschlüssig aufgewertet. Er spricht wohl betont von „Verstehen“ (WE 206 [327]). Aber trotzdem ist für ihn schwerlich die Hermeneutik an und für sich der Inbegriff der Theologie. Bonhoeffers Vorhaben wäre mißdeutet, wenn sein Programm unter Berufung auf das „hermeneutische Problem“ ausschließlich als Beispiel einer theologischen Verstehenslehre (im Sinne G. Ebelings[3]) berücksichtigt wird. Die „nicht-religiöse Interpretation biblischer Begriffe“ ist eben kaum, wie Ebeling in seinem Aufsatz gleichen Titels meint, „eine theologische Reflexionsformel in bezug auf die *Verkündigung*“[4], sondern, wie wir sehen werden, eine Reflexionsformel in bezug auf den Sachgehalt der Theologie, auf ihr *dogmatisches*

[2] GS IV, 588–620.

[3] G. Ebeling, Wort und Glaube, 1960, 339. 447.

[4] ZThK 52, 1955, 296–360 = Die mündige Welt II, 1956, 12–73 = Wort und Glaube, 90–160; das Zitat hier: 91 Anm. 2.

Ebelings Warnung, diese Formel nicht als „ein in das Vokabular der Verkündigung aufzunehmendes Schlagwort“ zu behandeln (ebd.), kann dagegen nur unterstrichen werden.

Leitmotiv – eine Besinnung auf das der Theologie zentral aufgegebene Thema also, das von der Aufgabe der Verkündigung methodisch zu unterscheiden ist, ohne von ihr getrennt werden zu können. Kurz: die genannte Formel ist in die systematisch-theologische Besinnung zurückzuholen, dorthin also, wo sie bei Bonhoeffer eigentlich beheimatet ist, und zwar gerade wegen ihrer Konsequenzen für die Verkündigung[5].

[5] Da hier nicht auf theologische Methodenprobleme eingegangen werden kann, müssen wir uns auf die Bemerkung beschränken, daß mit der Unterscheidung von „Theologie" und „Verkündigung" nicht die legitime Funktion der Hermeneutik bestritten werden soll, wohl aber eine Tendenz, die „Theologie" insgesamt (in der berechtigten Frage nach der Einheit der Theologie) der Hermeneutik zuzuweisen. Die damit gewünschte thematische Konzentration dürfte jedoch nur um den Preis zu erzielen sein, daß Sachkriterien, die dieses Vorhaben auch methodologisch fraglich machen könnten, unter Hinweis auf den hermeneutischen *Vollzug* unwirksam gemacht werden.

G. Ebeling folgert beispielsweise aus Bonhoeffers Frage: „Wie kann Christus der Herr auch der Religionslosen werden?" (WE 179 [306]): „Das ist das Problem der Verkündigung und damit ein Problem der Interpretation und damit wiederum ein Problem der Sprache und in dem allen ein eminent theologisches Problem" (Wort und Glaube, 118). Der Duktus dieser Argumentation dürfte jedoch von Bonhoeffers Ansatz abweichen. Wenn wir Bonhoeffer (z. B. von dem zentralen Passus WE 206 f. [327 f.] her) recht verstehen, dann ist ihm vor allem ein theologischer Status der Kirche problematisch, der durch ihr zentrales Interesse an ihrem Bestand bestimmt wird: „Unsere Kirche, die in diesen Jahren nur um ihre Selbsterhaltung gekämpft hat, als wäre sie ein Selbstzweck, ist unfähig, Träger des versöhnenden und erlösenden Wortes für die Menschen und für die Welt zu sein. Darum müssen die früheren Worte kraftlos werden und verstummen ..." Kaum zufällig spricht Bonhoeffer hier nicht von einem sprachlich sich manifestierenden „Verlust" wirklichkeitsmächtiger Anrede, sondern von der „Schuld" der Kirche. Das zeigt eine andere Orientierung an, als es eine Kennzeichnung wie diese vermuten läßt: „In ähnlicher Weise [sc. wie F. Gogarten] bringt auch D. Bonhoeffers Idee einer ‚nicht-religiösen Interpretation biblischer Begriffe' das hermeneutische Problem in Zusammenhang mit den fundamentalen geschichtlichen Wandlungen des Wirklichkeitsverständnisses" (G. Ebeling, RGG[3] III, 257 s. v. „Hermeneutik"). Solche Wandlungen

Aber bietet nun das Prädikat „nicht-religiös“ einen besseren Anhaltspunkt zum Verständnis dessen, was Bonhoeffer sagen will? Zunächst muß die negative Fassung des Ausdrucks auffallen und zu denken geben. Hat es zu einer positiven Formulierung nicht gereicht? Oder hat die Negation einen besonderen Sinn? Soll etwa die via negationis die via regia, der bestmögliche Weg dafür sein, zu Bestimmungen zu gelangen, weil nur die Negation die Hindernisse wegräumt, die das eigentlich Gemeinte verstellen? Das würde jedoch voraussetzen, daß der Begriff „Religion“ bei Bonhoeffer einigermaßen deutliche Konturen zeigte. Bonhoeffer hat sich indessen nicht genauer und ausführlich über „Religion“ ausgesprochen, und er verwendet dieses Wort auch nicht immer eindeutig[6]. Um seine Bedeutungsbreite zu ermessen,

sind für Bonhoeffer wohl Spiegelungen oder Symptome, nicht aber Maßstab des faktisch bestehenden Problems und Ausgangspunkt seiner möglichen Überwindung.

Bonhoeffer fragt nach einem dogmatischen (assertorischen) Kriterium theologischer Rede. Die entsprechende Frage „Was glauben wir wirklich?“ (WE 260 [415]) ist (dem würde wohl auch G. Ebeling zustimmen) nicht im Sinne der Reduktion auf eine allgemein (etwa im Blick auf gewandeltes Wirklichkeitsverständnis) akzeptable und *darum* verbindliche „eiserne Ration“ der Dogmatik gemeint, die ohne weiteres „verwendbar“ bliebe. Hingegen kann sich die Verbindlichkeit theologischer Begriffe und Aussagen, wie Bonhoeffer einschärft, gerade so äußern, daß einige von ihnen zeitweise nicht an die Öffentlichkeit gebracht werden dürfen, sondern einer „Arkandisziplin“ unterworfen sind (vgl. WE 180. 185 [306. 312]).

Vor allem aber ist ein Hören gefordert: auf das Grundthema des biblischen Textes, das oft durch Nebenstimmen überlagert wird. Dieses Hören wird erschwert und sogar verhindert, wenn vorgegebene Interpretationsschemata sich dieses Textes bemächtigen. Bonhoeffer will gerade diese Prämissen kritisch bedenken. Er lehnt dabei die „Frage nach der *Vergegenwärtigung*“ (die „allzuleicht einen falschen Akzent“ bekommt) ab, sofern sie *„der Sache auszuweichen“* droht (GS III, 305).

[6] Außer den Stellen aus WE sind bes. zu nennen:
Religion – Kirche: SC 89 f. 104 [83 f. 97]; E 26 [88 f.]; GS III, 330 f.;
Religion – Moral: GS III, 49 Anm. 1. 97;

sind allenfalls einige Hinweise möglich: Als „homo religiosus" (WE 104.248 [154.401 f.]) gilt der „Durchschnittschrist" hinsichtlich aller antiquierten und auch ästhetisch-befremdlichen Äußerungen seiner Frömmigkeit[7]. „Religion" dient der Bewältigung bedrohten Daseins, sie suggeriert ein Privileg des Frommen, der gleichwohl nur Teilaspekte seiner Wirklichkeitserfahrung religiös zu etikettieren vermag[8]. Schließlich bleibt sie – aber auch das ist wieder ganz formelhaft gesagt – auf „Metaphysik" und „Innerlichkeit" bezogen[9]. Diese bruchstückhaften Kennzeich-

im Zusammenhang einer geistesgeschichtlichen Standortbestimmung: die „abendländische Gottlosigkeit" als „Religion" (E 41 f. [109 f.]);
im Anschluß an die „dialektische Theologie": GS III, 76 (ethisches Verantwortungsbewußtsein und Religiosität als „hoffnungslose Versuche, das Ich im Absoluten zu verankern"). 125 („No human attempt can unify what has been broken asunder, no thinking, no moral action, no religion");
Glaube – Religion: AS 71. 99 [88. 118];
vor allem der Vortrag: „Dein Reich komme!" (1932), GS III, 270–285, in dem wesentliche spätere Erwägungen schon vorbereitet werden.

[7] WE 179. 181. 244 [305 f. 307. 394 f.]; vgl. 159 [259 f.].

[8] WE 181 f. 211. 215 ff. 230 f. 233 ff. 246. 258 f. [307 f. 341 f. 356 ff. 373 ff. 377 ff. 396. 413 f.].

[9] WE 180 [306]; vgl. 178. 183 f. [305. 312]. Die Zuordnung von „Metaphysik" und „Religion" mag zunächst – denkt man etwa an den Einspruch des jungen Schleiermacher (Zweite Rede „Über die Religion", in der Urform [neu herausgegeben von R. Otto, ³1913] 41 ff.) – überraschen. Bonhoeffer dürfte jedoch an ein Vergleichsmoment gedacht haben: die Erscheinungswelt wird abgewertet, wenn auf dem Weg nach innen (mit der Introversion des Bewußtseins: „Innerlichkeit") das Außen transzendiert werden soll. Religion und Metaphysik wollen gleicherweise, wenn auch vielleicht nicht mit denselben Mitteln, die „Endlichkeit alles Daseins" (Schopenhauer) überwinden. Aus der „Verwunderung" über diese Endlichkeit mit allen ihren Konsequenzen entsteht „das dem Menschen allein eigene *Bedürfnis einer Metaphysik*: er ist sonach ein ‚animal metaphysicum'" (A. Schopenhauer, Die Welt als Wille und Vorstellung II, 1. Buch, Kap. 17; Sämtl. Werke II, 1960, 207). In diesem Sinne verbindet J. Burckhardt Religion und Metaphysik: „Die Religionen sind der Ausdruck des ewigen und unzerstörbaren metaphysischen Bedürfnisses der Menschennatur. Ihre Größe ist, daß sie die ganze übersinnli-

nungen ergeben freilich kein geschlossenes Bild. Sie verstärken eher den Eindruck, daß es sich bei „religiös“ resp. „nicht-religiös“ um *Abbreviaturen* handelt, nicht um hinreichende Definitionen. Für solche Abkürzungen wären methodisch zwei Gründe denkbar. Einmal kann die Abbreviatur nach vollzogenem Denkprozeß das Ergebnis eines Gedankenganges zusammenfassen, um es im weiteren zu verwenden, ohne alle Erläuterungen jedesmal wiederholen zu müssen. Solche Abbreviaturen sind um der Kürze des Denkens willen erlaubt, mitunter auch notwendig. Zum anderen aber wird ein Stichwort, das noch nicht genau umschrieben zu sein braucht, schon zu Beginn einer Überlegung eingeführt, nun freilich heuristisch, um durch die Gedankenverbindungen dieses Stichwortes allmählich zur Klarheit zu kommen. Hier wird dann ein Einverständnis über Grundfragen vorausgesetzt, das breiter fundiert ist als ein Einfall, der nur schlagwortartig verschlüsselt wird. Vor allem im Gespräch unter Freunden sind solche thematischen Kürzel berechtigt. Und um ein solches Gespräch, in dem ein implizites Vorverständnis immer mitspricht, geht es ja in Bonhoeffers Briefen an Eberhard Bethge. Immer wieder spüren wir hier, wie Bonhoeffer Bemerkungen zuspitzt, um Bethge zu Einwänden zu reizen, die ihm dann selber weiterhelfen sollen. Um so mehr ist zu bedauern, daß Bethges Antworten nicht mit veröffentlicht worden sind; sollten sie verlorengegangen sein, dann würden wenigstens überleitende Bemerkungen zum Verständnis Bonhoeffers nicht unwesentlich beigetragen haben. Ein halbierter Dialog ist keine gute Anleitung zum Weiterdenken.

Wir haben weiter zu beachten, daß Bonhoeffer sich für sein Religionsverständnis an keiner Stelle ausdrücklich auf einen der bekannten Namen aus der neueren Bedeutungsgeschichte dieses Wortes bezieht (Barth ausgenommen) – von Semler über Lessing und Kant, Schleiermacher, Feuerbach und Nietzsche bis zu Wilhelm Herrmann, Rudolf Otto und Paul Tillich, um nur einige zu nennen. Vielleicht bildet Bonhoeffers Formel aber einen Kristal-

che Ergänzung des Menschen, alles das, was er sich nicht selber geben kann, repräsentieren“ (Weltgeschichtliche Betrachtungen, Kap. 2, 2).

lisationspunkt, der anderwärts verstreute Bedeutungselemente miteinander verbindet. Wenn sich dann Konvergenzlinien (um nicht von Abhängigkeiten zu sprechen) wahrscheinlich machen ließen, würden die Bedeutungsnuancen des Begriffs „Religion" zunehmend eingegrenzt, und die von Bonhoeffer nur andeutend umschriebene Interpretationsaufgabe zeigte sich in ihrer vollen Bedeutung.

Um dem näherzukommen, greifen wir in einem *zweiten* Abschnitt drei aphorismenartige Bemerkungen Bonhoeffers heraus, von denen keine allein seine Meinung eröffnen kann (auch nicht ihren theologiegeschichtlichen Hintergrund), die aber mit den typischen Momenten des Religiösen, die sie nennen, eine Vergleichsgrundlage herstellen helfen.

Im ersten dieser Gedankensplitter bestreitet Bonhoeffer, daß das Christentum eine *Erlösungsreligion* sei (WE 225 ff. [368 f.]). Was soll in diesem Zusammenhang „Erlösung" bedeuten? Bonhoeffer meint vor allem die Überwindung der Todesgrenze, das Hinausschwingen in ein Jenseits des Todes, die „innere" Flucht aus einem todbedrohten Leben. Aber ist damit nicht auch das Verständnis einer Welt angezeigt, das keine Schranken und Brüche kennt, sondern sich in einer unmittelbaren Beziehung zum Weltganzen und zum Ganzen eines Lebens versteht, das den Tod übergreift? Bonhoeffer spricht hier von „Erlösungsmythen", denen Erlösungsreligionen entsprechen. Dabei interessiert er sich aber weniger für das Mythische als für eine ersehnte Geborgenheit, die vom Mythos her ausgedrückt werden soll und die an der Kraft einer göttlich durchtränkten Welt teilhat. Und dem widerspricht nun – nach Bonhoeffer – das Alte Testament mit seiner diesseitsbestimmten Nüchternheit, die dem Menschen keine Ausflucht ins Ewige, ins Jenseits der Todesgrenze erlaubt (wobei zu fragen bleibt, ob diese Begriffsschablonen dem alttestamentlichen Sachverhalt gerecht werden). Was könnte Bonhoeffer zu einem solchen doch recht ausgedehnten Verständnis von „Religion" veranlaßt haben? Der Protest gegen jede Verleugnung des Lebens auf der Erde, gegen christliche Jenseitssehnsucht und Jenseitsvertröstung wird an Nietzsche erinnern. Und im Zusammenhang mit dem Thema einer biblischen „Weltlichkeit" taucht bei Bonhoeffer unter anderen Jeremias Gotthelf auf, den er auch sonst mehrmals erwähnt[10]: Gotthelf, der ja durchaus eine alttestamentlich-„diesseitig" geprägte species theologorum vertritt. Aber das Stichwort „Erlösungsreligion", dessen Symbiose mit dem Christentum für Bonhoeffer so fraglich ist, könnte auch auf Schleiermacher zurückweisen, und zwar genauer auf die fünfte seiner Reden „Über die Religion" 1799[11]. Hier kommt zusammengenommen all das zur Sprache, was Bonhoeffer vor Augen gestanden haben mag: die Charakterisierung des Christentums als einer, ja als der Erlösungsreligion schlechthin, in ausgesprochenem Gegensatz zum Alten Testament; einer Religion, die Verderben und Erlösung der Welt zum Inhalt hat, die „zuerst und wesentlich die Forderung gemacht [hat], daß die Religiosität ein Kontinuum sein soll im Menschen"[12], und die nie überholt werden wird, weil die Welt immer der Vermittlung mit Gott bedarf, um die allein als Schranke empfundene Endlichkeit ins Universum einzubeziehen. Bonhoeffer hat Schleiermacher zwar nicht genannt, aber es wäre doch zu erwägen, ob er nicht an genau den Problemzusammenhang denkt, den der junge Schleiermacher so eindrucksvoll zu Begriff gebracht hat.

Eine zweite Äußerung befaßt sich mit dem *„religiösen Apriori"*

[10] WE 35. 38 f. 50. 56. 72. 118. 157 [40. 51 f. 63. 35. 143. 182. 258]. Oft wird auch A. Stifter genannt. Dies nur als Beispiele dafür, wie sehr sich Bonhoeffer am geistig-literarischen Gesamtbild vor allem des 19. Jahrhunderts orientiert hat, nicht nur an theologischer Problematik im engeren Sinne.

[11] Urform, 279 ff.; vgl. thematisch R. Seeberg, Christliche Dogmatik I, 1924, 60 ff. Die von Schleiermacher mit eingeführte religionswissenschaftliche Betrachtungsweise begreift das Alte Testament unter dem Titel der Religion als „Vorstufe" des Christentums. Bonhoeffer spielt darauf an (WE 113 [176]: „Religiöse ‚Vorstufe'? Das ist eine sehr naive Auskunft; es ist ja ein und derselbe Gott.") und könnte dabei an E. Troeltsch gedacht haben: „In der Anerkennung des Christentums als höchste göttliche Offenbarung ist die Anerkennung der Religion Israels als Vorstufe und Voraussetzung dieser Offenbarung einzurechnen ..." (Glaubenslehre, 1925, 97).

[12] Schleiermacher, a. a. O. 298.

(WE 178 [305]). Darüber hat sich besonders Ernst Troeltsch ausführlich geäußert[13], wenn Bonhoeffer die Vokabel selbst auch zuerst und häufiger von seinem Lehrer Reinhold Seeberg gehört haben mag[14]. In Troeltschs Deutung des Apriori ist nun über die Begriffsgemeinschaft mit dem Apriori Kants hinaus auch eine gewisse sachliche Gemeinsamkeit mit Kant zu beachten, insofern nämlich, als es sich bei beiden um das Vermögen des Menschen handelt, in seinem Weltverhältnis auch das Gottesverhältnis zu setzen. Eben die Un-bedingtheit (der Grundsinn des Apriori) jeder religiösen Äußerung läßt – nach Troeltsch – darauf schließen, daß hier die ursprüngliche Produktivität des Menschen wirksam wird. Das religiöse Apriori ist „Ausdruck der Selbständigkeit der Vernunft“[15] und so zugleich Zeichen dafür, daß Religiosität verbindlich, weil anthropologisch unabweisbar ist. Vor allem diese allgemeine, erfahrungsmäßig vorauszusetzende Kennzeichnung des Menschen als eines naturgemäß religiösen Wesens wird nun von Bonhoeffer kritisch in Blick genommen[16]. Er bezweifelt, daß

[13] E. Troeltsch, Psychologie und Erkenntnistheorie in der Religionswissenschaft, 1905; Zur Frage des religiösen Apriori, Ges. Schriften II, 1913, 754–768.

[14] Siehe Bonhoeffers Hinweis in AS 35 f. [51 f.]; R. Seeberg, Christliche Dogmatik I, 1924, 102 f. 105. 196.

[15] Ges. Schriften II, 757.

[16] Für Troeltsch stehen das empirische und das transzendental-konstitutive Moment in einer Wechselbeziehung, die überzeugen soll, ohne daß einem von beiden allein die erforderliche Evidenz zuzuschreiben wäre. Damit wird der Beweisgang durch ein in sich nicht schlüssiges Kriterium belastet. Indessen will Troeltsch darauf hinaus, daß „die Frage nach dem Wahrheitsgehalt“ nur erkenntnistheoretisch, nicht phänomenologisch beantwortet werden kann (Psychologie und Erkenntnistheorie, 17 f.; vgl. 22 ff. 43 ff.). Doch auch dann bleibt die (eigentlich schon bei Kant intendierte) Problematik dieser Verhältnisbestimmung ungeklärt. Sie wird von Bonhoeffer ebenfalls nicht überwunden, auch wenn er das „religiöse Apriori“ nicht mehr zu *beobachten* meint. Damit wird anscheinend die Frage nach dessen *Geltung* überflüssig. Tatsächlich argumentiert er aber weniger phänomenologisch als von dem Anspruch der „Offenbarung“ aus, den er in seiner religionskritischen Funktion durch die Beobachtung des „modernen Menschen“ bestätigt zu finden glaubt.

die konstitutiven Kräfte des Menschlichen überall und immer darauf zielen, die Gesamtschau eines geistigen Kosmos zu entwickeln, in dem Gott und Unsterblichkeit ihren festen Platz haben. Ähnliche Bedenken deutet – von Bonhoeffer völlig unabhängig – auch Reinhold Schneider in seinen letzten Aufzeichnungen an. Schneider könnte als theologisch unverdächtiger Zeuge erläutern, was Bonhoeffer anklingen läßt: „In christlicher Sicht mag man das Verstummen der Frage nach Unsterblichkeit [und weiter: nach einem transzendenten Lebenssinn] als eine seelische Katastrophe betrachten ... Die Theologie kann solche Probleme auflösen, vernichten, nicht aber den Lebensgehalt, die Daseinserfahrung, die ihr Wurzelgrund sind“[17] – dies nur ein bedenkenswertes Zitat unter vielen. Das religiöse Apriori mag wohl den Wunsch nach ewigem Leben einprägen, aber dieser Wunsch kann entschwinden wie seine Kehrseite, die Angst vor dem Nichts[18].

Bei diesem theologiegeschichtlichen Exkurs können wir, indem wir Namen nennen, nur Anregungen weitergeben, die im einzelnen auch kritisch zu verfolgen wären. Dies gilt insbesondere für einen dritten und wohl wichtigsten Themenkreis, der durch die Gleichsetzung von Religion und Gesetz oder durch das Verständnis der Religion als Gesetz bei Bonhoeffer bestimmt ist[19]. Hier knüpft Bonhoeffer zugestandenermaßen an Karl Barth an[20], wobei vor allem an dessen Auslegung von Röm. 7 in der

Und deshalb ist nun auch die erkenntnistheoretische Seite des Apriori ausgeklammert, weil die Frage nach dem Wahrheitsgehalt nicht mehr in dem für Troeltsch maßgebenden Sinne beantwortet werden kann.

Zum 20. Kapitel von W. James' religionspsychologischem Werk Varieties of Religious Experience (1902), das Troeltsch zu seiner Studie als Ganzes anregte, hat sich auch Bonhoeffer geäußert (GS III, 127–129).

[17] R. Schneider, Winter in Wien. Taschenbuchausgabe 1963, 93 f.

[18] Schneider, a. a. O. 67; vgl. 70. 95. 146. 178. Schneider hat in diesen Notizen – in manchem wohl schärfer als Bonhoeffer – die Hintergründe einer Abkehr von der Metaphysik in einer faktischen Lebens- und Daseinsverneinung gesehen.

[19] WE 180 f. 218. 221 [307. 358 f. 360].

[20] WE 179. 184. 219 [306. 312. 359].

zweiten Fassung seines ›Römerbrief‹ zu denken wäre[21]. Religion wird dort als Wille zum Einssein mit Gott und der Welt erklärt, als Erinnerung an die verlorene Unmittelbarkeit zu Gott[22], die den Willen des Menschen erweckt, dieses Immediatverhältnis wiederherzustellen. Außerdem drückt „Religion" die Beunruhigung über das Dasein Gottes für diesen Menschen in der Welt aus[23]. Barth führt diese Gedanken in der ›Christlichen Dogmatik‹ weiter, indem er sich vor allem mit Schleiermacher auseinandersetzt: nun zwar nicht mit dem Leitwort „Erlösungsreligion", sondern im Blick auf die Unvereinbarkeit von Religion und Theologie, von Offenbarung und Religion[24]. Entsprechendes wird dann in der ›Kirchlichen Dogmatik‹ theologiegeschichtlich breiter, wenn auch thematisch ein wenig gedämpfter kommentiert; nachdem „Religion als Unglaube" ad absurdum geführt ist[25], sieht sich Karl Barth schließlich doch veranlaßt, auch von der „wahren Religion" zu sprechen[26]. Das könnte Bonhoeffer zu der Bemerkung bewogen haben, daß „‚Christentum' ... immer eine Form (vielleicht die wahre Form) der ‚Religion' gewesen" sei (WE 178 [305]) – wobei Christentum und Religion eben in Anführungszeichen zu lesen sind; eine Bemerkung immerhin, die im Textzusammenhang wie ein erratischer Block wirkt und als eine der zahlreichen recht dialektischen, oft geradezu widersprüchlichen Äußerungen Bonhoeffers zitiert sei. Entscheidender noch ist für Bonhoeffer die Antithese, die er Barth zu verdanken erklärt und die er schon in seiner Dissertation aufnimmt: „Nicht Religion, sondern Offenbarung" (SC 104 [97])! Damit ist die Krisis der Religion angezeigt. Eigentlich sind ja mit den Stichworten „Erlösungsreligion" und „religiöses Apriori" schon die Fragezeichen

21 K. Barth, Der Römerbrief, ²in neuer Bearbeitung 1922, 213–255; mit WE 180 f. [306 f.] wäre bes. a. a. O. 104 zu vergleichen, aber auch schon in der ersten Fassung des Römerbrief (1919), 84 f.

22 Der Römerbrief², 236 f. (vgl. 30). 239. 252.

23 A. a. O. 229; vgl. 20. 24.

24 K. Barth, Die christliche Dogmatik im Entwurf, 1927, § 18. 2.

25 KD I/2, § 17. 2. Religion ist Selbstdarstellung des Menschen mit Hilfe des Absoluten (330) und so Versuch der Daseinsbewältigung (337).

26 KD I/2, § 17. 3.

hinter das Wort „Religion“ gesetzt, und zwar nach Maßgabe der Religion selber. Es geht diesen Stichworten 1. darum, ob „Religion“ eine Bedingung und deshalb der Maßstab dafür ist, daß biblische Begriffe sozusagen „ankommen“, und 2. darum, ob dieses Religiöse dem Menschen unveräußerlich ist. Beides ist zu *bejahen*, sofern Religion Gesetz im paulinischen Sinne des Wortes ist. Diese Auskunft *erklärt* nun nicht mehr die unbekannte Größe „Gesetz“, sondern leitet dazu an, alles, was jemals als „Religion“ angesprochen werden könnte, vom paulinischen Theologumenon des Gesetzes her zu verstehen und zu *beurteilen* – eine recht gewaltsame Exegese. Und als Gesetz – ich referiere weiter Barth – ist eben der Versuch bezeichnet, sich Gottes zu bemächtigen: unter dem subjektiv ehrlichen Vorwand der schlechthinnigen Abhängigkeit *von* Gott und einer universalen Entsprechung *zu* Gott. Könnte dieser Versuch anders *verneint* werden als kraft des göttlichen Nein zu diesem Gesetz?!

Dieser Sinn der Formel Bonhoeffers wie ihre enge Beziehung zu K. Barth dürfte für jeden Leser Bonhoeffers zutage liegen. Aber das Stichwort „Gesetz“, das selber Religion sei, bedarf einer Verstehenshilfe. Die Gleichstellung von Religion und Gesetz hat nicht im Schema „Gesetz und Evangelium“ ihren Platz, sie darf auch nicht in ihm eingeordnet werden. Sie wurzelt in einer ganz anders formulierten Antithese. Ihre Position lautet bei Barth: „Offenbarung“. In diesem Rahmen denkt zunächst auch Bonhoeffer. Aber dann wird spürbar, daß mit der Offenbarung als „Position“ zugleich die Grenze dessen bezeichnet ist, was ihm von Barth her einleuchten kann; genau an dieser Stelle beginnt seine Kritik an Barths „Offenbarungspositivismus“[27]. Wir müssen also noch etwas weiter fragen und versuchen dies, indem wir uns theologiegeschichtlich nach möglichen Gewährsmännern erkundigen. Hier stoßen wir auf Leonhard Ragaz, einen der Wortführer des Schweizer religiösen Sozialismus. Die Verbindung zwischen Ragaz und Barth ist durch eine spätere wechselseitige und heftige Polemik fast ganz verdeckt worden. Aber bei Ragaz läßt sich anschaulich machen, wie es zu einem kritischen Verständnis

[27] WE 179. 184 f. 219 [306. 312 f. 359].

der Religion kam, das in einer grundsätzlichen theologischen Disjunktion, einem Entweder-Oder begründet ist. Bei Ragaz heißt die Antithese: „Nicht Religion – sondern Reich Gottes"[28] – eine Formel, die Bonhoeffers Absicht und Sprachgebrauch recht nahe kommt. Ragaz nennt jedoch diese Formel nicht von Anfang an; auch er spricht zuerst nur im Sinne des allgemeinen Religionsverständnisses seiner Zeit. Dann aber hat er seinen Sprachgebrauch energisch korrigiert[29]. Er selber weist darauf hin, daß Christoph Blumhardt ihm für diese Unterscheidung von Reich

[28] Vgl. etwa L. Ragaz, Über Religion, Christentum, Dogma, Theologie, Kirche, Bibel – mit besonderer Berücksichtigung des sogenannten Gottlosenproblems, in: Die Botschaft vom Reiche Gottes, 1933, (65–105) 70 ff.; M. Mattmüller, Leonhard Ragaz und der religiöse Sozialismus I, 1957, 234 ff.

[29] Dazu auswahlweise einige besonders kennzeichnende Texte, auf die – neben anderen – Herr Assistent H. Jäger, Zürich, mich freundlicherweise aufmerksam gemacht hat.

Zunächst definiert Ragaz „Religion" als Gesamt„anschauung" der Welt: „Unter Religion verstehe ich eine Deutung des Sinns der Gesamtwirklichkeit und damit auch des Menschenlebens und der Menschengeschichte ... Diese Deutung der Wirklichkeit, die ich Religion nenne, geschieht zunächst durch ein Gefühl, ein Ergriffensein von dem Sinn der Dinge" (Evangelium und moderne Moral. 1897, 35). „Religion ist eben nicht ... eine Art Kinderkrankheit der Menschheit, sondern eine notwendige Lebensäußerung der Menschennatur, die noch zentraler ist, als die Moral" (a. a. O. 37). Auch später heißt es noch: „... die Religion aber ist die Verbindung der Gesamtwirklichkeit und damit auch des eigenen Daseins mit ihrem letzten Grunde, der Gottheit" (Du sollst. Grundzüge einer sittlichen Weltanschauung, 1904, 107). 1906 behauptet Ragaz indirekt die Partialität der Religion (die ja ihrer eigensten Absicht widersprechen muß): „Alles klingt so einfach ...: Gott der Vater und sein Reich, dem nicht irgendein besonderer religiös geweihter Bezirk der Wirklichkeit, sondern die ganze Wirklichkeit gehört" (Ecce homo, Neue Wege 1, 1906/07, Heft 2, 42). Spätestens 1913 ist dann die Antithese ausgeprägt: „Nein, keine neue Religion, überhaupt keine ‚Religion' (ich vermeide das Wort wenn immer möglich), sondern *das alte Gottesreich Jesu Christi*" (Antwort, Neue Wege 7, 1913, Heft 2, 52). Ragaz hat seit 1908/09 in direkter Verbindung mit Blumhardt gestanden.

Gottes und Religion die Augen geöffnet habe[30]. Und hier sind m. E. auch die Ursprünge des Religionsbegriffes für Bonhoeffer zu suchen. Bonhoeffer hat Blumhardt zwar m. W. nie namentlich erwähnt (hier vermittelte wohl Barth, der Blumhardt ja kannte). Aber die thematischen Berührungspunkte sind doch zu auffallend, um verschwiegen werden zu dürfen. Wir können beim jüngeren Blumhardt – und zwar in Predigten und Andachten aus den Jahren 1888–1896 – beobachten, wie „Religion“ vom Widerstreit von πνεῦμα und σάρξ her erklärt wird[31]. Religion ist Äußerung des „Fleisches“, des menschlichen Lebenswillens also, der nach Gott verlangt, um seine vitale Potenz – in massiver oder verfeinerter Form – zu stärken und zur Geltung zu bringen. Seligkeit in einem „Jenseits“ verlängert diesen Lebenswillen nur ins Unendliche hinein. Religion wird so zur höchsten Ausdrucksform der Lebensbewältigung. Gottes Recht aber ist – wie Blumhardt schon vor Barth formuliert – „Krisis“[32] der Religion. Denn Gott wäre rechtlos in einer Welt, die der homo religiosus beherrschen will. Diese Religion, wie Blumhardt sie versteht, umgreift sämtliche Bereiche menschlicher Selbstverwirklichung. Gott wird als höchste Stufe in einen Gesamtzusammenhang des Seins eingeordnet – aber eben nur als *ein*, wenn auch denkbar überlegenes, Glied im universalen Kräftespiel des Lebens. Das heißt aber: „Wenn ... heutzutage viele Menschen ... die religionslos werdende Menschheit ... wiederum einem sogenannten Reich Gottes zuführen wollen, so werden sie sich täuschen; – in dieses

[30] L. Ragaz, Der Kampf um das Reich Gottes in Blumhardt, Vater und Sohn – und weiter! 1922, 218. Ragaz' Paraphrase der dort zusammengestellten Blumhardt-Zitate zeigt freilich, daß es Ragaz bei der Antithese Reich Gottes – Religion primär um den Gegensatz von Dynamis und Erstarrung im Gottesverhältnis geht. Zur Klärung der Reich-Gottes-Thematik bei Ragaz s. bes. M. Mattmüller, a. a. O., und U. Teuscher, Gottesreichserleben und Geschichtsideologie bei Leonhard Ragaz, EvTh 23, 1963, 62–88.

[31] Vgl. WE 219 [359].

[32] Siehe Chr. Blumhardt, Eine Auswahl aus seinen Predigten, Andachten und Schriften (ed. R. Lejeune) II, 1925, 515 f.

Gepränge hinein wird nun und nimmermehr Jesus gehen": einer der zahlreichen Texte, die Bonhoeffers Ansatz vorzeichnen[33].

Mit den Namen Schleiermacher, Troeltsch, Barth, Ragaz und Chr. Blumhardt ist nun der beziehungsreiche Hintergrund umrissen, vor dem das Thema „nicht-religiöse Interpretation" Profil gewinnt. Der theologiegeschichtliche Exkurs hat vor allem den (wieder hauptsächlich methodischen) Zweck, mögliche Einwände gegen Bonhoeffers Verwendung des Religionsbegriffes auch auf diesen Hintergrund auszudehnen. Von da aus wenden wir uns den systematisch-theologischen Anfragen Bonhoeffers ansatzweise in einem *dritten* Durchgang zu.

Zunächst ist hier im Sinne Bonhoeffers die These Barths aufzugreifen: „Das Wort Gottes als Problem der Theologie."[34] Wie man sich zur Ausführung einer solchen Gegenstandsbestimmung der Theologie auch stellen mag: ihre prinzipielle Bedeutung bleibt jedenfalls für Bonhoeffer verbindlich. Aber er wendet sich nun vordringlich dem *Inhalt* des Wortes Gottes zu. Damit wird nicht schon eine Antwort gegeben, eine schlüssige Auskunft erteilt, sondern eine Frage gestellt und ihre Richtung gewiesen. Doch nun wäre sogleich hinzuzusetzen: Bonhoeffer stellt sich dieser Frage nicht so sehr im Blick auf das Gegenüber von Gott und Mensch, auf die Differenz von Gotteswort und Menschenwort, aber auch kaum im Gedanken an das Verhältnis von Offenbarung und Geschichte. Bonhoeffers Fassung der Frage – es sei nochmals betont: nicht seine Antwort – spiegelt sich in dem Satz: „Christus ist ... nicht mehr Gegenstand der Religion [d. h. nicht Garant menschlichen Heilsverlangens, nicht der Helfer für ein unbewältigtes Dasein – ein Helfer, der in der Grenzsituation des Lebens, und nur dort, zu finden wäre], sondern etwas ganz anderes, wirklich Herr der Welt" (WE 180 [306]). Gottes Wort ist *nicht Heilswort* (etwas genauer: es bestätigt den Menschen nicht einfach in dem, was er für heilend und heilsam hält), *sondern ist*

[33] Blumhardt, a. a. O. 388; zum Ganzen: G. Sauter, Die Theologie des Reiches Gottes beim älteren und jüngeren Blumhardt, 1962, 122 ff.

[34] Vgl. etwa K. Barth, Die protestantische Theologie im 19. Jahrhundert, ^{2}1952, 60.

Herrschaftswort, Ruf zum Gehorsam. Eine solche Antithese darf freilich wieder nur als Abbreviatur aufgenommen werden, die erläutert werden muß. Christus nicht Gegenstand der Religion, sondern Herr der Welt: dieser Gegensatz soll einschärfen, daß Gottes Herrschaft in Jesus Christus dem allen voraus ist und alles übergreift, was der Mensch von sich aus zum Anlaß nehmen könnte, nach Gott zu fragen. Damit spricht Bonhoeffer nicht eigentlich etwas Neues aus. Aber er macht bewußt, wie wenig das Problem der Theologie in unsere Daseinserfahrung eingegangen ist.

Dieser Grundsatz bezeichnet *sodann* die *Soteriologie* im Sinne einer anthropozentrisch verstandenen Lehre vom Heil als ein zweites für Bonhoeffer wesentliches Problem. Es geht dabei im weiteren um die Frage, inwiefern der einzelne rechtens als Beziehungsmitte der Theologie angesprochen werden darf. Bei Bonhoeffer ist hier eine gewisse antireformatorische Spitze nicht zu übersehen; in der gleichen Richtung hatte schon Blumhardt polemisiert. Bonhoeffer schreibt aus der Zelle von seiner Lektüre der Kirchenväter, die er für z. T. viel zeitgemäßer als die Reformatoren hält[35]. Und im Zusammenhang mit der kosmischen Adresse der patristischen Theologie dürfte dann der Zweifel daran zu verstehen sein, ob die „individualistische Frage nach dem persönlichen Seelenheil“ (WE 184 [312]) dem Menschen heute noch unmittelbar aus dem Herzen komme oder ihm nicht einfach pastoral suggeriert werde. Ob damit allerdings die Rechtfertigungslehre der Reformatoren getroffen ist, bleibt eine Frage für sich. Bonhoeffer geht es zumindest nicht um eine Konkursanzeige der Rechtfertigungslehre als solcher, sondern um die Überprüfung ihrer Funktion als „Mitte und Grenze reformatorischer Theologie“[36]. Die Weichen dafür sind aber exegetisch gestellt: „Ist nicht die Gerechtigkeit und das Reich Gottes auf Erden der Mittelpunkt von allem? und ist nicht auch Röm. 3, 24 ff. [3, 21 ff.?] das Ziel des Gedankens, daß Gott allein gerecht sei,

[35] WE 104 [154]; vgl. 70 [141].

[36] E. Wolf, Die Rechtfertigungslehre als Mitte und Grenze reformatorischer Theologie, EvTh 9, 1949/50, 298–308.

und nicht eine individualistische Heilslehre?" (WE 184 [312]). Ist der gerechtfertigte Mensch nicht in Gottes Recht aufgehoben – aufgehoben im Doppelsinn des Wortes: in seinem Eigensinn beseitigt und nur so als Mensch bewahrt? Bonhoeffer hätte sich hier auf Adolf Schlatters Auseinandersetzung mit Luthers Römerbriefexegese berufen können[37]; ihre Grundgedanken sind neuerdings von Ernst Käsemann wiederaufgenommen worden[38]. Dogmatisch zielen die Arbeiten Arnold van Rulers in die gleiche Richtung. Ist die Soteriologie eine „enorme Konzentration von gewalttätiger Struktur", wie v. Ruler sagt[39] und wie es Bonhoeffer ähnlich ausgesprochen haben könnte?

Schließlich ist noch einmal gesondert darauf aufmerksam zu machen, daß Bonhoeffers Kritik der Religion sich gegen eine *Lebensbewältigung* richtet, die sich vom Glauben her bevorrechtet meint. Religion als solche Lebensbewältigung und als Immediatverhältnis zum Absoluten ist für Bonhoeffer eine *faktische Utopieerklärung Gottes*, ein Ausweisungsbefehl, den die Erfahrung ausstellt – sei sie nun, nach dem Vokabular frommen Einverständnisses, religiös oder irreligiös. Wo hat Gott Raum, wo ist er zu finden? Das ist die entscheidende Frage. „Die Religiosität des Menschen weist ihn in seiner Not an die Macht Gottes in der Welt, Gott ist der deus ex machina. Die Bibel weist den Menschen an die Ohnmacht und das Leiden Gottes; nur der leidende Gott kann helfen" (WE 242 [394])[40]. Dieses Thema leitet Bonhoeffers Christologie ein, die hier nicht weiter entfaltet werden kann. Wir können nur ihren Einsatz bezeichnen: Den Topos

[37] A. Schlatter, Luthers Deutung des Römerbriefs, 1917, 48 ff., bes. 55; Gottes Gerechtigkeit. Ein Kommentar zum Römerbrief, 1935, 35 ff. 139. 144 f.

[38] E. Käsemann, Gottesgerechtigkeit bei Paulus, ZThK 58, 1961, 367–378, bes. 377.

[39] A. A. van Ruler, Die christliche Kirche und das Alte Testament, 1955, 48; vgl. 26 f. 45. 67 Anm. 124.

[40] Wie vielschichtig sich auch hier das Problem des Religiösen darstellt, mag mit einem Satz R. Schneiders angedeutet werden: „In aller Religion ist die Sehnsucht nach dem leidenden Gott, nach dem göttlichen Bruder in der Schmerzensgefangenschaft" (Winter in Wien, 57).

Gottes haben wir nicht kraft unserer Vermessung der Welt auszumachen, auch dann nicht, wenn wir das Kreuz Jesu Christi für den einzigen Ort erklären, an dem Gott Raum hat in der Welt. Gerade dies darf im Blick auf Sätze Bonhoeffers über Leiden und Ohnmacht Gottes in unserer Welt nicht unerwähnt bleiben. Diese Bemerkungen wollen Gott nicht erneut fixieren, sondern treffen den Menschen, der Gott zugunsten seiner selbst lokalisieren will. Wo aber – könnten wir meinen – dürften wir ihm anders einen Platz zuweisen als bei uns selber? Insofern zeigt für Bonhoeffer das gegenwärtige Christentum in seinem Subjektivismus geradezu antichristliche Züge. Diese Gottlosigkeit soll jedoch (wie jede andere) nicht verdeckt, sondern gerade aufgedeckt werden. Gottlosigkeit wird aber nur aufgedeckt durch „nicht-religiöses“ Sprechen von Gott (WE 246 [396]), also mittelbar durch nicht-religiöse Interpretation biblischer Begriffe. Sind sie nicht von Hause aus keineswegs religiös gebunden, müßten sie darum nicht vor allem von ihrem antichristlichen Mißverständnis befreit werden? Diese Interpretation kann aber nur dort geübt werden, wo – wenn wir eine andere Äußerung Bonhoeffers recht verstehen – nicht nach dem Sinn des Lebens gefragt, sondern auf Gottes *Verheißung* gehört wird (WE 266 [426]).

Dieser thematisch sehr begrenzte Versuch, den Anfragen der letzten Briefe Bonhoeffers besonders von ihrer Vorgeschichte her etwas genauere Konturen zu geben, möchte nicht mißverstanden werden als eine neue Variante der Bemühungen, Bonhoeffers Absicht auf einen bündigen und schlagwortartig griffigen Nenner zu bringen. Neben Bonhoeffers Schicksal, das auch auf sein Werk aufmerksam macht, ist gewiß bei manchen seitherigen Deutungen dieses Werkes der Reiz des Fragmentarischen in Rechnung zu stellen, der Anstoß zum Weiterführen, der von jedem gedanklichen Torso ausgeht. Freilich überwiegt der Eindruck, daß Bonhoeffers Sentenzen schon längst als geprägte Münzen in Verkehr gebracht worden sind – will sagen: daß sie als definitive Erkenntnisse verstanden werden, die jedem Einsichtigen ohne weiteres einleuchten müßten. Trotzdem wird hier eher zu differenzieren als zu klassifizieren sein. Nur dann können wir ermessen, was Bonhoeffer sagen wollte – und dazu beizutragen, war die Aufgabe dieser Vorlesung. Dies kann jedoch nur die unumgängliche Vorarbeit zu einem Gespräch sein, das nun auch Bonhoeffers nicht immer schlüssige Analyse des heutigen Menschen, unserer theologischen Situation und ihrer Aufgaben erörtern müßte. Ein solches Gespräch kann im Rahmen einer Bestandsaufnahme nicht begonnen werden. Dafür bleibt festzuhalten, daß kein neues Interpretationsschema die alten Lösungen decken darf, indem es die Unruhe der Fragen Bonhoeffers in das Uhrwerk der eigenen theologischen Formelsprache einbaut und so diese durchaus unerledigten Anfragen domestiziert. Vielleicht müssen sie zunächst irritieren, um begriffen werden zu können.

Pierre-André Diserens, L'interprétation non-religieuse des notions bibliques chez D. Bonhoeffer. Fondements et principes. THESE présentée à la Faculté de Théologie de l'Eglise Evangélique Libre du Canton de Vaud pour obtenir le grade de licencié en théologie, 1965. Aus dem Französischen übersetzt von Dietrich Voigt.

THESEN

Von Pierre-André Diserens

I

Die nicht-religiöse Interpretation biblischer Begriffe ist eine Überlegung, die Bonhoeffer in seinen Schriften aus der Gefangenschaft entwickelt hat. Obwohl sie ein neuer Schritt in seiner Entwicklung ist, bleibt er damit auf einer Linie, die er schon in der ›Nachfolge‹ und in der ›Ethik‹ verfolgte.

II

Allgemein gesehen ist die Religion in ihrem Wesen eine Begegnung des Menschen mit dem Sakralen und eine Betätigung des Menschen als Antwort auf das Sakrale. Sie drückt sich aus in einer Verbindung von Mythen, Riten und sozialen Verhaltensweisen.

III

Von der Offenbarung her gesehen ist die Religion ein Ersatz für den Glauben, sie ist „Ungläubigkeit".

IV

Nach Bonhoeffer:

a) ist die Religion „Metaphysik", weil sie Gott jenseits der menschlichen Grenzen sucht;
b) beruht sie auf einem „deus ex machina";

c) ist sie „Individualismus“: der Mensch ist nur um sein Heil besorgt;
d) ist sie nichts Ganzes: sie begegnet dem Menschen nur in einem Teil seiner Wirklichkeit;
e) ist sie „Innerlichkeit“.

V

Die Renaissance bedeutet einen Wendepunkt in der Geschichte. Sie war der Beginn einer allgemeinen Bewegung, durch die der Mensch sich befreit hat von der Vormundschaft Gottes und der Kirche und durch die er seine Autonomie auf dem Gebiet der Naturwissenschaften, des Rechts, der Politik, der Philosophie und der Ethik entdeckt hat.

VI

Diese Entwicklung hat in unserer Zeit eine gewisse Vollendung erreicht. Die Welt, in der wir heute leben, ist nach Bonhoeffer eine erwachsene Welt. Wir sagen eher, daß diese Welt vorgibt, erwachsen zu sein, und daß sie es deshalb auch sein muß.

VII

Die Religionslosigkeit unserer Zeit ist entweder eine Revolte gegen die Religion und die religiösen Formen des Christentums oder eine Revolte gegen Gott selbst und die Bestätigung einer Welt ohne Gott.

VIII

Man kann gegen die Analyse Bonhoeffers einwenden, daß der Mensch des Abendlandes in religiöser Hinsicht durch eine Vielzahl von mythischen Formen auf die technischen Strukturen unserer Gesellschaften reagiert. In der Tat kennt unsere Welt ein

Kommen und Gehen unreligiöser und religiöser Kräfte, die jede für sich die Gefahr in sich bergen, den Menschen von der Wirklichkeit zu entfernen.

IX

Das Problem der nicht-religiösen Interpretation ist vor allem ein theologisches, mit der Christologie verknüpftes Problem; aber es führt sowohl zur Hermeneutik als auch zur Ethik.

X

Die nicht-religiöse Interpretation ist nicht nur eine christologische, sondern auch eine konkrete und dem Glauben eigene Interpretation.

XI

Die nicht-religiöse Interpretation beruht auf einer Forderung nach intellektueller Redlichkeit, die einerseits bedeutet, daß man der autonomen Welt begegnet, und andererseits, daß man glaubt, daß der Glaube die ganze Wirklichkeit berührt und nicht nur einen Teil dieser Wirklichkeit.

XII

Die nicht-religiöse Interpretation läßt uns die Wirklichkeit auf eine neue Art und Weise begreifen und läßt uns Gott nicht jenseits, sondern im Innern dieser Wirklichkeit entdecken.

XIII

Die Kirche ist aufgerufen, in der Nachfolge Christi das irdische Leben bis zum Ende zu leben, sie nimmt so teil am Leiden Gottes auf Erden. Dort ist ihr Glaube.

Zeitwende 37 (1966), S. 28–36.

RELIGIONSLOSES CHRISTENTUM?

Eine Auseinandersetzung mit Dietrich Bonhoeffer

Von Adolf Köberle

Auf einen christlichen Märtyrer zu hören gebührt sich, auch wenn er uns vor Fragen stellt, die Not bereiten können. Wir besitzen von Dietrich Bonhoeffer Briefe und Aufzeichnungen während seiner Berliner Haftzeit, die der Freund Eberhard Bethge unter dem Titel ›Widerstand und Ergebung‹ der Allgemeinheit zugänglich gemacht hat. Der Sammelband hat rasch hohe Auflagen erlebt, Zeichen genug dafür, wie stark die letzten Äußerungen des Todgeweihten zu unserer Zeit gesprochen haben.

Bonhoeffer hat in seiner Gefängniszelle intensiv nachgedacht über den geistigen Strukturwandel unserer Zeit. Den am tiefsten in das Leben der Christenheit und der Kirche einschneidenden Vorgang sieht er darin, daß wir heute am Ende des religiösen Zeitalters angelangt sind, was bedingt, daß der moderne Mensch für Gott auf religiöse Weise nicht mehr ansprechbar ist. Nach der Schau von Bonhoeffer ist die christliche Wahrheit und das christliche Leben über Jahrhunderte hin in religiöser Verpackung dargeboten und weitergereicht worden. Diese Einkleidung erweist sich heute als nicht mehr brauchbar. Sie muß darum durch eine völlig neue Weise, auf Gott aufmerksam zu machen, ersetzt werden.

Vier Merkmale sollen für die religiöse Darbietung des Christlichen in der hinter uns liegenden Zeit charakteristisch gewesen sein: die Metaphysik, der Individualismus, die Pflege der Innerlichkeit und des Gewissens.

Unter dem metaphysischen Christentum versteht Bonhoeffer eine Glaubensfrömmigkeit, die ganz auf das Jenseits, auf die Überwelt hin ausgerichtet ist. Denken wir an die Himmelssehnsucht mittelalterlicher Mystiker im Zeitalter der Gotik! Stellen wir uns die entsagungsvolle und entsagungsfreudige Ethik eines Heinrich Seuse, eines Pascal oder Gerhard Tersteegen vor Augen! Wie weit sind wir dort überall entfernt von jeder welthaften Zuneigung! Man weiß sich vielmehr als Wanderer zwischen zwei Welten und hält es mit dem Vers: „Die Welt mit ihrem Gram und Tücke will ich, ein Pilger, frohbereit betreten nur als eine Brücke zu Dir, Herr, über'm Strom der Zeit!"

Wer das Leben nur als Übergang empfindet, wendet sich nicht nach außen, sondern nach innen. Er sieht in der Pflege des persönlichen Seelenlebens seine vornehmste Aufgabe. Der Umgang mit Gott bekommt seinen Sitz im Gemüt. Er ist nicht so sehr Sache des Verstands und des Willens, sondern des Herzens.

Der religiöse Mensch erschauert vor der Übermacht und Heiligkeit Gottes, er fühlt sich beseligt und entzückt, wenn das Bewußtsein der göttlichen Nähe in ihm aufleuchtet. Der religiöse Mensch hat ein elementares Verlangen nach Einkehr, Stille und Anbetung. Er kann nicht anders, als sein Herz vor Gott auszuschütten, sei es in Buße und Reue, sei es in Dankbarkeit und Lobpreisung. Der religiöse Mensch liebt die hohen Feste der Kirche. Es verlangt ihn nach dem Brot des Lebens, nach dem Kelch des Heils im Sakrament des Altars. Er verachtet die Gemeinschaft der Brüder nicht, die mit ihm zugleich feiern. Das Wichtigste aber bleibt für ihn doch die persönliche Beschenkung, die unmittelbare Begegnung mit dem Gott aller Gnade.

Neben Jenseitsverlangen, Herzenspflege und frommer Ich-Einsamkeit wird der religiöse Mensch nach der Schau von Bonhoeffer bestimmt durch eine intensive Gewissenspflege bis hin zu gesetzlicher Angst und hypochondrischer Sorgsamkeit. In allen großen und kleinen Entscheidungen des Lebens fragt er: Wie kann ich Gottes Willen erfüllen, wie halte ich mich frei von Unrecht und Ungehorsam, wie bleibe ich unverrückt auf der Glaubensbahn? Der religiöse Mensch kann nicht genug bekommen an geistlichen Lebensregeln und sittlichen Vorschriften. Freudig ist er jederzeit bereit, alles zu erfüllen, was ihm in dieser Richtung nahegebracht wird.

So bewundernswert der religiöse Mensch ist in seinem moralischen Eifer, in seiner Hingabe an Gott, es bleiben ihm schwere Stunden gleichwohl nicht erspart, wenn Mattigkeit und Öde über sein Herz hereinbrechen, wenn er nichts mehr fühlt von der beglückenden Nähe der Gegenwart Gottes, wenn er sich verlassen wähnt von allem ewigen Beistand. Die Bekenntnisse der Mystik und des Pietismus sind voll von Klagen über die Trockenheit, Dunkelheit und Kälte der Seele, die nicht imstande ist, sich zu Himmelshöhen aufzuschwingen.

Als edle Repräsentanten des religiösen Menschen könnte man Johann Sebastian Bach und Schleiermacher nennen. Bei dem Leipziger Thomaskantor begegnet uns sowohl in der Textwahl wie in der musikalischen Ausgestaltung ein leidenschaftliches Verlangen nach der erfahrbaren Gemeinschaft mit Christus. So beginnt eine Kanate mit der Sopran-Arie: „Liebster Jesu, mein Verlangen, sag', wo bist du?" In der Kantate: „Wachet auf, ruft uns die Stimme" jubelt die Seele in bräutlicher Beglückung: „Mein Freund ist mein, und ich bin sein, die Liebe soll nichts scheiden." Im zweiten Teil des Weihnachtsoratoriums wird den Sendboten aus dem Morgenland von Gott im Traum die Weisung gegeben, einen anderen Weg auf der Rückreise zu wählen. Das Tenor-Rezitativ begleitet diesen Befehl mit den Worten: „So geht! Genug, mein Schatz, geht nicht von mir. Er bleibet da bei mir, ich will ihn auch von mir nicht lassen."

Als Schleiermacher auf der Höhe seiner Wirksamkeit stand, sah er es als seine Aufgabe an, den Intellektualismus der Aufklärung und der Orthodoxie zu überwinden zugunsten einer neuen Hochschätzung der religiösen Erfahrung. Der Verfasser der ›Reden über die Religion an die Gebildeten unter ihren Verächtern‹ wollte die Gottesbegegnung auch nicht auf den ethischen Ansatz allein beschränkt sehen, wie das in der Philosophie Kants der Fall war. Er wollte der Religion einen besonderen Platz anweisen in der Provinz des Gemütes. Während die ›Reden‹ vom Jahr 1799 noch stark pantheistische Züge tragen, wenn sie vom Einklang mit dem Universum sprechen oder vom Sinn und Geschmack für das Unendliche, den es zu entwickeln gilt, ist in der ›Glaubenslehre‹ vom Jahr 1821 alle Gottesgemeinschaft bezogen auf „die in Jesus Christus vollbrachte Erlösung". Aber Schleiermacher redet davon nicht in der Sprache der Orthodoxie. Er schildert vielmehr die Erfahrungen der Befreiung, die wir in der Verbundenheit mit dem kräftigen Gottesbewußtsein Christi erleben dürfen, und allein eine solche unmittelbare Erfahrung vermag uns die Freudigkeit und Gewißheit zu geben, Jesus als Gottes Sohn zu bekennen.

Der nichtreligiöse Mensch

Von eben diesem religiösen Menschen stellt Bonhoeffer fest: er gehört durchaus der Vergangenheit an. Es gibt ihn heute nicht mehr oder höchstens noch in einer kleinen Nachhut, die für das Leben der Kirche im Blick auf ihre Zukunft als belanglos anzusehen ist. Im Zusammenhang damit fallen in ›Widerstand und Ergebung‹ die bedeutsamen Sätze, die Schule gemacht haben. „Die Zeit der frommen Worte ist vorüber, ebenso die Zeit der Innerlichkeit und des Gewissens, und das heißt eben die Zeit der Religion überhaupt. Wir gehen einer völlig religionslosen Zeit entgegen, die Menschen können einfach, so wie sie sind, nicht mehr religiös sein."

Bonhoeffer will damit nicht nur eine Situation beschreiben, die er bei zahllosen seiner Mitgefangenen vorgefunden hat. Nein, er stellt sich selbst entschlossen in diese Entwicklung mit hinein. So schreibt er im Juni 1942: „Ich spüre, wie in mir der Widerstand gegen alles Religiöse wächst, oft bis hin zu einer instinkthaften Abscheu, was sicher nicht gut ist. Ich bin keine religiöse Natur. Oft frage ich mich, warum mich mein christlicher Instinkt mehr zu den Religionslosen als zu den Religiösen hinzieht, und zwar durchaus nicht in der Absicht der Missionierung, sondern ich möchte fast sagen brüderlich."

Der also Beobachtende und Reflektierende hat sich selbstverständlich die Frage vorgelegt: Wie hat es zu diesem ungeheuren Bewußtseinswandel kommen können, daß der religiöse Mensch im Sterben liegt und der nichtreligiöse Mensch an seine Stelle tritt? Nach Bonhoeffer ist dieser Umbruch ausgelöst worden durch den Geist der Neuzeit, der den Menschen sowohl im Bereich der Wissenschaft wie der Wirtschaft zu ungeahnten Möglichkeiten hat fortschreiten lassen. Der Mensch hat entdeckt, wieviel er aus eigener Weisheit und Tüchtigkeit vermag. Er bewältigt seine Lebensschwierigkeiten kraft eigenen Könnens. Er braucht den Faktor Gott nicht mehr, um mit dem Leben fertig zu werden. Mochte der Mensch im Mittelalter vor dem Antritt einer Reise sich bekreuzigen und die Knie an den Stufen eines Altars beugen, der Generaldirektor von heute, der in Geschäften von einer Metropole zur anderen fliegt, hält das alles für überflüssig. Er kommt auch so an das Ziel seiner Wünsche.

Bonhoeffer gebraucht für diesen einschneidenden Zeitenumbruch mit Vorliebe den Ausdruck: Der Mensch unserer Tage ist mündig geworden. Mündig nennen wir ein Leben, das das 21. Jahr erreicht hat, das damit der elterlichen Autorität entwachsen ist und sich hinfort frei und unabhängig bewegen kann. So war der abendländische Mensch länger als ein Jahrtausend unmündig, indem er kirchlichen und dogmatischen Lehrautoritäten unterstellt war. Jetzt aber haben wir alle diese Bindungen abgeworfen und gestalten das Leben aus eigener Kraft und Verantwortung.

Man könnte an dieser Stelle den kritischen Einwand erheben: Sind denn die Menschen, wie wir sie heutzutage vor Augen haben, wirklich mündig geworden? Werden sie nicht in erschreckender Weise von den Massenmedien regiert, ist die halbe Welt nicht totalitären Staatsmächten unterworfen, die die persönliche Freiheit grausam beschneiden? Bonhoeffer aber umschreibt die geistige Entwicklung im Abendland seit dem Beginn der Neuzeit absichtlich nicht als „Verweltlichung". Einer solchen Bezeichnung würde viel zu sehr der Geschmack der Verurteilung anhängen. Der Ausdruck „mündige Welt" dagegen besagt: Es war an der Zeit, und es ist nur zu begrüßen, daß der Gang der Entwicklung diesen Weg genommen hat. Der religiöse Mensch, der Kirchenchrist, sieht in der mündig gewordenen Welt nichts als Abfall von Gott, von Christus, von der Kirche, vom Gewissen, von der guten alten Sitte. Der religiöse Mensch befürchtet, daß die Endstation der religionslosen Profanität unheilvoll sein wird. Bonhoeffer aber verwandelt jede derartige Kritik in einen

Gegenangriff. Er gibt dem religiösen Menschen die Hauptschuld, wenn heute nicht mehr an Gott geglaubt wird. Er sagt zu ihm: All deine Grundhaltungen, die Flucht aus der Wirklichkeit in eine Überwelt, die Seelenpflege in frommer Abgeschiedenheit, die Gewissensängstlichkeit, das alles ist für den mündig gewordenen Menschen nicht mehr nachvollziehbar. Wenn du ihn darauf festlegen willst, versperrst du ihm nur den Weg zu Gott.

Bonhoeffer will die Menschheit auf keinen Fall dem Nihilismus preisgeben. Er ist nur tief von der Überzeugung durchdrungen, daß man seit Darwin und Haeckel, seit Nietzsche, Freud und Marx nicht mehr von Gott in der überkommenen Weise reden kann. Das Ende des religiösen Zeitalters muß keineswegs das Ende des Glaubens nach sich ziehen. Wohl aber müssen völlig neue Wege eingeschlagen werden, wenn der christliche Glaube dem Menschen unserer Tage nahegebracht werden soll.

Viele Christen geraten in Verwirrung, wenn sie neuerdings Sätze zu hören bekommen wie: „Der christliche Glaube kann sehr wohl religionslos sein", und: „Wir gehen einem atheistischen Christentum entgegen." Vielleicht ist es gut, sich zum Verständnis solcher aufreizenden Formulierungen klarzumachen, daß sich der Kampf gegen die Überbewertung des Religiösen bereits bei Luther findet.

Wohl muß man auf der einen Seite feststellen: Der Reformator war eine ursprünglich religiöse Natur, wenn wir an seinen leidenschaftlichen Kampf um die Vergewisserung des göttlichen Heils denken, wenn wir uns daran erinnern, was er für ein kraftvoller Beter und frommer Liedersänger war. Und doch hat der Reformator deutlich gesehen, wie das religiöse Erleben gefährdet sein kann von hitziger Schwärmerei, durch selbstgefällige Seelenpflege und ein unruhiges Auf und Ab der Stimmungsfrömmigkeit. Luther hat darum verwiesen auf den Glauben ohne „Fühlen", der sich in getroster Verzweiflung an Gottes Zusage in seinem Wort festhält, auch wenn er nichts von seiner Macht spürt. Luther ist freilich nie so weit gegangen, daß er das religiöse Erleben mißachtet oder verurteilt hätte. Er hat vielmehr sehr wohl gewußt, daß die Erinnerung an Stunden starker und inniger

Gotteserfahrung wesentlich dazu beitragen kann, die dunklen Nächte der Gottesverlassenheit durchzustehen.

Bei dem jüngeren Blumhardt und seinen Schweizer Freunden Hermann Kutter und Leonhard Ragaz begegnet uns abermals die polemische Gegenüberstellung: Religion oder Reich Gottes. Die Genannten wollten damit zum Ausdruck bringen: Wichtig ist allein, daß sich Gottes Königsherrschaft auf Erden ausbreitet, daß Gerechtigkeit zwischen Völkern, Rassen und Klassen zum Durchbruch kommt. Nicht aber darum geht es, daß wir erbauliche Gefühle pflegen und unser Innenleben beobachten.

Von daher angestoßen, hat die junge „dialektische Theologie" den wortgebundenen Glauben und die erlebnisbedingte Religion einander schroff gegenübergestellt. Religion ist für Karl Barth in christlicher wie in außerchristlicher Gestalt geraubtes Heil. Der Mensch sucht sich über das religiöse Verhalten einen Zugang zu Gott zu erzwingen, so wie zur Zeit Jesu der fromme Jude über Beschneidung und Gesetzeserfüllung Gerechtigkeit vor Gott zu erlangen bestrebt war. Emil Brunner hat in dem Frühwerk ›Die Mystik und das Wort‹ Schleiermachers Frömmigkeit darum hart angegriffen, und Friedrich Gogarten hat sich zu dem Satz bekannt: Das Christentum ist keine Religion, es ist vielmehr das Ende aller Religion.

Bei diesem Kampfeseifer haben die Kritiker freilich völlig übersehen, daß sich ja auch der Glaube, der auf das göttliche Gnadenangebot dankbar antwortet, immer eine Form schaffen muß, in der er diesem Widerfahrnis in Lied und Gebet, in Freude und Anbetung Ausdruck gibt. Dieses Echo des Glaubens aber stellt sich bei jungen und bei altgewordenen Menschen sehr verschiedenartig dar, es äußert sich anders im Leben des Mannes und im Leben der Frau, im Norden und im Süden, in Ost und West und zeigt damit deutlich genug alle Anzeichen der religiösen Einkleidung. Immerhin, man kann Bonhoeffer in seinem polemischen Ansatz sehr viel besser verstehen, wenn man ihn im Zusammenhang sieht mit all denen, die ihm darin vorangegangen sind.

Wie kann und soll denn nun dem nichtreligiösen Menschen das Evangelium nahegebracht werden? Der Vollzug dieser Aufgabe besteht zunächst in einem Verzicht. Wir sollen ein für allemal aufhören, Gott als Lückenbüßer unserer Verlegenheiten anzupreisen. Die Theologie hat sozusagen bisher den Schmerz, die Angst, die Ratlosigkeit, die Todesgefährdung gebraucht, um dem Menschen daran klarzumachen, daß er ohne Gott nicht durchkommt. Diese Einstellung, von der Not gewissermaßen für die Religion zu profitieren, wird als unwürdig und unvornehm bezeichnet, und vor allem, sie ist heute unwirksam geworden, denn „der Mensch hat gelernt, in allen wichtigen Fragen mit sich selbst fertig zu werden ohne Zuhilfenahme der Arbeitshypothese Gott. Es zeigt sich, daß es auch ohne Gott geht, und zwar ebensogut wie vorher.“ Statt Gott an die Ränder des Lebens zu verweisen, stellt Bonhoeffer die Forderung auf: Es gilt, Gott in der Mitte unseres Lebens zu entdecken, da wo wir am allerstärksten in der Fülle des Lebens stehen. Statt sich zurückzuziehen in eine weltabgewandte Erlebnisfrömmigkeit, dürfen und sollen wir Gott begegnen in dem unendlichen Reichtum zwischenmenschlicher Begegnungen.

Bonhoeffer macht Ernst mit den Worten Christi: „Was ihr getan habt einem unter diesen meinen geringsten Brüdern, das habt ihr mir angetan.“ Wer Christus finden möchte durch mystische Seelenpflege, geht an ihm vorbei. Wer dem Hungrigen, dem Nackten, dem Heimatlosen, dem gefangenen Bruder dient, der ist Christus wahrhaft begegnet. Krippe und Kreuz, Weihnachten und Karfreitag müssen neu verstanden werden in dem Sinn: Gott hat gelitten unter der Welt und an der Welt. An diesem Leiden Gottes sollen wir teilnehmen, dann werden wir auch teilhaftig werden des Lebens aus Gott.

Im Zusammenhang damit fällt erneut die Forderung: Die Kirche hat nicht auf die religiösen Bedürfnisse des Menschen einzugehen und diese zu pflegen. Dafür sei heute kein Bedarf mehr vorhanden; eine solche Praxis führe gerade von dem weg, worauf es allein ankommt, nämlich Liebe üben und den Nächsten ernst nehmen in der Bereitschaft zum Dienst. Jedenfalls kein Gejammer darüber, daß die Menschen nicht mehr fromm sind, daß sie nicht mehr andächtig sind, daß sie von der „Sprache Kanaans“ nicht mehr angerührt werden! Man werfe mutig und getrost das ganze religiöse Erbe über Bord und mache damit die Bahn frei für ein religionsloses Christentum der Zukunft.

Nach der Überzeugung Bonhoeffers sind die meisten Nichtchristen unserer Tage gar nicht kirchenfeindlich. Sie können nur mit den überkommenen Formen, in denen sich das Christentum bislang dargestellt hat, nichts Rechtes mehr anfangen. Wozu soll man ihnen die alten Kleider länger noch zumuten! Damit wird das Ärgernis, das zum Wesen des Evangeliums zweifellos gehört, an die falsche Stelle gesetzt. Es gilt, eine völlig neue Gestalt, eine weltliche Frömmigkeit aufzubauen, wo der Mensch mit all seinen Sinnen und Kräften mitten im Leben steht und bei diesem In-der-Welt-Sein Gott begegnet. Nur in der völligen Diesseitigkeit soll heute der Glaube verwirklicht werden können.

Die Wiedererweckung des Religiösen

Wie ist die Kritik an der überkommenen religiösen Einkleidung des Christlichen und wie ist die Forderung einer rein welthaften Frömmigkeit zu beurteilen? Zunächst wäre zu fragen: Ist dem wirklich so, daß es den religiösen Menschen in unseren Tagen nicht mehr gibt und daß darum jede religiöse Ausdrucksform des Christlichen zu unterbleiben habe, weil dafür weder Verständnis noch Verlangen vorhanden ist?

Es trifft sicher zu: Der Mensch im industriellen Zeitalter lebt nicht mehr ewigkeitszugewandt. Er hat keine Zeit zum Gebet, es fehlt ihm die innere und äußere Stille zur Sammlung, Andacht und Einkehr. Das religiöse Leben hat es, wie wir sahen, vor allem mit den seelischen Kräften des Menschen zu tun. Es wendet sich nicht ausschließlich an Erkenntnis und Wille, sondern auch an Herz und Gemüt. Insofern unsere Zeit ausgesprochen gemütsarm und seelisch dürftig geworden ist, scheint es um die Möglichkeiten des Religiösen in der Tat hoffnungslos bestellt zu sein. Gleichwohl ist festzustellen: Das seelische Vermögen gehört zur Ganzheit der menschlichen Existenz wesentlich hinzu. Es läßt sich darum niemals völlig unterdrücken. Die Psychotherapie der Gegenwart weist mit Nachdruck darauf hin, daß jeder Mensch von einem tiefen Unbehagen geplagt wird, ja, daß es unter Umständen zu schweren neurotischen und psychosomatischen Störungen kommen kann, wenn eine so wesentliche Seite unserer geschöpflichen Natur beharrlich übersehen und vernachlässigt wird.

Wo das Seelische planmäßig ausgeschaltet erscheint, da kommt es unfehlbar zu unterschwelligen Reaktionen. So hört man aus dem heutigen Rußland, dessen politische Führung allem religiösen Leben entschieden feind ist, daß gerade dort der Hunger nach göttlicher Erfahrung und Begegnung unter der Decke mit elementarer Gewalt sich meldet. Für die Situation bei uns hierzulande sei daran erinnert, wie sich der säkulare Geist durchaus eine komplementäre Ergänzung schafft in süßlichen Schnulzen, die in millionenfach verkauften Schallplatten die Häuser füllen. Je unterkühlter eine Kirche wird im Zusammenhang mit der Ächtung des religiösen Lebens, um so mehr muß der Zustrom zu den Sekten wachsen, die der Pflege des Religiösen bis hin zu fiebriger Erhitzung unbedenklich Raum geben. Gleichzeitig wächst damit die Gefahr, daß die von der Kirche unterdrückten Erlebniskräfte einem erneuten völkischen Rausch erliegen und zuströmen. Es braucht nur ein geschickter Trommler zu kommen, der es versteht, daran zu rühren.

So groß unsere Ehrfurcht vor Dietrich Bonhoeffer sein muß, der als Mensch, als Christ und Theologe eine überragende Erscheinung war, es muß doch einmal mit aller Deutlichkeit ausgesprochen werden: Er hat uns mit seinem letzten Vermächtnis nicht nur gute Dienste getan. Dieser edle Märtyrer um des Evangelium willen hat wohl einen zeitgeschichtlichen Notstand richtig gesehen und beschrieben, wenn er auf die religionslos gewordene Welt unserer Tage hinweist. Aber es war nicht heilsam, daß er uns aufgefordert hat, vor diesem Notstand zu kapitulieren und uns ihm bedingungslos anzupassen. Wir dürfen die Welt ihrer seelischen Armut, die sich bis tief in das Religiöse hinein auswirkt, nicht überlassen. Wir müssen uns im Gegenteil dieser entsetzlichen Verkümmerung mit allen Kräften entgegenwerfen durch die Art und Weise, wie wir daheim mit unseren Kindern spielen und feiern, durch die Pflege religiöser Kunst, durch eine

Sprache, die uns die Majestät und Herrlichkeit Gottes wieder ahnen läßt, was die unter uns sich immer weiter verbreitende saloppe Predigtsprache auf keinen Fall zu leisten vermag.

Selbstverständlich soll die Kirche mit der Zeit gehen. Sie soll ihren Nöten Rechnung tragen und sich barmherzig verstehend darauf einstellen. Die protestantische Theologie der Gegenwart aber geht nicht nur mit dem Zeit, sie läuft der Zeit in kritikloser Anerkennung und Anbiederung nach und tut der Zeit damit keinen hilfreichen Dienst. Es besteht ein wesentlicher Unterschied zwischen Nachgehen und Nachgeben. Verständnisvolles Eingehen ist biblisch wahrhaftig begründet. Es genügt, dafür an das paulinische Zeugnis aus 1. Kor. 9 zu erinnern: „Ich bin allen alles geworden, damit ich auf alle Weise etliche rette." Wir aber geben ständig nach, ohne dafür den Dank der Welt zu finden, den wir davon erwarten.

Seit dem bahnbrechenden Lebenswerk von Carl Gustav Jung könnte man wissen, daß die ewigen Wahrheiten von Schöpfung, Fall und Erlösung nur in der machtvollen Sprache des Mythischen sinngemäß zum Ausdruck gebracht werden können. Wir aber entmythisieren, weil angeblich im Zeitalter von Dampfmaschine, Elektrizität und Radio die Sprache des Mythos nicht mehr verstanden wird. Die moderne Seelenheilkunde hat uns gelehrt, daß alles Leben mit Gott seinen Sitz im Wohnraum der Seele hat und nicht im begrifflichen Bewußtsein. Wir aber intellektualisieren die Theologie immer mehr und rauben ihr dadurch die Einflußmöglichkeit auf die Herzen der Kinder, der Frauen, der musischen und der unverbildeten Menschen, die zu dem rein begrifflichen Denken keinen Zugang finden. Was soll aus dem Leben mit Gott werden, wenn es sich nur noch äußern darf in zwischenmenschlichen Begegnungsakten, nicht mehr aber in der unmittelbaren Erfahrung, die sich bei dem Gespräch des Herzens zwischen Gott und der Seele ereignet? Die religionslose Weltfrömmigkeit heißt uns Liebe üben am notleidenden Bruder. Sie fordert uns auf, Gottes Leiden in und an der Welt in letzter Solidarität mitzutragen. Gewiß sind das hohe und dem biblischen Wort gemäße Zielsetzungen. Wie aber soll der Mensch jemals dazu bereit werden, wenn er nicht zugleich stille Stunden der

Zwiesprache mit Gott kennt und übt, in denen sein Herz zu solchem Dienst befähigt wird, wenn ihm nicht sonntägliche Gottesdienste zuteil werden, die ihn mit festlicher Freude und mit Kraft des Heiligen Geistes beschenken?

Es kann sein, daß unsere Forderung nach lebendiger Pflege von Andacht, Innerlichkeit und Frömmigkeit des Herzens ein vergebliches Bemühen bleibt. Es ist möglich, daß der Geist einer radikalen Profanität immer weiter um sich greift. Sofern er von nicht wenigen Theologen heute aktiv vorangetrieben wird, kann man nur sprechen: „Vater, vergib ihnen, sie wissen nicht, was sie tun." Über eines müssen wir uns klar sein, daß im gleichen Maße die seelischen Katastrophen in der Menschheit zunehmen werden. Anzeichen dafür sind bereits genug vorhanden. Es dürfte aber im Blick auf unsere Verantwortung ein beträchtlicher Unterschied sein, ob solches geschieht trotz unseres Widerstandleistens oder weil wir in Theologie und Kirche an dem verhängnisvollen Prozeß selbst verantwortlich mitgewirkt haben.

Nach der Darstellung von Bonhoeffer stellt sich die Lage so dar, als würde der moderne Mensch aus der Kirche hinausgedrängt infolge des noch nicht genügend eliminierten religiösen Lebens. Dagegen würden die Menschen unserer Tage willig bereit sein, sich wieder einzufinden, wenn die Kirche sich dazu entschließen könnte, eine religionslose Verkündung anzubieten. Wir tun aber gut daran, auch einmal der Gegenfrage standzuhalten, ob es heute nicht ebenso viele Menschen gibt, die einer Art Verzweiflung nahe sind, wohin der deutsche Protestantismus der Gegenwart treibt in seiner immer weitergehenden Anpassung an den kalten, kritischen Geist des Intellektualismus, in seinem würdelosen Bestreben, um jeden Preis modern erscheinen zu wollen.

Zu diesem nervös hastigen Hinter-der-Zeit-Dreinlaufen, dem jede ewigkeitsgegründete zeitüberlegene Ruhe fehlt, gehört auch die Ächtung des Religiösen im Blick auf den Vollzug des Glaubens. Was sich über Jahrhunderte und Jahrtausende hin als Reichtum und Segen erwiesen hat, muß auch fernerhin integrierender Bestandteil der christlichen Existenz bleiben. Das schließt nicht aus, daß sich das religiöse Leben in unserem Jahrhundert in vielen Stücken in anderer Form darstellt als im Spätherbst des Mittelalters. Auf keinen Fall aber darf es aus dem Leben der Kirche eliminiert werden, wenn diese nicht an religiöser Unterernährung sterben soll.

John A. Phillips, The Christology of Dietrich Bonhoeffer, pp. 199–221, 291–295 (= Chap. 15: Religionless Christianity). By permission of Harper & Row, Publishers, Inc., New York. © 1967. (Unter dem Titel ›The Form of Christ in the World‹ auch 1967 in London erschienen.) Aus dem Englischen übersetzt von Karl Nicolai.

RELIGIONSLOSES CHRISTENTUM

Von JOHN A. PHILLIPS

Von all den originellen Ideen und Konzeptionen, die Bonhoeffer im Laufe seines Lebens entwickelte, hat *eine* größeres Interesse erweckt, stärkere Unruhe verursacht und heftigere Kritik hervorgerufen als alle anderen. Die volle Bezeichnung dieser Konzeption lautet „die nicht-religiöse Interpretation biblischer Begriffe"; es ist jedoch üblich geworden, dafür die Abkürzung „religionsloses Christentum" zu verwenden und darin den zentralen Ausdruck für die Theologie des späten Bonhoeffer zu sehen. Wenn Bonhoeffer von der „nicht-religiösen Interpretation biblischer Begriffe" sprach, wollte er zweifellos die Konsequenzen der „diesseitigen Transzendenz" für die traditionelle christliche Theologie genauer untersuchen. Er reagierte auf die von seinen Zeitgenossen gestellten Fragen und machte diese auf die Fragen aufmerksam, die er stellen wollte. Als die Interpreten auf Bonhoeffers Versuch stießen, seine Gedanken zu klären und als gelernter Theologe zu systematisieren, machten sie diese Versuche zum Kernpunkt der Gefängnisbriefe und prüften alle dort auftretenden Gedanken im Hinblick auf die Möglichkeit oder Unmöglichkeit eines „religionslosen Christentums".

Es lohnt sich darüber nachzudenken, ob Bonhoeffer mit der Verwendung *dieses* Begriffes (der inzwischen fast zu einem Schlagwort wurde)[1] zur Charakterisierung seines ganzen Nachdenkens in den Gefängsnisbriefen einverstanden gewesen wäre. Zweifellos ist es der schwierigste und dunkelste seiner Gedanken geblieben; derjenige, den er am unzulänglichsten absicherte, und folglich derjenige, der am leichtesten mißverstanden und verwor-

[1] Daniel Jenkins, Beyond Religion: The Truth and Error in ‚Religionless Christianity', London 1962, S. 9.

fen wird. Leider ignoriert oder vergißt man dabei die „diesseitige Transzendenz“ und das „Teilnehmen am Leiden Gottes“; von diesen mit ihm verwandten Begriffen losgelöst, verliert der Begriff „nicht-religiöses Christentum“ seine christologische Grundlage. Überprüfen und interpretieren wir ihn jedoch mit Hilfe der beiden anderen Begriffe, dann kann er die schwierigen technischen Probleme, die sich aus Bonhoeffers Entdeckungen ergeben, erschließen und uns sein Anliegen im Lichte der Gedankenwelt anderer Theologen verständlich machen. Durch das Nachdenken über „nicht-religiöses Christentum“ bekommen diverse Fragen plötzlich scharfe Konturen: Was versteht Bonhoeffer unter „Religion“? Welche Beziehung besteht zwischen „Religion“ und dem Kern der christlichen Verkündigung? Kann das Kerygma „nicht-religiös“ interpretiert werden? Ist die Forderung, das Kerygma in dieser Weise zu interpretieren, exegetisch zu rechtfertigen? Wie verhält sich das Denken Bonhoeffers zu dem anderer Theologen (besonders Bultmann und Tillich), die gleiche Interessen zu vertreten scheinen? Und welche Korrekturen würde Bonhoeffer an den theologischen Richtungen vornehmen, die sich einbilden, sein Anliegen heute am stärksten widerzuspiegeln: an der Richtung im Westen, die sich vor allem mit dem hermeneutischen Problem beschäftigt, und an der Richtung im Osten, die es mit dem revolutionären Geist, wenn auch nicht dem Inhalt des marxistischen Sozialismus hält?

Religionsloses Christentum ist nicht alles, was uns Bonhoeffer zu sagen hat, aber es ist ein wesentlicher Bestandteil seiner Aussage. Deshalb müssen wir diesen Begriff und die Fragen, die er aufwirft, sehr genau untersuchen.

Das religiöse Apriori

Der Angriff der Gefängnisbriefe auf die Religion hat Wurzeln im Denken Bonhoeffers, die weit zurückreichen. Der Versuch, diesem Angriff Ausdruck und Richtung zu geben, setzt mit der *Ethik* ein, wo Bonhoeffer das „Denken in zwei Räumen“ ablehnte und eine „echte Weltlichkeit“ und eine befreiende „Gottlosigkeit" bejahte.[2] Der Protest gegen die Religion, der dieser Ablehnung und dieser Bejahung zugrunde lag, zeigte sich zum erstenmal offen in dem Brief, den Bonhoeffer am 25. Juni 1942 an Bethge schrieb, während er in einem Wehrmachtszug nach München fuhr. Von da an gab es bei Bonhoeffer eine Mißbilligung des „Religiösen" und des „Jenseits" neben einem Eintreten für die Auffassung, man solle „Gott in dem finden und lieben, was er uns gerade gibt" – so in dem Brief vom 18. Dezember 1943. In den Gefängnisbriefen verstärkte Bonhoeffer allmählich die positivere Seite seiner Entdeckung zu einer „diesseitigen Transzendenz" und gab ihr eine christologische Grundlage. Sein Unbehagen in bezug auf das „Religiöse" nahm eine entscheidende Wende in dem Brief vom 30. April 1944:

Was mich unablässig bewegt, ist die Frage, was das Christentum oder auch wer Christus heute für uns eigentlich ist. Die Zeit, in der man das den Menschen durch Worte – seien es theologische oder fromme Worte – sagen könnte, ist vorüber; ebenso die Zeit der Innerlichkeit und des Gewissens, und d. h. eben die Zeit der Religion überhaupt. Wir gehen einer völlig religionslosen Zeit entgegen; die Menschen können einfach, so wie sie nun einmal sind, nicht mehr religiös sein. Auch diejenigen, die sich ehrlich als „religiös" bezeichnen, praktizieren das in keiner Weise; sie meinen vermutlich mit „religiös" etwas ganz anderes.
Unsere gesamte 1900jährige christliche Verkündigung und Theologie aber baut auf dem „religiösen Apriori" der Menschen auf. „Christentum" ist immer eine Form (vielleicht die wahre Form) der „Religion" gewesen. Wenn nun aber eines Tages deutlich wird, daß dieses „Apriori" gar nicht existiert, sondern daß es eine geschichtlich bedingte und vergängliche Ausdrucksform des Menschen gewesen ist, wenn also die Menschen wirklich radikal religionslos werden – und ich glaube, daß das mehr oder weniger bereits der Fall ist (woran liegt es z. B., daß dieser Krieg im Unterschied zu allen bisherigen eine „religiöse" Reaktion nicht hervorruft?) – was bedeutet das dann für das „Christentum"? ...
Wenn wir das alles nicht wollen, wenn wir schließlich auch die westliche Gestalt des Christentums nur als Vorstufe einer völligen Religionslosigkeit beurteilen müßten, was für eine Situation entsteht dann für uns, für die Kirche? Wie kann Christus der Herr auch der Religionslosen werden? Gibt es religionslose Christen? Wenn die Religion nur ein Ge-

[2] Ethik, München [7]1966, S. 314 f., 337 f., 350 f.

wand des Christentums ist – und auch dieses Gewand hat zu verschiedenen Zeiten sehr verschieden ausgesehen – was ist dann ein religionsloses Christentum?[3]

Die Zitate aus diesem Brief werden uns in den nächsten beiden Abschnitten des vorliegenden Kapitels beschäftigen.

Unser erster Eindruck ist, daß Bonhoeffer abermals die liberale Theologie seiner Lehrer verwirft – in Übereinstimmung mit der Ablehnung der „Religion", die sich bereits in seinen frühesten theologischen Schriften fand.[4] Der Maßstab aus Bonhoeffers Vergangenheit ist interessanterweise nicht die in *Sanctorum Communio* dargelegte Lehre von der Kirche, welche die Auffassung der Kirche als einer „religiösen Gemeinschaft" kritisierte; Bonhoeffer spricht vielmehr von dem Verschwinden des „religiösen Apriori", vom Ende der „Innerlichkeit" und des „Gewissens". Somit finden wir uns zurückversetzt in die Habilitationsschrift *Akt und Sein*, in der Bonhoeffer die „religiösen Räume" seiner Lehrer Reinhold Seeberg und Karl Holl verwarf.[5]

Wir erinnern uns, daß Bonhoeffer hier Seebergs metaphysischen Begriff eines „religiösen Apriori" als ein Beispiel für die apologetische Methode vieler protestantischer Theologen des 19. Jahrhunderts anführte. Die Klarheit und Exaktheit von Seebergs *Dogmatik* machten seine Formulierung dieses weitverbreiteten Begriffes zu einem nützlichen Kontrast für Bonhoeffers Argumentation. Nach Seeberg (vgl. unsere ausführliche Darstellung in Kapitel 5 der vorliegenden Untersuchung [hier nicht abgedruckt – Anm. d. Red.]) war das religiöse Apriori „die innere Fähigkeit ..., des Seins und des Wirkens des überweltlichen Gottes inne zu werden und demgemäß den Inhalt der göttlichen Offenbarung als göttlichen in die Seele aufzunehmen".[6] Bonhoeffer

[3] Widerstand und Ergebung. Briefe und Aufzeichnungen aus der Haft, hrsg. von Eberhard Bethge, Neuausgabe München 1970 [Abkürzung: WE], S. 305 f.

[4] Vgl. Phillips, The Form of Christ in the World, London 1967, Kap. 4 und 5.

[5] Vgl. Phillipps, a. a. O., S. 59 ff., 62 ff.

[6] Seeberg, Christliche Dogmatik I, S. 104. Zitiert bei Bonhoeffer, Akt und Sein, München [3]1964, S. 35, Anm. 35.

kritisierte diesen Begriff mit den Argumenten der Reformation: Nur das Wort kann den Kontakt zwischen Gott und dem Menschen vermitteln; man kann weder eine Unmittelbarkeit noch eine geistige Vorbedingung postulieren, durch die der Mensch das Wort Gottes hört und aufnimmt. Die Offenbarung schafft sich ihre Aufnahme selbst, wann und wo sie sich ereignet, und sie empfiehlt sich nur dadurch, daß sie „directly opposed to every human being, to human experience of value and of good" ist.[7] Wer wie Seeberg ein göttlich-menschliches Kontinuum voraussetzt, weicht dem ganzen Problem der Offenbarung aus.

Ebenso verwarf Bonhoeffer Holls Vorstellung vom menschlichen Gewissen, durch das Gott dem Menschen begegne und von ihm verstanden und begriffen werden könne. In Übereinstimmung mit dem Protest von Karl Barths *Römerbrief* widersprach Bonhoeffer: „Es gibt im Menschen auch nicht einen Punkt, an dem Gott in ihm Raum gewinnen könnte; ja zu seinem Wesen gehört es, *incapax infiniti* zu sein."[8] *Gott* kann nur dann als Wirklichkeit, als *Selbst*-Offenbarung in das Bewußtsein eindringen, wenn er alle auf ihn bezogenen Schablonen, Sehnsüchte und Voraussetzungen der Menschen zerbricht – kurz, nur wenn er die *Religion* vernichtet.

Bonhoeffer greift also teilweise einen Streit wieder auf, den er fünfzehn Jahre vor seinen Meditationen in der Gefängniszelle ausfocht. Will er immer noch vor allem „das Anliegen der traditionellen Theologie, Gottes Wort in Jesus Christus, aus der erstickenden Umarmung religiöser Subjektivität der liberalen Theologie befreien?"[9]. Hier sollten wir noch einmal Bonhoeffers

[7] Gesammelte Schriften [Abkürzung: GS], hrsg. von E. Bethge, Bd. III, S. 96; vgl. S. 91 f.

[8] GS III, S. 76.

[9] So Paul M. van Buren, The Secular Meaning of the Gospel, New York 1963, S. 2 (zitiert nach der deutschen Ausgabe: Reden von Gott in der Sprache der Welt. Zur säkularen Bedeutung des Evangeliums, Zürich / Stuttgart 1965, S. 7). Das Werk van Burens ist keineswegs eine Untersuchung über Bonhoeffer, antwortet jedoch auf Bonhoeffers Herausforderung, die Theologie solle für den Menschen in einer mündig gewordenen Welt „plausibel sein". Van Buren sieht das Problem hauptsäch-

Abhängigkeit von Barths Religionskritik untersuchen; eine große Hilfe ist uns dabei die Darstellung dieser Beziehung durch Daniel Jenkins in seinem Buch ›Beyond Religion‹.[10]

In dem Abschnitt ›Gottes Offenbarung als Aufhebung der Religion‹ (›Kirchliche Dogmatik‹ I/2, Zürich ^{6}1974, S. 304–397) trägt Barth einige der Gedanken, die in seinem *Römerbrief* so vehement aus ihm hervorbrachen, systematisch vor. Wieder definiert er den Glauben als die Antwort auf eine Offenbarung, wobei die Initiative allein von Gott ausgeht, und er weist darauf hin, daß es die Hauptaufgabe der Theologie ist, über das souveräne Handeln Gottes nachzudenken und dieses zu verteidigen. Religion aber ist das Streben des Menschen nach Gott. Hätte die Religion als Beschreibung der Beziehung des Menschen zu Gott genügt, dann hätte die Offenbarung sich nie zu ereignen brauchen. Aber die Offenbarung *hat* sich ereignet, und dies bedeutet, daß der Status der Religion unter dem Aspekt der Offenbarung und der gläubigen Antwort des Menschen zu untersuchen ist. Unter diesem Aspekt kann die Religion nur als „Unglaube" bezeichnet werden: Sie ist der Versuch des gottlosen Menschen, für die Abwesenheit Gottes in seinem Leben einen Ersatz nach seinem eigenen Geschmack zu finden, und folglich der Versuch, nach Gott zu greifen und ihn zu manipulieren. Aber, so schreibt Jenkins,

> die Offenbarung klagt nicht nur die Religion als Unglauben an; sie verteidigt auch eine Art von Religion als Gott wohlgefällig – jene christliche Religion, die weiß, daß man von „wahrer Religion" nur in der gleichen Weise sprechen kann, wie man von einem „gerechtfertigten Sünder" sprechen kann. Die christliche Religion wird nur insoweit „wahr" als sie von der göttlichen Offenbarung geformt und getragen wird.[11]

Die Wahrheit des christlichen Glaubens ist allein in der Gnade

lich als ein *linguistisches: Säkularismus* ist ein Begriff, den man versteht, wenn man die Fortschritte der englischen Philosophie auf dem Gebiet der Sprachanalyse verfolgt. Leider kann das interessante Buch van Burens wegen der Auswahl seiner Gesprächspartner in die vorliegende Untersuchung nicht einbezogen werden.

[10] Jenkins, a. a. O., S. 26–33.

[11] Ebd., S. 29.

Gottes zu finden, wie sie sich in Jesus Christus offenbart. „Wo die Kirche versucht, sich ein eigenes belebendes Prinzip zu erschaffen“, sagt Jenkins, „hört sie auf, die Kirche Jesu Christi zu sein und wird zu einem Organ jener Religion, die der Feind des Glaubens ist.“[12] Jenkins stimmt daher dem Befund Barths zu und faßt ihn folgendermaßen zusammen:

Die Religion ist für den Menschen das letzte, am eifrigsten bewachte Bollwerk, in dem er sich gegen die göttliche Gnade wehren kann. Die Religion erfüllt eine positive Aufgabe, sofern sie dem Menschen die Unzulänglichkeit seiner eigenen Mittel bewußtmacht und ihn bereit macht, seine Augen zu Gott zu erheben; aber aus eigener Kraft vermag sie den Menschen nicht zu retten. Allein der durch die Liebe wirkende Glaube, der die Religion transzendiert, dennoch mehr Religion erzeugt und die Religion abermals transzendiert, rechtfertigt die Menschen vor Gott.[13]

Im Lichte von Barths Beitrag deutet Jenkins die Religionskritik Bonhoeffers. Er greift zurück auf Bethges Zusammenfassung der Merkmale der Religion in den Gefängnisbriefen Bonhoeffers, wenn er feststellt:

1. [Die Religion] ist individualistisch. Der religiöse Mensch ist so stark mit sich selbst und seinen Seelenzuständen beschäftigt, daß er darüber seinen Mitmenschen vergißt, obwohl dieser Individualismus die Formen der Askese und der scheinbaren Selbstaufopferung annehmen kann.
2. Die Religion ist metaphysisch. Gott wird eingeführt, um – als das Übernatürliche – ein grundsätzlich auf den Menschen ausgerichtetes Weltbild zu ergänzen.
3. Das religiöse Interesse wird immer mehr zu einem abgetrennten Lebensbereich. Wissenschaftliche Entdeckungen und andere Kräfte drängen es immer mehr in irrelevante Provinzen des Lebens ab.
4. Der Gott der Religion ist ein *deus ex machina*, der von außen kommt, um seinen Kindern zu helfen, wenn sie in Not sind. Er ist nicht der Eine, der das Leben beherrscht und lenkt und der uns nicht nur in unserer Schwachheit, sondern auch in unserer Stärke begegnet und trägt.[14]

[12] Ebd., S. 29.

[13] Ebd., S. 33.

[14] Eberhard Bethge, The Challenge of Dietrich Bonhoeffer's Life and Theology, in: The Chicago Theological Seminary Register, Febr. 1961, S. 33 f.; Jenkins, a. a. O., S. 34 f.

Jenkins kommt zu dem Schluß, daß Bonhoeffer dem Gedankengang Barths uneingeschränkt folgt, wenn er die Christenheit auffordert, die Beziehung zwischen Glauben und Religion abermals zurechtzustutzen, zu säubern und zu überprüfen, um den Christen zu einem Leben des Glaubens in der Welt zu befreien:

Vielleicht gibt es in Bonhoeffers Gedanken eine Dimension, bis zu der wir nicht vorgestoßen sind; aber man kann sich schwerlich gegen die Schlußfolgerung wehren, daß sein Eintreten für ein „religionsloses Christentum" in diesem Zusammenhang vor allem ein Eintreten für eine Neudefinition der Kirche, des Glaubens und der Religion des Glaubens ist. Ihm zugrunde liegt ein neues Verständnis des Wesens christlicher Mündigkeit als der Freiheit, mit Christus im wirklichen Leben der Welt zu dienen, und es versucht vieles von dem abzuschaffen, was als „eigentliches Leben der Kirche" gilt, was jedoch in seiner müden Trägheit lediglich ein halbreligiöses Sichanpassen an diese vergängliche Welt ist.[15]

So ist Bonhoeffer vor allem ein Beweis für „den unaufhörlichen Protest gegen die eigenen religiösen Formen und Ausdrucksweisen", den das Christentum in sich schließt und den es ständig aus den Augen zu verlieren droht. Nur wenn die Christenheit ihre Gedanken erneut auf diesen Protest richtet, kann sie den wahren Glauben widerspiegeln und immer wieder „über die Religion hinaus" fortschreiten.

Wir sind jetzt auf dem Weg zu einem Verständnis des „nichtreligiösen Christentums" einen Schritt weitergekommen, aber vielleicht haben wir den letzten Schritt noch nicht getan. Gibt es tatsächlich „in Bonhoeffers Gedanken eine Dimension", bis zu der Jenkins „nicht vorgestoßen" ist?

Religion und „letzte Fragen"

In dem Brief vom 30. April 1944 attackiert Bonhoeffer die „Religion" und „das religiöse Apriori" als Grundlage nicht nur der liberalen Auffassung des Christentums, sondern „unserer gesamten 1900jährigen christlichen Verkündigung und Theolo-

[15] Jenkins, a. a. O., S. 38.

gie"[16]. Das Christentum hat immer angenommen, seine Notwendigkeit beruhe auf der Schwachheit des Menschen und auf der Sehnsucht des Menschen, seine Schwachheit zu überwinden. Es ist deshalb von einem religiösen Apriori abhängig gewesen, von einer religiösen Einstellung des Menschen zu sich selbst und seinen Problemen – und bisher hat es den Menschen immer bereit gefunden, sein eigenes religiöses Bedürfnis zuzugeben. Albrecht Schönherr definiert das religiöse Apriori der Gefängnisbriefe so:

Es ist die durch Jahrhunderte hindurch weitergetragene, stillschweigende Voraussetzung, der Mensch *brauche* den Gottesgedanken, um sich selbst zu verwirklichen, um seine Probleme zu lösen, um die Welt zu erkennen. Darauf baut die Verkündigung weithin auf und interpretiert ihre Texte demnach „religiös". Für das Kennzeichen solcher „religiöser" Interpretation hält Bonhoeffer, daß sie wesentlich individualistisch und metaphysisch bestimmt sei. Individualistisch: d. h. im Mittelpunkt stehen des Menschen persönliche Probleme, Not, Schuld, Geburt und Tod, Seelenheil. Metaphysisch: Gottes Tun erscheint als die Verlängerung unserer Fragen und Nöte ins Jenseits, Gott ist der Nothelfer, der *deus ex machina*, die Lösung unserer „letzten Fragen". Dabei wird das Jenseits verstanden als das, was zeitlich und sachlich „dahinter" kommt. Es geht um den gleichen Begriff der „Religion", gegen den schon Karl Barths *Römerbrief* angeht. Der Mensch steht im Mittelpunkt, Gott ist die Antwort auf *seine* Fragen, Helfer in *seiner* Not, Garant *seines* Friedens, Wächter an der Grenze *seiner* Möglichkeiten. Der vollendete Gegensatz dazu dürfte die biblische Verkündigung des Reiches Gottes sein.[17]

Das religiöse Apriori ist deshalb in der Apologetik nicht nur für Theologen nützlich, die bewußt die liberale Richtung vertraten, sondern auch für diejenigen, die diese ebenso bewußt bekämpften. Bonhoeffer erwähnt besonders Heim, Althaus und Tillich – sie alle wurden zeitweise mit der „Offenbarungstheologie" identifiziert, die der liberalen Theologie den Todesstoß versetzte. Letzten Endes trifft die Kritik Bonhoeffers auch Barth, sofern Barths Theologie von ihren eigenen speziellen „religiösen" Voraussetzungen abhängig ist. Wir könnten jeden dieser vier Wege – den von Heim, Althaus, Tillich oder Barth – ein-

[16] WE, S. 305.

[17] Die Mündige Welt I, München 1955, S. 77.

schlagen, um die Bedeutung des Begriffs „religiös", wie er in den Gefängnisbriefen verwendet wird, zu klären. Der nützlichste und interessanteste Weg ist vielleicht derjenige, der über die Theologie Paul Tillichs führt[18].

Die Charakterisierung Tillichs durch Bonhoeffer in den Gefängnisbriefen ist alles andere als eindeutig, und wenn wir sie durch Verweise auf Bonhoeffers frühere Schriften geklärt haben, werden wir das Bedürfnis verspüren, sie zu korrigieren. Vielleicht hat Bonhoeffer von Tillich ein Bild gezeichnet, das wohl eher zu Karl Heim gepaßt hätte, mit dessen Theologie er besser vertraut war.[19] Wir dürfen annehmen, daß Bonhoeffer den Kon-

[18] Von den fünf Theologen, die Bonhoeffer im Zusammenhang mit seinen neuen Gedanken in den Gefängnisbriefen erwähnte, haben wir bereits behandelt oder werden wir noch ausführlich untersuchen sein Verhältnis zu Barth, Bultmann und Tillich. Wir müssen es uns versagen, hier auf die keineswegs oberflächliche Auseinandersetzung zwischen Bonhoeffer und Paul Althaus einzugehen. Wie Gogarten stellte sich Althaus während des Kirchenkampfes auf die Seite der Deutschen Christen. Seine Vorstellung von der Universalität der religiösen Situation des Menschen als „unentrinnbare Gottlosigkeit in unentrinnbarem Gottesverhältnis" (vgl. Die letzten Dinge, Gütersloh [4]1933, S. 183) ist eine eschatologisch-apologetische Aussage, die Bonhoeffer – wie andere „letzte Fragen" – als der mündigen Welt unangemessen bekämpfte. Zu Karl Heim siehe die folgende Anmerkung.

[19] Karl Heims Buch Glaube und Denken, das Bonhoeffer 1932 rezensierte (vgl. GS III, S. 138–159), versuchte durch eine besondere Auffassung von der Kategorie der „Dimension" und durch eine entschiedene Eschatologie in Form von „letzten Fragen" zwischen Theologie und Philosophie zu vermitteln. In Anlehnung an die Argumente Barths und Grisebachs bezeichnete Bonhoeffer die Theologie Heims als „religiöses Titanentum", da er glaubte, nur wenige Menschen würden auf solche Fragen stoßen und die Bibel habe den anders denkenden Menschen mehr zu sagen (GS III, S. 158 f.). In der 3. Auflage seines Buches (S. 229–233) ging Heim auf andere Punkte von Bonhoeffers Argumentation ein.

Bonhoeffer hat von Heim – wie von allen in seinen Gefängnisbriefen erwähnten Theologen – viel gelernt. Besonders aufschlußreich wäre eine Untersuchung über die Beziehung zwischen Bonhoeffers „diesseitiger Transzendenz" und Heims antimetaphysischem Versuch, einen soge-

takt mit der Theologie Tillichs verlor, als dieser 1933 nach Amerika emigrierte, und daß er ihn – selbst in den Gefängnisbriefen – noch als den „religiösen Sozialisten" der zwanziger Jahre ansah. Trotzdem haben zeitgenössische Bonhoeffer-Interpretationen zwischen Tillichs Vorstellung von Gott als „Sein-Selbst" oder „Grund des Seins" und der Konzeption Bonhoeffers einen Zusammenhang entdeckt.[20] Aus biographischen Gründen bleibt es unmöglich, diese Identifizierung anzufechten, denn Bonhoeffer las die späteren Werke seines Zeitgenossen einfach nicht und ging nicht auf sie ein. Vielleicht lassen sich jedoch einige Bemerkungen zum Verhältnis zwischen den beiden Männern machen, die Tillich gegenüber unfair sein mögen, uns aber wenigstens ein klareres Bild vom Anliegen Bonhoeffers geben werden.

In seiner Habilitationsschrift *Akt und Sein*[21] hatte Bonhoeffer Gelegenheit, auf Tillichs *Religiöse Verwirklichung*[22] einzugehen, wo dieser die theologische mit der philosophischen Anthropologie gleichsetzte und forderte, beide sollten sich von den Erkenntnissen des Existentialismus leiten lassen. Beide Disziplinen könnten den Menschen durchaus als „bedroht in unbedingtem Sinne" charakterisieren, und sofern sie das täten, beschäftigten sich die

nannten „Welt-Raum" als Raum der Offenbarung zu begründen, der hauptsächlich mit Begriffen der Theologie der „Begegnung" arbeitete und dem Denken Bubers stark verpflichtet war. Aber Heim lieh auch den Deutschen Christen seine Unterstützung (in einem solchen Ausmaß, daß er in der zweiten und in den späteren Auflagen von Glaube und Denken sämtliche Hinweise auf den jüdischen Philosophen Buber tilgte), und Bonhoeffer verzichtete auf eine weitere Auseinandersetzung, die sich vielleicht als fruchtbar erwiesen hätte.

20 D. Jenkins verwendet Tillichs Vorstellung von „Gott über Gott", um Bonhoeffers Angriff auf die Religion zu erklären, dabei beschreibt er beides als einen Versuch, das Prinzip des Protestes wiederzugewinnen, das aller protestantischen Theologie zugrunde liegen müsse. J. A. T. Robinson hat aus Wendungen Tillichs wie „Grund des Seins" und „Tiefe der Existenz" als Umschreibungen für einen Gottesbegriff viel gelernt. Vgl. jedoch Anm. 33 unten.

21 AS, S. 54 ff.

22 Berlin 1929.

philosophische und die theologische Anthropologie mit dem gleichen Gegenstand. Bonhoeffer fand diese These unannehmbar und wies demgegenüber auf den Begriff der Offenbarung hin: „Stellt sich einer theologischen Anthropologie von hier aus die Existenz des Menschen als wesentlich bestimmt durch Schuld oder durch Gnade dar – und nicht nur als ‚Bedrohtheit in unbedingtem Sinne' –, so ist die philosophische Anthropologie der Aufnahme dieser Begriffe nicht fähig ..."[23] Er verglich die Bemühungen Tillichs mit den Anliegen Gogartens und Bultmanns; alle drei versuchten nach seiner Auffassung einen Punkt festzulegen, an dem man die Theologie hinsichtlich der Frage der menschlichen Grundsituation (des Zustandes, auf den die Offenbarung trifft) in eine positive Beziehung zur Philosophie bringen konnte. Bonhoeffer lehnte mit Karl Löwith alle Versuche, existentialistische Kategorien auf die Theologie anzuwenden, ab, indem er behauptete, wenn man die Frage der Existenz ohne Rückgriff auf die Offenbarung stelle, postuliere man zwangsläufig ein „vorgefaßtes Ideal vom Menschen", was die Freiheit der Selbstoffenbarung Gottes einschränke. Bonhoeffer folgerte: „Ist aber Offenbarung wesentlich Ereignis der freien Tat Gottes, dann überschreitet und stellt sie in Frage auch die existential-ontologischen Möglichkeiten von Dasein."[24] Mit anderen Worten, Bonhoeffer glaubt, eine solche Methodenlehre mache aus der Offenbarung eine „Antwort", deren Voraussetzung die Frage sei, die der „Mensch" aus seiner vermeintlich universalen Situation existentieller Entfremdung und unabhängig von der Offenbarung stelle. Die Offenbarung, so entgegnet er, muß selbst die Frage stellen, die sie – ohne Hilfe von anderer Seite – beantwortet.

Bonhoeffers Verständnis von Tillich und seine stillschweigende Kritik an ihm entwickeln sich weiter in seiner Berliner Antrittsvorlesung ›Die Frage nach dem Menschen in der gegenwärtigen Philosophie und Theologie‹ vom 31. Juli 1930:

Daß der Mensch nach sich fragen muß, daß er sich selbst schlechthin

[23] AS, S. 55.
[24] AS, S. 56 sowie die Anmerkungen S. 64 und S. 121.

fragwürdig bleibt, gehört zu seinem Wesen ... Tillich ... sieht den Menschen als endliches Wesen dadurch charakterisiert, daß er nicht durch sich selbst zu seinem Wesen kommt, weil es für ihn schlechthin keinen gesicherten, einheitlichen Punkt gibt, von dem aus Selbstverständnis möglich wäre ... Der Mensch kommt zu seinem Wesen also erst dort, wo er an seiner Grenze stehend, den Einbruch des Unendlichen erfährt. Hier versteht er sich selbst im „Durchleben der Grenzsituation", in der „Bedrohtheit im unbedingten Sinne" ... Die absolute *Grenze* ist der Einbruch des Absoluten selbst, das absolute Nein *ist* das absolute Ja.[25]

Diese Charakterisierung scheint Bonhoeffer noch in der Zeit der Gefängnisbriefe, fast anderthalb Jahrzehnte später, vor Augen gehabt zu haben (und wir sollten uns andrerseits daran erinnern, daß Tillich während dieser Zeit seine Fragestellung beträchtlich klärte und seine – wie es ihm wohl schien – allzu sklavische Abhängigkeit von der existentialistischen Terminologie aufgab). Wer den Menschen als das fragende und fragwürdige Geschöpf darstellt, sagt Bonhoeffer, stellt ihn als wesentlich *religiös* dar:

Tillich unternahm es, die Entwicklung der Welt selbst – gegen ihren Willen – religiös zu deuten, ihr durch die Religion ihre Gestalt zu geben. Das war sehr tapfer, aber die Welt warf ihn vom Sattel und lief allein weiter; auch er wollte die Welt besser verstehen als sie sich selbst verstand; sie aber fühlte sich völlig mißverstanden und wies ein solches Ansinnen ab.[26]

Neben diese ausdrückliche Kritik sollten wir den energischen Angriff auf jede Apologetik stellen, die Gott „entweder zur Scheinlösung unlösbarer Probleme oder als Kraft bei menschlichem Versagen" aufmarschieren läßt und auf diese Weise versucht, „Raum auszusparen für Gott"[27]. Hier geht es den Menschen eher um Grenzerfahrungen als um Gott in der Mitte des Lebens. Gott wird auf ungelöste Fragen beschränkt, für die sich jedoch überzeugendere oder zwingendere Antworten finden lassen als die christlichen. „Der Christ hat nicht wie die Gläubi-

[25] GS III, S. 71 f.
[26] WE, S. 359: Brief vom 8. 6. 1944.
[27] WE, S. 307: Brief vom 30. 4. 1944.

gen der Erlösungsmythen aus den irdischen Aufgaben und Schwierigkeiten immer noch eine letzte Ausflucht ins Ewige."[28] Obgleich eine derartige Apologetik die Entwicklung der Welt zur Autonomie in fast allen Lebensbereichen akzeptiert, behält sie die sogenannten „letzten" Fragen sich selbst vor:

Wenn man auch in allen weltlichen Fragen schon kapituliert hat, so bleiben doch immer die sogenannten „letzten Fragen" – Tod, Schuld – auf die nur „Gott" eine Antwort geben kann und um derentwillen man Gott und die Kirche und den Pfarrer braucht ... Wie aber, wenn sie eines Tages nicht mehr als solche da sind, bzw. wenn auch sie „ohne Gott" beantwortet werden?[29]

Die christliche Theologie akzeptierte jedoch eine solche Apologetik, um zu überleben. Sie forderte (und erhielt auch meistens) „Raum" für Gott innerhalb des Bereichs der ungelösten Fragen – Not, Verzweiflung, Angst vor dem Sterben, das Unbekannte oder Unerkennbare, das sich in Krisensituationen zeigt. Das Christentum wurde zur Antwort auf diese Probleme, und die Welt glaubte, man könne nicht leben ohne die Bevormundung durch die „Religion" oder durch „Gott":

Gott wird zur Antwort auf Lebensfragen, zur Lösung von Lebensnöten und -konflikten. Wo also ein Mensch nichts derartiges aufzuweisen hat bzw. wo er sich weigert, sich in diesen Dingen gehen und bemitleiden zu lassen, dort bleibt er eigentlich für Gott nicht ansprechbar oder es muß dem Mann ohne Lebensfragen etc. nachgewiesen werden, daß er in Wahrheit tief in solchen Fragen, Nöten, Konflikten steckt, ohne es sich einzugestehen oder es zu wissen. Gelingt das – und die Existenzialphilosophie und Psychotherapie hat in dieser Richtung ganz raffinierte Methoden ausgearbeitet, dann wird dieser Mann nun ansprechbar für Gott und der Methodismus kann seine Triumphe feiern. Gelingt es aber nicht, den Menschen dazu zu bringen, daß er sein Glück als sein Unheil, seine Gesundheit als seine Krankheit, seine Lebenskraft als seine Verzweiflung ansieht und bezeichnet, dann ist das Latein der Theologen am Ende.[30]

[28] WE, S. 369: Brief vom 27.6.1944. Vgl. WE, S. 341 f.: Brief vom 29.5.1944.

[29] WE, S. 357: Brief vom 8.6.1944.

[30] WE, S. 374: Brief vom 30.6.1944.

Dies ist „ein Ausnutzen der Schwäche eines Menschen zu ihm fremden Zwecken“, und die Mündigkeit des Menschen wird mißachtet, indem man versucht, „ihn in Probleme hineinzustoßen, die für ihn faktisch nicht mehr Probleme sind“[31].

Heute gründet Tillich seine Position auf gegebene ontologische Wahrheiten, die so elementar sind, daß sie unbestreitbar zu sein scheinen, z. B.:

Obwohl der Mensch aktuell vom Unendlichen geschieden ist, kann er doch etwas von ihm wissen, weil er potentiell an ihm partizipiert. Das zeigt sich daran, daß uns etwas unbedingt angehen kann – eine allgemein menschliche Möglichkeit –, gleichgültig, was der Inhalt dieses unbedingten Anliegens ist.[32]

Hier bedeutet „unbedingtes Anliegen“ sicherlich nicht (ebensowenig wie der frühere Begriff „Grenzsituation“) eine Beschränkung auf „Grenzfragen“ oder „ungelöste Probleme“. Das unbedingte Anliegen liegt *jedem menschlichen Handeln* zugrunde; es ist für jede Definition des Menschen zentral. Ähnlich universal und scheinbar unerschütterlich ist Tillichs Definition der *conditio humana*, die der Offenbarung zugänglich ist. Der begriffliche Ausdruck für den existentiellen Status des Menschen ist „die dialektische Situation“. „Sie ist die Bedingung für seine religiöse Existenz und seine Möglichkeit, Offenbarung zu empfangen.“[33]

[31] WE, S. 358: Brief vom 8. 6. 1944.

[32] Tillich, Systematische Theologie II, Stuttgart [3]1958, S. 16.

[33] Ebd., S. 16. Vgl. die Aussage Tillichs in seinem Buch Courage to Be, New Haven 1952, S. 43: „Der Mensch als Mensch ist in jeder Kultur angstvoll gewahr der Drohung des Nichtseins und braucht den Mut, um sich gegen sie zu bejahen“ (zitiert nach der deutschen Ausgabe: Mut zum Sein, Stuttgart [3]1958, S. 35 f.). Erst neuerdings gibt es eine Reaktion gegen die Verwendung von Tillichs Theologie zum Ausfüllen der Lükken in Bonhoeffers Gefängnismeditationen. F. G. Downing kritisiert J. A. T. Robinson, weil dieser bei Tillich die Antwort auf Bonhoeffers Fragen finden will; im Gegensatz dazu vertritt er die Auffassung, die Apologetik Tillichs beruhe auf einem religiösen Apriori von der Art, wie Bonhoeffer es beklagt habe (vgl. David L. Edwards [Hrsg.], The Honest to God Debate, London 1963, S. 126–133). Weitere Zweifel hat der Barth-Schüler Grover Foley angemeldet; er fragt, ob eine Deutung Gottes als „Grund unseres Seins“ gleichzeitig eine Verneinung von „Reli-

Tillich hat unablässig darauf bestanden, daß weder diese noch irgendeine andere Beschreibung der menschlichen Situation als Beweis für die *Unvermeidlichkeit* oder *Notwendigkeit* einer christlichen „Antwort" benutzt werden kann. Dies ist – so sollte man meinen – eine deutliche Entgegnung auf den von Bonhoeffer (und anderen) erhobenen Vorwurf, Tillich habe in seinem System die Offenbarung von einer weltlichen Bedingung *abhängig* gemacht.

Ironischerweise ist es gerade Tillich, der mehr als irgendein anderer Theologe unserer Zeit die Theologie auf die weltliche Kultur und das diesseitige Leben als ihre legitimen Anliegen hin-

gion" im Sinne Bonhoeffers sein könne, und kommt zu der Schlußfolgerung: „Es steht fest, daß Tillich im Grunde seines Herzens – wie er selbst zugibt – ein religiöser *Philosoph* ist, ein Religionsphilosoph *par excellence*, und damit das genaue Gegenteil eines Mannes, der Bonhoeffers Angriff auf die Religion unterstützt" (Religionless Religion, in: The Christian Century, 11. Sept. 1963, S. 1097).

Diese Diskussion ist eng verwandt mit dem Gedankengang der vorliegenden Untersuchung, die an diesem Punkt einsetzt. Die nützlichste Brücke ist vielleicht ein kürzlich veröffentlichter Aufsatz von Kenneth Hamilton, Man: Anxious or Guilty? A Second Look at Kierkegaard's Concept of Dread, in: The Christian Scholar, Jan. 1964. Hamilton äußert schwere Bedenken gegen die Überzeugung existentialistischer Theologen, daß die Erfahrung der Angst auf ein – wenn auch noch so verzerrtes – „Verlangen nach Gott" hinweise. Nach Hamiltons Auffassung ist die christliche Lehre von der Sünde radikaler als der Begriff der Angst, der diese zu verdrängen suchte; letzterer scheint davon auszugehen, daß „der sündige Mensch echt nach Gott verlangt und aktiv nach dem Ziel der Rechtschaffenheit strebt". Außerdem kritisiert Hamilton die weitverbreitete Annahme, Paulus versuche – zumindest im Römerbrief – nachzuweisen, daß „wir alle Gott suchen und danach verlangen, bei ihm zu sein. Die universale Wahrheit der Religion verkündet das gleiche, und sie demonstriert, daß keiner von uns in Liebe nach der Quelle alles Guten greift" (ebd., S. 294). Hamiltons Argumente sind gegen Tillich gerichtet; da das Kriterium jedoch die Paulinische Lehre vom Gesetz ist, können wir die gleiche Argumentation für unsere Analyse von Bonhoeffers Verhältnis zu Bultmanns späterer Theologie verwenden. Vgl. Phillips, a. a. O., S. 216–220 [im vorliegenden WdF-Band S. 309–314].

gewiesen hat. Besteht daher zwischen dem Entwurf Bonhoeffers und dem Hauptanliegen Tillichs nicht eine geistige Verwandtschaft? Und wenn wir schließlich Bonhoeffers Standpunkt für unvereinbar mit den allgemeinen Prinzipien von Tillichs Kulturtheologie erklären, könnte das daran liegen, daß wir dessen Weltbild so darstellen, daß darin „die Menschen in ihrem Handeln und in ihrer Verzweiflung unbewußt nach Gott verlangen und noch in ihrer Verneinung Gottes diesen unbewußt bezeugen“[34]?

Der Standpunkt Bonhoeffers ist immer noch schwer zu fassen, und um seinen Gedankengang weiter zu verfolgen, müssen wir noch einmal zurückgehen und die Frage aus einem anderen Blickwinkel betrachten. Bonhoeffer attackiert offensichtlich eine theologische Haltung des übersteigerten Selbstbewußtseins, einer gewissen Sicherheit, mit der Theologen eine Beziehung zwischen sich und der Welt herstellen und ihr Tun rechtfertigen.[35] Er entdeckt ein solches übersteigertes Selbstbewußtsein in dem Versuch Tillichs, dem protestierenden weltlichen Menschen nachzuweisen, daß – ungeachtet aller Gegenargumente – alle Menschen im Status des „unbedingten Betroffenseins“ und deshalb der religiösen Frage zugänglich seien. Er entdeckt es auch im „Positivismus“ Barths; denn dessen Theologie beruht auf einer unerschütterlichen Sicherheit, die mit seiner Erwählungslehre zusammenhängt. Was steckt hinter diesem Protest Bonhoeffers gegen dogmatische Gewißheit und existentialistische Selbstsicherheit? Die höchst interessanten Untersuchungen einiger Bonhoeffer-Interpreten deuten darauf hin, daß sich dahinter

[34] William Hamilton, A Secular Theology for a World Come of Age, in: The Chicago Theological Seminary Register, Febr. 1961, S. 458.

[35] William Hamilton spricht von der merkwürdig attraktiven „Unsicherheit“ der Betrachtungsweise Bonhoeffers. R. G. Smith, der diese Einstellung gegenüber dem Säkularisten Tillich als angemessen akzeptiert, meint, eine derartige „Wehrlosigkeit“ müsse „den Theologen als ziemlich naiv, primitiv und unsystematisch, den Säkularisten als ziemlich willkürlich und obendrein naiv“ erscheinen (A Theological Perspective of the Secular, in: The Christian Scholar, März 1960, S. 11).

die Forderung nach einem neuen Verständnis der Beziehung zwischen Gesetz und Evangelium verbirgt.

Religion, Gesetz und Evangelium

Ohne den von ihm gewiesenen Weg weiter zu verfolgen, deutete Bonhoeffer an, daß das Problem des religionslosen Christentums eine Neuinterpretation der Beziehung zwischen Gesetz und Evangelium oder (genauer gesagt) zwischen Beschneidung und Rechtfertigung notwendig mache. „Die paulinische Frage, ob die πεςιτομή Bedingung der Rechtfertigung sei“, schrieb er am 30. April 1944, „heißt m. E. heute, ob Religion Bedingung des Heils sei.“[36] In einem wenige Wochen später geschriebenen Brief, der die Bultmannsche Entmythologisierungskonzeption erörterte, griff er auf diese Analogie zurück und vertrat die Auffassung, „daß diese [sc. „mythologischen“] Begriffe nun in einer Weise interpretiert werden müssen, die nicht die Religion als Bedingung des Glaubens (vgl. die πεςιτομή bei Paulus!) voraussetzt“[37]. Das Problem des Verzichts auf religiöse Vorbedingungen, die für die mündig gewordene Welt beleidigend sind, wird also gleichgesetzt mit dem Paulinischen Problem, zwischen Beschneidung und Rechtfertigung ein solches Verhältnis herzustellen, daß die erstere nicht zu einer Vorbedingung für den Empfang der letzteren wird.

Was wir in Bonhoeffers Religionskritik vor uns haben, ist somit ein fundamentales Interesse an der richtigen Auffassung des Gesetzes und seines Verhältnisses zur Verkündigung des Evangeliums. Deshalb wendet sich seine Konzeption gegen die theologischen Systeme seiner Zeitgenossen. Denn Barths Zuversicht beruht auf der Annahme, daß alle Menschen – ob sie sich nun dieses Sachverhalts bewußt sind oder nicht – unter dem Gesetz stehen. Tillichs „unbedingtes Anliegen“ sucht für die Apologetik eine universale Kategorie (die der „Entfremdung“) zu gewinnen,

[36] WE, S. 307: Brief vom 30. 4. 1944.
[37] WE, S. 360: Brief vom 8. 6. 1944.

die dem heutigen Menschen beweisen soll, daß alle Menschen dem Gesetz unterworfen sind. Bultmanns Ansichten, so „unorthodox" sie sein mögen, setzen die Tatsache voraus, daß die „Möglichkeit des Verständnisses" dem Menschen unter dem Gesetz „eben darin gegeben [ist], daß er Sünder, daß er im Tode ist"[38]. Bonhoeffer aber will das Gesetz so interpretieren und in eine solche Beziehung zum Evangelium bringen, daß die Erkenntnis, daß der Mensch unter dem Gesetz ein Sünder und im Tode ist, die Mündigkeit der Welt nicht beleidigt, indem sie von der christlichen Apologetik als eine *Voraussetzung* benutzt wird. Ist das überhaupt möglich oder wünschenswert? Kann das Christentum ohne eine theologische Anthropologie (mag diese nun in Begriffen der traditionellen Dogmatik oder in Gestalt ontologischer bzw. existentialer Wahrheiten ausgedrückt sein) auskommen – eine Anthropologie, welche die Situation des Menschen unter dem Gesetz so darstellt, daß das Christentum für den Menschen, der unbedingt aus seiner Misere befreit werden will, als die einzige vernünftige Alternative erscheint? Gibt es für die Weigerung, ein solches Verständnis der menschlichen Situation apologetisch auszunutzen, eine theologische oder exegetische Grundlage im Neuen Testament?

Bei dem Versuch, der radikalen Frage Bonhoeffers (und wir werden alsbald feststellen, wie radikal diese Frage ist) einen theologischen Sinn abzugewinnen, müssen wir dankbar auf zwei nützliche Abhandlungen hinweisen, die in den letzten Jahren veröffentlicht wurden. Die erste ist eine 1955 erschienene Unter-

[38] Theologie des Neuen Testaments, Tübingen [4]1961, S. 270. Laut Bultmann „ist der Sinn des Gesetzes letztlich der, den Menschen in den Tod zu führen und damit Gott als Gott erscheinen zu lassen" (ebd., S. 268). Das Interesse der modernen Theologie am „Tod Gottes" und das Verschwinden des religiösen Apriori, das mit dem Ernstnehmen der von Bonhoeffer in seinen Gefängnisbriefen aufgeworfenen Fragen begann, hat Bultmann neuerdings kritisiert und abgelehnt. Vgl. Der Gottesgedanke und der moderne Mensch, in: Zeitschrift für Theologie und Kirche 60 (1963), S. 335–348 (ND in: Glauben und Verstehen IV, Tübingen 1965, S. 113–127).

suchung von Gerhard Ebeling[39] über Bonhoeffers „nicht-religiöse Interpretation biblischer Begriffe“ im Lichte der Unterscheidung Gesetz–Evangelium. Die zweite, eine 1961 abgeschlossene exegetische Arbeit von Krister Stendahl[40], wirft unabhängig von Ebeling die Frage auf, ob die herkömmliche protestantische Deutung des Paulus als eines „Heros des introspektiven Gewissens“ und der Paulinischen Briefe als „Dokumente des menschlichen Bewußtseins“ sich noch halten läßt. Unsere erste Aufgabe ist es, die Richtung von Bonhoeffers Gedankengang zu klären; dabei brauchen wir nur die Darlegungen Ebelings zusammenzufassen.

Ebeling erinnert daran, daß die Predigt des Evangeliums und die Predigt des Gesetzes in den Briefen des Paulus eng miteinander verbunden werden. Das Gesetz Gottes macht die Wirklichkeit der menschlichen Existenz aus; es ist universal verständlich und relevant; unter ihm und vor Gott stehen alle Menschen, Juden und Griechen[41]. Das Gesetz wird um des Evangeliums willen gepredigt, damit dieses zum Menschen in seiner konkreten Wirklichkeit sprechen kann. Das Christentum ist deshalb nicht daran interessiert, das Gesetz einfach abzuschaffen – denn dies

[39] Die „nicht-religiöse Interpretation biblischer Begriffe“, in: Die Mündige Welt II, München 1956, S. 12–73.

[40] The Apostle Paul and the Introspective Conscience of the West, in: Harvard Theological Review 56 (1963), S. 199–215.

[41] Die Argumentation Stendahls beruht dagegen auf einem Gesetzesverständnis, das sich von dem Ebelings und Bultmanns etwas unterscheidet. Stendahl behauptet, das Gesetz sei für Paulus einfach deshalb zu einem theologischen Problem geworden, weil der Messias gekommen sei und das Gesetz (das Paulus stets als das *jüdische* Gesetz verstand) aufgehoben habe. Jede Andeutung in den Paulusbriefen, daß das Gesetz universal zu verstehen sei und die Rolle eines „Zuchtmeisters“ (Luther) oder „Schulmeisters“ (*schoolmaster*: King James Version) habe (eine falsche Übersetzung des griechischen Wortes παιδαγωγός, wie Stendahl betont), sei zufällig und für das eigentliche Problem von sekundärer Bedeutung. Paulus ringe einfach mit der Frage, welchen Sinn das Gesetz für Juden und Heiden haben könne nach dem Erscheinen des Einen, der es überflüssig mache und aufhebe.

würde bedeuten, daß das Evangelium selbst nichts weiter als eine *nova lex* wäre. Ohne das Gesetz kann das Evangelium nicht gepredigt werden. Die christliche Predigt muß das Gesetz jedoch so verkünden, daß das Gesetz nicht als das Mittel zur Erlangung des Heils dargestellt wird.

Ebeling unterstreicht die Tatsache, daß Bonhoeffer Religion nicht mit dem Gesetz, sondern mit der Beschneidung gleichsetzt. „Eine Identifikation von Religion und Gesetz würde ... auf dem Mißverständnis beruhen, als sei Religionslosigkeit Gesetzlosigkeit, was ja ganz und gar nicht Bonhoeffers Meinung entspricht.“[42] Das Evangelium bedeutet nicht Gesetzlosigkeit, sondern vielmehr Freiheit vom Gesetz. Deshalb unterscheidet auch die nicht-religiöse Interpretation zwischen Gesetz und Evangelium und demonstriert die Freiheit von einer legalistischen, religiösen Auslegung. Daß das Gesetz existiert, daß *Religion* existiert, ist nicht das Problem. Angesichts der Paulinischen Verwendung des Gesetzes um des Evangeliums willen und nicht als dessen Vorbedingung muß man jedoch eine nicht-religiöse Interpretation finden, die zeigt, daß das Evangelium frei von religiösen Vorbedingungen ist.

Die herkömmliche Auslegung des Gesetzes ist dazu von sich aus nicht imstande, weil sie für den modernen religionslosen Menschen einfach nicht mehr verständlich und verbindlich ist. Sie spricht nicht von seiner Wirklichkeit; denn diese ist eine Welt, in der er gelernt hat, ohne Gott, Metaphysik und Innerlichkeit auszukommen. Die „religiöse“ Auslegung des Gesetzes meint, „ihm ein Gesetz hinzufügen und entgegensetzen zu müssen, das nicht als das Gesetz zu verifizieren ist, unter dem der moderne religionslose Mensch *de facto* steht“[43]. Deshalb, und um des Evangeliums willen, „geht es gerade darum, angesichts des modernen religionslosen Menschen sich neu der Frage zu stellen, was es heißt, das Gesetz, das untrennbar zur Existenz des Menschen gehört und das geradezu seine Wirklichkeit ist, als Gesetz

[42] Ebeling, a. a. O., S. 54.
[43] Ebd., S. 59.

Gottes zu bezeugen"[44]. Die herkömmliche Auslegung des Gesetzes ist nicht diese Wirklichkeit, sondern eine zusätzliche, an die Existenz des Menschen angrenzende Wirklichkeit. Vom Menschen zu verlangen, er solle diese zusätzliche Wirklichkeit übernehmen als den einzigen Weg, auf dem er das Evangelium hören kann, bedeutet, von ihm zu verlangen, er solle einer religiösen Vorbedingung zustimmen.

Die entscheidende Frage lautet darum: Wie predigen wir dem religionslosen Menschen das Evangelium als Freiheit vom Gesetz, und d. h. Jesus Christus als Erfüllung und Ende des Gesetzes, ohne ihm zuvor erst ein Gesetz aufzuerlegen, das ihm ein fremdes, ihn nicht betreffendes Gesetz ist? Wie trifft den religionslosen Menschen eigentlich das Gesetz? Was ist das, was ihn unbedingt angeht? Wie bringen wir das Gesetz, unter dem er *de facto* steht, zur Sprache?[45]

Das Problem besteht darin, den Inhalt und die Bedeutung des Gesetzes „nicht-religiös" zu interpretieren, d. h. die Wirklichkeit des modernen Menschen so zu beschreiben (so zu *verkündigen*), daß er sich in dieser Wirklichkeit wiedererkennen und das um des Evangeliums willen gepredigte Gesetz vernehmen kann.

An dieser Stelle beendet Ebeling seine Untersuchung. Hat er wirklich „die entscheidende Frage", die Bonhoeffer aufwarf, erkannt? Man bemerkt, daß seine Schlußfolgerung einen hervorragenden Ansatz zu einer Verteidigung der Bultmannschen Entmythologisierungskonzeption abgibt, und man darf daran erinnern, daß Ebeling als Theologe seinem Lehrer Bultmann viel verdankt. Nach Ebeling besteht das Problem darin, das Gesetz zu entmythologisieren, d. h. seine Wirklichkeit und seine Bedeutung ohne Rückgriff auf die Denkformen und Denkschemata eines vergangenen Zeitalters zu beschreiben. Dabei wird stillschweigend vorausgesetzt (und hier stößt man auf Tillichs Bemühen um eine „Methode der Korrelation"), daß der religionslose Mensch *immer noch* ein „unbedingtes Anliegen" hat. Ebeling geht davon aus, daß jede Leugnung dieses unbedingten Anliegens in der tatsächlichen Wirklichkeit des Menschen unweigerlich das Ende

[44] Ebd., S. 59.
[45] Ebd., S. 59 f.

des Evangeliums überhaupt bedeutet. Daher muß es im Gesetz und in der „Wirklichkeit" des Menschen etwas geben, worauf das Evangelium für seine Existenz angewiesen ist. So kann Ebeling nur zu der Schlußfolgerung gelangen, daß die ehrlichste, sachlichste und nicht-religiöse Bewertung der menschlichen Situation, zu der wir mit Hilfe der Entmythologisierung kommen, notwendigerweise das unbedingte Anliegen aufdecken wird, das die *conditio sine qua non* der christlichen Apologetik bildet.

An diesem Punkt zweifelt man, ob Ebeling das Anliegen Bonhoeffers in seiner Ganzheit widerspiegelt. *Nicht nur die mythologische Umhüllung des Gesetzes ist „religiös", sondern auch die herkömmliche Verwendung der Aussage „Alle Menschen stehen unter dem Gesetz" in der christlichen Apologetik.* Die christliche Apologetik beruht auf einem religiösen Apriori, sofern das erste Wort des Kerygma gesprochen wird aus der Erkenntnis, daß alle Menschen unter dem Gesetz stehen, daß sie ein letztes oder unbedingtes Interesse daran haben, vom Gesetz frei zu werden, daß dabei (als erster Schritt zum Glauben) ein Mensch „von seinem Gewissen völlig überführt" wird. Zum zentralen Anspruch des Christentums wird hier (und sei es in noch so subtiler Weise) seine Nützlichkeit oder Notwendigkeit als Antwort auf die durch das Gesetz aufgeworfene elementare menschliche Frage. So wird das Christentum zur Ergänzung der Wirklichkeit durch Gott, zur religiösen Antwort auf die universale religiöse Frage.

Es könnte tatsächlich so aussehen, als habe Bonhoeffer den Satz des Widerspruchs außer Kraft gesetzt und das Evangelium überflüssig gemacht. Um mit Ebeling zu sprechen: Wenn das Gesetz die Wirklichkeit des Menschen ausmacht, ist es sinnlos zu sagen, diese Wirklichkeit dürfe nicht existieren. Aber das Problem ist nicht die *Existenz* des Gesetzes. Das Problem ist vielmehr, welchen *Gebrauch* das Christentum von seinem Gesetzesverständnis macht und ferner, ob die Vorstellung, daß das Kerygma vom jeweiligen Gesetzesverständnis abhängt, den Christen nicht veranlaßt, die menschliche Situation so darzustellen, daß das Evangelium als Antwort auf die menschliche Misere und als deren Lösung erscheint. Trotzdem kann man nicht umhin, Unbehagen zu empfinden angesichts der Forderung, diese Verbindung zwischen Gesetz und Evangelium aufzuheben und die Unzulänglichkeit des Gesetzes, uns zu retten, einfach hinzunehmen. Gibt es – wenn man bedenkt, wie Paulus im Neuen Testament das Gesetz auslegt und wie stark die protestantische Theologie seit Luther auf dieser Auslegung beruht – eine Alternative zur herkömmlichen Interpretation?

Eine 1963 veröffentlichte gedankenreiche und überzeugende Abhandlung weist darauf hin, daß diese Frage wohl zu bejahen ist. In ›The Apostle Paul and the Introspective Conscience of the West‹ bezweifelt Stendahl, ob die oben dargestellte Auslegung des Gesetzes überhaupt Paulinisch ist. Er vermutet, daß der psychologische Zustand des Abendlandes die Paulinischen Briefe als „Dokumente des menschlichen Bewußtseins" deutete und Paulus als den „Heros des introspektiven Gewissens"[46] feierte. So wurde ein Verständnis von der Bedeutung des Gesetzes, das von dem des Paulus weit abweicht, zu einem Fundament der christlichen Apologetik.

Für Paulus bestand das Problem ganz einfach darin, wie das Gesetz (das Mosaische Gesetz)[47] auszulegen sei, nachdem der Messias erschienen war – ein Ereignis, das nach den Vorstellungen des Judentums die Vormundrolle des Alten Bundes beendete (Gal. 3, 24). Für das Verhältnis zwischen Juden und Heiden bedeutete dieses Ereignis, daß kein Grund vorlag, ein nicht länger gültiges Gesetz Menschen aufzuzwingen, die sich als nicht zum Alten Bund gehörend betrachteten. Als untadeliger Jude hatte Paulus keinerlei Schwierigkeiten, das Gesetz zu erfüllen – und er glaubte gewiß nie, daß das Befolgen des Gesetzes in Verzweiflung und folglich in den Armen Christi enden müsse[48]. Der Jude, der es nicht fertigbrachte, das Gesetz vollständig zu befolgen, konnte jedenfalls (und wie Paulus sicher wußte) auf Vergebung und Gnade rechnen.

[46] Stendahl, a. a. O., S. 199.

[47] Vgl. Anm. 41 oben.

[48] Stendahl, a. a. O., S. 200 f. Im Gegenteil, argumentiert Stendahl, Paulus hatte ein „robustes" Gewissen, und er rühmte sich seiner Leistungen als untadeliger Jude (vgl. Philipper 3).

Augustinus war der erste Kirchenvater, der im Denken des Paulus eine „tiefere Schicht“ entdeckte und diese als ein universales menschliches Verlangen definierte. Es blieb jedoch Luther – dem von einem mittelalterlichen System der Buße schuldig gesprochenen Mönch – vorbehalten, seine Angst mit der Verdammung des Menschen durch die Gesetzeslast zu identifizieren. Seither „preist man die Aussagen des Paulus über die Rechtfertigung durch den Glauben als Antwort auf das Problem, mit dem der sich selbst gegenüber absolut ehrliche Mensch bei seiner Praxis der Introspektion konfrontiert wird“[49], und seither ist das abendländische Problem des Gewissens die unangefochtene und selbstverständliche Voraussetzung für die Predigt des Evangeliums. Die Bedeutung des Gesetzes besteht nun darin, daß „ein Mensch nur dann den wahren Glauben an Christus finden kann, wenn seine Selbstgerechtigkeit vorher durch das Gesetz zerbrochen worden ist“. Seit Luther „müssen alle Menschen zu Christus kommen mit einem Gewissen, das durch das Gesetz und dessen unerfüllbare Forderungen nach Rechtschaffenheit regelrecht schuldig gesprochen ist“[50].

Stendahl geht es einfach darum, dem Postulat, das einzige Tor zur Kirche und der richtige Schlüssel zum Verständnis der Evangelien sei „ein allezeit introspektives Bewußtsein der Sünde und der Schuld“[51], etwas von seiner anmaßenden Allmacht zu nehmen. Deshalb beschäftigt er sich kaum mit der Frage, die durch seine Schlußfolgerung aufgeworfen wird. Wie Bultmann offen zugibt, beruht die existentielle Hermeneutik „auf der Voraussetzung, daß der Mensch durch alle Epochen der Geschichte im wesentlichen der gleiche ist und daß diese Kontinuität des menschlichen Selbstbewußtseins den gemeinsamen Nenner zwischen dem Neuen Testament und jeder Epoche der Menschheitsgeschichte bildet“[52]. Stendahl meint nun, wenn man diese Hypo-

[49] Ebd., S. 200.

[50] Ebd., S. 206 f.

[51] Ebd., S. 215.

[52] Ebd., S. 207 f. Vgl. Bultmann, Das Problem der Hermeneutik, in: Glauben und Verstehen II, Tübingen [2]1958, S. 211–235.

these aus exegetischen Gründen anfechte, könnte sich das für die Voraussetzungen, mit denen diese Theologen (besonders Bultmann) operieren, als nachteilig erweisen. Wir wollen jetzt Stendahl verlassen, um kurz zu untersuchen, wie dieses neue Verständnis der Paulinischen Interpretation des Verhältnisses von Gesetz und Evangelium sich auf die apologetische Methode eines modernen Theologen wie Bultmann auswirken könnte.

Ist es der Zweck des Gesetzes, wie Paulus es versteht, den schuldig gesprochenen Sünder in die Arme Christi zu treiben? Ist die Theologie der Gegenwart also „paulinisch", wenn sie in ähnlicher Weise versucht, den modernen Menschen auf seine eigene Wirklichkeit (das „Gesetz") hinzuweisen, um ihm das Material zu liefern, aufgrund dessen er sich für oder gegen eine „authentische Existenz" entscheiden kann? Das ist der zentrale Punkt des Problems. Denn man darf doch wohl vermuten, daß der christliche Theologe ein persönliches Interesse daran hat, die Wirklichkeit so darzustellen, als sei sie nicht imstande, dem Menschen – dessen Wesen darin besteht, den Sinn des Lebens zu suchen – diesen Sinn zu vermitteln, gleichzeitig die Wirklichkeit des Menschen als etwas hinzustellen, wovor er gerettet werden muß, und darzulegen, daß das Christentum letzten Endes der einzige Weg zur Errettung ist.

Wie Bultmann sehr behutsam nachweist, ist es weder notwendig noch unvermeidlich, daß der Mensch angesichts seiner Situation unter dem Gesetz sein Heil bei Christus sucht. „Ihn, den Sünder, der im Tode ist, stellt die ihn treffende Botschaft vor die Entscheidung, ob er sich neu verstehen und sein Leben von Gott her empfangen will."[53] Das Evangelium erreicht den Sünder im und durch das Gesetz; es bietet dem Menschen die Möglichkeit eines neuen Selbstverständnisses. Aber ist hinter dieser Formulierung nicht – stillschweigend und unbezweifelt – das ruhelose Gewissen des abendländischen Menschen wirksam, das ihn zu seiner Entscheidung treibt? Wie Bultmann hervorhebt, ist es für seine eigene Position bedeutsam, daß die Paulinische Theologie

[53] Theologie des Neuen Testaments, Tübingen [4]1961, S. 270.

in seiner Sicht vor allem Anthropologie ist. Wenn Paulus von Gott spricht, tut er das nur, sofern Gott für den Menschen und für sein Heil wichtig ist. Und die Christologie des Paulus ist immer Soteriologie. Ist es dann angemessen zu sagen, daß Bultmanns Charakterisierung der Paulinischen Theologie und seine daraus abgeleiteten theologischen Anliegen auf einem Menschenbild beruhen, das Bonhoeffer „religiös" nennt?

Die Entmythologisierung und die nicht-religiöse Interpretation biblischer Begriffe

Bonhoeffers Bemerkungen in den Gefängnisbriefen beweisen, daß er ein solches Urteil für angemessen hält.[54] Bevor wir jedoch zeigen, wie und in welcher Hinsicht er Bultmann kritisieren will, sollten wir zuerst daran erinnern, daß Bonhoeffer Bultmann denjenigen nannte, der „Barths Grenze irgendwie gespürt zu haben" scheine.[55] Wir erhalten einen Hinweis auf das, was Bonhoeffer damit sagen wollte, wenn wir Bultmanns Bemerkungen zu jenem einzigartigen Werk Barths lesen, das Bonhoeffer am lehrreich-

[54] Vgl. besonders G. Harbsmeier, Die „nicht-religiöse Interpretation" biblischer Begriffe bei Bonhoeffer und die Entmythologisierung, in: Die Mündige Welt II, S. 74–91 [hier abgedruckt oben S. 43–64]. In Übereinstimmung mit unserem Gedankengang stellt Harbsmeier fest: „Es könnte ja sehr wohl sein, daß er [Bonhoeffer] tatsächlich in der Intention mit Bultmann ganz einig ist. Einige Äußerungen scheinen mir das zu bekräftigen. Eines aber ist die Intention, ein anderes das Gelingen ihrer Durchführung. Ich verstehe Bonhoeffers Kritik an Bultmann jedenfalls als auf die Frage nach diesem Gelingen bezogen. Bultmann will nicht Reduktion und Subtraktion, sondern Interpretation. Er will die liberale Theologie an diesem Punkt überwinden. Ist ihm das gelungen? Bonhoeffer meint: nein. Denn Bultmann mißversteht, so meine ich Bonhoeffer verstehen zu sollen, den Gebrauch der mythologischen Diktion in der Bibel fundamental" [S. 53 in diesem WdF-Band]. Vgl. auch R. Prenter, Mündige Welt III, S. 17, sowie unsere Darstellung von Bonhoeffers Verhältnis zum Problem der Hermeneutik am Ende dieses Kapitels 15.

[55] WE, S. 360: Brief vom 8. 6. 1944.

sten fand. Bultmann schrieb über die erste Auflage des *Römerbriefs*:

Die Künstlichkeit katholisierender Repristination des alten Kults wie orthodoxe Verklärung des paulinischen Mythus und kirchlichen Dogmas ist von vornherein gerichtet. Das gilt auch von der enthusiastischen Erneuerung des paulinischen Mythus in der Zurechtmachung bei Barth. So sehr ich die religiöse Kulturkritik des Barthschen „Römerbriefs" begrüße, so wenig kann ich in dem Positiven, das er bringt, etwas anderes sehen als eine willkürliche Zurechtstutzung des paulinischen Christusmythus. Das Urteil, das Barth über die „liberale Theologie" fällt, trifft damit ihn selbst in demselben Maße.[56]

Inwiefern trifft Barths Kritik an der „Religion" auch ihn selbst? Insofern er als Medium für seinen Protest die mythologische Ausdrucksweise des Paulus gewählt hat. Diese „Repristination" ist nach Bultmanns Auffassung eine Folge der Tatsache, daß Barth nicht wirklich konsequent war. Die Kluft zwischen dem Neuen Testament und der Zeit der modernen Wissenschaft läßt sich nach Bultmanns Ansicht kaum überbrücken, indem man die letztere verurteilt und die Aufmerksamkeit der Theologie auf eine Umformulierung des ersteren beschränkt. In einem modernen Versuch, ein religiöses Apriori zu konstruieren, sieht Bultmann jedoch nichts Falsches; er wirft Barth lediglich vor, nicht begriffen zu haben, was „modern" bedeutet. Im folgenden Abschnitt (der bei denen, die unserem Gedankengang bis hierher gefolgt sind, nur Erstaunen hervorrufen kann) preist Bultmann die *zweite* Auflage des ›Römerbriefs‹ als eben einen solchen Versuch:

[Das Buch] stellt sich – wenngleich in der originellen Form eines Kommentars – in eine Linie mit Werken wie Schleiermachers „Reden über die Religion" und Ottos „Das Heilige", mit modernen Versuchen, ein religiöses Apriori aufzuweisen, ja endlich mit dem Römerbrief selbst, der mit seiner radikalen Gegenüberstellung von Werken und Glauben im Grunde nichts anderes will; – so verschieden alle diese Versuche im

[56] Ethische und mystische Religion im Urchristentum, in: Die christliche Welt 34 (1920), Sp. 740. Im Vorwort zur 2. Auflage seines Römerbriefs (a. a. O., S. 16–18) versuchte Barth diese Kritik zu widerlegen.

einzelnen sein mögen, dem Bewußtsein der Eigenheit und Absolutheit der Religion in der Sprache Ausdruck zu schaffen.[57]

Offensichtlich betrachtet Bultmann ein religiöses Apriori als eine *conditio sine qua non* der Theologie und glaubt, das stehe in vollem Einklang mit der Theologie des Paulus. Er kann sich jedoch nicht damit abfinden, daß dieses religiöse Apriori in den mythologischen Strukturen einer vorwissenschaftlichen Zeit ausgedrückt wird. Bultmann definiert also zwei Arten von Religion: die eine will er verteidigen, da sie für die Theologie grundlegend und deshalb unbestreitbar und unersetzlich ist; die andere ist für ihn gleichbedeutend mit „mythologisch" und daher problematisch. „Religion" in diesem zweiten Sinne verwirft er, indem er einmal schreibt:

Religion ist die Sehnsucht des Menschen über die Welt hinaus, ist Entdeckung einer Sphäre über der Welt, in der nur die Seele, vom Weltlichen sich lösend, weilen kann. In der Religion ist der Mensch mit Gott allein, durchströmt von den Kräften einer höheren, wahren Welt. Und die Religion stellt sich nicht in Lebens- und Weltgestaltung dar, sondern im zwecklosen Handeln des Kultus.[58]

Barth erklärte, die christliche Theologie kämpfe gegen die „Religion", und er meinte damit die sich in Kultur und Philosophie äußernden Versuche des Menschen, nach Gott zu greifen. Er glaubte jedoch, die Theologie müsse an die Sprache der Bibel und der Dogmatik gebunden sein, um die Besonderheit Gottes auszudrücken. Bultmann hingegen erkennt, daß *eben diese Sprache* das eigentliche Problem bildet. Denn diese, die mythologische Sprache des Neuen Testaments, kann kaum verwendet werden, um Menschen, zu deren eigener Wirklichkeit jener Mythos nicht mehr gehört, das Evangelium zu predigen. Wer das versucht, lenkt die Aufmerksamkeit auf eine spezielle, jenseitige Sphäre und auf das „zwecklose Handeln im Kultus".

[57] Karl Barths ‚Römerbrief' in zweiter Auflage, in: Die christliche Welt 36 (1922), Sp. 320 (ND in: Anfänge der dialektischen Theologie I, hrsg. von J. Moltmann, München 1962, S. 119).

[58] Kerygma und Mythos I, S. 26; zitiert bei Ebeling, a. a. O., S. 52.

Wie steht Bonhoeffer zu dieser Frage? Wir haben festgestellt, daß seine Kritik an Tillich kein Verständnis für dessen eigentliches Anliegen erkennen ließ. Ebenso spricht manches dafür, daß Bonhoeffer nicht ganz verstand, welche Absicht Bultmann mit der von ihm propagierten Entmythologisierung des Neuen Testaments verfolgte. Zumindest wissen wir, daß Bonhoeffer den berühmten Aufsatz Bultmanns über ›Neues Testament und Mythologie‹ aus dem Jahr 1941 las, schätzte und sich damit befaßte.[59] Bonhoeffer äußerte sich zu diesem Aufsatz in zwei Abschnitten der Gefängnisbriefe:

Noch ein paar Worte zu den Gedanken über die „Religionslosigkeit"! Du erinnerst Dich wohl des Bultmannschen Aufsatzes über die „Entmythologisierung" des Neuen Testaments? Meine Meinung dazu würde heute die sein, daß er nicht „zu weit", wie die meisten meinen, sondern zu wenig weit gegangen ist. Nicht nur „mythologische" Begriffe wie Wunder, Himmelfahrt etc. (die sich ja doch nicht prinzipiell von den Begriffen Gott, Glauben etc. trennen lassen!), sondern die „religiösen" Begriffe schlechthin sind problematisch. Man kann nicht Gott und Wunder voneinander trennen (wie Bultmann meint), aber man muß beide „nicht-religiös" interpretieren und verkündigen können. Bultmanns Ansatz ist eben im Grunde doch liberal (d. h. das Evangelium verkürzend), während ich theologisch denken will.

Bultmann scheint nun Barths Grenze irgendwie gespürt zu haben, aber er mißversteht sie im Sinne der liberalen Theologie und verfällt daher in das typisch liberale Reduktionsverfahren (die „mythologischen" Elemente des Christentums werden abgezogen und das Christentum auf sein „Wesen" reduziert). Ich bin nun der Auffassung, daß die vollen Inhalte einschließlich der „mythologischen" Begriffe bestehen bleiben müssen – das Neue Testament ist nicht eine mythologische Einkleidung einer allgemeinen Wahrheit, sondern diese Mythologie (Auferstehung etc.) ist die Sache selbst! – aber daß diese Begriffe nun in einer Weise interpretiert werden müssen, die nicht die Religion als Bedingung des Glaubens (vgl. die περιτομή bei Paulus!) voraussetzt.[60]

[59] Vgl. seinen Brief an Ernst Wolf vom 24. 3. 1942 (GS III, S. 45 f.) sowie seinen Brief an einen Freund vom 25. 3. 1942 (abgedruckt bei Phillips, a. a. O., S. 249).

[60] WE, S. 311 f. und 360: Briefe vom 5. 5. 1944 und 8. 6. 1944.

In diesen Bemerkungen versuchte Bonhoeffer, das Verhältnis seiner Konzeption nicht nur zu Barths Protest gegen die „Religion“, sondern auch zu Bultmanns Erkennen der Grenzen Barths darzustellen. Wieder ist jemand „nicht weit genug gegangen“. Aber sowohl Barth als auch Bultmann haben Schritte in die richtige Richtung getan; denn beide geben zu, daß das Christentum in gewissem Sinne als „religionslos“ bezeichnet werden kann und muß. Barth verstand unter einem „religionslosen Christentum“ ein Christentum, das einen ständigen inneren Protest als notwendig anerkennt – einen Protest gegen seine eigenen Tendenzen, zu einem weiteren Instrument zu werden, mit dem der Mensch nach der Majestät und Souveränität Gottes greifen kann. Gott ist souverän, und das Christentum muß insofern religionslos sein als es der souveränen Offenbarung Gottes entspringt. Bultmann bejahte als eigentlich „religionslos“ ein Christentum, das eine Offenbarung, die zwangsläufig in den Worten und Denkformen von Menschen des ersten Jahrhunderts ausgedrückt war, für Menschen des zwanzigsten Jahrhunderts interpretieren konnte. Für moderne Menschen drücken diese Worte und Denkformen nicht mehr das aus, was sie einst ausdrückten. Um „Religion“ zu vermeiden, forderte Barth unablässig, das Christentum solle die Menschen von ihrem stolzen Suchen nach Gott wegführen und auf die Inkarnation, in der Gott zu ihnen kommt, hinweisen. *Jedes* religiöse Apriori ist eine größere Gefahr für die Souveränität Gottes als die Verwendung einer Terminologie, die Bultmann als „mythologisch“ (oder „religiös“) bezeichnen würde, die aber trotzdem biblisch und traditionsgemäß ist.

Bultmann hingegen widerspricht der Auffassung, daß ein religiöses Apriori vermieden werden könne oder solle. Es läßt sich nicht vermeiden, wenn „die Eigenheit und Absolutheit“ des Christentums bejaht und bewahrt werden soll. Die Theologie muß ihre Aufmerksamkeit vielmehr der Interpretation der mythologischen Sprache für den heutigen Menschen und damit einem von der „Religion“ befreiten Christentum zuwenden. Sie muß nachweisen, daß das Christentum nicht vom Jenseits abhängig, sondern dem in dieser Welt lebenden Menschen verantwortlich ist.

Bonhoeffers „nicht-religiöse Interpretation“ anerkennt den

Beitrag beider Theologen. Wie Bultmann sieht Bonhoeffer, daß der ausschließliche Gebrauch einer speziellen und antiquierten Sprache zur Verkündigung des Kerygmas sowie die Forderung, Apologetik solle als Dogmatik gelten, beim Hörer notwendigerweise irgendein religiöses Apriori voraussetzt – und er ist Bultmann dankbar dafür, daß er das nachgewiesen hat. Aber in Übereinstimmung mit der Intention Barths (und unabhängig davon, daß Barth diese Intention nicht fortzuführen vermochte) glaubt Bonhoeffer, daß eine auf *irgendeinem* religiösen Apriori beruhende Theologie nicht mehr zu verteidigen ist in einer mündig gewordenen Welt, d. h. in einer Welt, die sich nicht mehr bedroht fühlt durch das biblische Gesetz, durch ihre eigene Wirklichkeit, durch ihr Unvermögen, einen „Sinn“ oder eine „authentische Existenz“ zu finden, durch ihre Unfähigkeit, ihr „unbedingtes Anliegen“ zu entdecken oder zu verwirklichen. Deshalb beteuert Bonhoeffer seinen Glauben an Barths instinktive Weigerung, die mythologische Welt bzw. Sprache der Bibel aufzugeben, und hält daran fest, daß „die vollen Inhalte“ der Bibel „einschließlich der mythologischen Begriffe bestehen bleiben müssen“, daß der Kultus nicht einfach als „zweckloses Handeln“ abgetan werden kann – auch wenn das Risiken mit sich bringen mag. Denn noch größer ist die Gefahr, dem Trugschluß der liberalen Theologie zu verfallen (wie es Bultmann nach Bonhoeffers Meinung tat), unter und unabhängig von der historischen Form und von dem Hintergrund der neutestamentlichen Botschaft lasse sich eine ewige und universale christliche „Wahrheit“ entdecken. Aus diesem Grund müssen die „Geheimnisse“ Geheimnisse bleiben und ihre eigene autonome Logik und sprachliche Eigenart, ihre Besonderheit und Transzendenz behalten. Ist diese Weigerung Bonhoeffers, aufzugeben, was nach Bultmanns Überzeugung aufgegeben werden muß, lediglich ein unbegründeter, reaktionärer Anfall von Konservatismus?

Zumindest einer von Bonhoeffers Interpreten, John A. T. Robinson, hält es für möglich, daß man für eine „nüchterne Anerkennung der Gültigkeit des Mythos als solchen“ eintreten und trotzdem darauf bestehen kann, daß – im Interesse einer mündig gewordenen Welt – „das Mythologische differenziert zu sehen und je nach Sachlage positiv zu bewerten ist"[61]. Dies ist eine angemessene Darstellung der Absicht Bonhoeffers. Obgleich die Entmythologisierung an diesem Prozeß der Differenzierung und Bewertung beteiligt ist, spiegelt sie das Anliegen einer nicht-religiösen Interpretation nicht voll wider – weil sie Interpretieren häufig mit Ersetzen verwechselt, aber auch sofern sie bei dem religiösen Apriori des Existentialismus Zuflucht gesucht hat. Die starke Beschäftigung der gegenwärtigen Theologie mit dem hermeneutischen Problem muß einen Kurswechsel vornehmen und ihr Vertrauen in die existentialistische Philosophie – ja, das existentielle Anliegen der Theologie während der gesamten Geschichte der abendländischen Christenheit – ernsthaft in Frage stellen.

Bonhoeffer besteht nachdrücklich darauf, daß die Mißachtung der autonomen Gültigkeit der biblischen Begriffe zwangsläufig zur Entdeckung einer universalen religiösen Wahrheit führe, die von ihrem historisch-mythischen Hintergrund ablösbar sei; er wendet sich jedoch mit gleichem Nachdruck gegen eine „Profanierung" dieser Begriffe. Damit meint er, man dürfe sie der Welt nicht einfach so, wie sie sind, uninterpretiert, vorsetzen und den Hörer vor die Alternative stellen, sie hinzunehmen oder abzulehnen. Sie in dieser Weise „hinzunehmen" würde eine Form des religiösen Apriori voraussetzen, auch wenn der Theologe das vehement bestritte. Sie „abzulehnen", um einer mündig gewordenen Welt treu zu bleiben (was nach Bonhoeffers Auffassung immer mehr der Fall sein wird), würde die Unfähigkeit der christlichen Verkündigung beweisen, die weltliche Situation des Hörers ernst zu nehmen. Bonhoeffer fordert deshalb eine Interpretation der biblischen Begriffe, die jene weltliche Situation ernst nimmt, indem sie das Evangelium „nicht-religiös" verkündigt. Hier feiern ihn viele Interpreten als einen Vorkämpfer für die Beschäftigung mit den hermeneutischen Problemen eines christlichen Redens und einer christlichen Ausdrucksweise. An

[61] David L. Edwards (Hrsg.), The Honest to God Debate, London 1963, S. 266 f. Vgl. R. Prenter, Dietrich Bonhoeffer und Karl Barths Offenbarungspositivismus, in: Mündige Welt III, S. 17.

diesem Punkt entzieht sich Bonhoeffer jedoch allen unseren Bemühungen, ihn zu erfassen. Er scheint die Forderung nach der „nicht-religiösen Interpretation biblischer Begriffe" beiseite zu schieben; statt dessen ruft Bonhoeffer den Menschen auf, „das Leiden Gottes an der gottlosen Welt mitzuleiden"[62]. Dazu gehört zweifellos auch das Interesse an einer „nicht-religiösen Interpretation". Aber Bonhoeffer interessiert sich immer weniger für Probleme des Redens und der Apologetik; statt dessen spricht er von einem besonderen „Schweigen" und davon, daß er vor solchen Anliegen „verstumme". Seine christologische Vision kehrt zurück, und die geheimnisvolle „Arkandisziplin" kommt zur Geltung. Das „Teilnehmen am Leiden Gottes" ist die Vollendung der Theologie Bonhoeffers.

[62] WE, S. 395: Brief vom 18. 7. 1944.

Evangelische Theologie 28 (1968), S. 202–219.

DIE MANDATENLEHRE UND DIE NICHT-RELIGIÖSE INTERPRETATION BIBLISCHER BEGRIFFE BEI DIETRICH BONHOEFFER

Von Klaus-Martin Beckmann

Die aufgeworfene Frage nach den möglichen Beziehungen zwischen Mandatenlehre und der Forderung nach nicht-religiöser oder weltlicher Interpretation biblischer Begriffe, die eine Fortsetzung einer früheren Frage nach dem Begriff der Kirche als „Christus als Gemeinde existierend" darstellt[1], soll hier eben im Zusammenhang der Frage nach Ansatz und Absicht des Kirchenbegriffs Bonhoeffers in ›Sanctorum Communio‹ und in der ›Ethik‹ gestellt werden. Es wird so nötig sein, beide Werke in den ersten zwei Teilen auf diese Frage hin zu prüfen. Im dritten Teil sollen dann die Linien bis zu den Aussagen von der nicht-religiösen Interpretation biblischer Begriffe ausgezogen werden. Es ergibt sich dabei zugleich ein Beitrag zu der Frage, ob von einem durchgehenden Zusammenhang in Bonhoeffers Werk von ›Sanctorum Communio‹ bis zu den Gefängnisbriefen gesprochen werden kann.

I. In ›Sanctorum Communio‹ nimmt Bonhoeffer seinen Ansatz zur Untersuchung des Kirchenbegriffs im soziologischen Bereich[2]. Schon hier setzt Bonhoeffer mit der gegebenen Wirklichkeit ein, die für sein ganzes Werk bis zur ›Ethik‹ und der These von der nicht-religiösen Interpretation biblischer Begriffe

[1] Vgl. K.-M. Beckmann, Christus als Gemeinde existierend, in: EvTh 21, 1961, S. 327–338, bes. S. 338 u. Anm. 16.

[2] Neuauflage 1954 in Th B 3, hier zitiert als: SC.

in einer mündig gewordenen Welt in ›Widerstand und Ergebung‹ von großer Bedeutung bleibt[3]. Die Wirklichkeit der Kirche möchte Bonhoeffer als eine auch soziologische Größe theologisch interpretieren und verstehen. Vielleicht liegt hier schon ein möglicher Ansatz zu einer nichtreligiösen Interpretation des biblischen Begriffs der Kirche vor. Es handelt sich in der folgenden Darstellung nicht darum, die Strukturen des Erstlingswerkes zusammenfassend und erschöpfend darzustellen[4], sondern um den Versuch des Aufweises eines inneren Zusammenhanges der Fragestellungen und der Antworten in ›Sanctorum Communio‹ und in der ›Ethik‹, speziell der Mandatenlehre, in der der Begriff der Kirche als göttliches Mandat erneut zur Sprache kommt. Es geht nach E. Wolf in ›Sanctorum Communio‹ um die „Behandlung der Frage nach der wesenhaften Struktur der Kirche, danach, ob und wie die empirische und die wesentliche Kirche logisch und soziologisch und in beidem zugleich theologisch unter einen Begriff zu bringen seien, was, soziologisch und theologisch entfaltet, der Satz besage, daß, ‚in der Offenbarung des Herzens Gottes die Kirche begründet' sei" (SC 5).

Bonhoeffer möchte seine Arbeit „nicht eigentlich religionssoziologisch, sondern theologisch" verstanden wissen. Seinen Standpunkt nimmt er in der „in der Offenbarung in Christus gegebenen Wirklichkeit einer Kirche Christi", die nur von innen heraus, beteiligt verstanden werden kann (SC 14). Hier berührt sich Bonhoeffer stark mit dem Ansatz Barths und setzt sich von der eigenständig soziologischen Sicht Troeltschs ab, die dieser in seinen ›Soziallehren der christlichen Kirchen und Gruppen‹ (1911) entwickelt hat. Von diesem Ansatz in der Offenbarungswirklichkeit Gottes in Jesus Christus her erhebt sich sogleich die

[3] Vgl. J. Moltmann, Herrschaft Christi und soziale Wirklichkeit nach Dietrich Bonhoeffer, in: ThExNF 71, München 1959, bes. S. 5, und ders., Die Wirklichkeit der Welt und Gottes konkretes Gebot nach Dietrich Bonhoeffer, in: MW III, S. 42–67.

[4] Zur Darstellung vgl. H. Chr. v. Hase, Begriff und Wirklichkeit der Kirche in der Theologie Dietrich Bonhoeffers, in: MW I, S. 26–46.

Frage, die auch Moltmann in anderem Zusammenhang stellt, wie weit nämlich „eine Soziologie der Kirche im Gewande sozialphilosophischer Terminologie möglich ist und wieweit die ‚soziale Intention‘ dogmatischer Begriffe sich in soziologischen Kategorien ausdrücken läßt“[5]. Es ist die Frage nach dem Verhältnis der konkreten soziologisch erfaßbaren Wirklichkeit und der in Jesus Christus gegebenen Wirklichkeit der Kirche.

Bonhoeffer warnt vor dem historisierenden und dem religiösen Mißverständnis der Kirche. Im historisierenden Mißverständnis wird die Kirche mit der religiösen Gemeinschaft verwechselt, „der Wirklichkeitscharakter der von Gott gesetzten neuen Grundbeziehungen“ wird über den religiösen Motiven (Missionstrieb, Mitteilungsbedürfnis) übersehen (SC 83). Im religiösen Mißverständnis als der Gefahr der Theologie wird die Geschichtlichkeit des Menschen übersehen, die in der Offenbarung umschlossen ist wie in Christus so in der Kirche. „Beide aber erkennen nicht die Wirklichkeit der Kirche, die geschichtliche Gemeinschaft und gottgesetzt zugleich ist“ (SC 84). Zu diesem Ergebnis kam Bonhoeffer durch den Aufweis der sozialen Grundbeziehungsbegriffe, unter denen für Bonhoeffer vor allem der Personbegriff mit seiner Gegenüberstellung von Ich und Du entscheidend war[6]. „Die soziale Grundkategorie ist das Ich-Du-Verhältnis. Das Du des anderen Menschen ist das göttliche Du“ (SC 33). In dieser ja auch schon theologisch interpretierten Grundbefindlichkeit des Menschen sieht Bonhoeffer den Ansatz des Kirchenbegriffs: „Wie ich aber Gottes ‚Ich‘ erst kenne in der Offenbarung seiner Liebe, so auch den anderen Menschen; hier hat der Kirchenbegriff einzusetzen“ (SC 33).

Bonhoeffer möchte Ich und Du zusammensehen von Gottes Offenbarung her[7]. Durch ein göttlich offenbartes Verhältnis zueinander wird der Kirchenbegriff begründet. Hier setzt dann

[5] J. Moltmann, Herrschaft Christi und soziale Wirklichkeit, a. a. O., S. 10.

[6] Vgl. SC 28/29.

[7] Vgl. zur Problematik auch H. Gollwitzer, Die Existenz Gottes im Bekenntnis des Glaubens, München 1963, S. 125 ff.

später der Begriff der Stellvertretung ein. Bonhoeffer parallelisiert die Bestimmung der Einzelperson mit der der sogenannten Kollektivperson. „Wir behaupten, daß die Gemeinschaft als Kollektivperson aufgefaßt werden kann, mit derselben Struktur wie die Einzelperson" (SC 49). Die soziale Gemeinschaft wird als Willensgemeinschaft verstanden[8]. Man kann auch von einem „Leibe der Kollektivperson" reden (SC 70). Auch eine solche Kollektivperson kann stellvertretend für die Welt eintreten (SC 79). Der Kollektivperson „Adam" als der gefallenen Welt steht die Kollektivperson „Christus als Gemeinde existierend" gegenüber (SC 80). Die sozialen Grundbeziehungsbegriffe findet Bonhoeffer zusammengeschlossen in der Sanctorum Communio, der Kirche als „Christus als Gemeinde existierend". Die Grundbeziehungsbegriffe finden sozusagen in der Sanctorum Communio trotz der Macht der Sünde, die auch in ihnen noch wirksam ist, ihre Zusammenfassung und Erfüllung. „In der notwendigen Verknüpfung der Grundbeziehungen mit der empirischen Gemeinschaftsform als Eigenform liegt formal gesprochen das Wesen der Kirche" (SC 83).

Der Ansatz des Kirchenbegriffs unter der Frage nach der Wirklichkeit soll bei Bonhoeffer aber gerade nicht im Sinne einer natürlichen Theologie verstanden werden. „Der Begriff der Kirche ist nur denkbar in der Sphäre der gottgesetzten Realität, d. h. er ist nicht deduzierbar. Die Realität der Kirche ist eine Offenbarungsrealität, zu deren Wesen es gehört, entweder geglaubt oder geleugnet zu werden" (SC 85). Entsprechend heißt es in der Kritik anderer Versuche, die Kirche religionsphilosophisch zu bestimmen, daß hier nirgends der Ausgangspunkt genommen wird „in der Anerkennung der Offenbarungswirklichkeit der Gemeinde Gottes" (SC 86). In der Ekklesiologie ist es aber wie in der Christologie so, daß die Notwendigkeit nur erfaßt werden kann, wenn die Wirklichkeit bereits erfaßt ist (SC 90). Es handelt sich bei der Aktualisierung der Kirche Christi durch den Heiligen Geist nicht um eine Potentialität, um eine Möglichkeit, die als solche den Wirklichkeitscharakter der Erlösung zerstörte, son-

[8] Vgl. SC 52 ff.

dern um eine Realität in der Offenbarung in Christus (SC 95). Die Realisierung der in und durch Christus gesetzten Kirche geschieht so, daß Gott das von Adam zerschnittene Band zwischen Gott und Mensch in der Offenbarung seiner Liebe in Jesus Christus neu knüpft, „sich als Ich schenkend, sein Herz öffnend". Hier folgt der Satz: „In der Offenbarung des Herzens Gottes ist die Kirche begründet" (SC 97).

Auf diesem Gedanken der von Gott gesetzten Wirklichkeit ruht auch die Idee der Stellvertretung. „Sie ist keine ethische Möglichkeit oder Norm, sondern allein die Realität der göttlichen Liebe zur Gemeinde, sie ist kein ethischer, sondern ein theologischer Begriff" (SC 107). Der Gedanke der Stellvertretung wird dann in Anlehnung an Luther so verstanden: „Der in der Liebe stehende Mensch ist in bezug auf den Nächsten – freilich immer nur so – Christus" (SC 127). Es geht um ein „Miteinander" und ein „Füreinander" (SC 131). Aus der Gemeinde heraus wird auch das Amt der Predigt- und Sakramentsverwaltung gesetzt, das doch in der Person seines Trägers ganz unabhängig von ihr ist (SC 177). In der ›Ethik‹ wird dann das Amt ganz von Gott her bestimmt sein. In ›Sanctorum Communio‹ kann es noch heißen: „Die evangelische ‚Anstalt' ist nicht von Gott über die Gemeinde gestiftet, sondern ist Tat der Gemeinde selbst, weil auch das Amt der Gemeinde gehört und nur im Zusammenhang mit dieser gedacht werden darf" (SC 194). In ›Sanctorum Communio‹ herrschen noch mehr die soziologischen Strukturen vor. Dennoch ist auch hier deutlich, daß Bonhoeffer die soziologischen und theologischen Linien zusammensehen will, ja, daß er sogar die soziologischen Strukturen sogleich nur von der Theologie her in Anspruch nimmt. Einerseits geht er von soziologischen und sozialphilosophischen Gedanken aus, andererseits läßt er keinen Zweifel darüber aufkommen, daß hier von der Wirklichkeit der Offenbarung Gottes in Jesus Christus her gedacht wird. Ohne theologisches Vorherwissen läßt sich der Begriff der Kirche auch und gerade in seiner Wirklichkeit nicht fassen. Das ist in der ›Ethik‹ festgehalten. Liegt in der ersten Phase des Bonhoefferschen Denkens der Ton auf: Jesus Christus als die geoffenbarte Wirklichkeit der Kirche, so in der letzten Phase auf der

Erkenntnis: Jesus Christus, der Herr über die Welt, worauf Godsey hingewiesen hat[9].

In seiner Untersuchung über Begriff und Wirklichkeit der Kirche in der Theologie Bonhoeffers sieht H. Chr. v. Hase in dem soziologischen Versuch des jungen Bonhoeffer die Gefahr, das Mysterium der Kirche zu enthüllen[10]. Der soziologische Versuch als solcher wird positiv und als bleibende Aufgabe der Theologie gesehen. H. Chr. v. Hase hebt hervor, daß Bonhoeffer zu der von der dialektischen Theologie jener Jahre neu entdeckten Zeitkomponente der Offenbarung, ihrer geschichtlichen Gestalt in Menschwerdung, Kreuz und Auferstehung Christi und dem in der Schrift gegebenen Wort, die Raumkomponente, die Kirche in ihrer Wirklichkeit treten läßt[11]. Die Kirche als Gemeinschaft umfaßt mit Wort, Stellvertretung und Liebe auch soziologische Tatbestände und löst sich nicht in das Nichtgegenständliche auf. H. Chr. v. Hase kritisiert die Parallelisierung des objektiven Geistes der Kollektivperson „Christus als Gemeinde existierend" von der geschichtlichen Gestalt der jeweiligen Kirche aus mit dem Heiligen Geist als drohende Identifikation mit Jesus Christus selbst. Christus wäre dann selbst soziologisch faßbar geworden. Dieser Gefahr versucht Bonhoeffer schon selber in der SC zu begegnen. Der Begriff der Kollektivperson ergibt sich ja aus einer sozialphilosophischen Besinnung über das Wesen der Gemeinschaft. Für Bonhoeffer ist alle Gemeinschaft Willensgemeinschaft (SC 59). Der Wille der Gemeinschaft ist aber nicht einfach die Summe der Einzelwillen. Schon zwei sich begegnende Willen bilden ein Gefüge, das von ihnen losgelöst ist und das dem dritten Hinzutretenden selbständig begegnet, etwa als Geist einer Freundschaft. „Eben dieses Gefüge aber ist der objektive Geist" (SC 65). Dieser objektive Geist hat eine geschichtliche und eine soziale Komponente. Die Zeit setzt die Geschicht-

[9] Vgl. John D. Godsey, The Theology of Dietrich Bonhoeffer, Philadelphia 1960, S. 267 = oben S. 138.

[10] H. Chr. v. Hase, a. a. O., S. 34.

[11] A. a. O., S. 33.

lichkeit. Zugleich wirkt im objektiven Geist einer Gemeinschaft ein sich verbreitendes Element, dieses ist die Wirklichkeit seiner Sozialität. „Objektiver Geist ist mithin anzusehen als die Verknüpfung zwischen geschichtlichem und gemeinschaftlichem Sinn, zwischen Zeit- und Raumintention einer Gemeinschaft. Objektiver Geist ist wirksamer Wille über die Glieder der Gemeinschaft" (SC 65/66).

Auf die Kirche als Leib Christi aber läßt sich diese Erkenntnis nicht einfach übertragen. Die in der empirischen Kirche vorhandene soziologische Struktur kann nicht als religiöser Gemeinschaftstypus neben anderen betrachtet werden, sondern hier gilt der Satz, daß nur von oben nach unten oder von innen nach außen Erkenntnis der empirischen Kirche möglich ist. Nur von der realen Gottgesetztheit der Kirche aus läßt sich diese in aller Unvollkommenheit als religiöse Gemeinschaft bestimmen, vom Worte Gottes her läßt sie sich allerdings auch als solche bestimmen. „So bedeutet nun das über den objektiven Geist Gesagte, auf die Kirche übertragen, den Anspruch des objektiven Geistes der Gemeinde, Träger der geschichtlichen Wirksamkeit Jesu Christi und der sozialen Wirksamkeit des Heiligen Geistes zu sein" (SC 154). Der objektive Geist der Kirche ist zu allen Zeiten verschieden, da die empirische Kirche in der Geschichte lebt und jeweils vor besonderen Aufgaben steht (SC 158). Der objektive Geist der Kirche nimmt in der Geschichtlichkeit teil an der Irrtumsfähigkeit und Unvollkommenheit, „die mit dem Christusgeist oder dem heiligen Geist nicht identifizierbar ist" (SC 159). Auch die Identität der Kollektivperson der empirischen Kirche als religiöser Gemeinschaft der Menschen mit der Kollektivperson „Christus als Gemeinde existierend" als Gegenwart Gottes in der Person Christi in der Gemeinde kann nur geglaubt werden. Sie nimmt schon jetzt ihren aktualen Anfang, wird aber erst schaubar in den Eschata (SC 160). Erst unter dem eschatologischen Aspekt der Vollendung der Kirche kann am Ende der Untersuchung gesagt werden: „Nun ist der objektive Geist der Gemeinde wirklich der heilige Geist geworden, das Erlebnis der ‚religiösen' Gemeinschaft ist nun wirklich das Erlebnis der Kirche und die Kollektivperson der Kirche wirklich ‚Christus als

Gemeinde existierend'."[12] Bonhoeffer möchte also die Gefahr der Identifizierung der Wirklichkeit und der Kirche mit Christus selbst durch die Unterscheidung des objektiven Geistes und des Heiligen Geistes bannen. Und dennoch bleibt hier ein Rest, da der Heilige Geist nur durch den objektiven Geist der Kollektivperson „Christus als Gemeinde existierend" wirksam zu werden scheint. Der Machtbereich Gottes und die Herrschaft Christi erscheinen durch die Konzentration auf die Kollektivperson der Kirche als „Christus als Gemeinde existierend" zu sehr eingeengt. Das ist in der Ethik durch die Mandatenlehre dann anders gesehen.

Unsere Frage an Bonhoeffer geht in diesem Zusammenhang noch in eine andere Richtung. Es ist die Frage, ob die soziologische Struktur der empirischen Kirche hier wirklich ernst genommen worden ist. Dienen nicht alle sozialphilosophischen Strukturen bei Bonhoeffer nur zum Aufweis ihrer Erfüllung in der Kirche Jesu Christi? Wie sieht es aber mit der geschichtlichen Wirklichkeit der empirischen Kirche aus, soweit sie soziologisch erfaßbar ist, und sie ist ja als solche weitgehend auch soziologisch-empirisch faßbar? Stellt sich die Kirche wirklich dar als „Christus als Gemeinde existierend"? Dominiert nicht bei dem jungen Bonhoeffer die Dogmatik über die geschichtlich vorfindliche Wirklichkeit? Müßte nicht davon geredet werden, daß Christus der Herr der Kirche bleibt, daß auch und gerade seine Kirche die Vergebung ihres Herrn nötig hat, weil und soweit sie eben nicht die Darstellung der versöhnenden Christuswirklichkeit ist?

Andererseits ist es ja wahr, daß die Kirche zur Darstellung oder besser Verkündung der Christuswirklichkeit berufen ist[13].

[12] SC 218. Man beachte, daß hier „religiös", wenn auch in Anführungszeichen, noch positiv gewertet wird, wie ja auch schon oben dargelegt. Erst später wird dann der Gedanke der religionslosen Interpretation auftauchen.

[13] Vgl. auch H. Gollwitzer, a. a. O., S. 169 ff.: Die Notwendigkeit von Ist-Sätzen. Gollwitzer kommt in Auseinandersetzung mit Bonhoeffers Wirklichkeitsbegriff zu dem Schluß, daß zuletzt die Wirklichkeit der „Wirkliche" ist.

Hier setzt dann der Mandatsbegriff ein. Es erhebt sich im Blick auf die SC die Frage, von welcher Wirklichkeit eigentlich die Rede ist. Die empirische Wirklichkeit der Kirche kann es nur im Glauben, und zwar im Glauben an die Vergebung sein. Diese Voraussetzung kann von einer Soziologie allgemeiner Art nicht gefordert werden. So wird sich diese Wirklichkeit soziologisch immer nur gebrochen darstellen. Es sind eben doch zwei Seiten, die hier im Ansatz und Absicht des Kirchenbegriffes der SC zusammengesehen werden wollen, die soziologische und die theologische Sicht. In der SC hat die theologische Sicht die Oberhand gewonnen, so daß von einer soziologischen Untersuchung im engeren Sinne nicht geredet werden kann. Dabei ist es, wie festgehalten werden muß, gerade die Absicht Bonhoeffers, beide Linien zusammenzusehen und die soziologischen Strukturen von den theologischen Strukturen her zu interpretieren. In der Ethik ist die Zuordnung dann besser gelungen.

II. In der Ethik Bonhoeffers taucht der Begriff der Kirche unter neuem Aspekt zunächst in der Reihe der vier Mandate Gottes auf[14]. J. Moltmann weist darauf hin, daß der Mandatsbegriff zweimal in der Ethik in Angriff genommen wird: „einmal von dem Gedanken der christologischen Einheit der Wirklichkeit her (E 70 ff.), und dann noch einmal von der Frage nach der konkreten Ermächtigung zum ethischen Reden und Ausrichten des Gebotes her (E 225 ff.)“[15]. Unmittelbar vorher geht eine Untersuchung über den Begriff der Wirklichkeit[16]. Das Generalthema lautet: Christus, die Wirklichkeit und das Gute; oder: Christus, Kirche und Welt. Hier kommt nun der Begriff Kirche unter dem ethischen Aspekt der Frage nach dem Guten zur Sprache, wobei der soziologische Aspekt sich unter der Frage nach

[14] Vgl. D. Bonhoeffer, Ethik, hg. v. E. Bethge, München 1949, S. 70 ff. In folgendem zitiert als E. Vgl. 6. Auflage München 1963 in neuer Anordnung und neuer Seitenzählung.

[15] Vgl. J. Moltmann, a. a. O., S. 45.

[16] Vgl. E 55 ff.

der Wirklichkeit verbirgt. Bonhoeffer setzt mit der Forderung ein, die Fragen „Wie werde ich gut?“ und „Wie tue ich etwas Gutes?“ im Bereich der christlichen Ethik von vornherein durch die Frage nach dem Willen Gottes zu ersetzen. Bei den genannten Fragen nämlich ist die Entscheidung für das Ich und die Welt als letzte Wirklichkeit schon gefallen. Für die christliche Ethik aber ist die Wirklichkeit des Ich und der Welt eingebettet in die letzte und umfassende Wirklichkeit Gottes, des Schöpfers, Versöhners und Erlösers (E 55). Wäre die Wirklichkeit Gottes nur eine religiöse Idee, so könnte sich leicht hinter dieser letzten Wirklichkeit eine allerletzte Wirklichkeit auftun. Ist aber Gott die erste und letzte Wirklichkeit in seiner Selbstoffenbarung, so stellt sich die Frage nach dem Gutsein zunächst als die Frage nach dem Gutsein Gottes. Die letzte Wirklichkeit der Offenbarung Gottes aber wird offenbar in seiner Selbstoffenbarung in Jesus Christus. So kann die Frage nach dem Guten auch nur in Christus ihre Antwort finden (E 56). Es geht also um die eine Wirklichkeit der Offenbarung Gottes in Jesus Christus, nicht um die Wirklichkeit des eigenen Ichs oder der Welt, auch nicht um die Wirklichkeit der Normen und Werte. „Das Problem der christlichen Ethik ist das Wirklichwerden der Offenbarungswirklichkeit Gottes in Christus unter seinen Geschöpfen, wie das Problem der Dogmatik die Wahrheit der Offenbarungswirklichkeit Gottes in Christus ist“ (E 57). Die in der christlichen Ethik gemeinte Wirklichkeit umschließt in Jesus Christus aber auch die Welt. „In Jesus Christus ist die Wirklichkeit Gottes in die Wirklichkeit dieser Welt eingegangen“ (E 60), so heißt es unter Berufung auf Kol. 1, 16. Die Wirklichkeit Gottes und die Wirklichkeit der Welt sind in Christus eng verbunden. „Es geht also darum, an der Wirklichkeit Gottes und der Welt in Jesus Christus heute teilzuhaben, und das so, daß ich die Wirklichkeit Gottes nie ohne die Wirklichkeit der Welt und die Wirklichkeit der Welt nie ohne die Wirklichkeit Gottes erfahre“ (E 61).

Das Denken in zwei Räumen, von denen der eine göttlich, heilig, übernatürlich, christlich ist, der andere aber weltlich, profan, natürlich, unchristlich, wird von hier aus abgelehnt. Es bleibt sonst dem Menschen nur die Möglichkeit, entweder die Welt ohne Christus oder Christus ohne die Welt zu haben oder schließlich in ewigen Konflikten zu leben. Bonhoeffer vertritt demgegenüber die These: „Es gibt nicht zwei Wirklichkeiten, sondern nur eine Wirklichkeit, und das ist die in Christus offenbar gewordene Gotteswirklichkeit in der Weltwirklichkeit" (E 62). Bonhoeffer stellt sich im weiteren die Frage, ob nicht die Kirche Jesu Christi ein Raum sei, der von dem Raum der Welt geschieden sei und so doch das Raumdenken wieder notwendig mache, und gibt die Antwort, daß da, wo die Kirche als sichtbare Gemeinde Gottes auf Erden beschrieben werden soll, die Raumvorstellung nicht vermieden werden kann (E 65). Aber die Kirche als Raum in der Welt, in der die Herrschaft Christi verkündigt wird, ist zugleich der Raum für die ganze Wirklichkeit der Welt, in der ihr letzter Grund enthüllt wird (E 66). „Will man also vom Raum der Kirche sprechen, so muß man sich dessen bewußt bleiben, daß dieser Raum in jedem Augenblick schon durchbrochen, aufgehoben, überwunden ist durch das Zeugnis der Kirche von Jesus Christus. Damit aber bleibt alles falsche Raumdenken als für das Verständnis der Kirche verderblich ausgeschlossen" (E 67). Auch das Teufelsreich kann nicht im Gegensatz zum Christusreich als anderer räumlicher Bereich angesprochen werden, denn gerade für dieses Reich ist ja Christus gestorben (E 68). Auch der Begriff des Leibes Christi, auf die Gemeinde übertragen, sondert diese nicht von der Welt, sondern im Leibe Christi sind alle Menschen angenommen, was ihnen verkündigt werden muß (E 69). Damit ist aber die Unterschiedenheit von Gemeinde und Welt nicht aufgehoben. Wie aber diese Unterschiedenheit zu denken sei, ohne in räumliches Denken zurückzuverfallen, darauf soll die Mandatenlehre Antwort geben.

Bonhoeffer beruft sich unter erneutem Hinweis auf Kol. 1, 16 (und Joh. 1, 10) auf die gegebene Verbindung von Christus und Welt, die besteht, ob es die Welt weiß oder nicht. „Diese Beziehung der Welt auf Christus wird konkret in bestimmten M a n d a t e n G o t t e s in der Welt" (E 70). Nach Bonhoeffer nennt die Schrift vier solcher Mandate: die Arbeit, die Ehe, die Obrigkeit, die Kirche. In einem späteren Zusammenhang tritt das Mandat der Kultur noch hinzu. Bonhoeffer spricht von Mandaten statt von göttlichen Ordnungen, um den Eindruck einer gegebenen Seinsbestimmung zu vermeiden und den Auftragscharakter deutlicher hervortreten zu lassen. Jeder Mensch lebt unter allen vier Mandaten zugleich. Hier gibt es keine Trennung der „Räume". So ist auch die Unterscheidung der ersten drei Mandate als weltlich und des letzten Mandates der Kirche als geistlich unstatthaft. Göttlich sind die vier Mandate nur von ihrer Beziehung auf Christus her. Nur als Mandate, als Aufträge Gottes sind sie göttlich, nicht als Gegebenheiten. Nicht weil sie sind, sind sie göttlich geboten, sondern sie sind, weil und soweit sie göttlich geboten sind, göttliche Mandate. Im Unterschied zu den drei ersten Mandaten geht es im Mandat der Kirche um die Verwirklichung der Offenbarungswirklichkeit Jesu Christi in der ganzen Welt. Der Christ lebt dabei in allen Mandaten zugleich und hat gerade so als ganzer Mensch die Wirklichkeit Gottes in Jesus Christus zu bezeugen. Es geht um die eine und ganze Wirklichkeit, wie sie in Jesus Christus offenbar wird. „So mündet auch hier wieder alles in die Wirklichkeit des Leibes Jesu Christi, in dem Gott und Mensch eins wurden" (E 73). Bonhoeffer schließt diesen ersten Gedankengang über die vier Mandate ab mit einer Antwort auf die anfangs gestellte Frage nach dem Gutsein oder Gutestun. Im Willen Gottes finden diese Fragen ihre Beantwortung in der christlichen Ethik. „Der Wille Gottes aber ist nichts anderes als das Wirklichwerden der Christuswirklichkeit bei uns und in unserer Welt" (E 74). In der Frage nach dem Willen Gottes geht es also um Anteilnahme an dieser gegebenen Wirklichkeit. Diese Wirklichkeit umfaßt die ganze Welt. Zugang zu dem Ganzen der Wirklichkeit gibt allein der Glaube an Jesus Christus, „in dem die ganze Fülle der Gottheit leibhaftig wohnt" (Kol. 2, 9, 1, 19).

Moltmann spricht im Blick auf die Entwicklung Bonhoeffers von der „Nachfolge" (1937) zur Ethik und weiter zu den Aussagen der letzten Briefe von einer „Wendung" Bonhoeffers, die aber keinen Bruch im Gesamtwerk anzeige[17]. Es ist die Wendung oder Ausweitung des Blickes von der Kirche auf die Welt. Nun

[17] J. Moltmann, a. a. O., S. 32.

steht die ganze „Wirklichkeit in allen ihren Lebensbezügen als der in Christus mit Gott versöhnten Welt“ im Mittelpunkt des Denkens. Moltmann nennt diese Wendung methodisch „die Wendung einer im Ursprung betont ‚kirchlichen Dogmatik‘ zu einer ‚theokratischen Theologie‘“[18]. Noch ein anderer Gesichtspunkt, auf den Moltmann hinweist, muß beachtet werden. Moltmann fragt, ob Bonhoeffers These, der Wille Gottes sei „eine Wirklichkeit, die im Seienden und gegen das Seiende immer neu wirklich werden will“ (E 74), theologisch haltbar ist gerade von der Unterscheidung zwischen ontologischer und kerygmatischer Aussage her, die Bonhoeffer in der Nachfolge selber trifft[19]. Moltmann fragt von hier aus, ob eine Soziologie der Kirche überhaupt möglich ist und betont, daß die Begriffe „Struktur“, „Wesen“ und „Wirklichkeit“ im Bonhoefferschen Sprachgebrauch nur unter Beachtung ihrer kerygmatischen Neuprägung verstanden werden können[20].

Der Verkündigungscharakter des neuen Wirklichkeitsbegriffes tritt im zweiten Kreis der Behandlung der Mandatenlehre unter der Frage nach der konkreten Ausrichtung des Gebotes deutlich ans Licht. Zunächst wird das Gebot Gottes als „einzige Ermächtigung zur ethischen Rede“ (E 214) verstanden. Das Gebot Gottes ist nicht die allgemeine Zusammenfassung ethischer Sätze, sondern konkretes göttliches Gebot. „Gottes Gebot ist entweder bestimmt, klar, konkret bis ins letzte, oder es ist nicht Gottes Gebot“ (E 215). Barth weist zustimmend vor allem auf diesen Zug der Mandatenlehre hin[21]. Thetisch antwortet Bonhoeffer auf die Frage, wo dieses Gebot konkret ergeht: „Gottes in Jesus Christus geoffenbartes Gebot ergeht an uns in der Kirche, in der Familie, in der Arbeit und in der Obrigkeit.“ (E 216) Die vier Mandate begrenzen sich gegenseitig, indem sie neben- und miteinander das Gebot Gottes zur Geltung bringen. Das Gebot Gottes ist dabei nicht als starres Gesetz verstanden,

[18] Moltmann, a. a. O., S. 34.
[19] Moltmann, a. a. O., S. 10, Verweis auf Nachf. S. 154, Anm. 10.
[20] Moltmann, a. a. O., S. 11.
[21] Vgl. K. Barth, KD III/4, S. 21.

sondern als Freiheit gewährendes Gebot: „Das Gebot Gottes ist die Erlaubnis, als Mensch vor Gott zu leben" (E 218).

Unter dem Thema „Das konkrete Gebot und die göttlichen Mandate" wird nun der Mandatsbegriff erneut entfaltet (E 222 ff.). Zunächst gibt Bonhoeffer eine Definition des Mandatsbegriffes: „Unter ‚Mandat' verstehen wir den konkreten in der Christusoffenbarung begründeten und durch die Schrift bezeugten göttlichen Auftrag, die Ermächtigung und Legitimierung zur Ausrichtung eines bestimmten göttlichen Gebotes, die Verleihung göttlicher Autorität an eine irdische Instanz. Unter Mandat ist zugleich die Inanspruchnahme, die Beschlagnahme und Gestaltung eines bestimmten irdischen Bereichs durch das göttliche Gebot zu verstehen. Der Träger des Mandats handelt in Stellvertretung, als Platzhalter des Auftraggebers" (E 222/223). Der Begriff der „Ordnungen" und der Begriff des „Amtes" könnten der gemeinten Sache entsprechen, wenn sie nicht geschichtlich so überlagert wären. Der Begriff der Ordnungen richtet den Blick zu sehr auf das Zuständliche der Ordnung, weniger auf die göttliche Ermächtigung (E 223). Der Begriff des Mandats soll aber ein vorläufiger sein und eine Hilfe, die alten Begriffe Ordnung, Stand und Amt wiederzugewinnen (E 224). Die Träger des Mandats sind Stellvertreter Gottes. Es gibt ein klares Oben und Unten im Mandatsbereich kraft göttlicher Ermächtigung. Oben und Unten stehen unter dem einen Auftrage des einen Herrn (E 224). „Nur in ihrem Miteinander, Füreinander und Gegeneinander bringen die göttlichen Mandate der Kirche, der Ehe und Familie, der Kultur und der Obrigkeit das Gebot Gottes, wie es in Jesus Christus geoffenbart ist, zu Gehör. Keines dieser Mandate besteht für sich allein und kann den Anspruch erheben, alle anderen zu ersetzen. Die Mandate sind m i t e i n a n d e r, oder sie sind nicht göttliche Mandate" (E 225/26). Hier taucht das fünfte Mandat der Kultur auf. Es ist ja interessant, daß Bonhoeffer in den späteren Partien der Ethik das Mandat der Ehe durch das der Familie ersetzt oder erweitert hat, wahrscheinlich doch deshalb, weil unter dem Mandat der Ehe eben nicht jedermann steht und der Begriff der Familie umfassender ist. Es ist im Blick auf das Mandat der Kultur die Frage, ob es hier an die Stelle eines

Mandats der Arbeit tritt oder wie das Verhältnis dieser beiden Mandate zu bestimmen ist. Vom Mandat Arbeit ist nun eigentlich nicht mehr die Rede.

Dem Miteinander und Füreinander der Mandate entspricht ein Gegeneinander. „Wo dieses Gegeneinander nicht mehr da ist, dort ist nicht mehr Gottes Mandat" (E 226). Das Gebot Gottes in der Kirche wird konkret erfüllt durch die Predigt oder die Beichte und die Kirchenzucht als die beiden Weisen, in denen Gottes Gebot in der Kirche der Gemeinschaft oder dem Einzelnen begegnet (E 226). Das Mandat der Kirche hat in die Mandate Familie, Kultur und Obrigkeit nicht hineinzuregieren (E 226). „Das der Kirche gegebene Mandat ist das der Verkündung" (E 227). Da dieses Mandat in der Offenbarung Gottes in Jesus Christus begründet ist, was ein klares Oben und Unten setzt, ist der Träger des Predigtamtes nicht Exponent der Gemeinde – wie es noch in ›Sanctorum Communio‹ zum Ausdruck kam –, sondern „der Exponent Gottes gegenüber der Gemeinde"[22]. Es geht in der Verkündung um das eine in Jesus Christus geoffenbarte Gebot. „Dieses Gebot verkündigt die Kirche, indem sie Jesus Christus als Herrn und Heiland seiner Gemeinde und aller Welt bezeugt und damit in seine Gemeinschaft ruft" (E 229). Hier ist ein Anklang an die Basis der Ökumenischen Bewegung zu bemerken. Dieses Gebot entfaltet nun Bonhoeffer christologisch weiter – unter Berufung auf Kol. 1, 15 ff: Das „Christliche" und das „Menschliche" schließen sich nicht aus, sondern das Christliche macht gerade den Raum für das Menschliche frei. „Als Mensch vor Gott zu leben angesichts der Menschwerdung Gottes kann also nur heißen, nicht für sich selbst, sondern für Gott und die anderen Menschen da zu sein" (E 230). Das Kreuz Christi hat auch die Spannung zwischen „Christlichem" und „Weltlichem" überwunden. „Nur durch die Verkündigung des gekreuzigten Christus gibt es ein Leben in echter Weltlichkeit, also nicht im Widerspruch zur Verkündung und auch nicht neben ihr her in irgendeiner Eigengesetzlichkeit des Weltlichen, sondern gerade ‚in mit und unter' der Christus-

[22] E 227. Vgl. v. Hase, a. a. O., S. 44, Anm. 14.

verkündigung ist ein echtes weltliches Leben möglich und wirklich" (E 230). Christus als der auferstandene und erhöhte Herr befreit auch die einzelnen Mandate (Kirche, Familie, Kultur, Obrigkeit) zu je ihrer eigenen Aufgabe. „Erst auf Grund der aus der verkündigten Christusherrschaft entspringenden Befreiung gibt es jenes echte Miteinander, Füreinander und Gegeneinander der göttlichen Mandate ..." (E 231).

Die Herrschaft des Gebotes Christi über alle Kreatur begründet aber gerade nicht die Herrschaft der Kirche. Das Mandat der Kirche ist durch die anderen Mandate begrenzt. „Es ist das Mandat der Kirche, Gottes Offenbarung in Jesus Christus zu verkündigen" (E 232). Die Verkündigung und die Gemeinde sind untrennbar verbunden in Jesus Christus. „Wo also Jesus Christus gemäß göttlichen Mandates verkündigt wird, dort ist immer auch Gemeinde" (E 232). Die Gemeinde steht stellvertretend für die anderen Menschen da. Die Glieder der Gemeinde bleiben auch unter den anderen Mandaten Gottes, sind aber zu einem Gemeinwesen speziell zusammengefaßt. Dieses Gemeinwesen der Kirche dient der Welt. Ihr Gesetz ist nicht das Gesetz der Welt und umgekehrt. „Die Einzigartigkeit des göttlichen Mandates der Kirche besteht also darin, daß die Verkündigung der Christusherrschaft über alle Welt unterschieden bleiben muß von dem ‚Gesetz' der Kirche als Gemeinwesen, daß aber andererseits die Kirche als Gemeinwesen nicht von dem Amt der Verkündigung zu trennen ist" (E 232/33). Das Verhältnis der Kirche zur Welt ist bei Bonhoeffer durch den Begriff der Stellvertretung bestimmt in doppelter Weise. Einmal steht die Kirche stellvertretend dort, wo die Welt auch stehen sollte. Andererseits findet die Welt dort ihre Erfüllung, wo die Gemeinde steht. „In dieser doppelten Stellvertretung steht die Gemeinde ganz in der Gemeinschaft und Nachfolge ihres Herrn, der gerade darin der Christus war, daß er ganz für die Welt und nicht für sich selbst da war" (E 233).

Die Kirche als Gemeinwesen bringt in der Umgrenztheit ihres eigenen Bereichs die Unbegrenztheit der Christusbotschaft zum Ausdruck, und gerade die Unbegrenztheit der Christusbotschaft ruft dann wieder in die Begrenztheit der Gemeinde hinein. Der

Katholizismus steht in der Gefahr, auf Kosten des göttlichen Mandats der Wortverkündigung die Kirche wesentlich als Selbstzweck zu verstehen, während es die Gefahr der Reformation ist, in der Kirche nur noch das Mandat der Wortverkündigung zu sehen unter Vernachlässigung der Selbstzwecklichkeit der Kirche, die in ihrem Sein für die Welt besteht. Bonhoeffer verweist dazu auf die liturgische Armut der evangelischen Kirche, auf das Fehlen von Kirchenzucht, kirchlicher Ordnung und kirchlichem Recht. Der Zusammenhang der Verkündigung mit dem Eigenbereich der Kirche fehlt, worunter auch die Verkündigung leidet. „Bildlich gesprochen ist der Auftrag zur Verkündigung in die Gemeinde hineingesenkt wie das Samenkorn in den Acker. Ohne Bereitung des Bodens verkümmert der Samen und wird um die in ihm wohnende Fruchtbarkeit gebracht" (E 234).

Hier bricht die Ethik Bonhoeffers ab. Die Linien von ›Sanctorum Communio‹ zur Ethik sind im Blick auf den Kirchenbegriff deutlich zu erkennen. In beiden Fällen handelt es sich um die Wirklichkeit, die in den Blick genommen werden soll. Geht es in ›Sanctorum Communio‹ sachgemäß um die soziologische Wirklichkeit, so in der Ethik um die Wirklichkeit des Guten und die konkrete Ermächtigung zur Verkündigung des göttlichen Gebotes. Beides wird in der in Jesus Christus gegebenen Wirklichkeit gefunden. Konnte man ›Sanctorum Communio‹ noch die Frage nach einer möglichen Verwechslung der empirischen Wirklichkeit der Kirche mit dem Herrn der Kirche selber stellen, so ist nun in der Ethik klargeworden, daß die in Jesus Christus gegebene Wirklichkeit der Offenbarung von oben her begründet ist und für die ganze Welt gilt. Die Kirche erscheint hier in einer Reihe mit Arbeit, Ehe und Familie, Obrigkeit und Kultur. Zugleich deutet die Ethik hinüber in die letzten theologischen Anregungen Bonhoeffers, die in den Gefängnisbriefen vorliegen und die in der Rede von der nicht-religiösen Interpretation biblischer Begriffe in einer mündig gewordenen Welt gipfeln. Wir wollen noch versuchen, diesen Zusammenhängen nachzugehen.

III. In seinem Aufsatz über ›Die ‚nicht-religiöse Interpretation biblischer Begriffe‘‹ rückt G. Ebeling Bonhoeffer in seiner Intention stark an die Seite Bultmanns[23]. Auch Ebeling betont die Nähe der letzten Aussagen Bonhoeffers in ›Widerstand und Ergebung‹ zu denen der Ethik[24]. Wie in der Ethik ist für Bonhoeffer in ›Widerstand und Ergebung‹ die nicht-religiöse Interpretation christologische Interpretation[25]. Auch Ebeling weist auf den Zusammenhang mit dem Problem der Wirklichkeit hin und kommt zu der Aussage: „Nicht-religiöse Interpretation ... meint konkrete Interpretation."[26] Nach Ebeling ist die Rede von der nicht-religiösen Interpretation biblischer Begriffe für den, der von der Theologie Barths herkommt, ebenso erstaunlich wie für den, der der mit Barth einsetzenden theologischen Entwicklung fernsteht[27]. Ebeling selber interpretiert Bonhoeffers Aussagen von der nicht-religiösen Interpretation vom Begriff des Gesetzes und der Unterscheidung von Gesetz und Evangelium her[28]. „Religiöse Interpretation ist gesetzliche Interpretation. Nicht-religiöse Interpretation meint Gesetz und Evangelium unterscheidende Interpretation."[29] Es kommt nicht auf Religiössein oder Nichtreligiössein an, sondern auf die Beziehung zur neuen Wirklichkeit in konkreter Interpretation von Gesetz und Evangelium.

In seinem Aufsatz über ›Die ‚nicht-religiöse Interpretation‘ biblischer Begriffe bei Bonhoeffer und die Entmythologisierung‹ sieht G. Harbsmeier Bonhoeffer in größerem Abstand von Bultmann[30]. Nach Harbsmeier trifft Bonhoeffer im Unterschied zu

[23] Vgl. G. Ebeling, Die „nicht-religiöse Interpretation biblischer Begriffe", in: MW II, S. 12–73, bes. S. 51.

[24] A. a. O., S. 17.

[25] A. a. O., S. 21.

[26] A. a. O., S. 33.

[27] A. a. O., S. 12.

[28] A. a. O., S. 53 ff.

[29] A. a. O., S. 54.

[30] Vgl. G. Harbsmeier, Die ‚nicht-religiöse Interpretation‘ biblischer Begriffe bei Bonhoeffer und die Entmythologisierung, in: MW II, S. 74–91 = oben S. 43–64.

Bultmann nicht die Unterscheidung von existential und existentiell[31]. Für Bonhoeffer ist nach Harbsmeier das Problem nicht die Frage von Glauben und Verstehen, sondern es geht um ein Erschrecken und eine Versuchung durch die Fakten der mündig gewordenen Welt, die ohne Gott lebt. Bonhoeffer ist gegen die Entmythologisierung eingestellt und tritt für die Interpretation etwa des Datums der Auferstehung ein[32]. Was Bonhoeffer vorschwebt mit der nicht-religiösen Interpretation biblischer Begriffe, hält Harbsmeier für eine Sache der „Weisheit", die verkündigt und nicht reflektiert über die Verkündigung[33].

Die Frage, ob Bonhoeffer mit seinen Aussagen über die nicht-religiöse Interpretation näher bei Barth oder bei Bultmann steht, soll hier nicht erörtert werden[34]. Statt dessen soll hier die Frage gestellt werden, *ob nicht durch die Einordnung der Kirche in die Mandate Gottes in der Ethik so etwas wie eine nicht-religiöse Interpretation eines biblischen Begriffes vorliegt.* Es geht Bonhoeffer von Anfang an um die Wirklichkeit der Kirche in dieser Welt. Sein erster Versuch in ›Sanctorum Communio‹ will diese Wirklichkeit soziologisch erfassen, soweit das unter der Voraussetzung der Offenbarung Gottes in Jesus Christus, die soziologisch nicht erfaßbar ist, möglich ist. Am Ende seines Lebens hat sich sein Blick auf die Wirklichkeit der Christusoffenbarung über die ganze Welt erweitert. Nun stehen neben der Kirche noch die Mandate der Ehe und Familie, der Arbeit, der Obrigkeit und der Kultur. In ihnen allen will die Christuswirklichkeit Gestalt gewinnen. Die Kirche ist dann nicht ein spezieller religiöser Bereich, auf den die Wirklichkeit Jesu Christi beschränkt wäre. Die Mündigkeit der Welt, die ja nur von Christus her zu verstehen ist, reicht andererseits auch in die Kirche hinein. Es sind dieselben Menschen, die in allen Mandaten zugleich leben. Chri-

[31] A. a. O., S. 75.
[32] A. a. O., S. 81.
[33] A. a. O., S. 89/90.
[34] Vgl. hierzu G. Krause, Dietrich Bonhoeffer und Rudolf Bultmann, in: Zeit und Geschichte. Festschrift für Bultmann, Hrsg. E. Dinkler, Tübingen 1964, S. 439–460.

stus befreit zu echter Weltlichkeit. Deshalb sollen auch die biblischen Begriffe nicht-religiös oder weltlich interpretiert werden.

Hiermit im Zusammenhang stehen auch die Gedanken Bonhoeffers über das Letzte und Vorletze, worauf E. Wolf in seinem Aufsatz über das Letzte und das Vorletzte hingewiesen hat[35]. Vom Letzten, der Rechtfertigung in Jesus Christus her, gewinnt das Vorletzte, das verantwortliche Tun des Menschen in der Welt als Handeln, Wollen, Hoffen seine Bedeutung. Die Ethik, die als solche für Bonhoeffer immer nur christliche Ethik ist, steht also im Raume dieses Vorletzten vom Letzten her. Es geht um die Befreiung des Lebens in einen Raum echter Weltlichkeit, in dem der Mensch verantwortlich lebt. Das Christliche soll kein religiöser Raum am Rande des Lebens sein, sondern die Christusbotschaft will den Menschen in der Mitte des Lebens behaften. Es stellt sich von hier aus die Frage, ob die nicht-religiöse Interpretation biblischer Begriffe eine in diesem Sinne ethische Interpretation meint. Am Beispiel des Kirchenbegriffs würde das besagen, daß es Bonhoeffer immer um die Wirklichkeit unter einem doppelten Aspekt geht: Einmal unter dem Aspekt der gegebenen Wirklichkeit der Welt, in der auch die Kirche als „Christus als Gemeinde existierend" Gestalt gewinnt, zum zweiten unter dem Aspekt der Christuswirklichkeit in der Welt, die den ersten Aspekt der gegebenen Wirklichkeit immer schon umgreift. Beides, der soziologische und der theologische Aspekt der Wirklichkeit, muß immer zusammengesehen werden. Die Kirche ist dann ein soziologisches Gebilde, eine Kollektivperson „Christus als Gemeinde existierend", die als solche auch soziologisch untersucht werden kann. Sie ist aber zugleich ein begrenztes Mandat Gottes neben anderen Mandaten, in denen die Christuswirklichkeit auch „ethisch" Gestalt gewinnen will.

Das Mandat der Kirche ist das der Verkündigung. Dieser Auftrag umfaßt die ganze Welt. In der Offenbarungswirklichkeit sind diese Aspekte zusammengeschlossen. Nicht-religiöse Inter-

[35] Vgl. E. Wolf, Das Letzte und das Vorletzte, in: M. W. IV, S. 17–32, bes. S. 32.

pretation bedeutet dann die Interpretation biblischer Begriffe auf ihren Zusammenhang mit der Welt hin. Nicht-religiöse Interpretation des Begriffes der Kirche meint dann konkrete christologische Interpretation als Mandat, als Beauftragung Gottes, die Christuswirklichkeit in der Welt als Stellvertretung und Liebe im Dasein für den anderen Gestalt werden zu lassen. Fragen wir zurück nach dem Ansatz und der Absicht des Kirchenbegriffs bei Bonhoeffer in ›Sanctorum Communio‹ und in der Ethik, so ließe sich hier eine Linie ziehen vom Erstlingswerk herüber in die Andeutungen der letzten Aussagen in den Gefängnisbriefen. Der Ansatz des Kirchenbegriffs Bonhoeffers ist in seinem Interesse an der konkreten Wirklichkeit zu sehen. Dieser Ansatz ist festgehalten, er wurde zuerst soziologisch und später ethisch entfaltet. Die Absicht und Zielsetzung ist von Anfang an christologisch die Darstellung und das Gestaltwerdenlassen der Christuswirklichkeit in dieser Welt. Stellt sich der moderne Mensch als nichtreligiös und mündig geworden dar, so muß die Christuswirklichkeit auch in dieser Welt nicht-religiös verkündigt und interpretiert werden. Das geschieht im Blick auf den Kirchenbegriff durch die Einreihung in die Mandatenlehre und die Forderung der Stellvertretung, die ganz nicht-religiös gedacht ist. So sind Ansatz und Absicht des Kirchenbegriffs Bonhoeffers in ›Sanctorum Communio‹ und der Ethik zusammengeschlossen im Blick auf die spätere Rede von der nicht-religiösen oder weltlichen Interpretation biblischer Begriffe. Es besteht also auch hier ein durchgehender Zusammenhang in Bonhoeffers Denken.

Eine weitere Überlegung möchte diese These stärken. Wenn für Bonhoeffer in der Ethik die Ordnungen der Welt (Familie, Staat, Kultur) nicht als solche ihren Wert in sich selber haben, auch nicht als „Gesetz", sondern nur als Mandate, also konkrete Beauftragung Gottes, so wird hier deutlich, wie die von Christus her bestimmte Wirklichkeit und nur sie das Ziel seines Denkens ist. Arbeit, Ehe, Obrigkeit und auch Kirche sind nicht an sich „gut" im Sinne der Ethik, sondern nur als Mandate Gottes, die der Mensch in der Nachfolge und im Gehorsam übernimmt und auf sich nimmt. Insofern hat Ebeling recht mit seiner These, daß religiöse Interpretation gesetzliche Interpretation ist[36]. Evangelische Interpretation ist „weltliche" Interpretation in nicht-religiöser Auslegung der Botschaft auf die Welt hin in der Kirche mit ihrem Auftrag der Verkündigung. So wird erneut deutlich, wie die Mandatenlehre ein Stück nicht-religiöser Interpretation biblischer Begriffe ist. Auch zeitlich-biographisch ist der Zusammenhang ja eng.

Was die Frage nach Gesetz und Evangelium angeht, so könnte man im Blick auf das Problem der Wirklichkeit der Kirche sagen: Die Kirche erreicht in ihrer empirischen Gestalt die Erfüllung ihres Mandates als Stellvertretung Christi nicht. Das wird durch das Gesetz deutlich. Sie bleibt wie der einzelne hinter den Forderungen Gottes auch in der Gestalt von Mandaten zurück. Gerade so aber wird deutlich, daß nicht-religiöse Interpretation christologische Interpretation ist. Es wird klar, daß die eigentliche Wirklichkeit Jesus Christus selber ist, und wie im lutherischen Sinne das Gesetz zu Christus treibt. Eben das meint evangelische Interpretation. Diese Sicht hat ihre Entsprechung in der „echten Weltlichkeit" der Welt, in der sich ja das gleichzeitige Stehen unter den verschiedenen Mandaten Gottes vollzieht. Echte Weltlichkeit gibt es nur „in mit und unter" und nicht „neben" der Christusverkündigung. Sonst „fehlt die Freiheit und der Mut zu echter und ganzer Weltlichkeit, d. h. die Welt das sein zu lassen, was sie vor Gott in Wirklichkeit ist, nämlich eine in ihrer Gottlosigkeit mit Gott versöhnte Welt" (E 231).

Ein weiterer Gesichtspunkt verdient noch hervorgehoben zu werden. Wenn die gemeinsame Grundlage des Kirchenbegriffs Bonhoeffers in ›Sanctorum Communio‹ und in der Ethik und auch der Rede von der nicht-religiösen Interpretation biblischer Begriffe in der von Jesus her gegebenen Wirklichkeit zu suchen ist, dann stellt sich die Frage nach dem Zusammenhang des Begriffs der Wirklichkeit mit den „Tatsachen", die von der neutestamentlichen Botschaft verkündigt und im Bekenntnis der Gemeinde aufgenommen werden. Wie ist das Verhältnis der „Ist-Sätze" oder assertiones zu der gegebenen Wirklichkeit der

[36] Vgl. Ebeling, a. a. O., S. 54.

Kirche und ihrer Geschichte? Wir stimmen Gollwitzer und Iwand zu in der Forderung der Notwendigkeit solcher Ist-Sätze des Glaubens, die auch ohne die menschliche Bestätigung und Anerkenntnis „wahr" sind[37]. Die Wirklichkeit Gottes in Jesus Christus bedarf nicht der menschlichen und sei es der gläubigen Zustimmung, um wahr und wirklich zu sein. Gerade das kann auch im Sinne der nicht-religiösen Interpretation biblischer Begriffe verstanden werden. Religion und „religiös" meint immer auch, und zwar in besonderem Maße, einen anthropologischen Sachverhalt, ganz gleich, wie man im einzelnen Religion definieren mag. Das Evangelium knüpft hier gerade nicht an, allenfalls im Sinne des Gesetzes, das zu Christus treibt, was aber erst von Christus her erkennbar ist. Nicht-religiöse Interpretation meint also christologische, konkrete Interpretation.

Es geht in der Mandatenlehre nicht um die religiöse Verklärung menschlicher Gegebenheiten, wie es darum ebensowenig im Kirchenbegriff Bonhoeffers geht, sondern um den Aufweis einer konkreten Anweisung Gottes in und durch Jesus Christus zu nüchternem und stellvertretendem Handeln an und in der Welt. So kann es zur Solidarität mit den „Gottlosen" kommen im Handeln „etsi Deus non daretur"[38]. Denn das „Gegebensein" Gottes, die Gültigkeit der „Ist-Sätze" des Glaubens, lassen sich nicht religiös beweisen oder auch nur aufzeigen. Gerade und nur so erweisen sie ihre Souveränität bzw. die Souveränität Gottes. Die Mandatenlehre stellt den Christen mitten hinein in die Welt. Das Mandat der Kirche ist konkret das der Verkündigung und der Nachfolge. Die Verkündigung hat in der Form der nicht-religiösen Interpretation biblischer Begriffe zu erfolgen, also in der Form des Gehorsams den Mandaten Gottes gegenüber in Kirche, Arbeit, Familie und Kultur.

[37] Vgl. H. Gollwitzer, unter Hinweis auf H. J. Iwand, a. a. O., S. 116 und 194.

[38] Vgl. D. Bonhoeffer, Widerstand und Ergebung. 1951, S. 241 f. Dazu J. Moltmann, Theologie der Hoffnung, München 1964, S. 155.

Eberhard Bethge, Ohnmacht und Mündigkeit. Beiträge zur Zeitgeschichte und Theologie nach Dietrich Bonhoeffer. München: Chr. Kaiser Verlag 1969, S. 114–134. (Zuerst erschienen in: Evangelische Kommentare 8 [1968], S. 196–202.)

GOTTESDIENST IN EINEM SÄKULAREN ZEITALTER

– wie Bonhoeffer ihn verstand*

Von EBERHARD BETHGE

Aussagen über Dietrich Bonhoeffers Gottesdienstverständnis sind aus zwei Gründen mit Vorsicht aufzunehmen.

Erstens: Wer wird denn wirklich wissen, was Bonhoeffer gesagt hat? Niemand lebt weiter: vorbei an denen, die ihn interpretieren, erst recht, wenn er zu einem wirksamen Stück Geschichte geworden ist. Der Kampf darum, was Bonhoeffer »wirklich« sage, ist erst entbrannt. Das gilt nicht nur für das Ganze seines Lebens, was es denn in seiner Einheit aus Wort, Schicksal und Zeitort bedeute, sondern auch für die Aufnahme seines schriftlichen Nachlasses.

Der Kampf der Interpreten geht um den Stellenwert je des »kirchlichen« bzw. »weltlichen« Bonhoeffer. Anders gesagt: Er geht um die Tiefe und Bedeutung der Zäsur zwischen dem mittleren und dem späten Bonhoeffer. Das Datum des ersten der theologischen Briefe aus Tegel, der 30. April 1944, gilt als Scheidelinie. Einige halten den Bonhoeffer nach diesem Datum für einen der großen theologischen Beweger, der dann freilich kaum noch etwas mit der im Gottesdienst versammelten Kirche im Sinn gehabt habe, und beurteilen den vorangegangenen Bonhoeffer als unerheblich, abwegig und orthodox (manchmal, ohne diesen zu kennen): so etwa Hanfried Müller (der ihn gut kennt), John A. T. Robinson, William Hamilton. Andere preisen den mittleren

* Das ursprüngliche, von der Ökumenischen Zentrale bestellte Thema lautete: Was hat Dietrich Bonhoeffer wirklich zur Frage des Gottesdienstes im säkularen Zeitalter gesagt?

Bonhoeffer (während seiner Lebenszeit äußerten sie freilich Bedenken oder schwiegen) und halten die letzten Fragmente für verwirrte Äußerungen aus der Haftpsychose (von der um den 30. April 1944 herum keine Rede mehr sein kann); so u. a. Karl Barth. Manche begrüßen die letzten Äußerungen als Munition im Streit um die hermeneutischen Fragen, wie etwa Gerhard Ebeling und Gerhard Krause, andere verstehen ihn viel stärker im Kontext sozialethischer Theologie, das sieht Heinrich Ott.

Ich selber protestiere gern, wenn ein »weltlicher« gegen einen »kirchlichen« Bonhoeffer ausgespielt wird, und möchte dann auch seine durchgehende »gottesdienstliche« Bindung herausarbeiten. Aber ich protestiere auch, wenn ein »kirchlicher« auf Kosten des »weltlichen« aufgewertet wird. So versuche ich mich vielleicht an dem Unmöglichen: die Zäsur zu sehen und sie zugleich eben nicht zu sehen.

Die *zweite Warnung* betrifft die Begrifflichkeit, welche die Thema-Formulierung für die Sektion V von Uppsala anbietet. »Säkulares Zeitalter« trifft Bonhoeffers Sprachgebrauch nicht genau und verschiebt dann auch seine Sache. Die Rückübersetzung des englischen secular = weltlich in »säkular« erweckt Assoziationen, die jedenfalls nicht unbedingt decken, was Bonhoeffers »mündig gewordene Welt« charakterisiert. Sie reden von einem anderen Standort aus. »Weltlichkeit« übersetzt mit »Säkularisierung« meint Entgottung der Welt, Bonhoeffers »Weltlichkeit« aber Entreligionisierung der Welt zu ihrer Mündigkeit im Namen des Gottes Jesu Christi. Den von den Kirchen in den letzten Jahrzehnten so häufig gebrauchten Begriff der Säkularisierung hat Bonhoeffer nur selten, ab 1940 überhaupt nicht mehr benutzt. Und dies wohl wegen des defensiven und degradierenden Untertons, mit dem die Kirchen trotz Rückzugsgefecht in einem Von-oben-nach-unten-Reden zweihundert Jahre Geschichte verurteilten; er hielt das wohl mehr und mehr für eine Redeweise des Unglaubens. Er nahm in den Tegeler Briefen dann zunächst den Begriff der »Autonomie« auf, das heißt den Begriff, mit dem die Gegner gegen die Vormundschaftsansprüche des Christentums ihre Sache, gleichsam polemisch von unten nach oben, bezeichneten. Mitte Juni 1944 kam Bonhoeffer der Begriff in den Sinn, den er dann ausschließlich mit spürbarer Befriedigung gebrauchte, wenn er als Theologe des Kreuzes und der Auferstehung Christi die Weltlichkeit der zeitgenössischen Welt qualifizieren wollte: mündig gewordene Welt. Aus der Reminiszenz früher Kantstudien verschob Bonhoeffer den Akzent der Mündigkeit freilich um einige Grade von der »Vernunft« auf das »Verantworten«: Mündigkeit zur eigenen Verantwortung, ein geschichtlicher, nicht zurückzubiegender Prozeß, der mehr mit der Unabhängigkeitserklärung des Erwachsenen als mit der Weisheit erfahrener Greise zu tun hat, und der erst recht keinen progressiven Optimismus an die Stelle des Kreuzes über die Welt setzt.

Die Thesen für Uppsala formen den Begriff »Säkularisierung« – als den aktiver und polemischer Gottesleugnung – um in den einer »Bejahung der wahren Möglichkeiten des Menschen und der Welt« (These 2 und 3). Sie verraten einen gewissen apologetischen Ton: »kann«, »recht verstanden«, »wahre Möglichkeiten«. Bonhoeffer begegnet jedoch der Welt ohne vorherige Belehrung, ihre Säkularisierung auch ja richtig zu verstehen; er nimmt sie von Anbeginn ernst bei ihrer verantwortlichen Mündigkeit. Vielleicht, daß die Bemühung um den Begriff »säkulares Zeitalter« anzeigt, daß eine Schwelle zur Gegenwart doch nicht ganz genommen ist, während Bonhoeffer sie überschritten hat?

Diesen beiden Warnungen, zur Frage subjektiver Interpretation und zur thematischen Begrifflichkeit, muß noch eine *dritte Vorbemerkung* folgen, die nach den vorangegangenen, anscheinend recht fortschrittlichen Gegebenheiten einigermaßen »orthodoxe« Tatbestände anrührt. Sie betrifft Bonhoeffers Verhältnis zur »Vergegenwärtigung« des Gottesdienstes, wohl *das* Anliegen der Sektion V von Uppsala.

Zunächst: Bonhoeffer hat den christlichen Gottesdienst als kultische Handlung, seine Problemgeschichte, seine Wesensbestimmung, vor allem aber seine Vergegenwärtigung im Blick auf heutige Kommunikationsprobleme nie thematisch in einer eigenen Schrift abgehandelt. Das »Gemeinsame Leben« könnte man am ehesten als einen Beitrag zum Thema »Gottesdienst« auffassen. Das ist es in hohem Maße, aber man kann das Thema »Gottesdienst« dort nirgends aus dem sozialen Bezug der versammelten und einander verpflichteten Gruppe isolieren und etwa für sich in den Griff bekommen, ohne zu zerstören, woran Bonhoeffer lag. Allein in der Finkenwalder Homiletik[1] finden sich selbständige Abschnitte zu Liturgiestücken, zu Gesten und Sprechweise des Gottesdienstes – für den Fachliturgiker jedoch recht ungenügend, eklektisch und erst recht ganz unrevolutionär; was nicht ausschließt, daß sie erfrischende Einfälle etwa zur Gestik und zur geistlichen Sprechtechnik enthielten. Damals in Finkenwalde ermutigte Bonhoeffer seine Kandidaten, sich experimentierend mit Hans Asmussens ›Ordnung des Gottesdienstes‹ (München 1936) zu befassen. Weiter kam er nicht.

Sein Herz schlug eben nicht bei Methoden zur Kommunikation und bei gewissen Bemühungen um »Vergegenwärtigung«. Diese standen für ihn deutlich in zweiter Linie gegenüber Sachfragen und Überlegungen zur Ermächtigung der Träger dieser Sache. Nicht, *wie* sage ich es weiter, sondern *was* sage ich und *wer* sagt – das interessierte ihn vornehmlich, wenn er die Wie-Frage zu Zeiten nicht sogar für täuscherisch und verderblich hielt. Auch alte Formen des Gottesdienstes können seine Inhalte wieder zwingend machen, meinte er, wenn Wort- und Tat-Verantwortung, Existenzveränderung, Vor- und Nachbereitung einer Gemeinschaft sie tragen. Bonhoeffers Vorwurf von 1935 blieb bis zu seinem Ende gültig:

> ... (daß man) nirgends den Mut fand, die Frage nach der Sache der christlichen Botschaft neu zu stellen, sondern nur nach der Vergegenwärtigung schaute, eben um damit ... der Sache auszuweichen! Wo aber die Frage nach der Vergegenwärtigung zum Thema der Theologie wird, dort können wir gewiß sein, daß die Sache bereits verraten und verkauft ist.

Damals richtete sich die Leidenschaft solcher Sätze gegen die »Deutschen Christen«, vor denen man auf der Hut sein sollte, um sich nicht »falsche Fragen und falsche Themata« aufzwingen zu lassen. Aber die Warnung reichte weiter als der Anlaß.

> Es ist ein Eingeständnis einer gefährlichen Dekadenz des Glaubens, wenn die Frage nach der Vergegenwärtigung der Botschaft als methodische Frage zu laut wird.

[1] GS IV, 237 ff.

Wird sie heute »zu laut«, und nun noch in und mit Bonhoeffers Namen? Seine »Sache«, die das »Was« und das »Wer« zusammenschloß, war für ihn der Christus, präsent in Kirche und Welt. IHM zu begegnen, löste Bonhoeffers Theologisieren aus und bestimmte dieses als einen unablässigen Kampf um das Verhältnis der Christologie zur Ekklesiologie und umgekehrt, wobei jeweils die Dominanz der einen den Zuschnitt der anderen beeinflußte. Bonhoeffer begann mit einer eindeutigen Priorität der Ekklesiologie und brach ab im Stadium einer noch eindeutigeren der Christologie. Das bedeutete, daß seine zuerst in der Ekklesiologie konkretisierte Sache auch eine Entdeckung des »Gottesdienstes« für ihn einschloß, daß aber zuletzt die gleiche Sache diesen bis zum Mißverständnis einer Beseitigung zurücktreten ließ.

I

Sanctorum Communio

Sonntäglicher Gottesdienst wurde für den Sohn liberalen Bürgertums wirklich zu einer bewußt ergriffenen Entdeckung. An einer Stelle seines Erstlingswerkes ›Sanctorum Communio‹ lugt noch die ganze Verachtung in seinem nächsten Umkreis hervor, ausgerechnet von dieser Veranstaltung der Kirche Wesentliches erwarten zu sollen. Im Kapitel ›Die gottesdienstliche Versammlung‹ schildert er in einem einzigen Satz gleich alle drei Zumutungen:

> Wozu die fatale Unerbaulichkeit einer äußeren Versammlung, in der man Gefahr läuft, einem bornierten Prediger gegenüber und geistlosen Gesichtern zur Seite zu sitzen?[2]

Man meint, den ältesten Bruder, den Naturwissenschaftler, die Gottesdienste im Jahr 1925 in der Berliner Grunewaldkirche charakterisieren zu hören. Das war die Sprache der älteren Geschwister, der sich Dietrich eines Tages entgegenstellte, bis er

[2] SC 170.

1932 in der Vorlesung sogar einen theologischen Paragraphen über »Kirchlichkeit und Kirchgang« konzipierte.

Gottesdienstliche Kirchlichkeit ist dem Studenten wohl beim Rom-Besuch 1924 als ernsthafte neue Welt von Zusammenkunft, Devotion und Liturgie aufgegangen. In ›Sanctorum Communio‹, entstanden zwischen 1925 und 1927, finden wir das Wesen der Kirche als zentriert in der »gottesdienstlichen Versammlung« schon postuliert und völlig ausgebildet, und zwar spürbar bezogen auf die bislang so verachtete eigene Provinzialkirche, einschließlich ihrer Grunewaldkirche. Er nahm sie gleich ernster, als sie das wahrscheinlich selbst wollte – die Enttäuschung an ihr kam erst Jahre später.

Die reformatorische Schätzung des Wortes und darum eine überwältigende Vorrangstellung der Predigt lassen sich von Anfang an beobachten und werden durch die Parteiergreifung für Barths Theologie noch einmal verstärkt. Trotzdem geht für Bonhoeffer die gottesdienstliche Gemeinde nicht in ihrer Aufgabe der Wortverkündung auf, sondern ihr Sein als Versammlung, die Gabe des sozialen Gemeinschaftsbezuges, wird in ungewohnter Weise – ungewohnt für den lutherischen Protestantismus – kontrapunktisch. Natürlich taucht damit die Möglichkeit auf, daß sich diese unlutherische *nota ecclesiae* verselbständigt und als »Maximum von Kirche« gegenüber einem christologischen »Minimum« (Ernst Lange) verfestigt, und verschwindet nie wieder ganz. Auch die später starke Funktionalisierung der Gemeinde auf die Aufgabe ihres verkündigenden Interpretierens hin hebt doch nie die Gabe ihres Seins in eigener Identität auf.

Kirchlichkeit

Diese theoretische Entfaltung von Offenbarung in der sichtbaren gottesdienstlichen Versammlung von Menschen reifte ungefähr sechs Jahre, ehe sie auch die eigene Praxis bestimmte. Eines Tages wurde dieser junge Theologe der Kirche nicht nur zum regelmäßigen Gottesdienstbesucher, sondern auch zum überraschenden Experimentator auf dem Feld persönlicher Devotion und Meditation, zum Schöpfer zaghafter Versuche mit einer Kommunität – damals unerhörter Schritte auf deutschem lutherischen Boden.

Zu dieser Zeit begann er dann auch, theologisch über das Phänomen von Kirchlichkeit und Kirchgang nachzudenken. Analog zu dem Prozeß, in welchem sich Glaube in zweideutiger Gläubigkeit ausdrücken muß, lehrte er 1932 nun auch, daß die Gabe der Kirche in Kirchlichkeit, in christlichen »Übungen« aktualisiert und habbar sei. Wenn der Glaube in der Kirche in Kontinuität existiert, »dann ist die Gestalt der Gläubigkeit konkret die Kirchlichkeit, das Sichhalten zur Versammlung«[3].

Das Jahr 1933 löschte das Problem der »fatalen Unerbaulichkeit« des »bornierten Predigers« und der »geistlosen Gesichter zur Seite« in den Gottesdiensten aus. Die Relevanz des Wortes, des Predigers und des Nachbarn in der Bank war plötzlich von einem *extra nobis* im zweifachen Sinn des Wortes gegeben. Sein der Versammlung – gemeinsam mit rassisch Verfolgten – und Funktion der Wahrheitsverkündigung erforderten aber auch eine ganz andere Konzentration der Nachfolgenden auf ihre Bindung.

Alle christliche Gemeinschaft lebt zwischen Wort und Sakrament, sie entspringt und sie endet im Gottesdienst.[4] Wo immer der Christ erkennt, daß er in seinem Dienst versagt ..., daß er schuldig geworden ist an fremdem Leben, an fremder Schuld ... dort wird er den Angriff auf sein Fleisch unternehmen, um sich durch Übung, durch Fasten und Beten, zu besserem Dienst zu bereiten.[5]

Solche Worte, die heute fast etwas Erschreckendes haben, waren damals ein zwar undemonstrativer, aber doch bewußter Ausdruck des Mutes zu hilfreichem Vorbild. Er bildete ein Ganzes mit unbestechlicher Situationsbeurteilung, schneller Kampfbereitschaft und scharfer theologischer Arbeit – und auch großzügiger Erschließung der Güter des Lebens. Bei aller unbefangenen Beratung *in technicis* arteten »Zucht und Übung« nie in selbstän-

[3] Theologische Anthropologie. Seminar 1932/33, in: DB, 1093.
[4] N, 227.
[5] N, 145 f.

digen Eifer um das »Wie man's macht« aus. Maß und Begründung gab das »Wort« in solchem Grade, daß der »Kultus« dagegen auch ganz abgewertet werden konnte, so z. B. in Abgrenzung gegen zeitgenössische Liturgiebewegungen.

Gesetzlichkeit?

Gegen den Vorwurf der Gesetzlichkeit, der sich damals schnell über Finkenwalde verbreitete, war Bonhoeffer in diesem Bereich nicht sehr empfindlich. Er verachtete ihn sogar, wenn er erhoben wurde, ehe man hier überhaupt je den Bereich des Gebotes und der gestaltenden Zucht betreten hatte:

Es ist nicht gut, von Gesetzlichkeit zu reden, wo es um die Ordnung unseres christlichen Lebens, um Treue in den gebotenen Dingen des Schriftlesens und Betens geht. Unordnung zersetzt und zerbricht den Glauben. Das muß der Theologe besonders lernen, der Zuchtlosigkeit mit evangelischer Freiheit verwechselt. Wer einmal ein ausfüllendes geistliches Amt versehen und nicht in Betriebsamkeit sich und seine Arbeit zugrunde richten will, der lerne beizeiten die geistliche Disziplin des Dieners Jesu Christi.[6]

Nicht dort, wo gerade erst begonnen wird, Wille und Tageszeit in eine Gestalt zu bringen, ist der Ort, von Gesetzlichkeit zu reden, sondern erst da, wo erlernte Zucht nicht mehr als Befreiungserfahrung durchgehalten werden kann und Gewissensbedrückung und fruchtlose Selbstanklage erzeugt. Bonhoeffer verstand dann souverän, die Freiheit wiederherzustellen. Als seine Schüler im Krieg, an der Front in völlig säkularer Zeitgenossenschaft versunken, ihre amtliche und pastörliche Existenz nicht durchhalten konnten, schrieb er ihnen:

Der große Unterschied zwischen Eurer Existenz, liebe Brüder im Feld, und der unsern ... liegt wohl darin, daß wir uns an einer Stelle einsetzen dürfen, die wir durch unsern Beruf in gewissem Sinne selbst und frei bestimmt haben, während Ihr nun das Leben von Millionen von Menschen teilt, denen ihr Arbeits- und Lebenseinsatz niemals in diesem Sinne frei-

[6] 1935, GS IV, 291 f.

gestanden hat ... Wir wissen es ja wirklich, daß Ordnung und Bewußtsein christlicher Existenz eine gute und überaus hilfreiche Sache ist, aber es ist nun doch nicht alles. Der plötzliche und harte Zusammenstoß von täglicher Arbeit und Wort Gottes, wie Ihr ihn jetzt gewiß oft erfahrt, muß doch wohl zuzeiten auch an die Stelle einer gleichmäßigen Ordnung treten. Wir sollen uns nicht knechten lassen. Gott kennt Euer jetziges Leben und findet seinen Weg zu Euch auch in den angespanntesten und ausgefülltesten Tagen, wenn Ihr den Weg zu ihm nicht mehr findet.[7]

Damit antwortete er schon auf die Frage, die ihn erst einige Zeit danach selbst bedrängte, als ihm die neue »doch stark auf dem weltlichen Sektor liegende Tätigkeit ... immer wieder zu denken« gab[8] und ihm »die religiösen Einkleidungen so unbehaglich« wurden.

Die Zeit der ›Ethik‹ zwischen 1939 und 1943 bezeichnet eine starke Verlagerung der Lebensumstände und der Thematik für Bonhoeffer. Die Kirche wird zu einem Mandat unter und neben anderen; Überlegungen zum Gottesdienst als solchem finden sich kaum noch. Mit einem 1940 nach dem Frankreichfeldzug formulierten, sehr eindrücklichen Sündenbekenntnis übernimmt die Kirche die Schuld für ihren und des von ihr geprägten Landes Abfall vom Ursprung in Christus. Ihre Funktion der Christusverkündigung befreit die Welt zu echter Weltlichkeit. In einer Art Entlastungsbewegung rückt der Kirchgang – da wird die »Kirchlichkeit« noch einmal thematisch – in Bonhoeffers neuem Schema von Letztem und Vorletztem in den Bereich des Vorletzten:

In der Wahrung der gegebenen Ordnung ist der Gang zur Kirche die äußerste Grenze des im Rahmen des Vorletzten Gebotenen.

In Zeiten der Entkonstantinisierung, erst recht in solchen der Verfolgung, verschiebt sich freilich »die Sorge um das Vorletzte an eine andere Stelle«. Dann »muß zunächst für die äußere Ermöglichung Sorge getragen werden, daß der Ruf zur Predigt vernommen und befolgt werden kann ... Das kann bedeuten, daß der Mensch erst wieder Mensch werden muß, ehe er in

[7] Mai 1940, GS II, 567 f.
[8] 25. Juni 1942, GS II, 420.

dieser Weise ansprechbar ist. Die Wegbereitung für den kommenden Herrn wird nicht ernst genommen, wo diese Aufgabe nicht angefaßt wurde.« [9].

Den Problemen einer wesentlich ontischen oder wesentlich funktionalen Ekklesiologie, auf deren eventuelle Unvereinbarkeit Ernst Lange aufmerksam macht,[10] kann hier nicht nachgegangen werden. Mitten in dieser Zeit jedoch, als Bonhoeffer schon tief in die Konspiration gegen das Dritte Reich verstrickt war und sich gerade in einer Phase großer Hoffnungen auf ihr Gelingen befand, entwarf er u. a. auch ein Wort an Gemeinden und Pfarrer für die Zeit nach einem Umsturz. Dort heißt es im Abschnitt an die Gemeinden wieder: »Kommt zu Gottesdiensten zusammen, so oft es möglich ist.« Und an die Pfarrer: »Wir rufen Euch zur treuen Innehaltung fester Zeiten für das Gebet, fester Zeiten für die Schriftbetrachtung.«[11]

Bruch in Tegel?

Es wäre in der Tat ein Sprung, ja ein Bruch, wenn dies alles im Tegeler Gefängnis 1944 einfach negiert, ausgelöscht und widerrufen wäre. Fasziniert von dem Thema der »nicht-religiösen Interpretation biblischer Begriffe in einer mündig gewordenen Welt«, verstanden bedeutende Theologen Bonhoeffer so, als ob er sich nun total von »Religion« im Sinne des Gottesdienstes, der Liturgie, Gebet, Übung und Kultus abgewendet habe – oder, wenn da doch noch derartige religiöse Reste angetroffen würden, diese über ihn selbst hinaus, aber in seiner Intention verlassen werden müßten.

Ohne zu übersehen, daß die Stoßrichtung der Briefe in eine ganz andere Richtung läuft, als gerade hergebrachte Gottesdienste zu befestigen, muß nun doch einiges erhoben werden – sei es aus dem tatsächlichen Text, sei es aus der Lebenssituation –, das

[9] E, 148 f.

[10] E. Lange, Kirche für andere, in: EvTh 27, 1967, 530–538.

[11] GS II, 438 f.

unveräußerlich zu dem Bonhoeffer der Tegeler Briefe gehört und auch die »nichtreligiöse Interpretation« erst in die rechte Perspektive rückt.

Zunächst haben sich viele Bonhoeffer-Ausleger nicht an den spezifischen Sinn und Gebrauch von Bonhoeffers Begriff von »Religion« gehalten, was hier jetzt nicht weiter ausgeführt werden kann. Dann wurde aber im Text oft übersehen, daß Bonhoeffer noch im Juni und August 1944 – wenn auch nicht mit einer Lösung – so doch durchaus im positiven Sinn nach dem »echten Kultus« fragte[12], daß er im »Entwurf einer Arbeit« einen Paragraphen über »Kultus« vorsah und dabei Kultus und Religion gerade nicht in eins setzte, sondern unterschied[13]. Ja, gleich in dem berühmten Brief vom 30. April 1944 hieß es: »Was bedeutet in der Religionslosigkeit der Kultus und das Gebet?«[14], und die Frageweise läßt erkennen, daß hier nach einer neuen Qualifizierung und Praxis gefragt wird; nach neuer Inthronisierung viel eher als nach einer Deklassierung. Und das kommende Christsein soll nicht nur »im Tun des Gerechten«, sondern »im Beten« bestehen,[15] letzteres im Satzbau auch vorangestellt: »Es wird Menschen geben, die beten und das Gerechte tun und auf Gottes Zeit warten.«[16] Paradoxerweise soll es sogar doch einen »Raum« geben, in welchem »die Geheimnisse des christlichen Glaubens vor Profanierung geschützt werden«[17].

Katholiken, die jahrelang nur das Schlagwort von der »nichtreligiösen Interpretation« gehört und im modernistischen Sinn mißverstanden hatten, berichteten überrascht, wie sie bei der Lektüre der Briefe dann eben gerade keine Auflösung, sondern stärkste *praxis pietatis* vorgefunden hätten. Sie wunderten sich nicht mehr wie die ersten Leser über den inzwischen geläufig gewordenen »nicht-religiösen«, sondern über den »religiösen«

[12] WE, 220.
[13] WE, 260.
[14] WE, 180.
[15] WE, 207.
[16] WE, 207.
[17] WE, 185.

Bonhoeffer: »Es kommen dann doch auch Stunden, in denen man sich mit den unreflektierten Lebens- und Glaubensvogängen begnügen läßt«, den Losungen und den Paul-Gerhardt-Liedern.[18] Die Arbeit an dem geplanten Buch muß wohl ohne »das klärende Gespräch« in Angriff genommen werden, »doch nicht (ohne) das Gebet, unter dem jede solche Arbeit allein angefangen und getan werden kann«[19]. Und das allerletzte gestaltete Wort, das wir haben, das Gedicht ›Von guten Mächten‹, schließt mit den Zeilen: »... laß uns hören ... all Deiner Kinder hohen Lobgesang.«[20]

Er sehnte sich nach Beichte und Abendmahl, schrieb Gebete und segnete sich mit dem Kreuz.[21] Maria von Wedemeyers, der Braut, Eindruck war, daß Dietrich in der Zelle stark im Kirchenjahr lebte.[22] Die letzte mitmenschliche Handlung, von der wir hörten, war ein schlichter Gottesdienst für die Mitgefangenen mit einer Auslegung der Losung – freilich nachdem er lange vermieden hatte, dergleichen der Gefängnisgemeinschaft anzubieten, und hier es erst tat, als auch der Atheist darum gebeten hatte.

Natürlich lag das eigentliche Interesse der Briefe nicht bei diesen Dingen, sondern bei der theologischen Reflexion der totalen Solidarität mit den Männern sehr weltlicher Konspiration und auf der Version eines »religionslosen Christentums«. Und tatsächlich war Bonhoeffer sparsam in der Mitteilung, wie er eigentlich selber dort lebte. Aber die Briefe sind immer noch beredsam genug, daß man nicht übersehen kann, welch ein Mann des Gottesdienstes, wissend und praktizierend, dort eine Theologie des nicht-religiösen Interpretierens skizzierte.

So wird man schließen müssen, daß es für Bonhoeffer nie eine wirklich wesentliche Verschiebung des Gottesdienstes ins Nebensächliche oder Überflüssige gegeben hat. Wir werden noch sehen, daß sich allerdings die Frage des öffentlichen Angebotes

[18] WE, 247.

[19] WE, 257.

[20] WE, 275.

[21] WE, 93 f., 104.

[22] The other letters, Union Seminary Quarterly Review Vol. XXIII, Nr. 1, 27.

verändert hat. Aber der Umgang mit dem sammelnden und sendenden Wort blieb ihm unersetzbar und unverwechselbar, sei es im Bereich der privaten Devotion oder im Bereich korporativer Veranstaltung. Bis zuletzt ging es ihm darum, sich dem Sprechen Gottes auszusetzen, um selber sprechen zu lernen; »sprechen« im umfassenden Sinn von Wort und Leben, und »lernen« im Sinn der Ermächtigung und Verantwortbarkeit. So etwas hat er »wirklich gesagt« in der christlich noch bevormundeten Welt und für die »säkulare«, mündig gewordene Welt.

II

Schweigen

Wer um Autorität seiner Worte besorgt ist, wägt sie. Er kennt vermutlich auch das Gewicht und den Ort des Schweigens. Bei Bonhoeffer spielte das Schweigen eine auffallende Rolle. Fast immer hat es mit dem Problem proklamierender Predigt, mit Art und Ort des Gottesdienstlichen zu tun. Es handelte sich nicht um ein mystagogisches Schweigen zur Erfahrung unzugänglicher Welten, sondern um das »qualifizierte Schweigen« um des Sprechens willen. Es handelt sich um einen verantwortlichen Umgang mit dem bedrängend nahen Transzendenten:

Geheimnislos leben heißt von dem Geheimnis unseres eigenen Lebens, von dem Geheimnis des anderen Menschen, von dem Geheimnis der Welt *nichts* wissen; heißt an der Verborgenheit unserer selbst, des anderen Menschen und der Welt vorübergehen ... Geheimnis heißt ... nicht einfach, etwas nicht wissen. Nicht der fernste Stern ist das größte Geheimnis, sondern im Gegenteil je näher uns etwas kommt, je besser wir etwas wissen, desto geheimnisvoller wird es uns.[23]

Schon ehe Bonhoeffer selbst öffentlich zu predigen und Worte mitzuverantworten hatte, fürchtete er die geistliche Geschwätzigkeit[24], die Menge der Worte ohne necessitas. In ›Sanctorum

[23] Bisher unveröffentlichte Predigt vom 27. Mai 1934 über 1. Kor. 2, 7–10.

[24] GS III, 43.

Communio‹, wo er die Öffentlichkeit der Predigt noch ganz ungebrochen voraussetzt, findet sich bei der Behandlung der Freiheit und Autorität der sichtbaren Kirche bereits der selbstbewußte und die verborgene Identität der Kirche ernst nehmende Satz: »Vermag die Kirche aber nicht autoritativ zu sprechen, so gibt es für sie noch ein qualifiziertes Schweigen.«[25] Kräftiger finden wir das wiederaufgenommen in dem großen Weltbundvortrag von 1932 in der Tschechoslowakei: »Qualifiziertes Schweigen könnte der Kirche heute vielleicht angemessener sein als ein Reden, das möglicherweise sehr unqualifiziert ist«[26].

Aber dieser negativen Seite der Sache, die aus dem Autoritätsproblem erwuchs, entsprach auch eine positive. Sie folgte aus der hörenden Haltung vor dem Wort. In den Anfangsparagraphen der Christologie von 1933 heißt es:

> Rechtes Reden der Kirche aus rechtem Schweigen ist Verkündigung Christi ... Mystagogisches Schweigen ... (ist) in seiner Stummheit heimliche Geschwätzigkeit der Seele mit sich selbst. Das Schweigen der Kirche ist Schweigen vor dem Wort.[27]

Den eigenen Tag unterwarf Bonhoeffer dann auch praktisch einer kurzen geregelten Schweige- und Meditationszeit – nicht ohne einen gewissen Schuß von Selbstkritik:

> Bei allen Sympathien für die vita contemplativa bin ich doch kein geborener Trappist. Immerhin mag eine Zeit erzwungenen Schweigens auch gut sein, und die Katholiken sagen ja, daß von den rein meditativen Orden die wirksamsten Schriftauslegungen kämen.[28]

Arkandisziplin

In den Tegeler Briefen erscheint das für Bonhoeffer so charakteristische Phänomen des Schweigens dann unter dem Stichwort der »Arkandisziplin«. Das heißt: einer Zurücknahme des »kulti-

[25] SC, 189.
[26] GS I, 143 u. ähnlich 147.
[27] GS III, 167.
[28] WE, 39, am 15. 5. 1943.

schen« Wortumgangs in den Kreis der an Christus Hängenden, die sich sowohl in die überlieferte »Religionisierung« von Glauben und Verkündigung miteingebunden wie auch des Verrates an den teuersten Worten der Menschen mitschuldig wissen. Arkandisziplin geht zwar nicht einfach auf in der Dimension des Gottesdienstlichen, sie betrifft das ganze Verhältnis von Kirche und Welt, schützt jeweils die eine vor dem Übergriff der anderen und steht im Zusammenhang mit theologischer Erkenntnis[29] – aber sie sagt doch eben auch Wesentliches zur Frage des Gottesdienstes.

Fraglos hat Bonhoeffer hier nur sehr unbefriedigend angedeutet und uns tastend allein gelassen. Er kam einfach nicht mehr dazu, das Leben mit bzw. in der Arkandisziplin durchzureflektieren und darzustellen – abgesehen davon, daß er das für eine kniffige theologische Aufgabe hielt. Die Aufgabe nämlich, die Versammlung in Arkandisziplin so zu begreifen, „daß der Christ sich mit ihrer Hilfe von seiner Weltzugehörigkeit (nicht) entlastet, die ihn vielmehr gerade in diese seine Weltzugehörigkeit einweist und in ihr trägt ... darauf ausgerichtet ... daß die Ekklesia gerade in ihrem Ausgestreutsein Ekklesia bleibt, wie darauf, daß die Ausgestreuten ihre Weltzugehörigkeit nicht an eine Kirchlichkeit, die sich selbst zum Zweck macht, verraten“[30].

Bonhoeffers Frage war auch in Tegel nicht die nach liturgischen Reformen oder nach einer besseren Technik kommunikativer Gottesdienstsprache, sondern primär die alte personale Begegnungsfrage: Wer ist Christus für uns heute, heute in einer mündig gewordenen Welt. Er sucht eine Antwort in zwei Richtungen: nach außen mit der »nicht-religiösen Interpretation«, nach innen mit der Arkandisziplin; beides Antwortrichtungen nicht auf ein Wie oder Was hin, sondern auf jenes WER. Worauf es uns hier nur ankommen kann, ist, daß dieses »Wer heute?« in dem dialektischen Festhalten an beidem getroffen werden soll: bei Schritten zu einer intellektuell und handelnd unternommenen

[29] »Stufen der Erkenntnis und Stufen der Bedeutsamkeit«, in: WE, 184.

[30] E. Lange, a. a. O., S. 545.

weltlichen Interpretation – *und* bei einem undemonstrativen Leben mit dem Wort in Gebet und Schriftbetrachtung. Letzteres ist von Bonhoeffer nach meiner Sicht tatsächlich nie verlassen. Im Gegenteil: »Interpretieren ohne Arkandisziplin war für ihn Boulevard, Arkandisziplin ohne weltliches Interpretieren Ghetto.«[31] Wer freilich das »nicht-religiös Interpretieren« zu einem isolierten, undialektischen Geschäft machte, mochte den »kultischen« Bonhoeffer vergessen machen, er verfehlte aber das explizite Verhältnis der, immer wiederholten, Hauptfrage nach der personalen Begegnung mit dem präsenten Christus zu der, dieser untergeordneten, Ausführungsfrage nach dem nicht-religiösen Interpretieren. Erst die Beachtung dieser Zuordnung rückt die Themen in ihre rechte Proportion.

So steht es für mich fest, daß es bei Bonhoeffer auch im »säkularen Zeitalter« all das gibt, was bisher Gottesdienst, Devotion, Meditation, Gebet und Lob hieß. Formen, die eine bestimmte »religiöse« Periode prägte, müssen entreligionisiert werden, was nicht mit Auswechslung von Worten getan ist – aber die Sache selbst ist so vital wie die Mahlzeit für den, der arbeitet. Jedoch eine Mahlzeit gehört nicht vor die Augen von Zuschauern, es sei denn, daß man diese sogleich beteiligte.

Das Problem liegt für Bonhoeffer nicht im notwendigen polaren Faktum beider Bestimmungen des Christen, sondern in ihrem Verhältnis zueinander. Wie konnte nun ein neues, fatales Interesse an der Grenze zwischen den Bereichen – wenn es denn Bereiche wären – vermieden werden so, daß sie sich nicht bloß additativ verhielten, das Arkanum nicht wieder den Anschein des religiösen Privilegs annahm und es dann doch zu neuen »gnostischen« Solidaritätsverweigerungen kam? Wie verhält sich die im Gottesdienstlichen gespeiste Identität des Christen (Arkandisziplin) zu seinem Leben und Denken in der Identifikation mit der Welt (»nichtreligiös interpretieren«)? In der theologischen Reflexion hat Bonhoeffer da nur andeutend und indirekt ausgesagt, in seiner Person und seinem Handeln aber war das eine dynamische Einheit. Im Tegeler neuen Begreifen der Kirche als Kirche nur im

[31] DB, 992.

»Sein für andere« griff er das »religiöse Binnenleben« der Kirche[32] an, schnitt ihr aber nicht die Wurzeln ihres »Innenlebens« durch. Er vernichtete nicht ihre Identität, aber mutete dieser das Inkognito zu.

III

Identität

Wie über der Identität des Menschen ein Schutz der Verhüllung liegt und sie sich rationaler Analyse letzten Endes doch entzieht (im konkreten Fall – nicht so im Labor, im entpersönlichten medizinischen Umgang), so bewahrt Bonhoeffer über der christlichen Identität des Glaubenden einen notwendigen Schleier. Geistlicher Exhibitionismus schwächt diese Identität. Je stärker sie ist, um so sorgfältiger befleißigt sie sich der Zurückhaltung. Sie bedarf keiner Demonstration mehr zu ihrer Selbstbestätigung. Ja, qualifiziertes Schweigen ist letztlich Einwilligung in die »Teilnahme an der Ohnmacht Gottes in der Welt«[33], sein Wesen der Verzicht auf vorzeitige Selbstinterpretation.

Nun liegt aber ohne Zweifel der Akzent der letzten Äußerungen Bonhoeffers darauf, daß christliche Identität nur noch in totaler Identifikation gewonnen oder erhalten werden kann. Wir machen uns in diesen Überlegungen die gefährliche Umkehrung bewußt, daß christliche Identifikation nur Wahrheit und Wert hat, wenn sie aus einer deutlichen Identität erwächst. Gefährlich ist das, wenn beide Größen sich doch wieder isolieren und additativ verhalten; praktisch führt das immer dazu, je das eine oder das andere für ausreichend zu halten. Identität wird aber nie ein für allemal etabliert und besessen, sie hängt ständig davon ab, daß sie im Vorangehen in die Identifikation neu gewonnen wird.

Bonhoeffer hat den Begriff der Identität nicht benutzt und so auch nicht – wie wir es jetzt tun – für das christliche Wir der Gemeinde in ihrem gottesdienstlichen Handeln beansprucht. Wir

[32] E. Lange, a. a. O., S. 544.
[33] WE, 246.

benutzen ihn nicht im Sinn der ursprünglichen ontischen Selbigkeit (Nämlichkeit), sondern in der vergeschichtlichenden Weise, wie ihn die Psychologie oder auch der Selbständigkeitskampf der Farbigen gebrauchen (*identity* als Resultat des Ringens um Individualität und Personalität). Die Sache dieser in geschichtlichem Prozeß wachsender oder wieder verlorener Identität ist nun in mancherlei terminologischer Wandlung und Entwicklung bei Bonhoeffer deutlich aufzuweisen.

In den brüderlichen Ermahnungen zur Achtung der Meditationszeit heißt es: »So klärt sich auch das …, was man sagen soll, und man wird selbständig in den täglichen Entscheidungen.«[34] Anders, so daß auch das Element der Kontinuität in der christlichen Identität herauskommt, in einem Brief an die Brüder, die in der Identifikation mit den Kameraden an der sowjetischen Front zu versinken drohten:

Bei der Gefahr, die innere Ordnung über der Fülle des Geschehens, über der restlosen Inanspruchnahme durch Arbeit und Dienst … zu verlieren, gibt die Meditation unserm Leben so etwas wie Stetigkeit, sie hält die Verbindung mit unserem bisherigen Leben, von der Taufe zur Konfirmation, zur Ordination, sie bewahrt uns in der heilsamen Gemeinschaft der Gemeinde, der Brüder, der geistlichen Heimat, sie ist ein Funke von jenem Herdfeuer, das die Gemeinden daheim für Euch hüten wollen, sie ist eine Quelle des Friedens … Könnte sie nicht für uns wieder eine heilende, der Genesung zuführende Macht werden?[35]

Und schließlich die in heteronomer Bindung der Freiheit gewährte Identität, wie sie das Gedicht am Tage nach dem fehlgeschlagenen Aufstand, der den letzten weltlichen Ausdruck von Bonhoeffers »Sein für andere« darstellte, sagt: »Niemand erfährt das Geheimnis der Freiheit, es sei denn durch Zucht.«[36] In der Ethik taucht ausgerechnet am Ende, als 1942/43 schon die Gedankenwelt von Tegel über die »Weltlichkeit« des Christen erreicht ist[37], bei der Behandlung des Mandates der Kirche die Dia-

[34] 14.2.1941, GS II, 402.
[35] 1.3.1942, GS II, 584 f.
[36] 21.7.1944, WE, 250.
[37] Siehe E, 318 u. GS III, 473.

lektik ihres Seins als – wie anstößig – »Selbstzweck« und als »Mittel zum Zweck« auf. Ist das – wie Ernst Lange fürchtet – doch wieder Rückfall in repräsentative Ekklesiologie, die »das Gewicht des Säkularisierungsprozesses verkennt«[38] – oder ist es notwendiger Hinweis auf die Identität in der Identifikation?

In Tegel hat sich kaum etwas an der Polarität der »Selbstzweck«-Identität und der Ausrichtung auf die Welt geändert, wohl aber an dem Ort und der Direktheit der Pole selbst. Die eventuelle Statik von zwei separierten Sphären (hier Identität – dort Identifikation, hier Selbstzweck – dort Mittel zum Zweck, hier christlich – dort weltlich, und dann auch hier nichtreligiös interpretieren – dort arkane Gottesdienste), die hat ihn dann doch stärker als *das* Problem beunruhigt.

Was wir hier mit dem modernen Begriffspaar Identität – Identifikation beschrieben, um Bonhoeffers charakteristische Dialektik von Arkandisziplin und nicht-religiöser Interpretation festzuhalten, das ist vielleicht nichts anderes als die heute geforderte Artikulation des Dilemmas, das die Christenheit immer begleitet hat: das Dilemma, sowohl das *sanctam* wie das *catholicam* in ihrer Einheit wie in ihrer Spannung durchzuhalten, wenn wir bekennen: *credo sanctam ecclesiam catholicam. Sanctam*: Identität, Arkandisziplin, gottesdienstliche Übung – das bekennt die eschatologische Weltentnommenheit, die unbegreiflich begabende und der Welt zugleich entgegenstehende Präsenz göttlicher Zukunft. *Catholicam*: Identifikation, nicht-religiöse Interpretation, Tun des Gerechten – das bekennt die universale Relevanz, die Solidarität mit aller Welt bis zum Risiko des Inkognito. *Sanctam* meinte den Gottesbezug, *catholicam* den Weltbezug der Kirche; *sanctam* die Christusgebundenheit, *catholicam* die Erdgebundenheit der Christen. Unter dem *sanctam* erscheint die Welt als der feindliche Kosmos, unter dem *catholicam* als Gottes immer neu geliebte Schöpfung – und das gilt erst recht von der »säkularen« Welt. Unter dem *sanctam* erfährt die Gemeinde Drohung und Eingrenzung, unter dem *catholicam* unbekümmerte Entgrenzung.

In einer langen und schuldbeladenen Geschichte hat die Chri-

[38] A. a. O., S. 537.

stenheit wieder und wieder je die eine Bestimmung zugunsten der anderen verdrängt und die Folgen der gestörten Balance tragen müssen. Im Namen des *sanctam* schnitt sie ein Stück Welt heraus und erklärte es für heilig und verfiel dem Sektierertum oder dem Pietismus. Oder sie paßte sich im Namen des *catholicam* der Welt an und banalisierte ihren kostbaren Auftrag. Sakralisierung oder Klerikalisierung der Welt waren die Folgen. Etablierte und freikirchliche Christenheit sahen je die Schwäche des anderen und bestanden doch einseitig auf ihrem Anteil.

Vielleicht, daß Bonhoeffers vorläufige Formeln neu artikulieren helfen – auch im Blick auf den »Gottesdienst in einem säkularen Zeitalter«: das separierte *sanctam*, ohne ein ganzes *catholicam*, führt in ein kommunikationsloses Ghetto; das des *sanctam* beraubte *catholicam* aber nur zum gesichtslosen Boulevard. Das kritische *sanctam* wird durch das *catholicam* davor bewahrt, sich im Negativen zu erschöpfen; das aktive *catholicam* durch das *sanctam* davor, in Weltgeschäftigkeit zu versinken. Das optimistische Element im *catholicam* behütet das *sanctam* vor dessen Enthusiasmus und vor den Enttäuschungen in seinem Umkreis; und die bescheidene Begrenzung des *sanctam* wird durch das *catholicam* davor behütet, zu kleingläubig von der Kirche Gottes und von ihren Versammlungen in einer säkularen Welt zu denken.

Identitätsübungen, die nicht zu mutigen Identifikationen mit der säkularen Welt führen, sind Museumsstücke, ja, sie verraten und verspielen die Identität Christi. Mitten in den Identifikationen aber hütet die Identität der Brüder Christi die Gabe, rühmt sich nicht ihrer Begabung und teilt die Verkennung des Gebers.

Theologische Zeitschrift 24 (1968), S. 40–48.

RELIGIONSLOSES CHRISTENTUM UND NICHT-RELIGIÖSE INTERPRETATION BEI DIETRICH BONHOEFFER

Von Ernst Feil

In der Bonhoeffer-Forschung ist ein Aspekt wohl noch nicht gesehen, der deutlicheres Licht darauf werfen dürfte, was Dietrich Bonhoeffer (1906–45) mit *religionslosem Christentum* und *nicht-religiöser Interpretation* gemeint hat.

1.

E. Bethge hat in seiner gewichtigen Bonhoeffer-Biographie auf den merkwürdigen Tatbestand hingewiesen, daß in Deutschland vornehmlich von der nicht-religiösen Interpretation biblischer Begriffe, im angelsächsischen Raum aber vom nicht-religiösen Christentum gesprochen wird, Bonhoeffer aber beides meine[1]. Genauer ist dazu – besonders gegen einen bleibend wichtigen Aufsatz von G. Ebeling – zu sagen, daß Bonhoeffer *zunächst* vom *religionslosen Christentum*, dann und abgeleitet erst von der nicht-religiösen Interpretation spricht[2]. Beleg dafür ist, daß Bon-

[1] E. Bethge, Dietrich Bonhoeffer. Theologe – Christ – Zeitgenosse (1967), S. 958 ff., bes. S. 977. – Diese These findet ihre Bestätigung durch J. A. Phillips, The Form of Christ in the World. A study of Bonhoeffer's Christology (1967), bes. S. 199 ff. = oben S. 283 ff.

[2] G. Ebeling, Die „nicht-religiöse Interpretation biblischer Begriffe“: Die mündige Welt, 2 (1956), S. 12–73; hier ist Bonhoeffers Anliegen zu sehr als „theologische Reflexionsformel in bezug auf die Verkündigung“, S. 12, Anm. 2, vgl. S. 33 ff., verstanden, was es gewiß auch war, aber erst sekundär.

hoeffer im Brief vom 30.4.1944 (dem ersten Brief in ›Widerstand und Ergebung‹, in dem er dieses Thema anschneidet, dem ersten Brief nach der Zäsur[3], nach der Bonhoeffers „neue" und inzwischen angestrengt diskutierte Theologie beginnt) von der „religionslosen Zeit", von der „Religion" bzw. dem „religiösen Apriori" als „bedingter und vergänglicher Ausdrucksform des Menschen", von den „Religionslosen" und vom „religionslosen Christentum" spricht und fragt, wie wir „religionslos-weltlich" sind, aber kein einziges Mal von Interpretation spricht[4].

Erst im folgenden Brief vom 5.5.1944 wird von „‚nicht-religiös' interpretieren", von „uminterpretieren" gesprochen[5], so sehr auch hier die Einleitung, das Stichwort, mit dem Bonhoeffer beginnt, die „Religionslosigkeit" ist[6]. Erst später, am 8.6.1944, ist erstmalig die substantivische Form „*nichtreligiöse Interpretation*" gebraucht[7]. Und noch später beginnt Bonhoeffer seine Ausführungen wie selbstverständlich mit der Formel von der nichtreligiösen Interpretation (8.7., 16.7.1944)[8]. Daraus kann der Schluß gezogen werden, daß Bonhoeffer sich später dem Problem von der leichter greifbaren und reflektierbaren Seite zugewendet hat, es aber begonnen hat nicht mit der Frage der Interpretation, der Reflexion, sondern von einer konkreten Erfahrung des gelebten Lebens her, – er müßte sonst zugleich seinem Grundansatz, der sich durch sein gesamtes Leben und seine gesamte Theologie hindurchzieht, untreu geworden sein.

Wir dürfen aus dem Tatbestand, daß Bonhoeffer zunächst von religionslosem Christentum spricht, in Übereinstimmung mit seiner ganzen Theologie schließen, daß das religionslose Christen-

[3] Bethge (A. 1), S. 964 ff.

[4] D. Bonhoeffer, Widerstand und Ergebung (1966), zit. WE, S. 176 ff. – Wohl taucht ebd., S. 180 f., mehrfach die Frage auf, wie wir von Gott ohne Religion *sprechen*.

[5] WE, S. 183 ff.

[6] Ebd. Dort auch die entgegengesetzte Formulierung „religiös interpretieren". Dabei setzt Bonhoeffer einmal nur das „nicht-religiös", dann das „religiös interpretieren" in Anführungsstriche, ein Zeichen, daß hier keine feste Terminologie vorliegt.

[7] WE, S. 219.

[8] WE, S. 233 bzw. S. 239.

tum das primäre Anliegen, die nicht-religiöse Interpretation aber der Versuch ist, dieses Anliegen reflex zu erfassen und auszusagen.

Damit gewinnt der erste Brief, in dem dieser Gegenstand angerührt wird (30. 4. 1944), an Bedeutung gegenüber den folgenden Briefen, weil hier vermutlich die frischesten Ausführungen darüber zu finden sind[9]. In diesem Brief findet sich nun ein Hinweis auf die „westliche Gestalt des Christentums", ein Hinweis, der zum Schluß des Briefes noch einmal darin aufgenommen wird, daß Bonhoeffer sagt[10]: „Vielleicht wird hier gerade uns in der Mitte zwischen Osten und Westen eine wichtige Aufgabe zufallen." Dieser Hinweis auf die westliche Gestalt ist von zentraler Bedeutung. E. Bethge hat ihn aufgegriffen, wenn er sagt, daß bei Bonhoeffer im Unterschied zu K. Barth die Religion „ein geschichtliches, vorübergehendes, so vielleicht nicht wiederkehrendes ‚westliches' Phänomen" sei[11], und dazu fragt[12]: „Kann Glaube dem entgehen, daß er zur Religion westlicher oder östlicher oder afrikanischer Prägung wird?" Doch müßte diese Frage im Anschluß an Bonhoeffer genauer heißen: Kann der Glaube, dessen westliche nunmehr vorübergehende Gestalt Religion ist, kann das religionslose Christentum dem entgehen, etwas ähnlich Vergängliches auch in östlicher oder afrikanischer Gestalt zu werden?

Die bei Bethge richtig gesehene Nuancierung des Bonhoefferschen Religionsbegriffes als eines geschichtlich bedingten und gewordenen muß aber ganz konkret weiterverfolgt werden, um zu einem richtigen Verständnis des religionslosen Christentums zu kommen. Dazu ist zu fragen: Was hat Bonhoeffer sich *konkret*

[9] WE, S. 176 ff.

[10] WE, S. 182.

[11] Bethge (A. 1), S. 979, vgl. S. 969. – In WE, S. 178 ff., finden sich noch mehrere Aussagen zum geschichtlichen Charakter des Religionsbegriffes.

[12] Bethge (A. 1), S. 985. Wenn nun Bethge fortfährt, daß Bonhoeffer „‚Religion' in ihrer ‚westlichen Gestalt' für entbehrlich und für eine Hinterlassenschaft vergangener Zeit" erklärt, so ist gerade damit nicht gesagt, daß sie das immer war. Auch dies ist geschichtlich zu verstehen.

vorgestellt mit seinem Postulat des religionslosen Christentums, in dessen Verfolg auch eine nicht-religiöse Interpretation erforderlich sein wird? Denn es ist bei Bonhoeffer wohl ausgeschlossen, daß er nur theoretisch über ein solches Phänomen nachgedacht hat. Und der ihm im ganzen Leben immer wieder und immer deutlicher werdende Verfall des „Abendlandes", der westlichen christlichen Welt, dürfte hier nicht genügen. Ohne aber diese konkrete Alternative zu kennen, bleibt uns die Kenntnis dessen verschlossen, was Bonhoeffer sich unter religionslosem Christentum gedacht hat.

2.

Der Hinweis auf die „westliche Gestalt" legt die Alternative einer faktischen oder auch vielleicht nur potentiellen „östlichen Gestalt" des Christentums nahe. Nun gibt es aber einige frühe Texte, die diese Vermutung bestätigen und die uns die These erlauben: Eine erste, wesentliche Wurzel zu Bonhoeffers Vorstellung vom religionslosen Christentum und der davon abhängigen Aufgabe der nicht-religiösen Interpretation liegt in einem durch *indische Lebensform* geprägten Christentum, das Bonhoeffer leidenschaftlich erhofft. Daher rührt sein Verlangen und sein Bemühen, als Rettung aus der Misere des westlichen Christentums Indien kennenzulernen und Gandhi zu begegnen.

Bonhoeffers Plan, nach Indien zu kommen, der bereits in Barcelona anhob (1928), während des Amerika-Aufenthaltes (1931) neu aufgegriffen wurde, in London (1933–1935) der Verwirklichung greifbar nahe schien[13], hat als ein konkreter Ansatzpunkt zu gelten für die Erklärung, was Bonhoeffer mit religionslosem Christentum in Alternative zur vergehenden „westlichen Gestalt des Christentums" vorgeschwebt hat. So fragt Bonhoeffer bereits

[13] Bethge (A. 1): Jahr 1928, S. 138; 1930/31, S. 183f., 209; 1932, S. 270f., 280f., 298f.; 1933–35, S. 379, 381, bes. 468–472. Ebd. S. 184 wird die Verbindung zwischen Bonhoeffers Antithese zur Religion und Indien angedeutet.

viele Jahre vor ›Widerstand und Ergebung‹[14]: „Ob unsere Zeit vorüber ist und das Evangelium einem anderen Volke gegeben ist, vielleicht gepredigt mit ganz anderen Worten und Taten?" – nur daß es später, zur Zeit der ›Ethik‹ und von ›Widerstand und Ergebung‹, wohl eher geheißen hätte: Vielleicht gepredigt mit ganz anderen Taten und Worten? Dabei dachte er ausdrücklich an Indien, an das sich seine Hoffnung knüpfte. Seine eigene Situation beschrieb er: „Wie denken Sie sich die Unvergänglichkeit des Christentums angesichts der Weltlage und unserer eigenen Lebensart? Es wird immer unbegreiflicher, daß um des einen Gerechten willen ‚die Stadt veschont werden soll'. Ich bin jetzt Studentenpfarrer an der Technischen Hochschule, wie soll man diesen Menschen solche Dinge predigen? Wer glaubt denn das noch?"

Eine geraume Zeit nach dieser Aussage, wieder verbunden mit der Kundgabe seines Wunsches, nach Indien zu kommen, sagt er in einem Brief an seine Großmutter, der er ja die erste Anregung zu einer Indienreise verdankt, anläßlich der Frage, was er nach seiner Londoner Zeit tun werde[15]: „Bevor ich mich irgendwo endgültig binde, möchte ich aber noch einmal nach Indien. Ich habe mich in der letzten Zeit sehr intensiv mit den dortigen Fragen befaßt und glaube, daß man vielleicht sehr Wichtiges lernen kann. Jedenfalls scheint es mir manchmal, als ob in dem dortigen ‚Heidentum' vielleicht mehr Christliches steckt als in unserer ganzen Reichskirche. Tatsächlich ist ja auch das Christentum orientalischer Herkunft, und wir haben es dermaßen verwestlicht und mit rein zivilisatorischen Erwägungen durchsetzt, daß es uns soweit verlorengegangen ist, wie wir jetzt erleben."

Um den wichtigsten Text zu nennen, sei der Brief an seinen Bruder zitiert, der der gleichen Frage gewidmet ist[16]: „Irgendwie

[14] Brief an H. Rößler, 18.10.1931: D. Bonhoeffer, Gesammelte Schriften, zit. GS, I (^{2}1965), S. 61; bei Bethge (A. 1), S. 205, ohne den Hinweis auf Indien; vgl. GS I, S. 24.

[15] 22.5.1934, GS II (1959), S. 182; vgl. ebd. S. 180.

[16] Mitte Januar 1934, GS II, S. 158. Vgl. noch an E. Sutz 28.4.1934, GS I, S. 41; 11.9.34, ebd., S. 42.

empfinde ich diesen Aufenthalt in England – obwohl mir die Arbeit sehr viel Freude macht, in ihrem beschränkten Ausmaß – doch mehr als Intermezzo. Nur dachte ich eigentlich, daß mich der nächste Schritt doch endlich nach Indien und in den Osten führt. Der scheint einem von hier aus doch viel näher. Und da ich täglich mehr der Überzeugung werde, daß es im Westen mit dem Christentum sein Ende nimmt – jedenfalls in seiner bisherigen Gestalt und seiner bisherigen Interpretation –, möchte ich, bevor ich nach Deutschland zurückgehe, gern noch mal in den Osten." In dieser Aussage ist mit den zentralen Termini „Gestalt" und „Interpretation" die Aussage von ›Widerstand und Ergebung‹ vorbereitet, übrigens in der gleichen Reihenfolge wie dort, aber umgekehrt zu dem vorhin genannten Brief, wo Bonhoeffer von „Worten und Taten" spricht. Selbst wenn es richtig ist, die theologischen Aussagen der letzten Briefe als neue Theologie zu bezeichnen, wie es E. Bethge tut mit dem Hinweis auf Bonhoeffers eigene Zeugnisse, in denen Bonhoeffer sagt, daß ihm „ein Knoten platzen soll"[17], in denen er überrascht ist von seinen theologischen Gedanken[18], so muß doch festgestellt werden, daß die andeutungsweise Erfahrung eines „religionslosen Christentums" und der hieraus notwendige Versuch einer „nicht-religiösen Interpretation" schon lange vorbereitet war, tief mit dem gesamten Leben und Werk Bonhoeffers verbunden ist und von hierher verstanden werden muß. So ist es kein Zufall, wenn Bonhoeffer aus Berlin seinem Freund schreibt[19]: „Vor einem Jahr mit Lasserre in Mexiko! Ich kann das kaum denken, ohne daß es mich wie irrsinnig wieder herauszieht, diesmal nach dem Osten. Ich weiß noch nicht wann. Aber sehr lange darf es nicht mehr dauern. Es muß noch andere Menschen auf der Erde geben, solche, die mehr wissen und können als wir. Und es ist einfach banausenhaft, dann nicht auch dorthin lernen zu gehen. Die Nazis sind diese Menschen jedenfalls nicht, und unsere Kommunisten,

[17] Brief an E. Bethge, 25. 6. 1942, GS II, S. 420.

[18] WE, S. 178, vgl. S. 268; zum Ganzen Bethge (A. 1), S. 965 f.

[19] Brief an E. Sutz 17. 5. 1932, GS I, S. 32; hier auch die Verbindung mit Amerika.

so wie ich sie im vergangenen Winter etwas kennengelernt habe, auch nicht. Die Deutschen sind durchgehend rettungslos in einer bestimmten Richtung festgelegt, in der man zwar mehr sieht und weiß als der Amerikaner, aber das ist eben noch nicht viel." Und im gleichen Jahr (1932) stellt er in einem Vortrag an der Technischen Hochschule auf die Frage nach dem „Recht auf Selbstbehauptung" zwei Antworten gegenüber[20]: „Die Menschheit hat auf diese Urfrage allen Lebens im Wesentlichen zwei Antworten gegeben. Die eine entstand in der fernen fruchtbaren sonnigen, gestalten- und gedankenreichen Welt Indiens, in der der Leib leicht mit Gütern versorgt und darum die Seele der freien Hingabe und Vertiefung in sich selbst überlassen ist … Die andere große Lösung ist die der europäisch-amerikanischen Zivilisation, die Lösung der Kriege und der Fabriken." Daß diese (vielleicht übertriebenen) Hoffnungen auf Indien schon sehr früh in Bonhoeffers Leben nachzuweisen sind, zeigt eine Mitteilung eines Studiengefährten aus dem Wintersemester 1924/25 in Tübingen[21].

Wenn es stimmt, daß in dem Brief von 1934, der von „Gestalt" und „Interpretation" spricht, die Formulierungen von ›Widerstand und Ergebung‹ vorbereitet und vorweggenommen sind, so gilt für dieses Buch wie für die ›Nachfolge‹, daß die Kernbegriffe jeweils Jahre zuvor gefallen sind; hat doch Bonhoeffer lange vor Erscheinen der ›Nachfolge‹ bereits von der „billigen Gnade" gesprochen.

Der Zusammenhang der frühen Aussagen, die Bonhoeffers Wunsch, Indien kennenzulernen, Ausdruck geben, mit ›Widerstand und Ergebung‹ wird getragen durch den bereits genannten Hinweis auf die westliche Gestalt und auf Bonhoeffers Bemerkung, daß uns zwischen Osten und Westen vielleicht eine besondere Bedeutung zukomme. Denn im Zusammenhang mit seinen

[20] GS III (1960), S. 261 und 263; ebd., S. 268 findet sich die Formulierung „westliches Denken".

[21] Zit. bei Bethge (A. 1), S. 138. Diese hohe Einschätzung Indiens findet sich noch in WE, S. 228, wo es unter den heißen, geistig schöpferischen Ländern genannt ist.

Indien-Plänen setzt er sich mehrfach von den Erfahrungen, die er in Amerika gemacht hat, ab, wenn er auf die zwar nicht gute, aber doch immerhin andersgeartete Situation in Europa hinweist[22].

In Anbetracht der Intensität dieses Wunsches, nach Indien zu gelangen, und der doppelten Verbindung mit den Aussagen in ›Widerstand und Ergebung‹ scheint uns der Schluß bestätigt, daß die zentralen Auskünfte in ›Widerstand und Ergebung‹ verborgen, aber doch unverkennbar deutlich, schon viele Jahre vorher vorhanden sind. Östliche Lebensform, selbst wenn Bonhoeffer sie nicht kennengelernt hat, selbst wenn sie ihn enttäuscht hätte, wäre er nach Indien gekommen, hat als positive, erhoffte Alternative eines heraufkommenden religionslosen Christentums dem vergehenden westlichen Christentum gegenüber zu gelten. Nicht zufällig – und dies dürfte die dritte Verbindung zwischen den so weit auseinanderliegenden Texten sein – ist daher auch im Brief von ›Widerstand und Ergebung‹, mit dem die Frage nach der religionslosen Zeit beginnt, als Einleitung eine christologische Aussage zu finden[23]: „Was mich unablässig bewegt, ist die Frage, was das Christentum oder auch wer Christus heute für uns eigentlich ist.“ In dem Brief an H. Rössler von 1931 heißt es[24]: „Wenn wir's nicht in unserem persönlichen Leben sehen können, daß Christus da war, dann wollen wir's wenigstens in Indien sehen, aber dies wahnwitzige dauernde Zurückgeworfenwerden auf den unsichtbaren Gott selbst – das kann doch kein Mensch mehr aushalten.“ Und diese christologische Aussage macht Bonhoeffer, nachdem er den Gedankengang eingeleitet hatte, mit der Bemerkung: „Ein großes Land möchte ich noch sehen, ob vielleicht von dort die große Lösung kommt – Indien; denn sonst scheint es aus zu sein, scheint das große Sterben des Christentums da zu sein“; und es

[22] Vgl. WE, S. 182, mit Brief 1931, GS I, S. 61, und 1932, GS I, S. 32, wo es jeweils um eine (implizite) Dreiteilung geht: Indien – Europa – Amerika; s. unten die Aussage des Vortrags in Barcelona (Anm. 26).

[23] WE, S. 178.

[24] GS I, S. 61; s. o. Anm. 13.

folgt der schon genannte Text: „Ob unsere Zeit vorüber ist und das Evangelium einem anderen Volk gegeben ist, vielleicht gepredigt mit ganz anderen Worten und Taten?"

3.

Der permanente Wunsch, Indien kennenzulernen, um von dort her eine neue Form christlichen Lebens zu gewinnen, gefördert durch die Bonhoeffer tief betreffenden Erfahrungen, die er im asozialen Milieu des Berliner Wedding gemacht hat (1931–1933) und die im deutschen Widerstand auf ihn zukamen, haben zusammen mit dem Erlebnis des Absterbens des Christentums westlicher Prägung in Europa und vor allem in Amerika die Vermutung und Hoffnung eines heraufkommenden *religionslosen Christentums* geweckt. Auf diesem Hintergrund und von diesen persönlichen Erfahrungen, Wünschen und Hoffnungen her ist zu verstehen, was Bonhoeffer unter religionslosem Christentum und nicht-religiöser Interpretation verstanden hat[25]. So kann es als Motto angesehen werden, wenn Bonhoeffer bereits in einem Vortrag in Barcelona (1928) feststellt[26], daß auf die großen Fragen, die allenthalben anstehen, kein einzelner die Antwort finden kann; sondern „ein gewaltiger allgemeiner asiatisch-europäisch-amerikanischer Prozeß muß hier zur Beantwortung dieser Fragen führen". Von hier dürfte ein direkter Weg führen

[25] Vgl. E. Feil, Die Theologie Dietrich Bonhoeffers. Hermeneutik – Christologie – Weltverständnis, München ³1971.

[26] Vortrag, gehalten am 13. 11. 1928, abschriftlich bei Bethge, Ms. S. 2 (wichtig ist der Hinweis auf die Sozialität). Vgl. dazu die oben genannte Dreiteilung von Bethge, „westlich–östlich–afrikanisch". Im Vortrag, S. 1 f., ist die Rede von der großen Not und Ratlosigkeit in Europa: „Wer von uns wagt es denn, eindeutige Antwort zu geben etwa über den Sinn des gegenwärtigen Schicksals Europas", und von der Hoffnung, „Antwort zu bekommen, wenn wir uns der scheinbar so überholten Sache des Christentums einmal ernsthaft annehmen". Ist nicht schon hier das Problem von WE gesehen?

zu der Frage, ob „hier gerade uns in der Mitte zwischen Osten und Westen eine wichtige Aufgabe zufallen" wird[27].

Deuten wir zum Schluß noch das Ergebnis an, das sich für das religionslose Christentum und die nicht-religiöse Interpretation bei Bonhoeffer ergibt, so ist festzustellen, daß Bonhoeffer die nicht-religiöse Interpretation nicht als Programm verstand, sondern als Reflexion, die aus einer neuen Gestalt christlichen Lebens sich ergeben wird (wie ja auch das „Gemeinsame Leben" nicht Programmschrift, sondern Rechenschaftsbericht ist), daß aber das religionslose Christentum sich darin auszeichnet, daß der Christ 1. in aktiver Passivität glaubt, d. h. nachfolgt im Teilnehmen am Leiden Gottes in der Welt, und 2. dies in der Gemeinschaft der Glaubenden tut[28]. Hierfür war die Gewaltlosigkeit und das gemeinsame Leben im Ashram Gandhis Vorbild.

[27] WE, S. 182. – Unsere These, Bonhoeffer wollte die in Indien erhofften Erfahrungen für den „Westen" fruchtbar machen, bestätigt ein Brief von K. Barth vom 14. 10. 1936 an Bonhoeffer, in dem er sagt, er hätte seit langem nichts als „die seltsame Nachricht" bekommen: „Sie beabsichtigten nach Indien zu gehen, um sich dort bei Gandhi oder einem anderen dortigen Gottesfreund irgend eine geistliche Technik anzueignen, von deren Anwendung im Westen Sie sich große Dinge versprächen!", GS II, S. 288. Bezeichnenderweise hatte Bonhoeffer sich in Barcelona 1928 in sein Tagebuch geschrieben, „ob Barth je im Ausland gewesen war?", zit. bei Bethge (A. 1), S. 129.

[28] So nennt Bonhoeffer einmal „Indien, Kloster" unmittelbar nebeneinander, Brief 1934, GS II, S. 180. Vgl. auch den Brief Lordbischof Bells zur Empfehlung Bonhoeffers an Gandhi, 22. 10. 1934, GS II, S. 185; zugleich mit seinen Indien-Plänen bereitete Bonhoeffer auch Besuche in anglikanischen Klöstern vor, die vor der Aufnahme seiner Tätigkeit in Finkenwalde noch zustande kamen.

Dem Wort gehorsam. D. Hermann Dietzfelbinger zum 65. Geburtstag. München: Claudius Verlag 1973, S. 276–291.

LEBEN WIR IN EINEM RELIGIONSLOSEN ZEITALTER?

Zur Religionslosigkeitsthese von Dietrich Bonhoeffer

Von Horst G. Pöhlmann

Bonhoeffer spricht in seinen Gefängnisbriefen von der „Religionslosigkeit" des modernen, „mündig gewordenen Menschen", der seine Welt immanent erklären kann und für den daher Gott als „Lückenbüßer" für seine „Verlegenheiten" „überflüssig" geworden ist[1]. „Die Zeit der Religion", „die Zeit der Innerlichkeit", des „Gewissens"[2] und der „Metaphysik"[3] ist vergangen. „Wir gehen einer völlig religionslosen Zeit entgegen; die Menschen können einfach, so wie sie nun einmal sind, nicht mehr religiös sein."[4] Der moderne säkularisierte Mensch ist – um einen Ausdruck von K. Tucholsky zu verwenden – „religiös unmusikalisch"[5].

Bonhoeffers These von der Religionslosigkeit des modernen Menschen diagnostiziert unser technisches Zeitalter allem Anschein nach treffend. Die Technokratie ersetzt heute weithin Gott. Wo der vorindustrielle Mensch auf Gottes Hilfe im Gebet angewiesen war, verläßt sich der moderne Mensch auf ein selbstgemachtes Sicherungssystem, mit dem er sich vor Unglück und Not schützt, vom Blitzableiter bis hin zu Krankenversicherung, Schutzimpfung und Pensionsanspruch. Nach Th. W. Adorno kann man „angesichts der Existenz von Brotfabriken" schwerlich noch „um unser täglich Brot ..." beten[6].

[1] Widerstand und Ergebung. 1959[9] S. 258.
[2] A. a. O., S. 178.
[3] A. a. O., S. 180.13
[4] A. a. O., S. 178.
[5] Briefe an eine Katholikin. 1970 S. 41.
[6] Minima Moralia Bibl. Suhrk. 1969 S. 141.

Die Religionslosigkeitsthese Bonhoeffers ist freilich nicht nur das Ergebnis einer Zeitanalyse, sondern einer ganz bestimmten Theologie, in der unter dem Einfluß Karl Barths Glaube und Religion sich grundsätzlich gegenseitig ausschließen. Bonhoeffer konnte sich nun freilich nicht mit dem Barthschen „Offenbarungspositivismus", der nicht auf das moderne Denken ein-, sondern über es hinweggeht, befreunden[7]. Er versucht, auf das moderne Denken einzugehen durch die sogenannte „nichtreligiöse Interpretation der theologischen Begriffe"[8] und des Glaubens. Man kann nach Bonhoeffer dem modernen *religionslosen* Menschen das Evangelium nur noch in *religionsloser* Form nahebringen. Die „Religion" ist nicht „Bedingung", nicht Voraussetzung des Glaubens, auch ein Mensch, der nicht religiös ist, kann ein Christ sein[9].

Bevor die Religionslosigkeitsthese Bonhoeffers kritisch untersucht werden soll, muß noch der Begriff Religion geklärt werden. Er hat bei Bonhoeffer den Sinn von „Innerlichkeit", „Gewissen", „Metaphysik", Bindung an eine überweltliche, die „Grenzen" des Menschen überschreitende „Kraft"[10]. Dieser Religionsbegriff dürfte dem der Alltagssprache entsprechen, aber auch nicht wesentlich von dem der Religionswissenschaft abweichen[11]. Wir wollen von diesem Religionsbegriff ausgehen, wenn wir die Frage stellen: Ist der moderne Mensch wirklich religionslos, wie Bonhoeffer meint?

Derselbe Tucholsky, der sich für „religiös unmusikalisch" hält, sagt mit Novalis: „‚Wer keinen Sinn für Religion hätte – müßte doch an ihrer Stelle etwas haben, was für ihn das wäre, was andern die Religion ist...'"[12] Offenbar gibt es für Tucholsky so etwas wie eine außerreligiöse, säkulare, profane Religiosität. Es ist

[7] WE 179. 185. 219.

[8] A. a. O., S. 219. 183.

[9] A. a. O., S. 180, 178 ff.

[10] WE 178. 180 f.

[11] Vgl. R. Jelke, Religionsphilosophie. 1927 S. 129, van der Leeuw RGG² IV Sp. 1860; K. Goldammer KuD 15 H. 2/1965 S. 115; H. von Glasenapp, Fischer Lexikon 1 S. 12.

[12] Briefe an eine Katholikin. S. 41.

sehr die Frage, ob nicht der moderne Mensch überhaupt diese profane Religiosität für sich in Anspruch nimmt. Auf der Tagung des Lutherischen Weltbundes in Helsinki wurde dieses Phänomen der profanen Religiosität angesprochen, wenn dort die Meinung vertreten wurde, daß der moderne Mensch vor einem „leeren Thron" steht, dem er sich verantwortlich weiß, so sehr er „Gott aus dem Gesichtskreis verloren" hat[13]. Sosehr er in seiner entgotteten Welt Gott aus dem Auge verloren hat, „behält" er nach Joest „das Bedürfnis, von irgendwoher grundlegend bejaht und akzeptiert zu sein". Seine Frage nach Gott versteckt sich in seiner „Frage nach dem vielleicht ganz anonymen Woher, von dem her" er „gelten gelassen und bestätigt" ist. Sie „kann ihre Beantwortung suchen im Sichgründen und -hängen an welthafte Größen, z. B. Arbeitsleistung, Lebensstandard, soziale Anerkennung"[14].

Der moderne Mensch fühlt eine undeutliche Verpflichtung gegenüber einer transsubjektiven Macht, die er nicht unbedingt mit dem sakral aufgeladenen Begriff Gott, sondern ganz profan umschreiben kann und die letztlich im Nebel des Unbeschreiblichen bleibt. Weil diese Tabugottheit immer anders umschrieben wird, transzendiert sie alle Umschreibungen und ist im Letzten unumschreibbar. Sie versteckt sich unter profan-unauffälligen Instanzen.

Diese profane Religiosität des modernen säkularisierten Menschen, diese seine Rückbindung – Religion kommt ja wohl von religare, rückbinden –, diese seine Rückbindung an ein gesichtsloses Numen soll nun durch einige Beispiele aus dem säkularisierten, modernen Denken nachgewiesen werden. Zunächst Beispiele aus der gegenwärtigen (bzw. gegenwärtig wirksamen) Dichtung und Literatur:

In Kafkas Romanen ›Der Prozeß‹ und ›Das Schloß‹ ist der Mensch (= „K.") einer dunklen Fremdmacht – im ›Prozeß‹ dem Richter, im ›Schloß‹ dem Schloßherrn – auf Leben und Tod ausgeliefert und verantwortlich, ohne letztlich zu wissen, warum. Im

[13] Offizieller Bericht Helsinki 1964 S. 481.

[14] In: Zur Auferbauung des Leibes Christi. S. 163.

›Prozeß‹ läßt ein Femegericht den Prokuristen Josef K. ohne Grund verhaften[15]. Alles geschieht ohne jedes Aufsehen[16]. Er wird nicht eingesperrt, sondern er übt seinen Beruf weiterhin aus. Er wird jeweils zum Gericht beordert, das ganz unauffällig in einem Hinterhaus einer entlegenen Vorstadtstraße tagt[17]. Er wird angeklagt und eines Abends von zwei Herren abgeholt, die ihn in einem Steinbruch erstechen[18]. Der „Untersuchungsrichter“ im ›Prozeß‹-Roman ist so „unbegreiflich“[19] wie der Schloßherr im ›Schloß‹-Roman – ein Roman, der eine ähnlich gespenstische, irreale Welt schildert. Wie das Gericht im ›Prozeß‹ ist die Schloßbehörde im ›Schloß‹ eine unberechenbare, undurchsichtige, zwielichtige Instanz, die dem Landvermesser K. ohne Grund die Anerkennung versagt und in deren Hand er ist („man spielt ... mit mir“)[20]. Die allmächtige Schloßbehörde („alles geht vom Schloß aus“)[21] – ungreifbar wie das geheimnisvolle Femegericht im ›Prozeß‹ – „kann ... nicht verzeihen, sondern nur richten“[22]. Kafka bemerkte einmal andernorts: „Jeder Mensch hat sein Leben und seinen Gott. Seinen Verteidiger und Richter.“ „Jeder Mensch“ „muß“ „sein Leben rechtfertigen können“[23]. Die Gottheit, vor der er sich rechtfertigt, verhüllt sich aber in säkular-unauffälligen Instanzen, vor denen sich der Mensch verantwortet, von der Technokratie, Bürokratie, sozialen Anerkennung bis hin zu Angstneurosen und Wahnfeinden. Immer bleibt der ganz verschieden umschriebene und letztlich unumschreibbare, weiße Fleck auf der Landkarte der Psyche, der unverstandene Rest, das Überirdische, das nicht selbst, aber an seiner Mantelfalte ergriffen wird.

Dem Kafkaschen Numen ist der „anonyme Chef einer anony-

[15] Romane Fischer-Vlg. 1965 S. 259 ff.
[16] A. a. O., S. 270.
[17] A. a. O., S. 288.
[18] A. a. O., S. 440 ff.
[19] A. a. O., S. 304.
[20] A. a. O., S. 657.
[21] A. a. O., S. 659.
[22] A. a. O., S. 672.
[23] Kafka-Buch Fischerb. 1965 S. 251.

men Bürokratie"[24] in H. Kasacks ›Die Stadt hinter dem Strom‹ zum Verwechseln ähnlich, auch er eine zwielichtige Gestalt, der die Menschen auf Gedeih und Verderb ausgeliefert sind.

Auch Rilke scheint eine gesichtslose Gottheit zu kennen, die – selbst ungreifbar – nach uns greift. Im Stundenbuch nennt er Gott das „Ding der Dinge", das „dunkle Netz", in dem sich die Gefühle des Menschen fangen, den „dunklen Unbewußten"[25], den „raunenden Verrußten"[26]. Gott ist der „dunkle Grund" der Welt[27], ihre „Tiefe"[28], „tausend Theologen" „tauchen" in seines „Namens alte Nacht"[29], ohne ihn erhellen zu können. Nur „eine schmale Wand ist" zwischen Gott und dem Menschen, so daß der Mensch ihn zwar „atmen", aber nicht sprechen hört[30]. Gott „schwelgt in Schweigsamkeit"[31]. Er ist ein „Gewicht" am Menschen, von dem jener nicht loskommt[32].

Ähnlich der Tabugott G. Benns, der von einer „Stimme" hinter dem Vorhang", „G." genannt, spricht. Der Vorhang vor Gott, dem wesentlich „Dunklen", „immer Schweigenden", darf nicht gelüftet werden[33]. Der Mensch ist für ihn ein „armer Hirnhund, schwer mit Gott behangen"[34]. Obwohl Benn erklärtermaßen religionslos eingestellt ist[35] und jede „religiöse Überwölkung" der Welt ablehnt[36], anerkennt er einen „unbekannten Gott, der uns unaufhörlich treibt"[37]. Obschon für ihn das „Zeitalter" der „Religionen" zu Ende ist, bekennt er sich zu einem „Fanatismus zur

[24] Die Stadt hinter dem Strom. Ausgabe 1971 S. 404.
[25] Ges. Gedichte. 1962 S. 21. 24.
[26] Werke in drei Bänden I S. 32.
[27] A. a. O., S. 52.
[28] A. a. O., S. 43.
[29] A. a. O., S. 46.
[30] A. a. O., S. 11.
[31] A. a. O., S. 39.
[32] A. a. O., S. 37.
[33] Ges. Werke in vier Bänden II S. 413 ff. 438; III S. 252. 156.
[34] A. a. O. II S. 31.
[35] A. a. O. IV S. 129.
[36] A. a. O. IV S. 161.
[37] A. a. O. III S. 149.

Transzendenz", die er freilich säkularisiert zur „Transzendenz der schöpferischen Lust", zur „Metaphysik der Kunst"[38].

Auch Hans Magnus Enzensberger scheint eine indifferente und gesichtslose Tabugottheit zu kennen, der sich der Mensch irgendwie verpflichtet weiß. In dem Gedicht ›gewimmer und firmament‹, in dem er sich als „sucher nach transzendenz in mülleimern und in bibeln" charakterisiert, schreibt er vom „himmel", er habe „weder" „zeit" „noch keine zeit", sei „unfarben", aber „der farbe bedingung", „der nicht schweigt, geschweige denn spricht oder lacht", sosehr „ohne" ihn „kein lachen" „ist", „nichts ist abzulesen an ihm, er ist mein vater nicht, nicht mein geschwister, niemands kind, niemands haus, unwegsam, unwirtlich", der „nichts verheißt" und den „ich" trotzdem „lobe"[39]. In seiner ›Ode an niemand‹ redet er zu einem dunklen Numen: „dein rauchiges herz ist zeuge, / einziger könig, im wind / dein auge aus traur. / du bist der gesell des zaubers, / erleuchtet von vielen wüsten, / vom ungehorsam gekrönt, / du bist nicht gemodelt von zeit, / noch gesprenkelt von asche / ist deine getreue stirn / du bist nicht fern und früh / oder spät, du bist hier / dein gerechter blick ... wohnt auf den werften, geht über sternwarten weg, in staubige fundbüros, ruht in nassen zementkellern ... fällt auf thrombosen und lunten, auf schlachthöfe ... und wirre raffinerien." Dann die Bitte: „verborgener, gläserner jäger / in deiner großmut wirst du ... dein ebenbild" „vergessen"[40] und nicht strafen. In dem Gedicht ›der schlafende schlosser‹ schreit der Mensch, der „in die grube" „fähr(t)" nach einem schlosser, „daß er aufschweiße die finsternis", aber der schlosser schläft und hilft nicht[41].

Auch Alfred Andersch schildert in seinem ›Sansibar‹-Roman ein dunkel verhangenes Numen, das auf den Menschen drückt, aber ihm nicht hilft. Er redet vom „abwesenden" und „tauben Gott", von dem der Mensch trotz alledem nicht loskommt[42].

[38] A. a. O. IV S. 234 f.
[39] Landessprache ed. suhrk. 304 S. 91 f.
[40] A. a. O., S. 80 f.
[41] Gedichte, Ed. Suhrk. 20 S. 32.
[42] Sansibar ... Fischerb. 354 S. 108.

Gott gilt in diesem Roman als der „ferne hohe Herr", der die Seinen im Stich ließ, indem er es nicht hinderte, daß die Nazis an die Macht kamen. Andersch läßt Pastor Helander in diesem Roman sagen: „Gott war nicht die feste Burg des Kirchenliedes, Gott war ein Spieler, der das Reich den anderen überließ, wenn es ihm gefiel, und vielleicht würde er es, einer Laune gehorchend, eines Tages wieder einmal den Seinen" geben[43]. „Gott" „war" „abwesend". Er hat die „Welt" als „schalltoten Raum" gemacht. „In einem solchen Raum konnte man Gebete nur für sich selbst sprechen." In dieses Gottes-Vakuum der Welt sacken die Gebete ab und erreichen so nicht Gott[44]. Pastor Helander glaubt „an jenen Herrn", „der sich in Honolulu oder auf dem Orion befindet", er glaubt „an die Ferne Gottes"[45]. Gott, eine Chiffre für das blind waltende Schicksal – wie bei Kafka, Kasack, Benn und Enzensberger!

Nach Wolfdietrich Schnurre verbirgt sich Gott in seinem Gedicht ›Gebet‹ hinter der „Breitwand kolorierter Zerstreuung", hinter dem „Wald aus Fernsehantennen". Gott versteckt sich also gerade dort, wo man ihn nicht sucht, nämlich hinter der Freizeitblödigkeit, Indifferenz, totalen Belanglosigkeit des modernen Lebens, wie überhaupt hinter der Technokratie[46].

Auf die Apokalyptik der Technokratie spielt auch F. Dürrenmatt in der Erzählung ›Der Tunell‹ an. Ein Zug voller Menschen fährt an einem harmlos netten wolkenlosen Sommertag in einen „kleinen Tunell", aus dem er nicht mehr herauskommt. Immer schneller rast er dem „Abgrund, dem Innern der Erde", dem „Ziel aller Dinge" entgegen. Der letzte Satz dieser Erzählung dechiffriert sie: „Gott ließ uns fallen, und so stürzen wir denn auf ihn zu."[47] Diese Erzählung macht nicht nur klar, daß der moderne Mensch von Gott nicht loskommt, sondern vor allem, daß er Gott und das Eschaton ganz unauffällig-weltlich, nicht als

[43] A. a. O., S. 165.
[44] A. a. O., S. 107.
[45] A. a. O., S. 163.
[46] Kassiber, Neue Gedichte. Ed. Suhrk. 94 S. 41.
[47] Horst Nitschke, Wo ist Gott S. 122 ff.

Einbruch einer Überwelt in diese Welt, erfährt. Diese profane Eschatologie war noch deutlicher in Kafkas ›Prozeß‹ und ›Schloß‹ zu bemerken, wo das Weltgericht leise, tückisch, wie auf Taubenfüßen, nicht mit dem Getöse einer Lawine kommt, wo es dem Menschen lautlos von hinten wie ein Lasso übergeworfen wird, ohne daß er merkt, woher es kommt.

Weitere Beispiele für profane Religiosität in Form von säkularer Eschatologie: Auf Kasacks ›Stadt hinter dem Strom‹ wurde schon hingewiesen. Er schildert in diesem Roman das atheistische Jenseits des nachchristlichen Menschen. Die Figuren sind gutfunktionierende Marionetten in der Hand des anonymen Chefs. Ihre Bewegungen sind Leerlauf. Die Kunststeine, die eine Fabrik mit viel Mühe herstellt, werden in einer anderen Fabrik zermahlen, damit wieder aus der daraus gewonnenen Staubmasse in der ersten Fabrik Kunststeine verfertigt werden usf.[48]. Ein Gleichnis der Sinnlosigkeit der modernen Fabrikarbeit sowie der Arbeit des Menschen überhaupt? Der Leistungsdruck als unausweichliches Schicksal?

Enzensbergers Gedicht ›Purgatorio‹ ist ebenso ein Beispiel profaner Apokalyptik. Weltgericht und Weltende spielen sich in ganz profan-unauffälliger Form, nämlich auf einem modernen Flugplatz, ab:

Wehe die erde ist winzig auf den broschüren / zur snackbar watscheln entwicklungshelfer / eingewickelt in reiseschecks / die quarantäneflagge ist aufgezogen / – herr albert schweitzer / wird zur transit-auskunft gebeten – / ausgebuchte buchhalter rudern / durch gläserne korridore / zum jüngsten gericht / letzter abruf nach nagasaki / – herr adolf eichmann / wird zur transit-auskunft gebeten – / die welt ist wegen nebels geschlossen / auf tretrollern fahren bräute vor / in wehenden totenhemden / die maschine ist startbereit / – monsieur godot / wird zur transit-auskunft gebeten – / ausgang b position zwei und dreißig / die nylonstimme ruft wehe über uns / leichenzüge fluten über die pisten / in der dunkelheit flammen sirenen.[49]

[48] Die Stadt hinter dem Strom. Ausg. 1971 S. 205; Blindenschrift Suhrk. 1964 S. 36.

[49] Blindenschrift 1964, S. 36.

Wie sehr der Mensch von einer anonymen Macht gefordert wird, die ihn bis in die Wurzel seines Daseins erschüttert, erweist auch die profane Apokalyptik von Beckett: In ›Warten auf Godot‹ ist der Mensch ein Wesen, das nicht vorwärts kommt und daher darauf angewiesen ist, zu warten. Immer wieder sagen Estragon und Wladimir: „Wir warten auf Godot." „Wir können nicht" „gehen"[49a]. Wer ist für sie Godot? Der „Wind im Schilf"[50], ein „guter Mann"[51], der brutale „Pozzo", der ihnen Knochen zum Fressen gibt[52], ein „Bekannter", den sie trotzdem „kaum kennen"[53], der, „von dem" die „Zukunft abhängt"[54], der, der ihnen immer wieder melden läßt, er komme, und doch nie kommt[55], er ist ein Strafender[56] und doch der, der sie „rettet"[57]. Godot ist eine Art metaphysischer Wechselrahmen, in den alles und nichts gespannt wird, ein gewisses Etwas der Erwartung des Menschen, das nie eintrifft, die Zukunft, die nie zukommt, der Sinn des Lebens, der ausbleibt, ein zutiefst absurdes Numen, wie der Satz am Schluß des Dramas zeigt: „Wir gehen? Gehen wir! Sie gehen nicht von der Stelle."[58] – In Becketts Drama ›Endspiel‹ wartet niemand mehr; die Menschen sind stumpf dahinbrütende Tiere in einer Welt ohne „Licht" und „Sonne", in einer Welt mit leerem „Horizont"[59]. Verdämmernde Menschen, „verloren im Leeren"[60]. „Es ist aus, mit uns ist es aus."[61] Und trotzdem findet man in diesem Drama die Sätze: „Irgend etwas geht seinen

[49a] Ed. Suhrk. 3 S. 13 f. 60, 82, 85 f., 95, 102, 114.
[50] A. a. O., S. 21.
[51] A. a. O., S. 23.
[52] A. a. O., S. 25.
[53] A. a. O., S. 26.
[54] A. a. O., S. 27.
[55] A. a. O., S. 112.
[56] A. a. O., S. 114.
[57] A. a. O., S. 89.
[58] A. a. O., S. 116.
[59] Ed. suhrk. 96 S. 67. 51.
[60] A. a. O., S. 59.
[61] A. a. O., S. 79.

Gang" („quelque chose suit son cours")[62]. „Es kommt" („on arrive")[63]. Also doch eine Huldigung an ein Numen! (Vgl. auch Ionescos ›Die Stühle‹!)

Daß der heutige Mensch unter einem numinosen Druck steht, daß er einem poly- und letztlich anonymen Superego verpflichtet ist, erweist auch die heutige Philosophie und Psychologie. Von einer Rückbindung an eine namenlose Gottheit spricht in der gegenwärtigen Philosophie vor allem Jaspers, der den Menschen als das „gottbezogene Wesen" definiert und der den Grundsatz vertritt: „Gott ist; es gibt die unbedingte Forderung."[64] Diese Religiosität des Menschen ist als solche aber für ihn nicht erkennbar, Gott ist als Gott nicht offenbar, sondern ein „verborgener Gott"[65], ein schwebendes, vieldeutiges, vielgesichtiges und letztlich gesichtsloses Numen. Ähnlich denkt Weischedel, der das „Wesen der Wirklichkeit" als „Fraglichkeit" bestimmt und das „mächtige Von woher der Fraglichkeit" „Gott" nennt[66]. In diesem Zusammenhang kann auch auf die Ausführungen Heideggers über das Gewissen und seinen „Rufcharakter" in ›Sein und Zeit‹[67] hingewiesen werden. Das Gewissen ist für ihn „Ruf", also „Stoß" und „Aufrütteln". „Gerufen wird" aber „aus der Ferne in die Ferne. Vom Ruf getroffen wird, wer zurückgeholt sein will"[68]. Der Ruf ergeht „im unheimlichen Modus des Schweigens"[69]. Der „Rufer hält sich in einer auffallenden Unbestimmtheit"[70]. „Das Gewissen ruft" nun „das Selbst des Daseins auf aus der Verlorenheit in das Man"[71]. Es ruft ihn zu sich selbst heraus aus dem Zwang, das zu denken, was *man* denkt, das zu

[62] A. a. O., S. 27. 53.
[63] A. a. O., S. 130.
[64] Einführung in die Philosophie. 1965 S. 63. 83.
[65] A. a. O., S. 28. 49.
[66] W. Gollwitzer, Denken und Glauben. 1965² S. 122.
[67] 10. Aufl. 1963 S. 272.
[68] A. a. O., S. 271.
[69] A. a. O., S. 277.
[70] A. a. O., S. 275.
[71] A. a. O., S. 274.

tun, was *man* tut. Neben diesem subjektiven Gewissen gibt es aber für Heidegger auch das „öffentliche Gewissen", eben die „Stimme des Man"[72]. Dieses Numen „Man" entfaltet seinerseits seine „Diktatur" in einer „Unauffälligkeit und Nichtfeststellbarkeit"[73].

Selbst für den dezidierten Atheisten E. Bloch gibt es etwas, in dem sich der Mensch transzendiert und das er nicht selbst ist, die Hoffnung auf die Zukunft. „Die Welt ist" nach Bloch „voll Anlage zu etwas, Tendenz auf etwas, Latenz von etwas ..."[74] Der Mensch überholt sich selbst, indem er die Zukunft antizipiert. „Der Mensch ist nicht dicht"[75], sondern offen nach vorn. Die göttliche „Transzendenz", die das Bestehende sanktioniert, wird durch das menschliche „Transzendieren" des Bestehenden abgelöst[76]. Das Woraufhin des Transzendierens, das numinose „Etwas", das aussteht[77], heißt „Zukunft"[78], „Noch-Nicht"[79], „utopisches Totum"[80] und „Summum bonum"[81], „Novum", „homo absconditus"[82].

Für eine atheistische Transzendenz anstelle der der Religion plädiert auch der Marxist V. Gardavsky. Der marxistische Atheismus ist für ihn eine „Theorie der Transzendenz, des Über-sich-selbst-Hinausschreitens"[83]. Mit dieser Transzendenz ist der „Übergang vom ‚Ich' zum ‚Wir' und umgekehrt"[84] in der „Liebe"[85] gemeint.

[72] A. a. O., S. 278.
[73] A. a. O., S. 126.
[74] Prinzip Hoffnung I. S. 17.
[75] A. a. O., S. 224.
[76] Atheismus im Christentum. 1968 S. 459 ff. 15.
[77] Prinzip Hoffnung I S. 17.
[78] Atheismus im Chr. S. 354.
[79] Prinzip Hoffnung I S. 8.
[80] A. a. O., S. 356 III S. 14. 17.
[81] A. a. O., S. 355.
[82] Atheismus im Chr. S. 347.
[83] Gott ist noch nicht ganz tot. 1969 S. 223.
[84] A. a. O., S. 236.
[85] A. a. O., S. 234.

Ebenso konnte sich der Marxist und Atheist M. Machoveč für eine ersatzreligiöse Transzendenz einsetzen. Denn „ohne irgend eine Transzendenz kann" der moderne Mensch „dem großen ‚Nichts', dem zunehmendem Absurditäts- und Sinnlosigkeitsbewußtsein" unserer Zeit „nicht mehr trotzen"[86]. Interessant ist seine Glosse, die „heutigen Marxisten" würden im Blick auf moderne theologische Gottesvorstellungen („Rahner: Gott als ‚absolute Zukunft'; Braun: Gott als Frage nach dem letzten ‚Woher' und ‚Wozu' meiner Existenz ...") „nicht immer wissen, ob" sie „noch ‚Atheisten' sind"[87].

Auch der Marxist und Atheist R. Garaudy kennt eine Ersatztranszendenz, auf die hin sich der Mensch übersteigt und der er verpflichtet ist: die „Totalität", das „Unendliche", der Mensch, der „darnach strebt, mehr zu sein, als er ist"[88].

Es ist außer Frage, daß sich auch der marxistische Mensch vor einer transsubjektiven Macht, auf die hin er sich selbst übersteigt, verantwortet; dieses Numen hat viele Namen (die absolute Zukunft, der Plan, die Partei, der unentfremdete Mensch, die sozialistische Menschengemeinschaft, der Kommunismus, die Liebe etc.) und ist letztlich namenlos.

Bekanntlich kann auch der westliche Fortschrittsglaube numinose Züge annehmen. Für Thomas Mann ist der fortschrittliche Mensch der „in Gott fortgeschrittene Mensch". Er löst sich vom „Veralteten, Rückständigen", von den „Überständigkeiten", „über die der Weltwille klar hinaus will und die wir, im Ungehorsam gegen ihn, stumpfen Sinnes bestehen ließen". „Gottessorge" ist nichts anderes als das „fromme Feingefühl für das ... Veraltete ..., das unmöglich ... geworden ist". „Sie ist das intelligente Lauschen auf das, was der Weltgeist will, auf die neue Wahrheit ...", die vor allem darin besteht, „daß wir ‚den Frieden gewinnen'"[89].

[86] In: Club Voltaire III 1969 S. 289.

[87] Jesus für Atheisten 1971 S. 6.

[88] Wir kämpfen für den Menschen, Marxist. Blätter H. 1/1967 Jg. 5 S. 4 f.

[89] Vortrag über Joseph und seine Brüder von 1942, Fischerbücherei MK 114 S. 391 f.

Auch die moderne Psychologie kennt ein Woraufhin des Überstiegs des Menschen, eine Art Tabugottheit, von der eine anonyme Forderung ausgeht. S. Freud spricht von einem „Überich", in dem die Moraltabus wirksam sind[90]. Diesem Freudschen Überich entspricht bei C. G. Jung das „kollektive Unbewußte", d. h. „eine in jedermann vorhandene, allgemeine, seelische Grundlage überpersönlicher Natur"[91].

Daß sich der moderne Mensch einem Numen verantwortet, das er nicht näher beschreiben kann, erweist auch der homo religiosus statisticus. Eine religiöse Meinungsumfrage in der BRD von 1967 brachte eine „außerkirchliche Religiosität"[92] an den Tag, die in ihrem Ausmaß überrascht. Nach dieser Umfrage bejahen 68 % der Westdeutschen die Existenz eines Gottes, 22 % die eines „höheren Wesens". 86 % gestehen, daß sie irgendwie beten, 59 % meinen, daß sich die Menschen vor Gott einmal verantworten müssen für ihr Leben[93]. Allerdings hat diese Religiosität des homo statisticus durchaus vor- und unterchristliche Züge, wenn etwa 58 % der Befragten der Meinung waren, gute Werke eines Menschen würden Gott gnädig stimmen[94], und wenn nur eine Minderheit Jesus eine soteriologische Funktion zuerkennt[95].

Soweit die Beispiele für die profane Religiosität des modernen Menschen. Natürlich fehlt es ihm nicht an Versuchen, den Gerichtshorizont, vor dem er steht, abzublenden, die anonyme Forderung seines Überichs zum Schweigen zu bringen. Der moderne Prometheus in André Gides Erzählung ›Der schlecht gefesselte Prometheus‹ befreit sich z. B. vom Gewissensbiß seines Adlers durch einen Gewaltstreich. Er bietet dem Adler, der das Gewissen symbolisiert, nicht mehr seine Leber dar, sondern tötet ihn kurzerhand und verspeist ihn.

[90] Totem und Tabu, Fischerbüch. 147 S. 6.

[91] Bewußtes und Unbewußtes, Fischerb. 175 S. 8.

[92] N. Greinacher, Der Glaube wird anders, In: Was glauben die Deutschen? hrsg. v. W. Harenberg 1969 S. 143.

[93] A. a. O., S. 62. 61. 82.

[94] A. a. O., S. 81.

[95] A. a. O., S. 93. 84 f.

Zusammenfassend kann gesagt werden: Die Religionslosigkeitsthese Bonhoeffers trifft nicht zu. Wir leben nicht in einem religionslosen Zeitalter, wie es zunächst den Anschein hat. Die Zeit der Religion ist nicht vorbei. Der moderne säkularisierte Mensch ist religiös, so sehr sich seine Religiosität in einer säkular-unauffälligen, ihm als solche nicht unbedingt bewußt werdenden Form äußert. Der moderne Mensch steht unter einem numinosen Druck. Er verantwortet sich vor einem Überich, das viele Namen und Gesichter hat, letztlich aber namenlos und gesichtslos bleibt, er fühlt eine undeutliche Verpflichtung gegenüber einer transsubjektiven Instanz, undeutlich, weil sie von ihm nur dumpf geahnt wird und nicht unbedingt ins helle Bewußtsein rückt, undeutlich, weil diese Instanz im Nebel der Vieldeutigkeit bleibt. Sie ist eine durchaus zwielichtige, undurchsichtige, unberechenbare Größe, irreal und doch real, ungreifbar und doch greifbar, ein verborgenes Numen, das doch in „Mülleimern", „Fundbüros" und „Raffinerien" (Enzensberger) zu suchen ist, unendlich fern und doch nur durch eine „schmale Wand" (Rilke) von den Menschen getrennt, ein „Bekannter", den sie trotzdem „kaum kennen" (Beckett).

Diese namenlose Gottheit, von der der moderne Mensch nicht loskommt, hat folgende säkulare Decknamen: die Technokratie, Bürokratie, die soziale Anerkennung, der Leistungsdruck, Erfolgszwang, das blind waltende Schicksal, der Zufall, die Natur, die Kunst, das Unendliche, die totale Zukunft, das utopische Totum, das Noch-Nicht, das Novum, die Totalität überhaupt, das Summum bonum, der Sinn des Lebens, die Infragestellung der Existenz, das Gewissen, das Man und der Meinungsdruck, der Weltwille, Zeitgeist, der Mensch, wie er sein soll, das Kollektiv, die Liebe, der Friede, das Unbewußte, das Nichts.

Wie ist nun diese – *religionsphänomenologisch* so zu charakterisierende – profane Religiosität *theologisch* zu beurteilen? Ist der Gott der profanen Religiosität mit dem Gott der Bibel gleichzusetzen oder ist er ein Götze und die profane Religiosität, die ihm gezollt wird, Götzendienst? Sind die oben aufgezählten Absoluta, in denen er begegnet, Erscheinungsformen des wahren Gottes oder eine Zeughausausstellung moderner Götzenbilder?

Es spricht vieles dafür, daß in der profanen Religiosität des modernen Menschen die notitia Dei naturalis[96] von Röm. 1, 18 ff. und 2, 14 f. zum Ausdruck kommt. Nicht nur der Christ, auch der Heide erkennt nach Röm. 1, 18 ff. Gott. Ja, er weiß nach Röm. 2, 14 f. von Gottes Gesetz, das ihn in seinem Gewissen fordert. Die Heiden werden in Röm. 1,21 charakterisiert als Menschen, die „Gott erkannt" (γνόντες τὸν θεόν), aber nicht anerkannt haben. Gal. 4, 8 heißt es im Widerspruch zu Röm. 1, 21, die Heiden hätten Gott „nicht gekannt" (ουκ ειδότες θεόν); erst der Christ kenne ihn richtig, kenne ihn so, daß er ihn anerkenne. Der vor- und außerchristliche Mensch erkennt also Gott und erkennt ihn doch nicht, er erkennt ihn nur als den Unerkennbaren, als den – wie Lukas in der Apostelgeschichte 17, 23 sagt – „unbekannten Gott". Er erkennt ihn als den unbekannten, der sein Angesicht im Zorn verhüllt, als den – um mit Luther zu reden – „deus absconditus", den verborgenen Gott, der seine Güte verbirgt unter dem Schleier seines Zornes. Es ist ja der Zweck dieser natürlichen Gotteserkenntnis des Heiden, daß ihm Gottes „Zorn" offenbar werde (Röm. 1, 18), daß er „ohne Entschuldigung sei" (Röm. 1, 20), daß er im „Gewissen" Gottes „Gesetz", nicht sein Evangelium, erfahre (Röm. 2, 14 f.). Der vor- und außerchristliche Mensch ist nach Röm. 1 und 2 nicht – wie der Christ – mit Gott *ver*bunden, aber an Gott *rück*gebunden, er erfährt nicht Gottes Gnade, aber Gottes Zorn.

Hat nicht dieser deus absconditus des NT eine fast verblüffende Ähnlichkeit mit dem undurchsichtigen Numen der profanen Religiosität, dessen Hauptmerkmal ja auch die Undeutlichkeit ist, das ja auch nur vage aufdämmert, so vage, daß es wie der deus absconditus des NT mit Götzen verwechselbar wird, das wie jener durch den Druck der anonymen Forderung den Menschen vor die Schranken seines Gewissens ruft – ohne ihn freilich freisprechen zu können. Das Gewissen von Röm. 2 ist dasselbe

[96] Diese Formel hat hier einen etwas anderen Sinn als in der Tradition!

Gewissen, das in der profanen Religiosität des modernen Menschen schlägt, der Gott von Röm. 1 und 2 ist derselbe wie der der profanen Religiosität. Macht man mit Röm. 1, 18 ff. und 2, 14 f. ernst, so kann man nur zu diesem Schluß kommen. Die vielen Decknamen, die sich dieses Numen der profanen Religiosität gibt, sind nichts anderes als die Decke vor dem deus absconditus, die Decke vor dem wesenhaft verdeckten Gott der notitia Dei naturalis. Nach Luther ist die ganze Schöpfung eine einzige „Larve" Gottes[97]. Wenn die Welt Gottes Schöpfung ist, kann Gott gar nicht an ihr vorbei, sondern nur durch sie hindurch erfahren werden. Die Ersatzabsoluta des modernen Menschen sind der Schleier des deus absconditus, so sehr sie auch zu Götzen werden können. Der Altar des unbekannten Gottes steht ja ganz verwechselbar inmitten von Götzenaltären (Act. 17, 16.22 f.).

Die Religion ist nach Röm. 1 und 2 nicht einfach nur Götzendienst. Die Religion hat's mit dem deus absconditus zu tun, der Glaube freilich mit dem deus revelatus. Religion und Glaube sind also nicht dasselbe, aber sie sind doch vom selben Gott, Religion und Glaube schließen sich beide nicht aus – wie Bonhoeffer meint –, sondern ein, die Religion ist die Voraussetzung des Glaubens, weil sie Gesetz ist, und weil das Gesetz Voraussetzung des Evangeliums ist. Wie wollte das *auf*richtende Evangelium sonst existentiell werden beim Menschen, wenn er nicht vorher vom Gesetz *hin*gerichtet worden wäre, wie sollte das befreiende Evangelium beim modernen Menschen existentiell werden, wenn er nicht vorher den numinosen Druck seiner profanen Religiosität gespürt hätte? So zeigt die profane Religiosität des modernen Menschen, daß die biblisch-paulinische Rechtfertigungsbotschaft bei ihm noch eine Eingreifchance hat und kein verstaubtes Requisit ist aus einer überholten Epoche, aber sie erweist noch mehr, sie erweist, daß der angebliche Atheismus des modernen Menschen eine Selbsttäuschung ist. „*Gott ist nur scheintot*" (Else Lasker-Schüler)[98].

[97] WA 40 I S. 174 Z. 13.

[98] Sämtl. Gedichte. 1966 S. 154.

(Zusammenfassend): *Gegenthesen gegen die Religionslosigkeitsthese von D. Bonhoeffer.*

1. Der moderne säkularisierte Mensch ist *nicht religionslos*, obschon es zunächst den Anschein hat.

2. Ihm eignet eine *profane Religiosität*, eine Religiosität, die ihm als solche nicht bewußt wird und sich in einer säkular-unauffälligen Form äußert.

3. Diese profane Religiosität des modernen Menschen besteht darin, daß er sich vor einem polynom-anonymen Überich verantwortet, daß er unter einem *numinosen Druck* steht.

4. In diesem Überich, vor dem sich der moderne Mensch verantwortet, begegnet ihm der *deus absconditus*, unter dessen Gesetz der Mensch seiner Schuld inne wird.

5. Aus dieser theologischen Deutung des Phänomens der profanen Religiosität ergibt sich: Die Religion ist *Gesetz*, nicht *Evangelium*, aber als Gesetz ist sie *Voraussetzung* des Evangeliums. Der Glaube *knüpft* an die Religion an.

Reformatio 23 (1974), S. 609–619.

RELIGIÖSES UND RELIGIONSLOSES CHRISTENTUM

Bemerkungen zu Kriterien christlicher Gotteserfahrung – im Anschluß an Dietrich Bonhoeffer[1]

Von Volker Weymann

Gegenüber dem Urteil Bonhoeffers, wonach die Epoche der Neuzeit durch eine tiefgreifende und anhaltende Entwicklung auf Religionslosigkeit hin gekennzeichnet sei, mögen sich verschiedene Einwände erheben.

Stehen wir nicht faktisch – zumal in den letzten Jahren – einem Wiederaufkommen des Religiösen gegenüber? Neue Bewegungen sind zu beobachten, die sich bewußt als religiös verstehen, wenn sie sich gleichwohl von den geschichtlich bestimmten Religionen abzusetzen suchen. Freilich erscheint es als ausgesprochen schwierig, diese verschiedenartigen Phänomene angemessen zu erfassen. Doch – wenn überhaupt – scheint sich eine Differenzierung innerhalb des Religionsverständnisses aufzudrängen. Dagegen scheint es sehr fraglich, ob hier eine Unterscheidung von Religion und Religionslosigkeit weiterführen könnte.

Ein zweiter Einwand gegen das Urteil auf Religionslosigkeit ergibt sich, sofern man der Tendenz folgt, nicht nur Bewegungen, die sich selbst so verstehen, sondern auch eine Fülle weiterer Phänomene als religiös zu deuten. Etwa die Suche nach Geborgenheit in überschaubaren Gruppen; die Bereitschaft etwa unter Jugendlichen zu selbstgewähltem und verbindlichem Engagement; die Suche nach Eindeutigkeit und Gewißheit mit Hilfe von ideologischen Heilsentwürfen – und vieles mehr. Es ist schwerlich zu leugnen, daß die Möglichkeit, religiöse und ebenso

[1] Als Referat gehalten auf der Kursleiter-Tagung der AKS am 14. September 1974 in Gwatt.

krypto- und pseudoreligiöse Elemente zu entdecken, fast unbegrenzt scheint. Wenn damit der Religionsbegriff uferlos würde, wäre in der Tat die These vom religionslosen Zeitalter grundsätzlich geleugnet. Doch das Problem einer klärenden Differenzierung ergibt sich auch hier. Und zudem ist hier keineswegs zu übersehen, daß Religion nicht mehr ohne weiteres eine Gottesbeziehung umgreift.

Ein dritter Einwand gegen die These von der Religionslosigkeit unserer Zeit mag sich dann ergeben, wenn sich kirchliche Gruppen mit dem Thema befassen, das wir uns vorgenommen haben. Wie sollen *Erfahrungen mit Gott heute* aufzuweisen sein, wenn die Lebenserfahrung heutiger Zeit religionslos wäre? Kann man demgegenüber nicht in der Tat auf elementare Phänomene hinweisen, in denen Gottes- und Welterfahrung einander durchdringen: auf Freude und Dank über Gewährtes, auf Erbitten von Unverfügbarem, auf Bedenken des Lebensganzen und Weltganzen, auf Bereuen von Versagen? – Doch erhebt sich diesem Einwand gegenüber die Frage: Ist Religionslosigkeit im Sinne Bonhoeffers wirklich mit Gottlosigkeit und Gebetslosigkeit gleichzusetzen?

Unserem Versuch, jene drei Einwände kurz zu bedenken, sind fürs Weitere folgende drei Fragen zu entnehmen: Welche Differenzierung gewinnt der Religionsbegriff durch die Unterscheidung von Religion und Religionslosigkeit? Was gibt diese Unterscheidung im Blick auf die Gottesbeziehung des Menschen zu denken? Und schließlich: welches Verhältnis besteht zwischen Religionslosigkeit und Gottlosigkeit? Diese Fragen werden uns im weiteren indirekt begleiten. Sofern diese Fragen darauf aufmerken lassen, daß Bonhoeffers These vom religionslosen Zeitalter sich nicht ohne weiteres zu dem Thema *Erfahrungen mit Gott heute* fügt, wäre das wohl gerade ein vielversprechender Hinweis: denn am besten läßt sich an Widerständen lernen, zumal wenn es sich wie bei Bonhoeffer selbst nicht nur um Widerstände des Denkens, vielmehr um Widerstände des Lebens handelt.

Dabei steht zu hoffen, daß die Widerständigkeit, die uns hier begegnet, vielleicht dazu hilft, die Frage nach Kriterien christlicher Gotteserfahrung etwas zu klären. Meines Erachtens ist das, was Bonhoeffer in seiner Unterscheidung zwischen Religion und Religionslosigkeit am stärksten bewegt, eine *Unterscheidung zwischen Gott und Gott.* Er weist selbst darauf hin: „Was ein Gott, so wie wir ihn uns denken, alles tun müßte und könnte, damit hat der Gott Jesu Christi nichts zu tun" (WE 425). Mit dieser Einsicht sieht Bonhoeffer sich in besonderer Weise Karl Barth verbunden, dessen „größtes Verdienst" er darin findet, daß er „den Gott Jesu Christi gegen die Religion ins Feld (führte)" (WE 359).

Die angedeuteten theologiegeschichtlichen Zusammenhänge zu verfolgen, ist hier nicht der Ort. Doch soviel ist deutlich: das Aufmerken auf das Phänomen der Religionslosigkeit ist für Bonhoeffer mit der *Frage nach dem Gott Jesu Christi* gegeben. Hier verbinden sich also theologische Einsicht und Zeitanalyse. Möchte man gegenüber der These vom religionslosen Zeitalter vielleicht mit guten Gründen vorsichtiger urteilen, so wird man doch schwerlich ein Recht jener These schlankweg bestreiten können. Ist nicht in der Tat mit der Neuzeit gerade in der Hinsicht eine Situationsveränderung eingetreten, daß Religion im Leben der Gesellschaft wie im Leben des einzelnen zu einer Randerscheinung geworden ist, weswegen es eine entscheidende Aufgabe wird, nicht-religiös von Religion zu reden? Damit ergibt sich unsere *1. These*:

1. Das entscheidende Motiv der Unterscheidung von Religion und Religionslosigkeit ist die Unterscheidung zwischen dem Gott, wie Menschen ihn sich wünschen, und dem Gott Jesu Christi. Die mit dieser theologischen Einsicht verbundene Zeitdiagnose ist umstritten, kann aber nicht völlig bestritten werden, sofern Religion in der Tat zu einer Randerscheinung des Lebens geworden ist.

Wodurch ist Religion zu einer Randerscheinung des Lebens geworden und – wie zu ergänzen ist – zugleich selbst an Grenzsituationen orientiert? Daß hiermit ein grundlegender Wandel im wissenschaftlichen wie im alltäglichen Weltverhalten des Menschen verquickt ist, läßt Bonhoeffer die dem Glauben abgenötigte Rückzugsbewegung immer neu in zweierlei Hinsicht analysieren. Einmal wurden die Grenzen wissenschaftlichen Erkennens immer weiter hinausgeschoben. Wodurch sich Gott, sofern er als (schein-)wissenschaftliche Erklärungshypothese verstanden wurde, „auf einem fortgesetzten Rückzug" befindet. Doch bleibt nicht etwa ohne weiteres die Domäne des Menschlichen und Alltäglichen. Auch hier wurde Gott immer weiter abgedrängt, und es ist sehr fraglich, ob der Mensch, ist Gott zum Problemlöser in Notfällen geworden, sich in Grenzsituationen als auf Gott angewiesen erfährt (vgl. WE 341).

Bonhoeffer sagt: „Ich möchte von Gott nicht an den Grenzen, sondern in der Mitte" sprechen (WE 307). Das mag unsern Ohren vielleicht allzu selbstverständlich klingen, ist aber keineswegs selbstverständlich, wenn wir bedenken, in welcher Situation Bonhoeffer diese Worte äußerte. Er befindet sich selbst in einer Grenzsituation, hebt aber gleichwohl hervor, daß *Gott* uns *in der Mitte des Lebens* begegnet. Ja, es ist das letzte Jahr seiner Haft, seines Lebens, während dessen ihn diese Gedanken unablässig bewegen und er zugleich nachhaltig die Frage der Religionslosigkeit bedenkt. Man mag sich fragen, ob uns Bonhoeffer nicht etwas davon ahnen läßt, daß *Einwilligung in den Tod* volle *Zuwendung und Zustimmung zum Leben* freisetzt.

Die Richtung der Religion führt eher auf Grenzsituationen des Erkennens und Lebens hin, wogegen die Religionslosigkeit auf die Mitte des Lebens verweist. Doch ist mit dem Nachdruck auf der Mitte des Lebens nicht einfach der Vitalismus der Menschen gemeint, die sich im Vollbesitz ihrer Kräfte und auf dem Höhepunkt ihrer Fähigkeiten befinden und von da aus menschliches Leben beurteilen. Vielmehr verdankt Bonhoeffer die Bewegung zur Mitte des Lebens hin der Einsicht, daß Jesus Christus – statt Problemlöser in Notfällen zu sein – „die Mitte des Lebens" ist (WE 341): *der Gekreuzigte* also als *Mitte – und* (so müßte man wohl sagen) *Quelle des Lebens.*

Diese Überlegungen lassen sich in die *2. These* zusammenfassen.

2. Aus der Grenzsituation der Haft betont Bonhoeffer, daß Gott nicht an den Grenzen, sondern in der Mitte des Lebens zu suchen ist. Tendiert Religion auf Grenzsituationen des Erkennens und Lebens, so besteht darin eine merkwürdige Konvergenz zwischen Religionslosigkeit und christlichem Glauben,

daß beide auf die Mitte des Lebens hin orientiert bzw. darin verankert sind.

Zuletzt hat sich schon eine nähere Bestimmung von Religion angebahnt, wie nicht nur Bonhoeffer sie versteht, sondern wie es wohl für die Neuzeit zutrifft und zumal für die Bereiche, in denen sich das Christentum ausgebreitet hatte. Gleichwohl ist es für unsere weiteren Überlegungen förderlich, das vorliegende Religionsverständnis noch weiter zu entfalten. Dafür orientieren wir uns an den drei folgenden Aspekten: Was die Ausstrahlungskraft von Religion betrifft, so trifft sie nur einen Teil der Wirklichkeit menschlichen Lebens. Ihren Ort hat Religion in einer sehr eingeschränkten Innerlichkeit des Menschen. Was die Einstellung zur Wirklichkeit betrifft, führt Religion zu einem Denken in zwei Räumen.

Daß *Religion nur einen Teil des menschlichen Lebens trifft*, ergibt sich schon von daher, daß Religion – wie gesagt – auf Grenzsituationen hin tendiert. Damit stellt sich aber das Problem, daß Religion verschiedene Dimensionen menschlicher Lebenswirklichkeit abblendet, sich diesen nicht aussetzt und diese nicht zu durchdringen vermag. Ihrer Intention nach ist Religion durchaus ganzheitlicher Lebensvollzug, doch begegnet sie in der Neuzeit zunehmend nur als partielles Phänomen. Von daher kommt Bonhoeffer zu dem Urteil: „der ‚religiöse Akt' ist immer etwas Partielles, der ‚Glaube' ist etwas Ganzes, ein Lebensakt" (WE 396). Und zwar trifft dies durchaus auch für – wenn man so sagen will – religiöse Menschen zu: Auch sie sind heute nur partiell religiös. Daß christlicher Glaube etwas Ganzes, ein Lebensakt ist, heißt demgegenüber für Bonhoeffer freilich nicht, daß der Glaube seine Besonderheit und damit seine Identität verliert. Daß der Glaube auch in besonderen Lebensäußerungen, etwa im Beten, seinen Ausdruck findet, ist nicht zu leugnen. Doch ist dies nur dann kein partieller Akt, wenn darin das Leben aufgenommen wird und wenn die besonderen Lebensäußerungen des Glaubens auf das Leben insgesamt auszustrahlen vermögen.

Daß Religion etwas Partielles ist, wirkt sich auch darin aus, daß *Religion ihren Ort in einer eingeschränkten Innerlichkeit des*

Menschen hat, gleichsam als ein Ort, wo die Seele über alle Welt hinaus mit Gott allein ist. Bonhoeffer sieht es als ausgesprochen verhängnisvoll für den Menschen wie für den christlichen Glauben an, wenn jene Tendenz auf isolierte Innerlichkeit hin theologisch und seelsorgerlich noch gleichsam ausgeschlachtet wird: „man meint, das Wesen des Menschen bestehe in seinen innersten, intimsten Hintergründen, und das nennt man dann seine ‚Innerlichkeit'; und ausgerechnet in diesen menschlichen Heimlichkeiten soll nun Gott seine Domäne haben!" (WE 379). Doch sollte man sich ebenso bei diesem kritischen Impuls hüten, daraus allzu billige Parolen zu machen. Der Weltbezug christlichen Glaubens und seine uneingeschränkte Offenheit hindern nicht, sondern erfordern, daß der Mensch mit seinem ganzen Leben im Innersten bewegt wird. Weswegen Bonhoeffer den Begriff des Herzens im biblischen Sinn durchaus positiv aufnehmen kann: „Das ‚Herz' im biblischen Sinne ist nicht das Innerliche, sondern der ganze Mensch, wie er vor Gott ist ... der Mensch (lebt) aber ebensosehr von ‚außen' nach ‚innen' wie von ‚innen' nach ‚außen'" (WE 379). Will man den Menschen in seiner Ganzheit in Blick bekommen, so ist offensichtlich die Reduktion auf eine isolierte Innerlichkeit unmöglich, die Unterscheidung der Lebensbewegungen von außen nach innen und von innen nach außen aber gerade erforderlich.

Daß Religion nur einen Teil des Lebens betrifft und sie ihren Ort in einer vermeintlich isolierbaren Innerlichkeit des Menschen hat, rührt schließlich daher, daß – religiös gesehen – *Gott als eine Ergänzung der Wirklichkeit verstanden* wird. Denn wie sollte solch ein Gott den ganzen Menschen angehen? Wir stehen hiermit vor dem dritten Kennzeichen neuzeitlicher Religiosität: dem verhängnisvollen *Denken in zwei Räumen.* Der Aufteilung zwischen Diesseits und Jenseits, zwischen Zeit und Ewigkeit, zwischen Immanenz und Transzendenz, zwischen Welt und Gott – oder wie immer sich jene Aufteilung der Wirklichkeit äußern mag. Daß hier Bonhoeffers Kritik besondere Stoßkraft gewinnt, ist unverkennbar. Gleichwohl macht er es uns zugleich ausgesprochen schwer, leichtfertig in die andere unkritische Einseitigkeit zu verfallen. Er unterscheidet zwischen der „platte(n) und banale(n) Diesseitigkeit der Aufgeklärten, der Betriebsamen, der Bequemen oder der Lasziven ... (und der) tiefe(n) Diesseitigkeit, die voller Zucht ist, und in der die Erkenntnis des Todes und der Auferstehung immer gegenwärtig ist" (WE 401). Vom christlichen Glauben her ist ebenso eine falsche, nämlich eindimensionale Jenseitigkeit wie die entsprechende Diesseitigkeit (beide bestätigen sich gegenseitig) in Frage zu stellen. Somit kann einem auch nichts an einseitigen Verwerfungen und Sprachregelungen liegen. Darum ist durchaus von Gottes Jenseitigkeit zu reden, freilich nicht als von einem Jenseits unseres Erkenntnisvermögens und unserer Lebenserfahrung, sondern in dem Sinne, daß mit Gottes Gegenwart etwas Unverfügbares, etwas Grundneues quer zu unsern Möglichkeiten in unserm Leben aufbricht. Deshalb sagt Bonhoeffer: „Gott ist mitten in unserem Leben jenseits" (WE 308).

Die Kritik an der religiösen Aufteilung der Wirklichkeit in zwei Räume entspringt für Bonhoeffer dem Christus-Glauben: „Es gibt nicht zwei Wirklichkeiten, sondern *nur eine Wirklichkeit*, und das ist die in Christus offenbar gewordene Gotteswirklichkeit in der Weltwirklichkeit. An Christus teilhabend stehen wir zugleich in der Gotteswirklichkeit und in der Weltwirklichkeit" (Ethik 63). Das Versöhnungsgeschehen hat darin seinen Grund, daß Jesus im äußersten Widerspruch von Welt und Gott beiden zugleich gerecht wurde, sich zugleich mit der Welt und mit Gott identifizierte. Daß Jesus diesen Widerspruch als Versöhnung austrägt, führt ihn ans Kreuz.

Die vorgelegten Bestimmungen neuzeitlicher Religion lassen sich in der *3. These* zusammenfassen:

3. Religion betrifft nur einen Teil menschlichen Lebens, hat ihren Ort in einer isolierten Innerlichkeit und leistet der Aufteilung der Wirklichkeit in zwei Räume Vorschub. Diese kritische Sicht entspringt dem Wissen um das Versöhntsein von Gott und Welt in Jesus Christus. Wurzelt jene Kritik hierin, so wird zugleich jene andere unkritische Einseitigkeit unmöglich, wonach der Glaube alle Besonderheit verliert, die Unterscheidung zwischen innen und außen dahinfällt und die Wirklichkeit eindimensional gesehen wird.

Wurzelt jene Kritik an Religion im christlichen Glauben, so ist daher Bonhoeffers Frage verständlich: „was ist dann ein religionsloses Christentum?" (WE 306). Was Bonhoeffer damit im Sinn hat, werden wir etwas später zu entfalten suchen. Zunächst stellt sich aber die Gegenfrage: Ist das Christentum dann nicht Religion? Bonhoeffer sieht durchaus, daß das „‚Christentum' ... immer eine Form ... der ‚Religion' gewesen" ist, freilich beurteilt er zugleich die Religion als „eine geschichtlich bedingte und vergängliche Ausdrucksform des Menschen" (WE 305). Gleichwohl ist das nicht etwa so zu verstehen, daß das Christentum einst – etwa bis zum Ende des Mittelalters – Religion gewesen sei, sich aber mit dem Rückgang der Religion in der Neuzeit von einem religiösen zu einem religionslosen Christentum gewandelt hat. Denn zum einen ist nicht zu leugnen, daß dem Christentum von Anfang an jene religionskritischen Elemente eigen waren. Und ebensowenig ist zum andern zu leugnen, daß jene religionskritischen Gesichtspunkte auch das Christentum der Neuzeit treffen. Denn läßt sich nicht an manchen Äußerungen des Christentums unserer Zeit etwa das Denken in zwei Räumen aufdecken? Die Spannung, daß das Christentum als Religion von seiner Religionskritik mitbetroffen ist, gleichwohl aber kraft seiner Religionskritik eine erstaunliche Nähe zur Religionslosigkeit hat, bringt Bonhoeffer selbst mit seinem Gedicht ›Christen und Heiden‹ zur Sprache. Religionsloses Christentum ist also nicht einfach ein Faktum, sondern eine Frage, eine Aufgabe und Herausforderung, die sich nicht nur aus der veränderten Situation der Religion, sondern für das Christentum aus seiner Wurzel selbst ergibt. Dies führt zu unserer *4. These*:

4. Das Christentum als Religion gibt es nicht ohne Religionskritik. Als Religion ist das Christentum von seiner Religionskritik mitbetroffen, und zugleich steht es kraft seiner Religionskritik in erstaunlicher Nähe zur Religionslosigkeit. So vollzieht sich christlicher Glaube in der Spannung zwischen Religion und Religionslosigkeit.

Versucht man knapp zu erfassen, was Bonhoeffer mit Religionslosigkeit im Blick hat, so ist vor allem die folgende Beobachtung wichtig: „Der Mensch hat gelernt, in allen wichtigen

Fragen mit sich selbst fertig zu werden ohne Zuhilfenahme der ‚Arbeitshypothese: Gott'" (WE 356). Wo Gott nicht mehr als Arbeitshypothese in ungelösten Fragen der Erkenntnis oder des Lebens fungiert, sondern der Mensch ungelöste Fragen als noch nicht gelöste Probleme versteht und vor unlösbaren Problemen keine Ausflucht sucht, ist die religionslose Lebenseinstellung zu sehen. Diese findet Bonhoeffer bei nicht wenigen seiner Verwandten, Freunde und Weggenossen im Widerstand gegen den Nationalsozialismus. Er sagt von sich selbst: „Oft frage ich mich, warum mich ein ‚christlicher Instinkt' häufig mehr zu den Religionslosen als zu den Religiösen zieht, und zwar durchaus nicht in der Absicht der Missionierung, sondern ich möchte fast sagen ‚brüderlich'!" (WE 307). Ergibt sich diese brüderliche Nähe zu religionslosen Menschen nicht zunächst schon daraus, daß für religionslose Menschen Gott nicht Ersatz für einen Mangel, nicht Kompensation für eine Ausflucht vor der allzu harten Wirklichkeit sein kann? Und zudem besteht – sachlich gesehen – eine paradoxe Nähe: wie sich die Religionslosigkeit daraus ergibt, daß Gott aus immer weiteren Bereichen der Erkenntnis und des Lebens hinausgedrängt wurde, so wurzelt christlicher Glaube in der Tatsache, daß Gott sich ans Kreuz drängen ließ.

Von daher ist zum einen gegen den unchristlichen Irrtum zu kämpfen, die Religionslosigkeit vieler Menschen sei etwas an sich Unchristliches. Zum andern ist aber zugleich die Religionslosigkeit besser zu verstehen, als sie sich selbst versteht. Denn in ihrem Widerspruch gegen ein religiös-kompensatorisches Gottesverständnis widerspricht die Religionslosigkeit, wie sie vielleicht meint, durchaus nicht dem Glauben an den Gott Jesu Christi. Vielmehr wird, wie Bonhoeffer sagt, die Religionslosigkeit „besser verstanden, als sie sich selbst versteht, nämlich vom Evangelium, von Christus her" (WE 360). Denn steht nicht der Gott des Kreuzes zu dem menschlichen Bemühen, ohne Gott mit dem Leben fertig zu werden, in paradoxer Nähe? Somit ergibt sich als *5. These*:

5. Religionslosigkeit ist gekennzeichnet durch den redlichen Willen, ohne Gott mit dem Leben fertig zu werden, und durch den Eindruck, ohne Gott fertig werden zu müssen. Durch den

Bezug auf den Gott des Kreuzes steht christlicher Glaube in paradoxer Nähe zur Religionslosigkeit und vermag diese besser zu verstehen, als sie sich selbst versteht.

In den bisherigen Abschnitten klang immer wieder an, wie Bonhoeffer für sein Verständnis von Religion und Religionslosigkeit sich an dem Gottesverständnis orientiert, wie es sich von Christus her erschließt. In der Unterscheidung zwischen Religion und Religionslosigkeit ist die Unterscheidung zwischen einem Gott, wie wir ihn uns wünschen, und dem Gott Jesu Christi vorantreibendes Moment. Im Gegensatz zur Bewegung der Religion auf Grenzsituationen hin ergibt sich die Bewegung auf die Mitte des Lebens daher, daß Jesus Mitte und Quelle des Lebens ist. Die Kritik an religiöser Aufteilung der Wirklichkeit entspringt der Versöhnung von Gott und Welt im Widerspruch. Die paradoxe Nähe zur Religionslosigkeit rührt für den christlichen Glauben daher, daß er im Kreuzesgeschehen wurzelt.

Es ist nicht zu verkennen, daß *die Kreuzestheologie den entscheidenden Grundton in Bonhoeffers Fragen und Denken bildet.* Und hier liegt zugleich der Kern der Unterscheidung zwischen Gott und Gott wie zwischen Religion und christlichem Glauben – der Kern einer Unterscheidung, die freilich für den christlichen Glauben nicht etwa erledigt ist und nicht mehr zur Debatte stünde, die vielmehr gerade im Glauben durchzukämpfen und durchzuhalten ist.

Für die menschliche Erfahrung mit Gott geht es um die Frage, ob die Macht Gottes und das Leiden Gottes unvereinbar bleiben oder ob Gottes Macht gerade im Leiden ihre Eindeutigkeit gewinnt. Im Leiden Gottes sieht Bonhoeffer „die Umkehrung von allem, was der religiöse Mensch von Gott erwartet" (WE 395). Nämlich der Erwartung, daß Gott sich in der Weise in der Welt machtvoll Geltung verschafft, daß er den Menschen dem Leiden entnimmt und Probleme löst, indem er selbst vom Leiden nicht berührt wird. Doch gibt Bonhoeffer zu bedenken: Solch allgemein religiöser „Gottesglaube an Gottes Allmacht ... ist keine echte Gotteserfahrung, sondern ein Stück prolongierter Welt" (WE 414). Denn wird nicht die welthafte Macht nur verlängert, wo menschliche Macht, stößt sie an Grenzen, durch göttliche

Macht ergänzt werden soll? Doch wo Gott im Triumph zur Geltung kommen soll, bleibt ihm das Elend dieser Welt fern und er von der Gottesferne der Welt unberührt. „Hier liegt der entscheidende Unterschied zu allen Religionen. Die Religiosität des Menschen weist ihn in seiner Not an die Macht Gottes in der Welt, Gott ist der Deus ex machina. Die Bibel weist den Menschen an die Ohnmacht und das Leiden Gottes; nur der leidende Gott kann helfen" (WE 394).

Gottes Macht gewinnt nicht anders Eindeutigkeit, als daß er sich allen Widersprüchen gegen ihn selbst aussetzt, statt dieser Widersprüche enthoben zu sein. Gott widerspricht im Kreuzesgeschehen der Gottlosigkeit des Menschen, indem er sie auf sich nimmt. Indem die frühe christliche Gemeinde den Todesschrei Jesu in das Psalmwort brachte: „Mein Gott, mein Gott, warum hast du mich verlassen?", brachte sie zum Ausdruck, daß Christus die Not der unbeantworteten Gottesfrage mit uns Menschen teilt. Indem Gott sich der Gottlosigkeit des Menschen preisgibt, bleibt es Gott, dem sich der Mensch in seiner Gottverlassenheit preisgibt. Daraus folgt die *6. These*:

6. In der Identifikation mit dem gekreuzigten Jesus hat Gott sich als der wahre Gott definiert: Er setzt sich in seiner Macht dem Elend der Welt und den Widersprüchen gegen ihn selbst aus. Glaube als Teilhabe an der Macht Gottes ist nicht anders zu gewinnen als in der Teilnahme an dem Leiden Gottes, das nicht aus der Welt und aus der Mitte des Lebens heraus-, vielmehr tiefer in diese hineinführt.

Abschließend bleibt nun zu fragen, ob das Christentum religiös oder religionslos oder keins von beiden ist. Doch ist es nach den bisherigen Überlegungen schon fraglich, ob eine dieser Alternativen als solche der Wirklichkeit christlichen Glaubens entspricht. Jedenfalls gibt es zu denken, daß Bonhoeffer, der so entschieden Religion als geschichtlich vergängliche Gestalt des Christentums ansieht, in seinem Gedicht Christen wie Heiden gemeinsam auf ihrem Weg aus der Not heraus zu Gott beschreibt. Ist es nicht Kennzeichen der Religion, sich Gott als Ausflucht aus bedrängender Wirklichkeit dienen zu lassen? Doch geschieht zugleich in jenem Gedicht mit den Christen eine Wende, wonach Gott nicht mehr jenseits der Not gesucht, sondern im Leiden gefunden wird. Offensichtlich haben Christen jene Wende vom religiösen zum erstaunlich unreligiösen Christentum ständig zu vollziehen. Anderseits stehen Christen in brüderlicher Nähe zu religionslosen Menschen. Doch ist christlicher Glaube nicht ohne weiteres mit Religionslosigkeit zu identifizieren, sofern es in dieser darum geht, mit der Wirklichkeit ohne Gott fertig zu werden. Nicht umsonst beschäftigt Bonhoeffer unablässig die Frage: „Wie kann Christus der Herr auch der Religionslosen werden?“ (WE 306). Und in dieser Frage ist offensichtlich zugleich die andere enthalten: Wie kann Christus in rechter Weise Herr auch der Christen werden? Der Bezug zu Christus hält die Auseinandersetzung mit dem religiösen wie mit einem religionslosen Christentum in Gang.

Worauf es in dieser Auseinandersetzung ankommt, wollen wir uns noch an drei Stichworten verdeutlichen: von Christus her geht es um den Mut zu neuem Maß, um die Vieldimensionalität des Lebens und um den Realismus des Glaubens. Christus ist „der Mensch für andere“ (WE 414): Hierin liegt der Grund des Mutes zu anderm Maß gegenüber unserm alltäglich praktizierten Herrschaftsverständnis, was sich ja selbst da durchhält, wo eine Umkehrung der Herrschaftsverhältnisse intendiert wird. Dienen als Tat des Freien, Einsatz für andere entspringt eigener Befreiung, neuem Leben. „… unser Verhältnis zu Gott ist ein neues Leben im ‚Dasein-für-andere‘, in der Teilnahme am Sein Jesu“ (WE 414). Diesem *Mut zu anderem Maß* entspricht zugleich das Annehmen des Leidens. Denn wer das Leiden annimmt, wendet sich dem Leben zu, statt rücksichtslos darüber hinwegzugehen oder sich ängstlich oder verzweifelt davon abzuwenden.

Gegenüber dem Zusammenschnurren des Lebens auf eine Dimension erschließt sich von Christus her ein *Leben in der Vieldimensionalität.* Bonhoeffer beschreibt diese Vorgänge ungemein eindrücklich im Horizont seiner Gefängnissituation: „Ich beobachte hier immer wieder, daß es so wenige Menschen gibt, die viele Dinge gleichzeitig in sich beherbergen können; wenn Flieger kommen, sind sie nur Angst; wenn es etwas Gutes zu essen gibt, sind sie nur Gier; wenn ihnen ein Wunsch fehlschlägt, sind sie nur verzweifelt; wenn etwas gelingt, sehen sie nichts anderes mehr. Sie gehen an der Fülle des Lebens und an der Ganzheit einer eigenen Existenz vorbei ... Demgegenüber stellt uns das Christentum in viele verschiedene Dimensionen des Lebens zu gleicher Zeit; wir beherbergen gewissermaßen Gott und die ganze Welt in uns. Wir weinen mit den Weinenden und freuen uns zugleich mit den Fröhlichen; wir bangen ... um unser Leben, aber wir müssen doch zugleich Gedanken denken, die uns viel wichtiger sind, als unser Leben" (WE 340).

Mit jenem Mut zu anderem Maß und dem Leben in vielen Dimensionen zugleich erschließt sich von Christus her der *Realismus des Glaubens.* Was ist damit gemeint? Geht es in der Religion um eine Ausflucht aus der Wirklichkeit zu Gott hin und in der Religionslosigkeit um ein Fertigwerden mit der Wirklichkeit ohne Gott, so geht es im christlichen Glauben um das Austragen der Wirklichkeit vor Gott. Austragen hat zwei Bedeutungen: einmal einen Streit austragen und zum anderen etwas bis zur Reife, bis zum Ende mit sich tragen. Um beides geht es im christlichen Glauben: das Werden, Wachsen, Sich-Wandeln – sowie die Widersprüche, den Widerstreit des Lebens vor Gott austragen. Daraus ergibt sich unsere *7. These*:

7. Christlicher Glaube hat mit der religiösen Ausflucht vor der Wirklichkeit in sich selbst zu kämpfen, er steht dem religionslosen Fertigwerden mit der Wirklichkeit ohne Gott nahe – und ist doch im Unterschied zu beiden: Austragen der Wirklichkeit vor Gott.

Literatur

D. Bonhoeffer, Widerstand und Ergebung. Briefe und Aufzeichnungen aus der Haft hrsg. v. E. Bethge (WE), 1970.

D. Bonhoeffer, Ethik, zus.gest. u. hrsg. v. E. Bethge, 1963.

E. Bethge, Dietrich Bonhoeffer. Person und Werk, in: Die Mündige Welt, 2. Aufl. 1955.

E. Bethge, Dietrich Bonhoeffer. Theologe – Christ – Zeitgenosse, 1967.

E. Bethge, Christologie und «Religionsloses Christentum» bei Dietrich Bonhoeffer, in: Glaube und Weltlichkeit bei Dietrich Bonhoeffer, 1969.

B.-E. Benktson, Christus und die Religion. Der Religionsbegriff bei Barth, Bonhoeffer und Tillich, 1967.
G. Ebeling, Die «nicht-religiöse Interpretation biblischer Begriffe», in: Wort und Glaube, 3. Aufl. 1967.
G. Ebeling, Dietrich Bonhoeffer, in: Wort und Glaube, 3. Aufl. 1967.
E. Jüngel, Tod, in: Themen der Theologie, Bd. 8, 1971.

Internationales Bonhoeffer-Forum, Band 1: Genf '76. Ein Bonhoeffer-Symposion. Bearb. von Hans Pfeifer. München: Chr. Kaiser Verlag 1977, S. 98–107. (Zuerst erschienen in: Evangelische Kommentare 9 [1976], S. 148–151.)

GLAUBEN IN EINER RELIGIONSLOSEN WELT

Muß man zwischen Barth und Bonhoeffer wählen?

Von HEINZ EDUARD TÖDT

Karl Barth hat nicht nur bald nach dem Erscheinen von ›Widerstand und Ergebung‹ sein Unbehagen gegenüber Dietrich Bonhoeffers Gefängnistheologie geäußert, sondern auch noch in dem Brief vom 22. Mai 1967 an Eberhard Bethge. Barth hatte jetzt Bethges Bonhoeffer-Biographie gelesen und Bonhoeffers Weg vom christlichen Glauben zum politischen Handeln ausdrücklich gebilligt. Er stellte sogar fest, daß hier seine eigene, freilich weniger betonte Linie: Ethik–Mitmenschlichkeit–dienende Kirche–Nachfolge–Sozialismus–Friedensbewegung vorbildlich verfolgt worden sei. Bonhoeffer habe vor allem in der Judenfrage seit 1933 als erster, ja fast als einziger sofort den gebotenen Weg eingeschlagen. Aber die theologischen Aufzeichnungen Bonhoeffers im Gefängnis erschienen ihm auch jetzt noch als eine unsystematische Zusammenstellung situationsbedingter Aperçus, denen gegenüber die Schriften vor der ›Ethik‹ den entschiedenen Vorzug verdienten. Insbesondere mißfiel Barth das Gerede über eine angeblich mündige Welt und eine nicht-religiöse Interpretation, das sich seit den fünfziger Jahren verbreitet hatte.

Bonhoeffers Kritik an Barth richtet sich gegen dessen „Offenbarungspositivismus", gegen Barths Versagen in der „nicht-religiösen Interpretation der theologischen Begriffe"[1]; für den „religionslosen Arbeiter oder Menschen überhaupt" sei hier nichts Entscheidendes gewonnen. Barth habe die begonnene Religionskritik nicht wirklich durchgeführt, sondern an die Stelle der Reli-

[1] WEN 359 ff.

gion nur den Offenbarungspositivismus und die Kirche gesetzt und damit ein Gesetz des Glaubens aufgerichtet[2].

Wenn Bonhoeffer diesen Vorwurf erhebt, ist offenbar zwischen Barth und ihm das Offenbarungsverständnis strittig. Man kann den Streit aus Bonhoeffers Perspektive aufrollen, indem man den Schlüsselsatz aus seiner ›Ethik‹ heranzieht: „Die Wirklichkeit Gottes erschließt sich nicht anders, als indem sie mich ganz in die Weltwirklichkeit hineinstellt, die Weltwirklichkeit aber finde ich immer schon getragen, angenommen, versöhnt in der Wirklichkeit Gottes vor.“[3]

Offenbarung ist nach Bonhoeffer die Selbsterschließung der Wirklichkeit Gottes für uns, wie sie mittels der lebendigen Stimme des Evangeliums geschieht. Es handelt sich nicht um objektive Information über eine jenseitige Welt, über die der Mensch in distanzierter Haltung etwas erfahren könnte. Vielmehr betrifft und verändert die Erschließung der göttlichen Wirklichkeit den Menschen selbst. Aber es heißt nicht: Gott erschließt sich nicht anders, als indem er uns in die göttliche Wirklichkeit hineinstellt. Vielmehr macht Bonhoeffer den auffallenden Schritt, zu sagen, daß wir durch Offenbarung ganz in die Weltwirklichkeit hineingestellt werden. Hier vollzieht sich nicht eine „Entweltlichung“, sondern gerade die Erschließung der Weltwirklichkeit dadurch, daß der Mensch in die lebendige Verbundenheit mit seiner Lebenswelt gebracht wird und in ihr etwas von der Wirklichkeit Gottes erfährt.

Das ist am leichtesten zu verstehen, wenn die Rede ist von der Liebe zu den Mitmenschen und den Brüdern, die ja ein Stück begegnender Weltwirklichkeit sind. So heißt es etwa im ersten Johannesbrief 4,12: „Niemand hat Gott jemals gesehen. Wenn wir uns untereinander lieben, so bleibt Gott in uns und seine Liebe ist völlig in uns.“ Gott erschließt sich also, indem wir ganz in diejenige Weltwirklichkeit hineingestellt werden, die in der Liebe zu den Mitmenschen erfahren wird. Indem wir einem anderen vergeben, lassen wir uns so auf die Weltwirklichkeit ein, daß wir in

[2] WEN 312.
[3] E 208.

ihr etwas von dem vergebenden Gott erfahren. Wenn wir ein Leiden wirklich akzeptieren, verwandelt sich unsere Lebenswelt so für uns, daß wir in ihr Gottes Wirklichkeit sich erschließen sehen.

Der zweite Teil von Bonhoeffers Schlüsselsatz lautet: Die Weltwirklichkeit aber finde ich, wenn Gottes Wirklichkeit sich mir erschließt, immer schon getragen, angenommen, versöhnt in der Wirklichkeit Gottes vor. Ich entdecke also etwas, was ich nicht sehen kann, ehe ich nicht auf bestimmte Weise in die Weltwirklichkeit hineingestellt worden bin: daß die Welt getragen, also Schöpfung ist, daß sie angenommen, von Christus gerechtfertigt ist, daß sie versöhnt ist, durch den Geist Gemeinschaft mit Gott hat. Wenn die Offenbarung uns als ganze Menschen, nicht bloß „innerlich" an der Welt beteiligt sein läßt, zeigt sich uns nicht eine beliebige Welt, sondern die von Gott angenommene. Diese Welterfahrung ist freilich erheblich anders als eine wissenschaftliche, eine ideologisch bestimmte oder eine alltägliche.

Bonhoeffers Satz verweist auf einen Zirkel im Leben und Erkennen. Durchläuft man ihn gedanklich, so muß man ausgehen von der Wirklichkeit Gottes, die sich uns öffnet und unsere Stellung in der Lebenswelt verändert. Gemeinhin sind wir der Wirklichkeit entfremdet; jetzt werden wir ganz in die Welt hineingestellt und erfahren sie selbsttätig neu. Aber – das ist nun der Rückweg zum Ausgangspunkt –: Indem wir so in die Welt hineingestellt werden und sie tätig neu erfahren, erkennen wir sie gerade als von Gott getragene. Die Zirkelbewegung ist nicht ohne Ergebnis: Wir finden uns tief verändert vor in unserer Stellung zur Weltwirklichkeit, zu Gott und zu uns selbst. Wir haben in der vollen Diesseitigkeit des Lebens glauben gelernt, um mit Bonhoeffers Worten aus ›Widerstand und Ergebung‹ zu reden.

Von der Erkenntnis dieses Zirkels her kritisiert Bonhoeffer Barths Offenbarungspositivismus, wobei er auch eine frühere Phase seiner eigenen Theologie treffen will. Bei Barth erscheine die Offenbarung wie etwas Vorgegebenes, das in sich selbst ruht, als etwas Metaphysisches[4], das auch ohne wesentlichen Zusammenhang mit unserem Leben gedacht werden könne, dessen

[4] WEN 306.

Bedeutung für den religionslosen Menschen nicht einzusehen sei. Offenbarung müsse demgegenüber ein unsere Stellung in der Welt veränderndes Geschehen sein, das den Menschen nicht – wie der religiöse Akt – nur partiell, sondern als Ganzen betrifft[5]. Offenbarung bewahrheitet sich in der Weltwirklichkeit.

Die wichtigste Grundlage für diese Kritik war wohl der Band II, 2 der ›Kirchlichen Dogmatik‹[6]. Er behandelt die Prädestination und das Gebot Gottes im Sinne einer Grundlegung der objektiven Seite der Ethik. Barth betont hier gegenüber dem religiösen Subjektivismus radikal die Souveränität Gottes. Er will verhindern, daß der fromme und der theologisierende Mensch manipulativ das Gefälle von Gott zum Menschen umdreht und so Gott zum Produkt, zur Projektion macht. Konnte aber Barth die überlegene Souveränität Gottes auch so fassen, daß der Mensch nicht zur Marionette wurde, sondern in der durch Gott ermöglichten Weltstellung mit Spontaneität, Eigentätigkeit und Mündigkeit hervortrat? Dies schien Bonhoeffer bei Barth zu fehlen.

Muß man nun, wenn man sich redlich verhalten will, zwischen Barth und Bonhoeffer entscheiden: gegen den einen, für den anderen? Die Kritik der beiden aneinander wird man nicht verharmlosen und nivellieren dürfen. Indessen wäre zu fragen, ob die fundamentalen Positionen beider, die sich im Verständnis von Welt und Offenbarung ausdrücken, kontrovers oder konvergent sind. Um hierauf eine Antwort zu finden, muß zunächst die Funktion der Religion bei beiden durchdacht werden.

„Unsere gesamte neunzehnhundertjährige christliche Verkündigung und Theologie baut auf dem ‚religiösen Apriori' der Menschen auf. ‚Christentum' ist immer eine Form (vielleicht die wahre Form) der ‚Religion' gewesen."[7] Aber beim heutigen Übergang in die Religionslosigkeit erweist sich dieses geschichtlich bedingte religiöse Apriori als kraftlos. Es kann nicht mehr Vorbedingung der christlichen Verkündigung sein, und es gilt zu erkennen, was das für das Christentum bedeutet.

[5] WEN 396.
[6] KD II/2.
[7] WEN 305.

Das religiöse Apriori bezeichnet eine vor aller Erfahrung liegende Anlage des Menschen, durch die er im Leben und Erkennen auf Gott verwiesen wird. Die traditionelle Meinung ist: Nur weil der Mensch auf Grund seines Wesens oder seiner Existenz nach Gott fragt, kann das Evangelium Antwort auf diese Frage sein: „Unruhig ist unser Herz, bis daß es in dir, o Gott, ruht" (Augustin)[8].

Bonhoeffer erklärt demgegenüber: Derjenige, der mit Hilfe des religiösen Apriori interpretiert, denkt einerseits metaphysisch, andererseits individualistisch[9]. Dies vor allem stört ihn an der Religion. Dabei hat Bonhoeffer sich weniger um die philosophische Metaphysik gekümmert, als um die, welche in der traditionellen christlichen Religion liegt. Als „metaphysisch" gilt ihm ein „für sich seiendes Gebilde ohne wesentliche Beziehung zum Leben"[10]. So etwas findet er in dem die Tradition beherrschenden „Zwei-Räume-Denken", wo der übernatürliche Raum ohne wesentliche Beziehung zum Leben gedacht wird. Metaphysisch ist auch Barths positivistische Offenbarungslehre, wenn ihr der wesentliche Bezug auf das heutige Leben fehlt[11], wenn also die geschehende Offenbarung vom Menschen nicht erfahren werden kann und der Mensch auf eine jenseitige Macht verwiesen wird. Diese negativen Charakterisierungen von „Metaphysik" sind die Kehrseite zu Bonhoeffers positivem Satz: „Die Wirklichkeit Gottes erschließt sich nicht anders, als indem sie mich ganz in die *Welt*wirklichkeit Gottes hineinstellt ..."

Dem jenseitigen, gegenüber unserem Leben beziehungslosen Raum göttlicher Wirklichkeit entspricht die individualistische Orientierung an der Innerlichkeit. Entweder verweist uns eine positivistisch verstandene Wortoffenbarung auf dieses Jenseits oder eine weltabgewandte innere Stimme, oder beides spielt zusammen. Unsere Verbindung mit dem Jenseits wird dann vermittelt durch die innere Eingebung oder das metaphysisch ver-

[8] Augustin, Confessiones / Konfessionen, München 1955, 13.
[9] WEN 306, 312.
[10] E 228.
[11] WEN 312.

standene Gewissen. Wäre das richtig, so müßte Bonhoeffer formulieren: „Die Wirklichkeit Gottes erschließt sich nicht anders, als indem sie meine innere Stimme, die mich auf das Jenseits verweist, wachruft ..." Tatsächlich aber sagt er: Die Wirklichkeit Gottes stellt mich ganz in die Weltwirklichkeit hinein, sie läßt mich eine lebendige und spezifische Verbundenheit mit der Lebenswelt erfahren und verweist erst so auf Gottes Wirklichkeit zurück. Die Zeit, in welcher die isolierte innere Stimme glaubwürdig schien, ist vorbei. „Wir gehen einer völlig religionslosen Zeit entgegen."[12]

Diesem Offenbarungsverständnis entspricht die Umorientierung der christlichen Ethik zur Verantwortungsethik. Verantwortung entspringt nicht der subjektiven Spontaneität der Vernunft und nicht aus der Innerlichkeit, sondern aus der unlösbaren Verbundenheit des Menschen mit seiner Welt. In ihr erschließt sich die Wirklichkeit Gottes, und in dieser Wirklichkeit wiederum die Verantwortung in der Welt.

Nicht-religiöse Interpretation der biblischen und christlichen Begriffe wäre also ein Verstehen, in dem die Offenbarung als ein Geschehen begriffen wird, das die Verbundenheit ihrer Empfänger mit deren Welt betrifft und verändert. Die Formel „Inanspruchnahme der mündigen Welt durch Jesus Christus" ist einer der möglichen Ausdrücke für diesen Vorgang, ebenso der Segen als Inanspruchnahme des irdischen Lebens für Gott.

Was hat das Mündigwerden der Welt mit diesem Vorgang zu tun? Bei der Theorie des religiösen Apriori ebenso wie beim Offenbarungspositivismus hat der qualitative Zustand der Welt keine Bedeutung für die Erschließung der Wirklichkeit Gottes. Sie bleibt beim religiösen Akt draußen vor, ist etwas Unbeträchtliches. Die mündig gewordene Welt aber beansprucht, für alles, was den Menschen wirklich betrifft, von Bedeutung zu sein, so daß der Mensch ohne seine Welt nicht ist, was er ist. Insofern ist sie, auch als gottlose Welt, dem biblischen Gott näher als die unmündige Welt[13], da letztere im Blick auf einen jenseitigen Gott

[12] WEN 305.
[13] WEN 396.

und das religiöse Apriori nicht berücksichtigt, daß die Wirklichkeit Gottes sich nicht anders öffnet, „als indem sie mich ganz in die Weltwirklichkeit hineinstellt".

Bei Bonhoeffer macht sich also ein neues Offenbarungsverständnis in eins mit einem neuen Verständnis von Mensch und Welt geltend – und das mit dem Anspruch, der Bibel besser zu entsprechen. Bonhoeffer mußte hier freilich noch verständlich machen, wie es geschieht, daß die Weltwirklichkeit mit den ihr zugehörigen Menschen zum Darstellungsraum der göttlichen Offenbarung wird. Anhand der Vorgänge des Segens und des Leidens, die handfest in den Alltagszusammenhang hineingehören, deutet er das an.

Karl Barth hat nach dem erwähnten Band in der Kirchlichen Dogmatik noch einen weiten Weg zurückgelegt. Davon hat er verschiedentlich selbst gesprochen, so in dem Vortrag „Die Menschlichkeit Gottes" von 1956. Hier gesteht er ein, er sei früher in der Gefahr gewesen, Gott um seiner Göttlichkeit willen zu isolieren, zu verabsolutieren und ihn so dem Menschen – als einem elenden Tropf – gegenüberzustellen. Gerade das aber hieße, die Göttlichkeit Gottes zu verzeichnen. Denn so, wie sie im Christusgeschehen hervorgetreten ist, ist Gott gerade darin Gott, daß er mit dem Menschen zusammensein, ihn als Partner haben will. Gottes Göttlichkeit schließt seine Menschlichkeit nicht aus, sondern ein. Gottes Menschlichkeit ist die freie Bejahung des Menschen, das Eintreten für ihn. Barth denkt hier nicht an eine abstrakte Bejahung der Innerlichkeit des Menschen, sondern eine Teilnahme Gottes an dem ganzen Menschen, wie er arbeitend und handelnd in seiner Welt lebt und immer schon Spontaneität und Eigenständigkeit entwickelt.

In dieser Argumentation spielt die Verbundenheit des Menschen mit der Weltwirklichkeit zunächst nur eine sekundäre Rolle. Barths Argumentation scheint immer noch personalistisch, nur auf ein lebendiges Gegenüber von Gott und der menschlichen Person beschränkt und räumt dem Geschehen in der Lebenswelt keine fundamentale Bedeutung ein.

Dies kann man freilich nicht mehr behaupten, wenn man Karl

Barths Lehre von den Gleichnissen des Himmelreiches einbezieht[14]. Die Gleichnisse Jesu lassen erkennen, was Offenbarungserkenntnis ist. Jesus redet von alltäglichen Begebenheiten, von dem Tun eines Sämanns, von einem, der einen Schatz im Acker findet, von einem rücksichtslos emanzipierten Sohn, der vom Vater wiederaufgenommen wird. Da geschieht etwas in der Welt, das vielleicht überraschend, aber jedem verständlich ist. Plötzlich aber verweist gerade dies auf Gottes Wirklichkeit. Das Gleichnis will sagen: Gerade so verhält es sich mit der Herrschaft Gottes! Ein Stück gegenständlicher Welt wird zum Träger der Offenbarung. Gottes Wirklichkeit erschließt sich also indirekt, indem sie den Menschen in die Wirklichkeit der Welt hineinstellt und ihm im Umgang mit ihr zu verstehen gibt, was in der Welt über die Welt hinaus ist. Hier wird deutlich, wie Barth und Bonhoeffer in ihrem Verständnis von Offenbarung und von Welt konvergieren. Beide erkennen das religiöse Apriori als unbiblisch.

Dann stellt sich die Frage: Behält nun etwa Barth gegenüber Bonhoeffer recht, weil er entschiedener an der Göttlichkeit Gottes festzuhalten scheint, sie auch mit der Eigentätigkeit des Menschen verbindet und ihre Erkenntnis doch nicht von der problematischen Mündigkeit und Religionslosigkeit des heutigen Menschen abhängig macht?

Hier müssen wir noch einmal auf Bonhoeffers Schlüsselsatz zurückkommen: „Die Weltwirklichkeit aber finde ich immer schon getragen, angenommen, versöhnt in der Wirklichkeit Gottes vor.“ Diese Aussage verstellt die Möglichkeit, bei Bonhoeffer von der Auflösung der Theologie in Ethik oder Mitmenschlichkeit zu reden. Die Weltwirklichkeit kann für Christus nur in Anspruch genommen werden, weil der Glaubende sie immer schon angenommen und versöhnt in der Wirklichkeit Gottes vorfindet. Es handelt sich um eine einzige Wirklichkeit, in der freilich immer wieder verborgen ist, was dem Glaubenden sich erschließt, indem er selbst in Bewegung gesetzt wird, beansprucht durch den

[14] KD IV/3, 122 ff., vgl. dazu Chr. Link, Die Welt als Gleichnis, München 1976.

Segen, hineingerissen in das messianische Leiden Jesu. Nichtreligiöse Interpretation ist christologische Interpretation (Gerhard Ebeling).

Was aber findet der Glaubende als getragen und versöhnt in der Wirklichkeit Gottes vor? Folgt man den Gleichnissen Jesu, ist es die mitten in der Wirklichkeit andrängende Zukunft der Herrschaft Gottes. Der Glaubende sieht seine „diesseitige" Weltwirklichkeit im Licht ihrer Zukunft, er erkennt seine Situation als durch die Verheißung auf Gott hin geöffnet.

Dieser Gedanke wird bei Bonhoeffer weniger betont. Die Zeitmodi werden bei ihm kaum systematisch zur Differenzierung innerhalb der einen Wirklichkeit verwendet. Eine Ausnahme ist die gewichtige Unterscheidung von Letztem und Vorletztem, die er in der ›Ethik‹ gewonnen und in den Gefangenschaftsaufzeichnungen beibehalten hat. Die Differenz beider und ihre Verbindung durch die „Wegbereitung" erlaubt es Bonhoeffer, dem „Natürlichen" in der Weltwirklichkeit theologische Bedeutung beizumessen.

Das Natürliche liegt nicht auf der Hand, sondern ist eher verstellt und verborgen, es muß erst erfahren und erkannt werden. Es ist der Glaube, der das Vorletzte an seinem rechten Ort sieht und wahre Erfahrung des Natürlichen freizusetzen vermag. Aber es geschieht auch, daß die „Vernunft" und der „Grundwille des Lebens", indem beide in das Natürliche eingebettet bleiben, zum bewußten Vernehmen des Natürlichen in seiner Gegebenheit führen und objektiv darauf verweisen, daß die Weltwirklichkeit von Gott getragen wird. Bonhoeffer spricht sogar von einer „providentiellen Übereinstimmung zwischen den Inhalten der zweiten Tafel und dem dem geschichtlichen Leben selbst innewohnenden Gesetz". Solches Vermögen, die wahren Lebensgesetze als „Gesetz Gottes" zu erkennen, wurde traditionell der „Religion" zugeschrieben. Solche Religion bewahrheitete sich, unbeschadet ihres Kontaktes mit einem angeblichen „Jenseits", im Lebenszusammenhang ihrer Anhänger; diese nämlich erfuhren etwas in ihrer Weltwirklichkeit als durch das „Gesetz Gottes" und das entsprechende „Naturrecht" gut und heilvoll geordnet. Aber die neuzeitliche, innerlichkeitsorientierte Entwicklung des

Christentums hat diesen Bewahrheitungszusammenhang vergessen lassen bzw. ihn individualistisch reduziert und damit das Jenseits erst vom Diesseits abgetrennt, es also in Bonhoeffers Sinne „metaphysisch" gemacht. Hingegen deckt Bonhoeffers Schlüsselsatz die Weltwirklichkeit als Ort der Bewahrheitung wieder auf.

Die Kritik trifft also nicht jede Form der Religion, sondern nur jene neuzeitliche mit Metaphysik, Jenseitigkeit, Partialität und Innerlichkeit unlösbar verknüpfte. Darum blieb für Bonhoeffer auch in der Gefangenschaft die Frage nach der „natürlichen Frömmigkeit" und dem „unbewußten Christentum" akut. „Religionslos" sind Bonhoeffers Interpretationen demnach nur, insofern man den eingeengten Religionsbegriff, in welchem der Bewahrheitungszusammenhang vergessen ist, zugrunde legt.

Die Vernunft und der Grundwille des erhaltenen Lebens führen nur zum rechten Umgang mit dem Natürlichen, zum echten Schutz des Lebens, wenn sie sich nicht aus ihrer Einbettung ins Natürliche lösen, also nicht die Vernunft und den Willen subjektivieren und das Natürliche objektivieren. Sie erfahren dann die Welt als eine Wirklichkeit, die zu einem guten Natürlichen bestimmt ist, in der sich aber die Vergewaltigung des Natürlichen an dem, der es vergewaltigt, rächt[15]. Formal ist das Natürliche bestimmt durch den Erhaltungswillen Gottes und die Ausrichtung auf Christus. Das allerdings wird in der Offenbarung, mittels der lebendigen Anrede des Wortes Gottes und nicht in natürlicher Frömmigkeit und in natürlicher Religion erfahren.

Die theologische Herausarbeitung des „Natürlichen" begründet bei Bonhoeffer konkrete Ethik ebenso, wie sie eine Konsensbasis für Christen und Nichtchristen in praktischen Fragen schafft. Den Menschen in seiner Stärke, mitten im Leben, auf Gott hin anzusprechen[16], heißt ihn in seinem Sinn für das Natürliche, Gute, Gesunde anzusprechen. Das „Tun des Gerechten" bezieht sich nicht auf Prinzipien und auf zeitlose Normen, sondern auf das stets neu zu erfahrende Natürliche als Dimension

[15] E 156.
[16] WEN 307.

der Weltwirklichkeit Gottes, die in der Menschwerdung Christi offenbar geworden ist. Darum bedarf dieses Tun des Gebets, wie das Gebet dieses Tuns bedarf.

Nicht nur gegenüber Bonhoeffer, sondern auch gegenüber Barth muß die Frage nach wahrer Religion im Unterschied zu der eigenmächtigen oder „metaphysischen" neu erörtert werden. Barth spricht von der rätselhaften Tatsache, daß sich außerhalb der Gemeinde durchaus wahre Worte finden, die objektiv mit dem einen wahren Wort in direkter Verbindung stehen[17]; er spricht davon, „daß auch die Geschöpfwelt, der Kosmos, die dem Menschen in seinem Bereich verliehene Natur und die Natur dieses Bereiches als solche ihre eigenen Lichter und Wahrheiten und insofern ihre Sprache, ihre Worte hat"[18].

Dann aber könnte es erlaubt sein, das angemessene Vernehmen solcher wahren Worte ebenso als „Religion" zu bezeichnen, wie wir es bei Bonhoeffers Erfahrung des unverstellt „Natürlichen" gemacht haben. Unverzerrtes Sehen und angemessenes Vernehmen meint einen Umgang mit diesem Phänomen der weltlichen Wirklichkeit, der nicht wieder gleich in eine eigenmächtige Konstruktion von religiösen oder metaphysischen Sinnsystemen übergeht, sondern festhält, daß „die Furcht des Herrn der Weisheit Anfang ist". Von dieser Furcht und von Erfahrungen der Weisheit wissen aber alle wahren Religionen etwas. Sie scheint auch in einer religionslosen Welt möglich zu sein; denn gerade hier kann der Mensch erfahren, wie sehr er darauf angewiesen ist, daß ihm seine Welt durch wahre Lichter und Worte erleuchtet wird, daß sich Wahrheit bestenfalls im risikoreichen Umgang mit der Welt erschließt und doch nicht verfügbar ist.

In der Beurteilung der Säkularisierung und der Mündigkeit von Welt bleiben zwischen Barth und Bonhoeffer Gegensätze. Karl Barth kann das, was durch sie heraufgekommen ist, nicht als so grundstürzend neu ansehen. Bonhoeffer hingegen ist tief da-

[17] KD IV/3, 141.
[18] KD IV/3, 157.

von beeindruckt, daß die Welt religionslos wird. Das heißt vor allem, daß metaphysische Religiosität nicht mehr durch Erfahrungen in der Welt bewahrheitet wird. Bonhoeffers Prognose der kommenden Religionslosigkeit ist nicht schon dadurch widerlegt, daß wir heute nach einer fortschrittlich-emanzipativen Welle vielleicht wieder in einem Boom neuer „Religiosität" stehen. Denn das Kriterium, nach dem Bonhoeffer urteilt, ist nicht, ob der Mensch von religiösen Vorstellungen erfüllt ist oder nicht, sondern ob seine religiösen Vorstellungen glaubhaft sind, sich an der Weltwirklichkeit bewähren und bewahrheiten. Das Gespräch zwischen Bonhoeffer und Barth wäre so weiterzuführen, daß man sich auf ihr konvergentes Offenbarungs- und Weltverständnis stützt und die Frage nach der Bewahrheitung und Bewährung des Glaubens in der heutigen Welt prüft. Dabei würde auch erkennbar werden, was Religionslosigkeit und Mündigkeit bedeuten, und was sie nicht bedeuten können.

Zeitschrift für Religions- und Geistesgeschichte XXIX (1977), S. 356–360.

ZUM RELIGIONSBEGRIFF IN DEN VORTRÄGEN UND PREDIGTEN DER BARCELONAER ZEIT

Ein Beitrag zur Theologie des früheren Bonhoeffer*

Von José J. Alemany

1. *Das Problem der nicht-religiösen Interpretation*

Die nicht-religiöse Interpretation, oder, mehr noch, das religionslose Christentum, ist das Stichwort, das Bonhoeffer in den letzten dreißig Jahren weitgehend bekannt gemacht und ihm einen guten Teil seiner Ausstrahlung gegeben hat. Seine Theologie hat wohl viel mehr zu bieten als bloß die nicht leicht zu deutenden Formulierungen der Briefe aus der Haft; aber es besteht kein Zweifel, daß diese Gedanken mit zum sinnreichsten Mittelpunkt des theologischen Vermächtnisses D. Bonhoeffers gehören. Um so wichtiger ist es, an die möglichst genaueste Erläuterung jenes Begriffes heranzugehen, welcher in diesem Zusammenhang eine Schlüsselrolle spielt. Ich meine natürlich den Religionsbegriff. Unter allen zu diesem Zweck herangezogenen hermeneutischen Mitteln kommt freilich dem intertextuellen Vergleich eine besondere Bedeutung zu. In dem Fall, der uns heute beschäftigt, sind die in Frage kommenden Texte (die Vorträge aus Barcelona und die Tegeler Briefe) mit einem Abstand von über fünfzehn Jahren je am Anfang und am Ende eines bewegten theologischen Lebenslaufes verfaßt worden, was noch zu deren Tragweite beiträgt und den Vergleich interessanter macht.

* Diese Arbeit wurde als Kurzrefereat beim Seminar über Werke und Wirkung D. Bonhoeffers aus Anlaß seines 70. Geburtstages (Genf 4.–8. Februar 1976) vorgelegt.

2. *Die Frage nach der Zäsur*

Daß es in der theologischen Entwicklung Bonhoeffers eine Zäsur gegeben hat, steht außer Zweifel; es fragt sich bloß, wann sie anzusetzen ist. E. Bethge gibt in der Biographie zu, daß diese Frage nicht ganz leicht zu entscheiden ist[1]. Wenn diese Schwierigkeit der Feststellung des Wendepunktes innerhalb einer relativ kurzen Zeitspanne anhaftet, wie die zwischen ›Nachfolge‹ und ›Widerstand und Ergebung‹, kann man schon im voraus vermuten, daß der Religionsbegriff des früheren Bonhoeffer weit entfernt sein wird von dem der Briefe aus der Haft. Man sollte sich aber mit dieser Vermutung nicht zufriedengeben. Eine eingehende Überprüfung wird feststellen, inwieweit sie begründet ist, wodurch auch ein Kapitel der umstrittenen Frage nach der Kontinuität oder Diskontinuität, nach der Geradlinigkeit oder Krümmung der intellektuellen und theologischen Entwicklung Bonhoeffers erhellt werden könnte.

3. *Die Auswertung der früheren Werke Bonhoeffers*

Es ist verständlich, daß die besondere Aufmerksamkeit der theologischen wie der nicht-theologischen Leserschaft den späteren Werken Bonhoeffers gegolten hat. Einerseits sind diese Werke naturgemäß reifer. Sie gewinnen auch dadurch an Resonanz, daß sie leicht in Verbindung mit schicksalsträchtigen Ereignissen des Lebens Bonhoeffers gesetzt werden können. Zum anderen sind die ersten kleineren Schriften Bonhoeffers erst seit kurzer Zeit der Allgemeinheit zugänglich gemacht worden. Der fünfte Band der ›Gesammelten Schriften‹, in dem sie veröffentlicht wurden, erschien 1972[2]. Vorher müßten wir uns mit einigen Kostproben begnügen, die Bethge in der Biographie zitiert

[1] E. Bethge: Dietrich Bonhoeffer. Theologe – Christ – Zeitgenosse. München 3. Aufl. 1970, 964 f.

[2] D. Bonhoeffer, Gesammelte Schriften (Hrsg. E. Bethge). Band V: Seminare – Vorlesungen – Predigten 1924–1941. München 1972.

und auch zum Teil theologisch gewürdigt hatte[3]. Ein weiterer Versuch, dem theologischen Gedankengut der früheren Schriften noch vor deren Veröffentlichung eine gewisse Aufmerksamkeit zu widmen, wurde von Ernst Feil unternommen[4]. Seine kurze Bearbeitung ist für uns auch deswegen von Interesse, weil sie spezifisch das Thema des Religionsbegriffs behandelt. Ich darf in diesem Zusammenhang vielleicht auch auf meinen Aufsatz ›La teología barcelonesa de D. Bonhoeffer‹ (›Die Barcelonaer Theologie D. Bonhoeffers‹) hinweisen[5], in dem die Bonhoeffersche Religionskritik als eines der drei Hauptmerkmale dieser Schriften hervorgehoben wird. Es wäre aber wünschenswert, diese fragmentarischen Ansätze weiterzuführen, zu vervollständigen und die Ergebnisse dieser Forschung, freilich unter Berücksichtigung des jugendlichen Alters des damals frischen Doktors, als vollwertige Beiträge zum besseren Verständnis der gesamten Theologie Bonhoeffers auszuwerten.

4. *Das Material*

Bethge verrät uns[6], daß der junge Vikar im Jahre 1928 neunzehn Predigten anfertigen und halten mußte. Davon sind im V. Band der GS elf plus eine aus dem Jahre 1929 veröffentlicht worden. Dazu kommen noch die drei Gemeindevorträge vom Herbst 1928 und Frühjahr 1929. Alles in allem – und erst recht, wenn man den stückmäßig umfangreichen Briefwechsel dieser Zeit und das Tagebuch hinzunimmt[7] – ein recht ansehnliches und nicht zuletzt vom theologischen Gesichtspunkt her inhaltsreiches

[3] A. a. O., S. 144–155.

[4] E. Feil, Die Theologie D. Bonhoeffers. Hermeneutik – Christologie – Weltverständnis. München–Mainz, 2. Aufl. 1971, 226–339.

[5] José J. Alemany, La teología barcelonesa de D. Bonhoeffer. Estudios Eclesiásticos 49 (1974) 59–77.

[6] A. a. O., S. 144.

[7] Beide erschienen in D. Bonhoeffer, Gesammelte Schriften (Hrsg. E. Bethge). Band VI: Tagebücher – Briefe – Dokumente. 1923–1945. München 1974.

Material, das eine systematische Untersuchung auf seine immerwährende bzw. zeitbedingte Gültigkeit hin wert wäre.

Für unseren heutigen Zusammenhang kommen aber vor allem zwei Schriften in Frage: der Vortrag ›Jesus Christus und vom Wesen des Christentums‹[8] und die Predigt über Röm. 11, 6 ›Rechtfertigung und Religion‹[9]. In beiden kommt die dichteste und prägnanteste Fülle von Gedanken und Werturteilen um die Religion vor.

5. *Die Texte*

Wenn wir jetzt eben die Gedanken herausnehmen, wo ausdrücklich von der Religion die Rede ist, ergibt sich folgendes Bild des Bonhoefferschen Religionsbegriffs in jener Zeit[10]:

1. Die Religion spielt für die Psyche des 19. und 20. Jahrhunderts die Rolle des sog. guten Zimmers, in das man sich gern auf ein paar Stunden zurückzieht, um dann aber wieder gleich darauf in seine Arbeitsstube zu treten (135).
2. Die Religion Christi ist nicht der Leckerbissen nach dem Brot, sondern sie ist Brot oder nichts (135).
3. Man erklärt Chrisuts nach ästhetischen Kategorien als religiöses Genie ... nur eines tut man nicht – man nimmt ihn nicht ernst (135).
4. Der religiöse Weg des Menschen zu Gott führt von sich aus zum Abgott unseres Herzens, den wir nach unserem Bilde schufen (148).
5. Nicht Wissen, nicht Moral, nicht Religion führt zu Gott (148).
6. Auch die Religion ist ein Stück unserer Fleischlichkeit, hat Luther einmal gesagt (148).
7. Wenn Gott am fernsten scheint in Unreligion, Unmoral, dann ist Gott ihm [dem Menschen, d. V.] am nächsten (148).

[8] Gehalten am 11. 12. 1928, GS V 134–156.

[9] Gehalten am 11. 3. 1928, GS V 417–423.

[10] Es wird jeweils die Seitenzahl von GS V angegeben.

8. In der Religion, in der Moral steckt der Keim der Hybris, jener griechische Inbegriff der Götterfeindschaft (148).
9. So kann Religion und Moral der gefährlichste Feind des Kommens Gottes zu den Menschen, d.h. der christlichen frohen Botschaft werden (148 f.).
10. Ethik und Religion und Kirche liegen in der Richtung des Menschen zu Gott, Christus aber spricht allein, ganz allein von der Richtung Gottes zum Menschen (149).
11. Die Krönung des kulturellen Werkes des Menschen ist aber die Sittlichkeit und die Religion (150).
12. Humanismus und Mystik, die scheinbar schönsten Blüten der christlichen Religion ... müssen gerade von der christlichen Idee aus abgelehnt werden als Kreaturvergötterung (152).
13. Ethik und Religion und Kirche (ist) Wissen des Menschen vor Gott (152).
14. Nicht die christliche Religion als Religion ist etwas Göttliches. Sie ist vielmehr wieder nur ein menschlicher Weg zu Gott (154).
15. Christus ist nicht der Bringer einer neuen Religion, sondern der Bringer Gottes (154).
16. Als der unmögliche Weg des Menschen zu Gott steht die christliche Religion neben anderen Religionen (154).
17. Nicht die christliche Religion, sondern Gnade und Liebe Gottes, die im Kreuze gipfelt, ist die Gabe Christi (154).
18. Zugleich der grandioseste und der zarteste aller Versuche der Menschen zum Ewigen zu gelangen aus der Angst und Unruhe ihres Herzens – das ist die Religion (419).
19. Nicht Religion macht uns gut vor Gott, sondern Gott allein macht uns gut (420).
20. Unter dem göttlichen Gericht stehen Kultur wie Religion (420).
21. Die Motive unserer Sittlichkeit und unserer Religion sind entlarvt, wir wollen Herr sein des Ewigen, und nur sind wir seine Sklaven (420).
22. Unsere Religion ist nichts, wenn nicht Gott ja dazu sagt (420).

23. Nicht Religion, sondern Offenbarung, Gnade, Liebe; nicht Weg zu Gott, sondern Weg Gottes zum Menschen, das ist der Sinn des Christentums (420).
24. Religion und Sittlichkeit sind die schwersten Gefahren für die Erkenntnis der göttlichen Gnade (421).
25. Der Mensch bleibt auch in seiner geistigen Geistigkeit – in der Religion Mensch, d. h. Sünder (422).
26. Seine (des Menschen, d. V.) Religion ist ein Stück seiner Fleischlichkeit (422).
27. Nicht Religion, sondern Offenbarung und Gnade; das war das erlösende Wort (422).

6. *Methodologische Thesen*

6.1 Eine Untersuchung des Religionsbegriffs in den früheren Schriften Bonhoeffers ist absolut notwendig zum lückenlosen Verständnis der Äußerungen über die Religion in WE.

6.2 Diese Untersuchung darf keinen Anspruch auf Vollständigkeit erheben, wenn sie u. a. nicht folgende Schritte umfaßt:

6.2.1 Theologiegeschichtlich sollte man möglichst genau die verschiedenen Einflüsse feststellen, welche seitens der vorangegangenen und / oder der zeitgenössischen Theologie den Religionsbegriff Bonhoeffers mitgestaltet haben mögen. Diese Einflüsse lassen sich aber bei Bonhoeffer in differenzierter Form nachweisen: etwa als ideologische Begründung einer Stellungnahme, als Übernahme einer dogmatischen Beweisführung, als Gegenangriff auf eine andere, nicht geteilte Gesinnung, als wortwörtliche Wiederholung einer bestimmten Formel usw. Diese Verschiedenheit fordert ihrerseits eine differenzierte Anwendung der jeweils geeigneten analytischen Methodologie.

6.2.2 Unter Benützung der Ergebnisse der strukturellen Textsemantik sollte man darangehen, die semantische Kohärenz des Textes zu überprüfen und sichtbar zu machen. Eine sog. „aktantielle Analyse"[11] könnte z. B. dazu verhelfen, den Text als ein

[11] Vgl. A. Greimas, Strukturale Semantik. Braunschweig 1971.

Kraftfeld zu verstehen, wo die Begriffe als Träger bestimmter Rollen auftreten und wirken (vgl. Religion = Feind des Kommens Gottes). Aber auch andere linguistische Methoden sollte man ohne weiteres verwenden können und zu einem besseren und sprachlich tieferen Verständnis des theologischen Signifikats fruchtbar machen[12].

6.2.3 Man sollte all diejenigen Begriffe untersuchen, die in einem auffallenden Parallelismus mit der Religion aufgeführt werden (Religion = Ethik = Kirche = Moral = Sittlichkeit = Weg des Menschen zu Gott ...) oder aber auch in gleichgebauten Begriffsketten ihr gegenüberstehen (Offenbarung = Gnade = Liebe = Weg Gottes zum Menschen ...). Dabei kann man

- entweder von den anderen Gliedern der Kette absehen und so jeden Begriff in seiner eigentlichen Bedeutung betrachten;
- oder ihn von dem Gesichtspunkt aus studieren, daß er eben einen Parallelismus zu den anderen aufweist: wobei man sich fragen kann,
- inwiefern dieser Parallelismus gerechtfertigt ist und
- ob dadurch nicht die Bedeutung der einzelnen Begriffe entstellt und die hermeneutischen Möglichkeiten erschwert werden, sei es,
- daß ein „fester" Religionsbegriff vorausgesetzt wird, von dem aus man zur Interpretation der parallelen Begriffe und der gesamten Darlegung geht, oder,
- daß man sich über die anderen Begriffe im klaren ist, so daß man sich von dieser vorausgesetzten Eindeutigkeit eine Erhellung des Religionsbegriffes erhofft.

6.3 Erst wenn eine gewisse Klarheit bezüglich der jeweiligen Bedeutung des Religionsbegriffs in den früheren und späteren Schriften gewonnen ist, hat man den sicheren Boden erreicht, der allein ermöglicht, einen intertextuellen Vergleich zu unternehmen. Man kann sich auf die Suche nach wortwörtlichen und / oder konzeptuellen Parallelen zwischen beiden Texten bzw.

[12] Vgl. dazu A. Stock, Umgang mit theologischen Texten. Einsiedeln 1974.

Textgruppen begeben und die eventuelle Akzentverschiebung bei gleichlautenden Formulierungen feststellen. Unter dieser Voraussetzung ist nämlich das Risiko geringer – und doch immerhin eine Gefahr, vor der man auf der Hut sein sollte –, daß man in einer oberflächlichen nivellierenden Betrachtungsweise steckenbleibt, ohne in der literarischen Gleichheit zweier ähnlich gebauter Texte die inhaltliche Verschiedenheit zeiträumlich und theologisch weit entfernter Zusammenhänge zu erkennen.

7. *Inhaltsbezogene Thesen*

7.1 E. Feil hat ja schon andeutungsweise auf den Einfluß K. Barths auf die Arbeiten des jungen Vikars Bonhoeffer hingewiesen. Die Religionskritik von beiden gipfelt tatsächlich in der Auseinandersetzung von Religion und Offenbarung. Die sichtbare Anlehnung Bonhoeffers an die Stellungnahme Barths sollte aber eingehender untersucht und die Abgrenzung beider voneinander schärfer und eindeutiger festgestellt werden.

7.2 Auf den ersten Blick aber ist es klar, daß in diesen früheren Schriften der Barthschen Religionskritik ein viel größerer und gewichtigerer Platz eingeräumt wird als in WE.

7.3 Ebenso hat Bonhoeffer in Barcelona viel deutlicher die Postulate der liberalen Theologie (Schleiermacher, Troeltsch, von Harnack) vor Augen, welche infolgedessen auch eine wichtigere Rolle in seiner damaligen Ablehnung der Religion spielen, als es später der Fall ist.

7.4 Bonhoeffer teilt die Auffassung anderer theologischer Weggenossen bezüglich der Religion, wenn sich auch einschlägige Unterschiede stark bemerkbar machen[13].

7.5 Als Vorzeichen später weitergeführter, kritisch beurteilter Merkmale der Religion erscheinen jetzt schon:

– die Partialität (vgl. oben Texte 1, 2; WE 307, 396)

[13] Vgl. etwa oben unter 20 mit dem Aufsatz Fr. Gogartens, Die Krisis unserer Kultur (1920), jetzt in J. Moltmann (Hrsg.), Die Anfänge der dialektischen Theologie. 2. Band, München 2. Aufl. 1967, 101–121.

- die Ablehnung des Zusammenhangs zwischen Christus und der Religion (3, 15, 17; WE 306)
- die Gleichsetzung: christliche Religion (nicht Christentum!) = andere Religionen (16; WE 368 f.)
- die Feststellung, daß die Entfernung von Gott Gottnäher sein kann (7, WE 396)

7.6 Wiederum andere, in WE eine entscheidende Rolle spielende Themen kommen in Barcelona noch nicht vor. Unter anderen:

- die Feststellung der Mündigkeit der Welt (WE 392 ff.)
- die Annahme der Religionslosigkeit als eine vollzogene, unwiderrufliche, in Kauf zu nehmende Tatsache (WE 379, 395)
- das „etsi Deus non daretur" als Arbeitshypothese (WE 394, 413)
- die Fragen nach der Bedeutung von Kirche, Kultus, Gebet in der Religionslosigkeit (WE 306)
- die Anklage gegen die religiöse Methodik und ihre schlimmen Folgerungen (WE 358).

Una Sancta 32 (1977), S. 214–227.

CHRISTLICHER GLAUBE OHNE RELIGION?

Zur Theologie Dietrich Bonhoeffers

Von Ernst Feil

Zur Einführung

Der Streit um die Religion, besser, der Kampf gegen die Religion gehört zu den zentralen Bemühungen seit Beginn der Neuzeit. Zwar greift die Neuzeit hier wie auch sonst auf die Antike zurück; so heißt es etwa bei dem Sophisten Kritias, ein Schlaukopf habe die Götter erfunden, um Übeltätern Angst einzuflößen vor der Verübung geheimer Verbrechen, damit auch diese bestraft werden, wenn nicht von den menschlichen Richtern, da diese sie nicht gesehen hatten, dann von unsichtbaren Richtern, den Göttern. Aber antike radikale Götterverneinung blieb episodenhaft und das Anliegen der (noch zusammengehörenden) theologischen und philosophischen Götterkritik diente der Läuterung der Gottesvorstellungen. Dagegen wurde Religionskritik Voraussetzung und Fundament neuzeitlicher Emanzipation seit der französischen Aufklärung.

Religionskritik meinte hier zunächst und vor allem Kritik christlicher, kirchlicher Religion. Sie braucht nicht notwendig in einer radikalen Leugnung Gottes überhaupt zu bestehen, wenn man nicht die Suche nach einem Absoluten, und sei es das Sein oder das Universum selbst, schon als Atheismus bewerten will. Vom christlichen und kirchlichen Glauben allerdings wurde auch diese Religionskritik als Atheismus schlechthin empfunden. Dasselbe gilt für die Religionskritik im deutschen Sprachraum, wie sie vor allem bei Ludwig Feuerbach (1804–1872) angestoßen wurde. Mag die Religion nach Feuerbach als das „Erste Selbstbewußtsein des Menschen“ zu einer bestimmten Zeit der Entwicklung sinnvoll gewesen sein, auf der nun erreichten Stufe menschlichen Selbstbewußtseins ist sie aufgehoben, insofern erkennbar wurde, daß die Religion als „die Entzweiung des Menschen mit sich selbst" anzusehen ist. Damit ist deutlich, daß Gott nur eine Projektion des Menschen ist. Nun kann es statt der Theologie nur noch Anthropologie geben, nun gilt das berühmte „Homo homini Deus est", der Mensch ist dem Menschen Gott.

Aus dieser Aufhebung der Religion in Philosophie, aus dieser Überwindung eines projektiven Gottes zugunsten des Menschen folgt der Appell, sich radikal dem Diesseits zuzuwenden, statt seine Hoffnungen an ein Jenseits zu verschwenden. Nach Feuerbach hält Karl Marx (1818–1883) die Kritik der Religion für beendet, eine Kritik, die nach Marx die Bedingung und Voraussetzung jeder weiteren Kritik ist. Er ist davon überzeugt: „Die Aufhebung der Religion als des *illusorischen* Glücks des Volkes ist die Forderung seines *wirklichen* Glücks." Weitergeführt hat die Kritik der Religion als einer Illusion Sigmund Freud (1856–1939). Durch die Umsetzung Marxscher Gedanken, vor allem seit Lenin, in den politischen Bereich wie auch durch die Ausbreitung eines subkutanen oder expliziten Positivismus ist die Kritik der Religion über philosophische Erwägungen hinaus zu größter politisch-gesellschaftlicher Bedeutung gelangt.

Die These Dietrich Bonhoeffers von einem „religionslosen Christentum" in einer mündig gewordenen Welt" führt angesichts dieser Tradition nahezu unausweichlich zu dem entscheidenden Mißverständnis, Bonhoeffer habe ein Christentum ohne Gott, ohne Kirche, ohne Wort und Sakrament, ohne Gebet vertreten, ein Christentum reiner Diesseitigkeit und Mitmenschlichkeit. Dieses Mißverständnis ist denn auch allen jenen unterlaufen, die Bonhoeffer für einen Anhänger und Kronzeugen der „Gott-ist-tot-Theologie" hielten, als befürworte auch er, atheistisch an Gott zu glauben.

Und so vermögen auch alle jene die Aussagen Bonhoeffers nicht zu widerlegen, die gegen Bonhoeffer Religion als Hinordnung des Menschen auf Gott verteidigen. Sie sind – wie wir vielleicht alle – so sehr an die Verbindung von Religion und christlichem Glauben gewöhnt, daß sie eine Unterscheidung beider für unmöglich und unangebracht halten.

Man übersieht aber dabei, daß es einen erbitterten innertheologischen Streit um das Thema Religion gegeben hat, der durch Karl Barths Protest gegen die Religion und sein – untrennbar damit verbundenes – Plädoyer für den christlichen Glauben ausgelöst worden ist; man übersieht zudem, daß dieses Plädoyer Barths in einer bestimmten geistesgeschichtlichen Situation erfolgt ist. Die Auseinandersetzung ist mittlerweile zurückgetreten, und zwar so sehr, daß man gegenwärtig weithin den Eindruck haben muß, als habe es Barth de facto überhaupt nicht gegeben.

Man kann darüber streiten, ob die Polemik Barths gegen die Religion berechtigt war oder nicht. Man kann auch fragen, wie diese Auseinandersetzung heute aufzunehmen ist, wenn wir in der gegenwärtigen Situation die erste und besonders die zweite Fassung seiner Interpretation des Römerbriefes sehen. Aber den Eindruck zu erwecken, als ob es Barths Römerbrief eigentlich gar nicht gegeben habe, und sich auf Tillich oder auch die vorausliegende Tradition bzgl. des Themas Religion zu berufen und von Religion zu sprechen, ohne ihre inzwischen sichtbar gewordene, auch über Barth hinausgehende Relativierung zu berücksichtigen, dürfte doch verwundern.

Verwundern dürfte auch, daß man bisherige Interpretationen des Begriffes „religionsloses Christentum" bei Bonhoeffer beibehält, ohne die Korrektur zu berücksichtigen, die durch den Aufweis des Einflusses von Wilhelm Dilthey auf die Argumentation der Gefangenschaftsbriefe für die Herleitung dieser Formel angebracht ist. Überdies findet noch kaum die These Berücksichtigung, daß Bonhoeffers Religionsbegriff ein anders gearteter war, nämlich geistesgeschichtlicher Religionsbegriff ist im Gegensatz zu dem Religionsbegriff Barths, der ein systematischer Begriff ist. Es scheint, daß die jeweiligen Autoren in ihrer Tradition verbleiben, ohne andere Ergebnisse zur Kenntnis zu nehmen, wobei überwunden geglaubte Positionen wieder zum Vorschein kommen. Übergeht man Barth dabei, kann es nicht mehr verwundern, daß Bonhoeffers Ausführungen zum Thema Religion keine Berücksichtigung finden; man wird wohl nicht um die Frage herumkommen, ob es vielleicht unseriös ist, sich mit Bonhoeffer auseinanderzusetzen.

Die heftige Attacke Barths gegen die Religion meinte aber nicht zunächst eine metaphysische Konzeption von Religion – und auch eine solche metaphysische Auffassung von Religion ist ja konkret durch ihren Bezug zu einer bestimmten Zeit bestimmt, in der und für die sie konzipiert wurde –, die Attacke meinte vielmehr eine ganz konkrete „Religion", nämlich die des Kulturprotestantismus und der liberalen Theologie, die diese Lebensform des Kulturprotestantismus „metaphysisch" auslegte.

Barths Protest richtete sich, kurz und global gesagt, gegen die Gestalt des Christentums des 19. Jahrhunderts und die ihm zugehörige Theologie, angefangen von Friedrich Schleiermacher über Albrecht Ritschl bis hin zu Adolf von Harnack, mit dem Barth ja ein öffentliches Streitgespräch geführt hat. Wir können hier nicht näher auf diese Auseinandersetzungen eingehen. Wir können auch die liberale Ausprägung christlichen Glaubens nicht näher skizzieren. Hier muß der Hinweis genügen, daß seit Schleiermacher der christliche Glaube, vereinfachend gesagt, reduziert wurde auf den Bereich der Innerlichkeit, des Gefühls, wie wir es als einem der letzten Vertreter noch etwa bei Rudolf Otto (1869–1937) finden können, der das Heilige als das tremendum und fascinosum definierte, das nicht rational erfaßbar ist.

Die gerade uns heute so beschäftigende Frage nach der Bedeutung christlichen Glaubens für das Leben in der Welt wurde z. B. von Friedrich Naumann im Grunde so beantwortet, daß hierfür der Glaube gar keine Bedeutung habe, sondern vielmehr die Vernunft zuständig sei; der Glaube habe es nur mit Gott zu tun, und der sei eben nicht in der Welt, sondern jenseitig; Zugang zu ihm könne es dann nur in der Innerlichkeit des Menschen geben, im äußeren Bereich gehe es weltlich-menschlich zu.

Diese Trennung zwischen dem Bereich des Glaubens und dem Bereich der Welt hat natürlich fatale Folgen: fromm zu sein hat keine Auswirkungen für das alltägliche Leben, und umgekehrt: das weltliche Leben hat keine Bedeutung für die Verbindung mit Gott. Und somit gab es weder vom Glauben her Konsequenzen für das menschliche Leben, noch hatte das menschliche Leben Bedeutung für den Glauben. Die Folge war, daß man sich gemütlich, bürgerlich in der Welt einrichtete und den Glauben zeitlich und räumlich in engen, genau umrissenen Grenzen hielt. Die Frage nach der Weltverantwortung des Glaubens stellte sich nicht. Wichtiger aber war, daß der Glaube in ein Ghetto verwiesen war, daß die Majestät des Wortes Gottes eingeebnet war in ein Reservat, das Gott noch belassen wurde. Dadurch wurde der Glaube auch insoweit verweltlicht, als die Welt ihm einen bestimmten Raum beließ, innerhalb dessen er sich verwirklichen durfte, ganz abgesehen davon, daß die Welt, der Mensch bestimmte, wo und wie Gott zu finden sei.

Und gegen diese Einebnung Gottes protestierte Barth mit seinem „Deus dixit". Gegenüber dieser Vereinnahmung Gottes suchte er Gott als den ganz anderen herauszustellen, der nicht vom Menschen gerecht gemacht werden kann, der vielmehr Herr ist, gegen den der Mensch immer nur Sünder ist, der sich selbst gerecht zu machen suchte, statt sich von Gott gerecht machen zu lassen. Die Ausmaße dieser Auseinandersetzung sind für uns heute Vergangenheit, Geschichte geworden; wir dürfen aber nicht übersehen, daß sie nach dem Römerbrief Karl Barths von 1919 eine äußerst heftige Diskussion ausgelöst haben. Vor allem im katholischen Bereich ist die Auseinandersetzung weithin unbekannt geblieben. Erst durch die Erfahrungen des 2. Weltkriegs und die folgenden Jahre wurde deutlich, wie sehr inzwischen parallele Probleme bewältigt werden müssen, wenigstens was das Weltverhältnis des christlichen Glaubens angeht.

Auf dem Hintergrund dieser doppelten Religionskritik, nämlich einmal der sich als Überwindung der Religion verstehenden „nachchristlichen Kritik" seit Feuerbach, wie zum anderen der gegen eine Nivellierung und Verweltlichung christlichen Glaubens gerichteten „christlichen" Religionskritik seit Barth, ist die Aussage vom religionslosen Christentum bei Bonhoeffer zu sehen. Dabei schließt sich die Aussage Bonhoeffers unmittelbarer an den christlichen Protest Barths gegen die religiöse Nivellierung als an die allgemeine Religionskritik seit Feuerbach an. Berücksichtigt man diesen Kontext nicht, nimmt man Bonhoeffers

Aussagen abstrakt. Es bleibt dann eine Spiegelfechterei, Bonhoeffer mit dem Hinweis auf die Religion als Wesensanlage des Menschen widerlegen zu wollen, da auch dieser Rückgriff auf die metaphysische Tradition abstrakt bleibt. Ich möchte statt dessen versuchen, im konkreten Kontext der Zeit und der Theologie Bonhoeffers die Frage nach dem religionslosen Christentum zu klären.

Dieser Versuch ist aber von einer soeben schon angedeuteten Voraussetzung abhängig: Wir können die Aussagen Bonhoeffers nicht verstehen, wenn wir uns nicht zunächst mindestens auf seinen Sprachgebrauch einlassen und zuhören, was mit seiner Diagnose vom religionslosen Christentum gemeint sein dürfte. Wir müssen also wenigstens methodisch von unserem Religionsbegriff ablassen. Dabei werden wir Gelegenheit haben, unseren Religionsbegriff zu befragen: Ist er überhaupt so selbstverständlich und klar abgegrenzt, wie der ständige Gebrauch vermuten läßt? Was meint er eigentlich? Nehmen wir zu Recht an, zu wissen, was Religion ist? Wie selbstverständlich scheint die Rede von der christlichen Religion? Welcher Begriff von Religion wird zugrunde gelegt, wenn etwa in der Religionswissenschaft bzw. Religionsphänomenologie die sog. „Religionen" untersucht werden, angefangen von den primitiven Religionen bis hin zu den Hochreligionen, Islam, Buddhismus, Hinduismus? Und ist es möglich, das in all diesen Religionen konkretisierte „Wesen" von Religion herauszufinden, eine Aufgabe, der sich die Religionsphilosophie widmet? Wohl nicht zufällig hat gerade die Religionssoziologie die Unmöglichkeit bemerkt, eine Soziologie der Religion zu entwerfen und Religion soziologisch zu erfassen; sie mußte sich nämlich eingestehen, Religionssoziologie versucht zu haben, ohne angeben zu können, was eigentlich Religion sei (vgl. J. Matthes). Und so verlagerte sich die Arbeit von der Religionssoziologie zur Kirchensoziologie.

Aufgrund der Unklarheit und Problematik des Begriffes Religion kann daher die Frage nicht schon als beantwortet angesehen werden, ob der Mensch auf das Heilige, auf Transzendenz hin angelegt sei, die als das Absolute, Unbedingte, als letzter Sinn bezeichnet wird, gleich, ob in der Höhe oder der Tiefe des Seins bzw. des Menschen zu finden. Wir werden davon absehen müssen, ob Religion, eine religiöse Wesensanlage des Menschen als Bedingung der Möglichkeit der Existenz des Menschen angenommen werden muß, d.h., ob der Mensch als nach einem absoluten Sinngrund fragendes, auf diesen Sinngrund hin wie von ihm her agierendes Wesen existiert, das noch in der Verneinung den Sinn letztlich bejaht.

Statt dessen dient als Ausgangspunkt die Annahme der Möglichkeit, daß christlicher Glaube nicht identisch ist mit Religion, auch nicht deren Vollendung, aber auch nicht deren Gegensatz ist. Erst wenn diese Annahme im Verlauf der Argumentation als sinnvoll erkennbar wird, wird auch die Aussage eines religionslosen Glaubens verständlich und sinnvoll.

Wir müssen daher von der Erörterung der Frage absehen, ob Religionsphilosophie möglich ist, d.h., ob es in einer philosophischen Analyse der Existenz des Menschen möglich ist, seine Verwiesenheit auf ein Absolutes aufzudecken. Wir müssen auch davon absehen, einen Religionsbegriff zu bestimmen, der von der seit der lateinischen Antike üblichen Bestimmung der Religion als „Rückbindung" des Menschen an Götter oder an Gott ausgeht. Wir müssen schließlich absehen von einer Analyse der Geschichte dieses Begriffs, die uns zeigen könnte, welche Bedeutung der Begriff, den es ja im Griechischen gar nicht gibt, in der Patristik, im Mittelalter, in der Reformationszeit hatte, ehe er in der Neuzeit auf dem Umweg über den Versuch einer natürlichen Religion (und der ihr korrespondierenden natürlichen Theologie) auch für die christliche Religion eine dominante Bedeutung erhielt. Diese wurde innertheologisch wohl erstmalig von Franz Overbeck, dem Freund Friedrich Nietzsches, und durch diesen von Karl Barth bestritten. Wahrscheinlich würde diese begriffsgeschichtliche Analyse die frühe Aussage Bonhoeffers bestätigen, erst in der Neuzeit habe der Begriff der Religion den des Glaubens überlagert (1931/32)[1], d.h., erst in der Neuzeit sei der Begriff der Religion zum Oberbegriff des Glaubens geworden.

[1] Vgl. Eberhard Bethge, Dietrich Bonhoeffer. Theologe – Christ – Zeitgenosse, München 1967 (im folgenden abgek.: DB), 1048.

Damit ist der Hintergrund deutlich geworden, auf dem unsere Frage „Christlicher Glaube ohne Religion?“ gestellt wird. Neuzeitlich konnte diese Frage nur mit einem eindeutigen „Nein“ beantwortet werden. Christlicher Glaube war nicht nur ohne Religion nicht denkbar, er war vielmehr die Vollendung, die wahre Religion schlechthin. Um so dringender muß gefragt werden, ob die Zeit der Religion vorbei ist, wie Bonhoeffer annahm.

Zur Beantwortung dieser Frage muß zunächst erstens das Glaubensverständnis Bonhoeffers angedeutet werden, um dann zweitens den Praxisbegriff Bonhoeffers von Religion und Religionslosigkeit genauer zu umreißen. Anschließend soll drittens die Bedeutung dieser Überlegungen für Bonhoeffer selbst angedeutet werden, um so abschließend viertens nach den Konsequenzen für uns zu fragen.

1. Das Glaubensverständnis Dietrich Bonhoeffers

In seinen Gefängnisbriefen von 1943–44 berichtet Bonhoeffer: „Ich erinnere mich eines Gesprächs, das ich vor 13 Jahren in Amerika mit einem französischen jungen Pfarrer hatte. Wir hatten uns ganz einfach die Frage gestellt, was wir mit unserem Leben eigentlich wollten. Da sagte er: Ich möchte ein Heiliger werden (und ich halte für möglich, daß er es geworden ist); das beeindruckte mich damals sehr. Trotzdem widersprach ich ihm und sagte ungefähr: ich möchte glauben lernen. Lange Zeit habe ich die Tiefe dieses Gegensatzes nicht verstanden.“[2]

Bonhoeffer versuchte glauben zu lernen, indem er „so etwas wie ein heiliges Leben zu führen versuchte“ (ebd.). Er fährt dann fort: „Später erfuhr ich, und ich erfahre es bis zur Stunde, daß man erst in der vollen Diesseitigkeit des Lebens glauben lernt.“

Dieses Wort, daß man erst in der vollen Diesseitigkeit des Lebens glauben lernt, darf als grundlegende Aussage über einen

[2] Widerstand und Ergebung. Briefe und Aufzeichnungen aus der Haft, hrsg. von Eberhard Bethge, Neuausgabe München 1970 (im folgenden abgek.: WE), 401.

Glauben ohne Religion angesehen werden. Nun lassen sich Ausführungen über den Glauben bei Bonhoeffer bis in das frühe Werk zurückverfolgen. Bonhoeffer hat sich von Anfang an um die Möglichkeit und Struktur des Glaubens gekümmert; dies gilt bereits für seine akademisch gehaltenen und eigentlich recht schwer verständlichen akademischen Schriften. Ihn hat offensichtlich bereits in ihnen das Problem beschäftigt, daß wir glauben möchten und doch um unseren eigenen Glauben nicht wissen können, ihn nicht reflex erfassen können, daß wir unseren eigenen Glauben nicht noch einmal überprüfen und so auch nicht „wissen" können, ob wir glauben; denn wir können uns nicht selber zusehen, ob wir Glaubende sind, sondern nur die Intention haben zu glauben. Der Glaube ist direkte, unreflektierbare, konkrete Beziehung, die das Denken nicht adäquat erfassen kann. Dabei wendet sich der Glaube von uns weg und unmittelbar auf Jesus Christus hin. „Glaube sieht nicht auf sich selbst, sondern allein auf Christus."[3]

Es ist bemerkenswert, daß Bonhoeffer schon hier den Glauben nicht unmittelbar auf Gott gerichtet sein läßt, sondern die Vermittlung durch Jesus Christus betont. Er lehnte ja die Möglichkeit einer unmittelbaren, d.h. von Jesus Christus losgelösten Beziehung zu Gott ab, sei es, daß als Unmittelbarkeitsbeziehung zu Gott das Gewissen (AS 120) ohne das Gebet angesehen wird. Diese Vermittlung jeglicher Beziehung zu Gott durch Jesus Christus ist kein Umweg, sondern der direkte und einzige mögliche Weg zu Gott. Die Konzeption einer durch Jesus Christus vermittelten Gottesbeziehung scheint mir auch der wichtigste Unterschied zu seriösen Versuchen zu sein, religiös zu sein, in dem Sinne, direkt mit Gott in Kontakt zu treten; Vermittlung durch Jesus Christus wäre dann ein Indiz für die religionslose Gestalt christlichen Glaubens. Die Frage des Glaubens, den man nicht noch einmal sichern kann, so daß man sich im Glauben aus sich heraus begeben muß, hat Bonhoeffer auch persönlich bedrängt; hier verspricht eine Aussage in einem Brief von 1933, daß das

[3] Akt und Sein. Transzendentalphilosophie und Ontologie in der systematischen Theologie, München 1956 (im folgenden abgek.: AS), 112.

dauernde Zurückgeworfenwerden auf den unsichtbaren Gott uns kaputtmacht. Ich habe den Eindruck, daß Bonhoeffer weite Passagen seines Lebens theologisch-christlich dazu gebraucht hat, aus diesem unmöglichen Zustand des dauernden „Zurückgeworfenwerdens auf den unsichtbaren Gott" (1931)[4] herauszukommen und den Glauben ganz konkret als Nachfolge Christi zu fassen. „Nachfolge Christi – was das ist, möchte ich wissen – es ist nicht erschöpft in unserem Begriff des Glaubens" (1934; GS I 41).

Als Fazit muß festgehalten werden, daß Bonhoeffer von früh an bis in die letzten Briefe aus der Haft sich darum bemüht hat, glauben zu lernen. Der Glaube war ihm kein theoretisches, intellektuelles Problem, sondern eine Frage christlichen, menschlichen Lebens. Glauben war eingebettet in die konkrete Nachfolge, in die Jesus Christus den Menschen rief. Religionsloses Christentum meint daher keinesfalls und niemals „glaubensloses Christentum".

2. *Der Religionsbegriff Dietrich Bonhoeffers*

„Was mich unablässig bewegt, ist die Frage, was das Christentum oder auch wer Christus heute für uns eigentlich ist. Die Zeit, in der man alles das den Menschen durch Worte – seien es theologische oder fromme Worte – sagen könnte, ist vorüber; ebenso die Zeit der Innerlichkeit und des Gewissens, und das heißt eben die Zeit der Religion überhaupt. Wir gehen einer völlig religionslosen Zeit entgegen" (WE 305). Mit diesen Worten beginnen die Überlegungen, die Bonhoeffer in den letzten Monaten seiner Gefängnishaft bewegt, beunruhigt, aber auch mit Hoffnung und Zuversicht erfüllt haben. Unter den Stichworten des „religionslosen Christentums" und der „nichtreligiösen Interpretation" haben sie das Interesse einer weiten Öffentlichkeit geweckt, haben sie entschiedene Zustimmung und ebenso heftige Kritik gefunden.

[4] Gesammelte Schriften, hrsg. von Eberhard Bethge, München 1958 ff. (im folgenden abgek.: GS), I 61.

Ehe wir den zuvor schon genannten inhaltlichen Bestimmungen des Religionsbegriffs bei Bonhoeffer nachgehen, soll die Struktur dieses Begriffs näher geklärt werden, von der das Verständnis und unsere Beurteilung dieser spezifischen Fassung des Religionsbegriffs abhängen.

a) Zur Struktur des Religionsbegriffs: Religion als geschichtlicher Begriff

Es ist viel darüber gerätselt worden, was Bonhoeffer denn nun unter Religion verstehe. Gerhard Ebeling nimmt an, Religion bei Bonhoeffer meine die „Ergänzung der Wirklichkeit durch Gott"[5], d.h. Religion bestehe darin, die Grenzen von Welt und Mensch durch ein Unbegrenztes, Absolutes, nämlich Gott, aufzuheben. Damit bleibt Bonhoeffer in der Interpretation Ebelings noch ganz im Rahmen neuzeitlicher Bestimmung der Religion.

Doch wenn wir aufmerksam den ersten ausführlicheren Text hören, stellt sich eine andere Grundstruktur von Religion heraus: „Unsere gesamte neunzehnhundertjährige christliche Verkündigung und Theologie baut auf dem ‚religiösen Apriori' der Menschen auf. ‚Christentum' ist immer eine Form (vielleicht die wahre Form) der ‚Religion'" (WE 305).

Hier wird die Frage gestellt, ob nicht die westliche, religiöse Gestalt des Christentums nur eine bestimmte Phase, eine bestimmte Form christlichen Glaubens ist, der demnach auch eine andere Gestalt haben kann. Bonhoeffer geht davon aus, daß die bisherige Gestalt christlichen Glaubens eine Vorstufe für eine neue Phase war, die anders aussehen wird, ähnlich wie das Alte Testament eine Vorstufe für das Neue gewesen ist. Man darf diesen Vergleich nicht überstrapazieren, er soll zeigen, daß es solche Ablösungen sehr grundlegender Art geben kann. Religion als westlich-abendländische Form christlichen Glaubens und ihr Vergehen im Zusammenhang mit dem Untergang eben dieses Abendlandes, Religion als „geschichtlich bedingte und vergängli-

[5] Die mündige Welt II, München 1956, 60.

che Ausdrucksform des Menschen", Religion als „Gewand", dies scheint uns die Grundstruktur des Religionsbegriffs auszudrükken, den Bonhoeffer in „Widerstand und Ergebung" geprägt hat: Religion ist nicht ein metaphysischer, sondern ein geschichtlicher Begriff, d. h. die zum Wesen des Menschen gehörende Rückbindung an Gott, das religiöse Apriori, die potentia oboedientialis, oder wie immer man Verwiesenheit des Menschen auf das Absolute bezeichnen will, ist deswegen noch nicht als Wesensbegriff des Menschen erwiesen, weil sie einem bestimmten Kulturkreis und einer bestimmten geschichtlichen Epoche angehört, deren Ende sich abzeichnet.

Daß Bonhoeffer die Religion als eine bestimmte zeitbedingte Gestalt christlichen Glaubens angesehen hat, findet seine Bestätigung in seiner Frage, wie wir von Gott ohne Religion, d. h. „ohne die zeitbedingten Voraussetzungen der Metaphysik, der Innerlichkeit" (306) sprechen können. Hier werden nähere Bestimmungen der Religion, nämlich Metaphysik und Innerlichkeit, einfach als zeitbedingt angesehen.

Ein letztes Argument für das Verständnis der Religion als einer zeitbedingten Gestalt christlichen Glaubens muß im Vergleich der Religion mit der Beschneidung gesehen werden. Die Frage des Urchristentums, ob die Beschneidung Bedingung der Rechtfertigung sei, stellte sich für Bonhoeffer so, „ob Religion Bedingung des Heils sei" (307, vgl. 365). Die Antwort lautet: Die Freiheit von der Beschneidung ist auch die Freiheit von der Religion. So wie die Beschneidung geschichtlich überholt ist und eben keine Bedeutung mehr hat für den Glauben, so ist heute die Religion überholt und hat keine Bedeutung mehr für den christlichen Glauben. Daß damit eine sehr weittragende Aussage gemacht ist, liegt auf der Hand: Das gesamte abendländische Gedankengut kann keine zwingende Voraussetzung für den Glauben mehr sein.

Zwei Wurzeln sind für Bonhoeffers geschichtliche Konzeption des Religionsbegriffs ausschlaggebend.

Zunächst ist der Aspekt der Begrenzung der Religion auf den Bereich des abendländischen Westens herauszustellen. Noch in seinen späten Gefängnisbriefen fragt Bonhoeffer, ob nicht

Europa als Mitte zwischen Ost und West eine wichtige Funktion habe (308). Lange zuvor hatte er gefragt, „ob unsere Zeit vorüber ist und das Evangelium einem anderen Volk gegeben ist, vielleicht gepredigt mit ganz anderen Worten und Taten?“ (1931; GS I 61). Hier ist wiederum deutlich, daß Bonhoeffer einmal mit dem Ende des Evangeliums in seinem traditionellen Verbreitungsgebiet und einem Neubeginn mit einer grundlegend anderen Gestalt in einem anderen Kulturkreis rechnet.

Und wenige Jahre später – 1934 – verleiht er seiner Überzeugung Ausdruck, „daß es im Westen mit dem Christentum sein Ende nimmt – jedenfalls in seiner bisherigen Gestalt und Interpretation“ (GS II 158). Als Ausweg wie auch als Hintergrund seiner negativen Beurteilung der Situation des Westens ist sein Bemühen zu sehen, durch einen Besuch bei Gandhi wesentliche Impulse für eine neue Gestalt christlichen Glaubens zu erfahren. Denn Bonhoeffer hatte Religionslosigkeit im Berliner Asozialenmilieu kennengelernt, in dem Sünde, Gnade und dergleichen mehr auf keinerlei Verständnis mehr stießen; er hatte „religiöse“ Kirche kennengelernt, die offizielle Kirche, die in einem falschen Frieden mit der Welt lebte, vor allem in den USA. Als Ausweg aus dieser hoffnungslosen Lage erhoffte er von Indien, hier eine neue Inspiration für den christlichen Glauben zu erfahren, nicht zuletzt, weil „in dem dortigen ‚Heidentum‘ viel mehr Christliches steckt als in unserer ganzen Reichskirche. Tatsächlich ist ja auch das Christentum orientalischer Herkunft, und wir haben es dermaßen verwestlicht und mit rein zivilisatorischen Erwägungen durchsetzt, daß es uns so weit verloren ist, wie wir jetzt erleben“ (1934; GS II 182).

Hier wird deutlich, welchen konkreten Hintergrund Bonhoeffer bei seiner Auffassung von der Religion als einer geschichtlichen Gestalt hat, und zudem, warum ihm Religion eine westliche Gestalt ist. Hinter dieser ersten Wurzel für eine geschichtliche Konzeption des Religionsbegriffs steht ein Pessimismus: In Europa, in den USA ist es vorbei mit dem christlichen Glauben.

In den späten Gefängnisbriefen ist dieser Pessimismus vorbei. Das ist angesichts der außerordentlichen Zerstörungen wie auch der Bedrohungen, in denen sich Deutschland 1944 befand, erstaunlich, ganz abgesehen von der persönlichen Gefährdung durch die Gestapohaft.

Bonhoeffer war im Gefängnis nach dem ersten Jahr, als er noch auf baldige Befreiung hoffte, beschäftigt mit den Vorüberlegungen zum Neubeginn nach dem Zusammenbruch. Hatte er, als er noch in Freiheit war, gemeint, man könne aus abendländisch-christlicher Tradition heraus den Wiederaufbau beginnen, so war er jetzt voller Optimismus von der Notwendigkeit und Möglichkeit eines Neuanfangs überzeugt. Diese Hoffnung – und darin ist die *zweite und entscheidende Wurzel* für die geschichtliche Konzeption des Religionsbegriffs bei Bonhoeffer zu sehen – verband sich mit der Einschätzung des neuzeitlichen Geschichtsverlaufs, die Bonhoeffer einem intensiven Studium der einschlägigen Werke Diltheys verdankte. So teilte er die Überzeugung Diltheys, daß die neuzeitliche Entwicklung zur Autonomie des Menschen nunmehr einen Höhepunkt erreicht habe. Bonhoeffer formuliert:

„Die etwa im 13. Jahrhundert (ich will mich auf den Streit über den Zeitpunkt nicht einlassen) beginnende Bewegung in der Richtung auf die menschliche Autonomie (ich verstehe darunter die Entdeckung der Gesetze, nach denen die Welt in Wissenschaft, Gesellschafts- und Staatsleben, Kunst, Ethik, Religion lebt und mit sich selbst fertig wird) ist in unserer Zeit zu einer gewissen Vollständigkeit gekommen. Der Mensch hat gelernt, in allen wichtigen Fragen mit sich selbst fertig zu werden ohne die Zuhilfenahme der ‚Arbeitshypothese: Gott'. In wissenschaftlichen, künstlerischen, auch ethischen Fragen ist das eine Selbstverständlichkeit geworden, an der man kaum mehr zu rütteln wagt; seit etwa 100 Jahren gilt das aber in zunehmendem Maße auch für die religiösen Fragen; es zeigt sich, daß alles auch ohne ‚Gott' geht, und zwar ebenso gut wie vorher" (WE 356 f.).

Mit dieser Aussage ist zweierlei zum Ausdruck gebracht: Einmal ist ein langer Prozeß zu Ende gekommen; die Autonomie des Menschen, seine Mündigkeit ist erreicht. Zum anderen ist „Gott" (in Anführungsstrichen!) zurückgedrängt: „Gott als moralische, politische, naturwissenschaftliche Arbeitshypothese ist abgeschafft, überwunden; ebenso aber als philosophische und religiöse Arbeitshypothese (Feuerbach!)" (WE 240).

b) Kategoriale Bestimmungen der Religion

Damit kommen wir nun zu inhaltlichen Bestimmungen der Religion. Religion ist nach Bonhoeffer bestimmt durch eine falsche Gottesauffassung und eine ihr entsprechende falsche Auffassung des Verhältnisses von Gott und Welt. Eingangs war schon von dieser kulturprotestantischen, durch abendländische, reformatorische und idealistische Tradition geprägte Gestalt christlichen Glaubens die Rede. Für Friedrich Naumann, um nur ein Beispiel zu nennen, war die Religion „je länger, desto mehr, eine innere Seelenfrage“[6]. Konsequent sah er in einer radikalen Trennung der Zwei Reiche keine Möglichkeit, vom christlichen Glauben aus eine Entscheidungshilfe für das Leben in der Welt zu erhalten: als Staatsbürger stimmte er für das Flottenprogramm des Deutschen Kaisers, nicht als Christ, „weil ich darauf verzichten gelernt habe, grundlegende Staatsfragen in der Bergpredigt entschieden zu sehen“ (ebd.).

Trotz aller vordergründigen Entgegensetzung verfällt der Pietismus dem gleichen Fehler wie der nur die Kehrseite der gleichen Münze darstellende Kulturprotestantismus: auch der Pietismus sucht Gott jenseits, nur daß er die Welt flieht, der sich der Kulturprotestantismus ungestört durch die Imperative des christlichen Glaubens zuwendet. Darum nennt Bonhoeffer den Pietismus den letzten Versuch, „das evangelische Christentum als Religion zu erhalten“ (WE 393).

Diese Verweisung Gottes ins Jenseits schien Bonhoeffer für die Religion konstitutiv. Transzendenz, nach Kant als Jenseits unseres Erkenntnisvermögens konzipiert, Gott als Arbeitshypothese, wo unsere Möglichkeiten versagen, Gott als Ergänzung unserer Schwachheit, Gott als Deus ex machina, Gott als Lückenbüßer, dieser Gott der Religion ist nun dahin, nachdem er mit dem Wachsen unserer Erkenntnis im Verlauf der Neuzeit sich auf ständigem Rückzug befunden hatte. Noch wenn dieser Gott als

[6] Vgl. Ernst Feil, Die Theologie Dietrich Bonhoeffers. Hermeneutik – Christologie – Weltverständnis, München / Mainz [2]1971 (= Feil, DB), 232, Anm. 24.

der Allmächtige gesehen wurde, war er vom Menschen her gesehen, der seine eigene Schwachheit durch die Vorstellung eines starken Gottes ausglich und damit Gott als ein „Stück prolongierter Welt“ (WE 414) ansah.

Die Konsequenz dieser Gottesauffassung ist, daß der Mensch ein Unterlegener ist, ein Unmündiger, der Gott zum „Vormund“ hat (WE 357). Und doch verbirgt sich hinter dieser Schwäche des Menschen eine verborgene „Stärke“ und Selbstmächtigkeit: Er bestimmt Gott von seiner Schwäche her.

Religion, durch die zeitbedingten Voraussetzungen von Metaphysik und Innerlichkeit bestimmt, meint ein Verhältnis von Gott und Welt, das Gott außerhalb der Welt, jenseits der Grenzen der Welt sein läßt. „Die Religiösen sprechen von Gott, wenn menschliche Erkenntnis (manchmal schon aus Denkfaulheit) zu Ende ist oder wenn menschliche Kräfte versagen – es ist eigentlich immer der deus ex machina, den sie aufmarschieren lassen“ (WE 307).

Aus dieser spezifischen Auffassung Bonhoeffers von Religion folgt, was nun Religionslosigkeit positiv meint. Es bedarf keiner weiteren Darlegungen, daß mit ihr nicht Glaubenslosigkeit, Gottlosigkeit gemeint ist. Vielmehr lautet die Frage: „Wie kann Christus der Herr auch der Religionslosen werden?“ (WE 306). Bonhoeffers Thema lautet: „die Inanspruchnahme der mündig gewordenen Welt durch Jesus Christus“ (375). Statt eines jenseitigen Gottes geht es um den *mitten in unserem Leben jenseitigen* Gott.

Zweierlei ist damit erreicht: Einmal ist der Glaube an Gott in Jesus Christus ein zugleich weltbezogener Glaube; das zeigt sich darin, daß Bonhoeffer statt von religionslosem von weltlichem Christsein sprechen kann (306: „Wie sind wir ‚religionslos-weltlich‘ Christen?“). Gott ist nun nicht mehr vom Menschen her bestimmt und an den Grenzen angesiedelt. Zum anderen wird die „gottlose“ Welt, d. h. die weltliche, eben nichtgöttliche Welt ernst- und angenommen; die Mündigkeit des Menschen ist nicht nur keine Konkurrenz zur Souveränität Gottes, vielmehr sind Autonomie des Menschen und Nachfolge Christi bzw. Glaube an Gott in Jesus Christus zusammengehörig, ja wechselseitig aufeinander bezogen und gleichsinnig zunehmend. „Die mündige

Welt ist gottloser und darum vielleicht gerade Gott-näher als die unmündige Welt" (396). Der springende Punkt ist, daß Gott nicht durch die Herabsetzung der Welt als Herr und Schöpfer der Welt anerkannt wird, daß Gott nicht durch die Begrenzung und Schwächen des Menschen als der allmächtige offenkundig gemacht wird.

Jede Verkleinerung von Welt und Mensch tut Gott keine Ehre an; aber auch die ständige Erweiterung der Welt verkleinert Gott nicht, wie man gegen die neuzeitliche Religionskritik sagen muß, die Größe Gottes und der Welt in Konkurrenz zueinander sieht. Jedoch ist die neuzeitlich entstandene Mündigkeit des Menschen anzuerkennen. Bonhoeffer lehnt jede Attacke auf die Mündigkeit des Menschen wie auch jede Apologetik ab, die aus Not des Menschen die Angewiesenheit auf Gott demonstrieren will. Er will, „daß man die Mündigkeit der Welt und des Menschen einfach anerkennt, daß man den Menschen in seiner Weltlichkeit nicht ‚madig macht', sondern ihn an seiner stärksten Stelle mit Gott konfrontiert" (WE 379). Das Mündigwerden führt dazu, daß wir in der Welt leben müssen „etsi deus non daretur", „auch wenn es keinen Gott gäbe" (394 f.). „Der Gott, der uns in der Welt leben läßt ohne die Arbeitshypothese Gott (und d.h. ohne den Gott der Religion), ist der Gott, vor dem wir dauernd stehen" (ebd.).

Damit sind wir an dem Punkt, wo deutlich wird, daß für Bonhoeffer mit dem religionslosen Christentum nicht nur ein neues Weltverständnis, sondern auch ein anderes Gottesverständnis verbunden ist: während die Religion den Menschen in seiner Not an die Macht Gottes verwies, weist die Bibel ihn an die Ohnmacht und das Leiden Gottes (394): „Vor und mit Gott leben wir ohne Gott. Gott läßt sich aus der Welt herausdrängen ans Kreuz, Gott ist ohnmächtig und schwach in der Welt und gerade und nur so ist er bei uns und hilft uns. Es ist Mt 8, 17 ganz deutlich, daß Christus nicht hilft kraft seiner Allmacht, sondern kraft seiner Schwachheit, seines Leidens" (ebd.). Dieses „Hineingerissenwerden in das messianische Leiden Gottes in Jesus Christus" (395) ist also die Form der Nachfolge, in der neues Weltverständnis, nämlich das Verständnis der Welt als gottloser Welt im Sinne einer

„hoffnungsvollen Gottlosigkeit"[7], und ein neues Gottesverständnis, nämlich das Verständnis Gottes als des in seinem Leiden die Welt annehmenden Gottes, zusammengehalten werden.

Ehe wir nun nach den Konkretionen fragen, die hieraus nach Meinung Bonhoeffers wie in Weiterführung seiner Gedanken nach unserer Meinung folgen, soll nach der Verifikation solcher Überlegungen für Bonhoeffer selbst gefragt werden. Bonhoeffer hat sie nämlich nicht im luftleeren Raum angestellt, sondern im engsten Zusammenhang mit den Problemen, die sich für seine Zeit stellten.

3. Umriß eines religionslosen Christentums im Leben Bonhoeffers

Geboren 1906 als Sohn eines bedeutenden Psychiaters in Deutschland, gleichsam prädestiniert zur Professur, wenn er schon Theologie studieren wollte, kam Dietrich Bonhoeffer nach Promotion und Habilitation sowie einem wichtigen Studienjahr in den USA als 25jähriger in die ersten Konflikte mit dem NS-Regime. Zugleich Seelsorger, Dozent, Ökumeniker, suchte er seine Kirche zu bewegen, entschieden der NS-Häresie zu widerstehen, die sich ihm am deutlichsten in der Judenfrage zeigte. Doch dazu war seine – religiöse – Kirche nicht in der Lage: Sie hatte dem Wort Gottes zu dienen und sich aus der Politik herauszuhalten. Bonhoeffer durchschaute, daß diese falsche theologische Position zugleich der Weg des geringsten Widerstandes war. Resigniert ging er für zwei Jahre – 1933–35 – auf ein Pfarramt in England. Er kehrte von dort zurück, um in der illegalen Bekennenden Kirche ein Predigerseminar zu leiten. Aber noch nicht dieser gleichsam innerkirchliche Widerstand, sondern der bis in politische Konsequenzen durchgetragene Widerstand war die religionslose Gestalt dieses neuen Christentums. Denn Bonhoeffer kam durch seinen Schwager mit der deutschen Widerstandsbewegung gegen Hitler in Verbindung und betätigte sich hier mit

[7] Ethik, zusammengest. und hrsg. von Eberhard Bethge, Neuausgabe München ^{8}1975, 110.

seinen Möglichkeiten, nicht-religiös die Frage außer acht lassend, ob das nun ein christlicher oder ein weltlicher Dienst sei. Und aufgrund dieser Tätigkeit wurde er mit dem ganzen Amt Canaris gefangengesetzt und nach zweijähriger Haft unmittelbar vor dem Einmarsch der Amerikaner umgebracht. Seine Tätigkeit „auf dem weltlichen Sektor" hielt Bonhoeffer für „die Sache Christi". Er war zwar bekümmert, verstand aber, daß seine Kirche – religiös – nicht für ihn während seiner Haft im Sonntagsgottesdienst betete, meinte sie doch, er sei wegen einer politischen Verschwörung und nicht wegen des Evangeliums im Gefängnis.

Für Bonhoeffer gab es hier allerdings keine Differenz zwischen politischem Engagement zu dem Imperativ der Bergpredigt *und* der Verkündigung des Wortes Gottes. Beides, christliches Handeln in und an der Welt *und* Glaube an Gott in Jesus Christus, war untrennbar eins. Bonhoeffer hat mit seinem Leben bezahlt, was er als christliche Aufgabe von sich gefordert sah, in allen Zweifeln, aller Ungewißheit und auch der Unvermeidlichkeit der Schuld (er stimmte ja der Ermordung Hitlers zu!).

Diese religionslose Gestalt christlichen Glaubens ist mindestens für ihn persönlich also keine unverbindliche Spekulation, er hat vielmehr, ungestützt von seiner Kirche, getragen von einigen Glaubensbrüdern, aber auch im Verein mit dezidierten Agnostikern und Atheisten, Nachfolge Christi zu leben versucht. Er hat damit von einer neuen Gestalt des Glaubens nicht nur gesprochen, sondern sie ein Stück weit verwirklicht.

4. Konsequenzen und Konkretionen

Damit müssen wir abschließend nach der Bedeutung dieser Gedanken und des Beispiels Bonhoeffers für uns fragen. Er selbst hat ja das religionslose Christentum nicht primär für ein intellektuelles Problem gehalten, sondern für eine Frage christlicher Praxis.

Diese hat zwei zusammengehörende Aspekte, nämlich das Leben der Christen als Gemeinschaft der Glaubenden und als

Mitglieder der Menschengemeinschaft. So muß zunächst hervorgehoben werden, daß Religionslosigkeit sicher nicht bedeutet, daß es keine Predigt, Liturgie, keinen Kultus und kein Gebet mehr gibt (306). Nicht überhört werden darf nämlich Bonhoeffers deutliches Postulat einer „Arkandisziplin" (306, 312, 328). Arkandisziplin war in der alten Kirche das Gemeindeleben, das man einer heidnischen Öffentlichkeit verborgen hielt, so vor allem Eucharistie. Bonhoeffer bringt mit dieser Benennung zum Ausdruck, daß es auch jetzt so etwas wie einen Innenbereich der Gemeinde geben müsse, der zugleich die Kraftquelle für die Aktivität in Staat und Gesellschaft ist. So lautet seine Frage: „Was bedeutet eine Kirche, eine Gemeinde, eine Predigt, eine Liturgie, ein christliches Leben in einer religionslosen Welt? ... Wie sind wir ‚religionslos-weltlich' Christen, wie sind wir ek-klesia, Herausgerufene, ohne uns religiös als Bevorzugte zu verstehen, sondern vielmehr als ganz zur Welt Gehörige? ... Was bedeutet in der Religionslosigkeit der Kultus und das Gebet? Bekommt hier die Arkandisziplin ... neue Wichtigkeit?" (306)

Antworten hat Bonhoeffer uns nur in sehr vagen Andeutungen gegeben. Sie finden sich im „Entwurf einer Arbeit".

Berichtet hat er davon, daß er am ersten Kapitel dieser Arbeit schreibt, nämlich der „Bestandsaufnahme des Christentums" (WE 413). Hierzu sagt er: „manchmal erschrecke ich über meine Sätze, besonders im ersten kritischen Teil. Ich freue mich daher schon, das Positive schreiben zu können." Doch nicht einmal diese kritische Bestandsaufnahme ist uns erhalten geblieben; ob Bonhoeffer noch das Positive hat ausarbeiten können, wissen wir nicht. In den uns überkommenen Stichworten der Arbeit findet sich als zweites Kapitel das Problem, dem wir zuvor nachgegangen sind, nämlich die Frage nach Weltlichkeit und Gott, die Frage nach der Transzendenz, nach der nicht-religiösen Interpretation, dann nach Kultus und schließlich nach dem Glauben. Und daran erst schließen sich die Folgerungen, die sich für die Kirche ergeben. Kirche ist hier neu definiert als Kirche, die nur dann Kirche ist, „wenn sie für andere da ist". Eine Kritik der Institution des Pfarrers, die bei Bonhoeffer ja schon viel früher vorkommt, sowie wenige Hinweise auf das Engagement der Kirche für die Welt sowie auf die Theologenausbildung sind alles, was wir darüber wissen. Hierher gehört, daß Bonhoeffer schon in seiner Promotion für die Theologiestudierenden forderte, daß sie „neben ihrer Wissenschaft irgendwie in die aktuelle Auseinandersetzung mit der Gegenwart" treten sollten, um „ganz konkret Kritik ihres Standes" zu erfahren, denn die kommende Kirche würde nicht bürgerlich sein[8]. Er sieht deutlich voraus, daß für jemanden, der die Botschaft Jesu Christi zu verkündigen hat, „die Rechte des studierenden Mannes, die gesellschaftlichen Ansprüche eines Standes" nicht mehr in Frage kommen (Feil, DB 78, Anm. 39). Am eigenen Leib hatte Bonhoeffer die Hilflosigkeit eines „Seelsorgers" (übrigens wohl auch ein religiöser Begriff!) im Asozialenmilieu erfahren, wo die tradierte christliche Sprache unverständlich geworden ist und keine Hilfe mehr leistet in all der vorhandenen Not. Aus dieser Erfahrung folgerte er, daß die Welt des Pfarrers demgegenüber zu einer Sonderwelt geworden war.

Daraus kann und darf nicht gefolgert werden, Gebet und Predigt sollten aufhören, im Gegenteil, mit der Forderung nach einer neuen Arkandisziplin, nach einem neuen Leben der Glaubenden in ihrer Gemeinde wird deutlich, daß es gilt, neue Formen zu suchen. Bonhoeffer hat in einer vita communis mit Vikaren, die sich auf das Pfarramt vorbereiteten, Vorübungen solch intensiven christlichen Lebens durchgeführt, wobei die klösterliche Abgeschiedenheit nicht Selbstzweck, sondern Konzentration für den Dienst nach außen bedeutete. Gebet, Schriftlesung, persönliche Beichte, Feier des Abendmahls wurden geübt. Mit einer Radikalkur, einer Streichung bisheriger Worte wie Kreuz, Sünde und Gnade schien Bonhoeffer nichts gewonnen (1940; GS III 41 f.). Aber die erfüllende Kraft solcher Worte müßte neu gewonnen werden, durch Gebet und Tun des Gerechten, wie Bonhoeffer formuliert.

Was ist nun von all dem eingetroffen? Was hat sich von Bonhoeffers Prognosen bewahrheitet? Ist Bonhoeffer nicht – was man vielleicht bedauern kann, was aber doch auch wohl vielfach

[8] Sanctorum Communio. Eine dogmatische Untersuchung zur Soziologie der Kirche, München ³1960, 277.

begrüßt wird – insofern widerlegt worden, als momentan sehr wohl zustimmend von Religion die Rede ist und manche Bewegungen und Bestrebungen religiös genannt werden? Doch glaube ich, daß man nicht vergessen darf, wieviel sich unterschwellig in den letzten Jahrzehnten geändert hat, sowohl in der Theologie als auch im Selbstverständnis der Glaubenden. Wir haben ja gegenwärtig mehrere Generationen unterschiedlichen Glaubensverständnisses praktisch nebeneinander und stellen fest, daß ein guter Teil der Verständnisschwierigkeiten darin liegt, daß die Erfahrungstexte und Verständnishorizonte der Christen in ein und derselben Gemeinde nicht mehr zur Deckung gebracht werden können, obwohl sie doch alle christlich glauben wollen. Es dürfte also wohl vorschnell sein, mit dem Hinweis darauf, daß heute wieder sehr viel von Religion gesprochen wird (was mir eine Repristination zu sein scheint), Bonhoeffers Annahme eines heraufkommenden religionslosen Christentums für unzutreffend zu halten; auch der Hinweis auf religiöse Bewegungen, deren dann die Kirchenleitungen manchmal nicht sehr froh werden, vermag diese Aussage nicht zu bestätigen; es steht ja noch keineswegs fest, ob diese nicht selbst noch eher der Vergangenheit als der Zukunft zuzurechnen sind. Es scheint mir noch keine Möglichkeit zu geben, die Frage zu entscheiden, ob Bonhoeffer im letzten mit seiner Annahme eines religionslosen Christentums recht hat oder nicht. Wahrscheinlich aber stehen wir insofern in einem Umbruch, als die Selbstverständlichkeit abendländischer Tradition, in der bislang die Konfessionen ihren Glauben realisiert haben, gegenwärtig in einem plötzlichen und sehr einschneidenden Abbruch begriffen ist. Wieviel wird die nächste Generation von Theologen von der Theologie der uns vorausgegangenen Generation überhaupt noch kennen?

Die Frage Bonhoeffers aber, ob ein religionsloses Christentum anbrechen wird oder angebrochen ist, möchte ich offenlassen. Die Antwort wird man wohl erst in einer weiteren Generation geben können. Jedenfalls aber besteht kein Anlaß zu tiefem Pessimismus, daß sich der christliche Glaube immer mehr verflüchtigt. Ich würde es mit Bonhoeffer halten, daß man um die Selbsterhaltung des Glaubens sich ebensowenig zu sorgen braucht wie um die Selbsterhaltung der Kirche. In unserem Zusammenhang ging es nicht darum, zu entscheiden, ob Bonhoeffer recht hat oder nicht, sondern darum, ein wenig Klarheit zu schaffen in der Frage, was Bonhoeffer mit dem religionslosen Christentum gemeint hat.

Lassen Sie mich schließen mit Worten, die Bonhoeffer zum Tauftag seines Patenjungen aus dem Gefängnis schrieb: Wir sind „wieder ganz auf die Anfänge des Verstehens zurückgeworfen. Was Versöhnung und Erlösung, was Wiedergeburt und Heiliger Geist, was Feindesliebe, Kreuz und Auferstehung, was Leben in Christus und Nachfolge Christi heißt, das alles ist so schwer und so fern, daß wir es kaum mehr wagen, davon zu sprechen. In den überlieferten Worten und Handlungen ahnen wir etwas ganz Neues und Umwälzendes, ohne es noch fassen und aussprechen zu können. Das ist unsere eigene Schuld. Unsere Kirche, die in diesen Jahren nur um ihre Selbsterhaltung gekämpft hat, als wäre sie ein Selbstzweck, ist unfähig, Träger des versöhnenden und erlösenden Wortes für die Menschen und für die Welt zu sein. Darum müssen die früheren Worte kraftlos werden und verstummen, und unser Christsein wird heute nur in zweierlei bestehen: im Beten und im Tun des Gerechten unter den Menschen. Alles Denken, Reden und Organisieren in den Dingen des Christentums muß neugeboren werden aus diesem Beten und aus diesem Tun. Bis Du groß bist, wird sich die Gestalt der Kirche sehr verändert haben. Die Umschmelzung ist noch nicht zu Ende, und jeder Versuch, ihr vorzeitig zu neuer organisatorischer Machtentfaltung zu verhelfen, wird nur eine Verzögerung ihrer Umkehr und Läuterung sein. Es ist nicht unsere Sache, den Tag vorauszusagen – aber der Tag wird kommen –, an dem wieder Menschen berufen werden, das Wort Gottes so auszusprechen, daß sich die Welt darunter verändert und erneuert. Es wird eine neue Sprache sein, vielleicht ganz unreligiös, aber befreiend und erlösend, wie die Sprache Jesu, daß sich die Menschen über sie entsetzen und doch von ihrer Gewalt überwunden werden, die Sprache einer neuen Gerechtigkeit und Wahrheit, die Sprache, die den Frieden Gottes mit den Menschen und das Nahen seines Reiches verkündigt“ (WE 328).

Neue Zeitschrift für Systematische Theologie und Religionsphilosophie 20 (1978), S. 203–225.

RELIGION ZWISCHEN METAPHYSIK UND PROPHETIE

Anmerkungen zum Religionsbegriff bei K. Barth, P. Tillich und D. Bonhoeffer

Von Gotthold Müller

Ernst Feil hat im Jahrgang 1974 der Zeitschrift ›Stimmen der Zeit‹ (S. 672 ff.) die *Problematik der gegenwärtigen Renaissance des Religionsbegriffs* behandelt und sich dabei u. a. auch ausführlich mit K. Barth, P. Tillich und Dietrich Bonhoeffer auseinandergesetzt, also mit jenen drei Gestalten, die neben Friedrich Gogarten und Rudolf Bultmann die bedeutendsten innerevangelischen und von dort aus auch auf den ökumenischen und römisch-katholischen Raum ausstrahlenden Beiträge zur neueren Diskussion um den Religionsbegriff geliefert haben.

Feil kommt innerhalb seiner Ausführungen einerseits zu einer positiven Würdigung der frühen Barthschen Position, sofern man sie streng zeitbedingt versteht und interpretiert[1], sieht dann aber auch, daß Barths Protest gegen den Neuprotestantismus weit über das Ziel hinausschoß[2]. Die Übernahme des Tillichschen Religionsbegriffs in die katholische Religionspädagogik findet er „unverständlich ... weil dieser Begriff im Rahmen idealistischer Tradition – metaphysisch – bestimmt werden kann ohne Rückgriff auf die konkrete, geschichtliche Offenbarung Gottes in Jesus Christus“[3].

Im Blick auf Dietrich Bonhoeffer verweist Feil darauf: „Daß

[1] A. a. O., S. 683.

[2] Vgl. ibid.: „... daß Barth ... im Hinblick auf die Offenbarung alles Weltliche und Menschliche zunächst rein negativ interpretierte.“

[3] Ibid., S. 674.

die Auseinandersetzung mit der Religion von Dietrich Bonhoeffer noch einmal über die Position Karl Barths grundlegend weitergeführt worden ist, wurde bislang faktisch noch nicht wahrgenommen, sah man Bonhoeffers Religionskonzeption doch mit der Barths eng verwandt."[4] Er bemerkt mit Recht, daß Bonhoeffer „die Religionsthematik bis zuletzt in den Gefängnisbriefen ›Widerstand und Ergebung‹ mit jenen vielzitierten und meist unzutreffend interpretierten Aussagen über die Religionslosigkeit behandelte"[5].

Barth hat demnach „weit über das Ziel hinausgeschossen", Tillich auf metaphysisch-idealistische Traditionen zurückgegriffen und Bonhoeffers Denkanstöße sind „bislang faktisch noch nicht wahrgenommen" worden bzw. man hat seine vielzitierten Aussagen über die sog. „Religionslosigkeit" „meist unzutreffend interpretiert".

Ich möchte angesichts dieser Feststellungen, die auf fundamentale Unklarheiten hinweisen, als ehemaliger Basler Kollege Karl Barths und als Schüler Paul Tillichs im folgenden den sehr vorläufigen Versuch wagen, etwas tiefer in die Problematik des Religionsbegriffs bei Barth, Tillich und Bonhoeffer einzudringen und dabei vielleicht den einen oder anderen Zusammenhang aufzudecken, der geeignet sein könnte, die heutige Debatte durch neue und zusätzliche Gesichtspunkte zu bereichern und das Gespräch auf eine breitere und solidere Ebene zu bringen[6].

Es würde sehr viel Zeit beanspruchen und den Rahmen unserer Überlegung sprengen, wollte man allen etymologischen und philologischen Problemen nachgehen, die sich bei der Zitierung des Begriffs „Religion" sofort anmelden. Ich möchte darauf ganz bewußt verzichten und einen anderen Weg einschlagen.

Vielleicht bekommen wir das eigentliche Problem besser in den Griff, wenn wir einmal davon ausgehen, daß etwa Hegel im 19. Jahrhundert das Christentum als „absolute Religion" bezeich-

[4] Ibid., S. 684.

[5] Ibid.

[6] Die Darlegungen gehen auf eine fast unveränderte Fassung eines ursprünglich in der Katholischen Akademie Schwerte (Ruhr) gehaltenen Vortrags über das Thema: „Was heißt ‚Religion'?" zurück.

nete und es vor dem 1. Weltkrieg viele Stimmen gab, die es die „höchste Religion“ nannten. Damit waren – zumindest formal – eindeutige Aussagen gemacht. Stellt man nun daneben Bonhoeffers Begriff eines „religions-losen“ Christentums, so ist der absolute Kontrast deutlich: auf der einen Seite das Christentum als die quasi „vollkommene“ Verkörperung dessen, was „Religion“ ist, auf der anderen Seite das Christentum als – sagen wir vorsichtig einmal so – jene Größe, die – gerade dann, wenn sie sich in Übereinstimmung mit ihrem Ursprung in Jesus Christus darstellt – frei von „Religion“ und „Religiosität“ ist. Man muß kein Hellseher sein, um zu spüren, daß sich hier jener Pendelausschlag bemerkbar macht, der zwischen den Extrempunkten der Aufklärung und des deutschen Idealismus einerseits und der Krisen-Philosophie und -Theologie nach dem 1. Weltkrieg andererseits hin und her schwingt.

Mit einem Bild aus der Metereologie gesprochen: die Krisen-Theologie Karl Barths hat nach dem 1. Weltkrieg ein Klima geschaffen, das so stark antithetisch gegen die „Religion“ geladen ist, daß schon das einfache Zitieren des Begriffs „Religion“ in einem christlichen Zusammenhang die Ladung zum Explodieren zu bringen scheint.

Doch darf man in dieser höchst gespannten Atmosphäre nicht übersehen, daß gerade auch K. Barth mit seiner Religionskritik nicht vom Himmel gefallen ist. Man braucht nur die beiden Blumhardt gründlich zu lesen, um eine Vorstellung davon zu bekommen, wie im Grunde schon bei ihnen (und zwar ohne das Schockerlebnis des 1. Weltkrieges) die unerbittliche Kritik an Religion, Christentum und Kirche vorbereitet, ja voll entfaltet ist. Der junge Blumhardt warf dem Christentum vor, es habe eine „Religion“ an die Stelle des Reiches Gottes gesetzt. Man meint, Bonhoeffer zu hören, wenn man liest: „In der Religion behandeln *wir* vielfach den lieben Gott, um *uns* ein Reich Gottes zu schaffen, anstatt daß wir uns von Gott behandeln lassen, damit er *auf Erden* ein Reich gründen könne.“ Und man fühlt sich direkt und sehr unmittelbar an Bonhoeffers Ausführungen von 1932[7]

[7] S. u., S. 465.

erinnert, wenn der junge Blumhardt sagt: „Auch unsere Frage: ‚Wann kommt das Reich Gottes?‘, ist oft sehr selbstsüchtig. Man fragt dabei ja nur: ‚Wann hört endlich unser Leiden auf?‘, anstatt die einzig sachgemäße Frage zu stellen: ‚Wie lange muß der Heiland noch leiden?‘“ (nach Eugen Jäckh, Blumhardt Vater und Sohn. 2. Aufl. 1925, S. 110)[8].

Eine ähnlich scharfe Kritik ist mir aus dem kirchlich-theologischen Raum vor dem 1. Weltkrieg nur von dem norwegischen Bischof Johan Christian Heuch (1838–1904) bekannt, der in einem 1902 erschienenen Buch ›Mod Strømmen‹ (Gegen den Strom) sagen konnte, „daß der Unterschied zwischen Religion und Christentum ebenso groß ist wie zwischen dem Glauben an einen Abgott und dem an den wahren Gott“. Hier ist die diastatisch-disjunktive Dialektik eines Karl Barth bereits voll an- und ausgesprochen.

Diese kritische Dialektik oder dialektische Kritik steht also nicht isoliert im Raum, sondern macht sich an sehr verschiedenen Stellen zugleich bemerkbar. Seit der Aufklärung und noch mehr durch die Arbeit der religionsgeschichtlichen Schule war das Christentum mehr und mehr und unaufhaltsam seines Charakters als „einzige wahre Religion“ entkleidet und in den großen und bunten Strom der religiösen Gesamtentwicklung der Menschheit eingeordnet und damit immer zugleich auch eingeebnet worden. Das mußte zu seiner bedingungslosen Relativierung führen. Ihr stemmen sich auf je ihre Weise Hegel mit seiner Absolutsetzung des Christentums entgegen, obwohl er – mit seiner Unterscheidung von religiöser Vorstellung und reinem philosophischen Begriff – das Christentum zugleich verabsolutierte *und* relativierte, wie auch Kierkegaard mit seiner scharfen Kirchenkritik („Die Kirche hat das Christentum abgeschafft“), wie auch Barth mit seiner Offenbarungslehre. Sie alle wollten dem Christentum einen Raum, eine Dimension „oberhalb“ der bloß

[8] Vgl. auch den herausfordernden Satz von Blumhardt d. J. bei L. Ragaz, Der Kampf um das Reich Gottes in Blumhardt Vater und Sohn und weiter. Zürich 1923, S. 180: „Sei ein Mensch unter Menschen, kein ‚Christ‘ mehr.“

menschlichen Religion sichern, wollten es gegen jene scharfe Kritik abschirmen, die etwa Overbeck in den Satz gefaßt hatte: „Die Religion teilt ihre Herkunft aus der Menschenwelt mit der Welt überhaupt" (Die Theologie und die Kirche, S. 13).

Von diesem Satz aus ist es weniger als ein Schritt zu K. Barths scharfer Religionskritik im 2. Römerbrief: „Religion kann man niemandem wünschen oder anpreisen oder zur Annahme empfehlen: Sie ist ein *Unglück*, das mit fataler Notwendigkeit über gewisse Menschen hereinbricht und von ihnen auch auf andre kommt" (S. 243, zu Röm. 7, 14–25).

„Religion" wird hier also als „Unglück" verstanden. Warum ist sie das? Barth gibt in ›Das Wort Gottes und die Theologie‹ auf diese Frage die Antwort: Jesus „will nicht Religionsgeschichte begründen, sondern der Herr unseres Lebens, der ewige Herr der Welt sein" (S. 85). Weil er *das* sein will, gilt von ihm: „Jesus hat mit Religion einfach nichts zu tun" (S. 94).

Trotzdem kommt Barth im § 17 seiner ›Dogmatik‹ nochmals ausführlich auf das Problem der „Religion" zu sprechen: „Gottes Offenbarung als Aufhebung der Religion" (KD I, 2, S. 304 ff.).

Der Ton der Argumentation hat sich geändert: „Man wird sich, wenn man Gottes Offenbarung nicht etwa gerade als Offenbarung leugnen will, dem auf keinen Fall entziehen können, daß sie sich jedenfalls *auch* in der Blickrichtung befindet, in der sie dann u. U. als *Gottes* Offenbarung geleugnet werden kann. Sie kann, ja sie muß *auch* als ‚Christentum' und also auch als Religion und also *auch* als menschliche Wirklichkeit und Möglichkeit verstanden werden" (S. 308).

Dem theologischen Denken des 16. bis 20. Jahrhunderts wirft Barth vor, daß es „in seinen großen Vertretern und ausschlaggebenden Richtungen nicht die Religion von der Offenbarung, sondern die Offenbarung von der Religion her gesehen und erklärt hat" (S. 309).

Tut man das, d. h. versteht man Religion von der Offenbarung her, so kommt man nach Barth zu dem Schluß: „Es gibt eine wahre Religion: genau so, wie es gerechtfertigte Sünder gibt. Indem wir streng und genau in dieser Analogie bleiben – und sie ist mehr als eine Analogie, sie ist in umfassendem Sinne die Sache selbst, um die es hier geht – dürfen wir nicht zögern, es auszusprechen: die christliche Religion ist die wahre Religion" (S. 357). Was ist hier geschehen? In ›Das Wort Gottes und die Theologie‹ (S. 94) hatte es noch geheißen: „Jesus hat mit der Religion einfach nichts zu tun!" Jetzt, in KD I, 2, ist Jesus gerade derjenige, der durch die in ihn geschehene Offenbarung das Christentum zur einzig wahren „Religion" qualifiziert.

Logisch gesprochen: hieß es in ›Das Wort Gottes und die Theologie‹: „Alle religiösen Neger sind schwarz, Jesus aber ist ein Weißer!", so lautet die Argumentation jetzt: „Zwar sind alle religiösen Neger schwarz, aber der christliche Neger ist – durch Jesus Christus – weiß!".

An dieser Stelle stoßen wir auf schwerwiegende Sachprobleme in Barths Theologie. Ich muß es mir versagen, im einzelnen auf sie einzugehen, sondern möchte nur diejenigen Punkte herausgreifen, die für die Erhellung unserer eigenen Fragestellung belangvoll und wichtig sind.

Da ist zuerst einmal das Problem der Offenbarung bzw. des Offenbarungsverständnisses. Im Römerbrief war K. Barth davon ausgegangen, daß es zwischen Gott und Welt, Zeit und Ewigkeit, Gott und Mensch keinerlei Brücke gebe, sondern Welt, Zeit und Mensch im Zeichen eines radikalen göttlichen „Neins!", im Zeichen der Verwerfung und des Abfalls stünden. Der „religiöse" Mensch galt dabei als der „Sünder im anschaulichsten Sinne des Wortes".

Gottes Offenbarung in Jesus Christus wurde sozusagen auf ein dialektisches Prinzip reduziert, das manche frühe Kritiker Barths als linksextremen Mystizismus, Marcionitismus, Platonismus usw. bezeichneten. Das berühmte „Tangential-Gleichnis" ist nur *ein* Ausdruck dieser Tendenz. Dieses Offenbarungsverständnis versetzt zuerst Gott und Welt in eine radikale Diastase zueinander, um sie anschließend um so besser aufeinander beziehen zu können. Aber in einem solchen Verhältnis von „Offenbarung" sind bereits alle jene Elemente – und auch Fehlentwicklungen – angelegt, die etwa später Bonhoeffer (wie ich meine, zu Recht!) veranlaßt haben, von einer „christomonistischen" Tendenz bei Barth zu sprechen. In anderen Worten gesagt: die radikal auf den

2. Artikel reduzierte quasi-christologische Diastasen-Theologie des 2. Römerbriefes hat tatsächlich eine ausgesprochen marcionistische Grundtendenz: sie stellt die gesamte Welt und Menschheit vom 2. Artikel her radikal in Frage – *und* versucht dann, sie von eben diesem 2. Artikel her in einem neuen und guten Licht zu zeigen. Und genau dieses Denkmodell liegt Barths Aussagen über die „Religion" zu Grunde: zuerst wird sie total verneint, ver-nichtigt sozusagen, um dann als „wahre Religion" wieder „Auferstehung" zu feiern!

Hinter diesem seltsamen Spiel tun sich aber systematische Perspektiven auf: wie der Fortgang der KD gezeigt hat, war und blieb Barth außerstande, eine wirkliche Theologie des 1. Artikels zu entfalten. An ihre Stelle setzt er eine „Bundes-Theologie", die keinesweg die spezifischen Fragen der Schöpfungstheologie beantworten kann.

Dieser Punkt ist darum – und zwar sowohl formal wie inhaltlich – immer einer der schwächsten Punkte seiner Theologie gewesen und geblieben. Barth muß darum alle Dinge jeweils umdrehen: „Evangelium und Gesetz", „Christus und Adam nach Römer 5", „Christengemeinde und Bürgergemeinde" usw. Er kommt von einem systematischen Prinzip her, das ihm sowohl den Zugang zum Alten Testament wie den zum 1. Artikel (und beide hängen ja sachlich auf das engste zusammen!), wie zur Schöpfungstheologie versperrt. Dieses Prinzip aber – und das hat ja mehrfach in seinen autobiographischen Skizzen ausgesprochen – entstammt seinerseits *nicht* der biblischen Offenbarung, sondern der Philosophie, genauer gesagt: der platonisch-transzendentalen Philosophie des Abendlandes.

Damit rühren wir an einen Sachverhalt, der meines Wissens noch nie in der modernen Debatte um den Religionsbegriff angesprochen worden ist: Barth bekämpft mit den Mitteln der Philosophie (mit denen er sich einen unbiblisch-platonischen „Offenbarungsbegriff" konstruiert) die „natürliche Theologie" des gesamten Neuprotestantismus (und damit auch dessen Religions-Begriff). Bei genauem Hinsehen aber ist sein eigener Begriff von „Offenbarung" in seiner disjunktiv-dialektischen Gestalt ein unbiblisch-philosophischer Begriff! Anders ausgedrückt:

Barth unterwirft alle neuprotestantische Theologie einer radikalen Kritik von einem philosophisch fundierten Offenbarungs-Begriff her. Als einzige Theologie nimmt er dabei seine eigene aus! Da er sozusagen sein eigenes Mikroskop nicht unter sein eigenes Mikroskop legen kann, bleibt ihm verborgen, daß ja auch die Lichtstrahlen in seinem vermeintlichen Offenbarungs-Mikroskop allesamt gebrochen und aus der Bibel gegenüber heterogenen Lichtquellen gespeist sind.

Diese Tatsache hat nun fundamentale Bedeutung für unser Gespräch um den Religions-Begriff. Die radikale Diastase von „Religion" und (philosophisch verstandener!) „Offenbarung" muß beide Bereiche maximal auseinanderrücken, ja geradezu in einen kontradiktorischen Gegensatz zueinander stellen.

Die Welt kann nun fein säuberlich eingeteilt werden: auf der einen Seite steht „Religion" und damit menschliche Hybris, Sünde, Aufstand gegen Gott, auf der anderen Seite die „Offenbarung" und Jesus, die nichts mit der „Religion" zu tun haben, sondern das genaue Gegenteil von ihr bringen und verkörpern.

Es bedarf keines besonderen theologischen Tiefsinns, um hinter solchen Vorstellungen einen uralten christologischen Gegensatz zwischen Luther und den Reformierten zu sehen: und zwar den von *finitum capax infiniti* und *finitum non capax infiniti.*

Der platonisierende Barth des 2. Römerbriefes kennt keine eigentliche Christologie, keine wirkliche Menschwerdung, keine Inkarnation. Seine „Gerade" schneidet ja den „Kreis" nur an einem einzigen Punkt. Es gibt kein wirkliches Eingehen Gottes in die Geschichte, sondern nur eine platonisierend-kognitive „Belehrung" über die „immanenten" Verhältnisse und Entschließungen der Trinität.

Diese – im tiefsten Grunde völlig statische – Sicht zieht nun aber ganz bestimmte Folgen nach sich. U. a. die, daß in der Offenbarung nicht wirkliche Begegnung zwischen Gott und Welt geschieht, sondern die Welt von Gott über ihren Zustand „belehrt" wird. Die KD ist ein einzigartiger Beweis für die Richtigkeit dieser These! Aus jenem Karl Barth, der auszog, um durch ein „bißchen Zimt" die Dogmatik aufzuheben, wurde ein Thomas des 20. Jahrhunderts, der uns kiloweise Dogmatik-Bände hinterließ!

Eine andere Folge betrifft unmittelbar das Problem der „Religion". Da die Offenbarung, wie sie Barth versteht, sich nicht wirklich in der Geschichte ereignet, sondern sozusagen nur wie ein Blitz kurz über die Welt dahinzuckt, kann es kein „Wohnen" des Wortes und seiner Doxa unter uns geben (vgl. Joh. 1, 14). Gott mischt sich nicht – wie bei Luther – in unsere Wirklichkeit ein, schlägt sein Zelt nicht unter uns auf, nimmt unser Fleisch und Blut nicht an.

Zu diesem Fleisch und Blut gehört aber nun einmal das, was wir „Religion" nennen. Barths Offenbarungsbegriff ist so stark platonisierend, daß er die erstaunliche Höhe des neutestamentlichen (auch schon des alttestamentlichen!) Offenbarungs-Geschehens niemals wirklich erreicht.

Anders und wesentlich schärfer ausgedrückt: indem Barth einen Offenbarungs-Begriff von der Philosophie her, statt aus dem AT und NT aufbaut, verfällt er im Grunde – so überraschend das nun klingen mag – einer massiven „natürlichen" Theologie! Denn eine biblische Offenbarungs-Theologie müßte ja aus dem Kontext beider Testamente gewonnen sein – und nicht aus den Quellen einer platonisierenden Transzendental-Philosophie!

Diese natürliche „Offenbarungs-Theologie" hat nun sehr massive Auswirkungen auf den Religions-Begriff. Da die Offenbarung angeblich das „ganz andere" ist, also dasjenige, das nicht wirklich in unsere Lage (in unser „Fleisch und Blut") eingeht, muß sie auch von Hause aus gegen die „Religion" stehen, ja diese auf der ganzen Linie destruieren.

Es wäre ein Leichtes, einmal aufzuzeigen, wie etwa der junge Barth (dabei durchaus Elemente von Feuerbach und Overbeck u. a. aufnehmend) die „Religion" von einem angeblichen „Offenbarungs"-Begriff her total diskreditiert hat.

Ich persönlich bin der sachlichen Überzeugung, daß er sich dabei auf einen Holzweg begab und viele andere verführte, ihm zu folgen.

Da dieser Irrtum gerade am Religions-Begriff besonders virulent geworden ist, möchte ich versuchen, diesen Religions-Begriff kritisch zu beleuchten bzw. ihm einen biblisch fundierten und nicht-platonischen Religions- und Offenbarungsbegriff gegenüberzustellen.

Barths Religions-Begriff ist dazu konstruiert, die „Religion" als das Gegenteil der „Offenbarung" aufzuheben. Unter „Aufheben" ist dabei im Sinne von Hegels Definitionen *(elevare, negare, conservare)* lediglich das *negare* verstanden. Dahinter stehen alle jene platonischen Formeln, die im 2. Römerbrief vorkommen: der „unendliche qualitative Unterschied von Gott und Welt, Zeit und Ewigkeit usw.". Die Scheidung und Trennung von Gott und Welt ist hier sozusagen perfekt. Sie könnte nicht mehr schärfer durchgeführt werden. Es fehlt nur noch der explizit marcionistische Satz, daß nicht Jahve, der Vater Jesu Christi, die Welt geschaffen habe, sondern der platonische „Demiurg". Die Welt ist hier beinahe „an sich", qua Welt, „böse und gottlos". Denn sie ist ja „das ganz andere" zu „Gott". Also ist sie in und mit ihrem gesamten „Bestand" böse und gottlos. Am meisten dort gott-los, wo sie in irgendeiner Form an eine Beziehung, Verbindung zu Gott denkt und diese artikuliert.

Der frühe Barthsche platonisierende Christo-Monismus verdampft sozusagen den 1. Artikel zu einem völligen Nichts bzw. benutzt den 2. Artikel zur totalen Destruktion der Welt als einer *guten* (!) Schöpfung Gottes[9]. Das ist im Grunde aber ein platonisierender „Pietismus" oder pietistischer „Platonismus", der sich aus der sog. „bösen Welt" in den Raum religiöser „Innerlichkeit" zurückzieht. Nicht umsonst und nicht ohne sehr tiefe Gründe hat D. Bonhoeffer diese Dinge mehr gespürt als gesehen und die Flucht in die angebliche „reine Innerlichkeit" als Kennzeichen des im negativen Sinne gemeinten „Religiösen" verstanden[10].

[9] Man muß dazu einmal *laut* Genesis 1, 31 lesen, um sofort zu erkennen, daß eine solche „Theologie" im Grunde *heidnische* Philosophie ist!

[10] Vgl. dazu aus dem Brief vom 30. 4. 1944: Vorüber ist „ebenso die Zeit der Innerlichkeit und des Gewissens, und das heißt eben die Zeit der Religion überhaupt" (WE, S. 178). (Alle Zitate aus ›Widerstand und Ergebung‹ sind der 7. Aufl., München 1956, entnommen.)

Der platonisierende Pietismus kann – aus methodischem Zwang heraus – den Menschen nur als Sünder sehen, und nicht immer zugleich auch als Geschöpf Gottes. Sieht er ihn aber *nur* als Sünder, so muß dieser Sünder mit allem und jedem, was er ist, denkt und tut, in die unterste Hölle verdammt werden. Dort wird er dann im heißesten aller Hochöfen, nämlich in dem der „Religion" gebraten und geschmort. Denn die „Religion" des Menschen, seine Suche nach Gott, seine Träume von der Überwindung seiner Endlichkeit und Sünde, seine Wünsche nach mehr Unmittelbarkeit Gott gegenüber haben ja nur eine einzige Funktion: ihm den „Beweis" zu führen, daß er eben nichts sei als ein „Sünder", ein von Gott Abgefallener.

Sagen wir es in systematischer Form: der Religionsbegriff des frühen Barth ist eine Funktion und Auswirkung seines philosophischen Offenbarungsverständnisses, die ihrerseits eine unbiblische Christologie und einen marcionistisch Schöpfungsgedanken aus sich heraussetzt. Diese radikale Diastase, die zeitgeschichtlich als Reaktion auf den Neuprotestantismus durchaus verständlich ist, wirkt aber wie ein scharfes Medikament, das zwar kranke Zellen unschädlich macht, aber eben auch zugleich gesunde angreift und lädiert.

Krank wird dabei vor allem auch der Religions-Begriff. Und zwar aus folgenden Gründen: was Barth mit Recht ausschalten will, ist ein moderner Religions-Begriff, der seinerseits die Offenbarung zerstört oder unmöglich macht, weil er (wie etwa seit Lessing geschehen) die Offenbarung zu einem religiös oder philosophisch deutbaren Geschehen macht und sie damit ihrer Unableitbarkeit beraubt, weil er die „Religion" als höchste menschliche Möglichkeit versteht, mit der sich der Mensch in hybrider Weise nicht Gott zugewendet, sondern sich gegen ihn stemmt, sich gegen ihn zu behaupten versucht. Was Barth nicht sieht (und auch nicht sehen konnte, weil ihm dazu die nötige Ausbildung sowohl im Alten Testament wie in der allgemeinen Religionsgeschichte weitgehend fehlte), ist die Tatsache, daß Religion beileibe nicht nur menschliche (gar bewußte!) Hybris ist, sondern tastendes, ringendes, oft mühevolles, manchmal verzweifeltes Suchen und Umhertappen der Menschen aller Jahrtausende und Kulturen. Könnte man das alles – so frage ich ohne vorgefertigte Antwort in der Hinterhand – nicht gerade auch von der Offenbarung her deuten und verstehen? Verneint denn das Evangelium nur unser Fragen und Suchen?

Der platonisierende Religions-Begriff K. Barths macht letztlich den Christen völlig unfähig zu jeder wahrhaften Kommunikation mit Nicht-Christen. Letztere befinden sich ja auf einem heil-losen Holzweg und müssen erst umkehren, ehe wir mit ihnen reden können. Während wir als Christen ganz im Zeichen der „Offenbarung" stehen, leben sie im Irrtum der „Religion".

Wo – so möchte ich fragen – bleibt hier der Sinn für jene unbestreitbare Realität, auf die uns das Alte und das Neue Testament ansprechen, daß es auch in Israel und in der christlichen Gemeinde im unmittelbaren Umkreis der „Offenbarung" tausendfach Irrtümer, Fehlentwicklungen, Abwege und Perversionen gibt? Wann hat jemals Israel sozusagen „chemisch rein" im Raum oder Wirkungsfeld der Offenbarung gelebt? Wann je lebte die Christenheit in einer ungeminderten Treue zu ihrem Ursprung, der Offenbarung Gottes in Jesus Christus?

Der Barthsche Religions-Begriff muß nicht nur im Blick auf nicht-christliche Religionen, sondern noch dringlicher im Blick auf Israel und die Christenheit selber realistischer, sachgemäßer und damit auch wahrhaftiger gefaßt werden! Auch der „Glaube" kann die Offenbarung bedrohen, verfälschen, umkehren. Nicht nur der „Unglaube"! Vor allem dadurch kann er diese Offenbarung in ihr Gegenteil verkehren, daß er die u. a. in ihr auch beschlossene Kritik lediglich nach „außen" wendet und dort Irrtum, Hybris und Holzwege sucht und findet, statt dasselbe primär sich selbst gegenüber zu tun. Wenn Offenbarung in erster Linie nicht nur kognitive Belehrung meint, sondern ein Geschehen der Kommunikation zwischen Gott und Mensch, dann kann kein Offenbarungs- und Religions-Begriff sachgemäß sein, der gerade diese Kommunikation am meisten behindert. Vielmehr kann sich in seinem solchen disjunktiven Offenbarungsbegriff gerade der Teufel menschlicher Hybris in das Engelsgewand des Kampfes der „Söhne des Offenbarungs-Lichts gegen die Kinder

der religiösen Finsternis" kleiden und dadurch die Zuschauer des Geschehens irreführen.

Barths Begriff bzw. Verständnis von „Religion" ist im engsten Sinne des Wortes „zeit-bedingt" und kann uns heute keine wirkliche Hilfen mehr geben. Seine nach 1918 „kontingente" Stärke hat sich innerhalb unserer heutigen Situation in reine Schwäche verwandelt. *Wir* müssen die Zuordnung von „Religion und Offenbarung" jedenfalls in einer anderen Richtung suchen als der 2. Römerbrief.

Damit möchte ich überleiten zu einem anderen großen Theologen der Nachweltkriegsperiode: zu Paul Tillich.

Tillich hat bereits 1922 in den ›Kant-Studien‹[11] den Religionsbegriff ausführlich theologisch untersucht. Dabei fällt auf, daß er einerseits ganz mit Karl Barth gehen kann, so etwa, wenn er davor warnt, daß die „Religion" sich „an die Stelle Gottes setzen" könne. Aber es deutet sich auch sofort der fundamentale Unterschied zu K. Barth an: „Religion", so heißt es bei P. Tillich, sei kurz und gut „etwas ganz Menschliches". Ähnliches findet sich noch Jahrzehnte später in den ›Religiösen Reden‹. Nach ihnen gibt es „echte Religion" (In der Tiefe ist Wahrheit, S. 45). Die „ideale Form" der Religion ist die „biblische Religion" (ibid. S. 84 und 86; vgl. auch: Das neue Sein, S. 135). Die „echte" Religion zeichnet sich nach Tillich durch ihren „prophetischen Kern" aus (Das neue Sein, S. 82).

Dieser „prophetische Kern" enthält zugleich die „echte" Religion und stellt die Entlarvung der „falschen" Religion dar. In diesem Sinne kann Tillich Jesus „den Sieger über die Religion" nennen, der keineswegs „Schöpfer einer neuen Religion" sei (In der Tiefe ist Wahrheit, S. 97). Der Sieg über die Religion ist deshalb der Sieg der echten, wahrhaften „Religion": „Religion gibt dem religiösen Menschen die Kraft, auch die Fragwürdigkeit der Religion zu sehen, ohne zu erschrecken" (Das neue Sein, S. 27).

Tillich kann sowohl völlig negativ wie ebenso uneingeschränkt positiv über die Religion reden. Wo sie den Versuch macht, die

[11] Jahrgang 27, 1922, S. 440 ff. (jetzt in: Ges. Werke I, S. 365 ff.).

bleibende Spannung zwischen dem Bedingten und dem Unbedingten aufzuheben, degradiert sie Gott zu einem menschlichen „Objekt“ und verfällt damit der Blasphemie. Wo sie Menschen Gesetze aufbürdet und Lasten auferlegt, muß er von ihnen und damit auch von einer gesetzlich verstandenen „Religion“ befreit werden. Die Predigt über Matth. 11, 25–30 („Die Last der Religion“) führt u. a. aus: „Die Mühseligen und Beladenen sind diejenigen, die unter dem Joch des religiösen Gesetzes seufzen, und er will ihnen Macht geben, das Gesetz zu überwinden“ (a. a. O., S. 91).

Tillichs Begriff von „Religion“ erweist sich schon rein formal als differenzierter und weiter als etwa der von K. Barth. Dahinter deutet sich ein wesenhaft anderes Verständnis von „Offenbarung“ an als bei Barth. Alle Dinge können für Tillich Offenbarungs-Träger werden, sofern der Sinngrund menschlichen Seins durch sie hindurchdringt und das „Neue Sein“ sich dem Menschen erschließt.

Aber dieser Hinweis genügt nicht zur Charakterisierung von Tillichs Religions-Begriff. Wir müssen vielmehr noch den anderen Gedanken heranziehen: daß alles Endliche ambivalent ist und der Versuchung verfallen kann, seine Endlichkeit zu vergessen und sich an die Stelle des Unendlichen zu setzen. Dies gilt auch für die „Religion“, die Theologie und die Kirche. Selbst die religiöse „Substanz“ kann degenerieren. Und sie tut es faktisch auch immer und hat es seit den Tagen des Alten Testaments getan. Deswegen kann sie niemals vor der Entgleisung bewahrt werden, wenn nicht ständig der „prophetische Protest“ präsent ist, der auf das Unbedingte verweist und den bedingungslosen Anspruch endlicher Größen an den Menschen als Gotteslästerung verwirft.

Diese Sicht der Dinge ist im Prinzip schon in dem Aufsatz von 1922 vorhanden. Dort heißt es wörtlich: „‚Religion‘ ist der Begriff einer Sache, die eben durch diesen Begriff zerstört wird.“[12]

Deswegen müsse die Religionsphilosophie einsehen, „daß

[12] GW I, 368.

nicht die Religion der Anfang und das Ende und die Mitte in allem ist, sondern Gott"[13]. Im anderen Falle bestehe nämlich die Gefahr, daß sich die Religion an die Stelle Gottes setze.

Besonders deutlich wird der paradoxe Charakter des Religions-Begriffs an folgender Stelle aus den Kant-Studien: „Die Religion aber will nicht Religion, auch nicht absolute Religion, sondern sie will Erlösung, Offenbarung, Heil, Wiedergeburt, Leben, Vollendung, sie will das unbedingt Reale, sie will Gott."[14] Die Religionsphilosophie nenne „wahre Religion die, in welcher Gott sich gibt, und falsche die, in welcher er vergeblich gesucht wird"[15].

Bonhoeffers Tillich-Interpretation in WE (Brief vom 8.6. 1944) kann nur als ein arges Mißverständnis bezeichnet werden. Wenn er dort von Tillich sagt, dieser habe es unternommen, „die Entwicklung der Welt selbst – gegen ihren Willen – religiös zu deuten, ihr durch die Religion ihre Gestalt zu geben", und dann Tillich zu denen rechnet, die „darauf ausgehen, einen Raum für die Religion in der Welt oder gegen die Welt auszusparen" (S. 219), so rennt er Tillich gegenüber offene Türen ein, ja sieht nicht, wie stark er gerade an dieser Stelle mit Tillich verwandt ist! Denn niemand hat von Anfang der Religions-Debatte an sich energischer dagegen gewehrt, den Religionsbegriff in einer partikularistischen Weise zu verwenden, als gerade Paul Tillich. Tillichs Religions-Begriff zeichnete sich ja vielmehr von Anfang an dadurch aus, daß er „Religion" überall gegenwärtig und möglich sieht und sie gerade nicht irgendeinem „Reservat" zuordnet, nicht einmal dem einer orthodox-altprotestantischen „Offenbarungslehre".

Vielmehr ist die Gottesfrage mit der Existenz des Menschen selber gegeben. Stellte bei Barth der Gottesgedanke den Menschen in eine totale Krise des *totaliter aliter*, so ist es bei Tillich (seit dem Aufsatz über ›Die Überwindung des Religionsbegriffs in der Religionsphilosophie‹ von 1922) gerade der alles tragende

[13] Ibid., S. 388.
[14] Ibid., S. 382.
[15] Ibid.

Ausgangspunkt des Gottesbegriffs, der eine positive Beziehung zwischen Offenbarung und Religion herstellt. Tillich, der die religiöse Frage in der Tiefe mit der Sinn-Frage des Menschseins gleichsetzen kann, gewinnt so organisch den Ausgangspunkt für die Methode der Korrelation: auf menschlich-existenzielle Fragen (also auch – ja letztlich: lauter „religiöse" Fragen) antwortet die Offenbarung. Sie muß nicht erst den sündigen Menschen zum Schweigen bringen und mit seinen Fragen als Sünder diskreditieren, sondern sie überwindet sein Getrenntsein vom Seins- und Sinngrund, *indem* sie seine Fragen ernst nimmt und beantwortet!

Von da aus ergibt sich für Tillich ein neues Verständnis von „Religion" und „religiös": „Jeder Akt des Lebens sollte über sich hinausweisen, und kein besonderer religiöser Akt sollte notwendig sein."[16]

Das ist – zumindest als Postulat – die Forderung nach einer „nicht-religiösen Interpretation" der Wirklichkeit!

Freilich – und das ist ein entscheidender Differenzpunkt! – muß man sehen, daß die Wörter „Religion" und „religiös" bei Tillich und Bonhoeffer einen höchst verschiedenen Sinn haben. Für Tillich besitzen sie eine universale (ontologische) Weite, so daß sie sich niemals im Sinne der Gefühls- und Innerlichkeits-Religiosität mißbrauchen lassen. Tillich will ja gerade das Gegenteil von dem, was Bonhoeffer an ihm kritisiert, nämlich „einen Raum für Religion in der Welt oder gegen die Welt auszusparen" (WE, S. 219).

Man kann diese offensichtliche Fehldeutung Tillichs nur so verstehen, daß Bonhoeffer Tillich eben durch die Brille Barths hindurch gelesen hat und dabei gar nicht merkte, wie nahe manche zentralen Aussagen und Tendenzen Tillichs seinen eigenen Intentionen kamen!

Bonhoeffer hat zwar durchaus die Tatsache richtig gesehen,

[16] Syst. Theol. III, S. 118 f. Vgl. dazu die frappierende Parallele bei Bonhoeffer: „Nichts von religiöser Methodik, der »religiöse Akt« ist immer etwas Partielles, der »Glaube« etwas Ganzes, ein Lebensakt" (Brief vom 18. 7. 1944).

daß Tillich die Wirklichkeit „religiös" deuten will. Weil dieses Wort aber für ihn (der an diesem Punkt unter Barths Einfluß steht) einen partikularistischen Klang hat, sieht er – fälschlicherweise – bei Tillich einen der vielen Versuche, die „Religion" auf einen bestimmten Bereich der Wirklichkeit einzuengen und dort – gegen alle Anstürme des Säkularismus – einen Raum für Religion auszusparen.

In ›Theology of Culture‹ hat Tillich eine Zusammenfassung seines Religionsbegriffs gegeben, die ich hier anführen möchte, weil sie mir erhellend zu sein scheint. Er wirft dort nämlich die Frage auf, wieso die Religion, die nach seiner Überzeugung doch in allen Funktionen des menschlichen Geisteslebens vorhanden ist, sich immer wieder in eine einzelne, vom übrigen Leben isolierte Sphäre zurückgezogen habe. Der Grund dafür ist die Entfremdung des Menschen von seinem Urgrund. Im himmlischen Jerusalem, so sagt Tillich, wird es einmal keine Unterscheidung zwischen religiöser und säkularer Sphäre mehr geben. "Religion will be again what it is essentially, the all-determining ground and substance of man's spiritual life."[17]

Und dann umschreibt er – meines Wissens so prägnant wie sonst nirgends – das ambivalente Wesen auch der Religion: sie eröffnet dem menschlichen Geistesleben ungeahnte Tiefen, läßt uns das Heilige erleben, flößt uns Sinn und Mut zum Sein ein. Aber daneben stehen auch ihre großen Gefahren:

> It makes itself the ultimate and dispises the secular realm. It makes its myths and doctrines, its rites and laws into ultimates and persecutes those who do not subject themselves to it. It forgets that its own existence is a result of man's tragic estrangement from the true being. It forgets its own emergency character[18].

Tillich führt in diesem Zusammenhang die moderne säkularistische Reaktion auf die „Religion" darauf zurück, daß die Religionen bzw. Kirchen ihren Charakter als „Notbehelfe" vergessen und sich absolut gesetzt hätten. "This is the reason for the pas-

[17] Theology of Culture, S. 8.

[18] Ibid., S. 9.

sionate reaction of the secular world against religion, a reaction, which has tragic consequences for the secular realm itself."[19]

Vergleicht man den Religions-Begriff Tillichs mit dem Barths, so kann man unschwer eine gewisse Übereinstimmung feststellen: beide wenden sich kritisch und ablehnend gegen „Religion". Für Barth liegen dabei die Dinge so, daß hier die „Offenbarung" steht, dort die „Religion". Tillich tut sich an dieser Stelle ungleich schwerer. Er trägt vielmehr die Religionskritik sozusagen bis ins Allerheiligste von Kirche und Theologie und spart keine Räume aus, in denen diese Kritik nicht zur Geltung kommen müßte. Gerade gegen die Kirche und ihr Tun wendet er die kritische Komponente seines Religions-Begriffs.

Auf der anderen Seite ist Tillichs Offenbarungs-Begriff ungleich weiter und differenzierter, viel weniger platonisierend als der Barths. In seine Weite kann in positiver Form alles menschliche Suchen nach Sinn eingebaut werden, auch wenn diese Suche als ambivalent gelten muß, da sie ja gerade die Entfremdung des Menschen von seinem Urgrund anzeigt.

Tillichs Religions-Begriff ist eindeutig biblischer und lutherischer als der Barths. Er ist in der Lage, menschliches Suchen und Streben nach Gott positiv aufzunehmen – und doch zugleich auf den eigentlichen Grund dieser Suche (nämlich die Entfremdung des Menschen vor Gott) hinzuweisen.

Tillichs Religions-Begriff erklärt auch ungleich viel realistischer als der Barths jene Verdunklungen und Verfälschungen von Offenbarung, die es in der Geschichte Israels und in der Kirchengeschichte je und dann gegeben hat. Tillich braucht nirgends zu idealisieren, sondern kann den Realitäten getrost in die Augen sehen.

Und ein letztes: Tillichs Religions-Begriff ermöglicht einen Dialog mit Vertretern anderer Religionen. Ihr Suchen nach Gott wird nicht einfach als blindes Tappen in die falsche Richtung abgetan, sondern kann mindestens ebenso gewürdigt wie in Frage gestellt werden. Tillich kann einsichtig machen, warum auch der Mensch im Zeitalter des Säkularismus die religiöse Frage nicht

[19] Ibid.

einfach loswerden oder abschütteln kann. Er *hat* sie ja nicht, sondern er *ist* sie! Während Barth den Berdjajewschen Satz: „Der Mensch ist unheilbar religiös" als einen höchst verwerflichen Ausdruck einer natürlichen Theologie von sich weisen würde, könnte ihm Tillich durchaus zustimmen. Dies vielleicht mit dem Zusatz: „Er ist unheilbar religiös – was letztlich auf seine eigentliche Krankheit (Trennung vom Seinsgrund) hinweist."

Sehr viel schwieriger werden die Dinge, wenn wir uns D. Bonhoeffer zuwenden. Man kann hier eigentlich nur mit Warnungen und Vorsichtsmaßnahmen beginnen! Was wir von Bonhoeffer im Blick auf den Begriff der „Religion" besitzen, sind teils entweder (frühe) direkte Übernahmen von Barth, also noch keine eigenen, ausgearbeiteten Gedanken, teils späte Splitter und Denkanstöße, die er selber als höchst tastend und vorläufig bezeichnet hat und leider niemals systematisch entfalten konnte. Weder die »Religiösen Reden« noch die »Systematische Theologie« Tillichs sind ihm zugänglich gewesen.

Man muß sich also in der größten Zurückhaltung üben, wenn man Bonhoeffer in der Frage der „Religion" konsultiert.

In der 1926/27 geschriebenen »Sanctorum communio« kommt der ganz junge Bonhoeffer an verschiedenen Stellen – mehr beiläufig als thematisch – auf die Religion zu sprechen. Dabei kann er den Begriff völlig „neutral", d. h. ohne systematische Qualifizierung verwenden. So etwa, wenn er im Zusammenhang mit der Diskussion des Gemeinschaftsgedankens erklärt, der Gemeinschaftbegriff könne nicht direkt aus dem Wesen der Religion abgeleitet werden, und dann fortfährt: „Es gibt eben nur *eine* Religion, in der der Gemeinschaftsgedanke wesenhaft mitgesetzt ist, und das ist die christliche" (SC, TB 3. Aufl. 1960, S. 89). Wesentlich anders stellt sich der Religionsbegriff bei der Frage des Verhältnisses von Christus zur Kirche da. Dabei diskutiert Bonhoeffer das alte Problem, ob „Jesus eine Kirche gegründet habe". Er sagt dazu: „Der Jüngerkreis um ihn herum war nicht Kirche, er zeichnete in zeitlicher Abfolge die innere Dialektik der Kirche vor. Nicht eine neue Religion wirbt um Anhänger, das ist das Bild späterer Zeit, sondern Gott hat die Wirklichkeit der Kirche, der begnadigten Menschheit in Jesus Christus gesetzt. Nicht Religion, sondern Offenbarung, nicht Religionsgemeinschaft, sondern Kirche. Das bedeutet die Wirklichkeit Jesu Christi" (S. 104). Hier steht ganz deutlich das Barthsche diastatische Denken im Hintergrund, das scharf zwischen „Offenbarung" und „Religion" und in der Folge davon zwischen „Kirche" und „Religionsgemeinschaft" trennt. Allerdings fügt Bonhoeffer diesen Feststellungen noch einen interessanten Satz hinzu, den man nicht übersehen sollte: „Dennoch besteht ein notwendiger Zusammenhang zwischen Offenbarung und Religion, wie zwischen Religionsgemeinschaft und Kirche. Das wird heute oft verkannt" (ibid.). Man könnte in diesem Satz schon eine vorsichtig formulierte Kritik an Barth vermuten. Leider führt Bonhoeffer dann das Angedeutete nicht näher aus.

Sehr viel deutlicher – obwohl gewöhnlich in der Bonhoeffer-Debatte nur am Rande beachtet – sind Ausführungen, die er in einem öffentlichen Vortrag in Potsdam-Hermannswerder am 19. November 1932 über die zweite Bitte des Vater Unser „Dein Reich komme" machte.

Der Vortrag beginnt mit dem aufreizenden Satz: „Wir sind Hinterweltler oder wir sind Säkularisten" (GS 3, 270 ff.).

Mit beißender Schärfe kritisiert dabei Bonhoeffer jene Kirche, die den schwachen Menschen, der die Erde flieht, weil er sie nicht aushalten kann, als „Seelenbeute fürs Himmelreich einbringt".

Der Mensch ist schwach, er erträgt die Nähe der Erde nicht, die ihn trägt. Er leidet sie nicht, weil sie stärker ist und weil er besser sein will als die böse Erde. Er entwindet sich ihr, er entzieht sich ihrem Ernst. Wer wollte es ihm verübeln – es sei denn der Neid der Besitzlosen? Der Mensch ist nun einmal schwach, und dieser Schwächling Mensch ist zugänglich der Religion des Hinterweltlertums – soll man sie ihm versagen, soll der Schwächling ohne Hilfe bleiben? Ist das der Geist Jesu Christi? Nein, der schwache Mensch soll Hilfe bekommen, er bekommt sie von Christus. Aber Christus will nicht diese Schwäche, sondern macht den Menschen stark. Er gibt ihn der Erde zurück als ihren treuen Sohn.

Seid nicht hinterweltlerisch, sondern seid stark! (S. 271).

Hier deutet sich beim frühen Bonhoeffer die später für ihn

charakteristisch gewordene Kritik an der „Religion“ an: sie ist „Hinterweltlertum“, Verherrlichung der Schwäche, Weltflucht.

An die Stelle des platonisierenden Dualismus zwischen Offenbarung und Religion bei K. Barth tritt hier bei Bonhoeffer ganz eindeutig ein sehr starker Einfluß des Alten Testamentes, wie er ja dann im WS 1932/33 in der Berliner Vorlesung über „Schöpfung und Fall“ deutlich zum Tragen kam. Der Vortrag über „Dein Reich komme!“ definiert denn auch das Eigenschaftswort „religiös“ folgendermaßen: „Hinterweltlerisch sind wir, seit wir den bösen Kniff herausbekamen, religiös, ja sogar ‚christlich‘ zu sein auf Kosten der Erde“ (a. a. O., S. 270).

Bonhoeffer stellt Hinterweltlertum und Säkularismus auf eine Ebene miteinander: „Es sind nun aber Hinterweltlertum und Säkularismus nur die beiden Seiten derselben Sache – *nämlich, daß Gottes Reich nicht geglaubt wird* ... Wer Gottes Reich liebt, liebt es ganz als Gottes Reich, er liebt es aber auch als Gottes *Reich auf Erden*. Und das darum, weil der König des Reiches der Schöpfer und Erhalter der Erde ist, weil er die Erde gesegnet hat und uns aus Erde genommen hat“ (S. 273; Kursives im Original).

Der Religions-Begriff steht also hier in einem völlig anderen dialektischen Zusammenhang als bei K. Barth. Schon 1932 ist es für Bonhoeffer die „Religion“, die es dem Menschen ermöglicht, aus der harten Wirklichkeit dieser Welt zu fliehen, jene Erde zu verlassen, aus der er genommen ist. Der Schöpfungsbegriff bildet hier sozusagen den Gegenpol zum Religionsbegriff! „Religion“ ist Schwäche, Weltflucht, Hinterweltlertum. Der Glaube an Gottes kommendes *Reich auf Erden* dagegen läßt uns der harten Wirklichkeit der Welt standhalten – und erlaubt es uns gerade nicht, aus ihr zu fliehen.

Vielleicht sollte man von dieser im Schöpfungsgedanken und im Begriff des „Reiches Gottes“ verankerten Kritik am Religions-Begriff aus einmal den Versuch machen, Bonhoeffers spätere Kritik an Barth bzw. seine teilweise Abwendung von ihm zu verstehen. „Barth ... ist zu einem Offenbarungspositivismus gekommen, der letzten Endes doch im wesentlichen Restauration geblieben ist“ (aus dem Brief vom 30. 4. 1944).

Sehr viel tiefer in systematisch bedeutsame Zusammenhänge

stößt Bonhoeffer in der Verfolgung dieses Ansatzes vor, wenn er im Brief vom 27.6.1944 die etwas schockierende Frage aufwirft, ob es denn richtig sei, das Christentum als „Erlösungsreligion" zu bezeichnen.

Liegt darin nicht ein kardinaler Fehler, durch den Christus vom Alten Testament getrennt und von den Erlösungsmythen her interpretiert wird? ... Israel wird aus Ägypten erlöst, damit es als Volk Gottes auf Erden vor Gott leben kann ... Die christliche Auferstehungshoffnung unterscheidet sich von der mythologischen darin, daß sie den Menschen in ganz neuer und gegenüber dem Alten Testament noch verschärfter Weise an sein Leben auf der Erde verweist. ... Das Diesseits darf nicht vorzeitig aufgehoben werden. Darin bleiben Neues und Altes Testament verbunden. Erlösungsmythen entstehen aus den menschlichen Grenzerfahrungen. Christus aber faßt den Menschen in der Mitte seines Lebens.

Wollte man das in diesen markanten Sätzen Ausgesagte in einen größeren theologischen Kontext stellen, so müßte man formulieren: Bonhoeffer trennt sich hier ebenso radikal von der liberalen Theologie, durch die er selber als Student hindurchgegangen ist, und die das Alte Testament mehr oder minder auf die Seite geschoben hatte, wie er sich von jenem K. Barth lossagt, dessen Dialektik philosophischen Prämissen entsprang und der nie ein wirklich umfassendes Verhältnis zum Alten Testament gewann. Bonhoeffer greift damit – theologiegeschichtlich gesprochen – hinter den gesamten Neuprotestantismus, vor allem auch hinter Schleiermacher zurück und sucht nach einem neuen Punkt, an dem die Einheit zwischen Altem und Neuem Testament deutlich gemacht werden kann. Dabei deutet sich dann zugleich seine von dorther begründete, sachlich schärfste Kritik des allgemeinen Religions-Begriffs an: „Der Christ hat nicht wie die Gläubigen der Erlösungsmythen aus den irdischen Aufgaben und Schwierigkeiten immer noch eine letzte Ausflucht ins Ewige, sondern er muß das irdische Leben wie Christus („Mein Gott, warum hast Du mich verlassen?") ganz auskosten und nur indem er das tut, ist der Gekreuzigte und Auferstandene bei ihm und ist er mit Christus gekreuzigt und auferstanden" (ibid). Hier gewinnt die Religions-Kritik eine aus dem Diesseits-Glauben des Alten Testamentes gespeiste *christologische* Tiefendimension:

„Glaube“ und „Religion“, Offenbarung und Religion werden nicht mehr in einer philosophisch fundierten Dialektik gegeneinander ausgespielt. Sondern Christus selber – und zwar in der Realität seines Leidens und Auskostens der harten irdischen Wirklichkeit – gibt den Maßstab für die Kritik der herkömmlichen „Religion“ ab.

Dieses christologische Paradox kommt dann endgültig im Brief vom 16. 7. 1944 zum Ausdruck: „Gott läßt sich aus der Welt herausdrängen ans Kreuz. Gott ist ohnmächtig und schwach in der Welt und gerade und nur so ist er bei uns und hilft uns. Es ist Matth. 8, 17 ganz deutlich, daß Christus nicht hilft kraft seiner Allmacht, sondern kraft seiner Schwachheit, seines Leidens.“

Diese Feststellungen kommentiert dann Bonhoeffer selber *so*: „Hier liegt der entscheidende Unterschied zu allen Religionen. Die Religiosität des Menschen weist ihn in seiner Not an die Macht Gottes in der Welt, Gott ist der deus ex machina. Die Bibel weist den Menschen an die Ohnmacht und an das Leiden Gottes; nur der leidende Gott kann helfen.“ Es ist nicht zu überhören, daß sich hier Luthers *theologia crucis* deutlich zu Worte meldet. Der Brief vom 18. 7. 1944 zieht dann diese Gedanken vollends zur letzten Klarheit hin aus:

Christsein heißt nicht in einer bestimmten Weise religiös zu sein, auf Grund irgendeiner Methodik etwas aus sich machen (einen Sünder, Büßer oder einen Heiligen), sondern es heißt Menschsein, nicht einen Menschentypus, sondern den Menschen schafft Christus in uns.
Nicht der religiöse Akt macht den Christen, sondern das Teilnehmen am Leiden Gottes im weltlichen Leben.

Und die Bonhoeffer eigene, christologisch fundierte Dialektik des Religionsbegriffs spricht klar aus folgenden Sätzen: „Nichts von religiöser Methodik, der ‚religiöse Akt‘ ist immer etwas Partielles, der ‚Glaube‘ ist etwas Ganzes, ein Lebensakt. Jesus ruft nicht zu einer neuen Religion, sondern zum Leben. Dieses Leben ist Teilnahme an der Ohnmacht Gottes in der Welt.“

Die „Religion“ hat es demnach mit Schwäche, Weltflucht, mit partiellen Aspekten zu tun. Sie baut sich eine eigene „Welt“ neben der realen Welt auf. Sie legt sich ein eigenes Gewand um, um sich von der „Welt" zu unterscheiden. Der Glaube aber hat es immer mit der Wirklichkeit, mit dem Ganzen zu tun, er flieht weder die Welt noch das Leiden, er faßt uns nicht an unseren „schwachen Stellen", sondern „in der Mitte" unseres Lebens (Brief vom 27.6.1944).

„Religion" hat es immer mit frommer Methodik zu tun. Sie schnüffelt die Schlafzimmergeheimnisse der Menschen aus, um sie irgendwo „religiös" packen zu können. Die „Religion" will

ängstlich Raum aussparen für Gott; – ich möchte von Gott nicht an den Grenzen, sondern in der Mitte, nicht in den Schwächen, sondern in der Kraft, nicht also bei Tod und Schuld, sondern im Leben und im Guten des Menschen sprechen ... Gott ist mitten in unserem Leben jenseitig. Die Kirche steht nicht dort, wo das menschliche Vermögen versagt, an den Grenzen, sondern mitten im Dorf. So ist es alttestamentlich und in diesem Sinne lesen wir das Neue Testament noch viel zu wenig vom Alten her.

(Brief vom 30.4.1944).

Ein *so* verstandenes Christentum müßte eigentlich „religionslos" sein, d.h. sich jeder partiellen „religiösen" Methodik und Jenseitsideologie und allen äußeren Formen, die ihnen korrespondieren, enthalten. „Wie dieses religionslose Christentum aussieht, welche Gestalt es annimmt, darüber denke ich nun viel nach und ich schreibe Dir bald darüber mehr." Leider ist es nie zu diesem „mehr" gekommen!

Klar ausgesprochen hat Bonhoeffer lediglich noch seine Abgrenzung gegen Barth. Sein großes Verdienst bleibt es, daß er als erster Theologe „die Kritik der Religion begonnen hat",

aber er hat dann an ihre Stelle eine positivistische Offenbarungslehre gesetzt, wo es dann heißt: „friß, Vogel, oder stirb"; ob es nun Jungfrauengeburt, Trinität oder was immer ist, jedes ist ein gleichbedeutsames und -notwendiges Stück des Ganzen, das eben als Ganzes geschluckt werden muß oder gar nicht. Das ist nicht biblisch.

(Brief vom 5.5.1944).

Wollte man diese sehr scharfe Kritik an Barth in andere Worte fassen, so müßte man im Sinne Bonhoeffers sagen: Barth kommt zwar das Verdienst zu, als erster Theologe die „Religion" scharf kritisiert und an den Pranger gestellt zu haben. Aber seine positivistische Offenbarungslehre hat dann aus der Offenbarung unter der Hand wieder ein „System" gemacht, das mit allen Einzelheiten übernommen werden muß. „Das ist nicht biblisch" – so lautet Bonhoeffers abschließendes Urteil. Barth, so könnte man im Sinne Bonhoeffers formulieren, hat zwar die „Religion" kritisch aufs Korn genommen, ist ihr dann aber selber wieder verfallen. Seine „Theologie", so müßte man konstatieren, ist selber eine Gestalt der (unbiblischen!) „Religion", die davon lebt, daß sie „ein Gesetz des Glaubens aufrichtet" (ibid.).

Jesus hat aber weder zu einer neuen „Religion" noch zu einem neuen „orthodoxen" Lehrsystem gerufen, „sondern zum Leben".

Wie sieht dieses „Leben" aus?

Als wahrhaftes „Leben" relativiert es alle Dinge: „Religion" kann nicht mehr „Bedingung des Glaubens" sein (Brief vom 8.6.1944). Die „westliche Gestalt des Christentums" war vielleicht nur die „Vorstufe eine völligen Religionslosigkeit" (Brief vom 30.4.1944).

Verweist der Glaube an das Leiden Gottes in der Welt, so kann man dem Christentum nur eine „tiefe Diesseitigkeit" nachsagen. „Nicht die platte und banale Diesseitigkeit der Aufgeklärten, der Betriebsamen, der Bequemen oder der Lasziven, sondern die tiefe Diesseitigkeit, die voller Zucht ist, und in der die Erkenntnis des Todes und der Auferstehung immer gegenwärtig ist" (Brief vom 21.7.1944). Das Problem der nicht-religiösen Interpretation biblischer Begriffe taucht auf. „Wie sprechen wir von Gott – ohne Religion, d.h. eben ohne die zeitbedingten Voraussetzungen der Metaphysik, der Innerlichkeit etc. etc.?" (Brief vom 30.4.1944).

Die Aufgabe, die Bonhoeffer damit anvisiert, wirft schwerwiegende Probleme auf:

> Wenn man von Gott „nicht-religiös" sprechen will, dann muß man so von ihm sprechen, daß die Gottlosigkeit der Welt dadurch nicht irgendwie verdeckt, sondern vielmehr gerade aufgedeckt wird und gerade so ein überraschendes Licht auf die Welt fällt. Die mündige Welt ist gottloser und darum vielleicht gerade Gott-näher als die unmündige Welt.

(Brief vom 18.7.1944).

Was bedeutet es, wenn man Christus nicht mehr als „Gegenstand der Religion" predigt, sondern ihn „wirklich Herr der Welt" sein läßt? „Was bedeutet in der Religionslosigkeit der Kultus und das Gebet? Bekommt hier die Arkandisziplin bzw. die Unterscheidung ... von Vorletztem und Letztem neue Wichtigkeit?"[20] (Brief vom 30. 4. 1944). Das sind mehr tastend und tappend formulierte Fragen im Blick auf mögliche Zukunftsentwicklungen, als etwa fertige oder auch nur halbfertige Antworten auf offene Fragen. „Was bedeutet eine Kirche, eine Gemeinde, eine Predigt, eine Liturgie, ein christliches Leben in einer religionslosen Welt?" (ibid.). Diese Fragen stehen auch nach mehr als 30 Jahren noch unbeantwortet vor uns.

Bonhoeffer hat sich nur noch klar in zwei Richtungen hin ausgesprochen: 1. Barths Theologie kann uns dabei nicht helfen: „... in der nicht-religiösen Interpretation der theologischen Begriffe hat er keine konkrete Weisung gegeben, weder in der Dogmatik noch in der Ethik" (Brief vom 8. 6. 1944). 2. Die entscheidende Frage im Blick auf die „Religion" bzw. die moderne Religionslosigkeit bleibt für den christlichen Theologen immer *die*: „Wie kann Christus auch der Herr der Religionslosen werden? Gibt es religionslose Christen?" (Brief vom 30. 4. 1944).

Der Bonhoeffersche Begriff der „Religionslosigkeit" impliziert also unter keinen Umständen den Verzicht auf die Ausrichtung des Evangeliums, auf die Proklamation der Herrschaft Jesu Christi. Ganz im Gegenteil: die sog. „Religions-Losigkeit" der modernen Welt macht gerade diese Frage für Kirche und Theologie dringlicher denn je zuvor.

Bonhoeffer zieht sich also nicht – wie er es Barth ja vorwirft – auf irgendeine „Insel der Seligen" zurück, weder auf die der *beati possidentes* noch auf die der „restaurativen Orthodoxie". Sondern ihn bewegt nur *eine* Frage: die nach der Ausrufung der Herrschaft Jesu Christi auch inmitten einer „religionslosen Welt".

Was bedeutet Bonhoeffers Urteil vom 18. 7. 1944 für die heutige Debatte um den Begriff der „Religion" bzw. „Religionslosigkeit"?

[20] Die theologische und kirchliche Entwicklung zwischen 1945 und 1975 hat Bonhoeffer darin (leider!) vollauf recht gegeben.

„Die mündige Welt ist gottloser und darum vielleicht gerade Gott-näher als die unmündige Welt"?

Ist das Schwinden der traditionellen „Religion" eine neue Chance für den Glauben? Läßt sich Christus als Herr der Welt in einer religionslosen Welt „leichter" predigen als in der vergangenen, „unmündigen" Welt?

Wie sieht jenes „Leben" konkret aus, zu dem Christus ruft, der nicht zu einer „neuen Religion" ruft?

Der Fragen sind viele. Sie ließen sich beliebig vermehren.

Es bleiben noch ein paar abschließende systematische Fragen bzw. Feststellungen:

Bonhoeffers Verständnis von „Religion" und seine Kritik an diesem Begriff haben völlig andere Ausgangspunkte als etwa bei Barth. Es bestehen eher Querverbindungen zu Tillich hin, der dem Gedanken, daß „Glaube" nicht ein Partial-, sondern immer nur ein Totalaspekt sein könne, voll zustimmen würde. Auch die Kritik an Barths „Offenbarungspositivismus" ist bei beiden relativ die gleiche. Während Tillich mehr die Zweideutigkeit der „Religion" betont, konfrontiert Bonhoeffer die „Religion" dem Alten Testament und der neutestamentlichen Christologie. Sie gilt ihm dann als „Metaphysik", als „Innerlichkeit", als „Religion der Schwäche", der Flucht aus der Welt. Der biblische Glaube aber verweist an „das Leiden Gottes in der Welt". Die „Religion" ist eine Methodik, durch die Menschen sich Gottes bemächtigen wollen. Zu dieser „Methodik" gehören religiöse Sprache, religiöse Deutung der Welt, ja selbst das Christentum als zeitbedingte Form und Gestalt westlicher Religion.

Diese „Religion" ist im Verschwinden begriffen. Die entscheidende Frage aber bleibt: „Wie kann Christus der Herr auch der Religionslosen werden?" Es muß die Frage aufgeworfen werden, „ob Religion die Bedingung des Heils sei" (Brief vom 30. 4. 1944).

Ich möchte hier die tastende Frage aufwerfen, ob nicht selbst in diesen letzten Äußerungen Bonhoeffers, die man gewiß systematisch nicht überbewerten darf, eine letzte Nachwirkung von Barthschen Gedanken spürbar ist, und zwar insofern, als Bonhoeffer offensichtlich zögert und nicht weiter weiß, wenn es darum geht, ein Programm der „Religionslosigkeit" konkret in die Praxis umzusetzen. Zwar formuliert er durchaus die brennenden Fragen, die dabei auftreten, etwa im Blick auf Kultus, Liturgie, Gebet usw. Aber er beantwortet sie nirgends. Wirkt hier nicht doch ein platonisierender Offenbarungsbegriff nach, der sich davor scheut, gerade weil er von Gott spricht, auch menschliche Realitäten anzuerkennen? Es ist mir durchaus klar, daß Bonhoeffer keine „platte Diesseitigkeit" proklamieren will, wenn er von „Religionslosigkeit" spricht. Er möchte ja auch den Religionslosen „Jesus Christus als den Herrn" verkündigen. Wie, d.h. in welcher Form und äußeren Gestalt, soll das geschehen? Soweit ich sehe, ist es bis heute noch niemandem gelungen, in einer wirklich überzeugenden Weise dieses Bonhoeffersche Programm durchzuführen. Wo immer man es versuchte, gab es nur Ausrutscher, die sehr bald in dem endeten, was Bonhoeffer gerade vermeiden wollte: die „platte Diesseitigkeit".

So sehr ich seiner Grundtendenz – die „Religion" als Metaphysik, als bloße Innerlichkeit, als Partialaspekt, als Weltflucht, als Leidensscheu zu diskreditieren – aus voller Überzeugung zustimme, und dies besonders nachhaltig im Blick auf seine Anbindung des Problems an das Alte Testament und die Christologie befürworte, so bleibt mir doch die offene Frage, ob nicht ein letzter Rest von Barthschen Eierschalen ihn daran gehindert hat, dem „Religions"-Problem unbefangener in die Augen zu schauen.

Sicher, Bonhoeffer hat den Tillich nach 1933, den Tillich der ›Systematischen Theologie‹ und anderer Werke, nicht mehr gekannt.

Aber lägen nicht in Tillichs Theologie Elemente bereit, die uns heute helfen könnten, den Rest von Platonismus in Bonhoeffers sonst so begrüßenswertem Ansatz aufzuspüren und zu entfernen?

Tillich hat die denkerische Kraft besessen, den Religions-Begriff nicht supranaturalistisch-platonisch zu eliminieren, sondern ihn in seiner unaufhebbaren Zweideutigkeit zu sehen: „Religion" kann das Suchen des Menschen nach Sinn-Grund und Sinn-Gebung markieren und zum Ausdruck bringen. Und sie kann zugleich Bedingtes mit dem Anspruch von Unbedingtem ausstatten und dadurch zu einer dämonischen Gefahr werden.

Tillich wollte daher die „Religion" in einer Doppeldeutigkeit stehenlassen und sie lediglich einer ständigen Kritik durch das „Prophetische" unterwerfen, das an Gott als den Unbedingten erinnert und die Vergötzung alles Endlichen als Blasphemie an den Pranger stellt.

Was würde sich – so frage ich tastend – aus einer Verbindung dieser Bonhoefferschen Grund-Tendenz, der ich vollauf zustimme, mit der spezifisch Tillichschen Kritik des Religionsbegriffs theologisch gewinnen lassen?

Ich meine, eine ganze Menge. Wir bekämen von Tillich her die Freiheit und Legitimation, im Lichte der prophetischen Kritik des Christentums zu prüfen, wo und inwieweit das Christentum in seiner Geschichte zur „Religion" erstarrt ist, den Menschen entweder zur Last oder zum Mittel der Weltflucht wurde, zur „religiösen Methodik" etc. degenerierte, die aus dem neuen Leben, das Jesus brachte, aus dem „neuen Sein", in das er uns hineinruft, eine „Religion" machte, die uns von der Wirklichkeit und damit von der Teilnahme am Leiden Gottes in der Welt abzieht.

Diese Freiheit würde es uns ermöglichen, entspannter über den Religions-Begriff miteinander zu reden. Etwa auch darüber, wie wir – wenn wir dem, was Bonhoeffer uns als sachliche Forderung aufgetragen hat, nämlich das Evangelium nicht in eine „Religion", eine Metaphysik, eine neue Innerlichkeit etc. zu verwandeln, treu bleiben – heute über das „Christentum" als historisch gewordene Gestalt des Evangeliums denken sollen, wie es für uns in unserer Welt Kultus, Liturgie, Gebet, Gesang, kirchliche Feier geben kann, die nicht von der sog. „Welt" abgetrennt sind, sondern in ihr und für sie geschehen.

Das Ausweichen Karl Barths in eine neue „Voll-Orthodoxie" ist uns für immer unmöglich geworden. Wir brauchen kein supranaturalistisches „System", durch das man sich nur in jahrelanger Arbeit durchbeißen kann. Wir brauchen täglich die „eiserne Ration des christlichen Partisanen", die uns hilft, die von der Bibel proklamierte Herrschaft Jesu Christi und die durch den alttestamentlichen Glauben gespeiste „tiefe Diesseitigkeit des Christentums" so miteinander zu verbinden, ohne einer „platten Diesseitigkeit" zu verfallen, daß uns dabei die „Erkenntnis des Todes und der Auferstehung immer gegenwärtig ist" (Brief vom 21.7.1944).

Bis jetzt scheint uns eine solche Synthese nicht gelungen zu sein. Um so wichtiger ist es darum, daß wir uns selber von jeder „Religiosität" befreien, die entweder Barth, Tillich oder Bonhoeffer als „letzten Wert" und quasi als unfehlbaren Papst behandeln würde, sondern uns durch das Denken und Mühen dieser drei Theologen, die sich wie selten zuvor Theologen um das Problem der „Religion" bemüht haben, dazu anspornen und bewegen lassen, im Hören auf das Evangelium unserer Zeit und ihren Problemen zu begegnen und dabei über unserer eigenen Frömmigkeit nicht jenen Totalaspekt zu vergessen, der mit Ernst danach fragt, wie Christus, der nicht die neue „Religion", sondern das Leben brachte, auch heute und morgen der „Herr" derer sein und werden könne, die vom traditionellen Christentum zwar Abschied genommen und dieser Gestalt der „Religion" den Rücken gekehrt haben, aber gerade darin „vielleicht Gott-näher als die un-mündige Welt" sind (Brief vom 18.7.1944).

Diese Aufgabe, so meine ich, wird in keiner Generation abschließend lösbar sein. Und dem ist auch gut so. Denn daß sie immer offen bleibt, ist ein Zeichen für ihre Bedeutung, ihr Gewicht und ihre Brisanz – und damit ein Anlaß, ihr unsere besten Kräfte zuzuwenden und sie in immer neuem Hören auf die Botschaft des Alten und Neuen Testaments, auf die Stimme derer, die vor uns gedacht und geglaubt haben (und sich – wie wir – vielfach geirrt haben) und in vollem Eingehen auf die Kontingenz unserer jeweiligen Situation und Zeit mutig anzupacken (und zwar nicht nur „tangential", sondern wahrhaft „inkarnatorisch"!) und dabei Bonhoeffers Herausforderung im Ohr zu behalten, die uns aus den Extremen der „Rechten" und „Linken" in die Mitte christlichen Glaubens und christlicher Theologie ruft:

„Jesus ruft nicht zu einer neuen Religion,
sondern zum Leben" (ibid.)

Zusatz 1990

a) Hinweis zu oben S. 449: zu J. C. Heuch: Erschienen ist das Werk 1902 im Verlag H. Aschehoug & Co. in Kristiania. Auf S. 20 heißt es im Original:

> ... at Forskjellen mellem Religion og
> Kristendom er saa stor som Troen paa en
> Afgud og paa den sande Gud.

b) Der Vortrag wurde im Sommer 1986 in stark umgearbeiteter Form auf der Jahrestagung der Japanischen Bonhoeffer-Gesellschaft in Yamanakako (Japan) wiederholt und im Jahrbuch dieser Gesellschaft für 1987 in gekürzter Form abgedruckt (in japanischer Übersetzung).

LITERATURVERZEICHNIS

Von Peter H. A. Neumann

Auswahlbibliographie zu „religionsloses Christentum“ und „nichtreligiöse Interpretation“ biblischer Begriffe bei Dietrich Bonhoeffer. Abkürzungen nach TRE. – Die mit * versehenen Arbeiten sind in dem vorliegenden Sammelband abgedruckt.

*Alemany, J. J., Zum Religionsbegriff in den Vorträgen und Predigten der Barcelonaer Zeit. Ein Beitrag zur Theologie des früheren Bonhoeffer, in: ZRGG 29, 1977, S. 356–360 [hier abgedruckt S. 413–421].

Altenähr, A., Dietrich Bonhoeffer – Lehrer des Gebets. Grundlagen für eine Theologie des Gebets bei Dietrich Bonhoeffer, Würzburg 1976.

Anderson, F. I., Dietrich Bonhoeffer and the Old Testament (Isa 53), in: in: RefThr 34, 1975, S. 33–44.

Ballard, P., Camus and Bonhoeffer, Living in a godless world, in: Th 78, 1975, S. 418–427.

Barth, K., Kirchliche Dogmatik III/1, Zürich 1945, [4]1970; III/4, 1951, 1969; IV/2, 1955, [4]1985.

Baubérot, J., und Ph. de Robert, Un Christianisme a-religieux? Vivre la mort de Dieu, in: Le Semeur 5, 1965.

Baubérot, J., Note sur une récupération centriste: Dietrich Bonhoeffer, piètiste tentant d'être irreligieux, in: Le Semeur 6, 1966/67.

*Beckmann, K.-M., Die Mandatenlehre und die nicht-religiöse Interpretation biblischer Begriffe bei Dietrich Bonhoeffer, in: EvTh 28, 4, 1968, S. 202–219 [hier abgedruckt S. 317–339].

Benktson, B.-E., Kristus och den myndigvordna världen. En studie i Dietrich Bonhoeffers teologi, in: SvTK 40, 1964, S. 65 113.

Benktson, B.-E., Bonhoeffer och en „religionsbefriad värld“, in: Vår lösen 55, 1964, S. 101–109.

Benktson, B.-E., Religionens överoinnande. Några synpunkter på för hållandet mellan Bonhoeffer och Tillich, in: SvTK 41, 1965, S. 219–246.

Benktson, B.-E., Christus und die Religion. Der Religionsbegriff bei Barth, Bonhoeffer und Tillich, AzTh II, 9, Stuttgart 1967.

Bethge, E., Dietrich Bonhoeffer. Theologe – Christ – Zeitgenosse, München 1967, [6]1986, bes. S. 958–1000.

Bethge, E., Christlicher Glaube ohne Religion. Hat sich D. Bonhoeffer geirrt?, in: EK 8, 1975, S. 395–397 = Religionsless christianity – a mistake?, in: SR 12, 1983, S. 19–26.

Bethge, E., Bonhoeffer's Christology and His „Religionless Christianity", in: USQR 23, 1967, S. 61–77 = Peter Vorkink, II (ed.), Bonhoeffer in a World Come of Age, Philadelphia 1968, S. 46–72 = Christologie und „Religionsloses Christentum" bei Bonhoeffer, in: Glaube und Weltlichkeit bei Dietrich Bonhoeffer, Stuttgart 1969, S. 75–99 = E. Bethge, Ohnmacht und Mündigkeit. Beiträge zur Zeitgeschichte und Theologie nach Dietrich Bonhoeffer, München 1969, S. 56–80 = Dossier-Bonhoeffer, Brescia 1971, S. 199–229 (ital.).

*Bethge, E., Gottesdienst in einem säkularen Zeitalter – wie Bonhoeffer ihn verstand, in: EK 1, 1968, S. 196–202 = Ders., Ohnmacht und Mündigkeit. Beiträge zur Zeitgeschichte und Theologie nach Dietrich Bonhoeffer, München 1969, S. 114–134 = Le culte dans un monde séculier que l'entendait Bonhoeffer, in: Communion 24, 1970, S. 42–59 [hier abgedruckt S. 340–359].

Betz, O., Dietrich Bonhoeffer – der „weltliche" Christ, in: Das Wagnis mit der Welt. Christliches Zeugnis in unserer Zeit. Hrsg. von O. Betz, München 1965, S. 54–68.

Brunner, H. H., Am Ende des religiösen Zeitalters: Versuch einer Standortbestimmung zehn Jahre nach der Hinrichtung von D. Bonhoeffer, in: Ref 4, 1965, S. 419–435.

Buren, P. M. van, The Secular Meaning of the Gospel based on an Analysis of its Language, New York 1963 = Reden von Gott in der Sprache der Welt, Zürich – Stuttgart 1965.

Buren, P. M. van, Toward a „Religionless" Theology, in: ETSJ 7, 1962, S. 3–17.

Casalis, G., Nichtreligiöser Glaube heute. Die politische Aktualität einer theologischen Intuition Dietrich Bonhoeffers, in: E. Feil und I. Tödt (Hrsg.), Konsequenzen. Dietrich Bonhoeffers Kirchenverständnis heute, IBF Forschung und Praxis 3, München 1980, S. 58–83.

Casalis, G., Theologie unter dem Zeichen des martyriums: Dietrich Bonhoeffer, in: Conc (D) 19, 1983, S. 236–240.

Clements, K., Worldliness or Unworldliness? The Issue between Bonhoeffer and Bultmann as seen by Ronald Gregor Smith, in: SJTh 34, 1981, S. 531–549.

Cox, H., Beyond Bonhoeffer. The Future of Religionless Christianity,

in: Commonweal 82, 1965, S. 653–657 = D. Callahan (ed.), The Secular City Debate, New York 1966, S. 205–214.
Cox, H., The Secular City, New York 1965 = Stadt ohne Gott?, Stuttgart – Berlin 1966.
Czech, J., „Religionsloses Christentum?", in: Cath 22, 1968, S. 241–261.
Daecke, S. M., Teilhard de Chardin und die evangelische Theologie. Die Weltlichkeit Gottes und die Weltlichkeit der Welt, Göttingen 1967, S. 116–138.
Dembowski, H., Karl Barth – Rudolf Bultmann – Dietrich Bonhoeffer, Neukirchen-Vluyn 1976, S. 79–105.
Desroche, H., Sociologie et irréligion. A propos de Dietrich Bonhoeffer, in: ASRel 10, 1965, S. 3–4.
*Diserens, P.-A., L'interprétation non-religieuse des notions bibliques chez D. Bonhoeffer. Fondements et principes, Diss. Lausanne 1965 [Thesen hier abgedruckt S. 267–269.
Downing, F. G., Man's Coming of Age: Dietrich Bonhoeffer and Christianity without Religion, in: Prism, No. 68, 1962, S. 31–42.
Dreß, W., Religiöses Denken und christliche Verkündigung in der Theologie Bonhoeffers, in: ThViat 14, 1977/78, S. 35–61 = Ders., Evangelisches Erbe und Weltoffenheit. Ges. Aufsätze. Hrsg. von W. Sommer, Berlin 1980, S. 151–174.
Ebeling, G., Die „nicht-religiöse Interpretation biblischer Begriffe", in: ZThK 52, 1955, S. 296–360 = MW II, S. 12–73 = Ders., Wort und Glaube, 1960, S. 90–160 = The „Non-religious Interpretation of Biblical Concepts", in: Word and Faith, Philadelphia 1963.
Ebersole, M. C., The Christian Faith without Religion: Christian Faith and Man's Religion, New York 1961, Chapter 3.
Eyden, R. J. A. van, Religieloos geloof volgens Dietrich Bonhoeffer, in: TLi 51, 1967, S. 324–355.
Fant, C. E., Bonhoeffer: Wordly preaching, Nashville / Tenn. – New York / N.Y. 1975.
Feil, E., Die Theologie Dietrich Bonhoeffers. Hermeneutik – Christologie – Weltverständnis, GT. S 6, München–Mainz 1971, ³1979.
Feil, E., Standpunkte der Bonhoeffer-Interpretation. Versuch einer kritischen Zusammenfassung, in: ThRv 64, 1968, Sp. 1–14.
*Feil, E., Religionsloses Christentum und nicht-religiöse Interpretation bei Dietrich Bonhoeffer, in: ThZ 24, S. 40–48 [hier abgedruckt S. 360–369].
Feil, E., Das Weltverständnis Dietrich Bonhoeffers, in: EvTh 32, 1972, S. 511–529.

*Feil, E., Christlicher Glaube ohne Religion? Zur Theologie Dietrich Bonhoeffers, in: US 32, 1977, S. 214–227 [hier abgedruckt S. 422–444].

Fischer, M., Zum Problem der religionslosen Verkündigung, in: Sammlung und Sendung. Festgabe für D. Heinrich Rendtorff, Berlin 1958, S. 172–182 = M. Fischer, Überlegungen zu Wort und Weg der Kirche, Berlin 1963, S. 43–62.

Forrester, D. B., Some Thoughts on ‚Religionless Christianity', in: IJT 13, 1964, S. 11–19.

Fries, H., Religionsloses Christentum?, in: Wesen und Weisen der Religion (FS W. Keilbach). Hrsg. von Ch. Hörgl, K. Krenn und F. Rauh, München 1969, S. 267–281.

Fries, H., Es geht um das echte Wesen der Religion, in: Diskussion um Bischof Robinsons ‚Gott ist anders'. Hrsg. von W. Augustin, München 1964, S. 148–155.

Frostin, P., Marx' und Bonhoeffers Religionskritik. Eine systematisch-theologische Studie aus dem Gesichtspunkt der Lehre von der Rechtfertigung, in: ZThK 73, 1976, S. 315–354.

Fürst, W., Motive der theologischen Arbeit Dietrich Bonhoeffers, in: Hören und Handeln. FS E. Wolf, München 1962, S. 133–152.

Geffré, C., La critique de la religion chez Barth et chez Bonhoeffer, in: Par Miss, 1965, S. 567–583.

Geffré, C., Pour une théologie de la réalité: D. Bonhoeffer, in: RSPhTh 53, 1969, S. 687–692.

Gerest, R.-C., Un Dieu pour les hommes non religieux d'après quelques textes de Dietrich Bonhoeffer, in: LV(L) 17, 1968, S. 87–108.

Glenthøj, J., Was hat Dietrich Bonhoeffer zur Frage des Gottesdienstes im säkularen Zeitalter gesagt?, Kopenhagen ²1969.

*Godsey, J. D., The Theology of Dietrich Bonhoeffer, Philadelphia – London 1960 [Auszug hier abgedruckt S. 134–144].

Goltstein, G. M. M., Religie – mondigheid – kruistheologie, in: Bijdr 32, 1971, S. 73–74.

Goltstein, G. M. M., Bonhoeffer: Werellijk Christendom en rijk Gods, in: Bijdr 32, 1971, S. 141–162.

Green, C., Bonhoeffer's Concept of Religion, in: VSQR 19, 1963, S. 11–21 = ThD 12, 1965, S. 47–51.

Green, C., Bonhoeffer's Concept of Religion. MSTh Diss. Union Theological Seminary, New York 1964 (unpublished).

Grin, E., Quelques aspects de la pensée de Dietrich Bonhoeffer, in: ETR 35, 1960, S. 47–72.

*Grin, E., Dietrich Bonhoeffer et l'interprétation non-religieuse des notions bibliques, in: ETR 37, 1962, S. 115–137 [hier abgedruckt S. 190–209].

Grin, E., (Alexandre) Vinet, (Dietrich) Bonhoeffer et leur Souci d'actualisation du message biblique, in: ThZ 19, 1963, S. 195–212.

Grunow, R., Dietrich Bonhoeffers Schriftauslegung, in: EvTh 15, 1955, S. 200–214.

Grunow, R., Dietrich Bonhoeffers weltliche Theologie, in: Eckart 24, 1954/55, S. 261–268.

Hamilton, K., What's New in Religion?, Grand Rapids 1968.

Hamilton, W., A Secular Theology for a World come of Age, in: ThTo 18, 1962, S. 435–459.

Hammelsbeck, O., Mündige Welt: Fragen nach der fehlenden Theologie, in: EvTh 25, 1965, S. 96–111.

Hanstein, M., „Religionslose Interpretation" der christlichen Botschaft?, in: EPB, 1968, S. 30–33.

*Harbsmeier, G., Die „nicht-religiöse Interpretation" biblischer Begriffe bei Bonhoeffer und die Entmythologisierung, in: Antwort. Karl Barth zum 70. Geburtstag, Zürich 1956, S. 545–561 = MW II, S. 74–91 = Kirche und Verkündigung. Aufsätze zum Kerygma der Gegenwart, hrsg. von H. Burgert und H. Ristow, Berlin 1960, S. 153–169 [hier abgedruckt S. 43–64].

Harrelson, W., The Source of Answers to the Question Concerning Jesus Christ. Bonhoeffer and the Bible, in: The Place of Bonhoeffer, Problems and Possibilities in His Thougth, ed. by Martin E. Marty, New York 1962, ²1964, S. 115–142.

Hartmann, W., Die Mündigkeit der Welt bei Dietrich Bonhoeffer. Verständnis und Mißverständnis, in: EU 23, 1968, S. 193–199.

Hartmann, W., Nichtreligiöse Interpretation, in: FS Karl Kampffmeyer (Privatdruck).

Hegarty, C. M., Bonhoeffer and Teilhard on Worldly Christianity, in: ScEc 21, 1969, S. 35–70.

Hommel, Y., Religionslose Erziehung in der christlichen Familie, München 1969.

Hübner, E., Eine marxistische Bonhoeffer-Interpretation (Rez. H. Müller, Von der Kirche zur Welt), in: KidZ 1961, S. 378–382.

Hunnex, M. D., Religionless Christianity: Is it a New Form of Gnosticism?, in: ChTo 10, 1966, S. 7–9.

Jäggli, A., ‚Religionsloses' Christentum. Zum Gespräch über Dietrich Bonhoeffer, in: KBRS 109, 1953, S. 213–215.

Jálics, F., El cristianismo a-religioso de Dietrich Bonhoeffer, in: Strom 24, 1968, S. 3–14.

Jaspert, B., Zeit zur Neubesinnung. Dietrich Bonhoeffer und wir, in: BenM 47, 1971, S. 59–61.

Jaspert, B., Im Kampf der Interpreten. Zum Werk Dietrich Bonhoeffers, in: BenM 45, 1969, S. 411–414.

Jenkins, D. T., Beyond Religion: The Truth and Error in ‚Religionless Christianity', London – Philadelphia 1962.

Johnson, R. A., Dietrich Bonhoeffer: Religionless Christianity – Maturity, Transcendence, and Freedom: Critical Issues in Modern Religion, Ed. by R. A. Johnson, Englewood Cliffs, N. J. 1973, S. 284–321.

Kaltenborn, C.-J., Nicht-religiöses Credo in Lateinamerika. Zur Bonhoeffer-Rezeption in Lateinamerika., in: A. Schönherr und W. Krötke (Hrsg.), Bonhoeffer-Studien. Beiträge zur Theologie und Wirkungsgeschichte Dietrich Bonhoeffers. Im Auftrag des Bonhoeffer-Komitees beim Bund der Evangelischen Kirchen in der DDR, Berlin und München 1985, S. 137–147.

*Karnetzki, M., Zu Bonhoeffers Interpretation biblischer Begriffe, in: ZdZ 11, 1957, S. 8–15 [hier abgedruckt S. 108–122].

*Karnetzki, M., Von der religionslosen zur sozialen Interpretation der Bibel, in: ZdZ 12, 1958, S. 164–169 [hier abgedruckt S. 123–133].

Kelly, G. B., Bonhoeffer's „non religious" Christianity, in: Bijdr 37, 1976, S. 118–148.

*Köberle, A., Religionsloses Christentum? Eine Auseinandersetzung mit Dietrich Bonhoeffer, in: ZW 37, 1966, S. 28–36 [hier abgedruckt S. 270–282].

Kortzfleisch, S. v., Ende der Religion – mündige Welt? Eine Auseinandersetzung mit Bonhoeffers bekannter These, in: Sonntagsblatt, 13. 8. 67, S. 12.

Krause, G., Art. Bonhoeffer, Dietrich (1906–1945), in: TRE VII, Berlin – New York 1980, S. 55–66.

Krause, G., Dietrich Bonhoeffer und Rudolf Bultmann, in: Zeit und Geschichte. Dankesgabe an Rudolf Bultmann zum 80. Geburtstag, hrsg. von E. Dinkler, Tübingen 1964, S. 439–460.

Kuske, M., Das Alte Testament als Buch von Christus. D. Bonhoeffers Wertung und Auslegung des Alten Testaments, Göttingen 1971 (Diss. Rostock 1967).

Lange, E., Kirche für andere. Dietrich Bonhoeffers Beitrag zur Frage einer verantwortbaren Gestalt der Kirche in der Gegenwart, in: EvTh 27, 1967, S. 513–546 = Ders., Kirche für die Welt. Aufsätze zur Theorie kirchlichen Handelns, München 1981, S. 19–62.

Lehmann, P. L., Faith and Worldliness in Bonhoeffer's Thought, in: Peter Vorkink, II. (ed.), Bonhoeffer in a World come of Age, Philadelphia

1968, S. 25–45 = Glaube und Weltlichkeit bei Dietrich Bonhoeffer, in: Peter H. A. Neumann (Hrsg.), Glaube und Weltlichkeit bei Dietrich Bonhoeffer, Stuttgart 1969, S. 36–53.

*Loen, A. E., Religionsloses Christentum nach Dietrich Bonhoeffer, in: Säkularisation. Von der wahren Voraussetzung und angeblichen Gottlosigkeit der Wissenschaft, München 1965, S. 205–212 [hier abgedruckt S. 238–246].

Machoveć, M., Marxismus und dialektische Theologie. Barth, Bonhoeffer und Hromádka in atheistisch-kommunistischer Sicht, Zürich 1965.

Mann, U., Religion als theologisches Problem unserer Zeit, in: Christentum und Religion, Regensburg 1966, S. 53–89.

Mark, J., Bonhoeffer from Prison: II – Christianity without Religion, in: Prism 6, 2, 1962, S. 57–64.

Mark, J., Religionless Christianity, in: Prism 7, 2, 1963, S. 63–65.

Marlé, R., Débat: Bonhoeffer, un Christianisme non religieux, in: Recherches et Débats, Mars 1967.

Marlé, R., Le message exigeant de Dietrich Bonhoeffer, in: REAP 330, 1969, S. 68–82.

Marlé, R., La foi Chrétienne est-elle une religion?, in: Mito e fede, Padua 1966.

Mayer, R., Christsein in einer mündig gewordenen Welt. Zur Neuinterpretation Dietrich Bonhoeffers, in: Christsein in einer pluralistischen Gesellschaft. 25 Beiträge aus evangelischer Sicht. FS für Walter Künneth, hrsg. von Hans Schulze und Hans Schwarz, Hamburg 1971, S. 233–246.

Mayer, R., Christuswirklichkeit. Grundlagen, Entwicklung und Konsequenzen der Theologie D. Bonhoeffers, in: AzTh II, 15, Stuttgart 1969.

Mayer, R., Religion, Politik und die Kirche. Scheidewege in der neueren Bonhoeffer-Interpretation, in: ThE 7,2, 1976, S. 49–56.

Meier, J. M., Weltlichkeit und Arkandisziplin bei Dietrich Bonhoeffer, TEH NS 136, München 1966.

Meuß, G., Arkandisziplin und Weltlichkeit bei Dietrich Bonhoeffer, in: MW III, München 1960, S. 68–115.

*Miskotte, K. H., Wenn die Götter schweigen. Vom Sinn des Alten Testaments, München 1963, [3]1966, S. 86–91 [hier abgedruckt S. 231–237].

Mondin, B., Le cristianesimo non religioso di Bonhoeffer, in: ScC 48, 1970, S. 73–78.

Mosley, N., Religionless Christianity, in: Prism 6,6, 1962, S. 1–3.

Mottu, H., Feuerbach and Bonhoeffer: Criticism of Religion and the last

Period of Bonhoeffer's Thought, in VSQR 25, 1969, S. 1–18 = la critique feuerbachienne de la religion et la dernièr période de la pensée de Bonhoeffer, in: Esprit NS 38, 1970, S. 432–450.
*Müller, (A.) D., Dietrich Bonhoeffers Prinzip der weltlichen Interpretation und Verkündigung des Evangeliums, in: ThLZ 86, 1961, Sp. 721–744 [hier abgedruckt S. 145–189].
Müller, A. D., Was bedeutet ‚weltliche' Verkündigung des Evangeliums bei Dietrich Bonhoeffer?, in: Quatember 26, 1961/62, S. 167–175.
Müller, G., Der Mythos vom ‚religionslosen' Menschen, in: LM 3, 1964, S. 573–576.
*Müller, G., Religion zwischen Metaphysik und Prophetie. Anmerkungen zum Religionsbegriff bei K. Barth, P. Tillich und D. Bonhoeffer, in: NZSTh 20, 1978, S. 203–225 [hier abgedruckt S. 445–475].
Müller, G. L., Bonhoeffers Theologie der Sakramente, FThSt 28, Frankfurt am Main 1979.
Müller, G. L., Für andere da. Christus – Kirche – Gott in Bonhoeffers Sicht der mündig gewordenen Welt, in: KKTS XLIV, Paderborn 1980.
Müller, G. L., Tod und Auferstehung Gottes heute. Zur Überwindung des neuzeitlichen Atheismus in Bonhoeffers theologia crucis, in: ZKTh 104, 1982, S. 172–190.
Müller, H., Von der Kirche zur Welt. Ein Beitrag zu der Beziehung des Wortes Gottes auf die societas in Dietrich Bonhoeffers theologischer Entwicklung, Hamburg 1961.
*Müller-Schwefe, H.-R., Christliche Verkündigung in einer religionslosen Welt, in: EvW 10, 1956, S. 545–548 [hier abgedruckt S. 101–107].
Müller-Schwefe, H.-R., Die Lehre von der Verkündigung. Das Wort und die Wirklichkeit. Homiletik II, Hamburg 1965, S. 222–244.
Natanson, J.-J., Bonhoeffer théologien de la réalité, in: Esprit 38, 1970, S. 422–431.
Nebe, K.-H., ‚Religionslose' Interpretation bei D. Bonhoeffer und ihre Bedeutung für die Aufgabe der Verkündigung, Diss. Hamburg 1962.
*Nebe, K.-H., Weltliche Interpretation. Zu Gedanken Bonhoeffers, in: PBl 104, 1964, S. 66–79 [hier abgedruckt S. 210–230].
Newbigin, l., Honest Religion for Secular Man, Westminster 1966.
Obayashi, H., Implicit Kantianism in Bonhoeffer's conception of religionless Christianity, in: NEAsiaJTh 5/6, 1970/71, S. 107–126.
Ohm, H.-G., Gottesdienst und Weltdienst. Eine gottesdiensttheologische Untersuchung zum Postulat vom religionslosen Christentum bei Dietrich Bonhoeffer, Masch.-Diss., Innsbruck 1968.
Ott, H., Existentiale Interpretation und anonyme Christlichkeit, in: Zeit

und Geschichte. Dankesgabe an R. Bultmann zum 80. Geburtstag, Tübingen 1964, S. 367–381.

Ott, H., Wirklichkeit und Glaube, I. Zum theologischen Erbe Dietrich Bonhoeffers, Göttingen – Zürich 1966.

Palmer, R. W., Demythologizing and non-religious interpretation; a comparison of Bultmann and Bonhoeffer, in: IliffR 31, 1974. S. 3–15.

Palmer, R. W., Religionless Religion: Religious Experience in Bonhoeffer's Life and Thought, in: AEcR 169, 1975, S. 316–328.

Pelikan, H. R., Die Frömmigkeit Dietrich Bonhoeffers: Dokumentation, Grundlinien, Entwicklung, Wien – Freiburg – Basel 1982.

Peters, T. R., Die Präsenz des Politischen in der Theologie Dietrich Bonhoeffers. Eine historische Untersuchung in systematischer Absicht, Gesellschaft und Theologie, Abt. Systematische Beiträge. Nr. 18, München – Mainz 1976.

Peters, T. R., Theologie am Ort politischer Gefangenschaft. Das Beispiel Dietrich Bonhoeffers, in: Conc (D) 14, 1978, S. 324–327.

*Phillips, J. A., The Form of Christ in the World. A Study of Bonhoeffer's Christology, London 1967, S. 199–221; 291–295 (unter dem Titel ›The Christology of Dietrich Bonhoeffer‹ auch 1967 in London erschienen) [hier abgedruckt S. 283–316].

*Pöhlmann, H. G., Leben wir in einem religionslosen Zeitalter? Zur Religionslosigkeitsthese von Dietrich Bonhoeffer, in: Dem Wort gehorsam. FS für Landesbischof D. H. Dietzfelbinger zum 65. Geburtstag, München 1973, S. 276–291 [hier abgedruckt S. 370–386].

Ramsey, A. M., Sacred and Secular. A Study in Otherwordly and Thiswordly Aspects of Christianity, London 1965.

Ricœur, P., L'interprétation non-religieuse du Christianisme chez Bonhoeffer, in: CCPO, 1966, S. 3–20.

Richardson, A., Religion in Contemporary Debate, Philadelphia – London 1960, S. 19–21.

Robert, Ph. de, „Un christianisme a-religieux?", in: Le Semeur, Mars 1965.

Robinson, J. A. T., Honest to God, Philadelphia – London 1963 = Gott ist anders, München 1964.

Rostagno, S., Dietrich Bonhoeffer. L'interpretatione non religiosa dei concetti biblica, in: Prot 21, 1966, S. 65–82.

*Sauter, G., Zur Herkunft und Absicht der Formel „Nicht-religiöse Interpretation biblischer Begriffe" bei Dietrich Bonhoeffer, in: EvTh 25, 1965, S. 283–297. Überarbeitete Fassung: 1982 [hier abgedruckt S. 247–266].

Schönherr, A., Bonhoeffers Gedanken über die Kirche und ihre Predigt in der ‚mündig' gewordenen Welt, in: EvTh 15, 1955, S. 214–227 = MW I, S. 76–89.

Schönherr, A., Die Predigt der Kirche in der „mündigen" Welt. Gedanken Dietrich Bonhoeffers, in: ZdZ 9, 1955, S. 242–250.

Schönherr, A., D. Bonhoeffer and the post-religious Age, in: Times (April 11, 1970), S. 10.

Schulte, H., In den Tatsachen selbst ist Gott. Die Bedeutung des Alten Testaments für die christliche Verkündigung nach D. Bonhoeffers letzten Briefen, in: EvTh 22, 1962, S. 441–448.

Schulze, R., Hauptlinien der Bonhoeffer-Interpretation, in: EvTh 25, 1965, S. 681–700.

Smith, R. G., Diesseitige Transzendenz, in: MW II, 1956, S. 104–115.

Smith, R. G., The New Man. Christianity and Man's Coming of Age, New York – London 1956.

Smolik, J., Religionless interpretation: Dietrich Bonhoeffer, in: WSCFB 1, 1971, S. 37–45.

Sölle, D., Stellvertretung. Ein Kapitel Theologie nach dem ‚Tode Gottes', hier: Die Dialektik von Verantwortung und Angewiesenheit (Auseinandersetzung mit Dietrich Bonhoeffer), Stuttgart 1965, S. 121–129.

Sorrentino, S., Positivismo della rivelazione e a-religiosita. Il rapporto Barth–Bonhoeffer nella prospettiva di ‚resistenza e resa', in: RSLR 6, 1970, S. 298–333.

Sorrentino, S., La teologia della secolarizzazione in Dietrich Bonhoeffer. Alba: Ed. Paoline 1974.

Sperna Weiland, J., Het einde van de religio. Verder op het spoor van Bonhoeffer (= Het Wereldvenster), Baarn 1970.

Sprondel, G., Die Legende vom „religionslosen Zeitalter". Auch in der nachchristlichen Wirklichkeit wird nach Gott gefragt, in: LM 24, 1985, S. 557–561.

Stallmann, M., Was ist Säkularisation?, SGV 227/228, Tübingen 1960.

Stevens, C. H., Do we still need God? Meditation on a theme of Bonhoeffer, in: FrQ 17, 1971, S. 185–191

*Thielicke, H., Das Ende der Religion. Überlegungen zur Theologie Dietrich Bonhoeffers, in: ThLZ 81, 1956, Sp. 307–326 [hier abgedruckt S. 65–100].

Thils, G., Christentum ohne Religion?, Salzburg 1969.

Thomasma, D., Dietrich Bonhoeffer: Religionless christianity, in: RUO 39, 1969, S. 406–425.

*Tödt, H. E., Glauben in einer religionslosen Welt. Muß man zwischen Barth und Bonhoeffer wählen?, in: EK 9, 1976, S. 148–151 = Genf

'76. Ein Bonhoeffer-Symposion, bearb. v. H. Pfeifer, IBF 1, München 1977, S. 98–107 [hier abgedruckt S. 401–412].

Tödt, H. E., Von der Auslieferung des Glaubens. Anmerkungen zu Gottfried Sprondels Bonhoeffer-Polemik, in: LM 26, 1986, S. 172–176.

Ugrinovič, D. M., „Bezreligioznoe christianstuo". D. Bonheffera i ego prodolžatelej, in: Voprosy filosofii 22, 1968, S. 94–102.

Vahanian, G., Die Rede vom Ende des religiösen Zeitalters in ihrer religiösen Bedeutung, in: Conc(D) 2, 1966, S. 449–454.

Vaiani, L. M., Crisi della religione cristiana nel pensiero Dietrich Bonhoeffer, in: RFNS 58, 1966, S. 332–346.

Vogel, H., Jesus Christus und der religionslose Mensch, Berlin 1955.

Weinrich, M., Der Wirklichkeit begegnen ... Studien zu Buber, Grisebach, Gogarten, Bonhoeffer und Hirsch, Neukirchen-Vluyn 1980.

Weizsäcker, C. F. von, Gedanken eines Nichttheologen zur theologischen Entwicklung Dietrich Bonhoeffers, in: Genf '76. Ein Bonhoeffer-Symposium, bearb. von H. Pfeifer, IBF 1, München 1976, S. 29–50 = Ders., Der Garten des Menschlichen. Beiträge zur geschichtlichen Anthropologie, München und Wien 1977, S. 454–478.

Wesson, A. J., Bonhoeffer's Use of ‚Religion', in: LQHR 192, 1967, S. 43–53.

*Weymann, V., Religiöses und religionsloses Christentum. Bemerkungen zu Kriterien christlicher Gotteserfahrung – im Anschluß an Dietrich Bonhoeffer, in: Ref 23, 1974, S. 609–619 [hier abgedruckt S. 387–400].

Wilkens, K., Die Frage Dietrich Bonhoeffers und unsere Antwort. Einblicke in das Gespräch über die Theologie Bonhoeffers, in: VF 1958/59, 1962, S. 157–172.

Woelfel, J. W., Dietrich Bonhoeffer on Christianity and the decay of religion in a world come of age: Background and development of an idea, Ph. D. Diss., St. Andrews (Scotland), 1967.

Woelfel, J. W., Revelation and Religion: Bonhoeffer, in: J. W. Woelfel, Bonhoeffer's Theology, classical and revolutionary, Nashville 1970, S. 103–106.

Woelfel, J. W., Bonhoeffer's Portrait of the Religionless Christian, in: Encounter 28, 1968, S. 340–367.

NAMENREGISTER

Von Peter H. A. Neumann